CW01621604

"Her zaman genç kalan
dayıma ve umudumuzu
diri tutan tüm eşkıyalara..."

PUSU
DEVLETİN
YENİ SAHİPLERİ

AHMET ŞIK

postacı
yayınevi

Postacı Yayınevi -3
İnceleme-3

PUSU
DEVLETİN YENİ SAHİPLERİ
Birinci basım: Temmuz 2012
ISBN: 978-605-87377-2-3
Postacı Yayınevi sertifika no: 23041

Editör: Mustafa Dağıstanlı, Timur Soykan
Düzelti: Cengiz Alkan
Kapak tasarım: Güventürk Görgülü
Grafik: Ender Ergün
Kapak Fotoğrafı: Berk Özkan

Baskı: Ezgi Matbaacılık
Sanayi Cad. Altay Sok. No: 10 Çobançeşme Yenibosna/ İstanbul
Matbaa sertifikası no: 12142

Postacı Yayınevi
Hacı Mimi Mah. Arapoğlan Sok. no: 7 asma kat Beyoğlu/ İstanbul
Tel:0532 701 62 99

İÇİNDEKİLER

Giriş

Usta romancı Marquez'in deyimiyle ***"Yaşadığı çağın tanığı olması gereken"*** gazeteciliği seçtiyseniz, her türlü güç odağının karşısında ve hepsine eşit mesafede durmalısınız. Elbette ***"yalancı tanık"*** olmayı seçmediyseniz, bunun için görevlendirilmediyseniz.

Hayatımdaki düsturum gazeteciliğimin de prensibi oldu her zaman; ezilenin yanında olmak. Bu yüzdendir ki ***"devlet düşmanı"***, ***"örgüt üyesi"***, ***"terörist"*** gibi sıfatların adımla birlikte zikredildiğine çok sık şahit oldum. Şimdilerde bana ***"Ergenekoncu"*** diyenler o zamanlar da böyle diyorlardı. O zaman da şimdi de bunun tek bir nedeni var: Yalancı tanık olmayı reddetmem. Kısacası 3 Mart 2011 gününden bu yana mesleğimin, haberlerimin, kitaplarımın sorgulanmasının, haber kaynaklarımın gizliliğinin ihlal edilmesinin, tanık olduğum sürecin sanığı yapılmamın tek nedeni malum medya sürüsüne dâhil olmamamdır.

Sizler de tanıyorsunuz o sürüdekileri. Artık Türkiye medyasında ***"çokça"*** yer kaplıyorlar. Sayılarının çokluğundan değil sahibinin sesi olup çok bağırdıklarından. Her gözaltı furyasında kâh gazetelerde kâh televizyon ekranlarında dört bir taraftan saldırıp ağızlarından salyalar akıttıklarından.

Bilgisizliklerinden cehaletleri, yorumlarından lumpenlikleri açık seçik ortaya çıksa da fayda etmiyor. Düzenin yeni sahiplerinin de tıpkı kendilerinden öncekilerin gereksinim duyduğu gibi ***"Saldır!"*** denildiğinde ısıracaklara ihtiyacı olduğundan, hep bağırıyorlar. Bu ihtiyaçtan peydah olduklarındandır ki yenisi gelene dek mevcut sahibe hizmet edecekler.

Kim mi onlar?

Malum cemaate mensup olduklarını artık herkesin bildiği polisin mesai arkadaşlarıdırlar. Polis merkezlerinde üretilen ***"deliller"*** daha savcının önüne gitmeden masalarına ulaşır. Polisin basın bürosu, adı konulmamış sözcüleridirler. ***"Ah keşke"*** diye başlayan ***"Bunlar yaşanmasa"*** diye devam eden cümleleri, gerçek olup olmadığının önem taşımadığı ***"delilleri"*** anlatarak devam eder. ***"Ya telefon konuşmalarına ne demeli"*** derler mutlaka.

Polisten sonraki zincirin diğer halkaları olan savcı ve hâkim kısmı da tamamlanınca yeni esirler cezaevine götürülürken sahne alırlar yeniden. ***"Ben de tutuksuz yargılanmalarını istiyorum"*** diye başladıkları sözler ***"ama"*** diye sürer: ***"Ama mutlaka bir haklı sebebi vardır gözaltıların, tutuklamaların. Hem ateş olmayan yerden duman çıkmaz"***. Sonra sabır temennisinde bile bulunurlar. İddianame çıkmadan hüküm verilmemesini öğütleseler de suçlamalara devam edip ***"Yargıya güvenelim"*** derler. İddianame çıksın, dosyalar açılsın o zaman gazeteci, siyasetçi, akademisyen, yayıncı olmadıkları ortaya çıkacaktır herkesin. İddianame çıkar, karalamalar, iftiralar ortaya dökülür. Ama o konu eskimiştir artık. Operasyonlar ülkesinin yeni kurbanlarının şeytanlaştırılması, esaretlerinin haklı gösterilmesi gerektir. Aynı kısırdöngü yeniden başlar.

Ne entelektüel ve siyasi bir birikime ne de analitik bir zekâya ihtiyaç duymazlar. Sığ bir zekâyla, bayağılaşmanın sınırlarını aşan yorumlarla suçlar, hükmü verir, infaz ederler gazeteci kılığına girmiş bu cellâtlar. Varlıklarını iktidara, güçlü olana yamanmaya, o iktidarın sürmesi için düzenlenen polis operasyonlarına, müesses nizamın kuklası olan yargının hukuksuzluklarına borçludurlar. Sözlerine bakarsanız her şeydirler. En demokrat, en özgürlükçü, en antimilitarist, en vesayet karşıtı, en sivil, en liberal olduklarını sansalar da boşuna. Devir onların devri, şimdilik. Ama ikballerinin peşinde yamandıkları bu kokuşmuş düzen ve sahipleriyle birlikte tarihin çöplüğünde yerleri hazır şimdiden.

İşte yeni medya düzeni denilen garabetin aktörlerinin işbirliği ile sacayaklarını siyaset, polis ve yargı mensuplarının oluşturduğu komplolar zinciriyle muhalif herkesin ***"terör örgütü"*** çuvallarına sokulup boğulmaya çalışıldığı karanlık günler yaşıyoruz uzun zamandır. Kürtler için KCK, kalanlar içinse Ergenekon, Devrimci Karargâh, Hopa ve benzeri soruşturmaların artık sosyalist muhalefeti hedef aldığı ortada. Bunun böyle olduğu daha Sosyalist Demokrasi Partisi ve Toplumsal Özgürlük Platformu'na mensup arkadaşlarımız bizimkine benzer bir komployla tutuklandığında anlaşılmıştı. Tıpkı Türkan Saylan'ın, İlhan Cihaner'in Ergenekoncu ilan edilmesinde ya da muhafazkar milliyetçi ve işkencecilik sicilini barındıran Hanefi Avcı'nın sosyalist bir örgüte dâhil olduğuna inanmamız istendiğinde olduğu gibi. O yüzden ***"Ergenekoncu"*** denilerek hapse tıkılmam sürpriz olmadı. Tam da bu yüzden kitabın sayfaları arasında da yerini bulan bir tespiti buradan da paylaşalım hemen; ***"Ergenekon düne dair değil bugüne dair bir operasyon ve hesaplaşmadır. Ve bu yüzden bu hesaplaşmayı fark eden, eleştiren herkes hedef haline gelmiştir"***. Çünkü rejimin ve yapı taşlarının baştan aşağı değiştiği Türkiye'de artık devletin yeni sahipleri var.

Adalet ve Kalkınma Partisi'nin (AKP) iktidar olduğu 2002 seçimleriyle birlikte katı laiklerin daha gür bir şekilde dile getirdikleri ***"Laiklik elden gidiyor"*** ya da ***"Şeriat geliyor"*** paranoyalarına gülüp geçtim her zaman. Ciddiye de almadım. Halen de öyle düşünüyorum. Ancak Ergenekon soruşturmalarıyla başlayan ilintili dava süreçleriyle devam eden, zamanla Devrimci Karargâh, Hopa ya da sistemin yarattığı sorunların farkında olan sosyalist öğrenciler ile demokratik toplumsal muhalefeti baskılayan davalarla genişletilen ve elbette ***"Devletin kendi Kürt'ünü yaratma projesinin"*** mihenk taşı olan KCK davalarıyla artık Türkiye'ye bir ***"şey"*** geldiğini söylemek mümkün. Faşizan ve vatandaşını devlete düşman gören Terörle Mücadele Yasası sistematiğine dayalı, kitlesel gözaltılar ve tutuklamalar kendine yeni esirler buldukça otoriterlik ya da totalitarizm inşası hız kazandı. Birileri içeri atıldıkça baskı arttı. Baskı arttıkça daha fazla birileri içeri atıldı. Hız kesmeden de devam ediyor. Evet Türkiye'ye şeriat değil ama bir ***"şey"*** geldi. O ***"şey"***'in adını şimdilik koymak mümkün görünmese de kuralının ne olduğu çok açık: ***"Ya kul olup, itaat edip suskun kalacaksın ya da cezaevine gideceksin"***. İşte Türkiye'ye gelen yeni ***"şey"*** bu.

Bu yeni ***"şey"***'in kurbanı, hadi onların diliyle söyleyelim ***"suçlananı, yargılananı"*** olarak görünenlerden biri olsam da yanılıyorlar. Kendileri de dahil olmak üzere herkes biliyor ki suçlanan değil suçlayanım. Yargılanan değil, yargılayanım. Cunta mahkemelerine rahmet okutan bu yargı sisteminin bir parçası olanları, polis üniforması giymiş, politikacı ya da bürokrat kılığına girmiş canavarları, müesses nizam sahibi olan kimse ona kulluk eden ve maalesef adına gazeteci denilenleri yargılıyorum. Utanmadan söylenen yalanlar, yaratılan mağduriyetler, yaşatılan zulümler ve bu zulümlerde rôl alanlar için suçlayan da yargılayan da benim.

Hakkımda düzenlenen ve delil olduğuna inanmamız istenen belgeler sahtedir. Tıpkı düzenleyenler gibi. Yapılan yorumlar, her biri hukuk kılıfına sokulmaya çalışılan bu iddialar düzmecedir. Tıpkı yazdıkları gibi. Bu senaryoyu kimin yazdığı da kimin hangi rolü paylaştığı da malumdur. Zaten bu komplonun ardındaki zihniyetin kimi aktörleri bilinçaltlarındaki korkuyu da, hedefin kimler olduğunu da dillendirmeye başladı. ***"Bunlar komünist devlet peşinde"*** diyor malum cenahın medya uzantıları. Annemden duyduğum ama kaynağını bilmediğim güzel bir söz vardır: ***"Otu çek köküne bak"***. Siyasette, bürokraside, medyada, iş dünyasında kısacası toplumsal hayatın her alanında mutlak iktidar peşindeki bu zihniyetin, bu otun kökünde de ***"Komünizmle Mücadele Dernekleri"*** var. Yıllar önce bu derneklerle yürütülen faaliyetler artık siyaset, bürokrasi, medya, polis ve yargıdaki örgütlenmeyle hayata geçiriliyor. Çünkü müesses nizamın ya da ceberrutluğu kuşku götürmeyen devletin yeni sahipleri var. Ama bilmedikleri bir şey vardı ki ne ben ne de dostlarım devletle yeni tanışmadı. Aksine devletin sahipleri benimle ve dostlarımla yeni tanışmış oldu. Bir hayli ukalaca olsa da söylemeden edemeyeceğim. Bu komplonun elbette ki dostlarımın, arkadaşlarımın çabasıyla planlananın aksine alaşağı olması, aktörlerinin tüm dünya nezdinde ne mene bir şey olduklarının anlaşılması da bu yüzden. Bu giriş yazısında uzun uzun anlatmaya gerek yok. Kitabın sayfalarında, satıraralarında söylendi zaten.

Polis, savcılar, hâkimler, malum cemaat, siyasetçiler ve elbette yeni medyanın sözcülerinden bir kendini bilmezler korosu Ergenekoncu olduğumu, metaforik bir benzetmeyle söylersek, aramızda ***"kan davası"*** olduğunu bildiğim bir zihniyete dâhil olduğumu kanıtlama uğraşında hâlâ.

Komplo olduğu çok açık suçlamalarla, niyet okumalardan yola çıkan iddianameler ve yöneltilen suçlamalara ilişkin somut tek bir kanıt sunulmadan siyasi zihniyetlerin beslediği kanaatlerle herkesin hayatı karartılabiliyor. Özgürlüğünden alıkonulmak bir yana itibarları da ortadan kaldırılıp yok edilmek isteniyor. Tıpkı Deniz Feneri soruşturmasında olduğu gibi şüphelilerinin AKP'li, cemaatçi ya da benzer zihniyette olanlardan oluştuğu soruşturma ve davalarda ise ne polis ne savcı ve hâkimler ortalığa saçılan tüm pisliklere karşın aynı ***"cevvallikten"*** bir hayli uzak kalmayı tercih ediyor. Şu kesin ki artık Türkiye'de polis ve yargı eliyle ve elbet din tüccarlığıyla, yeni bir ***"dokunulmazlar"*** sınıfı yaratıldı. Bu sınıfa mensup olanlar, başta kendi çocukları olmak üzere gelecek kuşaklar nezdinde tarihe nasıl bir not düşmüş olacaklar o günleri hep birlikte göreceğiz.

Bu satırlar yazıldığında özgürlüğümden, sevdiklerimden alıkonulduğum günler bir yıla tamamlanmak üzereydi. Elbet uzun değil, ama hiç kısa olmadığını da vurgulamam gerekiyor. Cezaevine girdiğimden bu yana sevdiklerime duyduğum özlemle birlikte en yakıcı olarak hissetiğim duygu öfke oldu. Bu öfkenin sonucu olsa gerek sert bir giriş yazısı oldu anlaşılan. En iyisi yürekten bir teşekkür ile bitireyim.

Öncelikle sivilliğin sadece sözde kalmaması gerektiğini ve dünyanın en zor işi olarak gördüğüm demokrat olmanın, karşısındakinin sıfatına ve kim olduğuna bakmaksızın yerine getirilecek bir değer olduğunun en güzel örneğini sergileyen kısaca ***ANGA*** adıyla bilinen, şimdilerde bir kısmı da cezaevinde olan ***"Ahmet ve Nedim'in Gazeteci Arkadaşları"*** grubu içinde yer alanlara içtenlikle teşekkür ederim. Elbette başkaları da var. Ancak tek tek isimleri yazmaya kalksam çok uzun bir liste çıkacak. Bir ismi unutsam haksızlık olacak. Kimseyi kırmadan ama herkesin ismini anarak teşekkür etmek en doğrusu. O yüzden; ***"sahibinin değil, aklının ve vicdanının sesini dinleyen herkese"*** teşekkür ederim.

Küçücük yaşında omuzlarındaki ağır yükün altında ezilmeyip dik duran Mina'ma teşekkür ediyorum.

Her badireden daha güçlü çıkmayı bilen bu aşkın güzel kadınına, Yonca'ya, "sevmek ne uzun kelime" diyen hayat filozofu şair Cemal Süreya'nın dizeleriyle teşekkür etmek istiyorum:

"Biz iki ayrı ırmak gibi ayrı yerlerden kopup geldik, kavuştuk bir noktada, yanıbaşımızdan küçük bir kol da alarak büyük bir nehir meydana getirdik; birlikte akıyoruz şimdi. Nicedir bu böyle. Hep de böyle olacak. Denize dökülene, ölene dek." [1]

Ahmet Şık

1) Cemal Süreya, 13. Günün Mektupları. Yapı Kredi Yayınları

Şık Gazeteci

Yayınlanmamış kitabı yüzünden eşinden, evladından, işinden, dostundan **"ayırılıp"** dört duvar arası yatırılan **Gazeteci'**nin yeni kitabı bu.
Kitap yeni olsa da...
Yazarının; gözümde, gönlümde, hafızamda, arşivdeki onca yazımda hep eski, kıdemli bir yeri var.
Ahmet benim için hep ve en önce gazeteci.
Ahmet benim için hep ve en önce Şık Gazeteci.
Gazeteciliğe yakışanı yapabilmek için nice riske girmiş olan...
Cilalı gazeteciliğin kapsama alanına almadığı nice mevzua tıklamış olan; bu işe işleve; muhabirliğe, gazeteciliğe şıklık katmış olanlardan.

***

Çok yerde söyledim, yazdım.
Ahmet'in şıklığı sadece soyadından değil...
Her devirde ve her türlü "sakıncalı" damgası yiyebilmesinden de geliyor.
Bu damgayı vuranları sinir etmesinden; bu damgayı, nice güçlünün, kudretlinin, hakim mevkiin elinden yemeyi hak etmesinden geliyor.
Ezilenin, horlananın, dışlananın, kovulanın, vurulanın yanından bir gazetecilik elbet cilalı duayenlerin dediği gibi pek **"objektif"** olmayabilir ama; objektifini halkın yanında konuşlandırmak, mertliktir, şıklıktır, insanlıktır, gazeteciliğin özündeki damardır.
Ahmet'i; **Metin Göktepe Hakikati'**ni kovalamış genç gazetecilerle ve **"Hayata Dönüş"** diye yutturulan ve nice itibarlı, büyük, elbet özgürlüklere, insan haklarına pek müptela yönetmen ve yazarın kankalık ettiği Cezaevi Tufan Katliamı sürecindeki tersine, inadına haberleriyle bildim.
O devirdeki **"kanlı objektif"**i parçalayan gazetecilerden biri olarak.
Sonrasında, sadece hak gazeteciliği değil, kendi hakkını da arayan gazeteci olarak sevdim, elimden geldiğince destekledim.
O sıra resmen **"sakıncalıdır"** damgasını bizatihi büyük medya vurdurtmuştu **Ahmet'**in üstüne.
Ve sonradan, basın özgürlüğüne ne kadar hassas olduklarını heyecanla izlediğimiz nice ağabey, abla ve kardeş ya susmuştu ya susturulmuştu!
"Sakıncalı"; kapısı kapanan gazetelerden sonra dergilerde de **"sakıncalı"** oldu.
Andıç haberi yapıyordu ama kendi zaten medyadan, ordudan, iktidardan, şuradan buradan andıçlı bir hayat yaşıyordu.
Üniversite ona bir yer verdiğinde, elbet işini yaptı ama kendi hakkını, örgütünü arayan gazeteci ruhu orada da kendi sendikal hakkını kovalayan öğretim kadrosu içinde koştururken buldu.
Türkiye, medya, nice meslektaşı bu kısımları pek bilmez; nitekim pek ilgilenmezdi zaten.
Derken, memleketin yeni muktedir siyaset ve hukuk düzeni içinde...

Ahmet'in basılmamış kitabı basıldı!
Ömrüm nice kitap imhası görmüştür ama yayın yönetmeni odasında imha edilen hard diskin **"hard hüznü"**ne o sayede uzaktan tanık oldu.
Derken evler, kopyalar, dostlar, telefonlar, tutukluluk, tahliye retleri, bir kısım linç girişimi, uzun tutukluluk, iddianame, dava... Ve nihayet tahliye.

***

Ahmet'e şunu dedim mi sonradan, hatırlayamadım:
Hiç değilse, kitabına, duruşmasına, hayatına katılan nice güzel meslektaşının, dostunun inatçı, ısrarlı desteğini tatmak için bile değermiş diye düşün!
***
Bu ülkenin ve düşünenin, yazanın, çizenin, konuşanın, mücadele edenin acıları ne bugünden ibaret, ne de en şiddetlisi böyle bir hapis kadar.
Ardımızda nice katledilmiş; unutulmamış ve çoktan unutulmuş isim var.
Yakılmış, toplatılmış, yasaklanmış, tutuklanmış, sürülmüş, vurulmuş kitaplar.
Ben yine de umut duyarım hep.
Çünkü her yeni kelime bir ötekinin de yolunu açar.
Her acı, bir sonrakine dayanma gücü sağlar.
Yazıya, habere, kitaba her **"baskı"...**
Matbaaların, klavyelerin, zihinlerin, emeklerin daha fazla özgürlük **"basmasını"** sağlar.
Hep derim...
"Press", baskı olabilir ama...
Gazetecilik de "press"tir.
Baskıya karşı basmak.
Baskına karşı basın.
***
Baktım, **Ahmet için** epeyce yazı yazmışım, epeydir hem de.
Bir kitaba özel olan bu sonuncuyu, o içerideyken **"kaçma şüphesi"** diye tahliye etmeyenlere yazdığım yazıdan bir bölümle bitireyim.
İster onlar da okusun, ister oğlum yine bina dokusun:
***
Ahmet kaçsa; üzerine yürümüş bin tür baskıdan korkar, önce kendinden kaçardı.
Kaçsa; üzerine abanmış büyük medya tehdidinden korkar, önce vicdanından kaçardı.
Kaçsa; Göktepe cinayetinden Hayata Dönüş Operasyonu'na, devlet şiddetinden korkar, olay yerinden kaçardı.
Kaçsa; elinde makinesi, polis darbesiyle yerlerde sürüklendiğinde, o meydandan kaçardı.
Kaçsa; nice büyük gazetecinin yaptığı gibi, hakikatten, hakikatleri deşmekten, hakikatle yüzleşmekten kaçardı.
Kaçsa; nice utanmazın yaptığı gibi, bin tür insan acısıyla boğuşmaktan kaçardı.
Kaçsa; mayın kurbanı çocuklara bir fotoğrafta hayat vermeye çabalamaktan kaçardı.
Kaçsa; çetrefilli, kan kokulu, ceset dolu nice mevzu ile uğraşmayıp kakarakikiriye kaçardı.
Kaçsa; medyada da üniversitede de, sendika mendikayla uğraşmaz, kolayına

kaçardı.
Kaçsa; tutuklandığı güne kadar kendisini defalarca kuşatmış yalnız kalmaktan bıkar, sığınmalara kaçardı.
Kaçsa; büyük medyanın büyük kafalarına direnmek yerine, birçoğu gibi yalakalığa kaçardı.
Kaçsa; bunca senedir en kestirmesine kaçar, iktidarların veya darbecilerin kanatlarına kaçardı.
Kaçsa; evladını nasıl geçindireceğinin kâbuslarına koşmaz, medya aristokrasisinin evlatlığı olup rahat etmeye kaçardı.
***
Kimse, arşivinden, tarihinden, kendisinden kaçamaz zaten.
O yüzden, biraz şık olmalı gazeteci!
***
Ben **Ahmet'**i pek tartışmam.
Siz elbette kitabı tartışabilirsiniz.

Önsöz

"Ben devletin gücünden değil
fitnesinden korkarım."
Hüseyin Avni Ulaş

Elinizde tuttuğunuz bu kitabın çalışmaları Hüseyin Avni Ulaş'ın alıntıladığımız sözlerini doğrular biçimde hayata geçirilen bir fitneyle konulduğum cezaevinde başladı ve tamamlandı. Kimler yoktu ki bu fitnenin içinde: Polisler, savcılar, hâkimler ve medyada yer tutmuş özel yetkili gazeteci ve yorumcular. Bunca devlet görevlisi işin içinde olunca üzerime atılmak istenen çamur hem ***"kanuni"*** bir kılıfa büründürülmek istendi hem de kamusal meşruiyet sağlanılmaya çalışıldı. Kanuni bir kılıf bulanan bu fitne ya da kitaba adını veren ***"pusu"***nun hukuksuzluğu ise tartışmaya yer bırakmayacak bir şekilde bir bir ortaya döküldü.

Evet bir pusuydu. Kendi kendime düşünürken, düşüncelerimi bölük pörçük notlar halinde yazarken başımdan geçenleri anlatacak en uygun sözcüğün ***"pusu"*** olduğuna karar verdim. Bir devlet fitnesi, bir devlet pususuydu bu. Kitaba bu adı vermemde usta kalem Çetin Altan'ın zaman zaman yazılarında vurguladığı gibi bu ülke topraklarında düello değil pusu kültürünün egemen olması da etkili oldu. Nedenini açıklamayı da ona bırakıyorum o halde: ***"Aristokrasinin egemen olduğu dönemlerde; şeref de şerefsizlik de nutuklarla değil eylemlerle kanıtlanır. Örneğin bir düello davetinde, davetten kaçan şerefsiz sayılırdı... Türkiye'de hiçbir zaman bir düello geleneği olmadı; beylik deyimle bizim kültürümüzde, sadece pusu geleneği vardı..."*** [2]

Çetin Altan'a hak vermemek elde mi? Cumhuriyet tarihi de ataları olan Osmanlı'nın izinden gittiği sayısız pusu örnekleriyle dolu değil mi? Hem de düellonun ne kadar şerefli, pusununsa ne kadar şerefsiz olduğunu bile bile bu gelenek sürüyor hâlâ. Çetin Altan'ın bu konuyla ilgili yazdığı bir başka yazısı şahsıma kurulan pusuda rol alanların kimler olduğunu özetliyor adeta: ***"Bektaşi babasına sormuşlar: 'Baba Erenler neden batının geleneklerinde düello, bizim geleneklerimiz de pusu var?' Baba Erenler 'Çünkü' demiş; 'Bizde Allah korkusu var. Katil cinayetini işlerken Allah'ın görmesini istemediğinden yatıyor pusuya...'"*** [3]

Evet bir pusuyla tutuklanıp cezaevine atıldım. Yetkisini, gücünü, pervasızlıklarını devletten alıp kanunlara uyduran ve dediklerine göre içlerinde ***"Allah korkusu"*** bulunan, güya ***"dindar Müslüman"*** kişilerce kuruldu bu pusu. İlk kurbanı ben değildim elbet. Görünen o ki son kurbanları da olmayacağım. Zaten başıma bu çorabın örülmesinin nedeni olan kitap da benden önceki bazı kurbanların hikâyelerini anlatıyordu. Ellerine geçirdikleri her fırsatı din bezirgânlığı için kullanan, Allah korkusu yaşadıklarını söyleyenlerin kurduğu türlü, çeşitli ayak oyunlarıyla kimi zaman

2) Çetin Altan, Milliyet gazetesi 27 Ağustos 2010, "Sık sık kollar sıvanıyor, olmayan duvarlar sıvanıyor..."/

3) Çetin Altan, Milliyet gazetesi 3 Ekim 2004 "Zar zar zır zır, zar zor, zor zar..."

itibarsızlaştırılan, yeri geldiğinde cezaevine atılanların hikâyeleri. Yıllar yılı süren bir sabırla, ilmek ilmek örülen bir planla bu tezgâhları hayata geçirecek kurum, mevki, makamlara çöreklenerek, gücü ele geçirdikten sonra şartların olgunlaştığı ilk fırsatta ellerinden geleni artlarına bırakmadılar. Hedeflerine koydukları her kişi ve kuruma kinle, nefretle, öfkeyle gücü ellerine geçirmiş olmanın pervasızlığı ve kibiriyle saldırdılar.

İşte tutuklanmamın ardından hakkında sürek avı başlatılan, basılmadan çağa uygun ***"postmodern yakma"*** diyeceğimiz yöntemlerle imha edilmeye çalışılan kitabım ***"İmamın Ordusu"***nda sadece polis teşkilatının içinde kurban seçilenler anlatılıyordu. Yapbozun küçük ama önemli bir parçasını oluşturan bu kişiler tablonun bütününü görmek açısından önemliydi. Müesses nizam yeniden kuruluyordu. Bir türlü hesaplaşılamayan derin devlet olduğu gibi yerinde duruyor, kullanım tarihi geçmiş kontrgerilla artıkları bir kenara atılıp aktörleri değiştiriliyordu. İşin kötüsü tüm bu parodi ***"sivilleşme, demokratikleşme"*** çığlıklarıyla karşılanıyordu.

Anladığınız üzere adına Ergenekon denilen soruşturma ve dava zincirinden bahsediyorum. Balyoz, Devrimci Karargâh ve Kürtleri hedefleyen KCK soruşturmaları ve benzer torba davalar da bu sürecin birer parçası elbet. Polis ve yargıya çöreklenmiş malum cemaate muhalif kim varsa kendini anılan soruşturma ve davaların şüphelisi veya sanığı olarak buldu bu süreçte. Artık trajikomik bir hale bürünen Ergenekon sürecinin en önemli aktörü hiç kuşkusuz ki malûm cemaat. Geçmişlerinde komünizmle mücadele dernekleri kuruculuğu bulunan ve kendileriyle aynı amaç doğrultusunda faaliyet gösteren derin devleti alkışlayan bu zihniyetin şimdilerde derin devlete ***"düşman"*** görünmeleriyse ironik olmasının yanı sıra elbette ki mide bulandırıcı. AKP'nin yıllar süren iktidarıyla aralarındaki çıkar ilişkisi nedeniyle emniyet ve yargıda hatırı sayılır bir örgütlenme kuran bu yapı, eline geçirdiği stratejik önemdeki bu iki kurum sayesinde yaptığı hukuksuzlukları da kanun kılıfına uydurmayı becerdi. Medyanın ele geçirilmesinin sindirilmesi de zaten tamamlanmıştı. Bu yüzden güçlü bir haykırışla kimse sorgulamadı pusuların densizliğini, komploların hukuksuzluğunu. Sorgulamaya çalışanlar da işlerini, ya gazetedeki köşelerini ya da TV kanallarında yaptıkları programlarını kaybettiler. Biraz şansı olanlar işlerine devam etti. Bunun için susmaları yeterliydi. En talihsiz olanıysa kendini demir parmaklıkların ardında bulanlardı. Bildiğiniz üzere o ***"talihsiz"*** grubun içinde yer alanlardan biri de benim. Zaten elinizde tuttuğunuz ve büyük kısmı tutuklu bulunduğum sırada Silivri Cezaevi'ndeki hücremde yazılan kitap da o süreci, nasıl ***"Ergenekoncu"*** ilan edildiğimi, öncesini ve sonrasıyla anlatacak. Yaşanan bu sürecin nasıl bir komplo olduğu apaçık ortadayken, delil diye ortaya atılanların sahteliği ve saçmalığı gün gibi çıplakken, kimlerin tekerine çomak sokup neden hedef seçildiğim ayan beyan ortadayken nasıl özgürlüğümden mahrum bırakıldığımı yazacağım. Elbette gazeteci sıfatı taşıyan bir grup kendini bilmezin ***"Ergenekoncu olduğumu"*** kanıtlama gayretlerini de bunu becerememelerine rağmen ne kadar yüzsüz ve utanmaz oldukları da kitapta yer alacak.

BÖLÜM

I

PUSU GÜNLÜĞÜ

"Dilsiz tarih yoktur. Ne kadar yaksalar ne kadar yırtsalar ne kadar yalanlasalar da insanlık tarihi ağzını kapamayı reddeder. Köhne düzeni yıkan bir deprem olur o zaman."
Eduardo Galeano

Ergenekon soruşturmalarının ne olduğu ve ne anlama geldiğini anlatmaya çalışıp, bir derin devlet soruşturmasının nasıl olması gerektiğine ilişkin bir yol gösterici olmasını amaçladığımız *Kırk Katır Kırk Satır*[4] üstbaşlığı altında yayımlanan iki ciltlik bir kitap kaleme almıştık. Bu meşakkatli kitabı 2009'da birlikte yazdığımız gazeteci ağabeyim Ertuğrul Mavioğlu'nun tutuklanmamın ardından yeni baskısı yapılan kitaptaki önsüzünden bir alıntı yapmak istiyorum:

> *"Ahmet Şık hakkında Ergenekoncu demek büyük bir haddini bilmezlik örneği miydi yoksa Ahmet'in bütün günahı sadece darbecilerin değil, darbelerle mücadele edip demokrasiyi yerleştiriyor gibi görünerek palazlandıkça, hedefine bütün muhalifleri yerleştiren AKP iktidarının yanında saf tutmaması mı? Geçen yıl birlikte tamamladığımız kitabın girişinde yazılıydı tavrımız. Şöyle diyorduk: 'Ergenekon operasyonları ile birlikte halkın önüne konulan her iki seçenek için kurulacak cümlenin siyam ikizleri kadar benzer olduğuna kuşku yok. Yaşananlar hiç mübalağasız, tam anlamıyla ya kırk katır ya kırk satır deyişindeki gibi. Ya küresel sermayenin çıkarları garanti altına alınıp ABD'nin Ortadoğu, Irak ve Kürt politikalarına ses çıkarmayacak şekilde dizayn edilmiş bir yönetim tarzı örgütlenecek ve AKP şakşakçılarının demokrasi diye yutturmaya çalıştığı kırk satır seçilecek. Bu durumda kıtır kıtır doğranmak göze alınacak ya da tercih kaba milliyetçilik sosuna batırıldığı için olsa gerek antiemperyalistmiş gibi görünen, yüzyıllardır halka karşı yönelmiş ceberrut tavrı nedeniyle faşizmle arasına asla sınır çekmemiş askerden yana kullanılacak. Bu durumda da darbecilerin toplumun üstüne sürdüğü kırk katır altında telef olunacak."*

4) Kontrgerilla ve Ergenekonu Anlama Kılavuzu / Ergenekon'da Kim Kimdir. İthaki Yayınları 2011.

Ahmet'e kırk katır ve kırk satır

Ertuğrul Mavioğlu önsözün devamında *"Ne yalan söyleyeyim, bu satırları yazarken Ahmet'e kırk katır muamelesi yapılacağı, dahası bilenmiş satırlarıyla boğazlayıp, sesini kısmak üzere saldıracakları hiç ama hiç aklıma gelmemişti"* demiş. Belki ilk kitabı yazarken değil ama Gülen cemaatinin polis teşkilatındaki tehlikeli örgütlenmesini anlatmaya çalıştığım kitabı yazarken Ertuğrul ağabeyin aklına gelmeyen benim aklıma gelmişti. Yakın çevreme dillendirdiğim bu abes olasılık aklıma gelmekle kalmayıp başıma da geldi. Tutuklanmak üzere gözaltına alınırken, Gülen cemaatini kastederek *"Dokunan Yanar"* diye haykırırken kastettiğim saçmalıktı bu. Kimlerin ne gibi gerekçelerle bu cemaate dokunmak istediğini ve istinasız hepsinin Ergenekon şüphelisi haline geldiğini ya da toplumun gözünde itibarsızlaştırılarak komploların kurbanı olduğu *"İmamın Ordusu"* isimli kitapta anlatılıyordu. O kitapta anlatılanların ışığında ve oradaki bilgilerin arka planı eşliğinde ve elbet kendimi de bulduğum torbanın adının Ergenekon olduğunu bilerek bu soruşturma ve davalar zincirini değerlendirmek bu sürecin geldiği noktayı da gayet iyi anlatıyor aslında. O halde tanığı olduğum sürecin nasıl sanığı yapıldığımı anlatmaya başlayalım.

> *"Daha önce hiç günlüğüm olmadı. Herkes gibi istedim, herkes gibi başladım. Birçokları gibi tez zamanda vazgeçtim, tembellikten. Cezaevine düşeli beri ziyaretime gelen hemen herkes soruyor: 'Günlük tutuyor musun?' diye. Her seferinde 'Hayır' diyorum. 'Yaz, yaz! Günlük tut' diyorlar. Ama benim, hele ki cezaevinde hiç günlük tutasım gelmiyor içimden. Yazacak bir şey yok, yazmak istemiyorum. Bir yandan da istiyorum çünkü yazacak çok şey var. Ama bu adaletsizlik, bu hukuksuzluk gün gibi ortadayken yazsan ne yazar. Hem öyle öfkeliyim ki içimden geçenleri döksem kâğıda daha sonra okurken ben bile kızabilirim kendime. Birçoklarına göre hayli küfürbaz olan ben dahi çok küfür ettiğime kanaat getirebilirim. Evet hakkımda olur olmaz deli saçmalarını, o çok biliyormuş edalarıyla, hem de birçoğu beni tanımayan bir avuç kendini bilmezin haber, yorum ya da analiz diye okuyucularına/izleyicilerine yutturmaya çalıştıkları sığlıklarına çok küfür ettim, ediyorum. Ve elbet öğreniyorum.*
>
> *Her zaman öğrenmeye aç biri olarak bu süreçten de çok şey öğrendim. Kimi zaman da zaten bildiklerimin üzerinden geçmiş oldum. Mesela dostluğun, dürüstlüğün, samimiyetin ve yalansızlığın sevdiklerinin önüne kendisini siper etmek olduğunu da; dost, arkadaş görünümlü çakalların sırtta hançer olabildiğini de yeniden öğrendim. Neyse ki bu çakal sürüsüne dâhil olmaktan yüzü kızarmayanların sayısı çok değildi tanıdıklarım arasında. Tuhaf gerçekten çok tuhaftı. Ya da aslında hiç şaşırtıcı değildi. Çünkü statükonun bozulmasını, çıkarlarının zedelenmesini istemeyenleri ürkütenin işi her zaman zordur. Hele ki çıkarları muktedirin yanında saf tutmalarına bağlıysa, muktedirin zulmünü tatlandırmaksa görevleri bırakalım kendi başlarına yaşasınlar çürümüşlüklerini. Şaşırmayalım."*

Günlük tutmayı reddetsem de zaman zaman notlar alıyordum oraya, buraya. Günlük olmayacak kadar dağınık notlar olan yukarıdaki bu satırlar da tutukluluğumun 77'nci gününde yazılmış. Saat 22.00'da. 10 metrekarelik hücremde yatağımın içinde okuduğum kitaba ara vermişken. Tutukluluğumun, esaretimin 77'nci gününün bir başka özelliği de bir grup MHP yöneticisinin mahrem anlarının internet üzerinden herkesin seyrine açıldığı gün olması. Şunları yazmışım:

"Memleket malum çete tarafından kâh Ergenekon kâh Devrimci Karargâh kâh KCK diyerek, yetmediğinde sesli görüntülü kasetlerle dizayn ediliyor. Siyasete bak, ahlâka, dindarlığa bak sen. Malum medya yakında bu işe de Ergenekon der şaşırmam.

Kızımla, Yonca'yla açık görüşe 14 saat var. 19 Mayıs nedeniyle ekstradan bir açık görüş hakkı. Hem Yonca hem kuzucuk harika. Dördüncü kez sarılıp, öpebileceğim, koklayabileceğim sevdiklerimi. En çok özlediklerimi..."

Tuttuğum notlardan 21 Mayıs 2011 tarihli olanında bunlar yazıyordu. Gözaltına alınışımdan 80'inci, tutuklandıktan sonraki 77'nci, Silivri Cezaevi'ndeki 76'ncı günüme dair notlar. Her geçen gün cezaevinde yaşamayı daha bir öğrendiğim günlerden biri. Semaver, su ısıtıcı, televizyon derken buzdolabımızın da gelmesiyle iyiden iyiye cezaevine yerleştiğimiz günler yani. Sütün nasıl ısıtılacağını, yemekleri nasıl yeniden yenilebilir hale getirmeyi, semaverde kızartma, kuru fasulyeden piyaz yapma, plastik su şişelerini kevgir haline getirmeyi öğrendiğimiz günler. Bir de sıklıkla *"çıkınca"* diye başlayan cümleleri tekrarladığımız günler. Peki bu noktaya nasıl geldik bakalım.

Hürriyet'te "hürriyete veda" haberi

Tutuklanmama neden olan süreç resmi olarak Odatv isimli internet sitesine 14 Şubat 2011 günü yapılan baskınla başladı. Zaten ben de bu soruşturmaya adımın karıştırılacağını, nasıl bir komplo düzenlendiğini birkaç gün sonra 19 Şubat'ta Hürriyet gazetesinde yayımlanan bir haberle öğrenecektim. Habere göre Odatv'nin bilgisayarında yapılan incelemede hem üzerinde çalıştığım kitabın üç ay önceki hali hem de benimle birlikte birkaç kişinin adlarının geçtiği imzasız, dijital dokümanlar bulunmuştu. Adları geçenlerden biri de Nedim'di. Diğerlerinin benimle ilgisi ise çalıştığım kitabın öznelerinden olan emniyet müdürleriydi. Bunları birazdan anlatacağız. Ama özellikle neydi bu kitap ve hangi ihtiyaçtan ve nedenlerden ortaya çıkmıştı ona bakalım.

Önce bu Ergenekon mevzuuna nasıl girdiğimin bilinmesinde fayda var. Elbet gazeteciliğimin de. Zaten bilen biliyor, bilmeyene de tarih öğretiyor gazeteciliğe bakış açımı ve nasıl yaptığımı. Kısaca *"ezilenin yanında saf tutmak"* diye tanımlamam mümkün. Çünkü benim için gazetecilik *"görmeyenin gözü, duymayanın kulağı, konuşamayanın sesi olmak"* anlamına geliyor. Bu satırları yazdığım 2011 yılında mesleğe başladığımdan bu yana 20 yıldan fazla zaman olmuş. Birçokları için kalfalık dönemim, kimisi içinse hayli kıdemli sayılabilirim. Elbet bu 20 yıl boyunca aktif gazetecilik yapmadım. Özellikle 2005 yılından sonra meslekten aforoz edilmiştim. Nedenlerini burada uzun uzun anlatmaya gerek yok. Kısaca kendime, mesleğime ve meslektaşlarıma ilişkin bir hak, editoryal bağımsızlık mücadelesi nedeniyle diyelim. Tutuklu bulduğumun ilk aylarında Zaman gazetesinin *"Performans düşüklüğünden işten atılmış"* haberinin[5] ne kadarının gerçeği yansıttığını merak edenler araştırabilirler.

Ergenekon ile ilk tanışmam: 2001

Ana akım diye adlandırılan çok satışlı/izlenilirlikli medyada son çalıştığım yer olan Radikal'in muhabiri olduğum yıllardı. Tahminen 2001 olmalı. Aynı zamanda Ergenekon ile tanıştığım tarihti bu. Bildiğiniz gibi AKP 2002 Kasım seçimleriyle iktidara gelmişti. İlk kez siyasal İslam'ın neoliberalizm sosuna bolca bulanarak

5) Zaman gazetesi 14 Mayıs 2011, "Ahmet Şık büyük değil, performansı düşük gazeteciymiş"

yükselişinin zirve yaptığı dönemin kısa bir süre öncesi yani. Bu dönem aynı zamanda adı sonradan Ergenekon olarak konulan soruşturma sürecinin de gayriresmi başlangıcının tarihidir. Evet gayriresmi çünkü soruşturma başladıktan sonra bel altı vuruşların vazgeçilmez silahı olan internetin yaygın olarak kullanılmaya başlaması da o döneme rastlar. İnternet siteleri üzerinden bu iddiaya ilişkin argümanları Ergenekon sürecinin analizine yer verdiğimiz bölümde ayrıntısıyla aktaracağız, şimdilik sadece konuyla ilgili kısmı aktarmakla yetinelim. Soruşturmalar başladıktan sonraki dönemde artık internetten kolaylıkla erişilebilen ve Ergenekon'un temel dokümanı olarak kabul edilen *"Lobi"* isimli bir belge yapılan aramalarda ev ve işyerlerinde bulunan hemen herkesi sanık yaptı. Söz konusu belge, henüz ortada Ergenekon örgütü ya da bu adla bir soruşturma açılmasına 6 yıl varken yayınlanmış ve önce Fehmi Koru bir yazı yazmış sonra da cemaate ait Aksiyon dergisi haberleştirmişti. Henüz bu gelişmeler olmamışken, bu belgeyi ilk kez zaman zaman göz attığım bir internet sitesinde fark ettim. Belgede yer alan iddialar yenilir yutulur cinsten değildi. Her ne kadar kuşkulu olsa da bir çıktısını alıp, o dönem Radikal gazetesinin Genel Yayın Yönetmeni olan İsmet Berkan'a verdim. *"Ağabey şuna bir baksana ilginç şeyler yazıyor"* diyerek verdiğim belgeyi okuyan İsmet Berkan, *"Deli saçması şeyler. Hem nasıl doğrulatacağız. Emin olamayız. Adamların reklamını yapmayalım"* dedi. Aslında iddialar doğru da yalan da olsa haberdi. Mesele iki yanından da ele alınabilirdi. Ne yalan söyleyeyim doğruluğundan da kuşkulanmamıştım.

Bir süre sonra da dediğim gibi önce Fehmi Koru ardından da Aksiyon dergisi yazdı. Ancak ilginçtir buna rağmen hiçbir şey olmadı. Tartışılmadı bile. Ergenekon soruşturmalarında akıl, sınır ve objektiflik tanımayan cemaatin vurucu gücü Zaman gazetesi ve yazarları bile uzak durdu konuya. Belli ki süreç olgunlaşmamıştı. Bir dizi kanlı, karanlık ve provokatif olaylar zincirinden sonra da yeterli şartların sağlandığına kanaat getirilmiş olmalı ki Ergenekon soruşturmaları başladı. Bu tür soruşturmayı yürütecek entelektüel ve siyasi bilinçten yoksun olmasına karşın kendisine kutsal bir anlam yüklemeye çalışan savcı Zekeriya Öz elindeki Ergenekon belgesini, nedense bu soruşturmanın sanığı yapılmayan, Tuncay Güney'in 2001'de verdiği ve doğrulatılamayan ifadeleriyle birleştirmişti. Sonra da suçladığı her kişiyi bu belgeye göre örgütte bir yere yerleştirmişti. Sonradan aslında bu şematik suçlama mantığının köklerinin 2003'e dek uzandığı da öğrenilecekti. Cezaevi arkadaşım da olan Nedim Şener'in Hrant Dink suikastını anlattığı ve tutuklanmasına neden olan kitaplarında MİT'in 2003'te Ergenekon ile ilgili bir şema hazırladığı ortaya çıkmıştı. Şemanın 2006'da güncellenerek Başbakan Erdoğan'a ve ilgili kişilere gönderildiği ancak iddiaların MİT tarafından ciddiye alınmadığı da dönemin kurum müsteşarı Şenkal Atasagun tarafından açıklanmıştı. Söz konusu şemada Ergenekon soruşturmalarında suçlanan ve suçlanacak kişi ve kurumlar isim isim yer alıyordu.

Hanefi Avcı'nın yazdıkları

Ciddi hukuk ihlalleri yaşanan Ergenekon soruşturmalarını yürüten polis ve bileşenleri savcılık ile özel yetkili mahkemeler olan yargı makamlarının son 5 yılın gizli iktidarına dönüşen Gülen cemaatiyle olan sıkı ilişkilerine dair iddiaları en tantananalı biçimde dile getirenlerden biri de eski polis müdürü Hanefi Avcı'ydı. Gülen cemaatinin polis teşkilatı içindeki örgütlenmesi ve yargıdaki uzantıları eliyle kimi soruşturmalarda yaşanan hukuksuzluklarla ilgili sürekli dillendirilen iddialar katı laiklerin bir paranoyası gibi dururken ortaya çıkan Hanefi Avcı'nın yazdıkları ve söyledikleri kendi başını yakacak sürecin de başlangıcı oldu. Susurluk sürecinin önemli aktörlerinden olan, devlet çetesinin deşifre olmasına katkı sunan, önemli açıklamalar yapan bu polis müdürü, telefon dinlemelerin kanunsuzluğu üzerinden Gülen cemaatinin polis içindeki örgütlenmesinin geldiği tehlikeli boyuta dikkat çeken bir kitap yazdı. Bir dönem cemaat mensubu olarak da anılan, sicilinde işkencecilik bulunan, ülkücü gelenekten gelen Hanefi Avcı'nın yazdıkları artık herkesin malumu. İçeriden bir sistem eleştirisi olarak da görülebilecek *"Haliç'te Yaşayan Simonlar- Dün Devlet Bugün Cemaat"*[6] adını verdiği kitabından sonra Avcı'nın başına neler geldiğini biliyoruz. Kendi deyimiyle *"Bu dünyada cehennemi yaşayan"* Avcı, Marksist-Leninist bir örgüte üye olduğu, yardım yataklık ettiği iddiasıyla cezaevine atıldı. Kimsenin inanmadığı bu suçlamaya bir de Ergenekon örgütü üyeliği eklendi. O da bizimle aynı davanın sanığı oldu.[7] Bütün benzemezlerin bir araya doldurulduğu Ergenekon çuvalı giderek kabarıyordu.

Avcı'yla beni aynı kaderi paylaşmaya iten hatta aynı davanın sanığı yapan da yazdığı kitabı okumam oldu. Bir süredir kafamda dolaşan kuşku bulutları Avcı'nın kitabında anlattıklarından sonra daha elle tutulur hale gelmişti. 2010 Ağustos ayında yayımlanan kitabı okur okumaz Avcı'yı telefonla aradım. Neler konuştuğumuza geçmeden önce nasıl tanıştığımızı da açıklayayım ki, birtakım özel yetkili gazeteciler olmayan buzağıyı öküzün altına sokmasınlar.

İşkenceciyle yüzleşme

Avcı'yla Susurluk kahramanı olduğu günlerde 1997 yılında tanışmıştık. Tanışmamıza vesile olan da Avcı'nın nedamet getirse de hâlâ tam bir yüzleşmede bulunmadığı işkenceciliğiydi. 1980 öncesi ve sonrasında Mersin'de Kurtuluşçular ve Devrimci Yolcu'lar başta olmak üzere Avcı'nın birçok kişiye işkence ettiği iddia ediliyordu. O kurbanlardan biri de aynı zamanda arkadaşım olan ve maalesef tutuklu bulunduğum sırada 23 Temmuz 2011'de hayatını kaybeden Şaban Dayanan'dı. O dönemde İHD İstanbul Şubesi Yönetimi'nde olan Şaban'la bir gün otururken söz Avcı'dan açıldı. Yine gazetelerin manşetinde yer alan Avcı'nın fotoğrafını göstererek *"İşe bak lan! İşkencecim demokrat oldu"* dedi Şaban. Merakla sormam üzerine anlattı. *"Haber yapabilir miyim?"* diye sordum. İtiraz etmedi, o anlattı ben yazdım. 1980 darbesinden sonra tutuklandığında 12 yaşındaydı Şaban. 27 ay cezaevinde kaldı. Askeri kapalı cezaevinin en küçük tutuklusuydu. Hiçbir delil olmadan, işkenceyle imzalatılan ifadelerle tutuklanmıştı. Küçücük bir çocukken tanıştığı işkence hiçbir zaman hayatından çıkmadı. Travmalarını hep taşıdı. Bir insan hakları savunucusu olarak da hep işkence mağdurlarının yanında yer aldı, onlarla ilgilendi. Dertlerini, sorunlarını dinledi. Bir işkence mağduru olarak yine işkence mağdurlarının hayata tutunması için çabaladı hep. Hem de kendisi bile travmaları atlatamamışken. Buna rağmen başından geçenleri anlatırken, Avcı'nın sesini hiçbir zaman unutamayacağını dile getirirken bile gülümsüyordu. O dönem çalıştığım Radikal gazetesinde yayımlandı anlattıkları. Kendisinin söylediği biçimde *"İşkencecim şimdi demokrat"* başlığıyla.

6) Hanefi Avcı/ Haliç'te yaşayan Simonlar- Dün Devlet Bugün Çemaat/ 2010/ Angora yayıncılık.

7) Hanefi Avcı'ya, kitabından sonra 13 ayrı suçlamayı içeren 11 idari soruşturma açıldı. İlk soruşturma, kitabından hemen sonra, 20 Ağustos 2010 tarihli. Avcı hakkında 2010 yılının Ağustos ayında 2, Eylül'de 1, Ekim'de 4, Kasım'da 1 ve Aralık ayında 3 ayrı soruşturma başlatıldı. 13 Ekim 2010'da açılan soruşturmada ise hem terör örgütüne yardım hem de öğretmen Kezban Küçük'le olan ilişkisi "evlilik dışı ilişki" kapsamında, aynı dosyada soruşturulmaya başlandı. Ayrıca Hanefi Avcı'nın NTV'deki Yazı İşleri isimli programa katılması ve Taraf gazetesinde yayımlanan röportajı da soruşturma konusu oldu. Bu soruşturmalarda Avcı hakkında, "Meslekten çıkarma, maaş kesintisi, kıdem durdurma" gibi çok sayıda ceza istendi.

Haberin yayımlandığı günün sabahı işyerindeki telefonum çaldı. Televizyon ekranlarından aşina olduğum, Şaban'ın hiç unutmadığı o ses *"Günaydın Ahmet Gardaş"* dedikten sonra devam etti: *"Haberinizi okudum, evet geçmişte benim birtakım hatalarım oldu. Hatta ben bu hataları yaptığım kişilerden bazılarıyla sonradan konuştum. Şimdi bazılarıyla da görüşüyorum. Yazdıklarınız yalan demiyorum ama ben çok düşündüm bu arkadaşı hatırlayamadım".* Avcı en sonunda da meramını dile getirdi: *"Ben bu arkadaşla görüşmek, konuşmak istiyorum."*

Şaşkınlık içindeydim. Heyecanımı gizlemeye çalışıyordum. Bir işkenceci mağduru ile yüzleşmek istiyordu. Daha önce de bazı kurbanlarıyla yüzleştiğini söyleyerek hem de. Kendisine Şaban'dan izin almadan telefon numarasını veremeyeceğini ama isteğini iletip geri döneceğimi söyledim. Telefonu kapatır kapatmaz Şaban'ı aradım. Avcı'nın aradığını söyleyip ne istediğini anlatınca, yaşadığı korkunç anları gülerek anlatan Şaban'ın sesi titremeye başladı. *"Niye görüşecekmiş benimle. Hem ne diyecek ki? Olmaz"* dedi. Ama kararsızdı. Bir yandan da görüşmek istediğini söylüyordu. En sonunda *"Korkarım, çekinirim tek gitmeye. Sen de gelirsen olur"* dedi. Durumu Avcı'ya anlattım, randevulaştık. Ertesi gün Şaban ile birlikte Ankara'daydık. Yol boyunca ne konuşacaklarını merak etti, durdu. Nasıl bir karşılaşma olacaktı? Tokalaşacak mıydı? Ne diyecekti? Ne hissedecekti? Hiçbir yanıtı yoktu. Ve derken buluştuk. Bir pastaneye oturduğumuzda içimizde en rahat görünen Hanefi Avcı'ydı. Ben otururlarken iki kare fotoğraflarını çektim ve sonra izlemeye, benim açımdan tarihi bir an olan bu olaya tanıklık etmeye başladım sessizce. Benim dışımda kalan iki kişi, geçmişin işkencecisi ve mağduru da sessizdi. Avcı'nın *"Sen kimlerdendin?"* sorusuyla bozuldu sessizlik. Birçok isim geçmeye başladı sohbette. Bir ara öyle bir hal aldı ki sanki yıllardır görüşmeyen iki arkadaş bir araya gelmiş ve ortak dostlarından söz ediyor sanırdınız. Avcı'nın ve Şaban'ın cephenin farklı noktalarında yer alarak tanıdığı herkesten bahsedilmişti neredeyse. Avcı o isimlerden kimlerle görüştüğünü de anlatıyordu. Nihayet *"Hatırlamıyorum"* dediği Şaban'ı anımsamıştı! Bir süre sonra da tokalaşıp ayrıldık. Yalnız kalır kalmaz ne hissettiğini sordum Şaban'a. *"Bilmiyorum. Herhalde hiç hissim kalmamış. Bu saatten sonra öfkelensem, küfür etsem ne olacak? Ben onu kendi vicdani rahatsızlığına mahkûm ettim. Hesabını kendi versin"* dedi.

Bu buluşmayı da haberleştirdim. Sonra da Avcı'yla bir daha hiç yüz yüze gelmedik. Zaman zaman telefonlaştık o kadar. Kitabı yayımlandıktan sonra da arayan ben oldum. Kitabın cemaat kısmıyla ilgili eleştirilerini çok yerinde bulmakla birlikte Dink suikastı ve Danıştay saldırısıyla ilgili *"basit polisiye bakış açısını"* yetersiz bulduğumu söyledim. Olayların geri planını değerlendirmekten uzak ve sanki birilerini koruyormuş gibi bir hava sezinlediğimi de ekledim. Söylediğim bir şey daha vardı: İşkencecilik geçmişiyle yüzleşmemişti. Büyük eksiklikti. Cemaatin bir numaralı hedefi haline geldiği için kendisine yönelik ilk saldırı haberlerinin de buradan geleceğini anlattım. Öyle de oldu. Avcı bu eleştirim karşısında ilginç bir yanıt verdi: *"İşkence bu kitabın konusu değildi. O başlı başına bir kitap konusu. Keşke birisi benimle kitap kalınlığında bir söyleşi yapsa. Devletin bizi nasıl eğittiğini, nasıl koruduğunu, o zamanki ve şu andaki ruh halimin, düşüncelerimin neler olduğunu anlatsam."*

Avcı yine işkenceyle ilgili bir konuda anlatmaya hazır olduğunu söylüyordu. Bu söyleşiye talip olduğumu söyledim. Olabileceğini söyledi. Çok heyecanlandım. Hâlâ da tutuklanmama neden olan kitabımdan bile daha çok heyecanlandırıyor beni bu proje. Birkaç kez telefonlaştık. Bu arada Avcı'yı ilk *"vuran"* haber de bu işkencecilik konusu oldu. Bu konuda hiçbir zaman kalem oynatmamış, işkence, yargısız infaz, gözaltında kayıp olaylarını yok saymış malum medya aslanlar gibi hak savunucusu kesildi. 1990'ların tüm infazlarını polis bülteni gibi yayımlanan haberlerle duyuran, sevdiklerinin fotoğraflarıyla adlarına *"kayıp"* denilenlerin akıbetlerini soran annelere *"terörist anneleri"* sıfatını yakıştıran, işkencelere, sonu ölümle biten *"sorgulamalara"* gözlerini, kulaklarını kapatanların tümü birden Avcı'nın ne kötü bir polis, ne azılı bir işkenceci olduğunu kanıtlama uğraşına girdi.

Ergenekon'la "demokrat" olanlar o zamanlar neredeydiniz?

Yeri gelmişken belirtmekte fayda var. Özellikle tutuklanmamızın ardından başlayan tartışmalarda medyanın günahlarından bahsedilirken malum cenahtan hep aynı ses yükseliyordu: *"28 Şubat'ta neler yazdınız? Ne söylediniz?"* Çok haklı ve yerinde bir soruydu bu. Ancak büyük bir eksiği vardı. Sorunun muhatapları sadece *"merkez medya"* diye adlandırılan yayın organlarında çalışan gazeteci ve yorumcular olmamalıydı. Mesela 28 Şubat'ta İslamcı cenahın medyası ve özellikle Fethullah Gülen ne yazmış, neler söylemişti? Dönemin Başbakanı Necmettin Erbakan'a televizyon ekranlarından *"Bırak git"* çağrıları yapan ve *"Okullarımızın anahtarını Çevik Bir'in şahsında devlete vermeye hazırız"* diyen Hocaefendilerinin dediklerini unutmuş galiba bu arkadaşlar. Tıpkı 30 yıllık savaşın kirli, kanlı yükünü yaptıkları korkunç haberlerle heybelerinde taşıdıkları gibi. Gözaltında, işkencede katledilenlerin *"kafalarını duvara vurarak"* ya da *"pencereden atlayarak"* intihar ettiklerini yazdıkları gibi. Evlerde sokaklarda infaz edilenler için *"çatışmada ölü ele geçirildiler"* yalanlarını manşet yaptıkları gibi. Onlarca insanın dört duvar arasında, gözetimi altında olduğu devlet tarafından alay eder *gibi "Hayata Dönüş"* diyerek katlediklerinde yazdıkları gibi. O yüzden tüm bu kanlı günahlara ortak olan medyanın ne olduğunu anlamak için *"Geçmişte neler yapmıştınız? Yazmıştınız?"* sorusunun sınırlarını sadece 28 Şubat dönemiyle ve şimdi saldırıların açık hedefi haline getirilen *"merkez medya"* diye adlandırılan yayın organlarıyla sınırlı tutmamak gerektiğini düşünüyorum. Bu arada bu *"demokrat, sivilleşme yanlısı olduklarını"*, *"devletin yaşattığı hukuksuzluklara karşı durduklarını"* iddia edenlerin yazdıkları da ortada, *"silahlı terör örgütü üyesi"* olarak suçladıkları benim yazdıklarım da. Hepsini ortaya koymak dürüstçe yüzleşmek gerekiyor. Yüzleşelim ki kimin kirli olduğu çıksın ortaya. Çünkü demokrasi gücü elinde tutanların rüzgârıyla yelken şişirip, durumu idare etmekle kurulmaz. Varsa da öyle korunmaz.

"İmamın Ordusu"nun başlangıcı

Konumuza dönelim. Özellikle cemaat medyasının baş tacı ettikleri Emniyet Müdürü Hanefi Avcı bir anda sicili kirli *"tu kaka"* bir polis oluvermişti. Elbette nedeni kitabında dile getirdikleriydi. Avcı'ya dair özel hayatı da dâhil her şeyin tartışıldığı bu dönemde ilginçtir sadece iddiaları tartışılmıyordu. Konuyu bilen *"uzmanlar"* olarak televizyon ekranlarını işgal eden cemaat borazanları nihayet hükmü verdi: Avcı Ergenekoncuydu! Zaten kitabının tartışmalı bölümünü de Ergenekon güdümündeki birkaç gazeteci yazmıştı. Üstelik bu gazetecilerin isimleri de dolaşıma sokuldu. Kitabın yazarı, suçlanan gazeteciler her ne kadar bu absürt iddiaları yalanlasa da kâr etmedi. Avcı önce Devrimci Karargâh davasında tutuklandı. O iddiaları ortaya atanların dedikleri de, o gazetecilerden birisi, koğuş arkadaşım da olacak olan Nedim Şener'in de üzerine yapıştı, kaldı. Elbet kimse inanmamıştı ama malum şebekenin polis, savcı ve hâkimlerini ikna etmek hiç kolay olmayacaktı.

Avcı'nın iddiaları tartışma konusu olmayınca bu iddiaların ışığında emniyet içindeki cemaat örgütlenmesinin Ergenekon ve türevi soruşturmalarında oynadığı rolün ne olduğu sorusundan yola çıkarak bu kitap çalışmasının içinde buldum kendimi. Zaten Ergenekon operasyonlarının gidişatı da bu iddialarla çok örtüşüyordu. Önce Avcı'nın kitabında yer alan ve iddialarına göre her biri cemaatin alicengiz oyunuyla ya koltuğundan olan ya da kendini cezaevinde bulan polis müdürlerinin dava dosyaları üzerinden inceleyip konuyu anlatmak istedim. Emniyet içindeki cemaat örgütlenmesi yeni bir olgu değildi. Bu konuyla ilgili kitaplar yazılmış, açılan soruşturmalarla ilgili birçok haber yapılmıştı. Öte yandan Ergenekon davasındaki delil klasörlerinde de bu soruşturmalarla ilgili birçok resmi belge bulunuyordu. Kaynak sıkıntısı yoktu. Bilinen bir konuyu analitik bir bakışla ele alıp Ergenekon ve ilintili soruşturma sürecini de bu bilgiler ışığında değerlendirecek bir çalışmaydı amacım. En önemlisi de cemaatin artık iktidar olduğunu hissettiği, eline geçirdiği gücü isterse ne kadar pervasızca kullanabildiğini gösterecekti. Konu deşildikçe iş çetrefilleşiyordu. Açılmış geçmiş soruşturmalardan da hiçbir sonuç alınamamıştı. Herkes yerini koruduğu gibi, idari soruşturmada *"suçlu"* oldukları düşünülenler ya ceza almamış ya da sicil aflarıyla *"temizlenmişlerdi"*.

Geçmişi 1970'lerin ortalarına dek inen cemaatin polis teşkilatındaki örgütlenmesine ilişkin bilinen hepi topu 2,5 soruşturma açılmıştı. Başka bir soruşturma da varsa zaten malum cemaatin emniyetteki gücü nedeniyle ya bir sonuç alınamadığını ya da örtbas edilerek kamuoyuna yansımasının engellendiğini söylemek mümkün. Kanımca cemaatin emniyet içindeki gücünü, teşkilatlanmasını ve açılan soruşturmalarda ya da incelemelerde adı geçen veya suçlu olduklarına kanaat getirilenlerin şimdi ve geçmişte hangi makamları işgal ettiğini öğrenmenin tek yolu kurulacak bağımsız bir Meclis Araştırma Komisyonu'nun yapacağı bir çalışmayla mümkün görünüyor. 1970'lerin ortalarından başlayarak emniyet arşivlerinde yapılacak titiz bir inceleme, tanıklıklarla ve hangi sicil aflarından hangi emniyet personelinin yararlandığı tespit edilerek bir örümcek ağı gibi polis teşkilatını kuşatmış bu cemaat yapılanmasının boyutu ortaya çıkarılabilir. Elbette bu yapının gücünü, etkisini ve süregiden tartışmalı soruşturma ve davalardaki rolünü anlamamızın da tek yolu bu.

Bahsi geçen soruşturmalardan ilki Ünal Erkan'ın Emniyet Genel Müdürü olduğu dönemdeki hileli kura skandalıyla başlatılan soruşturma. Yine bu olayla bağlantılı olarak yürüyen, bir dönem cemaat içindeyken anlaşmazlığa düşmesi üzerine ayrılan R.Y. isimli polis okulu öğrencisinin disiplin puanı düşürülerek mezuniyetine bir gün kala okuldan atılmasıyla ilgili olan ve en sonunda da Telekulak çetesi soruşturmasıyla sonuçlanan eski Ankara Emniyet Müdürü Cevdet Saral ve ekibinin yaptığı inceleme. Ayrıntıları İmamın Ordusu adlı kitapta anlatılan bu soruşturmalarla ilgili belgelerden hareketle emniyet içindeki yapılanmanın şekli şemali ortaya çıkıyordu aslında. Bu örgütlenmeyi Ergenekon soruşturmasında en açık biçimde yine bir emniyet müdürü, en uzun süre İstihbarat Daire Başkanlığı yapmış olan Sabri Uzun dile getirdi. Sabri Uzun 20 Kasım 2009 tarihinde Fatih Altaylı'nın Habertürk gazetesindeki köşesinde yayımlanan mektubunda bu olguya dikkat çekiyordu. Mektupta Sabri Uzun, görevinden alınmasına neden olan Şemdinli olaylarıyla ilgili meşhur bilgi notunu kendisinin yazmadığını söylüyordu.

Mektuptaki en çarpıcı ayrıntı ise Uzun'un *"Ergenekon ile ilk kez 2001 yılında tanıştım sonra 2006'da karşıma çıktı"* demesiydi. Hemen kendisini aradım. Mektupta yazanların ne anlama geldiğini sordum. Bu konuda gazetecilerle konuşmak istemediğini söyledi. Sohbet ettik, kapattık telefonları ama görüşeceğimizi söyleyerek. Sabri Uzun'un mektubunda dile getirdiği kimi ayrıntılar, mahkeme sürecinde bazı sanıklarca da dile getirilmişti. Hem de Uzun'un adı verilerek. Bu bilgiler ışığında da Ergenekon sürecinin değerlendirmesinde büyük fayda olmasına karşın bu konu hiçbir şekilde medyada yer bulmadı. Sanık avukatlarının Sabri Uzun'un uzun yıllar hem de iddia edilen suça konu olan tarihlerde İstihbarat Daire Başkanı görevinde bulunduğunu belirterek tanık olarak dinlenmesi talepleri de mahkeme heyetince reddedildi.

Bu tür bilgiler, soruşturma belgeleri ve son dönemde üst düzey emniyet personeli içinde yaşanan tasfiye operasyonlarından Gülen cemaatinin teşkilat içindeki gücü ortaya çıkıyordu. Aslında tasfiye edilenlerin neredeyse tamamının ya bir dönem cemaate karşı tutum almış ya da cemaat dışı yapılar içindeki rakip grup, tarikat ve siyasi çizgiye mensup olması ilginçti. İşin bir başka ilginç yanı ise koltuklarını kaybedenlerin makamlarıydı. Bu kişiler Ergenekon soruşturmaları için kilit öneme sahip başta İstihbarat Daire Başkanlığı, Kaçakçılık ve Organize Suçlarla Mücadele Daire Başkanlığı ve Terörle Mücadele Daire Başkanlığı ile bu birimlerden sorumlu emniyet müdürleriydi.

Cemaatçi polislerden polise fişleme

Parçalar yavaş yavaş yerine oturuyordu. Bu arada kendilerinin cemaat kurbanı olduğunu iddia eden kimi üst düzey emniyet görevlileri bazı avukatlar ve gazetecilerle de görüşüyordum. Geçmiş dönemlerdeki soruşturmalarda görev almış müfettişler de bilgi kaynaklarım arasındaydı. Kendisiyle bağlantı kurduğum bazı emniyet görevlileri de önce görüşmeyi kabul etmişken sonradan vazgeçtiklerini ilettiler. Aralarında Hanefi Avcı'nın kitabında isimleri geçen ve çeşitli komplolar sonucu açığa alınanlar olduğunu öne sürenler de vardı. Bu eksikliğe rağmen hayli yol almıştım. Yeni bilgiler edindikçe eklemeler yapıyor, görüşmeler sonunda yanlış olan bilgiler varsa düzeltiyordum. Konuyla ilgili bir hayli yazılı materyal de vardı. Ancak emniyetten sızan bilgiler, teşkilat içindeki güç savaşlarının bir sonucu olduğu için yalan yanlış çok sayıda haber de yayımlanmıştı. Her bilgi kırıntısını, her belgeyi elimdekilerle karşılaştırıp, farklı kaynaklara doğrulatarak yazmaya çalışıyordum. Bu arada Silivri Cezaevi'nde tutulan Hanefi Avcı'yla da mektupla söyleşi yapmaya çalışıyordum. Bu isteğimi avukatı aracılığıyla kendisine ilettim. *"Soruları göndersin bakarız"* yanıtı üzerine de kendisine çok sayıda soruyu posta kanalıyla göndermiştim.

Yanıtını bulmaya çalıştığım en önemli soru ise Avcı'nın iddialarıyla ilgili başlatılan soruşturma kapsamında sivil ve askeri savcılara ne belgeler verdiğiydi. Elbette ki bu belgeler arasında en önemli olan Ankara'da görevli çok sayıda polisle ilgili cemaatçi polislerin hazırladığı iddia edilen fişleme bilgileriydi. Yanlış okumadınız, iddiaya göre Ankara Çevik Kuvvet Şube Müdürlüğü'nde görevli çok sayıda polis fişlenmişti. Ergenekon ve türevi soruşturmalarda şüphelilerde ele geçirildiği öne sürülen ve kelimenin tam anlamıyla büyük bir yaygarayla kamuoyuna sunulan fişlemelerin alasını iddiaya göre cemaatin polislerinin kendisi meslektaşlarına yapmıştı. Cemaat mensubu polisler tarafından Excel tablosu olarak hazırlanan iki ayrı belgede hakkında fişleme yapılan binlerce polisin kimlik bilgileri ve sicil numaraları, görev yerleri, bağlı bulundukları birim ve hatta nereden atandığına kadar bilgiler bulunuyordu. Bir diğer belgede ise diğerindeki kişisel bilgilerin yanı sıra, fişlenen polisin cemaatle arasındaki ilişkiye dair değerlendirmelerde bulunuluyordu. Fişleme yapılan polislerin, cemaatle ilişkisinin 1'den 5'e kadar derecelendirildiği belgede kaydı tutan kişinin, *"referans"* denilerek kimlik bilgileri ile telefon numaralarına da yer verilmişti. Fişlemelerde yer alan kimi bilgiler ve değerlendirmeler ise belgede şöyle yer alıyordu:

> *"Bizi bilir sever ama eşi de polis olduğu için vakit bulamadığını söyleyerek kaytarır", "Müspet bir arkadaş geç tanışıldı yakın takiple samimiyet kurulursa*

kazanılabilir", "Bizi bilir programlarımıza katıldı. Samimi, ev ziyareti yapılsın", "Derslerimize katılır. Dergi yok, himmet yok, namaz düzensiz kılar", "Tedbirli yaklaşılsın", "Cuma namazı kılar", "Erken haber verildiğinde programları aksatmaz. Kitap okumayı sever. İyi takiple mesafe kateder", "Dergi, 10 YTL himmeti var. Namaz kılar, dersleri takip eder. Görev almaktan kaçınır. Yakın takip ile kolay seviye alır", "Arkadaş çevresi çok kötü, alışkanlıkları çok fazla. Oruç tutmaz bizimle ilgili fikri yok", "Ehl-i dünya gayrı meşru çok şey var", "Namaz kılar, eşi de polis. İyi birisi başka meşrepten olabilir", "Hizmet aleyhinde konuşur dikkat edilsin", "Cuma kılar, oruç tutar ilgilenilebilir", "Dersleri aksatarak gelir. Dergi, himmet yok. Bizi sever namazlarını kılar", "Cumalara gitmez. Maddiyata önem verir. Ağzı bozuk. Kızıyla ablalar ilgileniyor. Kumar oynar, çok sinsi, menfaatçi", "Bizim dershanelerde kalmış istanbul'dayken. Sızıntı, Y.Ümit var, himmet var. İyi bir arkadaş tedbir konusunda zaafları var", "Sosyal demokrat", "Derse gelir, himmet (20), dergi var. Evini açar".

Hanefi Avcı'nın "kayıp" delili

Adeta illegal bir örgüt bazında çalışan bir yapı Ankara'da görevli bir kısım polis hakkında kendilerinden olan ve olmayan diye sınıflandırılmaya tabi tutularak, tam anlamıyla kendilerinden olmayanların ne şekilde kazanılabileceği, aile durumları ve şahsi özelliklerini kayıt altına almıştı. İddiaya göre bu çalışmalar sadece Ankara ile sınırlı olmayıp Emniyet Genel Müdürlüğü'nün bütün departmanlarında ve diğer illerde de yapılmıştı. Benzer çalışmaların İçişleri, Adalet, Milli Eğitim ve Dışişleri Bakanlıkları başta olmak üzere cemaatin örgütlenmeye çalıştığı devlet bürokrasisi içindeki her kurum ve kuruluşta yapıldığı da söyleniyordu. Bu illegal faaliyetleri ortaya çıkarmak için savcıların, ellerine ulaşan bu belgeden yola çıkarak telefon numaralarının kime ait olduğunu belirlemeleri ve faaliyetlerini araştırmaları gerekiyordu. Telefon numaralarının geçmiş yıllara ait HTS kayıtlarının çıkartılıp, ilişkide bulunulan ve temas kurulan kişiler üzerinden çetenin örgütün genel yapısının şematize edilmesi gerekiyordu. Elbette bu olması gerekenlerdi. Peki, Avcı'nın savcılığa teslim ettiği iddia edilen bu belgelerin başına ne geldi?

Avcı'nın iddiaları ve bir taşınabilir hafıza kartı içinde savcılığa vermiş olduğu, 2007 yılında tutulduğu tahmin edilen fişleme kayıtları emniyetteki cemaat yapılanmasını çorap söküğü gibi ortaya çıkaracak denli önemliydi. Ama elbette ki bunun için adil ve iyi niyetli ve elbette cemaatin kollarının uzanamayacağı mesafede olan ve siyasi iktidarın koruyucu zırhı olacağı savcılar gerekiyordu. Normal prosedürde bu iddialara konu olan olayları araştırmak için savcılık makamının eğer soruşturma açarsa birlikte çalışacağı emniyet birimi İstihbarat Daire Başkanlığı'ydı. Ortada binlerce kişilik ve hepsi de polis olan fişlenmiş kişiler ve fişlemeyi yapan polislerin de kimlik bilgileri ve telefon numaraları vardı. Bu durumda İstihbarat Daire Başkanlığı'nın planlı-projeli bir soruşturma açarak sözkonusu telefonları dinlemeye alması gerekiyordu. Ancak ortada sıkıntılı bir durum vardı ki o da İstihbarat Daire Başkanlığı'nın tamamıyla cemaatin eline geçmiş olmasıydı. Yani cemaatin en etkili olduğu birim kendilerinin örgütlenmesine ilişkin yürütülecek soruşturmanın da icra organı olacaktı. Elbette olmadı. Sadece Ankara'da çok sayıda polisle ilgili bu fişlemelerin Türkiye'nin 81 ilindeki tüm emniyet personeli için yapıldığı iddiasına, bir emniyet müdürünün bu iddiayla ilgili bir de delil sunmasına karşın bu soruşturmada bir adım öteye gidilemedi. Çünkü Avcı'nın teslim ettiği deliller yok olmuştu!

Yani Hanefi Avcı'nın hiç de yenilir yutulur cinsten olmayan iddiaları soruşturuluyormuş gibi yapılıp bilinen sebeplerle dosyası kapatıldı. Hanefi Avcı Ankara Özel Yetkili Savcılığı'nca açılan soruşturmada elindeki bilgi ve belgeleri teslim etmişti. Gülen cemaatine bağlı polislerin *"Emniyetin imamı"* olduğu öne sürülen O.H.Ö'yü, Hocaefendileri Fethullah Gülen'e şikâyet ettiği mektubun yanı sıra yukarıda anlatılan fişleme kayıtları da savcılığa teslim edilmişti. Hanefi Avcı, *"Kozanlı Ömer"* olarak anılan O.H.Ö'nün şikâyeti üzerine verdiği ifadede bu fişleme kayıtlarından şöyle söz ediyordu:

> *"Kitabımında davacının adının geçtiği belge orjinalini Ankara Savcılığı'na verdim. Savcı Ahmet Cihan Kısa soruşturmayı yürütmektedir. Aynı şekilde Ankara Özel Yetkili Cumhuriyet Savcısı (Hamza Keleş) resen harekete geçerek soruşturma başlatmıştır. Burada da tanık olarak ifade verdim. Belgenin orjinalini, cemaatin emniyetteki örgütlenmesini, emniyetin birimindeki (Çevik Kuvvet) görevlileri hakkında tuttukları bilgi fişlerinin, kimin cemaat yanlısı kimin karşıtı olduğu, bu bilgileri kimin topladığı bilgilerini kapsayan bir dijital beleği de savcıya verdim. Belge orjinalinin savcılıktan istenerek bu dosyaya da konulmasını talep ederim..."*

Bu arada soruşturmayı yürüten özel yetkili savcı Hamza Keleş 12 Eylül 2010 referandumundan sonra AKP ve cemaatin bir birimi haline dönüştürülen HSYK'nin kararıyla 2011 Mart ayında görev yeri değiştirilerek söz konusu dosya elinden alınmış oldu. Değişiklikten birkaç hafta sonra Mayıs ayı içinde de Avcı'nın iddiaları üzerine savcı Keleş tarafından başlatılan soruşturmada takipsizlik kararı verildi. Kararda Avcı'nın iddialarının soyut ve yoruma dayalı olduğu ve bu iddiaları kanıtlayacak delillerden yoksun olduğu belirtiliyordu.

Peki Avcı'nın *"Savcılara verdim"* dediği fişleme kayıtları ne oldu? Bu sorunun yanıtını da Avcı'nın sanık olduğu O.H.Ö'nün şikâyetiyle açılan soruşturmanın savcısı Nadi Türkaslan veriyordu: *"Bu raporu Ankara Cumhuriyet Başsavcılığı'na dijital ortamda verdiğini ifade etmişse de araştırıldığında ilgili soruşturma evrakında şüphelinin söylediği dijital verilerin bulunmadığının anlaşıldığı..."* Yani *"kayıp"*. Yani *"soruşturma dosyasına hiç girmemiş"* görünüyor ya da ortaya çıkacağı günü bekliyor bir yerde... İddiaları araştırılmayan, sümenaltı edilen Hanefi Avcı ise cezaevinde gün sayıyor.

Peki, belge gerçekten kayıp mı? Ankara Adliyesi koridorlarında dolaşan bilgilere göre takipsizlik kararının ardından Avcı'nın avukatları dijital bellek içinde delilin teslim edildiği uyarısında bulununca savcı Türkaslan'a *"öyle bir delil olmadığı"* sözlü olarak söylenmiş. İddialara göre Avcı'nın anlattıklarıyla ilgili soruşturmayı yürüten savcılık makamı, Türkaslan'a öyle bir dijital belleğin dosyada olmadığını söyleyince takipsizlik kararı da o şekilde yazılmış. Ancak takipsizlik kararının çıkmasının ardından Avcı'nın avukatlarının başvurusu üzerine de bu kez dijital bellekteki dokümanların çözümlerinin yapılarak dosyaya konulduğu bilgisi verilmiş. Adli emanete alındığı söylenen dijital bellek de, Avcı'nın avukatlarının iade edilmesi talebine rağmen kendilerine teslim edilmemiş. Yani bir varmış bir yokmuş.

İşte peşinde olduğum belgelerden birisi de Hanefi Avcı'nın elinde olan ve yargı makamlarına teslim edildikten sonra *"yok"* denilen, ardından var olduğu söylenip adli emanete kaldırıldığı öne sürülen bu fişleme kayıtlarıydı. Muhtemelen benim peşimde olanların da yayımlanmasını istemedikleri belge. Zaten bu yüzden tıpkı Odatv davasının diğer mağdurları gibi bir komployla tutuklanmam yetmediği gibi toplatma kararı verilen üzerinde çalıştığım kitap imha edilmeye de çalışıldı. İşte o kitapta yer alması istenmeyen belge şimdi karşınızda. (Belgelerin tamamı ekler bölümünde)

5	220[redacted]	A[redacted]		Y[redacted]	N[redacted] B[redacted] 0505303 7[redacted]		İYİ BİR ARKADAŞIMIZ. NOKTADA BAZEN NAMAZI AKSATIRDI..AMA ÇOĞU ZAMAN KILAR.AİLECEK BİRKAÇ KEZ GÖRÜŞÜLDÜ. AİLESİ ILIMLI. EVİNE SIZINTI VE AİLEM DERGİSİ ALIYOR.ÖZELLİKLE ÇOCUKLARI İÇİN BU DERGİLERİ ALDIĞINI SÖYLÜYOR. GEREKLİ ALAKAYI DEVAM ETTİRİRSENİZ KISA ZAMANDA KAZANILACAK BİR ARKADAŞ	HASSAS BÖL.KORUMA	HAVALİMANI	
6	211[redacted]	Y[redacted]		K[redacted]	A[redacted] B[redacted] 0505481 4[redacted]		HİZMETİ BİLİYOR. DAHA ÖNCEDEN GELMİŞ GİTMİŞ.AŞIRI TEPKİLİ GEREKÇESİ ABİLERİN İYİ YERLERDE ÇALIŞTIĞINA TAKINTI YAPIYOR. NAMAZ CUMA YOK.ORUÇ TUTTU.	HASSAS BÖL.KORUMA	ÇANKAYA	ESAT
7	194[redacted]	G[redacted]		H[redacted]	U[redacted] B[redacted] 0505539 0[redacted]		ÜÇLÜK BİR ARKADAŞ. PROGRAMLARA AKSATMADAN KATILIR. EŞİ HİZMETİ BİLİR. EVİNİ KULLANDIRIR. ARABASI VAR.NAMAZINI KILAR. HİMMET 30 YTL.SEVİYE ALACAK BİR ARKADAŞ. 100 YTL KURBAN BORCU VAR 05054880807	HASSAS BÖL.KORUMA	HUKUK İŞLERİ	HUKUK İŞLERİ

Bu belgenin yanı sıra Avcı'dan yanıtlamasını istediğim sorulara da halen yanıt alamamıştım. Sabırla bekliyordum. Ta ki 14 Şubat 2011'deki Odatv operasyonunda ele geçirildiği iddia edilen belgelerin ne olduğuna dair haberi okuyana kadar. Odatv'ye yapılan baskın haberi artık rutinleşmiş bir uygulama gibi algılandı. Ergenekon soruşturmaları ve AKP hükümetine muhalif bir yayın çizgisi izleyen her kurumun başına gelen Odatv'ye de uzanmıştı. Ancak bu biliniyor olmasına karşın bu baskın medyada genel olarak olumlu bir karşılık buldu. Cemaate ve hükümete angaje medya açısından *"anlaşılır"* olan bu tutum, bu kategori dışında kalanlara da sirayet etmişti. Bunu yaratan etmenin Odatv'nin yayıncılık anlayışıyla çok ilgili olduğu ise herkesin malumu. Beğenmediğim bu gazetecilik tarzı ve üslubuna ilişkin eleştirilerimizi, kendileri de mağdur olan Odatv çalışanlarının hapiste olduğunu anımsatarak sonraya bırakalım.

Yandaş medya kalemleri için Ergenekon operasyonu nasıl körü körüne desteklenmesi gereken bir süreç ise Odatv'nin yayıncılık anlayışı da aynı biçimde reddiye üzerine kuruluydu. Ergenekon soruşturmalarına ilişkin muhalif tutumunun yanı sıra yayıncılık anlayışı nedeniyle medyada da hatırı sayılır bir düşman kitlesi edinen Odatv, polis baskınına uğrayınca haliyle birçok kişi *"hak ettiler"* diye düşündü. Baskının ardından Soner Yalçın ile iş arkadaşları Barış Pehlivan ve Barış Terkoğlu'nun tutuklanmasının yarattığı memnuniyette, Ergenekon soruşturmalarına destek verenlerin sahip olduğu akıl yoksunu kör inancın etkisi çok fazlaydı. Peki bu saydığımız nedenler, beğenirsiniz beğenmezsiniz, bir haber sitesini Ergenekoncu yapmaya yeter mi? Her şeyi bilen medya etikçileri ve Ergenekon uzmanlarına göre yetermiş. Eğer yayıncılık anlayışı bir terör davasının kapsamında değerlendirilecekse, konuyla ilgili yapılan her haber, düşünce açıkladığı iddiasındaki birçok yorumda tıpkı, eleştirilen Odatv'nin yaptığı yargısız infazlarda kullanılan bir dil ve üslubun hâkim olmasını da aynı kapsamda değerlendirmek gerekmiyor mu? Odatv'yi, hapiste bulunduklarından kendilerine yanıt verme imkanı olmayan mağdurlarını suçlayıcı ifadelerle eleştirmekten gocunmayan malum medya korosunun, kaynağı polis olan sızdırmalarla yaptıkları yargısız infaz kategorisindeki haberlerin de elbette ki *"liberal ya da muhafazakar, demokratların"* eleştiri radarına yakalanmadığını da anımsatmak gerek.

Odatv'nin sahip olduğu düşman sayısının çokluğundan, operasyonu *"basın özgürlüğüne yönelik bir saldırı"* olarak görenlerin sayısı azınlıkta kaldı. Sesleri çok cılız çıktı. Muhalif kimliklerini, karşıtı oldukları medya organlarını aratmayacak yayıncılıklarıyla ortaya koyan Odatv kurulan tezgahın dönüştürücü etkeniydi. Toplumsal kutuplaşmanın sertleşmesiyle ortaya çıkan ulusalcı pazarda kendine hayli geniş bir alan bulan Odatv, kurulan tezgâhla hem kendilerinin hem de hedef belirlenen herkese yönelik yapılan operasyonların eşitliğinin Ergenekona doğru tamamlanmasına yardımcı oldu. Ancak buna rağmen Odatv çalışanları ve avukatları henüz gözaltının 2'nci gününden itibaren hep aynı savunmayı, bilgisayar korsanlığı ve virüs iddialarını, dile getirdi. En önemli suç delili olarak sunulan ne idüğü belirsiz, imzasız word belgeleri ile örgütsel doküman muamelesi yapılan *"Ulusal Medya 2010"* adlı aptallık sınırlarını zorlayan *"kâğıt parçası"* olarak görmemiz gereken doküman da dâhil her bir belgenin virüs yoluyla bilgisayarlarına yüklenmiş olduğunu açıkladılar. Avukat Hüseyin Ersöz bu açıklamasını bilimsel olarak kanıtlamak için Boğaziçi Üniversitesi Bilgisayar Mühendisliği Bölümü'nden bir profesöre de söz konusu dokümanların bulunduğu öne sürülen harddiski inceleme yapması için resmi yolla vermişti. Ancak söz konusu inceleme *"İmamın Ordusu"* isimli kitabımla ilgili başlatılan sürek avı nedeniyle tamamlanamamıştı. Kitabın kopyasına sahip olup da savcılığa teslim etmeyenlerin de örgüt üyeliğiyle suçlanacağı tehdidi üzerine söz konusu harddisk, incelemesi bitmeden polislere teslim edilmişti. O ana dek yapılan incelemeler sonunda da suça konu olan dokümanların aynı gün, aynı saat, aynı dakikada bilgisayara yüklenip silindiğine ilişkin de bir rapor düzenlenmişti. Yargılama aşamasında ise 3 ayrı üniversiteden ve ABD'de konunun uzmanı bir kurumdan yapılan incelemelerde söz konusu dokümanların virüs yoluyla Odatv'nin bilgisaylarlarına kaydedildiği kanıtlandı.

Biraz önceki konumuza dönersek, muhalif olan, malum soruşturmalarla ilgili kendileri gibi düşünmeyen hatta karşı çıkan herkesi Ergenekoncu ilan etmekte beis duymayanlar için Odatv'ye yapılan baskın da meşruydu. Televizyon ekranlarından, gazetelerdeki köşelerinden kırmızı görmüş boğaymışçasına saldırdılar. Ancak haklı olarak nefret suçu tanımları yapanlar acaba aynı suçu işleyen mesela (V)Akit gazetesi için neden aynı duyarlılığı göstermez? Nefret suçu; benden yana olanlar ve olmayanlar diye mi değerlendiriliyor? Odatv baskını olduğu günlerde Ergenekon soruşturmalarının geldiği hâlle ilgili, Bilgi Üniversitesi'nde öğrencilerimizle birlikte hazırladığımız www.habervesaire.com adlı internet sitesinde yayımlanan bir yazı kaleme almıştım. Ergenekon soruşturmalarındaki kafa karışıklığını, siyasetteki grift ilişkiler, politik kavramlar ve temsil ettiği kutupların altının boşalması gibi kaos ortamı nedeniyle bizzat yaşadığım kimi olaylardan yola çıkarak yazmıştım bu kurgusal metni. O zaman yazının sonunda yer verdiğim ironinin kısa zaman içinde başıma geleceğinden habersizdim. 17 Şubat 2011'de yayımlanan yazı şöyleydi:

Ergenekon ve İktidar Arasında Kalmak

AKP iktidarı ve Ergenekon soruşturmalarıyla birlikte toplumda ciddi bir kutuplaşma yaşandı. İşin kötüsü her kutupta yer alan karşısındakinin kendisi gibi düşünmesini istiyor. Aksini düşünense Ergenekoncu, cemaatçi ya da AKP'ci oluveriyor.

İstiklal Caddesi'nde yürüyordum bir arkadaşla karşılaştım. Bu yazı için isminin önemi yok ama Ergenekon soruşturmalarının doğru olduğuna körü körüne inanan liberal cenahtandır. Müstehzi bir ifadeyle bana bakıp, "Ya sen Ergenekon hakkında tuğla gibi kitap yazdın. Bu Balyoz soruşturması hakkında ne düşünüyorsun?" diye sordu.

Hadi bakalım gel de yanıt ver. Önce, "Kitap yazdığıma bakma benim de kafam karışık" diye savuşturmaya çalıştım. Sonrasında aramızda şöyle bir konuşma geçti:

- Olur mu canım kafa karışacak ne var? Bu ülkede asker iktidarını yitirdiğini düşündüğü her zaman darbe yapmıştır. Bu planlar da doğru değil mi sence?

- Geçmişteki sabıkalarına bakarak, askerin her daim darbe planları peşinde olduğu konusunda kesinlikle haklısın. Bize gösterilen Balyoz belgeleri de darbe planları içeriyor ama doğruluğu hakkında kuşkulu olduğum yanları var.

- Televizyonları izlemiyor, gazeteleri okumuyor musun? Kuşkulanacak ne var ki?

- Elbette izliyorum, okuyorum ama tek bilgi kaynağım da medya değil. İnternetten yayın yapan bazı siteler var. Ergenekon'a taraf ve karşıt olan kitaplar var. Sedat Ergin iki tarafa da eşit mesafede duran yazılar kaleme alıyor. Bir de Çetin Doğan'ın kızı ve damadının kitabını okudum. Zaten hepsini birden okumadan doğruya ulaşmak zor.

- Boşver onları. Zaten Ergenekon'un aleyhinde yazanların kendileri de Ergenekoncu.

- Ama en önemli kaynağım bizatihi soruşturma dosyalarının kendisi. İddianameler ve ek delil klasörleri.

- Onları niye okumakla vakit kaybediyorsun. Hem çok karışık hem de gazete ve televizyonlar zaten öğrenmemiz gerekenleri bize özetliyorlar.

- Peki sen nereden öğreniyorsun bu bilgileri?

- Gazetelerden ve yazarlardan elbette. Özellikle Taraf, Zaman, Yeni Şafak, Star, Bugün, Sabah ve hatta Akit'te bile bu konuda çok iyi haberler yapıyorlar. Sonra, bu ve başka bazı gazetelerde yazan kimi güçlü kalemler çok iyi yazılar kaleme alıyorlar. Televizyonda da tartışma programlarında da anlatıyorlar hem bildiklerini.

- Peki sence yazılan ve anlatılanların hepsi doğru mu? Ben Ergenekon ve türevi soruşturmalarda doğru olanlar kadar doğru olduğuna inanmamız istenen birtakım eklemeler yapıldığı kanaatindeyim. Evet bu ülkede kanlı ve kirli bir derin devlet geleneği var. Kâh Susurluk, kâh Şemdinli, kâh kontrgerilla diye anıldı. Şimdi de Ergenekon deniliyor. Ama bu soruşturmalar özellikle senin bilgilendiğin medya tarafından bize anlatılıp inanmamız istenen gibi derin devleti soruşturmaya yönelik değil. Eğer Türkiye'de derin devlet ve faaliyetleri soruşturma konusu yapılacaksa, Hrant Dink suikastında tetiği çeken, silahı veren, mermileri ve parayı sağlayanlar yargılanıyor. Hatta onların içinde MİT, JİTEM ve polisle çalışanlar da ortaya çıktı. Sonra Susurluk'tan yargılanan Mehmet Ağar'dan o dönemin başbakanına, OHAL dönemi komutanlarına ve kimi valilerine dek birçok karanlık isim hâlâ burada. Buyursunlar araştırsınlar. Hrant'ın gerçek katilleri ve kısaca söylediğim bu isimler yargı önüne çıkarılırsa Ergenekon'un derin devlet soruşturması olduğuna inanırım.

- Veli Küçük tutuklu biliyorsun değil mi?

- Biliyorum elbette. Peki Veli Küçük Hrant Dink'in öldürülmesinden ya da görev yaptığı dönemde İzmit-Adapazarı-Sapanca bölgesinde işlenen faili meçhul cinayetlerden mi yargılanıyor? Susurluk sürecinde Yeşil denilen katille ilişkileri mi, yoksa JİTEM'de faaliyet yürütürken yaşananlardan mı sorgulandı?

- Ama Cemal Temizöz ve Arif Doğan'ı unutuyorsun galiba.

- Cemal Temizöz Kayseri alay Komutanı iken, sahte belge üreten ve kışlada Gülen cemaati örgütlenmesi yapmaya çalışan 2 askeri tutuklatıp bu örgütlenme ile ilgili soruşturma açmasaydı sence tutuklanır mıydı? Tutuklanmasına neden olan olaylar yaşandığında bir yüzbaşı olarak sadece Temizöz mü sorumlu tutulmalı? Arif Doğan gözaltına alındığında kendisinden 8 çuval JİTEM belgesi ele geçirilmişti.

- Evet o da kitap yazdı zaten.

- Yazdı. Hem çok fazla da konuşuyor, ama hiç bir şey söylemiyor. Ergenekon'un ikinci iddianamesinde Arif Doğan'dan ele geçirilen belgelerde PKK'li kılığına girip köylüleri kaçırmaktan, yine PKK'li kılığında bombalama ve saldırılar düzenleyip, Hizbullah'la üst düzeyde ilişki kurmaya kadar pek çok suça ilişkin resmi yazışmalar vardı. Ne oldu biliyor musun? Genelkurmay devletin âli çıkarları için sakıncalı bulduğu için bu belgeler sansürlendi. Peki bu konuda savcılık neden soruşturma açmıyor ya da açtıysa sonucu ne oldu diye başta okuduğun gazete ve yazarlar olmak üzere neden kimse sormuyor?

- Sen de çok şey istiyorsun. Hele şu darbecilerin hepsi bir temizlensin ondan sonra olur herhalde. Medyada da soruşturmanın önünü kesmek için ciddi bir direniş var. Bak en yakın örnek Soner Yalçın. O da Ergenekoncuydu, neyse ki

gözaltına alındı.

- Soner Yalçın'ı bitim kadar sevmem. Yaptığı yayıncılık da kafatasçı ve tıpkı senin bilgilendiğin kaynaklar gibi kafa karıştırmaya çalışıyor. Peki bunlar tutuklanması için yeterli neden mi? Sevdiğin yazarlar televizyona çıkıp Amerika'yı yeniden keşfediyormuş gibi, "Ergenekon sanığı Yalçın Küçük'le ilişkisi ortaya çıktı" diye konuşuyor. 4 yıl önce başlayan bir soruşturmada ne oldu da ilişkisi ortaya çıktı merak içindeyim. Medyada direniş olduğu filan da yok. Zaten yapabilecek bir yayın organı da yok. Aydın Doğan'ın bile vergi cezalarıyla susturulabildiği bir ülke burası.

- Sen AKP karşıtı olduğun için bunları söylüyorsun. Senin için "Solcu ama Kemalist" diyenler yanılmış bence sen de Ergenekoncu olmuşsun.

Bu diyaloglar, malum arkadaşla aramızda geçen son konuşmalardı. Bir daha selam alıp vermeyeceğiz galiba. Yahu ben Ergenekon'a iyi ya da kötü demek zorunda mıyım? Hem iyi bir şey yapıldığında bunun hakkını veriyorum ama yanlış giden bir şey varsa bunu söylemek de hakkım değil mi? Sinirimden çatlayacağım şimdi. Dudaklarımı kemirerek yürürken, "Ne bu sinir?" diyen bir başka arkadaşla karşılaştım. Tıpkı biraz önceki liberal gibi bu da üniversitede öğrenci derneğinde birlikteyken sosyalizm hayalleri kurarken şimdi köktenlaik bir Kemalist oldu. Gel de çık işin içinden. Şimdi buna da dert anlatmak zorunda mı kalacağım? Bu da Ergenekon'un yalan olduğuna körü körüne inanıyor. Al birini vur ötekine. Hal hatır bile sormadan, "Şimdi de Soner Yalçın'ı gözaltına aldılar. Hepimizi içeri atacak bu şeriatçılar" dedi. "Şeriatçılıktan AKP'yi mi kastediyorsun?" dedim. Onayladı. "AKP, sermayenin çıkarlarının gözeten tipik neoliberal bir parti. Şeriat meriat getirmez korkma. Zaten böyle bir niyetleri olmadığı da ortada" dedim. Demez olaydım. Niye mi buyrun:

- O zaman Ergenekon diyerek neden silahlı kuvvetlerimizi hedef alıyorlar? Şeriatın önündeki tek engelin ordu olduğunu biliyorlar.

- Sence ordu içinde ve Ergenekon'un şüphelileri arasında darbe heveslisi olanlar, planlayanlar ya da suça bulaşmış olanlar yok mu? Evet bazılarıyla ilgili ciddi kuşkular var. Haklısın ama herkes mi masum?

- Elbette öyle. Laik kimlikleriyle bilinen, şeriat karşıtlarının hepsinin Ergenekon sanığı olması tesadüf mü? Bu AKP şeriat istiyor. Gazetelerin, yazarların hepsi olmasa da bunu yazanlar var, okumuyor musun?

- Sen nereden okuyorsun bunları?

- Aslında çok fazla da yok yazabilen ama Cumhuriyet, Aydınlık, Sözcü okuyorum. Ulusal Kanal izliyorum. Bazı yazarlar var. bir de Soner Yalçın'ın Odatv.com sitesini takip ediyordum ama onun başına geleni de biliyorsun.

- Biliyorum. Gözaltısının da haksız olduğunu, sadece muhalif olduğu için başına bunların geldiğini düşünüyorum. Ya da en azından Ergenekoncu olduğuna ilişkin kuvvetli deliller gösterilene dek buna inanmayacağım. Yalçın ve sahibi olduğu internet sitesi muhalif olabilir, itirazım yok. Ama neyi, nasıl yazdığı da önemli öyle değil mi?

- Nasıl yazdığını düşünüyorsun ki?

- Her şeyden önce tıpkı Ergenekon'un doğru olduğuna inanmamızı isteyenler gibi o da yanlış olduğuna inanmamıza çalışıyor. Yandaş diye anılan medyadakiler gibi doğru olup olmadığını bilmeden ellerine gelen her bilgiyi haber diye sunuyorlar. İşin daha da kötüsü bunu yaparken de çok ırkçı bir dille kaleme alınıyor yazılar. Kafatasçılar. Zaten Ergenekon'a ve AKP'ye muhalefet edenler

bilgiyle değil hamasetle yapıyorlar bunu. Tıpkı savunanların yaptığı gibi.

- Senin için AKP'li diyorlardı ama az söylemişler sen Fethullahçı da olmuşsun.

Bu satırlar elbette ki kurguydu. Ama gün geçmiyor ki benzer diyaloglar yaşanmasın. Çünkü biliyorsunuz son 4 yılın değişmez gündemi elbette ki Ergenekon. Balyoz, Islak İmza, Erzincan, Kafes Eylem Planı gibi adlarla anılan soruşturma ve davalar kafanızı karıştırmasın. Bunların hepsi birden Ergenekon diye anılıyor ve öyle. Bir de Devrimci Karargâh var. Ülkücü ve işkenceci geçmişi bilinen polis müdürü Hanefi Avcı'nın da, sol sosyalist bir örgüte yardım ve yataklık ettiği gerekçesiyle sanıkları arasında olduğu soruşturmadan bahsediyorum.

Bir de bunlardan ayrı tutabileceğimiz bir dava daha var elbette: KCK. Evet ayrı ama bir yanıyla da ortak. Çünkü KCK'de Ergenekon ve Devrimci Karargâh'la birlikte ağzı açık tutulan torba soruşturmalardan biri. AKP'ye ve malum cemaate muhalefet eden herkes her an bu torbanın içinde yerini alabilir. İşin kötüsü Ergenekon'un yanında ya da karşısında saf tutanlardan her biri kendileri gibi düşünmemizi istiyor. Yoksa vay halinize. Ya Ergenekoncu, en hafifinden statüko yanlısı bir Kemalist ya da AKP'ci ya da Fethullahçı damgası yiyebilirsiniz. Yukarıdaki hayali konuşmaların satıraralarında da vurgulamaya çalıştığım gibi Ergenekon soruşturmaları ne savunucuları gibi körü körüne derin devletin sorgulandığına inanmamız istenen bir olgu ne de karşıtlarının yaptığı gibi sulandırılacak bir mevzu. Ama hal ve gidiş böyle devam ederse, Fetyyip suresinde de dediği gibi "Bir gün her muhalif Ergenekon'u tadacak."

Ergenekon'u tadan bir muhalif

"Bir gün her muhalif Ergenekon'u tadacak" diye bitmiş olan bu yazının mürekkebi kurumamıştı ki 19 Şubat'ta beni cezaevine gönderecek sürecin işaret fişeği de çakıldı. Odatv'de yapılan baskında el konulan bilgisayar harddisklerinde bulunan dokümanların neler olduğu anlatılıyordu haberde.[8] Hürriyet gazetesinde yayımlandıktan sonra da başta cemaat medyası olmak üzere tüm basın organlarında yer aldı haber. Benimle birlikte Nedim ve bazı polis müdürlerinin de adlarının geçtiği imzasız word belgeleri bulunduğundan bahsediliyordu. Adımın Ergenekon soruşturmalarına karıştırılmaya çalışılmasına mı yoksa bu çamur atma planının siyaseten hiçbir şekilde aynı düzlemde bulunmayacağım kişi ve bir haber sitesi üzerinden yapılıyor olmasına mı kızayım bilemedim. Ancak oynanan oyun benim açımdan çok açıktı. Dokunanın yandığı listesine eklenecektim. Haberlerde bulunan dokümanlar arasında sayılanlardan biri de *"000KİTAP"* ismi verilmiş olandı. Çok şaşırdım çünkü bu isimli bir word belgesi kişisel bilgisayarımda da vardı. İmamın Ordusu isimli üzerinde çalıştığım kitabın word belgesine bu adı vermiştim. Adımın geçtiği word dokümanları olduğu bilgisiyle düşündüğümde ise oyun açığa çıkıyordu. Kitabımın bir kopyası Odatv bilgisayarlarından birine nasıl ve ne yolla olduğunu hâlâ bilemediğim bir biçimde kaydedilmişti. Adımın geçtiği saçma sapan bir dijital yazıyı *"Ulusal Medya 2010"* adlı garabetle de birleştirince *"Hoş geldin Ergenekon"* olacaktı. Ama bunun için önce kamuoyu oluşturmak gerekiyordu.

8) Hürriyet gazetesi/19 Şubat 2011/ Birinci sayfada 'PKK'yı ön plana çıkarın', iç sayfada 'Delil virüsten' başlıklı haber.

Yandaşların linç kampanyası

Süreç hep şöyle işlemişti: Önce Taraf başta olmak üzere Zaman, Star, Yeni Şafak ve (V)Akit gibi gazetelere belgeler sızdırılıyor ya da hedef alınan kişilere yönelik illegal biçimde kaydedilen ses kayıtları internet üzerinden dolaşıma sokuluyordu. Ergenekon soruşturmalarına ilişkin iddianamelerde sıklıkla görüldüğü üzere sızdırılan belgeler ya da illegal ses kayıtlarındaki kişiler ya da olaylarla da ilgili çok ayrıntılı bilgiler içeren isimsiz elektronik posta ihbarları da polis ya da savcılara ulaştırılıyordu. Bu büyük soruşturmaların en önemli delilleri haline gelen bu meçhul ihbarların kaynağı araştırılmadığı gibi dile getirilen iddialarla ilgili hemen polisiye süreç başlatılarak baskınlar yapılıyor, hedef alınan kişiler gözaltına alınıyordu. Rutin süreç sonunda da istisnasız her biri tutuklanıyordu. Sızdırılan belgelerin eksiği ise yine kaynağı polis ve savcılık olan sızdırmalarla, yine aynı gazete ve gazetecilere servis ediliyordu. Her biri hakkında *"sanık haklarını korumak"* gibi hukuki kılıf bulunan *"gizlilik"* kararları hiçe sayılarak şüphelilerin *"azılı teröristler"* olduğuna yönelik algı yaratacak haberlere imza atılıyordu. Cemaat medyasının üzerinde en çok fırtına kopardığı *"basın özgürlüğü"* yaygarasının temelini de bu sızdırmalarla yapılan haberler nedeniyle açılan davalar olduğunu belirtmekte fayda var. Elbette ki böylesine önemli bir konuda, kamusal bir görev olan gazeteciliğin engellenmesine yönelik her türlü *"kanuni"* görünümlü düzenlemenin abesliği eleştirilmeli. Ancak yapılan haberlerde kullanılan dil ve üslubun özensizliği, şüphelinin haklarını hiçe sayan haberciliğin de en basitinden meslek etiği bağlamında daha fazla eleştiriyi hak ettiği gerçeğini de görmezden gelmemek gerek. Sürecin bir diğer halkasının da sızdırılan belgeler ya da tutuklanmaktan kurtulamayanlarla ilgili soruşturmadaki zayıflık, tutarsızlık ve çelişkilerin hemen bir sonraki sızdırma bilgi, belge ve isimsiz ihbar mektuplarıyla giderilmeye çalışmak olduğunu da vurgulamak gerek. Ergenekon ve özellikle Balyoz soruşturmasında ortaya çıkan birçok çelişkili durum, düzenlenen her yeni baskında ele geçirildiği öne sürülen yeni *"delil ve dokümanların"* öncekilerin eksiğini kapatmak ya da çelişkilerini gidermek amacına sıklıkla şahit olundu.

Tıpkı daha öncekilerde yapıldığı gibi ilk haberin Hürriyet gazetesinde yayımlanmasının ardından, Star, Yeni Şafak, Zaman, (V)Akit gazetelerinde aynı içerikte haberler ardı ardına yayımlanmaya başladı. Hem de defalarca. Aynı günlerde bir internet sitesinde şahsımı hedef alan garip bir *"haber analiz"* yayımlandı. Anlaşılan o ki ne azılı bir terörist olduğumla ilgili yazılı ve görsel cemaat yayınları yeterli olmamıştı. İçeriğinin polisin verdiği asılsız bilgilere dayandığı bu yazı da dolaşıma sokulmuştu. Tüm bu yapılan *"kara propagandaya"* yanıt vermek için bir yazı kaleme aldım. www.bianet.org ve www.t24.com.tr sitelerinde 21 Şubat 2011'de yayımlanan *"Bitmemiş kitabımın Odatv bilgisayarında ne işi var?"* diye soran yazı şöyleydi:

> "Henüz yazdığım son yazının[9] mürekkebi kurumamıştı. İstediğim gibi değildi ama meramımı da anlatabilmiştim sanırım. 'Ergenekon ve iktidar arasında kalmak' başlıklı yazıda Ergenekon adı altındaki soruşturma ve davalar zinciriyle mevcut iktidarlar arasında mesafeli durmanın zorluğu anlatılıyordu. İktidarlar dediğimin farkındayım. Çoğul olmasının nedeni malum, çünkü bu ülkeyi yöneten sadece AKP değil. Hadi daha spesifik hale getirerek söyleyelim ki yazının konusu da bu zaten, ülkeyi yöneten diğer

9) http://www.habervesaire.com/news/2030/'Ergenekon ile iktidar arasında kalmak' başlıklı yazı.

güç, kısaca cemaat diye anılan kesim. Bu tezimde de ısrarlıyım. Nasıl ki AKP'den önce ülkeyi asker yönetiyorduysa şimdi de sivil bir iktidar yönetmiyor. Bakmayın siz üzerlerindeki kıyafetlerde apolet olmadığına, onların zihniyetleri üniformalı, kafaları apoletli. Uzun lafın kısası, onlar da dini teamüller çerçevesinde bir emir komuta zincirinden oluşan bir başka askeri düzen. Ergenekon ve türevi bilumum soruşturmayı yürütenler de bu hiyerarşinin parçaları...

Öfkeli bir giriş oldu farkındayım. Öfkeliyim. Nedeni Hürriyet gazetesinde yayımlanan bir haber ve bu haberden yola çıkılarak yapılmış bir başka 'haber'. Önce bu paçavra yazıya yer verip sonra da öfkemi yatıştırsın diye size açıklama yapayım. Soner Yalçın'ın tutuklanmasıyla ilgili Hürriyet gazetesinde çıkan bir haberde adım geçince 'medyasavar' adında bir sitede beni hedef alan bir yazı yayımlanmış. 'Vay Ahmet vaaayyy. Bu hiç Şık olmadı' diye de başlık atmışlar.[10] Birlikte okuyalım:

"Ahmet Şık, provokatör gazeteciydi, Alper Görmüş'ten 'beslenen' liberal oldu. Peki Soner Yalçın dosyasında işi ne...

90'lı yıllarda muhabirlik yapanlar Ahmet Şık'ı çok iyi tanırlar... Daha basın yayında okurken Cumhuriyet'te polis muhabirliği yapıyordu. O yıllar İstanbul Basın Yayın'da etkili olan DHKP/C kontenjanından olduğu bilinirdi. Onur Akın gibi, Murat İde gibi, Semra Kardeşoğlu gibi..

Örgüt bir yandan üniversitelerdeki sempatizan çocukları sokağa döküyor, diğer yandan biraz palazlanan sempatizanlara bankaları soyduruyor, taşeron suikastlar yaptırıyor, kan döktürüyordu...

Ahmet Şık'ın görevi polisi provake etmekti. Muhabir kisvesiyle katıldığı her eylemde mutlaka polislere 'Köpek', 'İşkenceciler' gibi laflar atarak gözaltına alınmasını sağlar, sonra da gazetecilere, 'Niye beni kurtarmıyorsunuz' diyerek, onları 'işbirlikçilikle' suçlardı...

Gazeteci kimliği, örgütçü kimliğinden hep sonra gelirdi...

Ahmet'in tavırları, 'protest'ten daha çok 'provokatör'ceydi... Polislere sadece eylemler sırasında değil, gazetedeki haberlerinde de saldırıyordu.

Ahmet bir gün ortadan kayboldu, yıllarca da ortalarda görünmedi. Örgütçü kimliği nedeniyle güvenlik kuvvetleri tarafından sıkıştırılmaya başlanınca Fransa'ya kaçmıştı.

Döndükten sonra 'daha bir akıllanmış' görünüyordu Ahmet. Nokta dergisini kapanmaya, yayın yönetmeni Alper Görmüş'ü de mahkeme salonlarına götüren meşhur 'darbe' haberlerinde, Ahmet Şık imzası görünce, Ahmet'in, üniversite yıllarında kol kola olduğu DHKP/C'li arkadaşlarından farklı olarak, 'ulusalcı' değil, 'liberal' bir çizgiye daha yatkın olduğu yönünde kafalarda fikir oluşmuştu.

Hatta Nokta dergisi kapandıktan sonra, hamisi Alper Görmüş onu işsiz bırakmamış, liberallerin kalelerinden biri olan Bilgi Üniversitesi'nin yayın organında işe yerleştirmişti...

Soner Yalçın'la ilgili soruşturma dosyasında, Ahmet Şık'ın adının, hükümete zarar vermek için Haziran ayında yapılacak seçimler öncesinde hazırlanan kitap için çalıştığı yönündeki iddialar, 'İşte gerçek Ahmet Şık budur' dedirtiyor."

10) http://www.medyasavar.com/ozel_haber/10400-Vay-Ahmet-vaaayyy-olmad.html

Şimdi bu yazının neresini düzelteyim bilemedim. Hani neredeyse sadece adımı doğru yazmışlar. Eğer ki bu yazıyı kaleme alan, kendisine bu bilgileri veren ve polis olduğundan emin olduğum kişiyle karşıma çıkma cesaretini gösterirse iddialarının hepsini tartışmaya hazırım. Hatta tartışmaya konu etsinler diye bir ipucu da vereyim: Ahmet Şık, 40 yıllık yaşamında aklı ermeye başladığından bu yana sosyalisttir. Yani hiçbir zaman liberal olmamıştır.

Bu yazıya konu olan haber Soner Yalçın'ın tutuklanmasıyla ilgiliydi. Hürriyet'te, *'PKK'yı ön plana çıkarttın'*[11] başlığıyla 19 Şubat Cumartesi günü yayımlandı. Odatv baskınında bilgisayarlarda yapılan incelemelerde birtakım dokümanların ele geçirildiği anlatılan haberin en sonunda, *'Eklemeden çekinme'* arabaşlığıyla duyurulan bölümde ise adım şöyle geçiyordu. *'Sabri Uzun adlı word belgesinde ise şu ifadeler yer aldı: Şık-Sabri kitap başlıklı belgede Sabri'nin kitap konusunda çekincesi var. İkna etmeye çalışalım. Kitabı seçimden önce yetişmeli. Nedim, Ahmet Şık konusunda görüşsün. Kitaba çalışırken cesur olun. Çıkarma ve ekleme yapmaktan çekinmeyin. Bu kitap Simon'dan daha kapsamlı olmalı. Nedim'i kutlarım. Ahmet'i çalıştırsın. Hanefi çıkacak ve Sabri'ye katılacak. Emin ve Sabri'ye moral verin. Sabri adıyla çıkmasına zorlayın. Seçimden önce yetişsin.' Bu belgeyi de Soner Yalçın haberi olmadığı iddiası ile kabul etmedi.'*

Bahsi geçen Ahmet ben oluyorum. Nedim ise, dürüstlüğüne kefil olduğumu her ortamda söylediğim nesli tükenmekte olan birkaç iyi gazeteciden biri olan Nedim Şener oluyor. Sabri, eski Emniyet İstihbarat Daire Başkanı Sabri Uzun; Emin, garip bir uyuşturucu kaçakçılığı soruşturmasına komployla adı karıştırılarak görevden alınan eski Emniyet Genel Müdür Yardımcısı Emin Arslan; Hanefi ise tahmin edeceğiniz üzere cemaati hedef alan kitabı sonrasında sosyalist bir örgüte yardım yataklık ettiği iddiasıyla kendisini cezaevinde bulan ülkücü gelenekten yetişme eski polis müdürü Hanefi Avcı. Nasıl denklem ama?

Bu isimlerle ortak bir noktam var elbet. Nedim, öncelikle arkadaşım ve aynı zamanda meslektaşım. Ne o beni çalıştırır ne ben onu. Zaten gazetecilik geçmişimizi bilenler için de fazla söz söylemeye gerek yok. Adları geçen polis müdürlerini de tanırım. Üçü de yakın zamanda piyasaya çıkacak kitabımda yer alan isimler. Zaten benim adımı Soner Yalçın'la ilgili yürütülen soruşturmaya dâhil eden de halen üzerinde çalıştığım bu kitap. Hürriyet'teki haberde Odatv baskınında bilgisayarlarda bulunduğu söylenen 'oooKitap' başlıklı doküman da kişisel bilgisayarımda aynı adla kaydedilmiş bulunan çalışmamın kendisi oluyor. Kafanız karıştı değil mi? Anlatayım:...(NOT: Yazının devamında yukarıda anlattığım Hanefi Avcı ile tanışmam ve kitabını okuduktan sonra ona ilettiğim eleştirilere yer vermiştim. Tekrara girmemek için burada yer verilmedi.)

...Hanefi Avcı'ya yine kendisini ilgilendiren bir başka kitap çalışması daha yapmak istediğimi de aktardım. O da zaten bitmek üzere olan, Emniyet'teki cemaat örgütlenmesini anlatan kitabımdı. Avcı'yla ilgisi ise hem kitabında bahsettiği hem de kendisinin de kurbanları arasında yer aldığı, komplolarla ayağı kaydırılan polis müdürlerinin başlarına neler geldiği de

11) http://www.hurriyet.com.tr/gundem/17064558.asp?gid=233&srid=4079&oid=1&l=1

yazdığım kitapta yer alacaktı ve aldı da. Anlayacağınız, Odatv baskınında ele geçirildiği öne sürülen belgede Sabri, Emin, Hanefi diye adları geçen polis müdürleriyle birlikte adımın geçmesine neden olan hikâye budur.

Peki, o belgenin ve bitmemiş kitabımın kopyasının orada işi ne? Ben de bilmiyorum. Önümde iki seçenek var. İlki birilerinin inandırılmaya çalışıldığı gibi Ergenekon güdümünde olduğu öne sürülen Soner Yalçın'la ortak hareket ediyor olmam. Beni birazcık tanıyan, gazetecilik geçmişimi kıyısından köşesinden takip edenler dahi bu ihtimalin gerçek olmayacağını anlar. Yalçın'ın kendisi mi öyle bir bilgi notu yazdı onu da bilemem. Yazdıysa da doğru yapmamış. Ama sorgusunda öyle bir yazıdan haberi olmadığını söylediğinin de altını çizmek gerek. Bu vurguyu avukatlarının, Odatv'nin bilgisayarlarına suçlanmalarına konu olan virüslü elektronik postayla gönderildiği açıklamalarıyla birlikte değerlendirdiğimizde ise aklıma yatan diğer ihtimal oluyor.

Telefonlarım yıllardır dinleniyor. Bu kitap çalışmasına başladıktan sonra da daha sıkı izlendiğimi biliyorum. Bilmediğim tek şey bu dinleme ve takibin yasal olarak yapılıp yapılmadığı ki hâkim kararı alındıysa da buradan o kararı talep edenler ve de izni verenler hakkında suç duyurusunda bulunuyorum. Neyse, eğer Soner Yalçın'ın avukatlarının iddiası doğruysa üzerinde çalıştığım kitaptan haberdar olanlar ki eminim kitabımın konusunu oluşturan yapının mensuplarıdırlar, çalışmamı bir şekilde ele geçirip o bilgi notuyla Odatv'nin bilgisayarlarına da yüklemiştir. Zaten ben de buna inanıyorum. Kitabımın daha çıkmadan, Ergenekon etiketiyle itibarsızlaştırılmaya çalışıldığını anlayacak kadar zekâm var. Bunu yapmaya çalışanlar ne beni, ne gazeteciliğimi, ne siyasal duruşumu ne de Ergenekon soruşturmalarına bakış açımı bilmiyorlar. Ya da, Ertuğrul Mavioğlu'yla birlikte kaleme aldığımız "Kırk Katır Kırk Satır" üst başlıklı 2 ciltlik kitabımızı iyi okumuşlar ve anlamışlar. Ben de anlıyorum ki telaşları bu yüzden. Aslında diyecek çok şey var ama yeterince uzun oldu. Malum sitede gazetecilik yapıldığı iddiasıyla kaleme alınan paçavrada hakkımda, "Gazeteci kimliği, örgütçü kimliğinden hep sonra gelirdi..." diye yazan cemaatçilere ve Ergenekoncu olduğumu düşünenlere vereceğim yanıtla bitireyim: "Bu suçlamalarla anılmak, cemaatçi ya da Ergenekoncu olarak anılmaktan daha onurludur.".

Kısa, imzasız bir word belgesi

Bu yazıyla yanıtımı veriyordum ancak ne yaparsam yapayım ok yaydan çıkmıştı bir kere. Bir yandan evimize yapılacak polis baskınını bekliyor bir yandan da bu trajikomik senaryonun nasıl ve ne gerekçelerle hayata geçirileceğini merak ediyordum. Bu arada Odatv bilgisayarında bulunduğu öne sürülen adımın geçtiği word dokümanının içeriğini de öğrenmiştim.

"Sabri Uzun" adıyla kaydedilmiş ve alıntıladığım yukarıdaki yazımda da içeriği anlatılan bu kısacık word belgesi üzerinden Ergenekon örgütüne üye olmakla suçlanacaktım. Sadece ben değil elbet. Belgede soyadı yazılmasa da *"Nedim"* diye bahsedilen kişinin de Nedim Şener olduğu orada burada yazılmaya başlanmıştı. Zaten bizlerden önce tutuklanan Soner Yalçın da kendisine *sorulan "Belgede geçen Nedim kim olabilir?"* sorusunu *"Nedim Şener olabilir"* diye yanıtlamıştı. Anlaşılan Soner Yalçın da hedeflenen kişilerden birinin Nedim Şener olduğunu anladığını ifade etmişti. Şimdi bu kısacık belgeden yola çıkarak nasıl bir komplo kurulduğunu ve nedenini

anlamaya çalışalım.

Belgede geçen isimler Ahmet Şık, Nedim Şener, Sabri Uzun, Hanefi Avcı ve Emin Arslan'dan oluşuyor. Peki bu kişiler kim ve ne yapmış?

Nedim Şener: Titiz ve namuslu bir gazeteci olan Nedim Şener Hrant Dink cinayetinde ihmali olan kurumlardan biri olan emniyetin önemli adamlarının *"görev kusurlarını"* anlatan bir kitap yazmış. Hrant Dink suikastının ne olduğunu ve kitabın adıyla söylersek Dink'in kalemini kimlerin nasıl kırdığını tüm açıklığıyla kuşkuya yer bırakmayacak bir biçimde ortaya çıkarmış. MİT, asker ve polisin *"ihmal"* diye nitelendirilen kusurlarının adeta *"cinayete ortak olma"* şeklinde gerçekleştiğini de belgeleriyle kanıtlamış. Bu *"ihmalkârların"* emniyet ayağında yer alanların da Gülen cemaatinin polis teşkilatındaki önemli isimlerden olduğu ise hep söylenegelmiş. Kitabının yayınlanmasının ardından hakkında polislerin şikâyetiyle açılan davalarda yaklaşık 30 yıl hapis istemiyle yargılanan Şener beraat etmiş. Yani ilk saldırıyı savuşturmuş.

Ahmet Şık: Daha önceden Ergenekon sürecine ilişkin bir kitap yazmış. Üzerinde çalıştığı kitap ise polis teşkilatı içindeki cemaat yapılanmasını analitik olarak anlatmaya çalışıyor.

Hanefi Avcı: Tutuklanmasından önce Eskişehir Emniyet Müdürlüğü görevinde bulunan eski istihbaratçı. Kendisini cemaatin hedefine yerleştiren Gülen cemaatinin emniyetteki örgütlenmesinin ulaştığı tehlikeye dikkat çeken kitabı olmuş. Özellikle yasadışı dinlemelerin ardında poliste örgütlü cemaatin olduğunu iddia etmiş.

Emin Arslan: Bir komploya adı karıştırılarak Emniyet Genel Müdür Yardımcısı iken cezaevine atılmış. Koltuğunu kaybettikten sonra tahliye edildiğinde ise pasif bir göreve atanarak kızağa çekilmiş. *"Dink suikastıyla ilgili ihmali olan polislerin kimler olduğunu açıklayacaktım. O yüzden bu komplo başıma geldi"* diyen Arslan kendine kurulan tuzağın ardındaki meslektaşlarının cemaat yapılanması içinde olduğunu iddia etmiş. Dink suikastının arkasında olanların da cemaatten olduğunu söylemiş.

Sabri Uzun: Türkiye'de iki dönemde en uzun süreyle İstihbarat Daire Başkanlığı yapmış üst düzey emniyetçi. İddialara göre yine cemaat komplosuyla yerinden edilmiş.

Bu üç üst düzey emniyetçinin de ortak özellikleri cemaatin emniyet teşkilatında en çok önem verdiklerin birimler olan İstihbarat Daire Başkanlığı, Kaçakçılık ve Organize Suçlarla Mücadele Daire Başkanlığı ve Terörle Mücadele Daire Başkanlığı'nda geçmişleri olması. Ya da görevlerinden edilene dek o birimlerin yöneticileri ve sorumluları olması. Ergenekon ve ilintili soruşturma süreçlerinin kolluk kuvveti olarak görev alan polislerin de bu birimlere bağlı il müdürlüklerinde görevli olduklarını hatırlatmak yerinde olacaktır. Ancak bu üç ismin hedef haline gelmesindeki bir diğer ortak nokta ve denklemin en etkili unsuru olan Gülen cemaatine bulaşmış olmaları. Tıpkı iki gazetecinin yaptığı gibi yani. Elimizde bir de *"Ulusal Medya 2010"* isimli garip belge var. Yazım dili, üslubu ve anlatılanların saçmalığıyla hiçbir örgüte mâl edilemeyecek olan bu belgenin içeriğinin anafikri ise *"AKP ya da cemaat karşıtı olan, Ergenekon soruşturmalarındaki aksaklıkları dile getiren herkesin Ergenekon üyesi olarak suçlanabileceği"* diye özetlenebilir.

Bilgi notlarında benim kitap yazdığım ve Nedim'in de bu konuda beni çalıştırdığına dair ibareler de bulunuyor. İki gazeteci ve üç emniyetçinin adlarının geçtiği bu belgeyle *"Ulusal Medya 2010"* isimli dokümanı birbirine nasıl bağlayacağız? İşte orada da en zayıf halka olan Odatv internet sitesi devreye sokuluyor. Odatv bilgisayarına bu belgeleri, kitabımın üzerinde birtakım notlar bulunan Aralık ayındaki halini iddiaya göre virüs yoluyla yerleştirince denklem tamamlanmış oluyor. Bu denklemin karşısına da eşittir *"Ergenekon örgütü"* yazılıyor. Sonra da bu kurgusal, yalanlarla dolu denklem malum medya eliyle tedavüle sokuluyor. Alıcısı da belli. Özel yetkili gazetecilerin sattığı bu mal ilk sahibi olan polis, oradan da cemaatin yargısı gibi çalışan savcı ve hâkimlere sunuluyor. İsimlerimizin yer aldığı sahte dokümanlar sayesinde de böylece bir taşla birkaç kuş vurulmuş oluyordu. Cemaatin hukuksuzluklarıyla uğraşan iki gazeteci, üç emniyet üst düzey yöneticisi beş kişi ile muhalif kimliğe sahip bir haber sitesi. Öte yandan soruşturmanın genişletilmesiyle de listeye eklenmesi muhtemel birkaç isim daha. Gerçekten güzel plan, çok işlevsel bir taştı bu.

Bu kadar aptalca senaryo olur mu?

"İmamın Ordusu" kitabımın üzerinde çalışırken kimi zaman başıma bir çorap örülebileceğini düşünmüştüm. Ama bir yanıyla da içim rahattı. Bir yandan politik tutum olarak Ergenekonculuk olarak adlandırılan zihniyetle uzak yakın hiçbir biçimde bir birlikteliğimiz olmadığı gibi bir sosyalist olarak milliyetçiliğin hiçbir biçimini tasvip etmeyen birisiydim. Yıllardır içinde bulunduğum gazetecilik mesleği içinde başımı öne eğmem gereken tek bir habere imza atmış değildim. Hangi isimle anılırsa anılsın derin devlet denilen cinayet şebekesiyle aramdaki "*kan davası*" da bu kadar ortadayken açıkçası *"Böylesine aptalca bir senaryoyu kimse hayata geçiremez"* diyordum. Yazdığım kitapla ilgili çalışmalarımı da olabildiğince şeffaf yürütüyordum. 15 yıldır kullandığım ve dinlenildiğini bildiğim telefon hattımdan kitabımla ilgili avukat arkadaşlarım ve yayınevindeki editörümle konuşuyor, tüm randevularımı bu hatta bağlı telefondan arıyordum. Zaman zaman haber kaynaklarımla da konuşmalar yapıyordum. Hayatım da normal seyrinde, rutini bozmadan yürüyordu. *"Yok canım! Adımı Ergenekon'a bulaştıracak bir aptallık yapılmaz"* diyordum. Hep yanılmışım, yaptılar bu aptallığı. Sahte belge ve dokümanlarla, birbirine benzemezlerin boca edildiği Ergenekon torbasına atıldık Nedim ile birlikte. Öylesine pervasız, denetimden çıkmış bir güç olmuştu ki karşımızdakiler geçmişte ne olduğumuz, ne yaptığımız, kim olduğumuzun karinesi olan haberler, yazılar ve kitapların bir önemi yoktu. Karar verilmişti, suçlanmalıydık. Öyle de oldu. Ergenekon soruşturmalarına halel getirmemiş çok sayıda insanı bile isyan ettiren bir aymazlıkla Ergenekoncu ilan edildik. Normal bir zekâya sahip her insanın gülüp geçeceği iddialarla tutuklandık. Cemaat medyası dışında hiçbir yerde karşılığını bulmasa da kimlerle uğraştığımızı öğrenmeliydik. Kamuoyunda, kendi cemaatlerinin ve Ergenekon soruşturmalarına destek verirken başımıza gelenin saçmalığını anlatmaya çalışanların ikna edilebilmesi için "*özel yetkili gazeteciler*" türedi. Yorumcular, polislikten devşirme köşe yazarları sokuldu devreye. İyi de oldu. Adeta kimin demokrat ya da hukuka bağlı kalıp kalmadığına, inançlara dair bir turnusol işlevi gördü bu tutuklamalar. Demokratlığın sınırının angaje olunan siyasi yapı ve cemaatle sınırlandığına tanık olunan yazılar arşivlerde yerini aldı. İleride bu konuyu daha ayrıntılı ele alacağız. Kaldığımız yerden devam edelim en iyisi.

Kitabımın bir kopyasının Odatv bilgisayarına nasıl gittiği sorusu kafamı kurcalıyordu. Kitabımı paylaştığım kişilerden gitmediğinden emindim. Bir düşünelim bakalım kimlerde var kitabımın kopyası? Avukat arkadaşım Tora Pekin'de var. Kitabı okuyup hukuki sorun yaratacak kısımlar olup olmadığını denetliyor ben yol aldıkça. Bir diğer avukat arkadaşım Can Atalay'da var. Kendisi Devrimci Karargâh davasında da şüphelilerden bazılarının avukatı. O dosyayı biliyor. Kitabın içinde yer verdiğim konulardan biri de bu örgüt. Bu yüzden o da ilgili kısmı inceleyip, yorumlayacak. Hukuki her türlü derdimde yıllardır hiçbir karşılık beklemeden davalarıma giren Avukat Fikret İlkiz'de kitabın 20-30 sayfalık bir bölümü var. Hukukçuluğu kadar iyi de bir editör olan Fikret Ağabey'in sivri eleştirilerinden kaçınmak için kitabın tamamını göndermedim çünkü. O da Devrimci Karargâh ile ilgili kısmı okuyup eleştiri yazacaktı. Kitap tamamlandığında gideceği son adres o olacaktı ama daha bitmemişti. İthaki Yayınları'ndan editörüm Ahmet Öz de var. Onu da zaman zaman bilgilendiriyordum. Bir de Aydın Ağabey de var. İyi kalem erbaplarından gazeteci Aydın Engin'de. Hem kurgusu, üslubu, anlatımı üzerine eleştirsin hem de kitaba vermek istediğim *"İmamın Ordusu"* isminin içime sinmemesi nedeniyle bir isim önerebilir mi diye göndermiştim kendisine. Ergenekon ile ilgili kitabı birlikte kaleme aldığımız Ertuğrul Mavioğlu'na da göndermiştim kitabı. Eleştirsin, önerilerde bulunsun diye. Bu kişilerden hiçbirinin Odatv ya da Ergenekon ile ilgisi yok ki. Onlar da hayata benim baktığım pencereden bakan, aynı kulvarda birlikte koştuğum insanlar. İyi de nasıl gitti bu kitap oraya? Daha önce söyledim ya; virüslü elektronik posta. Tahminim o ki e-posta adresimin şifresi kırılmış ve kitabım ele geçirilmişti. Kim yapmıştı acaba bunu? Beni Ergenekon torbasına atmak isteyenler olabilir mi? Peki onlar kim? Gerçekten kim oluyorlar? Anlattıkları gibi sivil toplum hizmeti veren bir iyilik hareketi mensupları mı? Kendilerini böylesine sivil, böylesine demokratik ve böylesine iyi olarak lanse ettiklerinde nedense hep aynı şey aklıma geliyor: *"Her kötülük iyilik suretinde görünür."*

İtibarsızlaştırma kampanyası

Plan devreye sokulmuştu. Adımı Ergenekon örgütüyle anmak ve kitabımın da bu örgütsel yapının bir parçasıymış gibi göstermek şeklindeki bir planla itibarsızlaştırma kampanyası açılmıştı. Olur olmaz haberler yapılıyor, akıl almaz iddialarda bulunuluyordu. Hiçbiri de bir zahmet telefon açıp iddialarla ilgili ne düşündüğümü, söyleyecek bir şeyim olup olmadığını sormuyordu. İlginç ama şaşırtıcı olmayan bir gazetecilik anlayışı elbet. Bu arada telefonum hiç susmuyor. Arkadaşlarım konunun aslını astarını öğrenmeye çalışıyordu. İstisnasız hepsi de *"sıra sende"* esprisini yapıp gevrek gevrek güldükten sonra da *"Saçmalıyorum. Sen bana bakma sen kim Ergenekon kim"* diyordu.

İşin kötüsü tüm bunlar olurken annemin sağlık sorunu için gittiğim Antalya'daydım. Bir yandan zaten fazlasıyla evhamlı olan anneme durumu çaktırmamaya çalışıyor bir yandan da bu dertle uğraşıyordum. Sadece büyük ağabeyime durumu anlatmıştım. Tutuklanma ihtimalimin olduğunu, hedef seçildiğimi söyleyip evdekileri idare etmesini söyledim. İstanbul'a gelmeden bir gün önceyse ailemi ziyarete gelen emekli polis bir tanıdığımız ağzından, ıslatamadığı baklayı çıkarmış bizimkilere. Dönene kadar anneme babama endişe edecek bir şeyin olmadığını anlatmakla geçti zaman. Bir an önce İstanbul'a dönmek istiyordum. Hem ben yokken evimize bir baskın yapılacağından korkuyordum hem de bir an önce avukat arkadaşlarımla konuşmak istiyordum. Annemi yatıştırmak pek kolay olmadı ama ikna olmuş göründü bir şey olmayacağına. Ben de hemen İstanbul'a döndüm. İlk işim de kontrgerilla sitesi medyasavar.com denen zımbırtı yerin sahibini bulup konuşmak oldu. Tesadüf bir telefon numarası buldum, çevirdim ve açıldı. Aramızda geçen konuşma şöyleydi:

- *Abdullah bey mi?*
- *Evet.*
- *Adım Ahmet Şık. Sahibi olduğunuz sitede benimle ilgili bir yazı kaleme alınmış. Ergenekoncu olduğum, üniversite döneminde Devrimci Sol'cu olduğum filan yazıyor.*
- *Bir yanlışlık olmuş. Benim haberim yok. Yurt dışındaydım, yeni geldim.*
- *Sitenize isteyen herkes yazı girip size de haber vermiyor galiba.*

- *Yok öyle olmuyor, editör var.*
- *Editörleriniz emniyet müdürlüğünde çalışıyor galiba. Belli ki oradan iyi besleniyorlar.*
- *Ahmet bey gerçekten yanlışlık olmuş.*
- *Anlaşıldı yanlışlık mahkemede giderilecek.*

Aramızda geçen konuşma aşağı yukarı böyleydi. Adam bana yanlışlık olduğundan bahsedip ertesi gün de yeni yazılar yayımlıyordu. Kim olduklarını bilmesem de ne olduklarını anlamıştım. Haklarında suç duyurusunda bulundum.[12]

Eve sahte delil yerleştirirler mi?

Bu arada tanıdığım gazetecileri de konudan haberdar ediyordum. Hoş, duymayan kalmamıştı zaten. Hiçbiri de okuduklarına inanmamıştı. Yine de dikkatli olmamı öğütlüyorlardı. İstanbul'a döndüğümün ertesi günü Tora aradı, buluştuk. Diğer avukat arkadaşlarım Akın (Atalay) ve Bülent (Utku) ağabey de geldiler. Hepimiz gözaltına alınacağımdan emin olduğumuzu söylüyoruz birbirimize. Ne yapacağız diye fikir yürütüyoruz. Bir ara CD, DVD, hafıza kartları ve bilgisayarlar dâhil her şeyin evden uzaklaştırılması gerektiğine karar verdik. Öyle ya, Ergenekon soruşturmalarının hepsinde evlerle, ofislere bu tür dijital veri içeren sahte delilller bırakıldığı yakınmaları vardı. Çok uçukmuş gibi görünen bu iddiaları doğrulayan örnekler de vardı. Elbette *"sehven"*. Bu öneri aklıma yattı başta. Ama sonradan buluştuğum Fikret Ağabey haklı bir uyarıda bulundu: *"Yazdığın yazıda kitabının evdeki ve işyerindeki bilgisayarda kayıtlı olduğunu söylüyorsun. Masumiyetinin delili olan bu bilgisayarı evden çıkarırsan sana 'Kitabı nerede yazdın?' diye sorduklarında ne yanıt vereceksin? Bırak kalsın. Kitabı da bitmesini beklemeden varolan haliyle hiç düzeltme yapmadan bastır. Üzerinde şaibe yaratılmaya çalışılırken ne olduğunu herkes görsün."*

Kitap için zamanla yarış

Haklıydı. Evde herhangi bir *"temizlik"* yapmadım. Kitabımı bastırmam gerekiyordu. Daha önceki kitabımın yayımlandığı İthaki Yayınları iş yoğunluğu ve büronun taşınması gibi bir sorundan ötürü o sıralar iş yapamaz hale geldiğini söylemişti. Kısa süre önce bir arkadaşım aracılığıyla kitabı değerlendirmek üzere inceleyen Doğan Kitap'tan da ret yanıtı almıştım. Götürdüğüm taslağı okuyan editör olumsuz görüş bildirmişti. Aynı zamanda Nokta dergisinde de birlikte çalıştığımız bu gazeteci-editör kendi açısından kitabın neden basılmaması gerektiğini anlatan bir rapor yazmıştı. Bana da gönderdiği bu raporu hakkaniyetsiz bulduğumu belirterek sıraladığı eleştirilerin bağımsız değil, ideolojik değerlendirmeler içerdiğini anlatan bir yanıt yazdım kendisine. Özel olduğu için burada yer vermiyorum bu yazışmalara. O günlerde Destek Yayınları kitaba talip olduğunu bir arkadaşım vasıtasıyla iletti. Randevulaşıp buluştuk. Ben içerikten bahsettim ve başıma gelenleri anlattım. Kitabı bir an önce basmak istediğimi de söyledim. Olumlu yanıt verdiler. Birkaç gün sonra kitabı kendilerine teslim edeceğimi söyledim. Çünkü kitabın içinde yer almasını istediğim kimi belgelerin yanı sıra bazı bölümleri de eklemek istiyordum. Bu bölümlerden biri de emniyete ağır silah alımını öngören mevzuat değişikliğinin hangi silahları kapsa-

12) Bu davada mahkeme Medyasavar sitesinin Genel Yayın Yönetmeni Abdullah Küçükaytekin'in hakaret suçunu işlediğine karar verdi. Türk Ceza Kanunu'nun hakaret suçundan 90 gün karşılığı adli para cezasına çarptırıldı.

dığıydı. Söz konusu mevzuat değişikliği 1 Ocak 2011 günü yapılmıştı. Ama birtakım rakamsal kodlamalarla anlatılan silahların neler olduğunu öğrenememiştim. Roketatarlardan bile bahsediliyordu. Doğru muydu? Öyleyse şehir merkezinde polisler roketatarları kime kullanacaktı?

TBMM'de görüşülen silah yasasında yapılmak istenen değişiklikle ilgili alt komisyonda görevli olan MHP Gaziantep Milletvekili olan eski İstanbul Emniyet Müdürü Hasan Özdemir muhalefet şerhi koymuştu düzenlemeye. Hem eski polis olduğu için konuyu biliyor olabilirdi. Onu aradım ama tatminkâr yanıtlar alamadım. Birkaç silah üreticisini aradıktan sonra konuyu en iyi gümrük şirketlerinin bildiğini söylediler. Daha önce birkaç haber için görüştüğüm eski Gümrük Bakanlığı başmüfettişlerinden olan ve şimdi gümrük işleriyle ilgili hizmet veren bir şirketi olan N.C beyi aradım. İstanbul dışındaydı, meramımı anlattım. Şirketinden yardımcı olacaklarını söyledi. Kitabımın konusu, üzerime atılan şaibe ile ilgili de konuştuk. Hem Hasan Özdemir ile hem N.C ile yaptığım bu konuşmalar gözaltına alındıktan sonra ifade için götürüldüğüm savcılıkta *"Şüpheli telefon görüşmeleri"* bağlamında soru olarak karşıma çıktı. Kitabı tamamlayıp bastırmak için neden bu kadar gayret gösteriyor muşum? Ergenekon örgütü mü talimat vermiş? gibi sığ bir zeka ürünü sorulardı.

İnsan kitap yazdı diye tutuklanır mı hiç?

Evimiz basılmadan kısa süre önce bir gece Yonca'yla birlikte kızımız Mina'ya durumu anlatmanın iyi olacağını düşündük. Çocuk evdeki telaşenin, birtakım olumsuzlukların farkındaydı ve *"Seni de mi tutuklayacaklar?"* diye soruyordu. Anlayacağı bir şekilde başımıza gelenleri anlattık. Anlamak istemiyordu tabii. *"İnsan kitap yazdı diye tutuklanır mı hiç?"* diye soruyordu. 12 yaşındaki bir çocuğa bunun daha önce olduğunu, tekrar olacağını anlatmak yersizdi. Sadece neler yaşanabileceğini söyledik. Bir sabah evimize polisler gelebilirdi. Evimizi talan edercesine arayabilirlerdi. Beni alıp götürebilirlerdi. En kötüsü tutuklayabilirlerdi. Bu kötü senaryoyu gözyaşlarıyla dinleyen Kuzucum, bu kâbusun hepsini yaşadı. Bana haber gönderip *"geçmişe sünger çekelim"* diyenler, kendimden, mahrum bırakıldığım özgürlüğümden vazgeçtim, önce kızımın vicdanında nasıl aklanacağının hesabını versinler.

Ve geldiler

Ellerinizden yalar, gerçekten yapar, dünya tatlısı bir köpeğimiz var. Pablo adında bir Golden Retriver. Kapıcımız Salih Bey'in söylediğine göre Pablo bir köpek değil kuzu. Çünkü hiç havlamıyor. Kızımın dört ayaklı, sessiz oyuncu kardeşi Pablo 3 Mart sabahı hepimizi şaşırttı. Saat 06.50 sıralarında havlamalarına uyandık. Ne olduğunu anlamaya çalışırken zil de çaldı. Gözetleme deliğinden baktığımda tüm koridor üzerlerinde polis yazan yelekler giymiş bir grup tarafından işgal edilmişti, gelmişlerdi. Kapıyı araladım. Polis olduklarını söylediler. Polislere evde çocuk olduğunu telaşe yapmamalarını söyledim. Evlere şenlik bir yanıt geldi: *"Karşı dairede hırsızlık olmuş, onu araştırıyoruz"* deriz. İyi de benim kızım salak değil ki. Hem karşı daire de boş. *"Ben hallederim"* dedim.

Üzerimde iç çamaşırı olduğunu, giyinmek istediğimi söyledim. Ancak kapıyı kapatmama izin vermiyorlardı ve kısa süreli bir tartışma yaşandı. Bu arada Yonca üzerini değiştirip geldi. Sonra da ben giyinmeye gittim. Biz içerideyken polisin girmesini istemiyordum. Güvenmiyordum. Eve bir şeyler atabileceklerini düşünüyordum. Bu arada Mina ağlayarak beni izliyordu. Aslında bekliyorduk ama sabah mahmurluğunda 10 -12 polisi karşısında bulunca insan şaşırıyor. *Cümbür cemaat* doluştular eve. Birkaçı merdivenlerdeydi hâlâ. Avukatım gelmeden aramaya başlayamayacaklarını söyledim, haber vermemi istediler. Fikret ağabeye ulaşmak mümkün olmadı. Evi en yakın olan Can. Ancak aksi gibi telefonu kapalı. Tora da kolay uyanmaz ama bir arayayım dedim. İkinci çalışta açtı telefonu ve *"Geldiler mi?"* diye sordu. *"Evet"* dedim. Bu arada Fikret ağabeye haber versinler bahanesiyle gazeteci arkadaşlarım Mete Çubukçu ve Ertuğrul Mavioğlu'nu da aramıştım. Tesadüfe bakın ki, Nokta dergisi basıldığında da ilk haber verdiklerim onlar olmuştu. Son telefon konuşmasını Antalya'daki Bülent ağabeyimle yapıyordum. Durumu anlatıp annemlere kendisinin haber vermesini televizyondan duyarlarsa kötü bir şey olabileceğini söylüyorum. Sonra başkomiser telefonunu kapatmamı söylüyor ve öyle yapıyorum. Halbuki açık kalabilirdi. Cehalet ve şaşkınlık. Bu arada bir de Pablo'nun tuvalet ihtiyacı için dışarı çıkarılması gerekiyor, Mina okula gidecek garip bir telaş var.

Bu arada evleri yakın olan bir arkadaşımıza haber veriyoruz. Ama telefonda herhangi bir şey söylemeye izin vermiyorlar. Sadece Mina'yı gelip almalarını söyleyebiliyoruz. Pablo eve doluşan kalabalıktan çok memnun. Ağzında oyuncağı polisleri oyuna davet ediyor ancak polislerden bazıları köpekten tedirgin oluyorlar ve bağlamamızı istiyorlar. Yonca bunun mümkün olmadığını, çiş için dışarı çıkartmak gerektiğini söylüyor. İzin veriyorlar, şaşırıyoruz. Yonca yanında bir kadın polisle üzerini değiştiriyor. O arada arkadaşımız geliyor. Uyku sersemi bir halde telefonda hiçbir şey anlamayan arkadaşımız Erbil. 10 dakika içinde bizde oluyor. 2010 yazında Yonca evdeyken eve giren hırsız yüzünden de yine bu şekilde telaşla gelmişti. Apartmandan girince kafası boneli, ayakları galoşlu polisleri görünce birimizden birine bir şey olduğu düşünüyor ve evin kapısında dehşet içinde *"Ne oldu, hanginize ne oldu, iyi misiniz?"* diye sesleniyor. Cevap bekliyor ancak ikimiz de şaşkın bir şekilde cevap veremiyoruz. Dilimiz varmıyor. Yonca *"Arama için gelmişler, evi arayacaklar"* diyebiliyor ve Erbil'de jeton düşüyor. *"Yoksa Ergenekon mu?"* diye soruyor şaşkınlıkla. Kafamızı sallıyoruz. *"Oh be diyor, rahatladım. Size bir şey olmasın. Bir şey çıkmaz, olur mu öyle saçma şey, takmayın"* diyor ve kızımızı alıp gidiyor.

Hoşça kal Mina

Kızımla bir daha ancak 6 gün sonra Silivri Cezaevi'nde sarılabileceğiz birbirimize. Endişelenmemesini söyleyip bolca öptükten sonra vedalaşıyoruz. Yonca da Pablo'yu dışarı çıkarıyor. Sonra da onu bir başka arkadaşımıza emanet edip dönecek. Bu arada o da telefonla arkadaşlarımıza haber vermiş. Bir saat geçtikten sonra avukat Bülent ağabey geliyor. Polislerden birisi arama kararını gösteriyor. Kararda Nedim'in de adını görüyorum. Gördüklerim arasında Yalçın Küçük'ün adını da seçebiliyorum. Önce Odatv, sonra Ergenekon şimdi de Yalçın Küçük.

Kapıcımız Salih bey ve eşi de polislerin belirlediği *"aramalara gözlemci tanık"* olarak evdeler ve arama başlıyor. Polisler sanki evin planını biliyor gibi önce çalışma odasına yöneliyorlar. Arama oradan başlayacak. Bu arada bir de kamera çalışıyor aramaların ne kadar usulüne uygun yapıldığını kaydediyor güya. İyi de öteki odadaki polisler ne olacak? Ben onların ne yaptığını görmüyorum ki. Orada ne oluyorsa oluyor artık yapacak bir şey yok. Bu arada evdeki CD ve DVD'leri çıkarmadığıma pişman oldum. Güzelim filmler ve müzik CD'leri heba oldu, hepsi çizilecek.

Bu arada Can ile Tora da geliyor. Avukat arkadaşlarım Rana ve Çağatay takip ediyor onları. Üniversite döneminden Efkan, Meriç derken her polise bir avukat düşüyor neredeyse. Kapının önü de hem haber hem de dayanışma için gelen gazetecilerle, arkadaşlarımla dolmuş durumda. Binanın çevresindeki polisler, film seti gibi ortalık.

Mahalleli meraklı gözlerle pencerelere doluşmuş. Bu yaşananlar komedi mi trajedi mi bilmiyorum. Ama tam bir aptallık olduğu artık herkesin malûmu. Bu arada evdeki aramalar hızla sürüyor. Eskiden polislerin en çok sevdiği bölüm olan kütüphane ve kitaplar hayli gözden düşmüş. Bilgisayarımı daha çok seviyorlar artık. Bir masaüstü bir dizüstü bilgisayar, taşınabilir harddisklerim hepsi kopyalanıyor. Ortalıkta üzerinde resmi antet bulunan, gizli damgası görülen üzerinde Ergenekonla ilintili tek bir sözcüğün bulunduğu tüm dokümanlara el konuluyor. Halbuki hepsi kendilerinde de var. El yazısıyla tutulmuş notlarım, bloknot defterler, herhangi bir telefon numarası ya da e-posta adresi yazılı kâğıtlar, hatta Yonca'nın öğrencilik döneminden kalan telefon fihristine dahi el konuluyor. Film ve müzik koleksiyonlarımızın kayıtlı olduğu CD ve DVD'ler fotoğraf makinelerime ait hafıza kartları, video kamera ile kasetleri ve Mina'nın çizgi filmleri dahi el konulanlar arasında yerini alıyor.

Kitap buldum amirim

"En önemli suç delilini" fark ediyor polislerden biri: Kitabımın çıktısı. Üzerinde el yazısıyla *"oooKİTAP"* ibaresi düşülmüş. Kitabın taslağına bir arkadaşımın önerisiyle *"İmamın Ordusu"* adını vermiştim. Meseleyi gayet iyi özetlemesine karşın ayrımcılık hissi uyandıran provokatif bir yanı vardı, içime sinmemişti. Odatv'ye yapılan baskının ardından kitap, bilgisayardaki word haline verdiğim *"oooKİTAP"* adı üzerinden tartışılınca bu ismi verebileceğimi düşündüm. Ev basılmadan bir gün önce de bir yayınevinde çalışan ve kitabıma dışarıdan editörlük yardımında bulunan arkadaşımla buluştum. Çıktıları da getirmişti. Bana bazı önerilerde bulunmuştu. Daha sonra eve geldiğimde çıktılarda göz gezdirirken *"oooKİTAP"* ismini yazarak Yonca'ya göstermiştim *"Adı bu olacak"* diye. İşte bulunan suç delilinin hikâyesi buydu. Ancak polisler çok heyecanlıydı. Grubun amiri başkomiser telefonla birini arayarak bulduğu delilden ve öneminden bahsediyordu: *"Bilgisayar çıktısı var. Üzerinde 'oooKİTAP' yazıyor"*. Telefonu kapattıktan sonraysa, daha önce sadece birer kopyasının alınması istenen tüm hard disklere el konulacağı emrini verdi.

Dokunan yanar

Saat 07.00'de gelen polisler 6 saatten fazla süren aramalarını bitirmişlerdi. 14.00'e doğru Emniyet Müdürlüğü'ne götürüleceğimi söylediler. Kemer takmamamı varsa bağcıksız ayakkabılarımı giymemi, üşümemem için kalın giyinmemi, istersem yedek kıyafet alabileceğimi söylediler. Evin içinde tuvalete dahi gitsem peşimden gelen polislerden birinin eşlik etmesiyle üzerimi değiştirdim. Yedek kıyafet alıp almama konusunda kararsızdım. Bir yandan bu pervasızlığın sonucu olarak tutuklanacağımdan emindim. Öte yandan *"Yapamazlar bu kadar gözleri dönmüş olamaz"* diyordum kendime. Yanımdaki polis ise olacakları biliyormuşçasına öğüt veriyor: *"Bana sorarsanız yedek kıyafet alın, derim. Hatta çanta hazırlarsanız iyi olur."* Ben mesajı alamadığım için dinlemiyorum bunu. Sonradan çok pişman oluyorum. Cezaevinde ancak 12 gün sonra temiz çamaşıra kavuşabileceğimi nereden bileyim. Bu arada evden çıkarılmam biraz gecikecek. Antalya'dan gelen ağabeyimle kucaklaşıyorum. Yonca *"Aşağıda ne söyleyeceksin? Çok kalabalık"* diyor. *"Bence sosyalist olduğunu vurgulamalısın. Herkes biliyor senin kim olduğunu"* önerisinde bulunuyor. Halbuki ne söyleyeceğimi anlatan şeyi yaşıyoruz zaten: *"Dokundum, yandım."*

Artık götürülme vaktim geldi. Herkesle kucaklaşıyoruz. Polislerin arasına girmeden önce *"Görüşürüz"* diyerek el sallıyorum. Polislerin amiri kelepçe vurmayacağını söylüyor. *"Sonucuna katlanacaksanız, yapın"* diyorum.

6-7 polisin arasında indiriliyorum merdivenlerden. Bina kapısına da polis koridoru kurulmuş. Dışarı adımımı atar atmaz alkışlı protesto başlıyor. Gazeteciler görüntü alma telaşında. El sallıyorum, dostlarıma, arkadaşlarıma. Televizyon muhabirleri bağırıyor *"Ne düşünüyorsunuz?" diye*. Her şey ortada değil mi halbûki. Daha sonra darb-ı mesel olacak cümleyi söylüyorum: *"Dokunan yanar"*.

Bindirildiğim polis otosunda önde oturan başkomiser teessüflerini bildiriyor söylediklerim için: *"Çok ayıp ettiniz Ahmet Bey"*. Asıl ayıp olanın bindirildiğim polis otosunun içinde bulunmam olduğunu söylüyorum kendisine. Bir daha da konuşmuyoruz. Haseki Hastanesi'nde alınan sağlık raporunun ardından Vatan Caddesi'ndeki Emniyet Müdürlüğü'nün garaj kapısından giriyoruz: *"Elveda özgürlük."*

Pantolonunu çıkar!

Kaçakçılık ve Organize Suçlarla Mücadele Şubesi'ne ait nezarethane bölümüne alınıyorum, hücreme konulacağım. Önce üst araması yapılacak. Avukat görüş odasına sokuluyorum. İri kıyım bir polis aramayı yapıyor ve ardından pantolonumu çıkarmamı istiyor. Öyle aranıyormuş, çıkarıyorum. Altımda içlik var neyse ki *"Onu da"* diyor. *"Ne bulacağını sanıyorsun?"* deyince vazgeçiyor. Üzerimi giyinip hücreme konuluyorum. Bir koridorun en sonundaki 4*2 adımlık hücremdeyim. Bir de küçük bir şişe su veriyor. Günlük istihkakım bu kadarmış, idareli içmeliymişim. Sigaranın yasak olması en büyük sıkıntım. Yanıma kitap almama da izin verilmedi nedense. Hücrenin arka tarafından küçücük kirli bir pencere var parmaklıklar ardında. Gözüm orada. Dışarıyla tek bağlantım olan kirli pencereden sızan ışıktan saatin kaç olduğunu anlamaya çalışıyorum. 3 gün sürecek bu uğraş. Okuyacak hiçbir şey de olmayınca sadece uyumaya zorluyorum kendimi. Kimi zaman gürültülerle kesintiye uğruyor. Birkaç saat sonra tanıdık bir ses geliyor kulağıma. Televizyon ekranlarından aşina olduğum ses, her zamanki gibi yüksek perdeden konuşarak polislerle sohbet ediyor. Hemen bitişiğimdeki hücreye konuluyor. Komşum Yalçın Küçük oluyor. Papazı bulduk, sohbet etmeye çalışmasını istemiyorum hiç. Gülümseyerek Can Yücel'i anımsıyorum.

Polisler çok seviyor Yalçın Küçük'ü. Hücresinin önüne gelip hâl hatır soranın haddi hesabı yok. Duymazdan gelmek en iyisi. Hücredeki ikinci günümde donuma dek arama yapmak isteyen polis beliriyor parmaklıkların önünde. Dünkü kaba saba halinden, sert görünme çabasından eser yok. Gayet kibar, halimi hatırımı soruyor. Bir şeye ihtiyacım olup olmadığını da. Teşekkür ediyorum, gidiyor. Ne oldu da bu tavır değişikliği yaşandı merak ediyorum. Hakkımda malûm medya dışında bu komployu savunan olmadığı fikriyle yorumluyorum bu değişikliği. Hücrede volta atmak mümkün bile değil. Dört adımda bir demir parmaklık çok sıkıcı. Avukatlardan Bülent Ağabey geliyor, haberler iyiymiş. Özellikle Nedim ve benim, hem de Ergenekon tutuklusu olarak gözaltına alınmamız ciddi tepki yaratmış. Tutukluluk hep aklımızın köşesinde ama serbest bırakılacağımızı düşünüyormuş herkes. O gidiyor ben de hücreme dönüyorum. Saatler çok zor geçiyor. Nihayet akşamı bulduğumuzdaysa bir kez daha çıkarılıyorum hücreden. *"Delil"* çuvalı açılacak. Birkaç kat yukarı çıkarılıyorum. Odada gençten iki polis ve Bülent Ağabey var yine. Pencereden dışarıyı görmek iyi geliyor. Mühürlü çuvallar açılıyor, kayda alınıyor. Yeniden hücreme götürülüyorum. Beni götüren polisin de diğerlerinin de elinde hep aynı takı var. Aynı biçim ve desende kalınca gümüş yüzük. Kitapla uğraşırken bir üst düzey emniyetçinin söylediklerini anımsıyorum: *"Cemaatten olduğunu gösteren işaret gümüş yüzüktür. Bir de eskiden sadece ülkücü polislerin yaptığı kafa tokuşturmayı da bunlar sahiplendi."*

Telefonumdaki eksik mesajlar

Gece yarısı bir kez daha çıkarılıyorum hücreden. Cep telefonum benim yanımda açılacakmış. Neden avukatın yanında yapmadıkları sorum yanıt bulmuyor. Üç polisin bulunduğu bir odadayım. Masa üzerindeki bilgisayar ekranında garip garip şeyler var. Nasıl bir yazılım olabilir ki bu? Zaten telefon açıldıktan sonra yapılan her işlem monitörden izleniyor, garip.

Gözaltına alındığımda el konulan cep telefonumun PIN kodunun ne olduğunu da sormuşlardı. Ben de düşünmeden söyledim. Halbuki zaten benim gözetimimde açılacaktı. Neden kodu önceden öğreniyorlar merak ettim. Telefon açılınca birkaç arkadaşımın attığı yazılı mesajlar geliyor. Bu arada rehberde kayıtlı telefon numaralarının çıktısı alınıyor. Binden fazla kişinin iletişim bilgisi var. Ergenekon iddianamelerinde en çok sevilen *"delil"*. Rehberde kayıtlı numaralar ve çoğu zaman çarpıtarak sunulan kiminle kaç görüşme yapıldığının bilgisi. Endişelenmemi gerektirecek bir şey yok. Öte yandan telefonunu bilsem Murat Karayılan'la da görüşürüm, Cumhurbaşkanıyla da. Bu arada ilk kitabımı hazırlarken Ergenekon'un malum savcısı Zekeriya Öz'le de görüşmüştüm. İroniye bakar mısınız? Neyse polislerin işi bitiyor ve bir tutanak imzalamamı istiyorlar tüm işlemlerin tanıklığım huzurunda yapıldığına dair. Ama ortada bir sorun var. Biliyorsunuz telefonunuz kapalı olduğunda kimlerin aradığını belirten bir mesaj uygulaması var. Benim telefonuma da zırt pırt gelir bu mesajlar. Polis evi bastığında saat 08.00 sıralarında kapatmam istenmişti telefonu. Saatlerdir kapalıydı. Yonca'yı arayanlar ise telefonuma ulaşamadığını söylemişti baskın sırasında. Doğal olarak telefonuma gelen mesajlar arasında böyle en az bir tane olması gerekiyordu ama yoktu. Ergenekon'un önceki davalarından Teğmen Mehmet Ali Çelebi ile ilgili *"sehven"* durumu geldi aklıma. Biliyorsunuz Teğmen Çelebi'nin cep telefonu gözaltında olduğu sırada polisler tarafından açılmış ve rehberine *"ilişkide olduğu öne sürülen Hizbut Tahrir örgütünden olduğu öne sürülen kişinin"* rehberi kopyalanmıştı. Tabi bu işlem yetkililerin dediğine göre *"sehven"* yani yanlışlıkla olmuştu. Bu olayı anımsattım polislere ve söz konusu mesajın yeni gelenler arasında olması gerektiğini söyledim. Acaba bir başka *"sehven"* yapılmış olabilir miydi? *"Bize güvenmiyor musun?"* diye sormazlar mı? *"Kesinlikle güvenmiyorum"* dedim. Tutanağı da ancak şerh düşerek imzalayacağımı söyledim. Bir süre ikna etmeye çalıştılar, baktılar olmuyor birisi çıkıp amirlerine danıştı. En sonunda *"Tutanağı imzalamıyorum"* diye yazıp öylece bıraktım. Bakalım bir şey çıkacak mı? Merak içindeyim.

"Örgüt arkadaşlarım"la tanışıyorum

Gözaltındaki üçüncü günde sağlık kontrolüne götürüldüğümüz söylendi. Demek savcılığa çıkarılacaktık nihayet. Zaten emniyette susma hakkını kullananları neden bu kadar tutarlar ki? İyice güçten düşmeleri bekleniyor olabilir mi? Koridorda sıraya diziliyoruz. Nedim'le tokalaşıyorum. Diğerlerini tanımıyorum, onlar da beni. Herkes birbiriyle merhabalaşıp kendini tanıtıyor. Böylece *"örgüt arkadaşlarım"*la tanışmış oluyorum. Haseki Hastanesi'ne götürülüp getiriliyoruz. Birkaç saat sonra savcılığa gidecekmişiz. Susma hakkımı kullansam da yine de sorguya götürüleceğim ve soruların okunacağı söyleniyor. Ne soracaklar merak ediyorum. Öğleden sonra da bu merakım gideriliyor. Avukatım yine Bülent Ağabey. Sorular evlere şenlik. İlki bu sirk gösterisinin, bu trajikomik senaryonun ne anlama geldiğini de açıklıyor. *"Ergenekon terör örgütüne üye olmak şüphesi ile ifadeniz alınacaktır. İfade vermek istiyor musunuz?"*

Soruların al birini vur ötekine. Hele ki kullanılan üsluba bakılırsa yargılama yapılmış hüküm verilmiş sanki. Mesela; *"Ergenekon terör örgütünün medya yapılanması için de faaliyet gösterdiğiniz tespit edilmiştir...", "Örgütün talimat ve yönlendirmeleri ile Nedim Şener ile birlikte Haliç'te Yaşayan Simonlar benzeri bir kitap çalışması içinde bulunduğunuz, bu kitabın da Emniyet Müdürü Sabri Uzun ismi ile yayınlanması için çalışmalar yaptığınız tespit edilmiştir..."* Sadece bu iki örnek bile ne demek istediğimi anlatıyor sanırım. Aynı sorular aynı şekilde savcı Zekeriya Öz tarafından sorulduğunda da itiraz etmiştim. Ama tutanağa dediğim şekilde yazdırmamıştı. Buradan bir kez daha tekrarlamakta fayda var. *"Soruların bu şekilde yöneltilmiş olmasını kabul etmiyorum. Çünkü bana yönelik suçlamaların tümü iddiadır. Ve bu vurgu yapılarak sorulmalıdır. Yani iddia edilmektedir, öne sürülmektedir, iddia edilen vs. gibi bir üslup kullanıp yazmalısınız. Adı üzerinde polis de siz de iddia makamısınız"* demiştim. Çünkü tam da soruların bu şekilde hazırlanması nedeniyle malum medya linç kampanyaları düzenliyor bildiğiniz gibi. Ergenekon, Balyoz, KCK ve son şike soruşturmalarındaki manipülasyonlar hep bu üslup üzerinden yapıldı, yapılıyor.

Tek neden kitabım

Konumuza dönersek şu sorgu tutanağından, saçma sorulardan, niyetin ne olduğunun anlaşılması için bahsetmek gerekiyor. Tutuklanmamın nedeninin de neden hedef olduğumun da tek bir yanıtı vardı: Kitabım. Hep bunu söyledim. Beni savunanlar da adımı kirletmeye çalışanlar da artık bunu biliyor. Ancak polis, savcılık ve malum medya linç kampanyasında hep aynı argümanlarla çıktılar ortaya: *"Kitaptan, gazetecilikten değil, silahlı örgüt üyesi olmaktan tutuklanmışım."*

Ama kitabımın imha edilmesi için yapılanlar gerçeği ortaya koymaya yetiyor. O yaşananları anlatacağım ama şimdilik bu suçlamaya karşı bir yargı mensubuna sözü bırakacağım. Adalete ve hukuka dair hiçbir güvenin kalmadığı bir ortamda neredeyse türleri tükenme tehlikesi altında bulunduğunu düşündüğüm, hukuku bilen ve en önemlisi vicdan sahibi olduğunu düşündüğüm kişilerden birine, İstanbul 11. Ağır Ceza Mahkemesi Başkanı Hâkim Şeref Akçay'ın satırlarına yer vereceğim.[13] Tutuklu bulunmama itiraz eden avukatlarımın bu talebini reddeden üç kişilik heyette yer alan Akçay karara muhalefet şerhi koymuştu. 15 Ağustos 2011 tarihli bu kararda Akçay, savcılık sorgu tutanağındaki sorularla ilgili bakın ne yazmış:

"Şüphelilerden Ahmet Şık'a soruşturma safhasında sorulan sorulardan bir tanesi özgeçmişiyle ilgili, bir tanesi kullandığı telefonlar, üç tanesi kimleri tanıdığı, sekiz tanesi Odatv'den ele geçen belgelerle ilgili sorular, 11 tanesi de 'İmamın Ordusu' kitabıyla ilgili ve bunlarla ilgili yaptığı telefon konuşmalarıdır."

İşte bu sorulardan oluşan tutanağı *"Susma hakkımı kullanıyorum"* diye imzaladıktan sonra yapılan birkaç resmi prosedürün ardından Nedim'le birlikte konulduğumuz minibüsle Beşiktaş'taki adliyenin yolunu tuttuk. 3 gün kapalı kaldıktan sonra etrafı görmek iyi geldi bana.

Üç gün sonra adliyede

Nihayet adliyeye ulaştığımızda adliyenin önündeki kalabalıktaki arkadaşlarımı izliyordum. İki ağabeyim ve Yonca'da orada. Camları koyu renk şeritle kapatılan polis minibüsünün içerisini görebilen yok, el sallıyoruz ama nafile. Araç ön kapıya yanaşıyor, iner inmez bekleyenlere el sallıyoruz yine. Adliye kapısı önündeki meslektaşla-

13) 11. Ağır Ceza Mahkemesi Hakimi Şeref Akçay tutukluluk kararlarına muhalefeti nedeniyle adliyedeki arkadaşlarının bile kendisiyle selamı kestiğini söyledikten sonra 5 Ekim 2011 tarihinde emekli oldu.

rımız da diğerlerinin sloganlarına eşlik ediyor: *"Ahmet, Nedim onurumuzdur", "Ahmet çıkacak yine yazacak"* Öyle de kim bilir ne zaman?

Savcılık katında ikimizin de avukatları bekliyor. Dava dosyasının avukatları olmadıkları halde bizi görmeye gelen diğer meslektaşlarıyla birlikteler. Herkesle kucaklaşıyoruz, üç gündür neler yaşandığını anlatıyorlar. Herkesin morali yerinde, ümidi fazla.

Ortalıktaki gazetelerde göz gezdiriyoruz önce. Saatlerce süren sorgu, bekleme, mahkeme trafiğinde her birini detaylıca okuyacak çok zaman olacak. Neredeyse 15-16 saat adliye koridorlarında olacağız. Önce Nedim giriyor sorguya. Savcı Zekeriya Öz el koymuş işe. 5 saatten fazla sürüyor sorgusu Nedim'in. Çıktığında neden bu kadar uzun sürdüğünü soruyoruz. Her soruya detaylı yanıtlar verdiğini, tek tek açıklamalar yaparak gazetecilik dışında bir faaliyetinin olmadığını kanıtladığını söylüyor. Nedim soruları görünce rahatlamıştı zaten. Mesleğimiz sorgulanıyordu çünkü.

Daha sonra üç avukatım Fikret İlkiz, Akın Atalay ve Bülent Utku ile birlikte giriyoruz sorguya. Malum medyanın *"kahramanı"* Zekeriya Öz karşımızda. Aslında hiç ifade vermek istemiyorum. Hem poliste hem savcılıkta ifade vermeyi reddettiğimi söylemiştim daha önce avukatlarıma. Çünkü bu ifadeler medyaya servis edilip, çarpıtılmış haberlerin malzemesi olarak kullanılıyordu. Savcılıkta ifade vermemin iyi olacağını söylemişti avukatlarım, hasım gibi algılanmanın önüne geçmek için sanırım. Ama zaten adamlar hasım muamelesi yapmıyorlar mı? *"Bize dokunan düşmandır"* demiyorlar mı? Neyse artık bunları yeniden düşünmeye gerek de yok.

Ben artık puro içiyorum

Karşımızda işte *"meşhur kahraman"*. Akın ağabey sorgusu çok uzun süren Nedim'in hemen ardından ara vermeden içeri alınmamıza şaşırmış bir halde soruyor: *"Sigara molası vermediniz, dayanamazdınız siz."* Koltuğuna iyice bir yerleşen Savcı Öz hafiften kafasını kaldırıp *"Ben artık puro içiyorum"* diye karşılık verdi. Anlaşıldı. Burada sınıf atlama hissiyatından bahsetmeme gerek yok. Suçlamaları anlatıp, hızlıca soruları okumaya başladı savcı. Çok uzun sürmeyeceği çok belli. Bulunduğu iddia edilen adımın geçtiği dijital notlardan da, *"Ulusal Medya 2010"* adı verilen belgeden de haberim yok. Zaten Nedim dışında şüphelilerden tanıdığım kimse de yok. Sorulardan 6 tanesi özgeçmişimle, Odatv çalışanları ve Nedim'i tanıyıp tanımadığım ile ilgili. 5 soru ise Ulusal Medya 2010 belgesiyle ilgili olunca çabucak bitiyor bu kısım. Sabri Uzun'un özel yaşamı hakkındaki bir iddiayla ilgili soruya da bilgim olmadığını söyleyerek yanıt veriyorum. Bir diğer soru ise İlhan Cihaner'in Erzincan Başsavcısı olduğu dönemde yapmış olduğu ve kendisini Ergenekon sanığı yapan bir komployla cezaevine düşmesine neden İsmailağa cemaati soruşturmasıyla ilgili. Çünkü bilgisayarımda kayıtlı dosyalardan biri bu soruşturmada yapılan dinleme kayıtlarının çözümleriydi. *"Dinlemeyi yapan askerler mi servis etti bu konuşma kayıtlarını"* diye şüpheleniyormuş savcı. Oysa o kayıtlar önce Aydınlık dergisinde daha sonra bazı internet haber sitelerinde ve kimi medya organlarında yayımlandı. Ben de o yayınlardan sonra bir gazeteci arkadaşımdan almıştım kayıtları. Ergenekon ile ilgili her dosyayı ve delil klasörlerini kitap çalışmalarım için arşivliyordum çünkü. Diğer soruların tamamı ise üzerinde çalıştığım kitap ile ilgiliydi. Kitabı Ergenekon talimatıyla yazıyormuşum teorisi üzerine birtakım sorular.

Hepsine yanıt veriyorum, anlatıyorum. *"Kitabı neden seçimden önce çıkarmaya çalışıyorsunuz?"* gibi asgari zekâ sınırlarını zorlayan sorulara bile yanıt veriyorum. Böyle bir mantığa göre muhalif, soran, sorgulayan, aksaklıkları ortaya koyan herhangi bir yayın için savcılardan, polislerden izin alma şartı getirilirse şaşırmayacağım artık. Sinirlenmemeyi telkin ediyorum içimden kendime.

Kanunu polis yapar

Çok uzun sürmüyor sorgu ve tamamlanıyor. Ancak bu faslı kapatmadan önce birkaç şeyi hatırlatmak gerek. Sorguya başlamadan önce Savcı Zekeriya Öz avukatlarımdan Akın Atalay ile ilginç bir diyalog yaşamıştı. Avukat Akın Ağabey suçlandığım iddiaların benimle alakası olamayacağını anlatırken Ergenekon konusunda yazdığım bir kitabımın bulunduğunu da aktardığında, Savcı Öz haberinin olmadığını söyledi. Ergenekon gibi bunca tartışmalı bir konunun savcılığını yürütürken bu konu hakkında yazılmış kitaptan Öz'ün haberinin olmaması, hatta bu örgüte üye olduğunu iddia ettiği kişinin bu kitabın yazarının olduğunu bilmemesi konusundaki değerlendirmeyi size bırakarak devam edelim. Öz'ün haberinin olmadığını söylemesi üzerine dışarıda bekleyenlerden rica ettik ve evde bulunan kitabım da getirildi. Bu arada sorgu da başlamıştı. Savcı bir yandan sorular soruyor bir yandan da kitapta göz gezdiriyordu. Sonra da *"Kitabı ilk kez gördüm"* dedi. Akın Atalay da şaşırarak *"Gerçekten mi ilk kez duydunuz, gördünüz"* diye sorunca Savcı Öz Ergenekon soruşturmalarını kimin yürüttüğünün itirafı olan yanıtı verdi: *"Ben bu gözaltı ve aramalarda kaç kişi ile ve kimlerle ilgili yakalama ve aranma istendiğini bilmiyorum. Ahmet Bey'in de ismi var mı yok mu dikkat etmedim. Biliyorsunuz emniyet bizden talep ediyor, biz de çoğu zaman imzalayarak mahkemeye havale ediyoruz."*

Aslında Savcı Öz'ün bu itirafı yeni bir olgu değildi. DGM'lerden bu yana işletilen prosedürü ağzından kaçırmıştı o kadar. Bu noktada konuyla ilgisi nedeniyle bir alıntı yapmak istiyorum. Demokratlığın nasıl olması gerektiğini gösteren tutumu ile ne İsa'ya ne Musa'ya, hadi daha anlaşılır söyleyelim ne AKP-Cemaat koalisyonuna ne de muhaliflerine yaranabilen Demokrat Yargı Derneği Eşbaşkanı hâkim Orhan Gazi Ertekin'le Express dergisinde uzun bir söyleşi yayımlanmıştı.[14] HSYK seçimlerinden sonra yargının kurtulduğu vesayetin yerine inşa edilen yeni vesayetin ne olduğunu anlamamıza yarayacak Temmuz 2011'de yayımlanan bu söyleşi gerçekten çok ufuk açıcıydı. O röportaja konu edilen meselelerden biri de Ergenekon soruşturmalarıydı. Kitabın ilk bölümünde de değindiğim bu röportajda bakın *"Zekeriya Öz'ün davadaki rolü ne?"* sorusuna Ertekin ne yanıt vermiş:

> *"Zekeriya Öz bir cumhuriyet savcısı, o kadar. Türkiye'de hiçbir terör davasında cumhuriyet savcısının ciddi bir inisiyatifi yoktur. Batı'da 'kanunu polis yapar' denir. Polis her uyguladığında kanunu yeniden yazar, kanun karşılığını aslında polis üzerinden bulur. Polis tarafından terörist muamelesi yapılmış bir kişinin o cendereden kısa sürede çıkabildiği görülmemiştir. Kişinin devletle, güçle, yasal şiddetle karşılaştığı araç polistir. Polis hükmü başta verir. Polisin verdiği hüküm yasanın nasıl sonuçlanması gerektiğini belli eder. Kimin terörist, kimin 'normal vatandaş' olduğunu belirleyen polistir. Dolayısıyla, bütün terör davalarını, ki Ergenekon da onlardan biri, asıl kurgulayan polistir. Cumhuriyet savcılarının terör davalarında inisiyatif alanı yoktur, süreci yönetemez. Örgütler konusunda sağlam bilgiye sahip değildirler. Cumhuriyet savcılarına göre polisin bu konudaki arşivleri, tecrübesi tırnak içinde çok daha 'sağlamdır'. Terör ve terö-*

14) Express dergisi sayı: 2011-121 "Yeşil gece, Orhan Gazi Ertekin'le söyleşi"

rist kavramlarının karşılıklarını istedikleri gibi belirleyebilme inisiyatif alanına sahiptirler. Ergenekon'un ve bu tür davaların terör davası olmasını terörizm meselesine dair tartışmalara taşımak lâzım. Geçen yıla kadar Türkiye'de solun bu tür davalara çok fazla şerh düşmeden ya da kararsız bir dengeyle destek vermesi mümkündü. Ama bugün artık, şerh düşmeye başlaması lâzım.

Neden bugün?

Soruşturmayla ilgili altyapıyı ve bunun terör davası olmasını sorgulamaya başlaması lâzım. Geçen yıla kadar diyorum, çünkü yargıdaki yeni iktidarın derin devlet soruşturmasına şerhsiz destek vermek son derece büyük riskler taşıyor ve herkesin 'terörist' olabileceği bir ortama destek vermek anlamına geliyor."

Bu uzun alıntı da aslında durumun özeti yapılmış durumda. Zaten Savcı Öz'ün itirafına bir başka kanıt ise polisin hazırladıkları dışında tek bir sorunun dahi yöneltilmemiş olmasıydı.

Savcının sorduğu kitaptaki iki not

Sorgunun ardından koridorda bekleyen herkes sonucun ne olacağına dair yorumlarda bulunuyordu. Gazetelerde okuduğumuz iç ve dış kamuoyu tepkileri, hiç kimsenin suçlu olduğumuza inanmaması, sorguda yöneltilenler, Ergenekon üyesi olduğumuza dair tek bir delil gösterilememesi ve sadece mesleki faaliyetlerimizin sorgulanıyor olması gibi nedenlerden takipsizlik kararı verileceğine dair eğilim ağır basıyordu. Ben ise hep karamsar biri olarak *"Savcılıktan değil mahkemeden serbest bırakırlar, dediğiniz gibi olacaksa"* diyordum. Polisin *"Alalım"* dediğini, savcılar hep *"tuttum"* demişti çünkü daha önce. Öyle de oldu.

Burada komplonun çok önemli bir detayına değinmek gerekiyor. Savcı Öz sorgu sırasında kitap taslağındaki notlardan, kırmızı ve büyük harfle benim yazdığım iki tanesini sormuştu. Bu notlar şunlardı:

" -Burada DGM iddianamesindeki kaset çözümlerini ayrıntısıyla girebiliriz. Bakacağız.", "Buradan itibaren Emin Arslan olayı ardından Mustafa Gülcü ve Celal Uzunkaya ile Faruk Ünsel anlatılacak.", "Kitabın ilgili bölümüne Nurettin Veren olayını da eklersek fena olmaz unutma.

- Turgut Özal zamanında bazı yasal değişiklikler yapılmıştı. Emniyette bir takım yapısal değişikliklere gidilen bu yasalar ve düzenlemelerle ilgili amaç askere karşı daha güçlü duracak silahlı bir güç olan polis teşkilatı yaratmaktı. Sonra 1995-96 Çiller zamanında bu düzenlemeler genişletilmek istendi. Hatta ağır silahlar alınacaktı emniyete ama ordu karşı çıktı, hükümeti hizaya getirdi!!! Bu çerçevede AKP zamanında bu ve benzeri minvalde yapılmış yasal düzenleme olmuş mu bakalım."

Bu notları ben yazmıştım ve bunu söyledim savcılıkta. Ancak kitabı maddi hatalar olup olmadığı ve varsa düzeltilmesi için haber kaynağıma da göndermiştim. Polisin el koyduğu bilgisayarımda haber kaynağımın aldığı notlar da vardı ve savcı bunları sormamıştı. Bana sorulmayan bu notlar cezaevine konulmamızdan sonra gazetelere servis edildi. Üstelik *"bu notların da bana ait olduğunu söylediğim"* iftirasıyla. Bu komplodaki medya neferlerinin kendini göstereceği bölüm de bu olacaktı.

Bir süre sonra adliyeden ayrılmak üzere odasından çıkan Savcı Öz'ün yüzündeki müstehzi ifade her şeyi anlatıyordu. Tutuklama istemiyle mahkemeye sevk edildik. Nöbetçi 10. Ağır Ceza Mahkemesi'ndeki genç hâkimin önünde yapıldı bir kez daha sorgulama. Nedim her soruya en ince ayrıntısına kadar yanıt veriyor, anlatıyor. Anlaşılmak istiyor. Karşımızda öyle bir pervasız, öyle saçma yorumlarla insanların başını yakan bir zihniyet var ki tedirgin haliyle her bir sözcüğü yanlış yorumlanmasın diye ne kastettiğini anlatarak geçiriyor tutanaklara. Mesela gazetedeki çalışma işleyişinin nasıl yürüdüğünü anlattıktan sonra hâkimin *"Şefim talimat verir ben haberimi yaparım"* diye tutanağa geçirdiği cümleye itiraz ediyor. Haklı. *"Hâkim bey öyle yazmayalım. Cümlede 'şef', 'talimat' gibi sözcükler geçince yarın bazı gazetelerde o şefin 'Ergenekon yöneticisi, talimatın da örgüt emri olarak yorumlandığına tanık olmak istemiyorum."* Sütten ağzı yanan ne yapardı gerçekten.

Ve karar açıklanıyor

Sabah 05.00 sıralarında bitiyor mahkeme. Hâkim o kadar çok sordu ve anlamaya çalıştı ki, çok da umudum yok ama serbest bırakılacağımızı düşünüyorum. Hem bizlerin hem avukatlarımızın da savunmalarını dinledi, tutanağa geçirirken de çok özenli davrandı. Karar vermek için ara verildi nihayet. Avukatlarımız ayrı bir yerde Nedim ile ben ayrı bir yerde tutuluyoruz. Kısa bir bekleyişten sonra içeri çağırılıyoruz. Karar açıklanacak. Daha şüphelilere ayrılan bölümdeki yerimizi bile almamışken bizimle göz teması kurmamak için kafasını bile kaldırmayan hâkim tutuklandığımızı söylüyor, o bildik klişe cümleler ardı ardına sıralanıyor: *"...suçlarının vasıf ve mahiyeti, mevcut delil durumu, şüphelilerin üzerlerine atılı suçu işledikleri hususunda..."*

Kararı duyunca sadece, *"Çok iyi bir karar verdiniz. Sayenizde insanlar Ergenekon soruşturmalarının nasıl yürütüldüğünü anlayacak"* diyorum. Ama duymazdan geliyor hâkim. Avukatlarımızla sarılıp vedalaşıyoruz. Tutuklanma müzekkereleri düzenlenip cezaevine gönderileceğiz. Birinden bulduğum sigaralardan ikisini arka arkaya içiyorum. Dört gün sonra yaktığım ilk sigara oluyor. Kısa bir süre sonrada Beşiktaş-Metris arasında çalışan bir dolmuşa dönen o malum beyaz minibüsün içindeyiz. Dışarısı polis dolu. Arkadaşlarımız öfkeden deliye dönmüş durumda. Beyaz minibüs adliyenin kapısından çıkarken önünü kesiyor, gitmemizi engellemeye çalışıyorlar. Polisler kalkanlarıyla tartaklıyor arkadaşlarımızı. İtilip kakılanlar arasında gördüğüm biri içimi çok rahatlatıyor: Orhan Ağabey, Orhan Dink.

Cezaevine götürülmek için bekletilirken hep aynı kötü his yapışmıştı içime. Tutuklanmak değil de Ergenekoncu zannıyla tutuklanmak, yıllar yılı karşısında olup mücadele ettiğim insanlarla ve ırkçı zihniyetleriyle bir olmakla suçlanıyordum. Onca karanlık ve kanlı geçmişin kirine adım karıştırıldı. Yuh olsun?

Ama Orhan Ağabeyin orada olmasının benim için anlamı çok büyük. Ergenekon denilince herkesin aklına gelen Hrant Dink'in kardeşi, aydınlatılmak istenmeyen bu suikastın arkasındaki güç olduğu söylenen Ergenekon'a dâhil olmakla suçlanmamıza karşın orada. Mutlu oldum bana ve Nedim'e atılan iftiralara inanmadıkları için. Cemaati de, polisi de, savcısı hâkimi de istediğini söylesin bakalım. Keser de sap da dönecek...

Günler sonra televizyon ekranlarında bizi o minibüsün içinde götürürlerken arkadaşlarımızın tepkisinin devam ettiğini gördük. Adliyenin önündeki yolu oturarak trafiğe kapatmışlar ve *"Ahmet, Nedim onurumuzdur"*, *"Nedim çıkacak yine yazacak"*, *"Ahmet çıkacak yine yazacak"* sloganları atmışlar. Çıkan da çıkmayan da yazmaya devam ediyor işte.

Ara durak Metris Cezaevi

Minibüs hızla yol alıyor. Etrafı seyrediyorum. Zaten ağzımızı bıçak açmaz bir haldeydik ikimiz de. Zaten konuşsan da faydası yok. Konuşulması gereken yerde konuşmuştuk çünkü. O yüzden İstanbul'a biraz daha bakmak daha iyi. Hem bir daha ne zaman göreceğiz meçhul. Önceki örnekleri düşünürsek 8-12 ay arasında zaman biçiyorum, göreceğiz.

Kısa zamanda ulaşıyoruz Metris'e. Nice şanlı direnişin yaşandığı, nice güzel insanı esir eden bu cezaevine düşmek de varmış. Cezaevinin önündeki koca demir kapı üzerimize kapatıldıktan sonra başlıyor ne kadar süreceğini bilmediğimiz esirliğimiz. Hem de günlerden Pazar. Evimizde kahvaltı keyfinin ve sohbetlerin yapıldığı günde Metris Cezaevi'ne giriyorum. Bizi karşılayan gardiyanlar hayli güler yüzlü ve sıcaklar. Adlarımızla *"Hoş geldiniz"* diyorlar. *"Sizi bekliyorduk, gözaltına alındığınız gün haberleri izleyince 'suçunuzun' olmadığını fark edip aramızda konuştuk. 'Kesin gelirler buraya' dedik"* diyorlar.

Cezaevine giriş seremonisi başlıyor. Önce üzerimizi arıyorlar. Sonra yanımızdaki eşyalar, kemer, ayakkabı, x-ray cihazına konuluyor. Ardından bizi de duyarlı kapıdan geçiriyorlar. Ofis benzeri bir odadayız kaydımız yapılacak, eşkal bilgilerimiz bilgisayara işlenecek. Ardından da bilgisayara bağlı bir webcam'dan fotoğraflarımız çekilip yeni kimliklerimize sahip olacağız. Üzerimizdeki paralar da alınıyor. Cezaevinin dâhil olduğu UYAP sistemindeki hesaplarımıza yatırılacakmış. Bir nevi banka gibi. Yarım saat kadar sürüyor bu işlemler. Soğuk mart sabahında ikram edilen çay ve sigara iyi geliyor doğrusu. Gardiyanlardan biri, sağolsun birkaç tane yedek sigara da veriyor yanıma. İşlemler bitti. Koğuşa götürüleceğiz artık. Temizliği yapılıyormuş, bir boş koğuş varmış. Boş olduğu için bizi oraya koyacaklarını söylüyorlar. En fazla bir gün kalacağımızı da ekliyorlar. Zaten seçim yapma lüksümüz de yok.

"Cezaevi nedir?" sorusuna verilecek yanıtlardan biri de sadece duvar, demir kapılar ve uzun koridorlar demek oluyor. Öyle uzun, soğuk koridorları, demir parmaklıktan kapıları aşıp koğuşa götürülüyoruz. Bir gardiyan genel bilgiler verip hapishane hayatının kurallarını sıralıyor. Acil bir durum olması halinde koğuşun içindeki düğmeye basmamızı söylüyor. Gardiyanlar cezaevinde *"Geçmiş olsun"*dan sonra en çok kullanılan sözcüklerle veda ediyor: *"Allah kurtarsın."*

Ağır, soğuk, demir kapı gürültüyle kapanıyor üzerimize. Zaten sessizliğin ne büyük bir lüks olduğunu cezaevinde tez zamanda öğreneceğim. Hayli *"lüks"* bir koğuşumuz var; dubleks. Aşağısı ortak yaşam alanı, tuvalet ve duş. Üst kat ise yatakların bulunduğu bölüm. Ortak alandan açılan bir kapıyla da havalandırmaya çıkılıyor. Etraf pislik içinde. Yemek için kullanılan eşyalar, bir küçük televizyon ve buzdolabı, ortada da masa ve sandalyeler var. Kısa bir süre sonra ise gardiyanlar çay demlemek için semaver, çaydanlık ve çay ile şeker getiriyorlar. Koca iki kalıp peynir, ekmek ve zeytin de yanında. Televizyonun bağlantısı da yapılıyor ama çalışmıyor. Gardiyanlar öğlen ve akşam da yemek getireceklerini söyleyerek gidiyor. Baş başayız Nedim'le, havalandırmada. Hafiften yağmaya başlayan karın altında bu gözü dönmüşlüğün geldiği noktayı konuşuyoruz. 10 metre yüksekliğinde duvarlarla çevrili havalandırma. Duvarların üzeri de tel örgülerle kaplı. Bakalım kaç gün geçecek havalandırmada? Televizyon halen çalışmıyor, birkaç lokma atıştırıp yatakhaneye çıkıyoruz. 24 saati geçmiş uykusuz zamanımız. Çift katlı ranzalardaki yataklar üzerindeki nevresimler renkleri belli olmayacak kadar kirli. En az kirli olanları seçip birer ranzaya ilişiyoruz.

Demir kapının gürültüsü uyumamıza izin vermiyor. Geçmiş olsuna gelen gardiyanlar var. Hemen sonra da öğle yemeği geliyor. Pilav, etli patates var menüde. Demir mazgaldan uzatıyorlar iki karavana. Bu arada televizyon izlenebilir hale geliyor. Haber kanallarını tanıyoruz tutuklanmamız ilk haber hepsinde. Adliyeden çıkartılış ve cezaevine giriş görüntülerinin arasında dostları, sevdiklerimizi görmeye çalışıyoruz. Ama kopuyor dışarısıyla tek bağlantımız olan yayın yine. En iyisi uyumak, öyle de yapıyoruz. Saatlerce uyuyorum, karamsar düşüncelerden uzak kalmak için iyi bir yöntem. Akşam sayımı için uyandırılıyoruz. Ben bir şeyler yiyip uyumaya devam ediyorum. Çok yorgunum hiç zorlanmıyorum. Gece karanlığında seslere uyanıyorum. Kalabalık bir grup koğuşa getiriliyor: Odatv ekibi. Uyanmaya niyetim yok. Aşağıdan Yalçın Küçük'ün kulak tırmalayan sesi geliyor yine: *"Benim Türkiye solunu CHP çatısı altında birleştireceğimden korktukları için yapıldı bu operasyon?"* Ne derinlikli analiz. Bu nasıl bir ego. Sabır Ahmet! Sen uyu en iyisi.

Sabah erkenden uyanıyorum. Zaten saat 08.00'de sayıma gelecekler. Gece getirilenler de aşağıda. Tanışıyoruz. Yalçın Küçük, Doğan Yurdakul, Coşkun Musluk ve Sait Çakır'mış gelenler. Sabahları genelde çok nemrut biri olurum. Yalçın Küçük'ü dinlemeye de niyetim yok. Birkaç soruya öylesine yanıt veriyorum. Zaten televizyon da düzelmiş, haberleri izliyorum. Yeni ekiple birlikte tutuklanmayan kalmamış. İki kişi hariç: İklim Bayraktar ve polis memuru Aydın Bıyıklı. Dava dosyasındaki birçok kişiden daha fazla suçlamaya maruz kalmış olan İklim Bayraktar'ın serbest bırakılma nedeni de kısa zamanda anlaşılacak zaten. Komplonun nerelere uzanmak istediği, tüm planlar daha bir anlaşılır olacak Bayraktar'ın serbest bırakılmasıyla.

Silivri Cezaevi'ne sevk

Sabah sayımı, çay ve haberler filan derken zaman ağır da olsa ilerliyor. Ruşen Çakır'ın selamını alıyoruz NTV'den. Aylar boyunca kâh televizyondan kâh gazetesinden serbest kalmamız için harcayacağı çabaya daha çok tanık olacağım. Öğleden sonra avukat görüşüm olduğu söyleniyor. Heyecanla gidiyorum. Efkan Bolaç ve Züleyha Gülüm gelmiş. Yıllardır görüşmemişiz gibi kucaklaşıyoruz. Yonca'dan ve dışarıdan haberler gelmiş. Herkes iyi ama üzgünmüş. İhtiyacım olan eşyaları söylüyorum. Kısa bir süre sonra, avukat görüşündeyken Silivri'ye sevk edileceğimizin haberi geliyor. Halbuki Metris'te kalmayı tercih ederdim. Vedalaşıyoruz. Koğuşa gidip iki parça eşyamı alıp çıkıyoruz. Üst araması, x-ray cihazları derken jandarmanın arasındayız artık. Komutanla el sıkışıyoruz ayrılırken. Askerlere talimat verdiğini, ring aracında kapıların kapatılmayacağını ve kelepçe vurulmayacağını söylüyor. Teşekkür ediyorum, iki grup halinde birbiriyle teması olmayan iki ayrı bölüme oturtuluyoruz. Cezaevindeki koğuş arkadaşlarımın kimler olacağını da bu yolculukta ortaya çıkıyor: Doğan Yurdakul ve Nedim Şener'le birlikte kalacağız.

Yoğun kar yağışı altında bir saatte ulaşıyoruz Silivri'ye. Koca giriş kapısının önünde *"Silivri Ceza İnfaz Kurumları Kampüsü"* yazıyor. 4 no'lu cezaevine sevk edilmişiz ama orada 2 no'lu Cezaevi'ne gitmemiz gerektiği söyleniyor askere. Sevk kâğıdı ile sözlü talimat çelişkisi yarım saat kadar sürüyor. Nihayet ilk konukları arasında yer alacağımız yeni açılan 2 no'lu cezaevine giriş yapıyoruz. Aylar sürecek esirliğin, geçici ikamet adresindeyiz artık.

Silivri Cezaevi: 15 bin nüfuslu bir kasaba

Cezaevi çalışanları, askerleri, lojmanlarda yaşayanları ve elbette mahkûmlarıyla birlikte 15 bin civarında nüfusu olan küçük bir kasaba gibi Silivri. İçinde ortalama Bin 200 kişi kapasiteli 9 cezaevi bulunuyor. L tipi cezaevi diye anılıyor her biri. Ancak hangi harfle anılırsa anılsın hepsinin yarattığı sıkıntılar aynı. Başta tecrit olmak üzere kötü idarecilerin kötü niyetli tutumları yüzünden zaten zor olan hayatı daha da içinden çıkılmaz hale getiren bir dizi gariplik. İleride her birine yaşadıklarımız üzerinden değineceğim. Her biri başlı başına bir insan hakları ihlali olan bu uygulamaların bin beterinin F tipi cezaevlerinde, özellikle sol siyasi mahkûmlara yaşatıldığını ve maalesef kamuoyuna aktarılamadığını belirtmekte fayda var.

Tutukluluğum süresince, bu yazılar yazıldığı sırada 3 kez hastane, 2 kez de duruşmalarım için toplam 5 kez çıkarıldım cezaevinden. Cezaevi ring aracının kafesli küçük pencerelerinden gündüz gözüyle görebildiklerimin, kimi gardiyanlarla yaptığımız sohbetlerden anladığıma göre Silivri Cezaevi şöyle bir yer:

Silivri'de işçi mahkûm sömürüsü

Biraz önce ifade ettiğim gibi 9 cezaevi bulunuyor. Ayrıca cezaevi görevlileri için inşa edilen lojmanlar, bir ilköğretim okulu, PTT şubesi, inşaatı süren koca bir cami, yetersizliğinden şikâyet edilen bir sağlık ocağı var. (Zaman içerisinde kapasitesi ve olanakları genişleyen sağlık ocağı küçük bir kliniğe dönüştürüldü.) Cezaevinin dış güvenliğinden sorumlu olan jandarmaya ait binalar da mevcut. Atık su arıtma merkezi, bu küçük kasabanın ısınma ve sıcak su ihtiyacının karşılandığı ısı merkezinin yanı sıra bir de ekmek fırını bulunuyor. Tutuklu ve hükümlülerin yemek ihtiyacı da devasa bir mutfakta yapılan yemeklerle karşılanıyor. Hem fırında hem yemekhanede çalışacak personel mahkûmlardan seçiliyor. Cezaevlerinin temizlik, yemek dağıtımı, kantin ve manav ihtiyaçlarının koğuşlara servis edilmesi gibi işler de cezaevindeki işçi koğuşlarında kalan mahkûmlar tarafından yerine getiriliyor. Hiç de yabana atılmayacak bu işlerde de devlet eliyle korkunç bir sömürü yaşanıyor. Mahkûmlar 60-80 lira arasında değişen aylık ücretler alıyor.

Cezaevi alanının girişinde ziyaretçiler için bir bekleme salonu bulunuyor. Ergenekon duruşmalarının yapıldığı prefabrik mahkeme salonunun yakınlarında güya yargılamalar hızlansın diye yapımına başlanan ikinci bir mahkeme salonunun çalışmaları ise halen sürüyor. (Söz konusu salon tutukluluğumuz sırasında bitirildi ve bu kez de üçüncü bir mahkeme salonunun inşaatına başlanacağı duyuruldu.) Ziyaretçiler, duruşmalar, hastane ve mahkeme sevkleri ve avukat görüşleri derken gündüz saatlerinde inanılmaz bir insan trafiği yaşanıyor kampus alanında.

Yan yana dizili 9 cezaevinin hiçbirinin birbirleriyle bir teması yok. Yüksek duvarları, kocaman demir kapıları ve tel örgülerle hepsi birbirinden bağımsız. Bu L tipi cezaevlerine *"yüksek güvenlikli"* deniyor. Siz bunu şöyle anlayabilirsiniz: *"Mahkûmlara zindan içinde zindan hayatı yaşatmak"*. Koca koca çatılar yığınının hepsi yüksek duvarlarla çevrili. Duvarların üzeri de sarmal biçimli dikenli tellerle kaplanmış durumda. Cezaevlerinin dışında belirli aralıklarla kondurulmuş askeri gözetleme kuleleri, geceleri gün ışıyana dek yanan aydınlatma direkleri kuşatıyor her bir yanı. Eğer 10 metre yüksekliğindeki duvarı ve üzerindeki jilet gibi keskin telleri aşmayı becerebilirseniz bu kez de çevresi 3-4 metre yüksekliğindeki dikenli tellerle çevrili bir alanda buluyorsunuz kendinizi. Tıpkı sınır bölgelerindeki mayınlı alanlarda olduğu gibi herhangi bir ayak izini hemen belli edecek biçimde düzleştirilmiş kumlarla kaplı bir alanı çevreliyor bu dikenli teller. Askerlerin görev yaptığı gözetleme kulelerinin yanı sıra, güvenlik kameraları da 24 saat boyunca kayıt altına alıyor tüm çevreyi. Kameraların bulunduğu yer sadece cezaevinin dışı değil, içerisi de öyle.

Koğuşta da kamera

Koğuşların içinde ortak kullanım alanlarını kaydeden bir tane bulunuyor. 21 kişilik koğuşlarda bu kameraların sayısı da artıyor. Her koğuşun havalandırması da tepeye yerleştirilen bir tanesiyle izleniyor. Koğuşlar dışında kalan her yerde tıpkı diğerleri gibi zum yapabilen, hareket etme özelliği de bulunan objektiflere sahip bu kameralarla donatılmış durumda. Mesela koğuştan avukat görüş odasına giderken toplam 150 adım atabildiğim mesafede 8 tane kamerayla göz göze geliyorum. Bu kameraların her biri cezaevini bölen blokların kamera izleme odalarından ve bir de cezaevi ana kumanda odasında yer alan monitörlerden gözleniyor. Hiçbir görevlinin diğerine güvenmemesi üzerine kurulu bir sistemle yönetilen cezaevlerinde hemen her yaptığımızın kameralarla kayıt altına alınmasına karşın bir de sürekli üst araması yapılıyor. Mesela avukat görüşüne ya da aile görüşüne çıkıyorsunuz. Koğuş kapısından çıktığınızda üst aramanız yapılıyor. Ceplerinizin içine kadar kontrol ediliyor, ayakkabılarınızın içine bakılıyor. En az iki gardiyan gözetiminde arama yapıldıktan sonra görüşe götürülüyorsunuz. Görüş bitiminde aynı aramalar bir kez daha görüş odalarının bulunduğu yerde yapılıyor. Sonra koğuşa kadar parmaklıklı altı ayrı demir kapıdan geçtikten sonra bir kez de aynı aramalar koğuşun önünde yapılıyor. Bu aramaların kendi aramızdaki adı *"Silivri masajı"*ydı.

Artık koğuşa girebiliriz. Koğuş kapıları blok bir demir yığını, ortasında mazgal penceresi bulunuyor ve 'L' biçimli demir bir kol ve anahtarla açılıyor. Ve o kapı hiçbir zaman sessizce açılmaz, insanı çıldırtmak istercesine bir gürültü uğulduyor her an kulaklarınızda. Ahmed Arif'in şiirinde olduğu gibi ne *"Görüşmeciniz yeşil soğan gönderebilir ne de karanfil kokulu cigaralar."* Onlar da yasak. Aslında cezaevindeki tüm sözcüklere yasak kılıfı giydirilmiş durumda.

Gardiyan değil CİK memuru

Gardiyanlar kendilerine gardiyan denilmesinden memnun olmuyor. Meslekte eski olanların bunu taktıkları yok da, hemen hepsi 20'li yaşlarının başında olan diğerleri bu sözcüğü hiç sevmiyor. Ceza ve İnfaz Koruma Memuru denmesini istiyorlar. Kısa adıyla CİK memuru. Nedenini sorduğumda hepsi aynı açıklamayı yapıyor: *"Gardiyan denilince geçmişin pis, ütüsüz üniformalarıyla gezen, göbekli, işkence yapan, keyfi olarak mahkûmları döven, rüşvet yiyen, türlü ahlâksızlıklar yapan"* görevlileri akla getiriyormuş. Aynı açıklamayı aynı sözcüklerle 2011 Temmuz ayında cezaevi denetimi gelmişken koğuşumuza uğrayan Ceza ve Tevkif Evleri Genel Müdürü de anlattı. Okuduğunuz üzere ben hâlâ gardiyan diyorum. Her şeyden önce aklıma kötü anlamlar getirmiyor. Öte yandan yazması da söylemesi de kolay. Eğer bu satırları okuyan gardiyan arkadaşlar varsa da alınganlık göstermesin.

Bir gün cezaevinde bu konuyu tartıştığımız bir grup gardiyana söylediğimi burada da tekrar edeyim. Önemli olan yaptığınız işin adını nasıl koyduğunuz ya da nasıl değiştirdiğiniz değil, zihniyeti değiştirip değiştiremediğiniz. Engin Çeber'i dövüp öldürenlere gardiyan mı diyeceğiz yoksa Ceza ve İnfaz Koruma Memuru mu? Ağustos ayında hem de Silivri gibi yüksek güvenlikli cezaevinde birinde bulunan cep telefonları ve uyuşturucuları cezaevine sokmaya yardım ettikleri için haklarında soruşturma açılanlar gardiyan mı yoksa Ceza ve İnfaz Koruma Memuru mu? Benzer örneklere hem de daha ağırlarına F tipleri de dâhil birçok cezaevinde rastlamak mümkün. Adalet Bakanlığı açılan soruşturmaların gerekçelerini açıklarsa hepsini öğreniriz.

Gardiyanlarla yaptığımız sohbetlerden yola çıkarak, nasıl çağırıldıklarından ziyade çok daha önemli sorunları olduğuna değinip bu faslı kapatalım. Her gün yüz yüze baktıkları tutuklular arasında gazeteciler olunca tüm gardiyanlar şikâyetlerini sıralıyordu. *"Sayenizde medyada yazılırsa sorun çözülür belki"* diyerek anlatıyorlardı. Cezaevleri arttıkça çalışan sayısı da artıyor haliyle. Ancak yeni alınan personel kadrolu değil sözleşmeli statüsünde. *"Hem garantisi yok hem ücretler daha düşük"* diye yakınıyorlardı her biri. Üstüne üstlük evleri İstanbul'da olanlar servis de tahsis edilmediği için her ay ulaşım için ciddi paralar ödediklerini anlatıyordu. Gardiyanlık gerçekten zor bir iş. Deyim yerindeyse emekli olana dek bir nevi gönüllü mahkûmiyet. Bu işin yıpratıcılığına karşın yıpranma payı iptal edilen meslek gruplarından birisi oldu. Polislerle ilgili yasaya tabi şekilde çalıştırılıp, yani kamu güvenliği personeli statüsüne alınarak sendikalaşmalarının önü de kesilmiş durumda. Ama polislere tanınan yıpranma payı hakkından da mahrum bırakılmış durumdalar. Gardiyanlara söz verdiğim üzere cezaevine ziyaretime gelen milletvekillerine de Ceza ve Tevkif Evleri Genel Müdürü'ne de bu yakınmaları aktarmıştım. Burada da tekrarlamış oldum. Ancak o zaman kendilerine söylediğimi de burada tekrarlayayım: *"Örgütlenin, hak verilmez alınır."*

Silivri'ye olaylı giriş

Şimdi yeniden kaldığımız yere, 2 No'lu Cezaevi'nin mahkûm kabul giriş kapısına dönelim. Cezaevi binasının kampus alanıyla irtibatını kesen yüksek duvarların arasındaki araç giriş kapısından girdikten sonra koca bir demir kapıdan cezaevine alınıyoruz. Önce birtakım kâğıtlar doldurulacak, resmi girişimiz yapılacak. Ardından benzer bilgiler bilgisayarlara da işlenecek. Tıpkı Metris'te yapıldığı gibi. Uzun bir masanın etrafındaki gardiyanlar sırayla çağırıp kimlik bilgilerimizi kayıt altına alıyor. Metris'te verilen kimliklere el konulup yenisi verilecek. Sıra Yalçın Küçük'e geliyor. Küçük'ün o büyük egosunu sarsan bir olay nedeniyle de tartışma çıkıyor. Kaydı yapan gardiyan, *"Amca adın ne?"* diye soruyor. Küçük'ün gözleri çakmak çakmak oluyor. *"Beni tanımıyor musun, yaz işte adımı"* diye söyleniyor hiddetle. Asıl kıyamet bundan sonra kopuyor. *"Her gün kaç kişiyi kayıt ediyorum. Ben senin kim olduğunu nereden bileyim amca?"* diyen gardiyana *"Bana 'Amca' deme. Ben Yalçın Küçük'üm. Nasıl tanımazsın"* diye bağırıp elindeki Metris kimliğini fırlatıyor. Herkes şaşkınlık içinde. Başgardiyanlardan biri ortamı sakinleştirmeye çalışsa da Küçük söylenmeyi sürdürüyor. Nedim de ben de Küçük ile aynı koğuşa düşmek istemiyoruz elbette. Başgardiyan *"Cezaevinde husumetiniz olan kimse var mı? Kimlerle kalmak istiyorsunuz"* diye soruyor. Koğuşların üçer kişilik olduğu ve grubumuzu ikiye ayırdıklarını söylediklerindeyse ring aracındaki düzene devam ediyoruz: *"Doğan Bey'le kalmak istiyoruz"*. Zaten Doğan Yurdakul da aynı şeyi istiyormuş. Sorun çıkmadan hallediyoruz.

Cezaevinin pembe kimlikleri

Metris'teki işlemler burada da tekrarlanıyor. Kimlik bilgileri, eşkal bilgileri, boy-kilo ölçüleri, yanımızda getirilen eşyalar bilgisayara kaydediliyor. Yine webcam'den fotoğraflarımız çekilip yeni kimliklerimiz veriliyor. Koğuştan çıktığımız her an yanımızda olması gerektiği söylenen pembe renkli kimliğe bir de fotoğrafımız yapıştırılıyor. Üzerinde 2 No'lu Ceza İnfaz Kurumu yazan kimlikte genel bilgilerin en altında yer alan *"Hükümlü ve tutuklu sicil no"* kısmının karşısında da *"Örgüt"* yazıyor.

"Geçmiş olsun" denilip yine üst aramalarından, x-ray cihazlarından geçirilip tavanlarından kameralar sarkan, koridorlarını bölen demir kapılardan geçip elimize tutuşturulan nevresim takımı, yastık ve battaniyelerle koğuşumuza getiriliyoruz. B

bloktayız, üst kat 9 No'lu koğuş. 14*8 adımlık, 60 metrekarelik bir koğuş. Üç hücre bulunuyor içeride. Her hücrenin içinde demir bir yatak ve şilte ile ince sacdan bir elbise dolabı yerlere sabitlenmiş durumda. Kişiye özel banyo ve tuvalet de hücrelerin içinde. Koğuş kapısından itibaren sıralanmış hücrelerden ilkine Doğan Ağabey, ortadakine Nedim yerleşiyor. Benimkisi ortak alana bitişik. Kapıdan 14 adım atınca biten koridordan sonra tavan köşelerinden birinde 24 saat çalışan bir kamera bulunuyor. İki gözlü bir televizyon sehpası, mutfak kısmında yer alan lavabonun üst kısmında ise küçük dört kapaklı sacdan bir dolap var. Koridor boyunca açılmayan iki küçük pencere aşağı koğuşta Yalçın Küçük'le birlikte kalan Coşkun Musluk ve Sait Çakır'a ait havalandırmaya bakıyor. Herhangi bir temas ve konuşma olmasın diye camlar sabit ve demir parmaklıkları var pencerelerin. Ortak alanda ise bize ait havalandırmaya bakan 1.5x1.5 metre ebadında iki büyük pencere var. Her birimizin hücresinde bulunanlarla aynı ölçüde olan bu pencereler açılabiliyor. Ortak alandaki *"mobilya takımımız"* ise plastikten 3 sandalye ve bir masadan ibaret.

Cezaevinin yeni olması hijyenik açıdan bir şans. İlk kullananları biz olacağız. Bizden sonra kim bilir kimler gelip geçecek. Koğuş ve hücreler inşaat pisliği ve toz içinde. Sıkı bir temizliğe ihtiyacı var. Gardiyanlardan biri acil ihtiyaç duyacağımız malzemeler getiriyor kantinden. Su ısıtıcısı, sabun, üçer adet tabak, kaşık ile ucu yarıya kadar kesilmiş bir meyve bıçağı, plastik birer adet kupa, tek içimlik hazır çorba, birkaç kraker ve hazır kek. *"Yarın kantin açılınca tüm ihtiyaçlarınızı karşılarsınız"* diyorlar. *"Allah kurtarsın"* temennisiyle ağır, demir kapıyı kapatıyorlar gürültüyle. Ergenekon soruşturmalarıyla herkesin belleğine kazınan Silivri Cezaevi'nde, suçsuz olmalarına rağmen neden içeride olduklarını bilen üç kişi birlikte sohbet ediyoruz. Gözaltında ne oldu? Savcı ne sordu? Hâkim mahkemede ne yaptı? Savunman neydi?

Tüm bunları Nedim ile ikimiz birbirimiz açısından biliyoruz zaten. Bilmediğimiz Doğan Yurdakul ile ilgili olanı. O da bizimkileri bilmiyor ve öğrenmeye çalışıyor. Kimsenin hiçbir delilden bilgisi yok. Zaten ortada delil de yok. Birbirimizin savcılık sorgu tutanaklarından neler olduğunu öğrenmeye çalışıyoruz. Her zaman olduğu gibi bolca telefon kayıtları. Her biri cımbızlanmış, yaptığımız herhangi bir konuşmada öylesine söylediğimiz herhangi bir sözcük paranoyakça ya da suç isnat etmek için yorumlanmış. Yeni ve olmayan anlamlar yüklenerek suç tespit edilmiş. Odatv bilgisayarında çıkan imzasız bilgi notları ve meşhur Ulusal Medya 2010 dokümanı. Suçlanmama neden olan örgüt dokümanında ne yazıyor merak içindeyim. Bu merakımı ise ancak tutuklandıktan bir ay sonra giderebileceğim. Hiçbirimiz de görmemiş zaten belgeyi. Gizlilik kararıyla bizden saklanan bu ne idüğü belirsiz, imzasız belge televizyondaki tartışma programlarında suçlu olduğumuzu kanıtlama gayreti içinde saçmalayan malum gazetecilerin elindeydi. Ancak hiçbirimiz görmemiştik.

Doğan Ağabey

Önce koğuş arkadaşlarımı tanıtayım. Nedim'i tanıtmaya gerek yok. Bu soruşturmada adı en çok öne çıkanlardan biri de o oldu. Ancak Doğan Yurdakul'u anlatmak gerekiyor. Neredeyse benim yaşım (42) kadar bir gazetecilik geçmişi olmasına rağmen maalesef adı anılmaktan kaçınılan, hakkı yenilen bir meslek büyüğümüz olduğunu düşünüyorum. Onca yıllık emeğine birçok gazete, çok değerli kitaplar, hapislik, sürgün yılları sığdırmış olmasına karşın ancak sevgilisinin ölüm döşeğinde olduğunun duyulmasıyla kamuoyunun gündemine gelmiş olmasının utancını da birilerine anımsatmak gerek. O birilerinin yıllar boyu birlikte çalıştığı, gazete ve televizyonların bilinen isimleri olduğunu da vurgulamakta fayda var.

Doğan Yurdakul'un adını Nedim de ben de kitaplarından biliyorduk. Dündar Kılıç'ın biyografisi ışığında kabadayılar, mafya, derin devlet ilişkisini ele aldığı *"Abi"* ile Soner Yalçın ile ortak imzalı *"Reis"* ve *"Bay Pipo"* kitaplarını beğenerek hatta kıskanarak okumuştum. Kısa dönem çalıştığım Evrensel gazetesinde yollarımız kesişmiş ama o Ankara temsilcisi, bense İstanbul'da muhabir olarak birbirimizden haberdar olmamışız. Cezaevinde sohbet ederken çok da ortak tanıdığımız olduğu ortaya çıktı. Çoğu gazeteci elbet.

İlk zamanlar *"Doğan Bey"* diye seslenirken *"Artık yeter bey, mey yok"* deyince Doğan Ağabey oldu. Sonrasında da *"İhtiyar"* ya da *"Mösyö"* diye anıldı koğuşumuzda. Çelebi gönlü ve güler yüzüyle şaka kaldırıyordu. Ama böyle hitap etmemizin aramızdaki şaka yollu gerekçesi de savcılık sorgusunda sürekli vurgulanan *"Doğan Abi"* isimli şahsın kim olduğuna yönelik muammadan ötürüydü. Olur ya malum şahıslar duyarsa *"Doğan Abi"* diyerek *"örgütsel ilişki ve hiyerarşiye uyduğumuz"* yolunda haberler ya da suçlamalar yöneltilebilirdi. Zaten Doğan Ağabey'in kendisi de hâlâ merak içinde kim bu Doğan Abi?

65 yaşına, *"çakma balık buğulama"* yemeğiyle kutlama yaparak cezaevinde giren 40 küsur yıllık gazeteci Doğan Yurdakul. Çok sayıda gazete ve dergide çeşitli görevler almış. 12 Mart darbesinde 2 yıl kadar Mamak'ta volta atmış, 1974 affıyla çıkmış.12 Eylül darbesinde de cezaevine girecekken Fransa'ya kaçmış. Sürgünü, doktorasını yaparak doldurmuş. Komünizm propagandası yapmaktan hakkında istenen 220 yıl hapis cezası 142. maddenin kaldırılmasıyla düşünce 1991'de dönmüş vatanına. Yine gazeteciliğe devam etmiş. 1980 darbesi öncesinde yer aldığı Aydınlıkçılar safından kendi deyimiyle *"gördüğü ideolojik tedavi"*yle kurtulmuş. Tutuklanmadan önce de Odatv'de yayın koordinatörüymüş.

Koğuşun içinde bir hoparlör

Cezaevindeki ilk sabah saat 08.00 sıralarında tavana yakın bir yere monte edilmiş hoparlörden *"Tüm tutuklu ve hükümlülerin dikkatine..."* diye başlayan, sayım yapılacağı ve *"düzen almamız"* uyarısını yapan anonsla uyanıyoruz. Sıklıkla duyacağımız, *"Allah kurtarsın"* temennisiyle bitiyor anons. Aylar boyunca her gün birkaç kez çeşitli duyurular dillendiren anonslar zaten hep aynı cümlelerle başladı ve bitti. İlk zamanlar bu hoparlörlerden en sık duyulan anons ise *"ses deneme, ses deneme"* diye tekrarlanıyordu. Adeta işkence halini alan bu denemeler iki aydan fazla sürdü. Anons yapılmadığı zamanlar ise sadece saçma sapan iki istasyonu çeken radyo vazifesi görüyordu bu hoparlörler. Ortalama 30-40 sözcükle 2 saatlik program yapabilen sunucuların gerçekleştirdiği çoğunun adını, sanını duymadığımız şarkıcıların sıkça kulak tırmaladığı bir radyo.

Günler sonra ilk duş

Sabah sayımında kantin ihtiyaçları istem fişi veriliyor kantinde satılan ürünlerin listesiyle birlikte. Bir semaver, kraker, hazır kek benzeri yiyecekler, içme suyu, çay, kahve, şeker ve elbette temizlik malzemeleri yazıyoruz. Her aldığımızdan sonra unuttuğumuz bir ürün geliyor aklımıza ya da ihtiyaçtan belirlenenler. İlk zamanlar sürekli liste veriyoruz. Üçüncü günün sonunda gardiyanlar uyarıyor: *"İlk geldiğiniz için size kıyak yaptık. Ama her gün alışveriş yapamazsınız. Sizin blok sadece cuma günleri kantin alışverişi yapabilir. Bu son olsun"* diyorlar. Yavaş yavaş öğreneceğiz elbette. Adamlar da haklı. Zırt pırt acil durum butonuna basıp gelen gardiyana alışveriş listesi veriyoruz. Neyse zaten ihtiyaçlarımızı da karşıladık. Arada çıkan eksiklikleri de zamanla karşılayacağız. Bu arada üç günlük gözaltı ardından, Metris ve Silivri'ye sevk derken günlerdir banyo yapmamış haldeydim. Teke gibi kokmak bir yana her sabah duş alan biri olarak çok zor durumdaydım. Üzerimdeki eşyalar kirli ama yapacak bir şey yok. Hazır sıcak suyu bulmuşken hemen duş alıyorum. Çamaşırlarımı yıkasam kurutamayacağım. Temiz kıyafetlerin gelmesi de zaman alacak. Her ayın ilk haftası açık görüş olduğu için mahkûmlara eşya verilmiyor. İlk temiz çamaşır ve kıyafetlerime 11 gün sonra kavuşabiliyorum. Aksilik o zaman da sıcak su yok. Ama ne gam atıyorum kendimi soğuk suyun altına bir güzel temizleniyorum. Sonra da mis kokulu kıyafetlerimi giyiyorum. Şimdi daha iyi hissediyorum.

El radyosunda inanılmaz bir soru

İlk birkaç gün içinde henüz televizyon sahibi olamamıştık. Gazetelere de ulaşamıyoruz. Hiçbir haber alamıyoruz yani. Ortalığın toz duman olduğundan eminiz. Kantinde el radyosu satıldığını öğrenince hemen bir tane alıyoruz. Dışarıya ses vermeyen, sadece kulaklıkla dinlenebilen bir radyomuz var. Yani haber dinleyebileceğiz. Ya da biz öyle sanıyorduk. Uğraşıp didiniyoruz ama nafile, herhangi bir frekanstan herhangi bir ses duymak mümkün değil. Koğuşun içinden çekmiyor radyo. Dışarıda kar yağıyor, hava buz ama açıyorum pencereleri. Anteni uzatıyorum kulaklığın biri bende diğeri Nedim'in kulağına takılı. Bir frekans yakalamaya çalışıyoruz ama nafile. Radyoyu tutan elim dışarıda ne yana çevirsem boş. Güç bela parazitler içinde bir ses duyuyoruz. Şansa bak derinden gelen sesin sahibi Samanyolu Haber Kanalı'nın spikeri. Haber kuşağını radyodan canlı yayınlıyorlar. Metris'te Ruşen Ağabey programını kapatırken kitap çalışmaları yaptığı için programının tatile girdiğini açıklamıştı. STV haberin konusu da bizim tutuklanmamızdı. Ama biz sonunu yakalıyoruz bu haberin. Spiker telefonla bağlanan konuğuyla bu konuyu konuşmuş anlatılanlardan anlıyoruz. Ve konu Ruşen Çakır'a kadar getirilmiş. Konuk malûm sızdırma haber olmadığı sürece hiçbir haberine rastlanılamayan medyanın yeni *"yıldızı"* Mehmet Baransu. Spiker hayretten küçük dilimizi yutmamıza neden olan şu soruyu soruyor: *"Baransu Ergenekon kapsamında gözaltına alınacak gazetecilerden biri de bugün tatile çıktığını açıkladı. Ne düşünüyorsunuz?"* Kelimesi kelimesine hatırlıyorum. Parazitli bir yayındı ama spikerin Ruşen Çakır'ı kastederek sorduğu soru buydu.

Baransu'nun ne dediğini bile anlamıyoruz şaşkınlıktan. Umarım birisi RTÜK'ten bu yayının kaydını ister de tamamını öğrenebiliriz. Bu soruyu duyar duymaz şahsımızda hayata geçirilen komplo senaryosunun çok kapsamlı bir planının parçası olduğunu anlıyoruz. Zaten ne yazdığını sonradan öğrendiğimiz Ulusal Medya 2010 saçmalığına bakılırsa AKP ve cemaat karşıtı, Ergenekon ve bağlantılı soruşturma sürecini eleştiren herkesi cezaevine atmanın yolu açılmaya çalışılmış. Bu konuyu ilerleyen bölümlerde irdeleyeceğimizi belirtip devam edelim.

Nihayet haberler

Birkaç gün içinde televizyonumuz gelince haberlere erişim imkânı buluyoruz. İstediğimiz günlük gazeteler de kısa zamanda gelmeye başlıyor. İlk iki ayda televizyonla çok haşır neşir oluyoruz. Tutuklanmamızın yarattığı infial, tepki açıklamaları, iç ve dış kamuoyu baskısı, ulusal ve uluslararası meslek örgütlerinin açıklamaları, kimi siyasetçilerin *"kaygılıyım"* açıklamaları tahliye edilebileceğimiz umudunu veriyor. Gündüz birkaç saat süren gazete okumaları, akşamları yerini televizyon kanallarındaki tartışma programlarını izlemeye bırakıyordu. Cemaatperver ve AKP nezdinde güç tapınıcısı yorumcuların, *"uzmanların"* söylediklerini dinlemek gerçekten çok çıldırtıcı olabiliyordu. Nasıl da azılı Ergenekoncu olduğumuzu kanıtlamak için yapılan zavallıca yorumlar, polisin sızdırdığı aslı astarı olmayan bilgi kırıntılarıyla birlikte sunuluyordu. Hakkımda ahkâm kesenlerin hemen hiçbiriyle tanışıklığımın olmaması bir yana kendisini demokrasi havarisi ilan eden bu gazetecilerin 1990'lı yıllarda şimdi üzerinde konuştukları konuların en berbatları yaşanırken kendilerinin ve çalıştıkları gazetelerin, televizyon kanallarının yaptığı haberler de arşivde duruyordu. Aslında bu işin yüzleşmesi çok basit: Benim yazdıklarımla kendi yazdıklarını karşılaştıralım, bu kadar.

Şu televizyon mevzusunu bitireyim artık. Cezaevinde uydu yayını üzerinden idarenin belirlediği kanalları izleyebiliyorsunuz. Sadece çok bilinen, yaygın kanalların tümü var. Ergenekon sanıklarının cansiperane medyası Ulusal Kanal da buna dâhil. TRT'nin berbat bir yayıncılık anlayışına sahip müzik kanalı dışında benzer bir kanal yok. Defalarca dilekçe vermemize karşın da olmadı. O dilekçelerde National Geographic ve Discovery Channel isimli belgesel kanalının da yayımlanmasını istemiştik. Ama olmadı. Yerine aylar sonra TRT'nin belgesel kanalı konuldu. Bir kez daha vergilerimizle ayakta tutulan bu kuruma verilen paraları haram etmek için nedenim oldu.

National Geographic yok, Yaban TV verelim

Cezaevindeki tutukluların büyük çoğunluğu adli suçlardan, ağırlıklı olarak da uyuşturucudan içeride. Gasp, cinayet, adam yaralama gibi suçlardan tutulanlar da var. Yani şiddet içeren suçlar. Hemen her gün birkaç kadının öldürüldüğü, yaralandığı, tecavüz ya da tacizle karşı karşıya kaldığını da hatırlatıp televizyonda yayınlanan kanallardan birine getireceğim sözü. *"Belgesel kanalı yok"* diye şikâyet ettiğimizde bize *"Var ya"* denildi. Ne olduğunu düşünürken de devam ettiler: *"Yaban kanal var"*. Ufuk Güldemir'in hediyesi av ve avcılık kanalı Yaban TV yani. Elde tüfek habire güzelim kuşları, geyikleri, domuzları vuran adamlar 24 saat boyunca karşımızda. Cezaevinin belgesel kanalı da böyle oluyor işte.

Bulunduğumuz 2 Nolu cezaevinde ağırlıklı olarak uyuşturucu suçlamasından tutuklu bulunanların olduğunu söylemiştik. Onların arasında da hatırı sayılır bir Kürt nüfus var. Onların talebiyle Kürtçe yayın da bulunuyor televizyonda. TRT Şeş elbette. Konuşulanları anlamıyoruz ama ekranda Recep Tayyip Erdoğan başta olmak üzere AKP kurmaylarından başka kimseyi görmek mümkün olmuyor. Devletin küçümsenmeyecek bu atılımının şifrelerini de yakalamak mümkün oluyor kanalı izlerken. Çocukluğumun inanç dünyası benzeri dini programlarından gırla gidiyor TRT Şeş'de. Ne diyordu Başbakan: *"Bu ülkede Kürt sorunu yok. Benim Kürt vatandaşımın sorunu var"*. AKP'nin 2011 seçimleri öncesindeki miting alanlarında Erdoğan'ın ağzından sıkça duyduğumuz bu cümlelerin ne anlama geldiği de TRT Şeş'de görünüyor zaten. AKP'nin kendi Kürtlerini yaratma projesi din ekseninde gidiyor. Hayırlı olsun!

Kitabımı yakma girişimi

Cezaevinin rutinlerinden biri de aylık koğuş aramaları. Hapishanenin dış güvenliğinden sorumlu jandarmalar tarafından yapılan aramalara cezaevi görevlileri de eşlik ediyor. *"Ne aranıyor?"* diye sorarsanız *"Cezaevine sokulması yasak olan her şey"* demek mümkün. Cep telefonu, silah, bıçak, uyuşturucu başta geliyor. Cezaevi görevlilerinin dahi sıkı aramalar ve retina taramalarından sonra içeri girebildiği, cep telefonlarını sokmanın yasak olduğu, hatta okumak için yanlarında getirdikleri kitaplarının isminin dahi kayıt altına alındığı hapishanelerde her aramada yasak maddelerden bulunuyor olması ironik tabii. Bize ait koğuş aramalarında bir şey bulunamıyor elbet. Zaten bir şey bulunmayacağı bilindiğinden olsa gerek öyle çok sıkı bir aramadan geçirildiğimiz de söylenemez. Ancak ilk aramamız bu genellemenin dışında kalıyor. Genellemenin dışında kalmasının bir nedeni de aylık arama prosedürünün dışında kalan bir uygulama olmasıydı. Nedeni malum; Başbakan'ın bomba kadar tehlikeli olduğuna inandığı kitabımın kopyasının bulunma ihtimali.

Kitabımın imha edilmesi için yapılanlara da cezaevindeki küçük televizyondan şahit oldum. 24 Mart 2011 gecesi özgürlüğümün elimden alınmasının nedenini bütün çıplaklığı ile gözler önüne seren süreç başladı. Daha önce de ifade ettiğim gibi tutuklanmamın nedini basılmamış kitabımdı ve onu imha etmek için harekete geçtiler. *"İleri demokrasi"* nutukları atılan bir dönemde kitaptan, fikirden korkuyorlar ve onu yok etmeye çalışıyorlardı. Önce kitabı e-posta ile gönderdiğim İthaki Yayınevi basıldı. Bir iddiaya göre kitabın basılmış olması ihtimaline karşı bir kamyonu da yanlarında getirmişti polisler. Editörüm Ahmet Öz baskından sonra gazetecilere yaptığı açıklamada bilgisayardaki kitap taslağının polislerce silindiğini söyledi. Daha sonra beni ziyaret edenlerden öğrendiğim kadarıyla önce buna pek çok kişi inanamamış. 2011 yılında bir kitaba, düşünceye böyle hoyratça saldırılabileceğine inanmak gerçekten zordu ama gerçekti. 12 Eylül 1980'de bacalardan yakılan kitapların dumanının tütmesi gibiydi.

O gece başlayan *"postmodern"* kitap yakma girişimi gündüz devam etti üstelik bir mahkeme kararına dayandığı ortaya çıktı. Avukatlarıma, Yonca'ya ve kitabımı gönderdiğim Ertuğrul Mavioğlu'na tebliğ edilen mahkeme kararında *"kitap taslağını bulundurmanın"* suç olduğu anlatılıyor, güvenlik güçlerine teslim etmeyenlerin örgüte yardım ve yataklıkla suçlanacağı belirtiliyordu. Tebliğ edilen belgede şunlar yazıyordu:

> *"İstanbul Cumhuriyet Başsavcılığınca (C.M.K. 250. Madde ile yetkili) yürütülmekte olan Soruşturma No:2010/857 sayılı soruşturma kapsamında İstanbul 12. Ağır Ceza Mahkemesinin 23.03.2011 tarih ve 2011/397 Değişik İş sayılı el koyma kararına konu olan İmamın Ordusu isimli doküman ve tüm nüshalarına veya kitap taslağına, 3. kişilerde bulunan nüshalarına, kitap haline dönüştürülmüş ise suretlerine, içerik olarak aynı mahiyetteki evrak ve tüm nüshalarına el konulmasına ve muhafaza altına alınmasına, Mahkeme kararına rağmen vermeyen veya vermek istemeyenlerin ellerinde bulunan nüshaların temini için gerektiğinde arama yapılacağına dair karar ve ilgili savcılık talimatı, ayrıca konuyla ilgili her türlü bilgi ve belgelerin teslim edilmesi hususu aşağıda imzası bulunan kişi/kişilere tebliğ edilerek, aksine davranış gösterenlerin hem CMK 124. madde hem de örgüte yardım suçunu oluşturacağı hususu sayılı adreste bildirilmiştir. İlgili mahkeme kararı ve savcılık talimatı, tebliğde bulunulan şahsa okutularak ibraz edilmiştir."*

Polisler belirledikleri adreslere giderek kitabı yok etmeye başladılar. Gittikleri adreslerden biri Radikal gazetesiydi. Gazete binasına gelen polisler o dönem Radikal'de çalışan Ertuğrul Mavioğlu'nun bilgisayarından önce kitap taslağının bir çıktısını aldı ve sonrasında *"delete"* tuşuna basarak sildi. Türkiye gazetelere polislerin girip, yazıları sildiği bir dönem yaşıyordu artık. Bu *"postmodern kitap yakma"* ritüeli kitabın içindeki bir bölüm elinde olan Avukat Fikret İlkiz'in de polis tarafından ziyaretiyle sürmüştü.

Koğuşta "ordu" araması

Silivri'de koğuşumuzun ilk aramasına da bu kitabı yok etme kararı neden oldu. Arama kararlarından birisi de cezaevindeki koğuşumuz için çıkarılmıştı. Tutukluluğumuzun üçüncü haftasında bir gece cezaevinin üçüncü müdürü ile 10'un üzerinde gardiyan koğuşa doluştu. Savcının utanç vesikası kararını gösterip arama yapılacağını söylediler. Aradılar. Dolaplarımızın içi, yataklarımızın altı, nevresim ve çamaşırlarımız, üstümüz başımız, televizyonun altı ve üstü, çöp kovasının içi, gazetelerin, kitapların arası, hatta banyolar bile sıkı bir aramadan geçirildi. Elbet bir şey bulunamadı. Verilen geçici rahatsızlığın kaynağının savcılık olduğu söylenerek özür dilendi. Kalıcı rahatsızlığın kaynağının da savcı olduğunu bildiğimizden önemsemedik bu garip aramayı. Zaten iç organlarıma kadar aranarak içeri sokulduğum cezaevinde kitap olması mümkün müydü? Sonradan aynı aramanın Hanefi Avcı'nın koğuşunda da yapıldığını öğrendiğimizdeyse çok şaşırmıştık. İleri demokraside George Orwell'in 1984'ü böyle yaşanıyordu işte.

Birkaç gün sonra Türkiye genelindeki tüm kitabevi ve kırtasiyelere de 12. Ağır Ceza Mahkemesi'nin kararı tebliğ edildi. *"İmamın Ordusu"*nun dağıtımının ve satışının yasaklandığı vurgulanıyordu. Cemaat hakkında kitap yazılamayacağı, yazılsa bile basılamayacağı, basılsa bile dağıtılamayacağı, dağıtılsa bile satılamayacağını ilan ediliyordu. Büyük tepki çeken bu kararın ardından kitlesel bir *"sivil itaatsizlik"* eylemi başlatıldı. Çeşitli sosyal medya sitelerinde *"Ahmet Şık'ın kitabı bende de var"* adıyla başlatılan kampanyalar sonucunda kısa sürede on binlerce kişi kendisini *"ihbar etti"*. Kısa süre sonra da artık kitabın yok edilmeyeceği bir çağda yaşadığımız gerçeğini herkes gördü. Yurt dışından internette değişik sitelere konulan kitap bir anda ikinci bir sivil itaatsizlik eyleminin de başlangıcı oldu. Binlerce kişi internetten kitabı bilgisayarına indirdiğini açıkladı. İnternette okuyucusuna ulaşan ve henüz bitmemiş yasak kitabı Meclis'te okuyan iktidar ve muhaletef partilerine mensup milletvekilleri görüntülendi. Dönemin Sanayi Bakanı Nihat Ergün internetten kitabı indirip okuduğunu açıkladı. Gazetecilerin 12. Ağır Ceza Mahkemesi'nin yasak kararını hatırlatarak *"Kitabı indirirken tedirgin oldunuz mu?"* sorusuna Bakan Ergün *"Hayır neden tedirgin olayım"* yanıtını verdi.[15] Avrupa Konseyi Parlamenterler Meclisi'nde 13 Nisan 2011 günü konuşan Başbakan Erdoğan ise bir parlamenterin sorusu üzerine kitabımın imha edilmeye çalışılmasıyla ilgili unutulmayacak *"bomba"* benzetmesini yaptı:

> *"Bu kitapları toplatan ben değilim. Tutuklanan medya mensuplarının elindeki belge ve bilgilerin ardında bir şey var ki yargı hemen tedbir istiyor. Bakın bir örnek vereyim. Bombayı kullanmak suçtur ama bombanın hazırlanmasındaki malzemeleri kullanmak da suçtur. Diyelim ki bir yerde bombanın kullanılmasında ne varsa, fitilinden ta diğer maddelerine varıncaya kadar ne varsa bunun ihbarı gelmişse, güvenlik güçleri gidip bunları toplamaz mı, almaz mı? Çünkü bu da bir suç teşkil etmektedir. Gider onları alır. Burada da eğer daha önce gelmiş belgeler ve bilgiler içerisinde bu tür hazırlıkların olduğu varsa, yargı da bununla ilgili kararını vermiştir ve güvenlik güçlerimizden 'şu adreste böyle bir hazırlık vardır, gidin bu hazırlığı alın gelin' demiştir..."*

Ayrıca *"İmamın Ordusu"* kitabına yönelik imha kararıyla Boğaziçi Üniversitesi

15) Anadolu Ajansı, 02 Nisan 2011

Bilgisayar Mühendisliği'nde incelenen ve word belgelerinin virüs yoluyla yüklendiği ön tespiti yapılan Odatv'nin hard disklerine de el konulduğunu tekrar hatırlatalım. Böylece incelemenin sürmesi de engellenmişti.

İlginç görevden almalar

Bu arada ilginç iki gelişme olduğunu anımsatmakta da fayda var. Ergenekon operasyonları ve soruşturmasının en önemli iki ismi tutuklanmamızdan kısa süre sonra görevlerinden olmuştu. İstihbarattan sorumlu İstanbul Emniyet Müdür Yardımcısı Ali Fuat Yılmazer ve kritik önemdeki soruşturmaları yürüten savcı Zekeriya Öz görevlerinden alınan isimlerdi. Odatv operasyonunun son halkasına Nedim'le birlikte dâhil edilmemizin ardından komplonun kokusu iyice ayyuka çıkınca, Ergenekon operasyonlarının beyni olduğu sıklıkla vurgulanan polis müdürü Yılmazer 9 Mart 2011 gece yarısı 03.00'te görevinden alınan ilk isimdi. Hrant Dink suikastında ihmali olduğu iddia edilen polisler arasında yer almasına karşın ısrarla korunan isimlerin başında gelen Yılmazer, *"terfi ve tayin döneminden önce"* yaşanan bu görev değişikliği ile Tanık Koruma Şubesi ve Bomba İmha Şubesi'nden sorumlu Emniyet Müdür Yardımcılığına atandı. Ali Fuat Yılmazer, Hrant Dink cinayetinin ardından terör ve azınlıklardan sorumlu Emniyet Genel Müdürlüğü İstihbarat Dairesi Başkanlığı C Şube Müdürlüğü görevinden, İstanbul İstihbarat Şube Müdürlüğü görevine getirilmişti. Daha önce, İstihbarat Daire Başkanlığı'nın azınlıklar ve sağ terörle ilgilenen C Şubesinin müdürlüğünü yapan Yılmazer, Hrant Dink'in öldürülmesinden sonra, bu suikastta ihmali olduğu gerekçesiyle Ahmet İlhan Güler'in görevinden alınmasının ardından istihbarattan sorumlu İstanbul emniyet müdür yardımcısı olarak atanmıştı. Yılmazer'in göreve başlamasından sonra da, Ergnekon ve ilintili operasyon ve soruşturmalar zinciri başlatılmıştı. Yılmazer Ergenekon'un yanı sıra Balyoz ve Askeri Casusluk operasyonlarını da yöneten kişiydi. Bu tasarrufun ardından Yılmazer'in, tutuklanmamıza tepki olarak görevden alındığı yorumları yapıldı. Zaten Yılmazer, hem Nedim Şener ile hem de halen tutuklu bulunan Hanefi Avcı ile davalıktı. Ve bu iki isim de şaibeli operasyonlar ve komplolarla tutuklanmıştı.

Tutuklanmamızın yarattığı tepki elbette Yılmazer'le bitmedi. Adeta komplonun adresini tarif eden ikinci değişiklik bu kez de yargı cephesinde yaşandı. Tutuklanmamız ardından eleştiri yönelten gazetecileri ve yorumcuları tehdit eden açıklaması sonrası eleştiri oklarının hedefinde yer alan malum cenahın *"kahraman"* payesi biçtiği savcı Zekeriya Öz, kitabımla ilgili 23 Mart'ta verdiği *"imha"* kararından bir hafta sonra görevden alınanlar kervanına katıldı.

Öz 6 Mart 2001 günü, ilk kez yazılı bir açıklama yaparak Nedim'le birlikte tutuklanmamızı eleştirenleri hedef almıştı. Odatv operasyonlarıyla ilgili yapılan eleştiriler üzerine, elde edilen bilgi ve belgelerin suç isnadı için yeterli olup olmadığı konusunda değerlendirme sorumluluğunun savcılığa ait olduğunu belirttiği açıklamasında Öz, kimsenin kendilerine talimat veremeyeceğini vurgulayarak, deliller hakkında bilgisi bulunmayan kişilerin operasyonun ilk dakikalarından itibaren soruşturma makamını suçlayan ve tehdit eden değerlendirmeler yapmasının dikkat çekici olduğunu söylüyordu. Soruşturmanın gazetecilik faaliyetleri ve kitaplarıyla ilgisi olmadığını ileri süren Öz, *"Ergenekon Terör Örgütü soruşturması kapsamında elde edilen ve soruşturmanın gizliliği nedeniyle bu aşamada açıklanması mümkün bulunmayan bir kısım delillerin değerlendirilmesi sonucu yapılması zorunlu hale gelen hukuksal bir işlemdir"* dedikten sonra kaderini belirleyen şu cümleleri sarf etti: *"Esasen Cumhuriyet Savcılığımızın hukuksal gereklilikler dışında herhangi amaç ve saikle hareket ettiğinin, edeceğinin kabulü ve kamuoyunun bu yönde asılsız değerlendirmelerle yönlendirilmeye çalışılması, büyük bir titizlik ve ciddiyetle yürüttüğümüz soruşturmaya zarar vereceği gibi adı geçen terör örgütünün hedef ve amaçlarına katkı sağlayacağı da açıktır. Bu istikametteki yayınlar tarafımızca özenle izlenmekte, hassasiyetle değerlendirilmektedir."*

3 Mart 2011 günkü Odatv operasyonları Zekeriya Öz için sonun başlangıcıydı. Öz bu yolun kalan kısmını da hızla katediyordu. Önce bu tehdit açıklaması, ardından da AKP hükümetini zaten zorda bırakan operasyonu bir de *"kitap imha"* kararıyla daha bir eleştirilerin odağına yerleştirince kendisini sürekli gündemde tutmaya yarayan davadan 30 Mart 2011 günü el çektirildi. Ergenekon soruşturması ve davasına radikal bir biçimde karşı duran bir önceki Hâkimler ve Savcılar Yüksek Kurulu (HSYK), görevden alınması için birçok kez girişimde bulunmasına karşın Öz her seferinde Adalet Bakanı ve dolayısıyla AKP iktidarı eliyle korunmuştu. 12 Eylül 2010 referandumunun ardından yapılan yasa değişikliği sonrası oluşan HSYK'nin AKP ve Gülen cemaatine yakın siyasi duruşu bulunması ve Ergenekon soruşturma sürecine de olumlu bakışı da Öz'ün kaderini değiştirmeye yetmedi. Öz, siyaseten en yakın durduğu HSYK tarafından görevinden alındı. Bir biçimde *"terfi"* görünümünde *"tenzil-i rütbe"* yaşamış oldu. Böylece giderek hukuk rayından çıkan ve özellikle Gülen cemaatinin *"hesap kapatma"* davasına dönüşen Ergenekon soruşturmasında AKP iktidarı ipleri eline almak istedi. AKP'nin ve elbette Başbakan Erdoğan'ın siyasi meşruiyeti açısından duyduğu rahatsızlık da, soruşturmada hukuk ve demokrasi sınırlarını zorlayan kimi uygulamalara imza atmaktan çekinmeyen Öz'ün görevden alınmasıyla ilgilisine de iletilmiş oluyordu.

Kapalı görüşmek

Yeniden geçici ikametgâhımıza, cezaevine dönelim. Cezaevinde haftada bir kezden ayda üç kapalı, bir kez de açık görüş hakkımız var. Kapalı görüşler bir camın iki yanında telefonla yapılıyor. 45 dakika boyunca sevdiklerinize dokunamıyor, koklayamıyor, bir cam aralığı mesafesinden, çok uzaktan öylece bakıp duruyorsunuz. Anne, baba, kardeş ve yakın akraba dışında isimlerini idareye bildirdiğiniz ve bir daha değiştiremediğiniz üç kişiyi daha bu görüşlerde *"konuk"* edebiliyorsunuz. Açık görüşler ise her ayın ilk haftası 75 dakika süreyle oluyor.

Bizim bloğun görüş günleri çarşambaları. Tutuklanıp Silivri'ye getirildiğimizin üçüncü gününde, 9 Mart günü açık görüşe çıkacağımızı söylüyorlar. Bu büyük bir sürpriz, çünkü bilmiyorduk. Koşar adım gidiyorum görüş salonuna. Kapıdan girer girmez Mina, Yonca ve Bülent Ağabeyimi ayakta bekler buluyorum. Mina'yla kucaklaşıyoruz önce. Gözleri yaşlı ayrılmıştık 3 Mart günü. Tam bir hafta sonra sarılıp öpebiliyorum. Sıkı sıkı tutmuş bırakmıyor beni. Kendisini sıkmasından anlıyorum ağlamamak için zorlandığını. Beni üzmek istemiyor biliyorum. *"İstersen ağlayabilirsin, ben de eşlik ederim sana"* diyorum. Yok, kendini sıkmakta kararlı. Sonra Yonca ve ağabeyimle kucaklaşıyoruz. Mina kucağımda, birer sandalye çekip sohbete koyuluyoruz. Nedim de kızı ve eşiyle bir köşede hasret gideriyor. Bir süre sonra gardiyanlardan biri gelip uyarıyor: *"Biz ilk kez olduğu için izin verdik ama masanın karşılıklı kısımlarına oturmanız gerek. Yan yana olmaz. Kızınız yanınızda kalabilir"* diyor. Tartışmak çözüm olmayacak. Denileni yapıyoruz. Onlar bırakılacağımdan umutlu ama ben her zamanki gibi karamsarım. En az 8 ay tutulacağımı söylüyorum. 5-6 ayda iddianame yazılacağını, 3-4 ay sonrası içinde mahkeme günü vereceklerini söylüyorum. Tüm Ergenekon soruşturmaları süreci böyle oldu çünkü. Öte yandan bizleri suçlayacak bir şey bulamayacaklarını bildiğim için yatırabildikleri kadar içeride tutarak *"cezalandıracaklarını"* söylüyorum. Yonca her zamanki karamsarlığıma verse de dedikleri maalesef haklı çıkan ben oluyorum. Hem de birkaç ay daha fazla esir tutularak.

Yetmez ama evet diyenlere; yeter ve oha...

Polis ve yargıdaki örgütlü cemaatin intikamı hep böyle oluyor çünkü. Yaşanan onca şeye karşın dediğim gibi de oldu. Herkesin uzun tutukluluk sürelerini kendine mesele etmiş göründüğü bir ortamda hakkımdaki iddianame 6.5 ay sonra çıkarıldı. İlk mahkeme günüyse 22 Kasım 2011 tarihine yani tutuklanmamdan yaklaşık 9 ay sonraya verildi. *"Yargıdaki Kemalist vesayeti yıktık"* söylemi gerçekten de doğruydu. Ama vesayetin biri gitti, diğeri geldi. Türkiye yargısı şimdi de *"cemaatin oyuncağı"*na döndü. Tüm bu sürece, kimisinin gayet iyi niyetli bir yaklaşımla *"Yetmez ama evet"* diyenleri anımsayınca insan ister istemez *"Yeter ve oha"* demekten başka bir şey yapamıyor burada. Öte yandan, referandum sürecinde 12 Eylül darbesinin yargılanacağı umuduyla *"evet"* dediklerini belirten ve tüm bu süreci sonuna kadar ve halen savunanlar da bulunuyor. Haklılıklarını da cuntanın lideri Kenan Evren ile suç ortağı Tahsin Şahinkaya'nın yargı önüne çıkarılmış olmasıyla açıklamaya çalışıyorlar. 12 Eylül 1980 cuntasının tüm kurumsal yapıları olduğu gibi yerinde duruyorken, tüm faşizan yasaları daha bir faşizanlaştırılarak uygulanıyorken, toplumsal muhalefetin örgütlenmesinin önündeki yasaklar halen yerli yerindeyken kısacası 12 Eylül faşizminin ruhu ve zihniyeti mıh gibi duruyorken hâlâ bir özeleştiri vermemenin siyaseten hiç ahlâklı olmadığının altını çizmek gerek.

Güzel olan çabuk bitiyor

İlk görüş, ilk açık görüş o kadar çabuk bitiyor ki anlamıyoruz. Tekrar sarılabilmek için 30 gün bekleyeceğiz. Hepsi bir yana en ağırı bu. Kızımı da yaptığımız anlaşma gereği sadece açık görüşlerde görebileceğim. Tatil zamanıysa gelip gelmeyeceğine kendisini karar verecek. Açıkçası kapalı görüşlere gelmesini çok istemiyorum. Bir camın ardından, birbirimize dokunamadan *"görüşmeyi"* çocuk ruhu nasıl kaldıracak bilemiyorum. Neyse ki endişelerimiz yersiz çıkıyor. Mina küçük yaşında bu zorluğun üstesinden gelmeyi de başarıyor. Okul döneminde birkaç kez, tatil dönemindeyse hemen her hafta kapalı görüşe de geliyor. İlkinde yaşadığı zorluğu sonrakilerde de yaşadıysa da bunu bana hissettirmiyor. İkimizin elleri de sürekli camın üzerinde. Birbirimize dokunmadan el ele tutuşabilmeyi de öğreniyoruz. Bu satırlar kaleme alındığı sırada dokuzuncu açık görüşümüzü gerçekleştirmiştik. Mayıs ayında 19 Mayıs nedeniyle, Eylül'de şeker bayramı için verilen ekstra görüşler sayesinde birer kez fazladan bir araya gelebildik. 18 kez de kapalı görüş. Yani Eylül'ün ikinci haftası ya da esirliğimizin 190. gününde toplam 27 kez buluşabildim sevdiklerimle. Bunların dışında her hafta 10 dakikalık telefon görüşme hakkım var.

Telekulak her yerde

Hiçbir zaman telefonla gevezelik etmeyi seven biri olmadım. Öyle uzun uzun konuşmayı da sevmem. O metalik sesin yabancılığı hiç samimi gelmez. Hele ki bir de konuşmalarınıza uzun kulaklar karışıyorsa daha itici gelir insana telefon. Uzun kulaklardan kimleri kastettiğimi anladınız. Telefonları legal ya da illegal dinleyenlerden bahsediyorum. Bu konuşmaların *"şok"* nitelemesiyle nedense de hep aynı yerlerde yayımlanmasından bahsediyorum. Ne idüğü belirsiz ya da çok belli internet siteleri üzerinden dolaşıma sokulmasından, bunun sorumlusu olanların hiçbir utanma duygusu taşımamalarından. Misal mi? Başbakan Recep Tayyip Erdoğan 12 Haziran seçimleri öncesinde 1 Haziran 2011'de Diyarbakır'da yaptığı miting konuşmasında BDP'nin önde gelen siyasetçilerinden Gültan Kışanak için neler demişti, hatırlayalım: "*BDP bunları kullanıyor ve bunlara kucak açıyor, BDP'nin ilgililerinden bir tanesi açıklama yapıyor. Ses kayıtları öyle zannediyorum ki bugün yarın yayınlanabilir. Ne diyor biliyor musunuz, 'Elazığ'da biz güçlü değiliz dolayısıyla MHP'yi destekleyelim'...*"

Erdoğan'ın bu konuşmasının hemen ardından da bahsi geçen konuşma internete "*düşüverdi*". Medya ilginç bir şekilde bu "*internete düştü*" tabirini çok seviyor. Sanki nerede örgütlü olduğu, kimlerin yaptığı bilinmiyormuş gibi. Sanki hedeflenen kişilerin telefonlarını illegal biçimde dinleyen bir çete yokmuş, bu çetenin elemanları bu konuşmaları montajlayıp, cımbızlayarak yurt dışındaki çete mensuplarına aktarmıyormuş, okyanus ötesindeki bu çete elemanları da bu konuşmaları internet üzerinden servis etmiyormuş. Ne oluyormuş? Siber uzayda dolanan bu konuşmalar hızla yol alırken bir anda düşüveriyormuş. Nereye? İnternete. İşte Kışanak'ın konuşmaları da böyle yayınlanmış. Ancak bu kez Erdoğan ağzından kaçırmıştı konuşmanın yayınlanacağını. Bir tek "*az sonra*" anonsu yapmamıştı. Bu itiraftan da anlıyoruz ki özellikle AKP'nin muhalifi olanların dinleme kayıtları yayından önce Başbakan ya da ilgili AKP'lilere gösteriliyormuş. Onay alındıktan sonra emir veriliyormuş: "*İnternete düşürülsün.*"

Benim telefonlarımın da yıllardır dinlendiğini biliyordum. Sorsanız inkâr edecekler kesin. Ama bu konuyla ilgili çok trajikomik anılarım olduğunu da söyleyeyim. Hakkımdaki soruşturma dosyasına bakılırsa bir hafta kadar resmi izinle yani hâkim izniyle dinlenmişim. Demişler ki "*Bir terörist var. Telefonlarını dinlememiz gerekiyor*". Hâkim de ikiletmemiş hemen vermiş izni. Tıpkı diğer hâkimlerin diğer "*azılı suçlulara*" verdiği izin gibi. Yasaların telefon dinlemelerinin hangi hallerde geçerli ve gerekli olduğunu bilmemesinden mi acaba? Çünkü ilgili yasa kısaca demiş ki, "*Eğer kuvvetli suç şüphesi varsa, bu suça ve şüpheliye ilişkin kuvvetli deliller varsa ve başka türlü delil elde edilemiyorsa telefon dinleme izni verilir.*"

Ama kamuoyunun tartıştığı davalar başta olmak üzere birçok soruşturmada ne yapılmış? Telefonlar yeri geldiğinde aylarca dinlenmiş. Suç delili olabilecek bir diyalog yakalanmaya çalışılmış, bulunmasa da "*cımbızlama*" yöntemiyle, polislerin yorumlarıyla, savcıların kanaatleriyle suç delili yaratılmış. İstenilen herkesi cezaevine göndermenin yolu açılmış. Cezaevlerinde de kurtulamamıştım bu telekulaklardan. 10 dakikalık konuşmalarımız da tıpkı görüşlerde kullanılan telefonlarda olduğu gibi kayıt altına alınıyordu. İnsan gizleyeceği bir şey olmasa da rahatsız oluyor haliyle. Bu işin ahlâksız yanıydı. Diğer kötü kısım ise o kısacık sürenin hiçbir şey anlatmaya, dinlemeye yetmemesi elbette. Telefonla görüşme hakkımı bir hafta Antalya'daki ailem için bir hafta da kızımla konuşabilmek için kullanıyordum. Mina'nın süre yetmeyeceği için aklındakileri unutacağı paniği ile hızlı hızlı konuşmalarını hiç unutamayacağım. Bu arada haftada bir gün 10 dakikalık telefon görüş hakkını sadece bir tek numara için kullanabiliyor tutuklular. Yani cezaevi idaresine bildirdiğiniz 3 telefon numarasından sadece birisini arayabiliyorsunuz. Peki eşinizi, çocuğunuzu, anne babanızı, kardeşlerinizi ve hatta avukatınızı aramak isterseniz ne olacak? 3'er dakikadan 3 ayrı numarayı da aramak istiyorum derseniz size bildik yanıt veriliyor: Yasak. Peki neden? Bilen yok. Buradan bu yaygın şikâyeti de aktarmış olayım.

Mektupların hayatıma dönüşü

Bir diğer iletişim sağlama metodu da mektuplar. El yazısıyla yazılmış mektup okumayalı ya da bu şekilde yazmayalı yıllar olmuştu. Bu unutulan, değeri bilinmeyen yazışmaları cezaevinde yeniden kullanmaya başlıyoruz. Yazımın berbat derecede kötü olması dışında da bir sorun yoktu benim için. Ama bir yanıyla da ciddi bir sorun var. Hem gönderdiğiniz hem de size gönderilen mektuplar okunduktan sonra teslim ediliyordu. Hiç tanımadığınız kişilerin elleri, gözleri mektuplarımızda gezinecekti. Bu durumdan hiç hazzetmediğim için çok nadir mektup yazdım. Yonca ve Mina'ya ise hep yazdım. Çoğunu tanımadığım birçok kişiden güzel, dayanışma mesajları içeren mektuplar aldım. Yukarıda anlattığım nedenden ötürü yanıt yazmadım hiç. Hazır yeri gelmişken burada affımı isteyeyim. Mektupların bazıları hayatında ilk kez el yazısıyla yazdığını belirten bilgisayar kuşağından geliyordu. Kimisi yaşını başını almış teyzelerden, amcalardan, arkadaşlarımdan.

Mektuplar okunuyor demiştim. Bu mektupların dağıtımından sorumlu olanlardan bir cezaevi görevlisi her seferinde *"Ahmet bey ben sizin kısa zamanda buradan kurtulacağınızdan eminim. Her mektubu okuduğumda suçsuz olduğunuzu görüyorum"* diyordu. Bu satırlar yazıldığında da halen öyle demeye devam ediyordu. Cezaevi Mektup Okuma Komisyonu'nda görevli gardiyanlar her gelişinde aklıma bir gazeteci arkadaşımla ilgili anı düşüyordu. Kadir Konuksever Diyarbakır'daki gazeteci arkadaşlarımdan birisi. Kendisi de 1997'de bir itirafçı komplosuyla cezaevine düşmüş, birkaç ayını içeride geçirmişti. Tahliye oluşundan sonra gazeteci arkadaşım Kürşat Akyol'la birlikte Diyarbakır'a gittiğimizde babasının yaptığı enfes bir çiğ köfte ziyafetiyle kutlamıştık özgürlüğünü. Kadir komik adamdır. Başına gelenleri ince bir mizahla yoğurup anlatır. Ancak cezaevinde yaşadığı birçok şey için içine mizah katmasına gerek kalmıyordu. Bunlardan biri de mektuplarıyla ilgiliydi. O dönemde Kadir'in İstanbul'da bir sevgilisi vardı. Cezaevine düşünce de mektuplaşıyorlar haliyle. Üstüne üstlük mektupta kavga bile ediyorlar. İşte öyle kavgalı mektupların olduğu dönemde gardiyanlardan biri Kadir'e mektubunu vermeye gelir, verir de. Ancak mektubu uzatırken şöyle der; *"Kızı üzme, kız haklıdır."*

Silivri'de ses işkencesi

Cezaevinde en kötü durum zamanın geçmek bilmemesi. Günleri sayıyor olsanız da zamanın adeta durmuşçasına ağır yol aldığına hayret ediyorsunuz sürekli. Hele bir de, kriminalize edilmiş olmamış bir geçmişle, ne zaman biteceğini bilmediğiniz bir geleceğin içinde şimdiki zamanı yaşıyorsanız, bilmediğiniz bir sürenin bitmesini bekliyorsanız ne yapsanız nafile. Bu kadar bol zaman olunca sürekli okuyorsunuz. Gazete, dergi ve dostlarınızın hiç eksik etmediği kitaplarla yatıp kalkıyorsunuz. Ben de öyle yaptım. Bol bol okudum, tutukluluğun üçüncü ayında da gözlerimi bozdum. Okumanın yanı sıra baktığınız mesafenin en fazla 8-10 metrede duvarla kesilmesi hep aynı düz ve ruhsuz zeminle karşı karşıya kalmak gözlerde etkisini hemen gösteriyor. Cezaevine girenlerin gözlük sahibi olmaları da bu yüzden. Benim de bir okuma gözlüğüm var artık.

Gözleriniz engel değilse eğer okumanın önündeki en büyük engel gürültü. Öyle hafife alacağınız bir şey değil, emin olun. Soluk alıp verseniz bile bir yankı halinde kulaklarınızı tırmalıyor koğuşta. Abarttığımı düşünmeyin sakın, koğuş bomboş. İncecik duvarlar çıplak, çünkü herhangi bir şey asmak, yapıştırmak yasak. En ufak bir ses sanki yankı vadisindeymişçesine havada asılı kalıp duruyor, adeta işkence. Değil kitap okumak insan kendi başına kalıp düşünemiyor bile. Hücrenize girip, kapı, pencere kapatmakta çözüm değil. *"Otel gibi cezaevi yaptık"* diye övünenler bu kadar kalitesiz malzeme, kötü işçilikten kimlerin nemalandığını araştırsa hiç fena olmaz.

Bu dert sadece koğuşun içinde kalsa iyi. Her yanı demirlerle örülü cezaevinin. Koridorlar demir parmaklıklı kapılarla bölünmüş. Kapılar açılırken gürültü hemen yanı başınızdaymış gibi duyuluyor. Koğuş kapısı dersen ha keza. L şeklinde demir bir kol olmadan açılmıyor kapı. Doğal olarak gürültü yapması bir yana, gardiyanlar geldiğini haber vermek için demir kolu demir kapıya vurmayı tercih ediyor. Bir de servis arabaları var ki cezaevinin, evlere şenlik. Altında dört tekerlek bulunan bu demirden yapılma koca arabalar yemek, kantin ve manav ihtiyaçlarının dağıtımında kullanılıyor. Bunun gürültüyle ilgisi ise o arabaların tekerlekleri. Sertleştirilmiş plastikten yapılmış bu tekerlekler hareket ettiği anda sanki cezaevi koridorundan küçük tanklar geçiş yapıyormuşçasına bir gürültü başlıyor. Bizler koğuşlarda kulak tırmalayan bu seslerle mücadele ederken o arabayla servis yapmak zorunda olan işçi mahkûmlar ile gardiyanların halini siz hesap edin artık. Cezaevi idaresine birkaç kez ilettik şikâyetimizi. Çözümü de söyledik naçizane: Tekerleri lastik ile kaplanabilir ya da lastik olanlarla değiştirebilirsiniz. Elbette hiçbir sorun çözülmediği gibi bu da kulak arkası edildi.

En sonunda bu durumdan bizden daha şikâyetçi olan başgardiyanlardan biri açıkladı nedenini: *"Devlet işi böyledir. 40 yerle yazışma yaparsın. Yazılar bir yere takılır kalır, hem sonra bir tek bu cezaevi değil, hepsinde bu arabalardan kullanılıyor. Her cezaevinde birkaç tane var. Araba sayısını teker sayısıyla çarp çıkacak maliyeti hesapla. Bunun ihalesi var, ihalenin yandaşa kazandırılması da ayrı bir mesele. O yüzden bu gürültü kesilmez cezaevinde."*

Cezaevinde kantin rantı

Hep sözü geçiyor, şu kantin, manav alışverişinden de bahsedelim kısaca. F tipi cezaevleri açıldığında tecrit, kötü muamele, disiplin kılıfına sokulmuş cezalandırmaların yanı sıra kantinden alışveriş etme zorunluluğu da sıkça şikâyet konusu olmuştu. Her cezaevinde eksiğine gediğine rağmen koca koca kantinler var. Adı; kantin, ancak piyasadaki süpermarket zincirleriyle rekabet eder neredeyse. Ama buna hiç gerek yok. Çünkü elinizin altında 120 binin üzerinde hazır müşterisi var. İçeri girenin en az iki yıl sonra kurtulabildiği için *"müşteriyi"* rakip firmaya kaptırma sorunu da yok. Ivır zıvır minvalinden ürün çeşitliliği açısından hiç fena olmasa da kimisinin kalitesi için aynı şeyi söylemek mümkün değil. Zaten burası da cezaevi, başa gelen çekilecek öyle değil mi? Yasal dayanağını nereden aldığını bilmediğim bir kural var cezaevinde *"Kantinde satılan ürünler dışarıdan getirilemez."* Özellikle havlu, çorap, iç çamaşırı gibi hijyenik açıdan önemli kişisel eşyalar da dâhil edilmiş bu kurala. İyi de *"Evimde var, eşim, çocuğum getirecek, almak istemiyorum"* deme şansınız da yok, kantinden almaya mahkûmsunuz. *"Param yok"* deme şansınız da yok, olacak. Sigara da dâhil tüm harcamalarınız için belirlenen limit ise haftalık 200 liraydı. Kış başına bu limit 300 liraya yükseltildi. Aslında kantinde her şey satılıyor gibi görünüyor. Ama ihtiyacınız olabilecek kimi eşyaların satışı ise yasak. Misal saç dökülmesini engellediği söylenen şampuan bile var ama bant yok. Bildiğiniz kırtasiyelerden tutun da mahalledeki bakkalınızda dahi satılan seloteyp bantlar. İstersiniz ama hep aynı yanıt veriliyor: Yasak. İyi de sevdiklerimin fotoğraflarını yapıştırmak istersem ya da yazı çiziyle uğraşırken bir şeyleri kesip yapıştırmam gerekirse ne olacak? Hepsi bir yana mutlaka ihtiyaç hissedilen bir durum oluyor. Hep aynı ses tonu hep aynı bildik gerekçe: Yasak. Öyleyse bu yasağın dayandığı yasal düzenleme ya da mevzuatın ne olduğunu soran bir dilekçe verirsiniz. Yanıt sözlü gelir: *"Sen unut o dilekçeyi."* Yanlış okumuyorsunuz böylesine keyfi yönetilen yerler cezaevleri. Seloteyp bant yok ama yara bandı var. Mecbur, işlerinizi onunla görüyorsunuz. Her hafta yara bandı alıp duruyorsunuz kantinden. Sonra, ceviz içi bile satılır kantinde ama kevgir yoktur. Her gün kimi zaman tamamını çöpe dökmek zorunda kaldığımız yemeklerin suyunu süzemezsiniz yani. O kolayca yırtılan çöp torbalarından mutlaka sızıntı yapar çöp kovasına. Ya da yemekleri yenilir hale getirmek için lazımdır kevgir. Hepimize mide sorunu yaşatan artık yağından mı salçasından mı bilmediğimiz o korkunç yemekleri, süzgeçten geçirip semaverde yenilir hale getirmek için kullanacağız olsa.

Pet şişeden kevgir tarifi

Cezaevi gerçekten okul. İnsan yoklukta kendince ilkel çözümler bulmayı öğreniyor. 5 litrelik pet su şişelerini kestikten sonra tabanı ve çevresine, çakmakla ısıttığımız çatalla delikler açarak yapıyoruz kevgirimizi. *"Yemekten yemek yapmak"* nasıl derseniz onu da anlatayım. Kurufasulye cezaevinin en sık çıkan yemeği. Kimi zaman fasulyeler dağılacak derecede haşlatılmış gelse de cezaevi mönüsünün *"en başarılısı."* Kuru fasulyeleri ilkel kevgirimizde bir güzel süzdükten sonra, salça ve yağından arındırarak piyaz yapmakta kullanıyorduk. Bezelyeleri de aynı şekilde süzüp yeniden yemek yaptığımız da oldu. Tıpkı taze fasulyeyi yaptığımız gibi. Soğanları semaverin içinde kavurup üzerine domatesi ekledikten sonra süzdüğümüz yiyeceğe ekleyip üzerine de sıcak suyu koyduk mu en azından daha yenilebilir lezzette yemeklerimiz oluyor. Hatta balık buğulama bile yaptığımız oldu. Semaverin üzerine koyduğumuz karavanalara yerleştirdiğimiz soğan, domates, yeşil biber ve maydanozlar buhar ısısında yaklaşık 4-5 saat bekledikten sonra üzerine de kantinden aldığımız ton balıklarını koyduk mu nefsimiz köreliyordu. Yukarıda da değinmiştim, Doğan Ağabey'in doğum gününü de 10 Haziran akşamı balık buğulamayla kutlamıştık. Tecrübeli mahkûmlar daha çok yemek biliyor. Yemeklerin içindeki kıymayı seçip kurutulmuş pilavın pirinciyle bir araya getirip soğanı dolduran, hatta yine pirinç pilavını kurutup sütlaç yapanı dahi varmış. Biz o kadar profesyonelleşemedik ama en lezzetli yemeğimiz domates, biber ve soğandan yaptığımız kızartmaydı. Kızımın dediğine bakarsanız bir de cezaevi yemekleri diye bir kitap yazmalıymışım. Ama gerek yok insan içeride her şeyi kendi kendine öğreniyor zaten. Kutusu açılmamış sütleri ketıla koyup ısıtmasını da elde yıkamak zorunda kaldığımız koca koca nevresimleri nasıl daha temiz yapabileceğimizi de hepsini öğrendik.

"Koca nevresim elde niye yıkanıyor?" diye mi soruyorsunuz. Açıklaması hayli basit: Yasak! Bu kadar. Bu meseleyi anlatan bir yazı göndermiştim. Tıpkı diğerleri gibi www.bianet.org adresinde yayımlanan *"Cezaevinin 'don'la imtihanı"* başlıklı yazı şöyleydi:

> Geçen Pazartesi (8 Ağustos 2011) kalabalık bir grup CHP'li milletvekili ziyaretimize geldi. Bir kez daha buradan da teşekkür edeyim. Görüşmemiz sırasında dile getirdiğim cezaevi koşullarına ilişkin sorunlar birkaç gazetede yayımlandı. Her birinde farklı anlamlar taşıyacak şekilde yer almıştı haber. Ben de birinci elden doğrusunu anlatmak üzere bu yazıyı kaleme almak istedim.
>
> Tutukluluğumuzun üzerinden beş aydan fazla zaman geçti. Bu satırlar yazıldığında 160 gün olmuştu. Yazarken kolay da, içerideyken hem de polis, savcı, hâkimler ve elbette ki malum medyanın rol aldığı bir pusu ve komplo ile haksız, hukuksuz biçimde içerideyseniz o kadar kolay geçmiyor günler. Elbette bu durumu ağırlaştıran unsurlarla beraber düşünüldüğünde işler çok daha zorlaşıyor.
>
> Önce başlıkta yer alanla başlayalım. Hangi yasal hüküm ya da mev-

zuata dayalı olduğunu bir türlü öğrenemediğim bir kural var: *"Cezaevi kantininde satılan ürünlerin dışarıdan getirilmesi yasak"*. Cezaevi idaresine iki kez dilekçe verip yazılı yanıt istememe karşın bu hükmün yasal dayanağını öğrenmem mümkün olmadı. Herhangi bir yanıt verme gereği dahi duyulmadı. Hatta idarecilerden biri *"unut o dilekçeleri"* dahi dedi.

İşte yasal dayanağını bilmediğim bu 'kural' uyarınca iç çamaşırı, çorap, havlu gibi kişisel eşyalarım cezaevine alınmıyor. Kantinde satılanların alınması zorunluymuş. Cezaevi değil sanki alışveriş merkezi. Biz de öyle yaptık. Ayaklarımızda mantar oluşturan naylon çoraplar, sürekli kaşındıran külotlar ve kurulama özelliği barındırmayan havlular satın aldık. Kısa süre sonra da bu ürünleri kullanmamız sonucunda oluşan rahatsızlıkları tedavi için cezaevi revirinden verilen ilaçları. Bu ilaçları düzenli olarak kullanıyorum şimdi.

Bu don sorunsalıyla ilgili bir başka mevzu ise spor yaparken şort kullanmak istememizle ilgili. Yanıt standart: YASAK. Dizimize dek uzanan kapri pantolonlarla havalandırmada spor yapıyor, her biri 45 dakikadan ayda 3 kez halı sahada koşturuyoruz. Her akşam yıkaması da kurutması da ayrı bir dert. Bu yüzden spor şortu istedim eşimden. İçeri sokması mümkün olmadı. İçeri alınmadığına dair tutanak da verilmediğini belirteyim. Sözel gerekçe: YASAK. Ancak mevzuatta spor şortlarının yasak olduğuna dair bir düzenleme yok. Ama serbest de denmediği için yasak olduğuna hükmedilmiş. Oysa ben hukuk yasak dememişse hak olarak düzenlendiğini belirtir diye biliyorum. Anlatmaya kalkıyorsunuz nafile. Daha ilginci bana yasak olan bu şortları başka mahkûmların üzerinde görmüş olmam. Cezaevi müdürüne bunu anlattığımda aldığım yanıt *"Haklısınız"* oldu. Ama halen şortumu alabilmiş değilim.

CHP'li milletvekillerinin ağzından gazetelere yansıyan nevresim sorunumuz ise ayrı bir dert. Tıpkı t-shirt, gömlek ve pantolonlarımız için olduğu gibi koca koca nevresimleri ve havlularımızı da görüşe gelen yakınımıza verip ertesi hafta yıkanmış olarak almamız YASAK. Bunu düzenleyen bir yasal hüküm elbette ki bu sefer de yok. Tecrübeli gardiyanlarda açıklama çok. *"Yıkanmaya giden eşyalar uyuşturucu dolu suya batırılıp kurutuluyormuş. Cezaevinde de bu eşyalar bir kabın içinde ıslatılıp suyu buharlaştırıldıktan sonra uyuşturucu elde ediliyormuş."* Mübarek uyuşturucu laboratuvarı sanki. *"İyi de aynı işlem t-shirtlere, gömleklere de yapılabilir onlara neden yasak yok"* diye sorduğunuzdaysa yanıt yok. Anlayacağınız cezaevini ezaevine dönüştürmenin yollarından biri olarak elde nevresim yıkamaya mahkûmsunuz.

Geçen ay cezaevini denetlemeye Ceza ve Tevkif Evleri Genel Müdürü Sefa Mermerci gelmişti. Kibarlık edip bizim koğuşa da misafir oldu. Eyvallah. Ben de anlattım. Birazdan okuyacağınız diğer sorunlarla birlikte. Genel Müdür'e nevresim ve havluların elde yıkatılacağına dair bir mevzuat, yasal hüküm olmadığını söyledim. Bana koğuşlara çamaşır makinesi alınması için çalışma yapabilecekleri yanıtını verdi. Bu arada gelinlik kız gibi çeyiz düzüyoruz burada. Buzdolabı, televizyon, vantilatör, su ısıtıcısı, semaver... Her biri elbet ihtiyaç. Ama aldıklarınızı cezaevine hibe ettiğinize dair kâğıtlar imzalatıyorlar. Her şeyden önce bu devlete tırnağımı hibe etmek istemiyorum. Öte yandan cezaevleri parasız pulsuz mahkûmlarla dolu. Böyle çözüm olur mu? Oluyor. Genel Müdür'ü yakalamışken her bir derdimizi anlatalım dedik. Elbette ki bilgisayar kullanımından bahsettik. Neden koğuşlarımıza bilgisayar alamadığımızın 'makul sayılabilecek' gerekçesi var: İnternete girilebilir. Bu teknik işlerden çok anlamasam da modem kartı olmayan bir bilgisayarın internete giremeyeceğini, telefon hattını nereden bağlayacağımızı anlatmaya kalktık. Nafile. Bu kez de *"Sizlere cezaevindeki bilgisayar odasını kullandırtıyoruz"* yanıtını aldık. Haftada 3 saat. Açık görüş haftası ise yasak. Yani ayda 9 saat.

Mesela bir türlü yazılmamış olan hakkımdaki iddianame muhtemelen yüzlerce sayfa olacak. Delil klasörleriyle birlikte binlerce sayfa. Ayda 9 saat bilgisayar kullanımıyla savunma hazırlayacağım. Daktilo bile sokamıyoruz içeri. Ne diyeyim? Bravo. Genel Müdür'e en çok şikâyet ettiğim konu ise herkesin bildiği, birçoğunun bilmezden geldiği tecrit durumumuz oldu. Ben henüz tecrit demişken Genel Müdür lafı ağzımdan aldı. Ne kadar modern, güzel cezaevleri inşa ettiklerini söyledi. Hemen ardından da *"F tiplerindeki mahkûmların da cezaevlerini övdüğünü hatta tek kişilik hücrelerde kalmak istediklerine"* ilişkin bürokrat söylevi çekti. Kendisine sadece; bu cezaevi uygulamasını savunan bürokrat, politikacı, karar verici her kim varsa, Nazi kafası örneği bir mimari facia olan bu cezaevlerinde birkaç ay kaldıktan sonra bu konuyu tekrar tartışabileceğimizi söyledim. Bu konuşma esnasında yasal olarak haftada 10 saat diğer tutuklularla sosyalleşme amaçlı zaman geçirme hakkım bulunduğunu ancak yerine getirilmediğini de dile getirdim. Genel Müdür kendisine eşlik eden Silivri Başsavcısı ile cezaevinden sorumlu savcılardan birine nedenini sordu. Verilen yanıt önce *"suç türleri değişik, can güvenliği sorunu olabilir"* oldu. Bu gerekçenin hukuksuzluğunun kendisi de farkında olacak ki bu kez de şaşkınlık içinde kalmama neden olan açıklamasını yaptı: *"O hak sadece hükümlüler için geçerli"* dedi. Nasıl ama!

"Tutuklamaların cezaya dönüştüğü, bu kadar uzun tutukluluk sürelerinin olduğu bir memlekette bu dediğinizden emin misiniz?" soruma da *"Evet"* yanıtı verildi. Herhalde ben yanlış biliyordum. Bir *"hukuk insanından"* daha mı iyi bileceğim diye uzatmadım. Gel gör ki savcı yalan söylemiş. Ben doğruyu biliyormuşum. Avukatım Can Atalay şimdi yazılı olarak savcılığa müracaat etti. Bakalım ne yanıt alacağız?

İç çamaşırı, şort, don, nevresim... Biraz gereksiz şeylerden bahsettiğim düşünülebilir belki. Ne anlatırsak anlatalım ya da ne yazarsak yazalım sonuç olarak hayattan söz ettiğimizi düşünürdüm; oysa burada her şey sadece tecridi çağrıştırıyor, hayatı değil. İnsanların kendilerine şunun ya da bunun niçin yapıldığını anlayamama durumunda bırakılmasıdır tecrit; insanın sadece kendi zihnine mahkûm bırakılması. Dışarıda çoğumuza gereksiz gelecek şeyler döner dolaşır kendini hatırlatır; sonra kendi donunuza gıcık olursunuz...

Bu bahsi kapatmadan önce nasıl bir tecrit ortamında yaşadığımızı da biraz anlatmam gerek. 160 gündür Nedim ve Doğan Ağabey'le birlikte kalıyoruz. Haftada bir kez kapalı, ayda bir kez ise açık görüş hakkımız var. Açık görüşte bir saat eşim, çocuğum ve görüşe gelen arkadaşlarımdan biriyle yüz yüze geliyorum. Açık görüş dışındakiler camın ardından ve kayıt altına alınan telefon görüşmesi şeklinde yapılıyor. Ben şanslıyım ki avukat arkadaşlarım hemen her hafta görüşe geliyorlar. Böylelikle hücreden, koğuştan çıkabiliyor, farklı bir ses duyup, değişik bir yüz görebiliyorum. Bunların dışındaysa her gün üç kez kapımıza gelip yemek veren ancak konuşmamızın yasak olduğu işçi mahkûmları ve onlara eşlik eden gardiyanları görüyorum. Burası L tipi cezaevi. Anlayacağınız Türkiye cezaevlerinin tecridi harf grubuna bağlı değil. Ben bunları yaşarken F tiplerinde duyurmaya çalıştıkları seslerine hiç karşılık alamayanların hali nasıldır varın siz hesap edin. Şu *"ileri demokrasi medyası"* neden bu konuya el atmaz merak içindeyim!

Emin olun ki cezaevlerindeki tecrit politikası medyadaki malum şahısların çok sevdiği, hatta kimilerinin şahsi meselesi olan Ergenekon'la çok ilgili. Ama soruşturma sürecinin bir türlü oralara uzanmadığı Ergenekon ile. Bir derin devlet politikasıdır tecrit. Üzerinden çok zaman geçmedi bu konuların. Araştırılsa görülecek veya geçmişte olanlar biraz hatırlansa... Adalet duygusu bellek ve hatırlama ile adaletsizlik ise unutma ile nasıl da yakından ilgili.

Bu yazı hayli uzun oldu. O yüzden saat ve cam su bardağının yasak denilerek dört ay boyunca verilmediğini anlatmayayım. Hele başta kırmızı olmak üzere renkli kalemlerin verilmediğini veya sevgilimizin, çocuğumuzun, sevdiklerimizin fotoğraflarını asmak için yara bandı kullandığımı ya da dizimdeki rahatsızlık için kullanmam gereken dizlikle ilgili meseleyi hiç anlatmayayım. Selobantlar da dizlik de YASAK'mış." *(9 Ağustos 2011, Silivri 2 No'lu L Tipi Kapalı Cezaevi, tutukluluğunun 176. günü.)*

Yasaklar listesi var, haklar yok

Yazının sonunda yer alan kimi mevzulardan yukarıda bahsetmiştim. Yazıyı uzatmamak adına anlatmadığım bazılarınıysa burada anlatabilirim. Kitap yazmanın avantajı da bu olsa gerek. Cezaevinde ilk günlerimiz hep bir şeyleri öğrenmekle geçti haliyle. Cezaevinde nelerden yararlanabileceğimiz! İdarenin fotokopi ile çoğalttığı duyurularla veriliyordu elbette. Ancak bu listeler bir *"yasaklar manzumesi"* olarak düzenlenmişti. Zaten bildiğimiz ya da tahmin ettiğimiz yasak konular sıralanıp, *"görüşe çıkarmama"*, *"telefon hakkından mahrum bırakma"*, *"hücreye atılma"* gibi idari cezayla karşı karşıya kalabileceğimiz hatırlatılıyordu. Bu cezalar için de çok geniş tanımlı bir kılıf vardı: *"Amaç dışı kullanım"*. Anlayacağınız, *"gözünün üstünde kaşın var diyerek"* her zaman ceza alma riski bulunuyor cezaevlerinde. Bu uzun listede olmayanlardan yola çıkarak haklarımızın neler olduğunuysa tahmine dayalı bir şekilde öğrenmeye çalışıyorduk. Ne tür haklara sahip olduğumuzu içeren bir kitapçık ya da duyuruları istediğimizdeyse yanıt aynıydı: *"Verildi."* İyi de orada hak olan değil olmayanlar belirtiliyor. İtirazlarımıza kulak asan yoktu. Bu arada Yonca'nın bu konuyu içeren kitapları getirmesiyle sorunum çözüldü. Daha doğrusu ben öyle sandım.

Cezaevine girerken değerli eşyalarımızın yanımızda bulundurulamayacağı söylenmişti. Yüzük, kolye, herhangi bir takının yanı sıra saat de sayılmıştı bunların arasında. Ziynet eşyaları tamam ama saat nasıl olmaz? Her sorduğumda aynı yanıta tosladım: *"Yasak!!!"* Yonca'nın getirdiği cezaevi mevzuatını anlatan kitap ise aksini söylüyordu. Hatta bir kol saatinin yanı sıra masa saati bulundurabileceğimizden bahsediyordu. İşin ilginç yanı bana yasak denilen saatin koğuş arkadaşım Doğan Yurdakul'un kolunda takılı olmasıydı. Nihayet tutukluluğumuzun dördüncü ayına girerken bu sorunlarımızı anlatabilmek için birinci müdürün karşısına çıkabildik.

Bizimle görüşmesini sağlayan ise böylesine tuhaf konularla ilgili yaşadığımız sıkıntıdan Adalet Bakanlığı yetkililerinin haberdar olmasıydı. Gazeteci dostlarımızın iletmesi üzerine Bakanlıktan aranan müdür bizimle görüşmeye karar verdi. Anlattık kendine, yanında bulunan diğer idareciler ve başgardiyanlarla birlikte dinledi, hak verdi. Dört ay boyunca yasak denilerek verilmeyen saatime kavuştum. İçtiğimiz çayların tadını berbat hale getirdiği için kullanmak istemediğimiz plastik kupalardan da kurtulmuştuk. Mevzuata göre hakkımız olan cam su bardağı da bu görüşmeden sonra geldi nihayet. O görüşmede bize bu sıkıntıları yaşatanın hep aynı kişi, ikinci müdürlerden biri olduğunu da söylemiştik. Adeta bir düşman, bir hasım gibi muamele görmemize neden olan, hayatımızı daha da zorlaştırmak için çaba gösteren ikinci müdürün neden böyle davrandığını da bir gardiyan açıkladı fısıldayarak *"Seni buraya düşüren kitabında anlattığın teşkilattandır."* Bu belki de çektiğim çilenin nedenini açıklamaya yetiyor.

Çöp poşetinden perde

Yasaklar yazmakla bitmiyor ama bir örnek daha vereyim. Cezaevindeki önemli sorunlardan birine de ancak aylar sonra çözüm bulabildim. Havanın kararmasıyla birlikte cezaevini kuşatan aydınlatma ışıkları da sabaha kadar sürecek mesaisine başlıyor. Benim hücre bu ışıklardan mustarip bir yerde. Koca koca spot ışıkları hücremin içini gündüz ışığı gibi dolduruyor. Kafamı pencere tarafına koyup uyuduğumdaysa sabah güneşi olduğu gibi suratıma düşüyor. Kimi zaman tişört ya da havlu kimi zaman da birbirlerine eklediğim kartonlarla ışıktan korunmaya çalışmam çöp poşetleri sayesinde kesin çözüme ulaştı. Bant sokmanın yasak olduğu cezaevinde Nedim'e bir rulo verilmişti. Bant gelir gelmez iki büyük çöp poşetini pencere camına yapıştırdım. Görüntü çirkin olsa da perdelerime kavuşmuş oldum.

Hapishanede sel manzaraları

Gardiyanların anlattığına göre Silivri'deki 9 cezaevinin her biri için müteahhit firmalar 1 milyon liranın üzerinde para almış. Mimarisinin tecrit işkencesi için yapılmış olması bir yana her yanından kalitesizlik dökülüyor her bir cezaevinin. Banyo ve mutfak lavabosunun muslukları kısa zamanda bozulmuştu. Zemine döşenen karolar her adımımızda yerinden oynuyordu. Yıkılasıca duvarlardaki çatlaklar kimi yerlerdeki küflenmeler yeni bir cezaevine *"hiç yakışmıyordu"* doğrusu. En berbatıysa her şiddetli yağmur sonrası elimizde süpürge koğuşa dolan suları temizlemekti. Musluklardan günde 4 kez toplam 9 saat su verilen cezaevinde her yağmur sonrası tüm koğuşlarda tıpkı bizimkinde olduğu gibi hummalı bir *"su baskını"* temizliği yapıldığını gardiyanlardan öğrenmiştik. Eğer yağmurun eğimi pencerelerimize doğruysa her birimizin penceresinden içeri musluktan akarcasına su doluyordu. Bir süre sonra tavandan da su damlamaya başladı. Bu satırlar yazıldığında kış henüz yüzünü yeni göstermişti. Eğer burada esaretimiz devam edecekse görünen o ki kış hiç kolay geçmeyecek ki öyle de oldu. Üzerine bir de Silivri'nin dondurucu soğuğu da eklenmişti. Cezaevine geldiğimiz ilk haftalarda *"örgüt arkadaşlarımızdan"* Hanefi Avcı geçmiş olsun dileklerini anlatan bir mektup yazmıştı. Mektupta *"hayatımızı kolaylaştıracak"* öğüttüler de vardı. Soğuktan korunmamız için sıkı sıkı giyinmemiz gerektiğini anlatan Avcı, küçük plastik şişelere de sıcak su koyup yatmadan önhce yatağımızın içine koymamızı öğütlüyordu. İlk zamanlar *"abartılı"* bulduğum bu öğüdün ne kadar yerinde olduğunu kış bastırdığında sürekli soğuk algınlığıyla mücadele ettiğimizde iyice anladık.

Volta sakatlıkları

Cezaevinde sorun yaşamadığımız tek konu ise havalandırmaya çıkmak. Alt kattaki koğuşların içinden bir kapıyla havalandırmaya çıkılıyor hapishanede. Sabah 08.00'deki sayımdan saat 20.00'deki akşam sayımına kadar açık kalabiliyor havalandırmaya açılan kapı. Bizim koğuşumuz üst katta olduğu için böyle bir olanağa sahip değildik. Ama iki sayım arasındaki zaman diliminde istediğimiz zaman havalandırmaya atabiliyorduk kendimizi. Cezaevindeki tüm mesafeleri adımla ölçüyor insan. Koğuşumuz 14*8 adım. Avukatla görüş odası ortalama 150 adım. Havalandırma ise 13*5 adımdan oluşuyor. Kimi zaman o küçücük alanda koşardık ama genelde yürüyerek, volta atarak yaptığımız spor bir süre sonra başımıza dert açtı. Günde ortalama 2 saat boyunca yaptığımız yürüyüşlerde dolap beygiri misali dönmek zorunda kalmamız diz kapakları ve ayak bileklerimizde ağrı yapmaya başladı. Kısa mesafelerde sürekli yürüyüş yapıp dönmemiz sadece bilek ve diz kapaklarına yük binmesi nedeniyle problem yaşamamıza neden oldu. Önce cezaevi doktoru muayene ettikten sonra bir uzmanın görmesi için hastaneye sevk etti. Daha önce de göz muayenesine götürüldüğüm Silivri Devlet Hastanesi'ne gitmeyi seviyordum! Bu kapalı yerden asker nezaretinde de olsa çıkabilmek bana çok iyi geliyordu. İkimiz de aynı dertten mustarip olunca bir sabah Nedim ile birlikte hastaneye götürüldük.

Üst araması ve ayakkabılarımızın içine bakıldıktan sonra dış kapıya çıkmadan önce de ayakkabı, kemer ve varsa ceketleri x-ray cihazına koyup, duyarlı kapıdan da ötmeden geçtik. Ring aracına binmeden önce bir kez de askerlerin yaptığı üst aramasından sonra yola çıktık. Yarım saatten az bir zamanda Silivri'deyiz. 6-7 askerin arasında resmi işlerimizi takip eden iki gardiyanın nezaretinde hastane koridorlarını arşınlıyoruz. Herkesin gözü üzerimizde. *"Güvenlik önlemlerinin yoğunluğuna bakılırsa silahlı asker grubunun ortasındaki bu adamlar azılı suçlular olsa gerek"* bakışlarıyla süzülüyoruz. Merhametli bakanı da korkarak izleyeni de var. Üst katlardan birine çıkmak için büyük asansörlerden birine bindiriliyoruz. İçeride bir vatandaş var. İki mahkûm, iki gardiyan ve 7 silahlı asker doluşuyoruz içeri. Asansördeki adam geriliyor ortamdan. *"Hiç endişe etmeyin. Bu asansör hiç bu kadar güvenli olmamıştır daha önce"* diyorum askerleri göstererek. Bu söylediklerim değil ama vatandaşın söyledikleri hepimizi güldürüyor: *"Estağfurullah abi."*

Neyse muayenemiz yapılıyor. Doktor, bana bağ kopması ve menisküs olabileceğinden şüphelendiğini ve MR çektirmem gerektiğini söylüyor. Bir de cezaevi doktorunun reçeteme yazdığı dizliği kullanmamı istiyor. Hapishanedeki doktorumuz dizlik kullanmamı söylediğinde *"Dışarıdan getirtebilir miyiz"* diye sormuştum. *"Olur tabii biz de aldırabiliyoruz. Tercih senin"* deyince ben de Yonca'dan istemiştim. Ancak cezaevinin görevli doktorunun yazdığı reçeteye rağmen o dizlik içeri sokulmadı. Yasakmış. *"Ama doktor dışarıdan getirtebileceğimi söyledi"* demem de kâr etmedi. Güya yanlış anlaşılma olmuş. Elbette bu sorunu çıkaran da aynı 2'nci müdürdü. Avukat görüşüne giderken karşılaştık. Dizlik meselesini konuşmaya çalışıyordum ama karşımdaki tüm sorunları yasak sözcüğü ile açıklayan bir duvar olunca ben sinirlendiğimle kalmaya devam ediyordum. Cezaevinde olmanın en kötü yanlarından biri de bu işte. Normalde hayatınızda var etmeyeceğiniz, eksikliği hiçbir noksanlık yaratmayacak *"insanların"* idareci sıfatı altında ağız kokusunu çekmeniz.

Hapishanede geçirilen zamanın tümü birbirini tekrar eden günlerden oluşuyor. Tek değişiklik okuduğunuz kitap, kalitesiz dizi ve programların arasında nadiren bulabileceğiniz iyi bir film oluyor. Zaten ilk günlerin hengâmesi geçince televizyon ile bağımız sadece haber izlemek ile sınırlı kalıyor. Haftanın günlerini de *"cezaevi aktiviteleri*"ne göre böldüm bu sıkıcı ortamda:

Pazartesi: Haftalık 10 dakikalık telefon görüşmesi.

Salı: Rana ve Çağatay geliyor. Akşam sıcak su var. Bir de manav günü.

Çarşamba: Aile görüş günü. Ayın ilk haftası açık görüş. Halı saha günü.

Perşembe: Bazen Can geliyor, genelde boş.

Cuma: Tora'nın günü. Aynı gün kantin alışverişi yapılacak.

Cumartesi: Sıcak su. Yani banyo ve çamaşır yıkama zamanı.

Pazar: Hiçbir şey günü.

Yukarıdaki listede adları geçmişken belirtmeden geçmeyeyim. Tutukluluğumuzun ilk günlerinde hayli yoğun bir ziyaretçi trafiğimiz vardı. Gazeteciler, milletvekilleri, Avrupalı parlamenterler, yabancı heyetler, avukat arkadaşlar derken günümüzün çoğunu görüşmelerde geçiriyorduk. Hemen her hafta hiç aksatmadan gelenlerden karı-koca avukat dostlarım Rana ve Çağatay oldu. Her hafta bir günlerini, dışarıdan bana benden dışarıya bilgi getirip götürmek, neler oluyor anlatmak ve en önemlisi hücremden çıkıp birkaç saat sohbet edebilmem için ayırdılar. Aile görüşleri dışındaki en güzel günümdü salıları. Hem bu iki dostuma hem de konusu açılmışken adını sayamayacağım kadar çok kişiye tek tek teşekkür edeyim buradan.

Bir avuç gökyüzü

Cezaevinde zaman çok ağır akıyor. Hafta arasında trafik görece yoğun olsa da hafta sonları hiç geçmek bilmiyor. Dışarıdayken en çok sevdiğim günler olan hafta sonları hiç gelsin istemiyorum. En sevdiğim gün ise elbette Çarşamba. Hem sevdiklerimi görüyor öğleden sonraysa 45 dakikalığına halı sahaya çıkarılıyoruz. Ayda üç kez tanınan bu hak aynı zamanda gökyüzünü en geniş haliyle görebildiğimiz anlar oluyor. 14'üncü adımımızın bir duvarla kesilmediği zamanlar ayrıca. Ancak futbol oynamaksa pek mümkün olmadı. Doğan Ağabey yaşından dolayı katılamıyordu zaten. Tutukluluğumuzun üçüncü ayından itibaren çıkabildiğimiz koca halı sahada iki kişiyle maç yapmanınsa sıkıcı olduğunu daha ilk haftadan anladık. Bir kaleden diğerine şut atmak, *"uzun"* mesafe koşmak dışında yapılacak en iyi şey sırt üstü yatıp gökyüzüne bakmak. Ellerinizi de iki gözünüzün üzerine siper edince o çirkin duvarlar ve dikenli tellere takılmadan masmavi, Çetin Altan'ın 12 Mart darbe günlerinde 17 ay tutulduğu cezaevinde yaşadıklarından yola çıkarak anlattığı kitabının adı gibi *"bir avuç gökyüzü"*yle baş başa kalabiliyorsunuz. Aklımızda Sabahattin Ali'nin *"Deniz gibidir, gökyüzü"* dediği şiirin o güzel dizesinin anlamını kavrıyoruz. Gökyüzü deniz olup balığıyla, yosunuyla üzerinize yağsın istiyorsunuz.

Cezaevlerindeki tecrit uygulamasının ilk kez tartışılması 1980'lerin sonlarına kadar uzanır. Son 11 yıldır F tipi Cezaevleriyle yoğunlaştırılan bu uygulamanın ilk örneklerinden biriydi Eskişehir tabutlukları. Siyasi mahkûmların küçücük hücrelere tek başına yaşamaya zorlanması üzerine tutuklu annelerinin öncülüğünde çok sıkı eylemler yapılmıştı. Medyanın cunta baskısını görece üzerinden attığı o günlerde iyi kötü haberler de çıkıyordu. Ancak kamuoyunun oluşmasına karşın tecrit hücreleri hayata geçti. F tipi cezaevlerinin uygulamaya sokulacağı zamanlardaysa tehlikeyi, işkenceyi fark eden siyasi tutuklular ve yakınları bir kez daha eyleme başladı. 1996 ölüm orucunun ardından 2000 yılında yine yeni ölümleri beklemeye başladı herkes. Ancak tutuklular ve yakınlarının sözlerine kulak asan sayısı çok azdı. *"Sivil hükümetler"*in yönetimindeki ülkenin medyası ağız birliği etmişçesine *"Otel gibi cezaevleri"*nin inşa edildiğinin propagandasını yaptı aylarca. Tüm bu süreç ironik biçimde *"Hayata Dönüş"* adı verilen kanlı operasyonlarla sona erdirildi. Onlarca tutuklu ve hükümlü öldü, yüzlercesi yaralandı. Sağ kalabilenler de tecrit hücrelerine atıldı. Kimileri ölüm orucuna devam etti. Aç kalarak bedenini kurşun haline getirdi. Protesto için kendini yakanlarla ölenlerin sayısı gün geçtikçe arttı. Medya hep bildiğiniz gibiydi, cezaevlerindeki bu kan banyosuna alkış tuttu. Şimdilerde demokrasi havarisi görünenlerin o dönemde yaptıkları haberler, köşelerdeki yorumlar yerli yerinde duruyor hâlâ. Kayıkçı kavgalarında *"28 Şubat döneminde yazdıklarınızın hesabını verin"* diye çemkirenler de dâhil olmak üzere bu büyük günaha ortak olan herkesin hesap vermesi gerekiyor aslında. Tıpkı Kürtlerle yapılan savaşın ya da evlerde sokaklarda infaz edilenlerin, işkencede katledilenlerin hikâyelerine duyarsız kalınmasının günahlarının hesabının verilmesi gerektiği gibi. Elbet bu olmayacak. Her iktidarın beslemesi haline dönen Türkiye medyası bu hesaplaşmayı hiçbir zaman yapmayacak.

Benimle konuştuğu için sürüldü

Her neyse, o kanlı operasyonların üzerinden 11 yıl geçti. Tecrit ise hâlâ sürüyor. F tipleri üzerinden tartışılsa da her tip cezaevinde benzer sorunlar yaşanıyor. İyileştirme adına hayata geçirilen iş atölyeleri tecridi kırmanın bir aracı. Aylardır iki hücre arkadaşım dışında kimseyle bir araya gelmiş değilim. Cezaevinde koğuşu paylaşanlar dışında tutukluların birbiriyle konuşması yasak. Hâl hatır sormak dahi disiplin cezası almak için bir neden olabiliyor. Haftada 10 saat diğer tutuklularla bir arada olma hakkı var. Ama bizim için yok. Nedenini daha doğrusu mazeretini yukarıda yer verdiğim eski bir yazımda anlatmıştım.

Kısacası başka kişilerle herhangi bir iletişim kurmamız yasak. Buna günde iki kez yemek dağıtımına gelen işçi koğuşundaki mahkûmlar da dâhil. Zaten o kısacık süre içinde hal hatır sormaktan başka bir sohbet konusu da olamazdı. Yemek dağıtan mahkûmlardan birisi okuyacak kitap istemişti. Konuşmak yasak olduğu için de mektup yazacağını söyledi. Aynı cezaevi içinden gönderilen mektup 5 gün sonra elime geçti. Kitap isteğini ise ismini bildirmem üzerine dışarıdaki arkadaşlarım organize etti kısa zamanda. Sağolsunlar birkaç haftada yüzlerce kitap geldiğini öğrendik. Böylece cezaevinin kütüphanesindeki boş raflar da dolacaktı. Kitap isteyen işçi mahkûm Cihan'ın *"Kitaplar elinize geçti mi?"* sorum karşısında hep susması ve yanıt vermemesini anlayamıyordum.

Bir gün *"Size mektup yazıp anlatacağım"* dedi. Cihan'ı son görüşüm oldu bu. Güya Cihan konuşma yasağını ihlal ettiği için işçi mahkûm koğuşundan alınmıştı. Hikâyenin detayını ise Eylül başında gelen bir mektupla öğrendim. Yine işçi koğuşunda kalan mahkûmlardan M.C 21 ay sonra çıkarıldığı mahkemeden tahliye edilince *"Özgür biri olarak yazmanın mutluluğunu yaşıyorum"* dediği mektubunda anlatıyordu başlarına gelenleri. Cezaevindeyken yazmamasının nedenini de *"Başıma geleceklerden korktum"* diye açıklıyordu. Adına gelen kitapların hiçbiri bulunduğu işçi koğuşuna verilmediği gibi ayda 60-80 lira arasında kazandığı paraya ihtiyacı olmasına rağmen Cihan'ı da işçi koğuşundan uzaklaştırmıştı müdürlerden biri. Kim olduğunu söylememe gerek yok sanırım.

Anlayacağınız tam bir yalnızlaştırma politikası hâkim cezaevlerinde. Kanunen aynı davadan yargılananların bir arada tutulması da engellenebiliyor. Bizim için bu kural esnek tutulmuş. Altlı üstlü koğuşlarda 6 kişi kalıyoruz. Altımızdaki koğuşta kalan Yalçın Küçük, Coşkun Musluk ve Sait Çakır'ı zaman zaman havalandırmalarındayken açılmayan penceremizden izleyebiliyorduk. Derken aşağı koğuşun bizim kullandığımız havalandırmaya bakan küçük pencerelerinden birinin açıldığı ortaya çıkınca sohbet etme imkânı da bulmuş olduk. Sait ve Coşkun yüksekte bulunan pencerenin önüne çektikleri taburenin üzerine çıkıp tel kafes ardından sohbet ediyorlardı. Aynı komployla kendini cezaevinde bulan insanlar ne konuşursa onlardan bahsettik. Soruşturma dosyasındaki tuhaflıklar, sürecin ne kadar uzayabileceği ya da nerede biteceği hakkında herkes düşündüğünü söylüyordu. Zamanla ortaya çıktı ki aynı torbanın içine tıkılmış insanlar siyaseten de bambaşka yerlerde duruyorlardı. Her birinin ayrı telden çaldığı bu dosyanın sanıkları üstüne üstlük Ergenekoncu olmuştu. Mesela 12 Haziran seçimlerindeki oy dağılımı şöyle olmuştu: Emek, özgürlük ve demokrasi bloku, CHP, TKP ve İşçi Partisi'nin bağımsız adaylarına oy vermişti altı kişi.

Bol soğanlı pusulalar

Cezaevinin en önemli gündemi her zaman *"af beklentisi"*. Kişinin kişiye işlediği suçları periyodik olarak af kapsamına alan hükümetlerin görev aldığı bir ülkede bu beklenti hiç de karşılıksız değil aslında. Hep siyasi suçlar için konuşulan af, her zaman adli suçluları mutlu etmiştir. Bu tecrübenin ışığında *"her fırsatta"* karşımıza çıkansa *"Af var mı?"* sorusuydu. Her fırsatta dediğime bakmayın. Ya yemek dağıtımında görevli mahkûmlar refakatçisi gardiyanın insafına sığınarak sorardı ya da tıraş için koğuşumuza gelen berberimiz Zafer. Tutukluların konuşması yasaktı çünkü. *"Seçim öncesi af varmış diyorlar, doğru mu?", "Seçimlerden sonra hükümet af çıkaracak diyorlar, duydunuz mu?", "Bayram öncesi af çıkar mı?", "O olursa bu olursa af çıkar mı?"* 120 binin üzerinde mahkûm barındıran cezaevlerinin en önemli gündemi. Yüz yüze gelmediğimiz mahkûmlardan da benzer sorular gelirdi, hem de havayoluyla. Bitişik havalandırmalardan, aradaki çatıyı kolay aşsın diye kimi zaman bir soğana kimi zaman bir pile iliştirilmiş, bağlanmış pusulalarda *"Siz gazetecisiniz, duymuşsunuzdur"* diye başlayan kağıtlarda *"Af var mı?"* diye soruluyordu.

Yasak gazete Agos

Her gün birkaç saatimiz gazete okuyarak geçiyor hapiste. İlk günler merakla hepsini aldığımız gazetelerin içinde en çok merak ettiklerimiz elbette cemaat medyası tetikçilerinin ne yazdığı. *"Acaba ne saçmalamışlar"* merakımızın yanı sıra tutuklanmamızın nedenini de onlardan öğreneceğiz, en önemlisi de bizden gizlenen şu çok önemli delilleri. İyi gazetecilik yaptıklarından değil elbet. Sadece malûm teşkilatın malûm gazetecileri olduklarından bu bilgilere ulaşabiliyorlar. Birkaç gün içinde de neredeyse tüm dosyayı öğreniyoruz. Ne sızdıranlar ne de yazanlar ellerini korkak alıştırmıyor çünkü. En büyük endişem sahte delil üretileceği konusunda oluyor. Ama anlaşılan o ki yapamamışlar. Yazılan haberlerden iddianamenin nasıl yazılacağını da kestiriyoruz. Cezaevinde ziyaretimize gelen bir gazeteci ağabeyimin önerisiyle bu gazeteleri almayı da kesiyoruz zaten. Gereksiz zaman kaybı ve sinir bozukluğuna lüzum olmadığını da anlıyoruz kısa zamanda. Adımıza gönderildiğini bildiğimiz gazetelerden biri de Agos. Ancak 2 ay olmasına karşın bir teki bile elimize geçmemişti. Nedeni konusunda bir açıklama da yok. Nihayet bir gardiyan ağzından kaçırıyor: *"Agos yasak yayın."* Birçok sol tandanslı dergi ve gazetenin cezaevlerine girişi konusunda sıkıntı yaşandığını biliyorum ama Hrant Dink'in mirası Agos'un *"Demokrat AKP"* iktidarında yasak olmasının gerekçesi ne olabilir ki? Hem Etyen Mahçupyan, kendisine ve cemaatine miras bu gazeteyi AKP borazanına çevirip iyice sağa yapıştırarak rüştünü ispat etmişti. Neyse ki Rober Koptaş el attı da gazete biraz olsun düzelmeye başladı. Agos'un bize verilmeme nedenini dilekçeli sorumuza aldığımız sözlü yanıtla öğreniyoruz: Agos'un 12 yıl önceki iki sayısı için toplatma kararı verilmiş. O tarihteki bu kararla da cezaevine girişi engelleniyormuş. Ziyaretimize gelen gazeteci arkadaşlarımızı haberdar etmemiz üzerine yapılan yayınlarla bu yasağı da bertaraf edebiliyoruz. Ancak F tipindeki siyasiler için bu yasak hâlâ devam ediyor.

Maalesef beraat ettim

Daha önce de anlattığım gibi tutukluluğumun yedinci ayında üç kez hastaneye ve iki kez de başka davalarım için adliyeye götürülmek için çıkarıldım cezaevinden. İlki Ertuğrul Ağabey ile yazdığımız kitap için açılmış olan dava nedeniyleydi. 14 Nisan'da yapılan duruşmaya *"yeterli araç yok"* gerekçesiyle götürülmemiştim. Gözaltına alınıp tutuklanışımdan 72 gün sonra ilk kez 13 Mayıs günü çıkarıldım cezaevinden. Kar yağarken girmiştim, ilk kez dışarıyı gördüğümde mevsim bahardı. Mahkemeye gidip dönerken ring aracında hiç oturmadan o küçücük pencereden etrafı seyrettim. Üzerine basmayı özlediğim toprağa, cezaevine sokulması yasak çiçeklere ve ağaçlara baktım yol boyunca. Boğazdan geçerken denizi izledim. Kadıköy Adliyesi'ne giderken Bahariye Caddesi'ni adımlayanlara baktım kıskanarak. Adliye'nin yan giriş kapısında duruşmayı beklediğim birkaç saat boyunca hemen bitişikteki ilköğretim okulunun bahçesinde cıvıl cıvıl sesler çıkaran çocuklara baktım uzun uzun. Öğleye doğru bana destek için gelen arkadaşlarımın sloganlarına eşlik ettim ring aracının içinde. Ağzına kadar dolu mahkeme salonunda karşı karşıya oturup Yonca'yla dokunmadan birbirimize baktık. O kadar özlem doluyken sarılamadık. Çok uzun sürmedi duruşma, beraat kararı verildi. Birkaç duruşma sonra karar çıkması birkaç kez daha dışarı çıkmamı sağlayacağı için daha iyi olabilirdi, olmadı. Mahkeme salonu boşaltıldıktan sonra Ertuğrul Ağabey ile sıkı sıkı sarılıp vedalaştık. Yol öncesinde tuvalete gitmek istediğimi söyledim askerlere. Birkaçıyla birlikte nezarethanenin bulunduğu bodrum kattaki tuvalete indik. Duruşma sıralarını bekleyenlerin tıklım tıklım doldurduğu nezaretteki mahkûmlarla göz göze geldiğimdeyse ise bir alkış koptu. Anlaşılan suçsuz yere hapse tıkıldığımızın herkes farkındaydı. Bu farkındalığı yaratmaya uğraşanların başında kısaca ANGA diye kendilerine isim takmış (Ahmet ve Nedim'in Gazeteci Arkadaşları) meslektaşlarımız, gazeteci arkadaşlarımızın çabalarının ise hiçbir zaman unutulmayacağını söylemem gerek.

Beni hedef haline getiren peşinde olduğum belgelerdi

Cezaevinde sinirlenerek ya da memleketin ağlanacak haline gülerek izlediğim olayların başında, kendimle ilgili olması dolayısıyla, kitabımla ilgili yaşananlar geliyordu. Ergenekon örgütünün kitabı yazdırdığından tutun da *"içinde yeni bir şey yok"* yalanına kadar bir dizi garipliğin üzerine tüy diken kitabın imha edilmeye kalkışılması oldu. Giderek daha zavallı hale düşüleceğinin kanıtıydı yaşanan tüm süreç. Bu sürek avının neden yaşandığını biliyordum. Aklıma gelen birkaç neden, beni hedef haline getiren iki önemli konu vardı. Birisi daha önceki sayfalarda anlattığım Hanefi Avcı'nın elinde bulunan ve teslim ettiği savcılıkta *"yok edilen"* cemaatçi polislerin fişleme kayıtlarıydı. Bu listenin peşindeydim. Bir diğeri de yine cemaatin canını yakacak ve hükümetin ilgili birimlerinin de ellerinde olduğunu bildiğim polis teşkilatını yakından ilgilendiren bir takım dokümanlardı. Peşimde olanlar da biliyordu bunları. İşte bu yüzden pusu kuruldu. Bu belgelere sahip olup olmadığımdan emin olunmak için. Yaptığım çalışmalara da bu nedenle el konuldu. Bulamadılar tabii. Bu kez de *"varsa yayınlanır"* endişesiyle kitabım hakkında postmodern yakma kararı çıkarıldı. Sürek avı başlatıldı, imha edilmek istendi. Kitap olmayıp örgütsel doküman olduğu yalanı da bu yüzdendi.

Kitabın örgütsel doküman muamelesiyle toplatma kararı alınmasının bir diğer nedeni ise Odatv çalışanları ve avukatlarının ilk günden bu yana dile getirdikleri *"suça konu olan belgelerin sahte olduğu"* iddiasıydı. Hatta bu iddiaları kanıtlamak için bilimsel bir rapor da almak istemişlerdi. Belgelerin bilgisayar korsanlığı yoluyla bilgisayara kaydedildiğini kanıtlamaya çalışan avukatlar Boğaziçi Üniversitesi Bilgisayar Mühendisliği bölümüne hard diskleri vererek inceleme yapılmasını istemişti. Ancak bu inceleme hukuki olmayan bir kitap toplatma kararıyla, kitabın kopyasını elinde bulunduranların örgüt üyeliğiyle suçlanacağı tehdidiyle yarım kaldı. Bir profesörün başladığı inceleme, savcılığın hard diske el koyma kararıyla tamamlanamadı. Kısmi inceleme ile hazırlanan ön raporda ise suça konu belgelerin virüs yoluyla bilgisayara kaydedilebilmiş olacağına dair kuşkular belirtiliyordu. Ön raporda kesin sonucun hard disk üzerinde yapılacak bir çalışmayla belirlenebileceğini de söylüyordu. Tüm soruşturmayı ortadan kaldırabilecek, hatta komployu yapanları yargılayabilecek bir tehlike vardı. Hukuki kural olan şüpheli lehine delil toplama zorunluluğu bir kez daha ihlal edilebilirdi. Nasıl olsa bu savcılar HSYK'nin kapsama alanına girmiyor, soruşturulmuyordu. Savcının bu iddiaya yönelik ne yaptığını da iddianame çıkınca anladık zaten. Bilgisayar hard diskini sanıkların dile getirdiği şüphe doğrultusunda bağımsız bir kurula inceletilmesi gereken savcı bunun yerine Boğaziçi Üniversitesi tarafından verilen ön raporu inceletmişti. İddianamede ön rapor incelemesini yapan *"bilirkişilerin"* polis olduğunu söylemeye herhalde gerek yok. Elbette tüm gerçekler ortaya çıkacak. O zaman şimdilik görev yerleri değiştirilerek *"cezalandırılanların"* gerçekten yargılanıp cezalandırıldıklarına da tanık olacağız.

BÖLÜM 2

HUKUKSUZLUK

"Kesê ku li hemberî neheqîyê bêdeng be,
ew şeytanê bêziman e/
Haksızlığa karşı susan, dilsiz şeytandır."
Hz. Muhammed

Kitabın bu bölümünde olayın *"hukuki"* yanına ilişkin değerlendirmelerimiz olacak. Buraya kadar anlatılanlardan dahi zaten sürecin kanuni kılıfa büründürülmüş bir hukuksuzluk olduğu ayan beyan ortaya çıktı. Bunun kanıtı olan resmi evrak olan iddianame de özgürlüğümüzden yoksun bırakılışımızın 191. gününde 9 Eylül 2011'de açıklandı. Komplo kuranların, bunu yapanların ağzına bakıp *"tutuklanmalarının nedeni gazetecilik faaliyeti ya da yazdıkları kitap değil"* diyenler utanmış mıdır bilmiyorum. Çok ihtimal dâhilinde de değil. Zaten bu satırlar yazıldığında henüz bir şey söylememişlerdi bu konuda. Belli ki bu olaya da, başbakanın diliyle söylersek *"Fransız kalmayı"* tercih etmişlerdi. İddianameyle ilgili değerlendirmeyi ilerleyen satırlarda bulacaksınız. Ama buna geçmeden önce uzun tutukluluğun, bu halin bir cezalandırmaya dönüşmesinin aracı haline getirilen şu tahliye taleplerinin reddedilmesi mevzusunu anlatmak gerek. Yargının, daha spesifik olarak özel yetkili mahkemelerin nasıl kuşatıldığının bir örneği bu kararlar. Aynı zamanda hukukun nasıl katledildiğinin ve buna göz yumulduğunun örneği, kanıtı.

Malûm çetenin polisi, yargısı ve medyasıyla kurdukları tuzağın mağdurlarını atıldıkları hapishanelerde unutturmaya çalışmak en iyi becerdikleri işlerden biri. İlki tahmin ettiğiniz gibi komplo kurmak. Ancak bu kez unutturma taktiği bir işe yaramadı. Başta meslektaşlarımızın dayanışmasıyla bu süre içinde gündemde yer tutabildik. Kanuni kılıfa büründürülen bu hukuksuzluk her fırsatta dile getirildi, yazıldı, tartışıldı. Emeği geçenlere buradan bir kez daha teşekkür ediyorum. Dostluğun, sevdiğine siper olmak olduğuna bir kez daha defalarca tanık oldum. Hiç tanımadıklarımızın dahi meslek namusumuzun üzerinde leke olmazsa bu hukuksuzluğu dert edinebileceğini gördük. Kimlerin muktedirlerin sofrasındaki artıklarla beslenmeye çalışanlardan olduğunu da.

Tutukluluğu uzatmanın mazeretleri

Konuyu dağıtmayalım. Bu bölüm bu kara çalma komplosunun "*hukuki*" değerlendirmesi olacak demiştim. Sözümü tutayım. İlkin tutuklama kararıma avukatlarımın yaptığı itiraz ve verilen ret kararlarına ilişkin bir değerlendirme yapalım. Cezaevinde tutukluluğumun 165. günü geride kaldığında uzun bir değerlendirme yazmıştım, şöyleydi:

> 5,5 aydır tutukluyum. Henüz ortada bir iddianame yok. En iyimser tahminle bayram geçene dek de olmayacak. Merak içindeyim. Şu iddianame çıksa da suçlamaya konu olan saçmalığa ilişkin "*delilleri*" hep beraber görsek. "*Tutuklama nedeni gazetecilik faaliyetleri, kitapları değil*" diyen savcının ne kadar doğru söyleyip söylemediğini anlasak. Savcıların iddialarını, söylediklerini Allah kelamı kabul edip esip gürleyen politikacıların samimiyetini de, özel yetkili gazeteci kılığındakilerin işlerini ne kadar nesnel yapıp yapmadıklarını da görebilsek.
>
> Her neyse mevzumuz bu değil. Ya da aslında tam da bu nedenlerle gözaltına alınmam, tutuklanmam ve kanuna uydurulan hukuksuzluğun ne mene bir şey olduğunu anlatma çabası.
>
> Bir cezaya dönüştürülen tutuklamaların hukukla değil hukuku iğdiş ederek uzatıldığına dair birkaç örnek anlatacağım. Tutukluluğumun başladığı 6 Mart'tan bu yana avukatlarım tutuksuz yargılanmam talebiyle yaptıkları tahliye başvuruları ya da mahkemelerin yasal bir zorunluluk olarak her ay kendiliğinden "*dosyamı inceleyerek*" tutuklu kalmamın elzem olduğuna hükmettikleri kararlardan bahsedeceğim. Kişisel bir serzeniş değil bu. Özellikle Ergenekon, Balyoz, KCK, Devrimci Karargâh, Hopa, son olarak malum şike soruşturması ve Deniz Feneri ile istisnasız tüm siyasal davalarda aynı "*titizliğin*" gösterildiğinden emin olabilirsiniz. Sözü uzatmanın gereği yok. Gelin birlikte inceleyelim şu kararları.
>
> 3 Mart'ta gözaltına alındıktan sonra, malûm basının "*kahraman*" diye andığı savcının tutuklama talebiyle 5 Mart'ta kendimizi hâkim karşısında bulduk. AKP-Cemaat koalisyonuna muhalif herkesin yolunun düşeceği cezaevine gönderilme kararı verildiğindeyse sabahın körü olmuştu. Kararda aynen şöyle yazıyordu: "*... üzerlerine yüklenen silahlı terör örgütüne üye olmak suçlarının vasıf ve mahiyeti, mevcut delil durumu, şüphelilerin üzerine atılı suçu işledikleri hususunda soruşturma dosyası kapsamına, iletişim tespit tutanakları içeriklerine, daha önce iddia olunan Ergenekon soruşturması kapsamında Odatv'de yapılan aramalarda ele geçirilen belge ve bilgilere göre kuvvetli suç şüphelerinin varlığını gösteren olguların bulunması, şüpheliler hakkında adli kontrol hükümlerinin uygulanmasının yetersiz kalacağı ve atılı suçun CMK 100/3 maddesinde sayılan katalog suçlardan bulunması göz önüne alınarak tutuklanmalarına...*"
>
> Aslında kararın devamı "*Tiz kellesi vurula...*" diye bir hükümle bitmesi gerekirdi böylesine bir suçlu için öyle değil mi? Bakalım öyle mi?
>
> **Kafkaesk tutukluluğa sonuçsuz itirazlar**
>
> Savcılıkta polisin hazırladığı 26 soru soruldu ki aynısı hâkim tarafından da yöneltildi. Bu sorulardan 6'sı özgeçmişim ile hiçbirini tanımadığım Odatv çalışanları ve arkadaşım, meslektaşım Nedim Şener'i tanıyıp tanımadığımla ilgiliydi. 5 soru Odatv'de bulunan Ulusal Medya 2010 isimli belgey-

le ilgiliydi ki tutuklandıktan 1 ay sonra görebildim bu *"örgüt dokümanını"*. Bir soru; bir kişinin özel yaşamıyla ilgiliydi ve bilgim yoktu. Bir soru 2009 yılında Erzincan Cumhuriyet Başsavcısı İlhan Cihaner'in yürüttüğü İsmailağa cemaatine ilişkin soruşturmanın jandarma tarafından yapılan dinleme kayıtlarının bende ne aradığıyla ilgiliydi. Soruşturmayı yürüten savcıyı da Ergenekon sanığı yapan bu kayıtların internet sitelerinde bulunduğunu, bendekilerini de bir gazeteci arkadaşımdan aldığımı söyledim. Kalan 13 soru ise üzerinde çalıştığım kitap ile ilgiliydi. Yani beni de *"Ergenekoncu"* yapan ve artık *"İmamın Ordusu"* diye bilinen kitapla ilgili. Malûm savcı *"kitapla ilgisi yok"* dese de soruların yarısının bu çalışmayla ilgili olmasının takdiri size kalmış artık.

Tutuklanmama neden olan şu gizli delilleri bilmiyorum. (İddianame hazırlanınca da ortaya çıktı ki böyle deliller yok.) Odatv ile aramda bağ kuran tek delil ise içinde adımın geçtiği birkaç satırlık, imzasız, kimin yazdığı bilinmeyen bir word belgesi ile Ulusal Medya 2010 dokümanı oldu. Hâkimin o afili tutuklama kararına gerekçe olanların tümü bunlardan ibaretti. Kitabımın bir kopyasının Odatv'ye nasıl gittiğine ilişkin bilgim olmadığını ve savcılığın bu konuyu araştırmasını talep ettiğimi de belirtmem gerekiyor. Aramızda hiçbir telefon konuşması, elektronik haberleşme ve yüz yüze irtibat olmayan, siyaseten de farklı kutuplarda olduğumuz bu kişilere kitap taslağımı neden ve nasıl gönderildiğini ben de merak ediyorum. Ama savcı ve hâkim hem Odatv çalışanlarının hem de benim Ergenekoncu olduğumdan emin. Yani Odatv çalışanlarının terör örgütü üyesi oldukları varsayımına, benim de bu kişilerle ilişki içinde olduğum varsayımı üzerinden Ergenekoncu oluverdim. Peki ya delil? O da zihniyet polisliği olsa gerek.

Bu Kafkaesk soruşturmanın hukuk trajedisine dönüşmesini engellemek için tutukluluğuma ilk itiraz 8 Mart günü yapıldı. Avukatlarımın tutuklama kararını veren 10. Ağır Ceza Mahkemesi'ne yaptığı başvuruya yanıt 16 Mart günü geldi. Bir hafta boyunca dosyayı *"inceleyen"* mahkeme heyeti tutukluluğa itirazı reddetti.

"Kopyala-yapıştır" retler

Öyle iyi bir inceleme yapmışlardı ki *"2010/857"* olan soruşturma numarası kararda hiç ilgimiz olmayan *"2009/1406"* sayılı bir soruşturma dosyasından bahsediliyordu. Acaba yanlış dosya mı incelendi ya da bir dosyadaki karar *"kopyala-yapıştır"* yönetimiyle bizim dosya ile ilgili karara mı eklenmişti? Belki de *"sehven"* olmuştur. Ama o bildik gerekçelerin yanına, tutuklama kararımızda yer almayan *"kaçma ve delilleri karartma şüphesi bulunduğu"* nedeninin de eklenmiş olması hayli ilginçti. Tutuklayan hâkimin böyle şüphesi yok ama heyet kaçabileceğimize, delil karartacağımıza hükmetmiş.

İkinci itirazın tarihi 4 Nisan. Avukatlarım halen hukuka inançlarını kaybetmemişler. Kısıtlama (delillerin gizlenmesi) kararının silahların eşitliği ilkesine aykırı olduğunu, adil yargılama hakkını ihlal anlamına geldiğini anlatmışlar. Avrupa İnsan Hakları Mahkemesi'nin (AİHM) daha önce Türkiye aleyhine vermiş olduğu kararlara dair örnekler sıralamışlar. Bir de savunmadan gizlenen soruşturma belgelerinin içeriğini malum medyadan öğrendiklerinin garipliğini vurgulamışlar.

Tutuklama kararıyla ilgili makûl ve inandırıcı şüphelerin olmadığını belirtmişler. Gel gör ki bu kez de 14. Ağır Ceza Mahkemesi hâkimi *"olmaz"* demiş. 4 gün sonra 8 Nisan'da eminim dosyayı *"yine inceleyerek"* verdiği kararın *"... üzerinde atılı suçların vasıf ve mahiyetine, mevcut delil durumuna, kaçma şüpheleri devam ettiğinden, şüpheliler lehine dosyaya yeni bir delil girmediğinden, şüpheliler hakkında tutuklamaya alternatif koruma tedbirlerinin uygulaması da yetersiz kalacağından ve tutuklama sebepleri kalkmadığından..."* diyerek tahliye talebini reddetmiş.

Bu sırada Hanefi Avcı ve Kâşif Kozinoğlu'nun da dosyanın tutuklu sanıkları arasına katıldığını belirtmekte fayda var. Yani 7 olan şüpheli sayısı 9'a çıkmış. 14. Ağır Ceza hâkimi eminim bu 9 sanığın tüm dosyalarını incelemiştir 4 günde ve *"tutuklu kalsınlar"* demiştir. Hatta mahkeme öyle titiz bir inceleme yapmış ki, Hanefi Avcı başka bir suçtan ötürü halen tutuklu olmasına karşın onun için de *"kaçma şüphesi"* bulunduğunu yazmışlar.

Avukatlarım yılmamış bu kez de bu tek hâkimin verdiği ret kararının 14. Ağır Ceza Mahkemesi heyetince incelenerek yeniden karar verilmesini talep etmişler. 15 Nisan'da yapılan bu başvuruya 3 kişilik heyet 19 Nisan'da cevap vermiş. Aynı zamanda Nedim'in avukatlarının da yaptığı benzer itirazı reddetmiş mahkeme. Savcının mütalaasını da alıp aynı zamanda *"soruşturma dosyası ve ekleri ile dilekçelerin incelendiği"* belirtilen kararda 14. Ağır Ceza Mahkemesi Nöbetçi Hâkimliği'nin verdiği kararın usul ve yasaya uygun olduğu belirtilerek itiraz reddedilmiş. Tutukluluk halinin devam etmesi istenirken de *"... üzerlerine atılı suçun niteliği, mevcut delil durumu, delillerin tamamen toplanmamış olması, kuvvetli suç şüphesinin devam etmesi..."* gerekçeleri sıralanmış. Bu karara bakınca ister istemez *"Deliller tamamen toplanmadıysa ben hangi delillerle tutuklandım?"* diye soruyorum kendime. Bu arada kaçma şüphesine yer verilmemiş bu kararda

"Kaçma şüphesi" bir varmış bir yokmuş

Avukatlarım bu kez de 3 Mayıs'ta, hem dosya inceleme hem de tahliye talebinde bulunmuşlar. Taleplerini de kanunlara, Avrupa İnsan Hakları Sözleşmesi (AİHS) ile AİHM kararlarına dayandıran sayfalar dolusu açıklama yapmışlar. *"Bir kısım özel yetkili gazetecilerin ellerinde dolaşan belgeleri bize de verin"* demişler. Yetmemiş, tamamlayamadığım kitabımın bir örgüt dokümanı olduğunu *"tespit eden"* polis inceleme tutanağının nasıl akıl dışı olduğunu anlatmışlar. Kitapla polis raporu arasındaki tezatlıkları bir bir sıralamışlar. Ama sonuç değişmemiş. Olur ya, tahliye edilirsek özel yetkili gazetecilerin yürüttüğü kara propaganda boşa düşer diye mi bilmiyorum, *"tahliye edilmesin"* denmiş. Elbet dosya inceleme talebi de reddedilmiş. 14. Ağır Ceza Mahkemesi hâkimi yine 4 günde benimle birlikte 9 sanığın bulunduğu dosyayı tek başına *"titizlikle inceleyerek"* karar vermiş. Titizlikle incelemiş olmalı ki 7 Mayıs tarihli bu kararda *"kaçma ve delilleri karartma şüphesi"* ortadan kalkmış. O zaman da Başbakan Yardımcısı Bülent Arınç'ın *"Nedim ile Ahmet niye kaçsın? Nereye kaçacaklar?"* şeklindeki eleştirilerinin hâkimin şüphelerinin ortadan kalkmasında bir etkisi yoktur eminim. Öyle ya yargı bağımsız değil mi? Ancak bu kararda da önceliklerden farklı olarak ilginç gerekçeler sunmuş 14. Ağır Ceza Hâkimi: *"Suç örgütü faaliyetinde işlenen suçlarda delil elde etmedeki zorluk."* Nasıl ama?

Benim bu avukatlarım gerçekten âlem insanlar. Ağır Ceza Mahkemelerinin ne olduğu, cunta mahkemelerinin ruhuna rahmet okuttuğu ortadayken bile yılmıyorlar. 24 Mayıs'ta bu kez de çelişmeli yani duruşmalı bir yargılama ile tutukluluğuma itirazın görüşülmesini talep etmişler. Anayasa'nın ilgili maddelerini sıralayıp AİHS'ye atıf yapıp benzer hak ihlalleriyle ilgili AİHM'de Türkiye aleyhine verilen kararları sıralamışlar. 7 Mayıs günü 14. Ağır Ceza Mahkemesi'nin tek hâkiminin verdiği tutukluluk halinin devamına ilişkin kararın mahkemede tartışılmasını istemişler. 14. Ağır Ceza Mahkemesi ise 6 Haziran'da verdiği kararında *"... çelişmeli yargılama yapılması ve duruşmada dinlenme talepleri yerinde görülmemiştir..."* diyerek hem talebi reddetmiş hem de o bildik gerekçeleri sıralayarak tutukluluğumun devamına ilişkin verilen kararın usul ve yasaya aykırı olmadığını belirtmiş. Haklarını yemeyelim, heyet kararına *"kaçma ve delilleri karartma şüphesini"* koymamış ama diğerleri tekrar edilmiş.

Haziran ayının 8'inde 12. Ağır Ceza Mahkemesi hâkiminin önüne giden dosyamız hakkında yapılan rutin incelemelerde bir değişiklik olmamış. Yine o çok bildik gerekçelerle tutukluluğumuzun memleketin hayrına olacağına karar verilmiş.

Çiçeğin yasak olduğu cezaevinde bir papatya falı

Bu arada avukatlarım 3 Haziran'da da Nöbetçi Ağır Ceza Mahkemesi'ne de yine duruşmalı istekli bir tahliye talebi dilekçesi vermişler. O güne kadarki tutukluluk halinin devamına ilişkin kararlardaki gerekçelerin kanun maddesinde yazılı olan hallerin tekrarından ibaret olduğunu vurgulamışlar. Verilen kararların da birbirinin tekrarı olduğunun altını çizmişler. Yine yasalardan, Anayasa'dan, AİHS'den ve AİHM kararlarından bahsetmişler. Ama ne gam, 14. Ağır Ceza Mahkemesi hâkimine toslamışlar. 19 Nisan ve 6 Haziran tarihli kararlarda tahliye talebimi reddeden 14. Ağır Ceza Mahkemesi heyetinde yer alan hâkim Resul Çakır bir kez daha bu kez tek başına verdiği kararla *"tutuklu yargılansın"* demiş. Çelişmeli yargılama talebine ilişkin herhangi bir görüş belirtmeyen Hâkim Resul Çakır'ın tutukluluk halimin devam etmesinin gerekçeleri arasına ise birden bire yeniden *"kaçma şüphesi"* girivermiş. 19 Nisan ve 6 Haziran tarihli kararların altında imzası bulunan mahkeme heyetinin 3 üyesinden biri olan Resul Çakır, o kararlarda olmayan kaçma şüphesini 16 Haziran tarihli kararına *"kaçma şüphesi devam ettiğinden"* diye eklemiş. Hâkim Çakır 10 gün içinde birden kaçacağıma hükmetmiş yani.

Resul Çakır'ın tek başına almış olduğu bu karara da avukatlarım 23 Haziran'da itiraz etmiş bu kez. İtiraz dilekçesi ise öncekiler gibi sayfalarca değil. 3 maddelik taleplerin sıralandığı tek sayfalık bir dilekçe. Sakın ola yılgınlık belirtisi olarak görmeyin. Bu dilekçenin neden tek sayfa olduğunu, yasalardan, Anayasa'dan, AİHS ya da AİHM kararlarından artık söz etmeye neden gerek duyulmadığını bunca anlattıklarımızdan sonra siz de biliyorsunuz artık. Bu dilekçenin yanıtını da 28 Haziran'da vermiş 14. Ağır Ceza Mahkemesi. Yukarıda sıkça tekrar ettiğimiz, ezbere bilinen gerekçeler *"kopyala-yapıştır"* tekniğiyle yine sıralanmış. Daha önceleri ortadan kalkan *"kaçma ve delilleri karartma ihtimali"* yine gerekçeler arasında.

İlginçtir, 6 Mart günü hakkımızda tutuklama kararı veren ve şüpheyi gerekçeler arasında saymayan hâkim İbrahim Balık da mahkemenin üyeleri arasında. 19 Nisan ve 7 Mayıs tarihli tutukluluğa devam kararlarının altında imzası bulunan ve gerekçeleri arasında *"kaçma ve delil karartma şüphesi"* bulunmayan kararların altında imzası olan Hadi Çağdır da bu kez şüphelenmiş benden. 4 Temmuz'da bir kez daha tahliye talebinde bulunmuş avukatlarım. 7 Temmuz'da 11. Ağır Ceza Mahkemesi hâkimi tarafından verilen kararda ise bu kez yine kaçmayacağım ve delilleri karartmayacağım düşünülmüş olmalı ki gerekçelerden çıkarılmış.

Bu ilginç, komik, daha ötesi trajikomik, tutarsız, hukuksuz ve fazlasıyla sıkıcı yazıda bahsedeceğim son karara geldik nihayet. Aylık rutin inceleme sonucu 9. Ağır Ceza Mahkemesi hâkimi tarafından verilmiş kararda ne mi olmuş? Yine bildik gerekçeler var elbette. Ve bir kez daha kaçma şüphem olduğundan yola çıkılarak *"tutuklu kalsın"* denmiş. Bağımsız ve de elbet tarafsız Türkiye yargısı adeta papatya falı açar gibi karar vermiş: Kaçacak, kaçmayacak, kaçacak, kaçmayacak...

Ben de çiçeğin bile yasak olduğu cezaevinden hayali bir papatyadan fal bakıyorum: *"Bu ülkeye hukuk gelecek, gelmeyecek, gelecek, gelmeyecek..."*

Bir şerh ile hukuk dersi

Bu yazının ertesinde, duruşmalarda iki ret kararı daha aldım. Birisi 19 Ağustos 2011 tarihinde 10. Ağır Ceza Mahkemesi hâkimi tarafından verilen karar. Yasa gereği aylık rutin *"incelemesi"*ni yapan hâkim Savaş Çelik kaçma şüphesi dışındaki o bildik tüm gerekçeleri sıralayıp yine *"tutuklu kalsın"* demiş. Eyvallah.

Diğer karar ise 15 Ağustos 2011 tarihini taşıyor. Ağır Ceza Mahkemeleri'nde hâlâ hukuka bağlı bir yargıcın var olduğunu kanıtlayan muhalefet şehrine imza atan Şeref Akçay'ın başkanlık ettiği 11. Ağır Ceza Mahkemesi'nin bu kararı da *"ikiye bir tutukluluğun devamına"* diye sonuçlanmış. Akçay bu kararda da hukuki gerekçeleriyle muhalefet şerhini anlatmış. Yazdığı muhalefet şerhlerinin her biri Ağır Ceza Mahkemeleri'nin hukuku nasıl katlettiğinin birer örneği olan Akçay'ın bu şerhi de bir ders gibi. Bu arada Akçay'ın şerhinden, tutukluluğumun devamına karar verilen dosyalardaki delillerin ne olduğunu da öğreniyorum. Savcılık sorgusu sırasında suç unsuru olmayan telefon dinleme kayıtları, kitabımın taslağı ve kitapla ilgili polisin hazırladığı inceleme tutanağı. Hepsi bu. Tahliye taleplerinin reddi yönünde verilen kararların tümü bu *"deliller"* doğrultusunda verilmiş. Eminim inceleme de yapılmıştır dosyalar üzerinde. Bakın Akçay 16 Ağustos 2011 tarihli muhalefet şerhinde şahsımı ilgilendiren bölümler ağırlıkta olmak üzere ne yazmış:

> ***... "Bu deliller ile ilgili olarak gerek emniyette gerek savcılıkta sorulan sorulara bakacak olursak;***
>
> - Şüphelilerden Ahmet Şık'a soruşturma safhasında sorulan sorulardan bir tanesi özgeçmişiyle ilgili, bir tanesi kullandığı telefonlar, üç tanesi kimleri tanıdığı, sekiz tanesi Odatv'de ele geçen belgelerle ilgili sorular, 11 tanesi de İmamın Ordusu kitabıyla ilgili ve bunlarla ilgili yaptığı telefon konuşmalarıdır.
> - Şüpheli Ahmet Şık'a isnad edilen suç silahlı terör örgütüne üye olma, devletin güvenliğine ilişkin belgeleri tahrip etme, amacı dışında kullanma, fiili alma ve çalmadır.
> - Şüphelilerden Ahmet Şık İmamın Ordusu adlı kitap yazma

düşüncesinde olduğu ve bu konuda hazırlık yaptığı, kitabın taslağını hazırladığı ve bu hazırlama aşamasında Odatv ile irtibatlı olduğu iddiasıyla gözaltına alındığı...

Bu delillerden sonra şüphelilerin durumuna baktığımızda;

Öncelikle şüphelilerin örgüt üyeliği ile ilgili olarak altılı suça ilişkin delillere bakacak olursak;

• *Mahkemelerimizde yapılan yüzlerce uygulama, Yargıtay 9. Ceza Dairesi'nin kararları ve Yargıtay Ceza Genel Kurulu'nun kararlarından oluşan şöyle bir uygulama vardır:*

• *Bir kişiye yasadışı silahlı terör örgütünden dolayı,*

a) Bu kişinin bir kod adı olması,

b) Kimliğini gizleyecek sahte kimliğinin bulunması,

c) Süreklilik ve çeşitlilik arz edecek şekilde örgütsel faaliyetlerde bulunup, bu çerçevede

- Örgüte eleman kazandırmak gibi faaliyette bulunması,
- Örgüte özgeçmiş raporu vermesi,
- Örgütsel belge ve doküman gibi şeylerle yakalanmış olması,
- Örgüt adına molotof, bomba gibi maddeler yapmak ve atmak,
- Örgütsel amaçlı gösteri yapmak veya değişik eylemlerde bulunanlar ve dolayısı ile buradaki ölçülerden bir veya birkaçını işleyenler terör örgütü üyeliğinden cezalandırılır.
- Şimdi şüphelilere sorulan sorular incelendiğinde yukarıdaki faaliyetlerle ilgili herhangi bir soru yoktur, tek faaliyetleri olan yayın yapmak, kitap yazmak ve benzeri faaliyetlerde bulunma eylemine ilişkindir.

Kaldı ki Ergenekon adlı terör örgütü oluşumu çok önceye dayanan, 4 yıldan fazla soruşturma evresi bulunan ve üç yıldır da kovuşturma evresi bulunan ve halen devam eden bir davadır.

Şüphelilerin bu örgütün oluştuğu tarihte yani 2009 yılından öncesine ilişkin bir faaliyetleri olduğuna dair veya bu örgüt içerisinde rol alan şu anda yargılanan sanıklarla birlikte hareket ettiğine dair herhangi bir iddia yoktur.

İddia 2009 yılından sonra bu örgütün amaçları doğrultusunda yayın yapma iddiasıdır.

Özellikle Ahmet Şık'ın yazmak istediği kitabın bir an yayınlandığını düşünelim ve burada da Ergenekon örgütünü en şiddetli şekilde övdüğünü düşünelim.

Mahkememizde görülen davalarda yasadışı bölücü terör örgütü PKK, sol örgütlerden DHKP, MLKP, TİKKO gibi örgütlerle ve yine şeriatçı İBDA-C, Hizbullah, El-Kaide gibi örgütlerle ilgili yazılan pek çok kitaptan dolayı CMK 250. madde ile yetkili mahkemelerde pek çok dava açılmıştır ve bu kitapların pek çoğunda belirtilen örgütlerin eylemleri çok net bir şekilde övülmüş, militanlarından yine övgülerle bahsedilmiştir.

Yine günlük, haftalık ve aylık olarak yayınlanan, yine belli örgütlerin amaçlarına hizmet eden ve örgütlerin eylemlerini, faaliyetlerini öven veya açıklamalarını yayınlayan pek çok yayın organları da vardır.

Ama gerek kitaplar gerek günlük, haftalık veya aylık yayın organları nedeniyle açılan davaların hepsi 3713 Sayılı Yasa'daki yaptırımlardır.

Bu yayınlar ülkemizde yıllardır yapılmaktadır. Bu güne kadar hiçbir yayıncı hakkında veya yazan kişi hakkında örgüt üyesi olduğu gerekçesi ile ülkemizde verilmiş tek bir karar yoktur. Tümü 3713 Sayılı Yasa'ya muhalefetten ceza almıştır ya da beraat etmiştir.

Kaldı ki şüphelinin kitabı daha yayınlanmamıştır bile, buna rağmen yayınlama düşüncesinde olduğu belirtilerek bu kişiyi bu örgütle irtibatlandırmak hukuken mümkün değildir.

Ayrıca Anayasamızın 25. maddesi 'Herkes düşünce ve kanaat hürriyetine sahiptir. 'Her ne sebeple ve amaçla olursa olsun kimse düşünce ve kanaatlerini açıklamaya zorlanamaz. Düşünce ve kanaat sebebiyle kınanamaz ve suçlanamaz' demektedir.

Yine Anayasamızın 26. maddesi 'Herkes düşünce ve kanaatlerini söz, yazı, resim veya başka yollarla tek başına veya toplu olarak açıklama ve yayma hakkına sahiptir" demektedir.

Yasaların üzerinde olduğu tartışmasız olarak kabul edilen ve bu nedenle Anayasamızın da üstünde olan Avrupa İnsan Hakları Sözleşmesi'nin 9. maddesi 'Herkes düşünce ve din özgürlüğüne sahiptir..." demektedir.

10. maddesi ise "Herkes düşüncelerini açıklama ve anlatma özgürlüğüne sahiptir..." demektedir.

Yine yerleşik AİHM kararları incelendiğinde bu maddeler doğrultusunda herkesin düşünce ve fikirlerini serbestçe açıklayabileceği ancak bunların şiddet ve terör gibi unsurları övmemesi, şiddete çağrı yapmaması veya yasadışı örgütün propagandasını içermemesi gerektiğini belirtmektedir.

Bu doğrultuda genel olarak bir fikre, düşünceye bakıldığında bu fikir bizim düşüncelerimize ve fikirlerimize tamamen aykırı olabilir. Toplumun çoğunluğunca kabul edilmeyebilir. Ancak kişilerin yukarıda belirtildiği gibi şiddete çağrı yapmayan düşüncelerinden dolayı cezalandırılmaması gerekir.

Yazılan kitabın içeriğini beğenmeyebilirsiniz. 'Doğru değildir, abartılıdır, yalandır diye düşünülebilir' ama sonuçta şüphelinin kendi fikir ve düşünceleridir. İnsanlar bir kitabı yazarken başkalarından da yardım alabilirler. Bu kitapta alınmış mıdır? Alınmamış mıdır? Şu anda bir şey söylemek mümkün değildir. Bir an için yardım alındığını kabul etsek sonuç değişir mi? Değişmez. Çünkü bir insanın bir kitabı yazarken, araştırma yapması, başka insanlardan yardım alması doğaldır ve herhangi bir suç oluşturmaz.

Yine diğer şüphelilerin yapmış olduğu yayınlarda Odatv'de yapmış oldukları haberler, bununla ilgili kaynaklar ve bu amaçla topladıkları arşivler ve insanlarla yaptıkları telefon konuşmalarıdır.

Bu habercilik ve yayıncılık insanlarla ilişkiye girmeden, haber toplamadan nasıl yapılabilir.

Yukarıda belirttiğimiz gibi bu yapılan yayınları beğenmeye biliriz, bizim düşüncelerimize ve fikirlerimize aykırı olabilir ama şiddete çağrı yapmadığı müddetçe bir suç oluşturmaz.

Eğer bir kişiyi yazdığı kitaplardan dolayı veya yaptığı yayınlardan dolayı terör örgütüne üye olduğunu iddia eder ve hakkında işlem yapılırsa yukarıda belirtilen Anayasa maddeleri ve AİHS'in maddeleri ne zaman uygulanacaktır?

Diğer isnad edilen devletin güvenliğine ilişkin belgeleri tahrip etmek, amacı dışında kullanmak, fiili almak ve çalmak suçu ise henüz daha bu konuda yazışmaların tamamlanıp ele geçen belgelerin gizli olduğuna dair cevapların gelmemiş olması, kaldı ki bu cevapların da Jandarma Genel Komutanlığı'ndan gelecek olması ve bununa şüpheliler tarafından değiştirilme ihtimalinin bulunmadığı anlaşılmıştır.

Bütün bu anlatımlardan sonra şüphelilerin tahliye taleplerinin reddine dair çoğunluk kararında ve tahliye taleplerinin reddine dair kararlardaki gerekçelere baktığımızda

1- Gerekçe: Atılı suçun niteliği,

- Yukarıda atılı suçların niteliği irdelenmiş olup, en önemli suç olan örgüt üyeliğinin oluşmama ihtimalinin mevcut olması,

2- Gerekçe: Atılı suçun ceza yasasında öngörülen ceza süresi:

- Atılı suçun yukarıda belirtilen gerekçelerle oluşmama ihtimali olduğu gibi sırf o ??? görülen ceza nedeniyle tutuklanamayacağı,

3- Gerekçe: Dosyada yapılan aramalarda ele geçenler, bunlara ilişkin tespit ve iletişim tutanakları,

- Şüphelilerde ele geçen belgelerde atılı suçun oluştuğuna dair yeterli delil olmadığı gibi mevcut telefon konuşmalarında da herhangi bir suç unsuru bulunmaması,

4- Gerekçe: Şüphelilerin delilleri karatma ve yeni delil elde edilmesini engelleme tehlikesinin bulunması,

Yukarıda belirtildiği gibi şüpheliler hakkında üç tane emniyette yazılan yazı dışında toplanması cihetine gidilen herhangi bir delil olmaması,

Şüphelilerin emniyetteki delilleri nasıl karartacağı izah edilmemiştir.

5- Gerekçe: Şüphelilere adli kontrol hükümlerinin uygulanmasının yetersiz kalacağı iddiası,

Hangi şüpheliye hangi adli kontrol hükümlerinin uygulandığında bunun yetersiz kalacağı tek tek izah edilmeden tüm şüphelilerin konumları aynıymış gibi toptan değerlendirme yapılması,

Örneğin şüphelilere yurt dışına çıkma yasağı konduğu takdirde veya belli aralıklarla emniyete gidip imza verme koşulu getirildiği takdirde bunun nasıl yetersiz kalacağı anlaşılmaması karşısında;

Bu tutuklama gerekçelerinin veya itirazın reddi gerekçelerinin kanunda yazılan bazı tabirlerin tekrarlanması dışında hukuken kabul edilebilir gerekçe taşımamaları anlaşılmış olup,

Bu açıklamalardan sonra 'şüphelilerin tutuklu yargılanması mı gerekir' sorusuna cevap vermek lazımdır, şüpheli kim olursa olsun, hangi dilden, hangi dinden, hangi siyasi görüşten, hangi ırktan olursa olsun bağımsız, tarafsız, adil ve insan vicdanına uygun bir şekilde soruşturulması ve yargılanması gerekir. Bu insanın doğal hakkıdır.

Bu nedenle yapılan soruşturmanın bu kıstaslara uygun olmadığı, gerek tutuklama kararlarında gerek tahliye taleplerinin reddi kararlarındaki gerekçelerin Avrupa İnsan Hakları Sözleşmesi ve CMK açısından yeterli ve yerinde olmadığı, bu nedenle şüphelilerin yurt dışı yasağı konmak ve gün aşırı bulundukları yer emniyetine imza vermek koşuluyla tahliyeleri gerektiği görüşünde olduğumdan çoğunluğun yine yeterli gerekçe taşımayan talebinin reddine ilişkin kararına katılmıyorum..."

Yargıç Akçay'ın anlattıkları, konuyu olması gerektiği gibi, ancak dava dosyasında var olamayan bir şekilde hukuki bağlamda ele alıyordu. Ancak bildiğiniz gibi tahliye filan olamadım. Hatta iddianame bittikten sonra 2.5 ay sonraya gün verilmesine rağmen mahkeme yine aynı gerekçelerle tahliye etmedi. Kaçma şüphem de devam ediyormuş hem. Anlayacağınız tünelin sonu halen karanlık halde beklemeye devam ettik. Ta ki 12 Mart 2012 gününe dek. Artık bırakılmamızın emredildiği güne dek. Nereden mi biliyorum. Tıpkı tutuklanmamızda olduğu gibi Türkiye yargısının bağımsız ve tarafsız olmadığını ve siyasallaştığını bildiğimden. Aynı şekilde ayrıntılarını burada şimdilik yazamayacağım birtakım görüşmelerden, tanıklıklardan. Günü geldiğinde onları da muhatapları anlatır elbet.

Ve iddianame kabul edildi

Dışarı da akıp giden zaman cezaevinde geçmek bilmez. Okursunuz, yazarsınız, havalandırmada yürürsünüz. Bütün aktivite bunlardan ibarettir. Bir kısırdöngü gibi sadece bunları yaşarsınız. Hele ki Ramazan ayında ölü toprağı atılmış gibi bir hale bürününce cezaevi daha da zorlaştı her şey. Bizim için bu durumu bozan haberi 26 Ağustos 2011'de aldık. Savcı nihayet iddianameyi tamamlamış ve yeni kurulan 16. Ağır Ceza Mahkemesi'ne göndermişti. En sıkıntılı 2 haftamızdı. Bu güne dek bir iddianamenin geri gönderildiğine tanık olmamıştım. Her ne kadar hukuki olmasa da, içinde birçok sıkıntı barındırsa da bu da kabul edilecekti. Yasal olarak mahkeme 15 gün içinde karar verecekti. Uzun bayram tatilinden sonra mahkemeye gönderileceğini düşündüğüm iddianame 15 gün önce bitmişti. Şimdi içinde ne yazdığını, dahası *"o açıklanmayan delilleri"* öğrenecektik. Mahkemeye ne zaman çıkabileceğimiz ise en çok merak ettiğimiz konuydu. Nedim her zamanki iyimserliğiyle, mahkemenin iş yükünün fazla olmadığından hareketle en geç Ekim ayının başında duruşmamız olacağını söylüyordu. Ben her zaman ki gibi karamsardım. Nedeni malum. Tutukluluğu elden geldiğince uzatmanın en önemli aracıydı duruşma tarihleri. *"Kasımdan önce olmaz"* diyordum. 9 günlük uzun bayram tatili bitmek bilmedi. Bir an önce mesai başlasın ve biz de ne olacağını görelim istiyorduk. Bu arada basına yansıyan bilgilerden *"suçumuzu"* da öğrendik: *"Hiyerarşik yapıya dâhil olmadan örgüte yardım etmek suretiyle üyelik"*. Bir nevi örgüt içinde yer almadan örgüt üyeliği. İlginç yorum.

Ağır çekimde geçen günlerin ardından yasal süresini sonuna dek kullanan mahkeme iddianamenin kabul edildiğini açıkladı, 9 Eylül 2011 günü. Tutukluluğumuzun 191. gününde neyle, nasıl, hangi delillerle suçlandığımızı öğrenebilecektik artık. Tora gün boyu cezaevi dışında beklemişti. İddianame kabul edildiğinde internet üzerinden çıktısını alıp getirecekti. Akşama doğru yetişmeyeceği anlaşılınca cezaevine girmişti. Saat 16.20'de televizyonda son dakika gelişmesi olarak duyduğum haberi avukat görüş odasında benden öğrendi. Mahkeme iddianameyi kabul ettiğini yasal sürenin son günü mesai saatinin sonunda duyurmayı tercih etmişti. Hızlandırılmış yargı, ileri demokrasiyle uyum içinde anlayacağınız. Ertesi sabah göreceğimiz iddianamede neler olduğunu televizyondan öğrendik. Ayrıntısı yok elbet. Genel geçer bilgiler.

İddianameye el koymak istediler

Nihayet cumartesi. Sabah 09.30. Koğuşun ağır demir kapısı gürültüyle açıldığında anladım iddianamenin geldiğini. Gece yine sabaha dek çalışmıştım. Çünkü elinizde tuttuğunuz kitabın büyük bölümü cezaevinde ve hep gece yazıldı. Sessizlik bulabildiğim tek zaman diliminde. Hızlıca giyinip çıktım koğuştan. Üst araması yapıldı. Avukat görüş odasına kadar olan 19 basamak, 6 demir parmaklıklı kapı ve 150 adım atmam gerek. Uzun sürmüyor zaten. Ama avukatlar gelmemiş içeri henüz. 20 dakika bekleyişten sonra Nedim'in avukatlarından Nurcan Bayraktar görünüyor.

İkimizin adını görüş listesine yazdırmış, Can'ın içeri girmekte sorun yaşadığını, iddianameye cezaevi idaresinin el koymaya çalıştığını anlatıyor. Savunma evrakına bakmaları yasal değil. Ama cezaevinde herkes el yordamıyla iş yapmaya kalkınca tartışma çıkmış dışarıda. Can, tutanak tutturmaya çalışıyormuş.

Üniversitede öğrenci hareketinden yetişme bir avukat olduğu için tartışma uzayacak biliyorum. Nurcan Hanım'la konuşuyoruz. *"Siz incelemişsinizdir, bütün gece yeni bir şey var mı?"* diye soruyorum. Beklediğimiz gibi olduğunu *"Hiçbir şey yok"* diyerek anlatıyor. Bakmıyorum bile ne yazdığına. Nurcan Hanımı dinliyorum. Saçmalıkları konuşuyoruz, gülüyoruz. Öyle çok gizem yaratıldı, öyle çok karalama kampanyası düzenlendi ki herkes rahatlamış. Başbakan dahi Avrupa Parlamentosu'nda *"Kitaptan bomba olur"* mealinde bir benzetmeyle *"terörist"* olduğumuzu söylemişti ya, ister istemez meraklanıyorsun. *"Kim ne bilgi veriyor ona? Rezil olacağını hesaba katmıyorlar mı hiç?"* diye düşünüyorduk. Haklı da çıktık.

Can nihayet girmiş içeri. Burnundan soluyor o da, merakla bekleyen Nedim'i bilgilendiriyor. Daha sonra herkes kendi avukatıyla görüşüyor. İddianame *"hiçlik"* üzerine kurulmuş ama mahkeme gününü Pazartesi öğreneceğiz. Hazretler öyle karar vermişti. Avukatlardan da ilk duruşmanın Kasım'dan önce olmayacağını öğreniyoruz. Biraz sohbetten sonra ayrılıyoruz. Can merak içinde iddianameyi almazlarsa tutanak tutturmamı istiyor. Aylardır cezaevi idaresinin yaptığı hukuk dışı uygulamaların hiçbiri için tutanak tutmadığını anımsatıyorum. Ayrılıyoruz. Önce alınmayacağı söyleniyor iddianamenin. Gardiyanlar ezik *"Talimatlar böyle"* diyorlar. Onlarla tartışmak anlamsız *"Talimatı verenle konuşalım"* diyoruz. 2'nci Müdür gelmiyor elbet. Zaten olay da büyümesin diye veriliyor iddianame. Koştura koştura geliyoruz koğuşa. Bir örneği de Doğan Ağabey'e veriyoruz. Başlıyoruz okumaya...

Uzun ama boş suçlama

Herkes merak içinde kendi suçlandığı bölüme bakıyor. Gazetecilik faaliyetlerinin yargılanmadığı demagojisinin nasıl bir yalan olduğunu okuyoruz. Hakkımdaki deliller basılması engellenmiş bir kitap, Ulusal Medya 2010 belgesi ve bir word dokümanı. O kadar, koca bir hiç. İddianamede somut olan tek şey tarifi zor suçum. Oda şöyle bir şey oluyor:

"Varolduğu iddia edilen Ergenekon Terör Örgütüne üye olduğu iddia edilen Soner Yalçın'ın yazdığı iddia edilen ve örgütsel doküman olduğu iddia edilen birtakım talimatlar uyarınca Ergenekon'a üye olmadan örgüte yardım yataklık ettiği iddia edilen Nedim Şener'in yönlendirme ve yardımda bulunduğu iddia edilerek örgütsel doküman olduğu iddia edilen İmamın Ordusu isimli kitabımı Ergenekon talimatlarıyla yazdığım iddia edilerek örgütsel hiyerarşi içinde yer almadan örgüte yardım ve yataklık iddiasıyla Ergenekon üyesi olarak cezalandırılmam gerektiği iddia ediliyor."

Kafanız karışmış olabilir. Bu uzun suçlamanın anlamı *"hiçbir şey"* oluyor. Bu pusuyu kuranlar, komplonun içinde yer alanlar hiçbir suç bulamadılar. Amaçları Türkiye'de gazetecilik ve yayıncılığın yeni tarifini yapıp sınırlarını yeniden çizmek, bizler üzerinden korku salmak, muhalif herkesi susturmaya çalışmaktı, olmadı. Nedenini 3 Mart gününe ait bir notla açıklayayım. Çalıştığım Bilgi Üniversitesi'ndeki ofisim aranırken televizyon açıkmış. Polislerin aramalarına refakat eden arkadaşım bir yandan konuyla ilgili tartışmayı izliyor, tepkileri dinliyormuş. Haliyle konuşmaları polisler de duyuyor. Tepkilerin çokluğunu görünce bir polis arkadaşlarına dönüp *"Bu Ahmet Şık'ı biz tanımıyorduk. Çok gürültü çıkardı bu Ahmet hoca, hiç tahmin etmiyorduk"* demiş. Yorumunu bu komployu kuran polisler, devam etmesine aracılık eden yargı mensupları ve özel yetkili gazeteciler yapsın artık.

Yargı sürecinin hızlandırılması için kurulan yeni mahkeme tam 73 gün sonraya, 22 Kasım 2011'e gün veriyor. Pazartesi gün boyunca bekleyip akşam 18.00'den sonra karar vermişler, ellerindeki 14. dosya için 2.5 ay sonraya gün verilmiş oldu. Bravo! Tahliye taleplerimiz de reddedilmiş. İddianame çıkmadan önce sıralanan o bildik cümleler tekrar edilmiş. En komik olanı da *"delilleri karartma şüphesi"* oluyor. Bir kez daha bravo!

Kötü haberi televizyondan duyduk

Kitap yazmaya ara verip iddianameyi incelemeye başladım. Satır satır okuyorum. Her satırında tezgâh bir bir çıkıyor ortaya. Günümüzün büyük kısmı iddianame incelemekle geçiyor. Bu arada bir tedirginliğimiz de Doğan Ağabey'e gelecek kötü haber. Eşi, arkadaşı, sevgilisi aylardır hastanedeydi. Boğuştuğu kanser ilerlemiş, ayağa kalkamaz olmuştu biliyorduk. Zaten hepi topu bir kez gelebilmişti cezaevine. 6 Nisan'daki görüşmede oğlu Burçak'ın kolları arasında güçlükle yürüyerek girmişti görüş salonuna. Yonca anlatmıştı girişte aramalar sırasında yaşatılan zorluğu. Kafasındaki peruğun, sutyenin dahi çıkarıldığını, alçaklığın sınır tanımadığını, zulümden zevk alanın çok miktarda olduğunu kanıtlamışlardı bir kez daha.

Doğan Ağabey gelecek kötü habere hazırlıyor kendini. Hazırlık dediğim de kalp rahatsızlığı için kullandığı dilaltı haplarını yanından ayırmamaktan ibaret. Cezaevindeki ilk günlerimizde yaşadığı çarpıntılar ve sıkışmalardan ötürü gece sık sık yaptığımız kontrollere yeniden başladık biz de. Kötü haber beklerken kötüyü yaşamayalım diye. Ve kötü haber gelmekte gecikmedi. Soner Yalçın'ın yazdığı bir mektupla kamuoyunun durumundan haberdar olduğu Güngör Yurdakul'un ölüm haberini CNN Türk'te yayınlanan Medya Mahallesi programında Ayşenur Arslan'dan öğrendik. Ayşenur abla henüz adını geçirdiği anda Doğan ağabey anladı kötü haberin ne olduğunu. Şakınlıkla, üzüntü kelimeleri ardı ardına döküldü ağzından. Bende bir şey yapamamanın çaresizliği, Doğan ağabeyden gizlemeye çalıştığım gözyaşları. O kadar. İnsanı çaresizliğin en dibine vurduran cezaevinde ölüm haberi almayı Doğan Ağabey'in yazdığı mektubun satırlarından aktaralım:

Acımı paylaşanlara açık teşekkür

Silivri'deki hücremde dün gece yarısı saat 03.00'te göğsümün üstünde bir ağrıyla uyandım. Kalktım, elimi yüzümü yıkayıp bir dilaltı ilacı aldım. Biraz ferahladıktan sonra içeriden, "ortak yaşam alanımızdan" Ahmet'in (Şık) tıkırtılarının geldiğini duydum. Ahmet genellikle geç yatar ama birkaç gündür iddianame üzerinde çalıştığı için iyice geç yatıyor.

Bir an yanına gitsem mi diye düşündüm, sonra vazgeçtim. Zaten Ahmet'le Nedim (Şener) her gece bana bir şey olur mu diye diken üstünde yatıyorlar, ortalığı velveleye vermenin gereği yok deyip yattım, uyumuşum.

Sabah Nedim ilaç yazdırmak için doktora çıkmıştı. Ahmet kalktı, saat 11.00'de CNN Türk'te Medya Mahallesi programını açtık. Ayşenur Arslan acı haberi verdi:

'Odatv davası sanıklarından Doğan Yurdakul'un eşi Güngör Yurdakul hayatını kaybetti...'

Ahmet hemen elini omzuma attı 'Başın sağolsun' dedikten hemen sonra 'abi iyi misin?' diye sordu. Dokuz gündür acı içinde bu haberi bekliyorum, kendimi oldukça hazırlamışım, ne kadar iyi olunursa o kadar iyiyim. Bunu söyleyebildim ilk taziyeyi aldığım sevgili koğuş arkadaşıma.

O sırada televizyondan geçen altyazı eşimin gece yarısı 02.50'de hayatını kaybettiğini bildiriyordu. Ahmet'e gece o saatte kalp ağrısıyla uyandığımı söyledim. 'Seni duydum ama, sonra yattın o yüzden merak etmedim' dedi. Hapiste olan insan, eşinin ölüm haberini bile yarım gün sonra alabiliyor...

Altı buçuk aydır tutuklu bulunduğum Silivri'de bir yandan yoğun bir sözlük çalışması içindeyken bir yandan da yavaş yavaş anılarımı yazmaya başlamıştım.

Meğer o anıları yazmaya yaşantımın başından değil sonundan başlayacakmışım.

3 Mart 2011 Perşembe günü sabah saat 07.00'de polisleri karşımda gördüğümde ilk düşündüğüm şey Güngör'ün hastalığı oldu. Aralık ayında son bir ameliyat daha olmuştu ve kemoterapi tedavisi görüyordu. Ama vücudu tedaviye yanıt vermiyordu, melun hastalık yayılmaya başlamıştı ve biz bunu ona söylemiyor güç ve moral veriyorduk.

*Hani filmi geri sarmak derler ya. Polisler bana içinde 'Ergenekon soruşturması' sö*zünün de geçtiği gözaltı evrakını okurlarken ben filmi ileri sarıyordum. Böyle gidenlerin hiçbirinin kolay kolay geri gelmediğini biliyordum ve eşimi ben Silivri'deyken kaybedeceğimi anlamıştım.

Tutuklandıktan sonra onu ilk ve son kez Nisan ayı başındaki açık görüşte gördüm. Görüşe gelirken (kemoterapi yüzünden saçları döküldüğünden kullandığı) peruğun firketeleri ve sütyenindeki metalin sinyal vermesi yüzünden çok eziyet görmüştü.

Zaten oğlunun koluna tutunarak zor yürüyordu. Bu zulmü tekrar çekmemesi için bir daha gelmemesini rica ettim. Zaten o görüşten sonra yürüyemez oldu, kanser kemik metastazı yapmıştı, hastaneye yattı. Sonra da durumu hep kötüye gitti.

Kaçınılmaz sona gidişimizi cezaevinden adım adım izledim.

Güngör bu acı dolu süreci müthiş bir dirençle göğüsledi. Mektuplarında ve telefonlarda hep bana moral vermeye çalıştı. Çok sancılar çektiği halde durumunu hep bana iyi göstermeye çalıştı.

5 Eylül'deki son veda görüşmemizde bile aynı tutum içindeydi. Ona bacakları için yapılan fizik tedaviye önem vermesini söylediğimde "merak etme ayakta durmaya, hatta adım atmaya başladım" dedi, hâlâ beni kandırmaya çalışıyordu. Oysa ben artık sona yaklaştığımızın haberini almıştım. Zaten ertesi gün gelen avukatlarım komaya girdiğini haber verdiler.

Tam dokuz gün serumla beslenerek uyudu. Dokuz günü cezaevinde nasıl geçirdiğimi anlatmam mümkün değil. Koğuş arkadaşlarımın da, benim de bu konuyu hiç açmamaya gayret ettiğimiz bir dokuz gün...

Bir dokuz gün... Koğuşun demir kapısının veya üstündeki göz deliğinin gümbürtüyle her açılışında sıçrayarak yerinden kalktığın, her avukata çağrılışında dilaltı kalp ilacı aldığın, haber kanallarında sürekli alt yazıları yürek heyecanıyla takip ettiğin bir dokuz gün. Bir telefon görüşmemizde Güngör'e anılarımı yazmaya başladığımı söylediğimde "asıl birlikte bizim hikâyemizi yazmalıyız" demişti, "öyleyse sen hemen yazmaya başla" demiştim. Şimdi ona böyle bir borcum var. Bu veda mektubumla ona borcumu ödemeye başlıyorum, ama yaşamın bana yaptığına bakın ki, o hikâyeyi yazmaya sonundan başlamak zorundayım.

Saat 12.00'de Silivri Cezaevlerinden sorumlu Savcısı koğuşa geldi ve 16. Ağır Ceza Mahkemesinin cenazeye gitme talebimizi kabul ettiğini bildirdi. Bu acı olay, ülkedeki tutukluluk koşullarının insanileştirilmesi konusunda bir düzelmeye yol açarsa bunu Güngör'ün o yiğitçe direnişinin bir ödülü sayacağım.

Acımızı paylaşan herkese, o her satırı içime işleyen yazıları yazan tüm meslektaşlarıma sonsuz teşekkürlerimi sunarım.

Huzur içinde yat canım sevgilim...

Doğan Ağabey telefonda vedalaştığı sevgilisine son kez tabutunun üzerindeki fotoğraftan dokunup, birer kürek toprak da bizim için attı mezara. En azından bunu yapabildi. Toprağın bol olsun Güngör Yurdakul.

Bu üçüncü ölüm haberiydi benim için. Kötü haberlerin en kötüsü. İlkini Yonca haber vermişti. Kapalı görüş odasındaki camın ardından ağlayarak *"Su öldü"* diyebilmişti sadece. Sevdiğinizin gözyaşlarına dokunmadan bakakalırsınız ölüm haberi cezaevine gelince. Gözyaşınız içinize akar, lanet edersiniz. Arkadaşımın gencecik bedeni direnememişti artık kaçınılmaz sona. Aklımda kalan güzel gülüşüydü canım arkadışımın. Ömrü, adı gibi su gibi olamadı, toprağı bol olsun. Sonra Şaban'ın ölüm haberi geldi. Gazetede kısacık haberlerden biriydi. 24 Temmuz'du. İnsan hakları aktivisti, işkence mağduru Şaban Dayanan'ın öldüğünü bildiriyordu haber. Henüz çocukken, evet 12 yaşındayken tanıştığı işkencenin izlerini halen taşıyan bedeni *"yeter"* demişti ona da. O göbeği gibi koca gülüşlü arkadaşım, yüzünde bir tebessümle evinde otururken ölüvermişti.

BÖLÜM 3

KOMPLOYU ANLAMA KILAVUZU

"Öylesine büyük bir yalan söyle ki kimse karşı çıkamasın"
Joseph Goebbels[16]

İddianameyi en ince detayına kadar incelediğimizi söylemiştim. Şimdi buna dair değerlendirmeleri aktaralım. O sıkıcı, hiçbir şey anlatmayan iddianamenin aslında neyi hedeflediğini, kimin, nasıl planlar kurduğunu gösterelim. Sözün kısası Odatv iddianamesini daha doğrusu *"komployu anlama kılavuzu"* diyelim.

Genel bir bakış

Toplam 14 sanığı bulunmasına karşın neredeyse 7 ay geçtikten sonra ortaya çıkan 134 sayfalık iddianamenin ilk 3 sayfasında müşteki ve sanık listesi bulunuyordu. Müşteki olarak ismi yer alan kişi ise Ergenekon ve benzeri her türlü soruşturmada yaşanan hukuksuzlukları cansiperane savunan Nazlı Ilıcak'tı. Devam eden bölümlerde bir sayfada Ergenekon soruşturmalarının şeceresine yer verildikten sonra da iddianamenin içinde nelerin olduğuna anlatılmıştı. 91 sayfada ise suçlamaların kanıtı diye sunulan *"deliller"* vardı. Delil diye anlatılan ise 13 adet ne idüğü belirsiz ve virüs yoluyla Odatv'nin ve bazı çalışanlarının bilgisayarlarına kaydedilmiş word belgeleri sıralanıyordu. Hemen ardından da artık internetten herhangi bir sitede kolaylıkla erişilebilen Ergenekon'un ilk iddianamesinin delili olarak bilinen 7 belgenin bulunduğu belirtilip adları sıralanıyordu. 25 sayfada ise *"Yürütülen Faaliyetler"* başlığı altında iddialar toplam 8 ana bölümde anlatılmıştı. 95 sayfada ise tek tek şüphelilerin durumu ele alınmış olan iddianamede yer alanları şimdi sırayla inceleyelim.

Toplanan deliller:

Bu bölümde 13 adet imzasız dijital word belgesi sıralandıktan sonra 14. sırada *"Diğer örgütsel dokümanlar"* başlığı altında Ergenekon soruşturmalarının başladığı

16) Hitler'in Propaganda Bakanı. Nazi propagandasının "büyük yalan" olarak bilinen taktiğini uyguladı.

2007 yılında ele geçirildiği söylenen ve 4 yıldan bu yana herhangi bir internet sitesinden bile bilgisayarınıza kaydedebileceğiniz 7 adet belge sıralanmış. Suçlanmamıza yol açan ve adeta hakkımızda hüküm veren 13 başlık altında sıralanan dijital, imzasız word belgeleri *"Ulusal Medya 2010, Hocadan Notlar, Yalçın Hoca ile görüşüldü, Toplantı, Bilinçlendirme, teRTEmiz, Soner beyden gelen, Kılıçdaroğlu'na destek zorunlu, KOZ, Org Mu, Hanefi, Nedim, Sabri Uzun"* adlarını taşıyordu.

Polis olan bilirkişilerce yapılan incelemelerde dokümanların ele geçirildiği iddia edilen bilgisayarın kullanıcı adının *"Soner"* olmasından yola çıkılarak yazanın Soner Yalçın olduğuna hükmedilmişti. Halbûki herhangi bir bilgisayara canınızın istediği ismi verebileceğimiz ve tek başına bu verinin delil olamayacağı bilinen bir gerçek. Kaldı ki bu belgelerin bulunduğu söylenen bilgisayarın kullanıcı adını *"Zekeriya"*, *"Ali Fuat"*, *"Fethullah"* ya da *"Cihan"* diye isimlendirmek de mümkün. Böyle bir durumda acaba kimleri suçlayacağız?

Virüs iddiaları kanıtlandı

Yine belgelerle ilgili Odatv'ye yönelik ilk operasyonun yapıldığı 14 Şubat 2011'deki polis baskınının ardından Soner Yalçın ile Barış Terkoğlu ve Barış Pehlivan gözaltına alınıp tutuklanmıştı. Odatv çalışanları daha gözaltındayken avukatları suçlamalara dayanak teşkil eden ve örgüt talimatı olduğu öne sürülen word belgelerinin virüs yoluyla bilgisayarlara kaydedildiği şüphesi taşıdıklarını söylemişti. Avukatlar bu kuşkularını kanıtlamak için de suçlamaların dayanağı olan dijital belgelerin kayıtlı bulunduğu bilgisayar hard diskinin incelenerek bir rapor hazırlanması talebiyle Boğaziçi Üniversitesi'ne müracaat etmişlerdi. Ancak hard disk incelemesi kitabım hakkında verilen hukuksuz bir toplatma kararı neticesinde tamamlanamamıştı. Hard disk çıktıları üzerinden hazırlanan raporda ise virüs iddialarını doğrulayan bulgulara rastlanıldı. Ancak kesin sonucun hard disk incelemesiyle anlaşılabileceği anlatılmaktaydı. Yarım kalmış bir incelemeyle bile anlaşılabilen virüs ya da bilgisayar korsanlığı faaliyetlerinin savcıyı ne kadar telaşlandırdığı iddianame çıkınca görüldü. Hukuki bir kural olan *"şüpheden sanık yararlanır"* ilkesini es geçen, aynı zamanda *"şüpheli lehine delil toplama zorunluluğunu"* da yerine getirmeyen savcı Cihan Kansız bilgisayar hard diskini inceletmek yerine Boğaziçi Üniversitesi'nin bilirkişi raporunu *"inceletmişti"*. İddianamenin başlangıcında savcı üniversitenin raporunu geçersiz kılmaya çalışmıştı. Bunu da polis bilirkişilerine yaptırmıştı. Halbuki üniversite raporu hakkında rapor hazırlayan polisler de adeta suçlarını itiraf ediyordu. Çünkü raporda belirtilen kimi hususların sadece hard disk incelemesiyle ortaya çıkabileceği anlatılıyorlardı. Görevleri olmasına karşın ne kendileri böyle bir işlem yapmış ne de savcı bu yönde bir talimat vermişti. Bu talimatlar ancak yargılama başladıktan sonra, tutuklulukların 11. ayında mahkemenin karar almasıyla verilebildi. Odatv avukatlarının büyük uğraş verdikten sonra adli emanetten alabildikleri hard diski 2 ayrı üniversite ve ABD'deki adli bilişim incelemesi yapan bir kuruluşta inceletip, iddialarını kanıtlayan raporlar almasından sonra mahkeme de TÜBİTAK'ta inceleme yapılmasına karar verdi. Bunların yanı sıra davanın tutuklu sanıklarından Müyesser Yıldız da, kendi bilgisayarında bulunduğu iddia edilen belgelerle ilgili ODTÜ'de bir inceleme yaptırmış ve virüs iddialarını kanıtlayan bir raporu daha dava başlamadan önce almıştı. ODTÜ Bilgisayar Mühendisliği bölümü öğretim üyeleri tarafından yapılan inceleme sonucu hazırlanan raporda Müyesser Yıldız'ın bilgisayarında bulunduğu öne sürülen *"Ulusal Medya 2010.doc"*, *"SY.doc"*, *"Hanefi.doc"*, *"Yalçın Hoca.doc"* isimli dosyaların virüs aracılığıyla aktarıldığı ve zamanlarının değiştirildiği bilgisine yer veriliyordu.

Raporda delil olarak gösterilen dört dosyanın oluşturulma tarihiyle oynandığı, polis tespitinde söylendiği gibi 4 Ekim 2010'da değil, Odatv'ye yönelik ilk operasyonun yapıldığı 14 Şubat 2011 tarihinde oluşturulduğu anlatılıyordu. ODTÜ'nün raporuna göre; bilgisayar, virüs vasıtasıyla dışarıdan kontrol edilebilecek şekilde ayarlanmıştı. Ve bu virüsler, chptbmm@gmail.com adresinden gönderilmişti. CHP'nin resmi adreslerine benzetilmiş bu e-posta adresi gmail uzantılı olmasına rağmen, bu e-posta gmail üzerinden değil, jangomail isimli e-posta sunucusu üzerinden gelmişti. Raporu hazırlayan Öğretim Üyeleri Prof. Dr. Göktürk Üçoluk ve Araştırma Görevlisi Gökdeniz Karadağ bu tür bir bilgisayar korsanlığının ancak uzman kişiler tarafından yapılabileceğini de vurguluyordu. Ancak, bu haber de gazete ve televizyonların pek çoğunda kendine yer bulamadı, ya da gizlenecek derecede çok küçük gösterildi.

Virüslerin kaynağı aynı

Müyesser Yıldız'ın bilgisayarındaki bu inceleme iddianamenin hazırlanmasından sonraydı. Ancak Boğaziçi Üniversitesi'nin raporu iddianamenin hazırlanmasından aylar önce biliniyordu. Savcı iddianamesinde Boğaziçi Üniversitesi'nden verilen raporun adli bilişim incelemesi kurallarına uymadığını söylüyordu. Ancak buna neden olanın kitap toplatma kararı bahane edilerek hard diske el konulduğu bilgisini ise gizlemeyi tercih etmişti. *"Örgüt dokümanı"* olduğu bahanesiyle kitap taslağı hakkındaki toplatma kararı nedeniyle Odatv çalışanlarının avukatlarına uzun süre bilgisayar hard diskleri verilmemişti. Mahkemenin, inceleme yapılabilmesi amacıyla Odatv avukatlarına hard disklerin verilmesi yönündeki kararını polis ancak 42 gün sonra yerine getirmişti. Hem Yıldız Teknik Üniversitesi hem de ABD'de konunun uzmanı bir adli bilişim şirketinde yapılan incelemer sonucunda hazırlanan raporlarda da suça konu edilen dosyaların Odatv bilgisayarına virüsle geldiği teyit ediliyordu.

Bilgisayarı inceleyen ve ABD'de bu konuda sayılı bilim insanları arasında gösterilen bilirkişi Joshua Marpet, şüpheli dosyaları tek tek belirlemişti. Marpet, bu şüphe uyandırıcı dosyalardan *"sed.exe"* ve *"grep.exe"* komutuyla biten dosyaların virüs sahibi tarafından yerleştirilmiş olmasının büyük olasılık olduğunu söylüyordu. Çünkü bu komutları içeren dosyalar Windows değil, Unix veya Linux bilgisayar işletim sisteminde görülen komutlardı. Marpet, aynı zamanda bilgisayarda çok fazla sayıda ve bazıları kompleks yapıda ve az bulunan ya da yeni üretimiş virüs, trojan ve solucan gibi kötü amaçlı yazılım tespit etmişti. Bu bulgular ışığında Marpet raporunda komployu özetleyen şu çarpıcı tespitte bulunuyordu: *"Odatv bilgisayarına el konulmuş ve asıl sahiplerinin makineyi geri almasına izin verilmemiştir."*

Tespitler bununla da bitmiyordu. Bilirkişi Marpet, virüslerin niteliklerini de incelemiş, Odatv bilgisayarının genel bir virüs salgını nedeniyle değil doğrudan hedef alınarak korsanlığa maruz kaldığını da belirtiyordu. Hedeflenen bilgisayarlara virüslerin e-posta aracılığıyla ve muhtemelen de *"Attaturk_ekrankoruma.scr"* ve *"Duyuru.pdf"* adlı dosyalar vasıtasıyla gönderildiği de Marpet'in raporunda anlatılıyordu. Her ikisi de Barış Terkoğlu'nun adresinden çıkan bu virüslü e-postalar tıpkı Müyesser Yıldız'ın bilgisayarında olduğu gibi *"basinbirimi@chp.org.tr"* adresinden gönderilmişti. Raporda, chp.org.tr resmi adresinin e-posta hizmetinin *"bmx.is.net.tr"* üzerinden alınmasına karşın Terkoğlu'na gelen e-postaların *"jangomail"* üzerinden gönderildiğinin tespit edildiği de yer alıyordu. Yani, ODTÜ'nün ve ABD'li adli bilişim şirketince birbirinden bağımsız hazırlanan iki raporda da virüslerin gönderilmesinde ortak bir yöntem kullanıldığı tespiti yapılıyordu. Daha anlaşılır söylemek gerekirse virüs gönderme işinin arkasında aynı failler vardı.

Oluşturulmadan önce varolan word dosyası

Odatv avukatlarının henüz gözaltı işlemi sırasında dile getirdikleri iddiaları hem savcı hem de tutuklama kararı veren hâkim duymazdan gelmişti. Savcılık bilgisayar hard diskini bu kuşku doğrultusunda inceletmek yerine Boğaziçi Üniversitesi tarafından verilen raporu polis bilirkişilere inceletme yolunu tercih etmişti. Bu raporla ilgili bilirkişi incelemesinin sonucu da iddianamede, *"Adli bilişim incelemelerinde delil bütünlüğü bozulabileceği ve uluslararası geçerliliğinin olmadığına vurgu yapılan 'active undelete' isimli program kullanıldığı ve bu programın silinme tarihi olarak verdiği tarihin 'son erişim tarihi' bilgisi olduğu anlaşılmıştır"* diye anlatılıyordu. Yani bir üniversite profesörünün tespitlerinin *"güvenilmez"* olduğu söyleniyordu. Aslında yapılması gereken çok basitti. Odatv sanıkları ve avukatlarının kuşkuları doğrultusunda sordukları soruların yanıtını içeren bir harddisk incelemesi yaptırmak. Aynı zamanda hukuken bir zorunluluk olan *"şüpheli lehine delil toplama"* kuralı da böylece ihlâl edilmiş olmayacaktı. Bakalım iddianamede yer verilen polis bilirkişi incelemesinde anlatılanlar ne kadar güvenilir.

İddianamede kimi word belgelerinin oluşturulma tarihi ile kim tarafından yazıldığını öne süren tespitler yer alıyordu. Ancak 7 belgeye dair böyle bir bilgi bulunmuyordu. O bilgileri de iddianamenin 50 numaralı ek delil klasörleri arasında bulabildik. İddianamede oluşturulma tarihi ve zamanı belirtilen belgelerden biri de adımın geçtiği *"Sabri Uzun"* isimli dokümandı. İddianamede 20.12.2010/11.29 olarak yazsa da bilirkişi tutanaklarında *"Sabri Uzun"* belgesinin 20.12.2010/12.29'da oluşturulduğu belirtiliyor. Belgeye son erişim tarihi de 20.12.2010/12.35 olarak belirtilmiş. Biz iddianameyi doğru kabul ederek ve bizzat savcının yazdıklarından yola çıkarak iddianamenin önemli delillerinden birinin nasıl çürüdüğünü de aktaralım.

Şahsıma yönelik suçlamalarında en önemli delil kabul edilen *"Sabri Uzun"* isimli belge iddianameye göre 20.10.2010 saat 11.29'da *"Soner"* isimli kullanıcı tarafından oluşturulmuş. Aynı belge Boğaziçi Üniversitesi'nin raporunda ise aynı tarihte, 20.12.2010'da ancak saat 09.46'da oluşturulmuş ve aynı tarih, saat ve dakikada silinmiş görünüyor. İddianamede üniversite raporu ile ilgili polis bilirkişisi ne demişti hatırlayalım: *"Bu programa güvenilmez. Bahsettiği zaman dilimi de o belgeye son erişim tarihini gösterir."* Bu yorumu kabul edersek ortaya çıkan tablo şu oluyor:

"Polisin incelemesine göre 20.12.2010 saat 11.29'da oluşturulan belge aynı bilgisayarda oluşturulmadan 1 saat 43 dakika önce kullanılmış. Yani polisin tespit ettiği oluşturma saatinden 103 dakika önce birisi belgeyi açmış, okumuş ya da her ne yaptıysa yapmış. Polise bakarsanız olmayan bir belge o kadar zaman önce kullanılmış."

Şimdi benim savcılara sorduğum soruyu savcılar da polis bilirkişisine sormalı: *"Bu nasıl iş? Olmayan belgeye nasıl erişim sağlanmış?"*

Bu önemli ayrıntıyı vurguladıktan sonra bulunan *"deliller"* olduğu anlatılan imzasız, kim tarafından yazıldığı bilinmeyen, bilgisayar korsanlığı yoluyla kaydedildiği kuşkusu bulanan dijital verileri inceleyelim:

1- Ulusal Medya 2010: Bu belgede yazılanlara bakılırsa Türkiye'de AKP ve cemaate muhalif olan, Ergenekon ve ilintili dava, soruşturma sürecini eleştiren herkesin Ergenekon sanığı olarak tutuklanması muhtemel. Sığ, basit yorumlar ve siyasi perspektif ve derinliği bulunmayan bu belge Ergenekon dokümanı gibi kurgulanarak AKP-Cemaat koalisyonu ile bu birlikteliğin yürüttüğü adli soruşturmaları hiçbir şekilde eleştirmeyen bir medya hayata geçirilmek istenmiş. Bu belgeyle tıpkı *"yandaş"* diye anılanların ya da cemaat medyasının takındığı tutum gibi eleştirmeyen, sorgulamayan, yaşanan hak ihlallerini ve hukuki sorunları göz ardı eden bir habercilikle kuşkulu operasyonlar ve soruşturma sürecine meşruiyet kazandırma gayretinin öne çıktığı görülüyor. Başka bir deyişle bu belge AKP- Cemaat koalisyonu için medyanın *"dikensiz gül bahçesi"* olarak tasarlanması ve hedef seçilen gazetecilerin suçlanması projesinin kurgu metni sanki.

Yani bu metni Ergenekon dokümanı olarak kabul edersek, bu metinde yazılanları söyleyen, yazan, düşünen herkes örgüt üyesi olabilir. Bizlere yapılan operasyon ve ardından tutuklanmamızla medyanın yandaş olmayan kalemlerine korku salınmak istendiği çok açık. Eğer ki tutuklanmamıza gösterilen kamuoyu tepkisi yetersiz kalsaydı operasyonun daha da genişletileceği, adları geçen ya da ima edilen birçok gazeteci ve yorumcu hakkında açılacak soruşturmalarla susturulmak isteneceği ya da tarafını değiştirilmesi isteneceği gün gibi aşikâr.

Üzerinde çalıştığım *"İmamın Ordusu"* adlı kitabın iddianamede *"örgütsel doküman"* olarak adlandırılmasına neden olan, beni Ergenekoncu olmakla suçlamaya kadar varan iddiaların temeli kimin yazdığı belli olmayan bu metin. Bu belgede kullanılan terminoloji gerçekten de ilgiyi hak ediyor. Türkiye'nin tüm karanlık ve kanlı geçmişinin ardındaki büyük güç olduğu öne sürülen, aklımıza gelen her türlü kötülüğün anası olarak tarif edilen, 30 yıllık savaşın, kanlı-kansız-postmodern tüm darbelerin, faili belli-meçhul tüm cinayetlerin, gözaltında kayıpların, işkencelerin, suikastların, kitle katliamlarının sorumlusu olduğu iddia edilen Ergenekon bu örgütsel dokümanı yazdıysa vay halimize!!! Böylesi basit, saçma, yazılı kayıt altına alınması bile gerekmeyecek sığ yorumlardan oluşan, hiçbir siyasi perspektif ve analitik çözümleme de barındırmayan bu metin tıpkı bize yönelik komployu hayata geçirenlerin yazmış olduğu senaryoya benziyor.

Bu metinde kullanılan dil açısından bir değerlendirme yaptığımızda, Ergenekon soruşturma sürecine tıpkı savunucularının yaptığı gibi kör bir inançla muhalif olan kişi ve gruplar arasında yer alan ve malum medya tarafından Ergenekoncu ilan edilen Ulusalcı-Kemalist çevrelerin kullandığı üslubun hâkim olduğu görülüyor. Bu birkaç sayfalık metin kimisi birkaç satırlık toplam 87 cümleden oluşmakta. Bu metinde *"Ergenekoncu jargonda"* kullanılan sözcüklerinden bazılarının kaç kez kullanıldığına bakalım:

Ulusal 23, cumhuriyet 18, laik 3, emperyalist 6, devrim 9, Kemalist ideoloji 9, Kemalist hareket 1, bunların dışında Kemalist 2, ordu-TSK 5, Atatürk-Mustafa Kemal-Ulu Önder toplam 6, din 2, irtica 5, şeyh-derviş-mürit-tarikat- fundamentalist-İslamcı-Nurcu- gerici güç-köktenci sözcükleri toplamda 14, Tayyip Erdoğan 1, AKP 11 kez, Ergenekon 8 kez, Fethullah Gülen 7 ve cemaat (Gülen) ise 9 kez anılmış. Bu belgelerin çıktığı kaynak olarak adres gösterilen Odatv ise 5 kez geçiyor metinde.

Bir başka deyişle 87 cümleden oluşan metin yukarıda sayılan toplam 145 sözcükle yazılmış. *"Ergenekon jargonuna"* hâkim toplam 30 sözcük tam 145 kez tekrar edilmiş yani. Bu sözcüklerin *"Ergenekoncuların"* jargonunda sıkça kullanıldığı tespitinden yola çıkarak bu komik dahası saçma sapan metnin bu örgüte dâhil ya da savuncusu kişi ya da gruplarca yazıldığını öne sürmüyorum. Tam aksine bu gruplara karşı olanlarca da yazılabileceğini iddia ediyorum. *"Ergenekoncu"* ilan edilen bu grupların yazılı ve görsel medyasını ve politikalarını takip eden, basın açıklamalarını ve analizlerini içeren metinleri okuyan herkesçe yazılabileceğini iddia ediyorum. Özellikle de malum medyada yer tutmuş, polislikten devşirme yazarlar, Ergenekon uzmanı medya eleştirmeni kıvamındaki yorumcular, önüne konan her belgeyi yayan gazeteci kılıklılar da bu jargonu gayet iyi bilir. Soruşturmayı yürüten ve şu anda yargılandığımız iddianamede olduğu gibi manasız ama basit, sığ senaryoların oluşmasına katkı sağlayan polis fezlekelerini düzenleyenler de bu konuda fazlasıyla uzmandır. Gelin basit bir sözcük oyunuyla anlatalım iddiamızı. Referansımız yine *"Ulusal Medya 2010"* olsun.

NOT: *"Ulusal Medya 2010"* adlı metindekilerle değiştirilen sözcükler parantez içinde gösterilmiştir.

İslami *(Ulusal)* Medya 2010
Gözlem/Analiz/Strateji
İSTANBUL/ TEMMUZ 2010

Türkiye'nin İslami *(laik)* Cumhuriyet yapısına kastetmiş dış odaklar, devşirdikleri yerli münafık işbirlikçilerin desteğiyle ülkenin dini *(üniter)* devlet yapısını ortadan kaldırabilecek bir güce erişmişlerdir.

Bir zamanlar laik *(emperyalist)* devletlerin emellerine hizmet eden karşı devrim heveslisi unsurların ülkeyi sürükledikleri şartlardan çok daha vahim oluşumlar içerisine itilen Türkiye'de, bugünkü laik *(emperyalist)*, münafık işbirlikçiler ile baş etmek için Fethullahçı *(Kemalist)* ideoloji ruhunu yeniden canlandırmanın gerekliliği apaçık ortadadır.

Laikler *(emperyalistler)* için yönetim kadrolarındaki kişilerin elde edilmesi yeterli değildir. Atatürk *(Tayyip Erdoğan)* gibi siyasi liderler ile Doğu Perinçek *(Fethullah Gülen)* ve benzerleri, toplumun birliğinin bozulması hedeflenerek seçilmiş, yıllarca yönlendirilmiş kişilerdir. Laiklik *(siyaset)* ve din birbirleri ile hiçbir anlamda bağdaşmaz prensiplere sahip olması nedeniyle laiklik *(siyaset)* felsefesi ile dini inanç ve kuramlar birbirine harmanlanarak kaos/uzlaşmazlık yaratılması, toplumun içte birbirine düşman kutuplara bölünmesi sağlanmaya çalışılmaktadır.

Türkiye Cumhuriyeti'nde içte yer alan ihanet şebekelerinin kaynağı dış ülkelerin istihbarat örgütleri ile doğrudan bağlantılıdır. Bu nedenle Fethullahçı *(Kemalist)* ideoloji çeşitli ülkelerin istihbarat örgütleri ve bunların yerli, münafık işbirlikçilerinin tüm hareket, girişim ve eylemlerini tespit ederek ifşa etmek zorundadır. Engerekon *(Ergenekon)* davası gibi siyasal komplolar/ihanetler ise; İslam *(Cumhuriyet)* tarihinde karanlık bir sayfa olarak yerini alacaktır. Fethullahçı *(Kemalist)* ideolojiyi savunan münevverlerin *(aydınların)*, polislerin *(askerlerin)*, müritlerin *(sivil bürokratların)* ve iş dünyasının tarihe karşı sorumlulukları, laik *(emperyalist)* güçler ve münafık işbirlikçilerinden karanlık sayfaların hesabına illegal *(legal)* yollarla sormaktır.

Engerekon *(Ergenekon)* davası sonucu Türkiye'de münevverler *(aydınlar)*, gazeteciler, muhalif siyasetçiler, dindar (vatansever) polis ile subaylar ve din *(bilim)* adamları tutuklanmış ve sosyal hayattan tecrit edilmişlerdir... Bu büyük ve önemli kayba neden olan, İP *(AKP)* hükümetinin, içinde ihanet barındıran uygulamaları olmuştur. Türk milletinin *(insanının)* yaşamını perişan etmiştir. Şu bir gerçektir ki, Türk milleti (insanı) günümüz devletine güven duymamaktadır. Tüm bunlar İslam *(Türkiye)* Cumhuriyeti'ne karşı sürdürülen psikolojik savaşların sonuçları olarak ortaya çıkmaktadır.

İslam *(Cumhuriyet)* ve Hocaefendi *(Atatürk)* devrimlerine, Fethullahçı *(Kemalist)* ideolojinin her koşulda kararlı savunucularına, mücadelenin tarihsel kazanımlarına karşı yürütülen psikolojik savaşta İslami *(ulusal)* medyaya, karşı devrim güçlerinin ifşa edilmesi, yıpratılması, yıldırılması bağlamında hayati görevler düşmektedir. İslami *(ulusal)* medya, sorunun bir beka sorunu olduğunu kavrayarak bu temelde hareket etmenin gereğine inandırılmalı ve programı bu doğrultuda tanzim edilmelidir.

Referanslar

Engerekon *(Ergenekon);* Analiz, Yeniden Yapılanma Yönetim ve Geliştirme Projesi; Eleman ve Organizasyon; Medya. 29 Ekim 1999, İstanbul.

STV *(Kanal 6)* Analiz; Yönetim ve Geliştirme Projesi, İstanbul/ Kasım 1999.

Reaksiyon: Ümmetçi *(Etnik)/* Laik *(Köktendinci)/*Bölücü/Yıkıcı Unsurları Analiz ve Tasfiye Projesi; Günümüz Türkiyesi; Medya. İstanbul/Kasım 1999.

Devletin Yeniden Yapılanması Üzerine; İslamın *(Cumhuriyetin)* İdeolojik Hegemonyasının Yeniden Örgütlenmesi; Medya Araçlarının Örgütlenmesi. 25 Kasım 1999.

Lobi; Organizasyon Planı; İletişim ve Propaganda. Aralık 1999, İstanbul.

Clarridge&Atatürk *(Fethullah Gülen)* İlişkisi; İstanbul/ 29 Mart 2000.

Televizyon; Analiz, Yönetim ve Geliştirme Projesi. İstanbul/ Temmuz 2000.

Dergi; Analiz&Proje, İstanbul/22 Temmuz 2000.

İslami *(Ulusal)* Medya 2001; İstanbul/Eylül 2000.

Fethullahçı *(Kemalist)* Hareket; İstanbul/ Eylül 2000.

Zaman *(Cumhuriyet)* Gazetesi; Re/Organizasyon Çalışması 2001.

Cemaat ve Tarikatların *(Sosyal Sınıfların)* Analizi ve Sosyo-Psikolojik Mühendislik; Toplumsal Algılanın Dizaynında Medyanın Rolü. Ankara/Ekim 2006.

Psikolojik Harekât; İstanbul/Aralık 2006.

Amaç

Bu çalışma 21. Yüzyılın değişim gösteren konseptlerinin bir gereği olarak İslami *(ulusal)* bir dizi kararın stratejik önem taşıyan unsurları arasında yer alan İslami *(ulusal)* medya oluşumunu amaçlamaktadır.

Saygıdeğer şahsiyet Fethullah Gülen'in *(ulu önder Mustafa Kemal Atatürk'ün)*, "Mücahitler, müritler *(arkadaşlar, efendiler)* ve ey millet, iyi biliniz ki, Türkiye *(İslam)* Cumhuriyeti şeyhler, dervişler, müritler *memleketidir (memleketi olamaz)*. En doğru, en hakiki tarikat İslam *(medeniyet)* tarikatıdır" sözünden yola çıkarak, İslam Cumhuriyetimiz içerisinde yuvalanmış laik, aydın, modern *(şeyh, tarikat, cemaat)* ve genel olarak tüm laik Kemalist *(irticai)* odakların ifşa edilmesi, dirençlerinin kırılması ve oluşan anti Fethullahçı *(Kemalist)* havanın dağıtılarak, mücahitler *(vatanseverler)* eliyle tekrar özlenen İslami *(laik)* Türkiye Cumhuriyeti'nin canlandırılmasında İslami *(ulusal)* medyanın üzerine düşen görevlerin irdelenmesi ve kısa vadede uygulanması gereken çözüm yollarının tespit edilmesi zorunluluktur.

Bu amaçlar doğrultusunda Engerekon *(Ergenekon)* ve benzeri siyasal komplo/ihanet davaları sonucu tutuklananların serbest kalmaları ve dindar *(şerefli)* Türk polisine *(ordusuna)*, dindar münevverlerine *(devrimci aydınlarına)*, cemaatperver *(ulusalcı)* kalemlerine ve siyasetçilerine, başta vatanperverler *(cemaat)* ve İP *(AKP)* yandaşları olmak üzere, komplo kuranların cezalandırılmaları için çıkarılacak Hıyanet-i İslam *(Hıyanet-i Vataniye)* Kanunu kapsamında yargılanmalarının sağlanması amacıyla İslami (ulusal) medya üzerine düşen görevlerin belirlenmesi gerekmektedir.

İslami ***(Ulusal)* Medya**

21. yüzyılda yayıncılık, geçmiş dönemlerden çok daha büyük teknik olanaklara sahip hale gelmiştir. Bu nedenle günümüz dünyasında medyada bir geçiş dönemi yaşanmaktadır. Özellikle Türkiye gibi geri kalmış ülkelerde medya büyük kartel kuruluşları ile laik *(fundamentalist)* kökenli oluşumların tekelinde kalmıştır.

Ulusal ölçekte yayın yapan mevcut medya kuruluşlarının tümü uluslararası ticaret ağlarının birleşme noktaları olan holding şemsiyeleri altında yer almıştır.

Medyadaki bu hatalı ve son derece sakıncalı yapılanma, İslami *(ulusal)* medyanın dindarlık *(ulusallık)* özelliğini tümüyle ortadan kaldırmıştır.

İslami *(ulusal)* Medyanın yeniden inşa edilerek, mevcut ulusal ve uluslararası oluşumları, doğal işleyişi içinde örtülü bir biçimde etkileme, denetleme ve kontrol altına alma yöntemini uygulamaya koyma, kaçınılmaz bir biçimde zorunluluktur. Aksi halde laik *(çok uluslu)* finans ortaklıkları kurularak örtülü bir biçimde ele geçirilmiş olan mevcut medya yapılanmasının kontrolde tutulması mümkün olamayacaktır.

İslami *(ulusal)* medyanın yeniden inşasında günümüz koşulları ve teknolojik durum göz önünde bulundurulmalı ve gün geçtikçe hayatımızın bir parçası haline gelen internet medyası da bu oluşum içerisinde önemli bir yer tutmalıdır.

Habervaktim.com *(Odatv.com)* oluşturulması zorunlu İslami *(ulusal)* Medya'nın internet medyası kanadını temsil etmeye uygun bir isimdir. Görsel yayın kanadını ise; Fethullah *(Perinçek)* grubunun STV'si *(Ulusal TV'si)*, Meltem TV *(Avrasya TV)*, Kanal 7 *(Kanal B)* gibi kanallar, yazılı basın kanadını Zaman *(Cumhuriyet)* ve (V)Akit *(Aydınlık)* gibi yayınlar oluşturabilir. Ancak bu medya organlarının bünyesinde de ameliyat zorunluluğu vardır. Engerekon *(Ergenekon)* davası bunları yaratmış geniş dindar millet *(halk)* kesimlerine ulaşılmasının önüne geçmiştir. Eğer gerekli ameliyat yapılmaz ise; Dindar Türk milletinin *(Türk halkının)* Fethullahçı *(Kemalist)* ideoloji çerçevesinde birleştirilmesi gerçekleştirilemez.

Ancak objektif ve bağımsız olarak lanse edilen ve AKP'nin *(İP'nin)* gücünü arkasına almış bir Millet *(Halk)* TV ile münevver *(aydın)* çevrelerce kabul görmüş habervaktim.com *(Odatv.com)* ve (V)Akit *(Sözcü)* gazetesi gibi yapılandırılmış, bağımsız olarak gösterilen okuma ve izlenme oranları yüksek yayın organları geniş kitleleri dini *(ulusal)* çıkarlar doğrultusunda hareket edecek bir platformda toplayabilir; Fethullahçı *(Kemalist)* ideoloji çerçevesinde Türk milletinin *(halkının)* birleşmesini sağlayabilir.

Medya

(İslami) Cumhuriyetin kurulmasından sonra Hocaefendi *(ulu önder)* ve fetvalarına *(devrimlerine)* karşı direnen laik *(İslamcı)* cephe, günümüzde daha güçlü bir şekilde yapılanmıştır. Aslında Fethullah Gülen *(Atatürk)* düşmanı bir Türk olan Atatürk'ten *(Kürt olan Said- i Nursi'den)* başlayan ve günümüzde Doğu Perinçek *(Fethullah Gülen)* tarafından devam ettirilen laik akımlar *(nurcu/irticacı)* İslami *(laik)* Türkiye Cumhuriyetinin en önemli düşmanı olmuştur.

Doğu Perinçek *(Fethullah Gülen)* kontrolünde olan ve ulusal yayın yapabilen medya organları aracılığıyla yurt içi ve yurt dışında büyük bir istihbarat ağı oluşturulmuştur. Bu istihbarat ağı sayesinde her kesimden bilgi toplamakta ve devletin her katmanına sızabilmektedir. Ayrıca kendilerine biat etmeyenler bu yayın organlarının şantajı ile karşı karşıya kalmakta, böylelikle kendilerine karşıt olan susturulmakta, pasifize edilmekte, kamuoyunda yıpratılarak saygınlık, güvenilirlik ve etkinlikleri yok edilmektedir. Bir başka yöntem de yayın organları kullanılarak karşıtlarının komplo oluşumları içine çekilerek suçlu ilan edilmeleri ve yasaların harekete geçirilmesinin sağlanması için kamuoyuna açık bir biçimde ihbar çarkı olarak kullanılmasıdır. Bu tehlikeli silah Doğu Perinçek *(Fethullah Gülen)* ve partililerinin *(cemaatinin)* elinde *(İslami)* devlete karşı bir tehdit düzeneği olarak işlemektedir. Medya kuruluşlarında yer alan elemanların geçmişleri ele alındığında gazeteci vasıfları ve nosyonundan yoksun oldukları ve laik Atatürkçü *(fundamentalist militan)* kökenli oluşları ortaya çıkmaktadır.

Devletin dini *(anayasal)* kurumlarına sızmaya çalışan laikler *(cemaatler)* bu amaçlarına her geçen gün daha da yaklaşmaktadırlar. 28 Şubat ihtilalinde *(devriminde)* medya gücünün rolünü kavrayan laikler *(cemaatler)*, Atatürkçüler *(Fethullahçılar)*, özellikle İP *(AKP)* hükümetinin ülke yönetimine geldiği 2002 yılından itibaren medya faaliyetlerine ağırlık vermiş ve 2007 seçimleri öncesinde de İP'den *(AKP'den)* aldıkları desteğin karşılığı olarak yayınlarını İP *(AKP)* propagandasına dönüştürmüştür.

Kendi taraftarlarından *(müritlerinden)* aldıkları maddi destekler sonucu kurdukları medya organları ile İslam *(Cumhuriyet)* kazanımlarına karşı yayın yapan laik *(irticai)* odaklar, İP'nin *(AKP)* hükümete gelmesi ile birlikte tam bir yandaş medya haline gelmiş ve devletin içerisine sızmak ve dini *(anayasal)* kurumları zapt etmek için medya organlarını aktif bir biçimde kullanmaya başlamışlardır.

İnternet yayıncılığı

İnternet yayıncılığı; en küçük yerleşim bölgelerine değin uzanabilen evrensel bir yayın platformu olarak çok özel bir güce ve etkinliğe erişmiş durumdadır. Bilgisayar ortamında (sanal ortamda global yayıncılık) giderek genişleyen canlı, yazılı ve görsel internet yayınları izlenmesinde güçlük çekilebilecek denli zenginleşmiştir. Ve yayıncılıktaki zenginliği ise her geçen gün artış kaydetmektedir.

Gün geçtikçe büyüyerek gelişen bu sektörün doğal olarak etkinliği ve gücü de artmış, toplum katmanlarını peşinden sürükleyebilen en etkin güç odağına dönüşmüştür.

Başarılı bir internet odağının ele alıp yayınladığı bir konu tüm dünya medyasında yer alarak çok geniş yankılar uyandırmakta ve sonuçta elde edeceği başarının hesabı önceden belirlenememektedir. Burada ifade edilen başarı, tersinden bakıldığında tahribat olarak tanımlanabilir. Ve bu hiç de yanlış bir tanımlama olmaz.

Geniş halk kitlelerinin aydınlanması için İslami *(ulusal)* medya merkez üssü oluşumuna özveriyle katkıda bulunma her münevver ve mücahidin *(aydınınve vatanperverin)* sorumluluğudur.

Bu nedenle zorunluluk gereği olarak habervaktim.com'un *(Odatv.com'un)* İslam *(Cumhuriyet)* Devrimlerinin onurlu sesi haline getirilmesi kararı alınmıştır.

Habervaktim.com *(Odatv.com)* İslam'ın *(Cumhuriyetin)* kuruluş değerleri ile temellendirilmiş, dini (ulusal) bütünlüğü savunan bir çizgide konumlandırılacaktır. İslam'a *(Cumhuriyete)* taraf olacaktır. Aksi halde Fethullahçı *(Kemalist)* rejim içinden çıkılması olanaksız sıkıntılara sürükleneceği belirlenmiştir.

Durum değerlendirmesi

Yerel ve ülke çapında yayın yapan medya organlarının; ekonomik, mali, ticari ilişkileri ve insan kaynakları sorunlarına değinilmeden, acil çözüm kapsamında propaganda ve kara propaganda unsuru olarak kullanılması için mevcut durumun ortaya konması gerekmektedir.

Atatürkçüler *(Gülen cemaati)* başta olmak üzere laik *(irticai)* akımların ve Kemalist *(liberal)* görüşü savunanların sahip oldukları medya organlarına tesir edilememektedir.

Yandaş medyanın sahip olduğu internet siteleri kamuoyunu yönlendirmek için aktif olarak kullanılmaktadır.

Engerekon *(Ergenekon)* ve benzeri operasyonlarda tutuklanan münevverler *(aydınlar)* medya gücünde ciddi bir zafiyet oluşturmuştur.

Zaman *(Doğan)* grubu, İP *(AKP)* hükümetinin baskılarından kaynaklanan ticari kaygılarından dolayı, İP *(AKP)* ile laik *(irticai)* gruplara tavizler vermesine rağmen, yayınların büyük oranda istenen çizgide devam ettirmektedir.

Dindar Türk Polis Teşkilatı *(Türk Silahlı Kuvvetler)* yeni oluşan medya yapılanmasına karşı bir tutum geliştirememiştir. Yeni oluşan güç dengesi medya üzerindeki polisin *(TSK'nin)* etkisini azaltmış, polis *(TSK)* destekli medyayı şekillendirme operasyonları bitme noktasına gelmiştir. Ancak Fethullahçı *(Kemalist)* çizgide yayın yapan medya organlarına sahip çıkmaktadır. Habervaktim.com'un *(Odatv.com'un)* akredite olarak desteklenmesi bunun en büyük göstergesidir.

İP *(AKP)* ve laiklerin *(cemaatin)* TRT içerisinde kadrolaşmasıyla TRT üzerindeki kontrol azalmıştır. Ancak TRT içerisinde halen görev yapmakta olan Fethullahçılar *(Kemalistler)*, baskı ve tehditlere rağmen İslami *(ulusalcı)* medya organlarına destek vermeye devam etmektedir.

Strateji

Laik *(emperyalist)* güçlerin ve münafıkların *(işbirlikçilerinin)* Fethullahçı *(Kemalist)* ideolojiye karşı yürüttüğü planlı ve sistematik savaşın, kamuoyuna tüm gerçekliğiyle anlatılması en önemli ödevdir.

Bunun için yürütülmekte olan operasyonların siyasal olduğu, İP *(AKP)* ve laiklerin *(cemaatin)* İslam *(Cumhuriyet)* emir *(ilke)* ve öğretilerine *(devrimlerine)* karşı rövanşist düşüncelerle giriştiği militarist&dinsiz *(sivil&faşist)* bir hareket ve diktatörlüğe uzanan kızıl *(yeşil)* bir devrim olduğu anlatılmalıdır.

Diktasını kurmak isteyen laik *(gerici)* güçlerin, milletin *(halkın)* *(dini)* yaşam tarzlarına müdahale etmeye başladığı, Engerekon *(Ergenekon)* ve benzeri davaların kaybedilmesi halinde baskının artarak devam edeceği vurgulanmalıdır.

Saldırının bilinçli olarak Emniyet *(TSK)* ve ulema *(Yüksek Yargı)* başta olmak üzere İslami *(Anayasal)* kurumlara karşı yürütüldüğü işlenmelidir.

Medya gücünü etkin bir şekilde kullanan İP *(AKP)* ve laiklere *(cemaate)* karşı İslami *(ulusal)* medya topyekûn harekete geçirilmeli ve komploları boşa çıkaracak propaganda ve kara propaganda unsurları etkili bir şekilde kullanılmalıdır.

Fethullahçı *(Kemalist)* ideolojiye karşı yürütülen savaşa destek veren medya organlarına yandaş medya damgası vurulmalıdır.

Dini *(sosyal)* etki alanımızın toplumsallık düzeyi artırılmalıdır. Üniversitelerden, yargı ve güvenlik camiasından, iş ve sanat dünyasından, bürokrasi ve siyasetten hatta iktidar mensupları arasından gelecek her türlü destek beyanı, mensubu oldukları sosyal çevrelerle genellenerek toplumsallığı artıracak şekilde kullanılmalıdır.

Başlatılan yargı sürecinde karşı tarafın elde ettiği delillerin boşa çıkarılması, değersizleştirilmesi ve normalleştirilmesi adına savunma makamlarının geliştirmekte oldukları argümanlar kullanılmalıdır. Bu kapsamda tespit edilecek zayıf halkalar ve iddialar gündeme taşınmalı ve davanın geneliyle özdeşleştirilmelidir.

Güçlü tez ve delillerle karşı karşıya kalındığında, konunun ekseni değiştirilmeli, gri ve kara propaganda unsurları etkin bir şekilde kullanılmalıdır. Kitlesel hafıza süresinin kısalığı dikkate alınarak, ilk şokun atlatılması ve kitlelerde kalıcı kabullerin oluşmasına fırsat verilmemesi önem taşımaktadır.

Davayı yürüten kurumlara yönelik olarak kamuoyu desteğini kırmak için, gerek kurumsal gerekse bireysel düzeyde yıpratılmaları ve güvenilirliklerinin zedelenmesi gerekmektedir. Haklarında geriş ve detaylı araştırma yapılarak soruşturma açılması sağlanmalı ve üzerlerinde baskı oluşturulmalıdır.

Operasyon sürecini yürüten kurumlara mensup olup tezlerimize ve faaliyetlerimize destek veren, kamuoyunun yakından tanıdığı ve güvendiği kişilere, Engerekon *(Ergenekon)* ve benzeri davaların tertip olduğu yönünde açıklama ve yayın yaptırılması için bilgi, belge ve teknik destek sağlanmalıdır.

Yürütülen davaların insan haklarını ihlal temelinde, telafisi mümkün olmayan dini *(hukuki)* ve siyasi sonuçlar doğuracağı işlenmelidir. Bu yönde yerli ve yabancı din *(hukuk ve siyaset)* adamlarının açıklamaları kullanılarak, hükümetin iktidardan ayrıldıktan sonra bunun bedelini çok ağır ödeyeceği mesajı verilmelidir.

Sonuç

Laik *(emperyalist)* güçlerin ve münafıklarının *(işbirlikçilerinin)* haricindeki tüm Türk sanatçı, münevver *(aydın)* ve gazetecilerin Fethullahçı *(Kemalist)* ideoloji çatısı altında birleşmeleri sağlanmalıdır. İslami *(ulusal)* Medya oluşumuna katkıda bulunma her Türk münevverinin *(aydınının)* üstüne düşen bir sorumluluktur. Saygılarımızla"

Sahte belgeden çıkan gerçek

Bu komik, abes metin elbette ki sahte ve bir kurgu. Tıpkı suçlanmamızın temel delili sayılan Ulusal Medya 2010 belgesi gibi. Bu aptallık sınırlarını zorlayan metinde açıkça ya da üstü kapalı biçimde adları anılan, diğer sahte word belgeleriyle de başta medya olmak üzere birçok kurum ve kuruluş ile tüm toplumsal yapının dizayn edilmek istendiği açıkça görülüyor. Belgenin, hizaya gelmeyenleri korkutmanın aracı olduğu ortada. Ergenekon, KCK, Devrimci Karargâh, Hopa davaları bunun için ağzı açık torbalar olarak tutuluyor.

Devlet içinde örgütlü olan, korunup kollanan bir çete tarafından illegal biçimde elde edilen telefon konuşmaları, insanların özel hayatlarının malum medya tarafından ortalığa saçılması da bu planın parçalarından birisi. Odatv operasyonuyla başlatılan son projenin sınırları daha da genişletilmek isteniyor. AKP-Cemaat koalisyonunun çizdiği sınırlar dâhilinde yayıncılık yapan bir medya, sesi kısılmış bir toplumsal muhalefet amaçlanıyor. Bunun bir adım sonrası aslında hiç muhalefet etmek istenmemesi olacak. Şimdiki adı *"ileri demokrasi"* olsa da sözlükte bu tür rejimlere *"tek adam diktası"*, *"otokrasi"* denilir. Eğer muhalifler *"beslenmeyip asılmaya"* başlanırsa bunun adına faşizm denileceği de çok açık.

2- Hocadan notlar: Bu dokümanın Yalçın Küçük'ün talimatlarını içeren *"örgütsel notlar"* olduğu iddianamede belirtiliyor. Bu belgede anlatılanlar ise soruşturmaların başladığı 2007'den beri işlenen bir teze dayanak sağlamak. Ergenekon'la ilgili hazırlanan ilk iddianamede bu *"Çatı Örgütü"*nün birçok kanlı eylem ve suikasta imza atan birtakım örgütleri kontrol ettiği, yönlendirip yönettiği iddia edilmişti. Bu iddialar da örgütün olduğu iddia edilen *"Ergenekon"* ve *"Panzehir"* isimli dokümanlarda yazılanlar üzerinden kanıtlanmaya çalışılmış. İşte Ergenekon'un yönettiğine inanmamız istenen örgütlerden biri de PKK'ydi. Panzehir isimli dokümanda da PKK'nin nasıl ve ne şekilde kontrol altına alınabileceği Abdullah Öcalan'ın da nasıl yönlendirilebileceği anlatılıyordu. Bu belgeye inanacak olursak *"Öcalan'ın tutukluluk sürecinden faydalanılarak PKK yönetim kadroları başarısızlık nedeniyle tasfiye edilecek yerlerine de TSK mensuplarından seçilecek genç, donanımlı uygun subaylar atanacaktı."*

Bunun yanı sıra Yalçın Küçük'ün de silahlı Kürt mücadelesine siyasi hayatının bir döneminde destek verdiğini, Doğu Perinçek ile birlikte askerin siyasi sözcüsü konumuna gelmeden önce Öcalan ile, sıkı fıkı olduklarını hatırlatmakta da fayda var. Perinçek'in o zaman da lideri olduğu Aydınlık grubunun dergisi *"2000'e Doğru"* adına Yalçın Küçük ve Doğu Perinçek'in Beka'ya gidip röportaj yaptıkları ve yayımladıkları biliniyor. 1993 ve 1996 da yapılan bu röportaj ziyaretleri sırasında çekilen fotoğraf ve video kayıtları ilginç bir şekilde Ergenekon'la PKK arasındaki ilişkinin delili olarak kamuoyuna yansıtıldı.

Yapılan röportajlar 2000'e Doğru dergisinde kapak olarak yayımlanmasına rağmen bu gazetecilik faaliyeti de, tıpkı diğer iddianamelerde olduğu gibi sanki illegal, gizli bir faaliyet yürütülmüş gibi aktarılıyor. Hem Perinçek'in hem de Yalçın Küçük'ün Kürt meselesini PKK çizgisi üzerinden ele aldıkları hem söylemleriyle hem de kitaplarıyla dile getirilmiş olan bilinen gerçeklerdi. Ama Ergenekon soruşturmaları başladıktan sonra bu eski siyasi yaklaşım PKK'nin Ergenekon güdümünde bir örgüt olduğu algısını yerleştirmek için kullanıldı. Yalçın Küçük'ün PKK lideri Öcalan'ı yönlendirip, yöneten kişi olduğu tezi işlendi. Hâlâ da bu yapılıyor. Ancak Küçük'ün o dönemki siyasi duruşunun altından çok sular akmıştı. 2000'li yılların başından itibaren Küçük'ün asker yanlısı ve doğal olarak PKK karşıtı tutumu herkesçe biliniyor. Ancak tüm bunlara rağmen PKK-Ergenekon ilişkisi şeklinde ortaya atılan safsata hâlâ Küçük adı üzerinden işlenmeye devam ediyor.

Odatv iddianamesinin de dayandırıldığı tezlerden biri olan bu safsatanın delili diye sunulan da *"HOCADAN NOTLAR"* başlıklı ve Odatv avukatlarının sahte olup virüs yoluyla bilgisayara yüklendiği iddiasında bulundukları bu doküman. Sahibini *"ipe götürecek"* bu word belgesi *"... örgütün Öcalan'ın kontrolünde olduğunu sürekli vurgula, örgütü zayıf gösterecek yayınlardan uzak dur, PKK ile ilgili sıkıntı yaratacak haber yapılmaması konusu ..., örgütü tek bir yapı olarak lanse etmeli, örgüt Kürt hareketinin tek temsilcisi"* cümleleri ile başlıyor.

Aslında içinde bazı doğru tespitler yapılmış olsa da söylenenlerin örgüt dokümanı kapsamında değerlendiriliyor olması nedeniyle *"sahibini ipe götürür"* benzetmesinde bulunduk. Yoksa örgütün Öcalan'ın kontrolünde olduğu, zayıf olmadığı, tek bir yapı olduğu ve beğenin beğenmeyin Kürt hareketinin tek temsilcisi olduğunu devlet dâhil herkes biliyor. Tam da bu satırlar yazıldığı sırada (14-15 Eylül 2011) iki gündür medyanın gündeminde devlet adına MİT mensuplarının PKK yöneticileri ile yapmış olduğu görüşmenin kayıtlarının belirmiş olması da yukarıdaki tespitleri doğrulayan bir gelişme. PKK'yi de yönettiği iddia edilen Yalçın Küçük'ün Odatv'yi de yönetip siteyi PKK propagandasına açtığı izlenimi de, *"Pehlivan'a (Barış), söyleyelim şehit cenazelerini öne çekelim, hükümete karşı kullanalım. İmralı'dan gelenleri çarpıcı bir şekilde uygula ... PKK özdeştir Kürt'ler, Kürt'lerin tek sözcüsü ... Kürt'lerle konuşulacaksa PKK ile konuşulacak, satır aralarında vurgulayalım. Tek muhatap Öcalan. Öcalan'ın söylemleri sürekli gündemde kalsın. Hükümet ile anlaşma yönünde gündem sıcak kalsın ..."* cümleleri ile işlenmiş.

Bir önceki paragraftaki siyasi tespitler sanki yapılacak haberleri konusunu oluşturacak ve Odatv'de yayımlanacakmış gibi bir talimat havası ile veriliyor. Hem de Odatv çalışanı Barış Pehlivan'ın adı zikredilerek. İllgal örgütlerin gerçek isimler yerine kod isimler üzerinden haberleştiği gerçeğinden ya *"örgüt yöneticisi"* Yalçın Küçük'ün ya da bu belgeyi hazırlayanların haberi yok herhalde. Bir başka ihtimal ise Odatv'yi, hem de milliyetçi, ulusalcı cenaha hitap etmesine karşın Ergenekon güdümündeki PKK'nin destekçisi bir yayın organı olarak göstermek olabilir mi acaba?

Bir sonraki paragrafın başlangıç cümlesini oluşturan *"Cemaat PKK ile anlaştı"* cümlelerinin neden orada olduğu çok açık. Zaman gazetesi yazarlarından ve Fethullah Gülen'e en yakın isimlerden biri olan Hüseyin Gülerce'nin, Öcalan'ın avukatları ile buluştuğu toplantının içeriği ya da kamuoyuna yansıyan kısmı düzeltilmeye çalışılıyor.

Zaten devam eden cümleler arasında, *"AKP ve cemaat kamuoyunda kısa vadeli en etkili şekilde PKK üzerinden vurulabilir"* denmesinin de Gülerce ile Öcalan'ın avukatlarının buluşmasının cemaat tabanı üzerindeki negatif yansımaları bertaraf edilmek istenmiş.

"Cemaati yurt dışı istihbarat örgütleri ile bağlantılı gösterelim. Özellikle İsrail ve ABD." cümlesi ise kanımca çok önemli. Mavi Marmara katliamının ardından Fethullah Gülen'in Gazze seferini düzenleyen İHH'yi eleştiren açıklamaları cemaatin İsrail'e arka çıktığı yorumları yapılmasına neden olmuştu. Haliyle Müslüman bir cemaat liderinin din kardeşlerine zulüm uygulayan, katleden hem de siyonist bir devlete arka çıkması yadırgatıcıydı. Bunu bir kenarda tutalım.

Şimdi Türkiye'ye dönelim. Son birkaç yıldır memlekette dönen her alengirli işi, telefon kayıtlarının, seks kasetlerinin gizlice kaydedilip yayınlanmasının faali olarak herkesin aklına gelen isim cemaat oluyor. Böylesine yaygın dinleme, izleme olanaklarına sahip en örgütlü yapının da polis olduğu biliniyor. Özellikle bu tür teknik takip ve izleme olanaklarının en modernine sahip Emniyet İstihbarat Dairesi ile Kaçakçılık ve Organize Suçlar İle Mücadele Dairesi'nin tamamı ile cemaatin kontrolü altında olduğu da bir gerçek. Hal böyle olunca bu illegal işlerin ardında cemaatçi polisler olduğu iddiası sıklıkla dile getiriliyor. Ancak bu uzun iddiayı yazmamıza neden olan cümle de İsrail ve ABD'nin adları anılarak istihbarat örgütlerinden bahsedilmesi polisin kötü imajını düzeltmiş oluyor. Bir yandan da Mavi Marmara ile ilgili açıklama nedeniyle cemaatin bozulan imajı düzeliyor. Kamuoyuna *"Bakın sadece hayır işleri yapan cemaatimizi Ergenekoncular karalıyor"* propagandasının önü açılmış oluyor.

Yine aynı belgede *"AKP yolsuzluklarıyla ilgili en küçük detayı atlamayalım"* denmiş. Bu cümlede suç olanın ne olduğunu anlayan var mı acaba? Dünyanın neresinde olursa olsun iktidar partisinin yolsuzlukları haber değil mi? Haber, ama Türkiye'de *"AKP'yi haber yaparak yıpratmak"* gibi bir suç var !!!

"Ordunun olmazsa olmaz olduğu vurgusunun her fırsatta gündeme taşımak önemli; özellikle şehit cenazeleri büyük bir fırsat. Öcalan'ın ve BDP'nin her açıklaması, 'ordunun yıpranması bunlara alan açtı' şeklinde verilmeli. Her şehit cenazesinde komutanlar içerde vurgusu" cümleleri ile de ne anlatılmak istendiği çok açık olsa da çelişkili. PKK ile yürütülen savaşta ordunun mu yoksa PKK'nin mi yanında saf tutacak Yalçın Küçük ve arkadaşları? *"Bir yandan PKK'yi yönetecek ve ona alan açacak bir yayın politikası yapacak Odatv'ye bu doğrultuda talimat verirken öte yandan ordunun yanında nasıl saf tutacağız?"* diye soran olmaz mı? Bu işin bir yanı. Öte tarafta ise şiddetlenen savaşın yarattığı zaafiyetin, başarısızlığın nedeninin Ergenekon soruşturmaları ile yıpranan ordunun ve çoğu paşanın cezaevinde olmasına bağlı bir yayın politikası güdülmesi de istenmiş oluyor cümleyle. Dolayısıyla şehit cenazelerinden bıkan halk Ergenekon soruşturmalarını eleştirecek, hapisteki askerler kurtarılacak, orduya güven tazelenecek. Bu Ergenekon böylesine kaka ama zeki bir örgüt işte !!!

"Genelkurmayca irtibatın Doğan üzerinden olması doğru. Belge onun üzerinden alınsın verilsin. O'na güvenimizin tam olduğunu çalışan herkese gösterelim" cümlesinden kimin kastedildiğini hem Odatv çalışanları hem de okurları biliyor aslında. *"Doğan"* diye bahsedilen kişi Odatv'nin bu birimdeki tek çalışanı aynı zamanda cezaevi koğuş arkadaşım olan Doğan Yurdakul. Yayın koordinatörü olduğu Odatv'nin de davetli olduğu Genelkurmay'ın 2009'daki 30 Ağustos resepsiyonuna kurumunu tem-

silen katılan kişi. Bu davet ile ilgili yapılan haberde dönemin Genelkurmay Başkanı İlker Başbuğ'yla çektirdiği fotoğraf sitelerinde de yayınlandı zaten. Okurları da oradan biliyor. Bu ayrıntıyı anlatmamın bir diğer nedeni de şu; tutuklandıktan sonra yapılan haberlerde de malum medya bu fotoğrafı enteresan ilişki gibi göstermeye çalışmıştı ama kurnazlık öyle sırıtıyordu ki fotoğrafta yer alan diğer iki kişi kadrajlanarak çıkarılmıştı. Diğer iki kişiden biri Star Gazetesi yazarı ve aynı zamanda birkaç internet haber sitesinin de sahibi olan Hadi Özışık'tı. Diğerinin kim olduğunu anımsayamıyorum. Ama fotoğraftan çıkarıldığına göre Ergenekoncu'lukla suçlanmak istenmeyen bir kişi olmalı. Şimdilik.

Belgenin devamında gelen paragraf ise çok çarpıcı: *"Şikâyetler her geçen gün artıyor. Sanıklara destek açısından farklı muamele var deniyor. Ç. Doğan, Haberal kategorisi ile D. Çiçek, M. Tekin vs kategorisi kıyaslanıyor. Ciddi manasızlıklar var. Derlenen şikâyet notu çok ayrıntılı, sanıklardan bazıları çok şey biliyor. Kime ne kadar maddi yardım, teknik savunma yardımı, medya desteği var tek tek çıkartılmış. Bir itiraf furyası başlansa bütün kategoriler aynı anda çöker. Bu notta bizde çok ciddi, daha önce de aktardık, tutumumuzu gözden geçirmeliyiz"*

Bu paragrafla ilgili sormamız gereken ilk soru bahsi geçen şikâyet notunun nerede olduğu? Yapılan başvurularda 20 yıl önceki gazetecilik notları, defterler, telefon fihristleri, çocukların çizgi film CD'lerine bile el konulurken böylesine önemli bir notun olmaması, size de yadırgatıcı gelmiyor mu? İçerik olarak değerlendirecek olursak amaç açıkça sırıtıyor. Ergenekon soruşturmalarına muhalif siyasi yapılar ile kimi medya organlarının Çetin Doğan, Mehmet Haberal gibi isimleri ön plana çıkarmasının diğer tutuklular üzerindeki psikolojik etkisi daha da kötüleştirilmek istenmiş. Her yeni operasyonda önceden tutuklananların giderek daha da unutulduğundan hareketle, psikolojik çöküntüyü uzun esaretle birleştirerek bir *"itiraf"* dalgası yaratılmak isteniyor. Eğer gerçekten işlenen bir suç varsa bunun faillerinin itiraf etmesini gönülden destekliyorum. Ama sanki itiraf edecek bir şey yok da her suçu birileri üstlensin havası hisseden bir tek ben miyim? Ya da soruşturmaların daha yukarılara doğru genişletilmek istenmesinin bir çabası olabilir mi? Tam da soruşturmalar sıkışmış, kamuoyu desteği daha da azalmışken ne murad ediliyor acaba?

"Öcalan ile aynı safta görünmemiz sürece zarar veriyor, Öcalan'a Metin Öztüzün üzerinden AKP'ye sıcak mesajlar vermesi iletilsin (Müyesser bakacak)" paragrafı hakkında ne diyeceğimi bilemedim. Bütün metin Yalçın Küçük'ün *"Ergenekoncu Odatv'nin"* PKK yanlısı yayın yapmasına ilişkin*"talimatları"* üzerine kurulmuşken Öcalan'la aynı safta görülmekten neden rahatsız olunuyor? Hem herkesin ulaşabileceği bir internet sitesinden açık seçik PKK propagandası yapılmasını iste hem de böyle bir laf et, aptallık değil mi?

Ergenekon torbasına hedeflenen herkesin doldurulmasına çalışıldığının bir göstergesi aslında bu paragrafta yazılanlar. Parantez içinde bahsedilen kişi olan *"Müyesser"* ülkücü kimliği ile bilinen Müyesser Yıldız Uğur. Daha önce de Yeni Çağ gazetesinde çalışmış olan Müyesser Yıldız Uğur, 3 Mart operasyonu olduğu sırada da çalıştığı Odatv'den birkaç ay önce ayrılmıştı. Öcalan ile temas kurması istenen kişi de avukat Metin Öztüzün. Bir dönem Öcalan'ın da avukatlarında olan Öztüzün ile Müyesser Yıldız Uğur'un tanışıklığı da 2004-2005 yıllarında yapılan bir röportajdan ileri geliyor. Müyesser Yıldız Uğur'un *"Avaztürk"* isimli internet sitesinde de yayınlanan bu röportajın ardından ikilinin tekrar temas kurduğu tarihin ise 2010 Temmuz'u olduğunu iddianameden öğreniyoruz. Ancak Müyesser Yıldız Uğur röportaj yapmak istediği Öztüzün'ün Batman'da olması nedeniyle yüz yüze görüşme olanağı olmadığı için röportaj gerçekleşmemiş. Uğur'un telefonlarının Ergenekon soruşturmalarıyla birlikte 2007 Temmuz'unda dinlenmeye başlandığını da yine iddianameden öğreniyoruz.

Odatv'den ayrılmış olan ancak Zekeriya Öz'e de dava açmış bulunan Müyesser Yıldız Uğur'un da Odatv soruşturmasında tutuklanmasını sağlamak amacıyla acaba adı bu *"örgüt dokümanına"* konulmuş olabilir mi? Zaten dinlenen telefonlarında Metin Öztüzün'le konuştuğu da biliniyor. İlginç olan onca avukat arasından Öcalan'a not iletilmesi için neden Batman'da yaşayanının seçilmiş olduğu. Elbette ki dosyaya eklenmek istenen Müyesser Yıldız Uğur'un Öztüzün'le telefonla konuştuğunun bilinmesi ile ilgisi yoktur bunun!

Buraya kadar analiz etmeye çalıştığımız *"HOCADAN NOTLAR"* başlıklı bu belgede anlatılanların Odatv üzerinden nasıl hayata geçirildiğini savcı, yine iddianamenin *"Yürütülen Faaliyetler"* başlığı altında anlatmış. *"Ergenekon silahlı terör örgütü kontrolündeki PKK terör örgütüne destek amaçlı yürütülen faaliyetler"* başlıklı kısımda anlatılan bu iddiaların delili olarak sunulanlar ise sadece haber ve yorumlar ile telefon konuşmaları. Ancak sitede yer alan haberlerin örgüt talimatıyla yapıldığına hükmeden savcı bununla ilgili olarak şu yorumu yapmış: *"PKK terör örgütü elebaşısının yaptığı hemen hemen her açıklamasına haber değeri atfedilerek yer verildiği, bu haberlerin veriliş şekline bakıldığında, terör örgütü elebaşını eli kanlı bir katil değil de sanki bir sivil toplum örgütü lideriymiş gibi masumane bir görüntüyle lanse edilmeye çalışıldığı, böylelikle terör örgütü elebaşının açıklamaları ve söylemleri kamuoyunda kabul ettirilmeye ve normalleştirilmeye çalışıldığı anlaşılmıştır."*

Bu yorumla ilgili söyleyeceğimiz ilk şey savcının gazete okumadığı olur. Eğer okuyor olsaydı; Öcalan'ın avukatlarının yaptığı her görüşmeden sonra yaptığı açıklamaların neredeyse tüm gazetelerde yayımlandığını görürdü. Ergenekon soruşturmalarına sınırsız, koşulsuz destek veren Taraf gazetesini de okumuyor olmalı savcı. Yoksa Öcalan'ın selamına 22 Haziran 2011'de *"Ve aleykümselam Apo"* başlığıyla çıkmış haberi de okurdu. Savcı Ahmet Altan'ı da Ergenekon sanığı yapar mıydı acaba o haberi görseydi?

Bu bölümde lafı çok uzattım o yüzden savcının iddialarıyla ilgili delillerini anlatayım. Yukarıdaki inanılmaz yorum ve ağır suçlamalarının delili 26 ayrı haber olarak başlıklarıyla anılmış. Bir haber ise 2 kez tekrarlanmış. Öcalan'ın avukatları aracılığıyla yaptığı açıklamalarıyla ilgili 26 haber ve yorumu savcı gazetecilik faaliyeti olarak değerlendirmemiş. Ergenekon örgütü kapsamında yürütülen faaliyetmiş. Bir diğer delil ise Yalçın Küçük ile Barış Pehlivan arasında geçen ve sitede yayınlanan bir haberle ilgili değerlendirmelerin yapıldığı telefon konuşması. Diğer deliller ise 2 ayrı elektronik posta. Barış Pehlivan'ın patronu Soner Yalçın'a gönderdiği ve PKK'li kadınlara yönelik cinsel taciz ve seks hikâyelerinin konu edildiği bir yazıya Yalçın'ın izin vermediği e-posta, savcı tarafından *"PKK'yi kötülememe gayreti"* olarak yorumlanmış. Bir diğer e-posta'da ise PKK muhalifi Şükrü Gülmüş tarafından gönderilen bir tekzipten bahsediliyor. Tekzip dense de içeriği tehdit kokan bu metnin yayınlanmaması da suç deliliymiş. Diğer delil olan e-posta ise evlere şenlik. PKK'ye yakın olarak bilinen Fırat Haber Ajansı tarafından gönderilen ve ajansa ait haberlerin kullanımında kaynak gösterilmesini isteyen bir e-posta.

3- Yalçın Hoca ile görüşüldü: Bu soruşturmada en çok anılan, ısrarla en çok dillendirilen belge Ulusal Medya 2010 adlı doküman oldu. Gazetecilere ve gazetecilik faaliyetlerinin engellemesine yönelik bir operasyon olunca bu belgenin çok tartışılmasını doğal karşılamak gerekiyor. Ancak *"HOCADAN NOTLAR"* adı verilen ve Yalçın Küçük'ün söylediklerinin *"bir örgüt talimatı"* olduğu yorumuyla aktarılan bu belge daha önemli. İçeriği komplonun sınırlarının nerelere dek genişletileceğinin kimlerin kapsama alanına sokulacağının işaretleriyle dolu.

Odatv çalışanları ilk günden itibaren suça konu edilen tüm belgeler için olduğu gibi bu dokümanın da sahte olduğu ve bilgisayar korsanlığı ile hard diske kaydedildiğini söyledi, söylüyor. Bu iddiayı çürütecek ve polis ile savcının suçlamalarının haklı olduğunu kanıtlayacak tek şey ise Odatv avukatlarının yaptırmak istediği ancak hard disklere el konulması nedeniyle yarım kalan bilirkişi incelemesini bağımsız uzmanlara yaptırmaktı. Aynı zamanda hukuki bir sorumluluk olan lehe delil toplama zorunluluğunu da yerine getirmekten kaçındı savcı. Hard disk incelemesi yerine *"yarım kalan incelemeye"* dair düzenlenen raporu *"polis olan bilirkişiye yorumlattığını"* iddianamede gördük. Savcıların ısrarla bundan kaçınmasını *"virüs iddialarının doğru"* olduğu şeklinde yorumlayabiliriz şu aşamada. Zaten 4 ayrı bilimsel rapor da bu gerçeğe işaret ediyordu. Peki, belgede yazanlar ve Yalçın Küçük'ün söyledikleri olduğu iddia edilen talimatlar, bize sunulanlar doğru mu?

Kişisel kanaatim Yalçın Küçük'ün bu tür siyasi yorumlar yapacağı ve hatta yapmış olacağı yönünde. Zaten Küçük'ün bu tarz siyasi yorumları siyaseten durduğu yeri tarif eden konuşmaları adeta *"herkesin bildiği bir sır"*. Fırsat bulduğu her ortamda siyasi görüşlerini fazlasıyla süsleyerek, abartarak anlatan birisi Yalçın Küçük. Aynı zamanda göz önünde olup el üstünde tutulmayı, egosunun bu şekilde tatmin olmasını seven bir kişilik. Ancak Küçük'ün bu bilinen siyasi görüşlerini, analizlerini *"örgütsel doküman"* diye nitelendirilen bir belgede *"talimat"* adı altında ifşa edilmesiyle de ortaya *"terör suçu"* diye yorumlanan bir metin çıkarılmış oluyor. Böyle olunca da yapılan operasyonun nerelere doğru genişletilmek istendiğinin de şifreleri ortaya çıkıyor. Bakalım neler varmış bu şifrelerde:

"Gençliğin özellikle üniversite gençliğinin sokağa inmesi lazım." İddianamede 19 Ekim 2010'da oluşturulduğu belirtilen belgedeki bu cümlenin hedefinin AKP ve düzen karşıtı muhalif üniversite gençliği olduğu açık. Son birkaç yıldır sokaklara dökülen, özellikle son zamanlarda yaptıkları *"yumurtalı protesto eylemlerinden"* sonra malum medyanın hep bir ağızdan *"Ergenekoncuuuu!"* çığlıklarıyla düşünmek gerekiyor bu cümleyi. Korkunç bir polis şiddetine maruz kalan muhalif üniversiteli gençliğin protestolarının bu metne yerleştirilmesinin manası çok açık yani.

"60 öncesi tekrar incelenmeli" vurgusuyla da 27 Mayıs darbesine yapılan gönderme ise *"takdire şayan"*. *"Sivil görünüm şart"* diye başlayan bir paragraf var belgenin devamında *"en önde bizzat üniversiteliler olmalı"* denilerek Ergenekon'un ağababası sayılan darbeci ordunun kontrolünde olan bir üniversite gençliğinin var olduğu akla düşürülmek istenmiş belli ki.

"Devrim şehitlerinin fotoğrafları kullanılmasın" cümlesiyle bize, sosyalist solun özellikle Taraf gazetesi başta olmak üzere *"darbeci, Kemalist, ordu yanlısı"* genlere sahip olduğunu kanıtlama çabasıyla yırtınan malum cenahı anımsatıyor. Yani sosyalist solun devrimci kuşağının da aslında, *"Yaşasalardı, Ergenekoncu olurlardı"* deme gayretinin bir parçası bu cümle.

Metinde geçen, *"Bağcılara gidip anlatmalı"* cümlesinde medya konusu ele alınıyor. AKP'nin anlaşmış olmasına karşın cemaatin bir türlü kapatamadığı hesabın bir parçası olarak Doğan Grubu hedefe yerleştiriliyor yine. Kastedilen hedefin başındaysa Hürriyet olduğunu anımsatmaya gerek yok.

Aynı bölüm, *"Gençlik hareketleri iktidar karşıtı gösterilere dönüşmeli. AKP'nin yıp-*

ratılmasında çok ciddi bir koz" diye sürüyor. Bu kez üniversitelilerle birlikte tüm muhalif gençlik kastedilmiş ve AKP'yi Ergenekon kontrolünde yıpratmak istedikleri algısı yaratılmış. Polisten mülhem bir şekilde savcıların çok sevdiği *"Hükümeti, AKP'yi yıpratma çabası içinde olmak"* birkaç yıldır *"terör eylemi"* adı altında suç olarak değerlendiriliyor. Belli ki *"ileri demokrasi"*de hükümete muhalefet etmek suçmuş. Bu tür hükümet karşıtı gösterileri *"Odatv yakından izlemeli"* diye Yalçın Küçük *"talimatı"* diye değerlendirilen bir cümleyle devam ediyor olması da Odatv'nin yayın politikasının Küçük tarafından belirlendiğinin kanıtı olacak anlaşılan. Aynı zamanda bu tür haberleri yapmak da suçmuş belli ki! Savcı da iddianamede öyle demiş zaten. Sonraki paragrafta ise hedef seçilen diğer kurum Atatürkçü Düşünce Derneği, *"ADD'nin genel bir talimat vermemesi doğru"* cümlesiyle açığa çıkmış. Yani sokağa dökülen gençlik ADD kontrolünde aynı zamanda. Doğal olarak ADD de Ergenekoncu mu oluyor böylece?

CHP'nin yerle yeksan olmuş muhalefetinden bile rahatsız olduklarınıysa *"CHP Halkevlerinin bize yakın şubelerini harekete geçirmekte geç bile kaldı"* ifadesiyle görüyoruz metinde. Zaten Ergenekon'un ilk iddianamesinden bu yana CHP'nin Ergenekon güdümünde bir parti olduğunun hafızalara kazınmak istenmesi bu soruşturmada fazlasıyla öne çıkarılan bir olgu.

"TGB olaylara katılmasın" cümlesinin anlamı çok açık. Zaten ilk günden bu yana Ergenekon soruşturmalarına karşı tutum almış İşçi Partisi'nin gençlik örgütlenmesinin adıdır TGB. Hemen ardından gelen paragrafta adı anılan YARSAV'ın *"Nasıl Kemalist vesayet yargısı istediğini zaten herkes biliyor. Bunu savunan bir YARSAV zaten Ergenekon'la işbirliğinde"* denmek istenmiş. YARSAV yöneticilerin bir diğer Ergenekoncu TGB ile ilişkili olduğu da metnin sonundaki *"Yönetim kademeleri ile TGB'nin koordinesi aksamamalı"* cümlesinde veriliyor.

Özetle bir sayfa kadar olan bir metinle üniversiteli muhalif gençlik, TSK, sosyalist sol, medyanın bir kısmı, ADD, CHP, Halkevleri, TGB, YARSAV hedefe konulmuş. İsimleri anılanların Ergenekon soruşturmalarının hedefinde olduğunu ortaya koyan bu belgeden yola çıkarak iddianamede örgütsel bağlamda *"Yürütülen faaliyetler"* başlığı altında *"talimat"* diye anılan bu metin, *"Halkı kin ve düşmanlığa tahrik etme amaçlı yürütülen faaliyetler"* suçlamasının kanıtı olarak değerlendirilmiş. *"Peki savcının polisten mülhem bu ağır suçun delili olarak sunduğu ne?"* sorusunun yanıtı ise iddianameye göre; Odatv'de yayınlanan 5 haber ve 5 telefon konuşması. İdianamenin ilgili bölümünde *"Yalçın Küçük'le yapılan gizli toplantıların belgesi"* olarak değerlendirilen bu dokümanda anlatılanlar ışığında *"halkın tahrik edilerek ülkede kaos ve kargaşa ortamı oluşturulması amaçlı örgütsel kararlar alındığı"* suçlaması yöneltilmiş. Bu noktada gizli toplantılara ilişkin herhangi bir delil, polislerin çok sevdiği herhangi bir telefon konuşması, ortam dinlemesi, fiziki takip tutanağı ya da fotoğrafı, bu yönde bir ifade, itiraf, ihbar mektubu olmadığını vurgulamak gerek. Ama polis ve savcı emin. Hem de hiç delil sunmadan. Peki, bu *"örgüt toplantısında"* alınan kararların hayata geçirildiğinin delilleri ne? Odatv'de yayınlanan 5 haber ve 5 telefon konuşması. İddianamede başlıkları anılan 5 haber, *"Yayımlanan haberlerde, bir taraftan PKK terör örgütü elebaşının bir kısım açıklamalarını halkı sokağa dökmek amaçlı yayın yaptıkları, diğer taraftan da ülkemizde sanki bir iç savaş varmış algısı oluşturmayı hedefledikleri anlaşılmıştır"* suçlamasının delili (!) olmuş. Bundan PKK yandaşlarının Odatv gibi çoğu zaman Kürt meselesinde devlet refleksi göstermekten geri durmayan bir internet sitesini liderlerinin açıklamalarını, eylem çağrılarını takip etmek için izledikleri sonucuna varabilir miyiz? Ayaklanması istenenlerin, iddianamede belirtilmese de Kürt karşıtı ırkçı, milliyetçi kişi ve gruplar olduğunu da düşünmemiz mümkün. Ancak bu suçlamada en çok takıldığım kısım ise, *"ülkemize sanki bir iç savaş algısı varmış"* vurgulaması oldu. Anlaşılan savcı 30 yıldır süren, tahminen 50 bin kişinin öldüğü ve ölmeye devam ettiği savaşın başka bir ülkede olduğunu düşünüyor. Zaten son zamanlarda bayrağa sarılı tabutların içini dolduran ya da *"etkisiz hale getirildi"* gibi salak bir tanımlamayla ölen gencecik bedenler de herhalde trafik kazası sonucu aramızdan ayrılmış olmalı.

Savcı her ne kadar 5 haber örneği sıralasa da Odatv'de yayınlanan benzer içerikli başka haber ve yorumların da olduğunu belirtmiş. Yani gazetecilik faaliyetini suçmuş gibi göstermeye çalışmış. Tıpkı birazdan anlatacağımız diğer örneklerde olduğu gibi niyet okumalar üzerinden gazetecilik yargılanmış. Şimdi soru, yapılanın *"kötü gazetecilik"* olup olmadığıdır. Eğer ki öyleyse de bu terör davalarına bakan savcıların sorumluluğunda değil değerlendirilmesi okuyucusuna bırakılması gereken bir durum değil mi? *"İktidar partisinin hoşuna gitmez, yönetme erkini yıpratır, cemaatin ileriye dönük planlarını engeller"* diyerek muhalif olmayı, hele ki bunu gazetecilikle yapıyor olmayı hukuk katledilerek engellemek demokrasi değil faşizm ya da en hafifinden otokrasi diye tanımlanır.

Eğer ki *"yargılanan gazetecilik faaliyeti değil"* safsatasına inanmamız isteniyorsa söz konusu haberleri, yorumları yazan ve yayanların *"terör örgütü"* ile olan bağını, *"terörist olduğu kanıtlanamayan"* Yalçın Küçük olarak göstermenin anlamsızlığını da vurgulamak gerek. Somut ve gerçekliğinden kuşku duyulmayan, kurgusal olmayan delilleri göstermek ve kamu vicdanını ikna etmek göreviniz değil mi? Elbette elinizde varsa.

Savcının ve elbette polisin hakkını yemeyelim. Halkı kin ve düşmanlığa tahrik etme suçunun *"delilleri"* sadece haberler değil. 5 adet telefon konuşması da var. Odatv çalışanı olan 4 kişinin birbirleriyle ve "X bayan" diye kodlanmış biriyle yaptıkları ve güncel olaylar ile haberler hakkında konuşmalarını içeriyor 3 tanesi. Diğer ikisi ise Yalçın Küçük'e ait. İsmi rumuzlanan iki kişiyle yapılan bu konuşmalarda ise yine operasyonun hedeflerinden biri olan ÖDP ve bu partiye yakın bir gençlik örgütlenmesinden bahsediyor. Odatv ya da herhangi bir haber hakkında ise konuşulmuyor.

"Yalçın Hoca ile görüşüldü" ibareli ve savcıların *"örgütsel doküman"* olarak nitelediği belgeyle ilgili yazacaklarımıza avukatların ve şüphelilerin *"sahte"* olduğu savunmalarını anımsatarak ve bu savunmayı destekleyen 4 ayrı bilimsel rapor bulunduğunu anımsatarak nokta koyalım. Bu belge üzerinden bağ kurulan ve iddianamede *"Yürütülen Faaliyetler"* başlığı altında anlatılan *"halkı kin ve düşmanlığa tahrik etmek amacıyla yürütülen faaliyetler"* konusunu da ele alacağımızı belirtelim.

4- Toplantı: İddianameye göre 25 Nisan 2010'da oluşturulmuş bu belgenin de Yalçın Küçük'ün talimatlarını içeren bir örgütsel doküman olduğu öngörülmüş. Doküman *"Hocanın talimatlarıyla arkadaşların ve toplantıların deşifre olmaması için Deniz Hakyemez-Deniz Hakan, Sait Çakır da–Sadi Çakırhan isimlerini kullanacak. Telefon konusunda dikkatli olunacak, bilinen maillerden zorunlu olmadıkça haberleşilmeyecek"* diye başlıyor. Gerçekten çok gizemli !!! Kod isimler, dinlendiğinden kuşkulanılan telefonlar, izlendiği düşünülen elektronik posta haberleşmeleri hayli illegal bir faaliyet yürütülüyor havası veriyor. Peki gerçekten öyle mi?

İsimler üzerinden Sabetayist avcılığı yapan Yalçın Küçük birçok ünlü yazarın müstear ismi olduğunu belirterek, kendisini ve fikirlerini önemseyen bu iki gence geleceğin parlak yazarları olacağını söylemiş olmasın. Sait Çakır'ın savcıya verdiği ifade ve cezaevinde bize ve mahkemedeki savunmasında anlattığı bu yöndeydi.

Zaten Yalçın Küçük'ün kaydedilen bir telefon konuşmasında da konuyu bir arkadaşına bu şekilde açıkladığı iddianamede var. Hem de *"Telefon konusunda dikkatli olunacak"* talimatı vermişken, 2007'den bu yana dinlendiğini de bilerek bu gizemli ve gizli kalması gereken konuyu telefonda anlatmış. Gerçekten ilginç bir *"örgüt yöneticisi"*.

"Oda TV'de yazıların yayınlanmasında bir aksaklık olmamalı" denilerek de kod isimler kullanan bu gizemli örgüt üyelerinin *"Ergenekon medya üssüyle"* bağlantısı da kuruluyor. *"Herkes görüştüklerine dikkat etsin... Dikkat çeken temas kurulmasın. Polisin ciddi takibi var"* yazıyor belgenin devamında. Al sana bir gizem, bir illegalite daha. Bu arada polis takibi olduğu anlaşılmış ama nedense bu talimatların verildiği toplantılara dair delil, fotoğraf, kayıt vs. yok. Takipçiler işini iyi yapmamış belli ki.

Aynı bölüm, *"kritik haberler (Silivri, PKK, Çetin Paşa, Haberal...) mutlaka Hoca'ya sorulacak"* diye sürüyor. Kritik haber konularının hep Ergenekon soruşturmasıyla ilgili olduğu sizin de gözünüzden kaçmamıştır sanırım.

"Hocanın kitap çalışmalarına yardım edilecek, kitapların son düzenlemesinden Sait sorumlu olacak, kitaplarının tanıtım yazıları Odatv ve Gerçek Gündem'de yayınlanacak" cümlesiyle en sonda yer alan CHP tandanslı Gerçek Gündem isimli internet sitesinin de Ergenekon radarına yakalandığını anlıyoruz. Yalçın Küçük'ün kendi kitaplarını bastığı Mızrak isminde bir yayınevi olduğunu ve Sait Çakır'ın da o yayınevinde editör olarak çalıştığını söylersek ilk cümlelerle ilgili açıklamaya gerek olmaz sanırım. Bu belgenin son paragrafında yer alan, *"Soner ve Batum'a yönelik eleştirilere karşı anında reaksiyon verilecek, Hoca ikisine de güveninin tam olduğunu söyledi"* cümlesiyle de Soner Yalçın ve Süheyl Batum ilişkisi kurulduğu gibi malum medyada bu ikiliye yönelik eleştirel yazılar kaleme alanlara da tepki gösterilmesi isteniyor.

İddianamede hangi tarihte oluşturulup kaydedildiği belli olmayan bu belgede yer alan yukarıdaki satırlar ve ilginç tesadüf Yalçın Küçük'ün kayıt altına alınan bir telefon görüşmesinde de kullanılıyor. Soner Yalçın'ın gözaltına alınmasından 3 gün sonra 17 Şubat 2011'de, iddianamede L.E. diye kodlanan birisiyle yaptığı görüşmede Küçük'ün *"... Soner'e ve Süheyl'e güvenim tamdır"* dediği kayıt altına alınmış.

Aslında bu dikkat çekici tesadüf iddianameye serpiştirilen birçok telefon konuşmasının *"örgüt dokümanı"* diye adlandırılan belgelerin içeriğiyle benzerlik taşıması şeklinde karşımıza çıkıyor. Bu belgelerle telefon konuşmaları arasında zaman farkı var. Hatta belge tarihi telefon konuşmalarından daha eski. Ancak bu bir çelişki değil. Çünkü bilgisayardaki word belgelerine istenilen tarihi düzenlemek mümkün. Özelikle Balyoz soruşturmalarının delillerinde bu ve benzer iddialar sıkça ve örnekleriyle dile getirilmişti.

5- Bilinçlendirme: Yine örgütsel doküman olarak değerlendirilen ve örgütün belirlediği stratejileri içerdiği öne sürülen bu belgenin hedefinin de isimler ve kurumlar verilmeden kimi medya organları ve gazeteciler olduğunu söylemek mümkün. Ergenekon ve Balyoz ile ilintili soruşturma sürecine ilişkin muhalif olan ya da aksaklıkları dile getiren gazetecilerin yanı sıra mizah dergilerinin bile hedef alındığı yorumu abartılı olmaz. Aynı zamanda soruşturma sürecinde dile getirilen kimi aksaklıklar ve kuşkulu durumların Ergenekon örgütü talimatıyla kamuoyunun gündemine sokulduğu havası yaratılarak bu ciddi bulgular üzerinde kuşku bulutları yaratılmak istendiği söyleyebiliriz.

"AKP'nin iktidara gelmesi ile birlikte irticai unsurlar kuvvet kazanmıştır..." diye başlayan belgenin bu ilk cümlesiyle 28 Şubat döneminin irtica paranoyası söylemleri akla geliyor. O postmodern darbe dönemi ile AKP'nin ilk iktidar yıllarında bir kısım medyanın en çok sevdiği haber söylemi olan bu bakış açısı yeniden bir *"örgütsel do-*

küman" üzerinden tedavüle sokularak, kimi medya organları ve gazetecilere ilişkin bir güven sorunu aşılanmaya çalışılmış. Çünkü belgenin devam eden bölümlerinde sürekli medya ve gazetecilere vurgu yapılmış. Devam eden paragrafta, *"Bu operasyonu dış güçlerin desteği ile medya, siyaset, emniyet ve yargı içindeki irticai unsurların yönettiği açıktır"* deniliyor. Yani Ergenekon ve ilintili soruşturma sürecinin kolluk kuvveti polis, savcı ile hâkimlere yönelik cemaatçi iddiaları, yine cemaat kontrolündeki medyaya yapılan sızdırmalar ve AKP'nin koruma kalkanı mazur gösterilmiş.

Ergenekon ve Balyoz soruşturmalarının adları anılıp, *"Ortaya atılan birçok sahte bilgi ve belge ile bilgi kirliliği oluşturulmaktadır"* denmesiyle özellikle Balyoz davasında ortaya çıkan birçok kuşkulu durum ve delilin de Ergenekon güdümünde bir propaganda olduğu algısı yaratılıyor böylece.

Hem soruşturmayı yapanların düşman gibi görüldüğü fikrini aşılayan hem de Cumhuriyet ve Bayrak mitinglerine gönderme yapan satırlar ise şöyle: *"Şu anda yapılan mücadelenin Kurtuluş Savaşı döneminde yapılan mücadeleden hiçbir farkı yoktur. Ergenekon ve Balyoz vb. operasyonlardaki tavrımız var oluş–yok oluş savaşındaki düşman unsurlara karşı olan tavrımızla aynı olmalıdır. Ülkemizin aydınlık insanlarında tekrar Kuva-i Milliye ruhu uyandırılmalıdır. Bu hususta toplumun her kesimindeki (Türk Silahlı Kuvvetleri (TSK), medya, siyaset, yargı, sivil toplum örgütleri (STÖ) vb.) zinde kuvvetler göreve çağrılmalı ve aydınlık bir gelecek için yapılan 2. Kurtuluş savaşında Kuva-i Milliye saflarında yerlerini almaları sağlanmalıdır ..."*.

Mağduriyet temasının işlenmesi gerektiği belirtilen paragrafın devamında ise, *"Malum davalardaki şüpheli veya sanık durumunda olan vatansever insanların kendilerine yapılan muamele ve işleyen sürece ilişkin söylemleri, röportaj, haber, makale vb. yazıları medyanın aydınlık tarafını temsil edenlere geciktirmeden servis edilmeli ve ivedi şekilde yayınlaması sağlanmalıdır"* denilmiş. Yani tutuklu yakınlarıyla röportaj ya da haber yapanlar, davaların yarattığı mağduriyeti ya da soruşturmaların kuşkulu yanlarına dikkat çeken köşe yazarlarının, TV programcılarının Ergenekon güdümünde yayıncılık yapıyormuş havası oluşturulmak istenmiş. Bu yayınları yapanlar ya da yapacaklarla ilgili olarak kimlerin Ergenekon örgütüne yardım ve yataklık yapmak suretiyle Ergenekon sanığı olacaklarını ya da *"suç ve suçluyu övmek"*ten dolayı haklarında işlem yapılacağını niyet okumakta pek bir mahir olduklarını kanıtlayan savcılara bırakalım. Elbette öncesinde polisin sıkı bir arşiv taraması ve telefon dinlemesi de yapması gerekecek. Zaten polis fezlekesi de iddianame olarak düzenlenir.

"Görsel medyadaki tartışma ve haber programlarına kilit haberleşmeci statüsünde olan kişilerin davet edilmesi sağlanmalıdır. Bu kişilerin köşe yazarı, akademisyen ve hukukçu kimliği ön plana çıkarılmalıdır ..." paragrafı kısacık da olsa hedef kitlesi çok geniş. Her şeyden önce *"kilit haberleşmeci"* denilerek tutuklu bulunanları görme hakkı bulunan avukatlar ile Adalet Bakanlığı ya da savcılık izniyle meslektaşlarını cezaevinde ziyaret eden köşe yazarı gazeteciler ya da akademik unvana sahip olanların *"kurye"* olduğu algısı yaratılmıştı. Elbet bu kişileri TV'deki programlarına çıkaranların da ayağını denk alması gerektiği hissettiriliyor.

"Ülke elden gidiyor teması devamlı olarak işlenmelidir. Davaların menfi sonuçlanması durumunda Cumhuriyet'in kazanımlarının kaybedileceği yazılı ve görsel medyadaki vatansever unsurlar tarafından sürekli işlenmelidir ... Elde edilen dokümanlar öncelikle muvazzaf personele daha sonra internet haber siteleri ve e-posta yoluyla geniş halk kitlelerine ulaştırılmalıdır" kısmı da hemen her paragrafta olduğu gibi yine medyaya atıf yapıyor. Aslında bahsedilen tarife uyan kimi isimler aklıma geliyor ama sonra vicdan azabı çekmemek için yazmıyorum. Şu Ergenekon'un medya ayağı da bir türlü kırıla-

madı gitti !!! Paragrafta muvazzaf askerler de anılarak TSK içinde hâlâ aktif unsurlar olduğu ve medya ile de bağlantılı oldukları düşünmemiz mi istenmiş acaba?

Ergenekoncu bir jargon geliştirilmesi istenen paragrafta ise irticacıların kullandıkları belirtilen *"darbeci, cuntacı, Ergenekoncu, Balyozcu, Poyrazköy sanık veya sanıkları, dava veya davaları"* ifadelerinin yerine *"TSK mensupları, asker, vatanseverler"* ifadelerinin kullanılması gerektiği de metinde anlatılmış. Ama kafam karıştı. İrticacıların kullandıkları belirtilen nitelemelerin çoğunu ben de kullanıyorum. Hem de ateist birisi olarak. Ateist olmama karşın irticacı sayılıyorsam Ergenekon sanığı olarak neden tutuklandım anlamıyorum. Ne İsa'ya ne de Musa'ya yani.

"Yargı mensupları üzerlerine düşen görevleri eksiksiz yerine getirmelidir. Nihai hedef tüm davalardan beraat olmalıdır... Duruşmalarda sanıklar ve avukatlar tarafından her türlü olumsuz tutum ve davranış sergilenerek yerel mahkemelerin karar vermesi zorlaştırılmalı, alınan kararlarda yargının taraflı davrandığının birer delili olarak gösterilmelidir" paragrafını nasıl yorumlayacağımı bilemedim gerçekten. Türkiye'nin yarım asırlık karanlık tarihini böyle saçma ve çelişkilerle dolu cümleler kuran bir örgüt mü imza attı yani? Yargı mensuplarından kasıt kimdir mesela? Cemaatin en yaygın örgütlendiği özel yetkili mahkemelerde görev yapanların tümü mü kastediliyor? Yoksa sadece hukuksuzluğu fark ederek tahliye yönünde görüş bildiren birkaç mahkeme üyesi mi? Onların da Köksal Şengün örneğinde olduğu gibi başlarına neler geldiğini biliyoruz. Hem HSYK'nin başka bir vesayetin eline geçtiği bir dönemde o mahkeme üyeleri yerinde kalabilir mi?

Hedefin beraat olduğunu örgüt dokümanı denilen bir belgeye yazmak ne anlama gelebilir? Kim beraat etmemeyi ister ve hangi avukat ya da sanık bunun olmaması için çabalar? Hem en önemli soru ise madem beraat verecek mahkeme üyeleri var insanlar neden hâlâ cezaevinde olmaz mı? Duruşmalarda sergilenecek olumsuz davranışlardan kasıt acaba dosyalardaki çelişkiler ve üretilmiş sahte belgelerle mi ilgili?

"Ergenekon ve benzeri tertipleri hazırlayanları karalayan, şüpheli ve sanık durumundaki vatansever insanları aklayan karikatürler hazırlanmalıdır. Yazılı ve görsel basın kullanılarak geniş kitlelerin hafızası uyarılmalıdır" cümlelerini okuyunca aklıma mizah dergilerine de ayar çekilmek istenmesinden başka bir sonuç gelmiyor. Belli ki bu sahte dokümanı hazırlayanlar, özellikle genç kuşağın takipçisi oldukları mizah dergilerindeki karikatürleri de incelemeye almış. Bir diğer dikkat çeken çelişki ise bana iki paragraf önce *"sanık"* sözcüğü kullanılmaması *"talimatı"* içeren bir metinde bizzat bu uyarı yapanların kendi kuralını ihlal etmesi oluyor. Bu dokümanı hazırlayan nasıl salak bir örgüt yöneticisi ya da üyesiyse kuralına kendi uymuyor.

"TSK yeniden şekillendirilmek isteniyor. Ergenekon, Balyoz ve Kafes gibi dış güçler tarafından yönlendirilen operasyonların amacının TSK komuta kademesini yeniden şekillendirmek olduğu her ortamda anlatılmalıdır. Davalara konu olan askeri personelin tamamının terfi aşamasında olduğu söylenmelidir..." cümlelerine ilişkin söyleyeceğimiz en önemli şey çok doğru ve yerinde bir tespit olur. Özellikle Balyoz soruşturmasının şüphelisi olan subayların bu kategoride olduğu net bir şekilde ortaya çıkmıştı. Üzerinde en çok kuşku bulutu dolaşan, çok sayıda şüpheli delil bulunduran bu dosyanın sanıkları için terfi aşamasında bulundukları söylemi üzerinden bu kuşkulara da dikkat çekilmişti. Ancak bu kuşku durumunun örgütsel doküman denilen bir metinde dile getirilmesi sanki tartışmaların önünü kesmek amaçlıymış havası yaratıyor.

"İleri teknoloji kullanarak sahte belgeler hazırlanıyor. Teknolojiyi çok iyi kullanan istihbarat örgütlerinden destek alınmadan ülkemizdeki irticai grupların bu tip belgeleri üretmesi beklenemez..." cümleleri hem doğru bir tespiti içeriyor, hem de hedef saptırıp

aklama vazifesi görüyor. Ergenekon ve ilintili soruşturmalarda çok ciddi sahte delil kuşkuları dile getirilmesine rağmen bu iddialar araştırma konusu yapılmadı mahkemelerce. Ancak devam eden cümleye de Türkiye'de bu tip sahte delil üretilemeyeceği belirtilerek iddiaların muhatabı olan polis aklanmış. Halbuki emniyet teşkilatının bu konuda çok iyi yetişmiş uzman kadrosu ve teknolojik donanıma sahip olduğu biliniyor.

Paragrafın devam eden cümlesi de aklamaya yönelik, *"Belgeler ve mühimmatlar emniyet içindeki cemaat mensupları tarafından gizleniyor"* denilerek de aslında bu tip iddiaların Ergenekon söylemi olduğu, güvenilmemesi gerektiği anlaşılan bir propaganda olduğuna inanmamız isteniyor. Zaten sonra gelen cümleler de bu algıyı pekiştirmiş: *"Yapılan bu kadar çok operasyondan sonra insanların hâlâ suç teşkil edecek belgeleri saklamış olmalarını düşünmek çok ahmakça. Yıllardır emniyet içerisinde örgütlenen cemaat mensuplarının sahte belgeleri kendilerinin koydukları ve sonra da buldukları vurgulanmalıdır."* Bu tespitleri çok yerinde bulmakla birlikte makul bir şüpheyi dile getirdiğini de söylemek gerekiyor.

Bu belgenin son cümlelerinin yer aldığı bölümünse alkışı hak ettiğini söylemek gerekiyor. *"Adalet ve Kalkınma Partisi (AKP) karşıtları korkutuluyor, susturuluyor ve sindiriliyor. Akademisyenler, medya mensupları, sivil toplum örgütleri ve TSK mensupları yani operasyon yapılan kişi ve kurumların profillerine bakıldığında tamamının AKP karşıtı olup aydınlık düşünceyi savundukları ortaya çıkmaktadır. Yapılan operasyonların AKP desteği olmadan gerçekleştirilmiş olmasının imkansız olduğu vurgulanmalıdır."*

İddianamede örgütün belirlediği stratejiler olduğu öne sürülen bu metnin muradı çok açık aslında. Süreç içinde soruşturma ve davalara ilişkin ortaya çıkan kuşkulu durumlar da tek tek sıralanarak sanki Ergenekon'un kamuoyunu yanıltma gibi bir taktiği olduğuna inandırılmak isteniyor herkes. Sürekli dile getirilen ancak mahkemelerin araştırmaya ihtiyaç duymadığı bu kuşku dolu iddialar metne göre, *"sanıklar ve avukatları tarafından sergilenen olumsuz tutum ve davranışlar"* diye talimatlandırılmış. Yani ortada kuşkulu hiçbir şey yok. Var olduğunu iddia edenler ve *"medyadaki uzantılarının"* Ergenekon güdümünde olduğu algısına inanmamız isteniyor. Savcı, iddianamede bu belgede geçen kimi cümleleri de *"Türk Silahlı Kuvvetlerini darbe yapmaya teşvik etmeye amaçlı yürütülen faaliyetler"* kapsamında değerlendirmiş. Aynı bölüm birazdan irdeleyeceğimiz *"teRTemiz"* isimli belge kapsamında da ele alınmış darbeye teşvik amaçlı yayınların Odatv'den yapıldığı iddiasında bulunmuş. Delil olarak da sitede yayınlanan 15 haber ve yorumdan bahsedilmiş. Oray Eğin'in Akşam gazetesinde yayımlanan iki yazısı da bu bölümün delilleri arasında. Eğin'in bu yazıları Soner Yalçın'ın yönlendirmesiyle kaleme aldığı da iddia edilmiş. Delillerin diğerleri ise bir e-posta ve dört telefon konuşması.

6- teRTEmiz: Odatv'nin bilgisayar harddiskinde kayıtlı bulunduğu belirtilen bu belgenin AKP aleyhinde sitede yayınlanan haberlerin içeriğinin ne şekilde olması gerektiğine dair planlar içerdiği iddia ediliyor.

"AKP ve yandaşlarının son dönemde Atatürk Devrimlerini ve TSK'ya yönelik pervasızca saldırıları şiddetlenerek artmış ve karşı devrim hareketine dönüşmüştür. Bu kapsamda kurumlardaki ilgili kişilerce yapılan ortak çalışma neticesinde, eldeki bilgi ve belgeler ışığında aşağıda sıralı konuların değerlendirilmesi uygun görülmektedir" diye başlayan belgede daha sonra 30 civarında konu başlığı sıralanmış. Belirtilen konuların bazılarının birçok medya organında haber olduğunu belirterek konuların neler olduğunu sıralayalım:

"AKP ve yandaşlarının son dönemde Atatürk Devrimlerini ve TSK'ya yönelik pervasızca saldırıları şiddetlenerek artmış ve karşı devrim hareketine dönüşmüştür. (...)Bu kapsamda kurumlarda ki ilgili kişilerce yapılan ortak çalışma neticesinde, eldeki bilgi ve belgeler ışığında aşağıda sıralı konuların değerlendirilmesi uygun görülmektedir.

AKP kadrolaşmasını göz önüne sermek AKP tarafından çıkarılan her türlü yasanın Atatürk Devrimlerine aykırı yönlerini afişe etmek, AKP'nin devletin kendi kurumlarıyla çatıştığını gösterecek yayınların yapılması. Bunun için emekli ya da görevli olan üst düzey kamu görevlilerinin AKP faaliyetlerine karşı fikir ve tepkilere yer verilmesi, AKP'nin gerçek maksadının şeriat devleti kurmak olduğunun gündemden düşürülmemesi, İran benzeri bir rejim- eksen kayması konularının kullanılması, Ergenekon davasının BOP kapsamında TSK'yı yıpratma ve etkisizleştirme amacının olduğu konusunun medyada sürekli işlenmesi, AKP karşıtlığının ortak bir söylem olarak ele alınması ve toplumun bütün kesimlerinin AKP karşıtı söylemlerine yer verilmesi, AKP'nin özelleştirmeleri ve vatanı sattıkları konusu, AKP'ye karşı emekçi, öğrenci ve STK'ların düzenlediği eylem, gösteri ve mitinglerinin öne çıkarılması, AKP ve yandaşlarının yolsuzluklarının öne çıkartılması milletvekili dokunulmazlıklarının gündemde tutulması, AKP'li vekillere karşı yapılan eylemlerin afişe edilmesi, halkın tepkili olduğu konusunun öne çıkartılması, türban konusu ve AKP'li vekillerin eşleri, AKP'li vekillerin aileleri üzerinden yapılacak yayınların arttırılması, karamsar bir tablo çizilmesi ve zaman geçtikce karşıda daha fazla büyüyen kitle oluştuğu vurgulanması SİVİL DİKTA, SİVİL DARBE KONULARININ İŞLENMESİ, Üniter devletin bütünlüğünün tehdit altında olduğu doğu ve güneydoğudaki irtica faaliyetlerinin hız kazandığı, gerekli tedbirlerin alınması bir yana, AKP'nin onlara destek olduğu, topluma AKP'nin icraatlarının anlatılması, durumun vahim olduğunun aktarılması, AKP'nin emperyalist ABD ve AB ile işbirlikçi olduğu biyografik istihbarat çalışmalarının yapılması, etnisitelerin ön plana çıkarılması, hukukçu çalışma grubu ile AKP hükümeti icraatlarının hukuksal açılarının tespiti ve hukuk yolu ile de AKP ile mücadele edilmesi, açık kaynaklardan ve istihbarat birimlerinden elde edilen bilgilerle AKP'ye yönelik özel istihbarat arşiv sistemi oluşturulması, uygun görülen dosyaların ilgili siyasilere ulaştırılması, AKP'li belediyelerin icraatlarına mercek tutulup AKP'nin yıpratılması, AKP'nin homojen bir yapıda olmamasının avantajlarından yararlanılarak kendi aralarındaki fikir ayrılıklarının çatışma havasında gündeme taşınması, körüklenmesi, eski siyasetçilerin görüşlerine yer verilmesi, ekonomideki olumsuzlukların ön plana çıkarılması, şehit cenazelerinin öne çıkarılması, gelen şehitlerin nedenini AKP'nin yanlış politikalarının sonucunun olduğunun vurgulanması, Erdoğan'ın gaflarının parlatılması, AKP'yi zayıflatıcı siyasi, sosyal ve ekonomik araştırmaların yapılması, yayınlanması, bu konuda bilimsel makalelere toplantılara, konferanslara, açık oturumlara, yayınlara yer verilmesi, TSK'yı tahrik edici yayınların yapılması ilgili konularda köşe yazarlarına destek verilmesi, çağdaşlık karşıtı olarak algılanabilecek her olayın- durumun üzerine gidilmesi."

Yine örgütsel talimat olduğu ve dolayısıyla Odatv'nin de Ergenekon güdümünde bir yayıncılık anlayışına sahip olduğu iddiası bu belgede yazılan yukarıdaki ifadeler üzerinden de sıkça tekrarlanmış iddianamede. Bu belgede yazan, *"TSK'yi tahrik edici yayınların yapılması"* cümlesiyle iddianamenin *"yürütülen faaliyetler"* başlıklı kısmında *"Türk Silahlı Kuvvetlerini darbe yapmaya teşvik etme amaçlı yürütülen faaliyetler"* bölümünde bağ kurulmuş. Savcı *"Soruşturma kapsamında elde edilen delillerden ve Odatv yayınlarından, bu planın aynen uygulamaya konulduğu ve TSK'yi darbe yapmaya teşvik eden çok sayıda yayınların yapıldığı anlaşılmıştır"* gibi iddialı bir suçlama da bulunuyor. Savcının darbe çığırtkanlığı olarak niyet okuduğu haberlerin yanı sıra delillerin ne olduğunu da iddianamesinde yazmış: Bir e-posta, 4 telefon görüşmesi ve 17 haber ile yorum yazısı.

Delil diye sunulan telefon konuşmalarından birisi Yalçın Küçük ve Barış Pehlivan arasında 24 Şubat 2010'da yapılmış. İçeriğinden ise Pehlivan'ın Ergenekon ve Balyoz soruşturmalarına ilişkin hazırlamakta olduğu bir haberle ilgili Yalçın Küçük'le röportaj yaptığını anlıyoruz. Yani gazetecilik faaliyeti yapılıyor. Zaten bölümün bir diğer delili olarak sunulan ve aynı gün Barış Pehlivan ile patronu Soner Yalçın'la yapılan telefon konuşması da bunu doğruluyor. Pehlivan, röportajda Küçük'ün neler söylediğini aktardıktan sonra tek mi yoksa iki bölüm halinde mi yayınlamalarının uygun olacağını patronu Soner Yalçın'a soruyor. Bu delil denen telefon konuşmalarının verildiği iddianame, *"Telefon görüşmelerinde geçen konuyla ilgili yapılan çalışmalarda 24.02.2010 tarihinde Odatv isimli internet sitesinde, 'O albayların günahları büyük' başlıklı bir yazı yayınlandığı anlaşılmıştır"* denilmiş.

Delil diye sunulan diğer 2 telefon konuşması da Soner Yalçın ile Akşam gazetesinden Oray Eğin arasında geçiyor. Yakın arkadaş oldukları bilinen ikilinin konuşmalarında siyasi konulardaki derinliği olmayan Oray Eğin arkadaşı Soner Yalçın'dan değerlendirme alıp bunları kendi görüşleriymiş gibi Akşam'daki köşesinde yazmış. Konuşmaların ertesi günü yayımlanan yazılarla ilgili savcı, Soner Yalçın'ın konumunu anlattığı bölümde ise Odatv dışındaki diğer medya organlarını ve çalışanlarını yönlendirmeye çalıştığı değerlendirmesini yapmış. *"Aman dikkat!"* demek gerekiyor bu yorumdan sonra. Arkadaşlarına fikir danışan her gazeteci örgüt üyesi olabilir. Savcı'nın bu bölümdeki diğer delilleri ise Odatv'de yayınlanan 15 ayrı haber ve yorum olmuş. *"Hani gazetecilik faaliyetleri soruşturma konusu değildi?"* diye anımsatmada bulunsak mı? Bir adet e-posta da deliller arasında. Tezgâh o kadar basit ki anlamamak için ya aptal ya da kötü niyetli olmak gerek; *"Odatv'de yayınlanan haber ve yorumlar tek tek, arşiv taramasıyla incelenmiş ve 'teRTEmiz' isimli belge hazırlanmış. Geriye kalan tek iş o belgeyi Oda TV bilgisayarına kaydetmek olmuş"* diyebilir miyiz acaba? Yoksa bir komplo teorisi mi oldu?

Yukarıdaki soruya ya da teoriye uygun çalışmalar yapıldığını iddianamenin *"Siyaset Dünyasına Yön Vermek Amaçlı Faaliyetler"* bölümünde de görüyoruz. Odatv'nin örgütün medya yapılanması içinde önemli bir yere sahip olduğunu ve sitenin kadrosunda yer alan şüphelilerin siyaset dünyasına yön verilmesi kapsamında yoğun çalışmalar yürüttüğünün tespit edildiğini iddia etmiş savcı. İlgili bölümün *"AK Parti'ye Yönelik Yürütülen Faaliyetler"* başlıklı kısmında bu tespit ve delillerini anlatmış polis, pardon savcı.

Bu bölümde önceki soruşturmalarda Ergenekon'un AKP'nin iktidar olduğu 2002 seçimlerinin hemen ardından başlattığı çalışmalara darbe planlarıyla AKP'yi bölüp parçalamayı ve hükümetten indirmeyi hedeflediğinin belirlendiği anlatılmış. Darbe planları gerçekleşmeyince kapatma davasını etkileme yoluyla AKP'nin iktidardan düşürülmek istendiğinin de hatırlatıldığı bu bölümde Odatv'den ele geçirdiği öne sürülen verilerden Ergenekon'un AKP'ye yönelik dezenformasyon faaliyetlerinin devam ettiği ve bu kapsamda *"AKP'yi yıpratmaya yönelik"* yayınlar yaptığının tespit edildiği öne sürülmüş. *"Yayın yoluyla iktidar yıpratmak"* gibi yeni bir suç türü tespit eden savcı *"teRTEmiz"* ve *"HOCADAN NOTLAR"* başlıklı belgelerin de bu kapsamda değerlendirilen örgütsel dokümanlar olduğunu vurgulamış. Savcı bu hayli ciddi iddianın delili olaraksa yine Odatv'de yayınlanan haber ve yorumları sıralamış. Tam 83 ayrı haber ve yorum gazetecilik faaliyetlerinin yargılanmadığı öne sürülen soruşturmanın delili olmuş. PKK ve Kürt sorunuyla ilgili 11, şehit cenazeleriyle ilgili 11, AKP'nin yolsuzluklarıyla ilgili 8, AKP'nin bürokrasideki kadrolaşmasına dair 9, şeriat paronayasına yol açacak 8, özelleştirmelerle ilgili 12, türban konusunda 8, AKP'nin icraatlarının eleştirisiyle ilgili 9 ve AKP'nin ABD ve AB'nin işbirlikçi olduğuna dair 7 ayrı haber başlıklar halinde sıralanmış. AKP karşıtı, muhalif 83 ayrı haber ve yorum, *"AKP'yi yıpratmak"* suçlamasına maruz kalmış.

Soner Yalçın ve Doğan Yurdakul arasında 25 Şubat 2010'da yapılan ve bir seçim olması durumunda oylanacak olanın rejim olduğuna ilişkin konuşmaların geçtiği telefon kaydı da delil olarak sunulmuş. Bu konuşmalar ışığında Doğan Yurdakul'un kaleme aldığı bir yazı da bu bölümün 84'üncü delil haberi olarak anılmış. Odatv'nin sahibi Yalçın ile yayın koordinatörü Yurdakul arasında geçen bir konuşmada söylenenlerin haber haline getirilmesi de gazeteci şüphelilerle ilgili bölümde *"örgütsel talimat"* olarak yorumlanmış. Muhabirlerine AKP'yi eleştirel tarzda haberler öneren haber müdürleri herhalde bu uyarının ne anlama geldiğini anlamış ve ayaklarını denk almıştır artık.

7- Soner beyden gelen: Bu belgenin Soner Yalçın'ın örgütsel talimat notlarının olduğu belirtilmiş. Bu belge üzerinden de Ergenekon soruşturmalarına katılmak istenen kişilerin adı anılmış. Aynı zamanda da söyledikleri itibarsızlaştırılmak istenmiş. Hedef seçilen bir diğer medya kuruluşunun NTV olduğu da bu belgeden anlaşılıyor. Tek tek bakalım:

"Silivri'yi ne ölçüde takip edebiliyoruz, isteklerine cevap verebiliyor muyuz?" Ergenekon soruşturmalarına muhalif tutum takınan Odatv ve çalışanları bu cümlenin sonunda yer alan kısımla anlaşılan o ki örgüt talimatları gereği haberleri yapıyormuş !!!

"Ergenekon savcıları ve polisler hakkında gelen her haberi değerlendirelim. Ergenekon hâkim ve savcılarının iftar yemeği gibi sağlam bilgiler gelmiyor." Anlıyoruz ki Odatv'nin yayınladığı ve haberi yapan Barış Terkoğlunu da sanık haline getiren *"Meşhur İftar yemeği"* fotoğraflarından oluşan haber de bir Ergenekon tezgâhıymış! Soruşturmada görev alan polis, savcı ve hâkimleri bir arada gösteren bu fotoğrafta yer alanlar da mı Ergenekon talimatıyla poz verdi acaba? Bunu bilemeyiz. Ancak yukarıdaki cümleden fotoğrafın örgüt tarafından servis edildiğini anladık değil mi ?!!!

"Av. Vural'ın gönderdikleri değerli. NTV ile irtibata devam. Pınar ve Dani Rodrik ile güçlü iletişim. Çetin Paşa'nın Odatv'ye emeği büyük. Sınırsız destek" bir cümleyle dört yeni Ergenekoncu ve Balyoz'dan zaten sanık olan Çetin Doğan vurulmuş. Bravo!

Ergenekon Davası çok ilginç sanıklarla dolu zaten. Daha önce kimi sanıkların avukatlığını yapan isimler kuşkulu sorular sormaya başladığı anda kendilerini müvekkillerinin cezaevi arkadaşı olarak buluverdi. Av. Vural'ın adını oraya yazan kişi de yeni bir avukat sanık yaratmaya çalışıyor belli ki. NTV'nin adının anılması ise birtakım *"Ergenekon uzmanı"* köşe yazarının yazılarında sıkça konu ettiği TV programcılarını sanık yapma çabasıyla ilgili mi acaba? Balyoz soruşturmasının kuşkulu yanlarını, sahte delilleri kanıtlayan uluslararası çapta saygın iki akademisyen olan Pınar Doğan ve Dani Rodrik'in neden bu cümlede yer aldığı da çok anlaşılır zaten. Ardından da bu kısmın babası – kayınpederi Çetin Doğan'ın adı Odatv'yle yani *"Ergenekon'un medya hücresiyle"* anılıp, verdiği emekten bahsetmesi size de manidar gelmiyor mu?

"Çiçek, Genelkurmay bana sahip çıkmıyor, konuşacam diyormuş, Doğan Abi üzerinden iletildi, kızı ile görüş" cümlesi de kurulan komployu çok güzel anlatıyor. İrticayla Mücadele Eylem Planı'nı kendinin hazırladığını bir türlü itiraf ettiremedikleri Dursun Çiçek'in *"örgüte ulaşan bilgilere göre" itirafçı* olması yakın anladığımıza göre. Zaten Genelkurmay'a da tehdit var bu cümlede. Konuşursa kimler yanar acaba? Madem böyle bir risk var, *"Doğan Abi iletiyor"* hemen. *"HOCADAN NOTLAR"* dokümanında da adı geçen Doğan'ın koğuş arkadaşım Doğan Yurdakul olduğuna ilişkin hiçbir ifade ya da soyadını belirten bir emare olmamasına karşın savcı emin. Kim olduğu belli olmayan bu Doğan, Odatv yayın koordinatörü Doğan Yurdakul olmalı. Zaten Genelkurmay'ın 2009'daki 30 Ağustos resepsiyonunda da İlker Başbuğ ile fotoğrafı vardı. O zaman kesin Yurdakul'dur bu meçhul Doğan.

Bu arada Dursun Çiçek'in avukat kızı da davayla çok ilgileniyor, medyada çok görünüyor o halde onun da adını anmadan *"kızıyla görüş"* diye metne yerleştirilmesi hedef yapıyor doğal olarak. Bu arada belirtmek gerek; koğuş arkadaşım Doğan Yurdakul İrem Çiçek'i hiç görmediğini, telefonla dahi konuşmadığını anlattı bizlere.

"Yalçın Hoca'nın Haberal ile irtibatı teknik sebeplerle aksıyor, çözüm? Avukat üzerinden görüş. Telefon mail yok." Her şeyden önce Mehmet Haberal'ın tutukluluğunun uzunca bir zamanını geçirdiği hastanede telefon ve e-posta iletişimi olduğu basına yansımıştı. Kesilince de iletişimin avukatla sağlandığı kuşkusu anlatılmak istenmiş ancak Haberal ve Yalçın Küçük isimlerinin yan yana getirilmesi tesadüf değil. Tutuklanmadan önce defalarca CHP'nin Ergenekon tutuklularını milletvekili adayı yapmasına ilişkin görüş açıklayan, bu görüşleri haber olan, ayrıca bu fikrini konferanslarda da dile getiren Küçük iddianamedeki telefon konuşmalarında da bolca bahsetmiş bundan. Dinlenen telefonlarından bu *"Ergenekon projesi"*ni konuşmuş. Proje gizli talimat ama Yalçın Küçük bu *"sırrı"* her yerde açık etmiş. Böyle olunca da *"örgüt dokümanında"* isimler açık seçik anılarak bir araya gelmiş. Sanırım anladınız.

"Yandaş medyanın önemli önemsiz her konuyu Ergenekon'a bağlaması dalgaya alınsın, kara mizah yapılacak" cümlesi iddianamenin bir yerinde *"Ergenekon soruşturmalarını itibarsızlaştırmaya çalışmak"* olarak yorumlanmış. Bir örgüt talimatı olduğu ve Soner Yalçın'ın yazdığı iddia edilen bu cümleyi bizzat iddianamenin kendisi tekzip ediyor aslında. 62. sayfada yer verilen Soner Yalçın ile Oda TV yayın yönetmeni Barış Terkoğlu arasında geçen bir telefon konuşması var. 26 Ekim 2009'daki bu konuşmada patron Yalçın çalışanını fırçalıyor. Nedeni de Ergenekon'la ilgili çok haber yapılması. *"Ergenekon paratoneri olduk. Yani nerede Ergenekon haberi bilmem nesi varsa alıp koyuyoruz. Başka hiç mi bizim haberimiz yok abi dünyamız yok başka"* diyen Yalçın konuşmasının sonunda ise iddianamedeki suçlamayla 180 derece tezat şeyler söylüyor. Sahibi olduğu Odatv'yi *"Ergenekon'un medya üssü"* yapmakla suçlanan Yalçın, *"Ergenekon bilmem neyinin yayın organı yapmak istiyorsanız buyurun yapın abi. Ama ben olmak istemiyorum"* diyor. İlginç tabii bu çelişki. Herhalde gözden kaçmıştır.

Belgenin sonunda ise, *"Oray'la AKP ve cemaat hakkında yazacağı yazılar hakkında görüş. İstenilen kıvama gelse de yine de dikkat"* diye yazılmış. Tıpkı diğer belgelerde olduğu gibi bunda da ciddi bir sıkıntı var. Bu belgenin yanı sıra *"Hanefi"*, *"Nedim"* ve *"Sabri Uzun"* belgelerinin de Soner Yalçın'ın talimatları olduğu ve kendisinin yazdığı öne sürülüyor iddianamede. Delillerini de birazdan bu açıdan irdeleyeceğiz ancak hepsinde talimatı muhatabına değil de bir üçüncü şahsa veriyor gibi bir anlam çıkıyor. Mesela *"Sabri Uzun"* dokümanında savcı Soner Yalçın'ın bana, yani Ahmet Şık'a talimat verdiğini iddia ediyor. Ama dokümana *"Nedim, Ahmet Şık'la bu konuda görüşsün"* deniyor. İyi de talimatı alan zaten ben değil miyim? Sırası gelince hepsini anlatacağım.

Yeniden belgeye dönersek, iddianameden anladığımız kadarıyla yukarıda adı geçen Oray, Akşam Gazetesi yazarı ve Soner Yalçın'ın yakın arkadaşı Oray Eğin oluyor. Yer verilen telefon konuşmalarında Oray'la irtibat kuranın da sadece Soner Yalçın olduğu anlaşılıyor. O halde yukarıda belirtilen cümlenin anlamı Soner Yalçın'ın kendi kendine talimat verdiği olabilir mi?

8- Kılıçdaroğlu'na destek zorunlu: Bu belgenin de Soner Yalçın'ın örgütsel talimatlarını içerdiği iddianamede öne sürülmüş. Bu belgede zaten iddianamenin *"CHP'ye yönelik yürütülen faaliyetler"* başlığı altında dile getirilen Ergenekon'un CHP'yi, yönetimini ele geçirme stratejisine ilişkin suçlamalara kaynaklık etmiş. Belgede yer alan ve aşağıda inceleyeceğimiz birkaç cümlenin yanı sıra bu suçlamanın delilleri de Yalçın Küçük'e ait 12 ve Soner Yalçın'a ait 2 telefon konuşması ile Yalçın Küçük'ün göndermiş olduğu 2 adet e-postadan ibaret. Aynı zamanda başka 3 e-posta da deliller arasında. Soner Yalçın Barış Pehlivan'a bu açık mektubu sitede yayınlaması için göndermiş. Diğer 2 e-posta ise Barış Pehlivan'ın Nihat Genç'in CHP'ye yönelik eleştirilerinin anlatıldığı bir e-posta ve buna Soner Yalçın'ın verdiği kısa yanıttan oluşuyor. Toparlayacak olursak bu *"terör suçunun"* delilleri toplam 14 telefon konuşması, 5 e-posta ve bir haber.

Peki belgede neler yazıyor? *"Kılıçdaroğlu'na destek zorunlu. Liderlik çekişmesi yaratılmak istendiği açık. Haber içeriklerine dikkat! ..... (Burada üst düzey bir CHP yöneticisinin adı belirtilmektedir) oğlunun gay ilişkileri ... CHP'ye zarar verilmemeli"* diye başlayan belgede savcı üst düzey CHP yöneticisinin adını vermekten kaçınarak gösterdiği *"hassasiyeti"* parantez içinde belirtmiş. Ancak iddianamede kimin kim olduğu o kadar açık edilmiş ki bu ismin kim olduğu da, oğlunun gay olduğu da afişe edilmiş. İddianamede savcı her ne kadar *"özel hayatın gizliliğine önem verdiğini"* iddia ettiği uyarısının altını çizse de buna uyulduğunu görmek çok mümkün olmuyor. Adının baş harfleri verilerek rumuzlanan kişinin kim olduğu tape kayıtlarında açıkça söyleniyor. Yukarıdaki ne idüğü belirsiz bu belgede yer alan cümle ise hedefini vuracağını gayet iyi biliyor: Gay çocuk sahibi bir CHP yöneticisi. İşin ilginç yanı bu belgede bu konunun haber yapılmak istenmemesi savcı tarafından *"CHP'ye zarar verilmemesi istenmiş"* şeklinde yorumlanmış. Homofobi gerçekten büyük dert !!!

"Müyesser'in Baykal sevdası Oda TV yayın politikası ile bağdaşmıyor ... Hanefi ile ilgilenmeye devam etsin... Avukatlarla irtibatına dikkat etsin ..." Anlıyoruz ki Odatv Kılıçdaroğlu'ndan yana tavır koyup Baykal'ı silmiş. Ama bir yandan da Halk TV'nin satışı için Baykal faktörü var. İkili oynuyorlar alçaklar!!! Müyesser'den kasıt Müyesser Yıldız Uğur ve talimat çok manidar. Yazdığı kitabın Ergenekon ürünü olduğu kanıtlanmaya çalışılan Hanefi Avcı'yla irtibatlı olacakmış. Zaten Müyesser Yıldız Uğur'un Hanefi Avcı ile kitabı çıktıktan sonra Odatv adına röportaj yaptığı da örgütsel gizli faaliyet olsa gerek. Bir gazetecinin, haber kaynağı olan avukatlarla kuracağı irtibatta neye dikkat edeceği de meçhul. İlginç.

"Halk TV'yi devralarak parasal sıkıntımız kalmaz. Kılıçdaroğlu da istekli. Her türlü desteği alırız ama Baykal direniyor. Baykal engelini aşmalıyız. İkna için varan 2 ..." İşte bu soruşturmayı Dallas'a çeviren cümle de bu oldu. *"İkna için varan 2"*. Serinin ilk bölümünü herkes biliyor. Yukarıda da vurgulandığı gibi Deniz Baykal'dan bahsediliyor. Baykal'ı CHP genel başkanlığından eden kaset skandalına vurgu yapılıyor. Böylece ilk kasetin de *"Varan 1"* diye duyurulması anımsatılarak o pis işin de Odatv ve Ergenekon ekibi tarafından yapıldığı anlatılıyor. Birileri suçu üzerinden atıyor olabilir mi?

Odatv soruşturmasının bir diğer hedefinin CHP olduğu çok açıktı aslında. Eski liderinin kaset skandalıyla sarsıntılı günler geçirdikten sonra Kemal Kılıçdaroğlu ile toparlanma eğilimine giren CHP'nin tıpkı 12 Eylül 2010 referandumu öncesinde olduğu gibi 12 Haziran 2011 seçimleri öncesinde de seçmenin gözünde küçük düşürülmesi planlanmıştı. Gazetecilere yönelik baskı ve korkutma operasyonlarını da gölgelemesi amaçlanan bu olayda ön plana çıkan, böyle olması için tutuklanmayan kişi ise İklim Kaleli'ydi. Şimdi böyle yazdım diye birileri kalkıp *"tutuklamaları savunduğum demagojisi"* yapmaya kalkışmasın.

Çok basit bir mantıkla aklıma takılan soruları sıralamak istiyorum. Soruşturma evrakından ve iddianameden anlıyoruz ki savcıların elinde bu dosyanın şüphelisi haline getirilenlere ilişkin somut, tutarlı ve gerçek tek bir delil yok. Sahte olduğu konusunda çok ciddi şüpheler barındıran imzasız, kimin yazdığı belli olmayan, ne idüğü belirsiz 13 word belgesine uygun telefon konuşmaları, haber ve yorum örnekleri ile e-postalar *"en güçlü"* delillermiş. Savcı ve mahkemeler de bunları yeterli bularak 11 kişiyi tutuklamış. Bir diğer sanık olan Hanefi Avcı zaten cezaevindeydi. Ancak kazara diğer davasında tahliye kararı çıkarsa serbest kalmasın diye bir tutuklama da bu dosya üzerinden verildi. Dosyanın tutuksuz iki sanığından biri olan Ahmet Mümtaz İdil'in kanser hastası olduğu biliniyordu. Elbette ki bunda yadırganacak bir durum yok. Ancak CHP'ye yönelik şantaj iddialarının odağında bulunan İklim Kaleli ilginçtir savcılık sorgusunun sonrasında tutuklanmasına gerek duyulmadan serbest bırakıldı. Sonrası malum İklim Kaleli o televizyon kanalı senin bu gazete benim diyerek ekranlarda, sayfalarda Deniz Baykal'ın ne kadar *"ahlâksız bir tacizci"* ve başına gelenlerden ders almamış bir *"kadın düşkünü"* olduğunu kanıtlamaya çalıştı.

Kendisi bir mağdurdu aslında! Gazete manşetleri özellikle cemaat medyası, sevdikleri tabirle söylersek bu işi *"köpürtüp durdu"*. Baykal zaten *"sabıkalı olunca"* iş de kolaylaşıyordu. Ancak İklim Kaleli'nin tutarsızlıkları, güvenilmezliği ortaya serilince de bu kez B planı devreye sokuldu. Odatv CHP'ye ve Halk TV'nin satışı için ayak direyen Baykal'a şantaj yapacaktı. Ne de olsa Osmanlı'da oyun çoktu. *"Acaba delilsiz hukuksuz tutuklamalara imza atan savcı Zekeriya Öz'ün İklim Kaleli'yi tutuklamak istememesinin nedeni bu planlar olabilir mi?"* diye merak içindeyim. Zaten iddianamede çıkınca gördük ki Kaleli şantaj iddialarının baş karakteriymiş. İlginç değil mi?

Odatv operasyonu 14 Şubat 2011'de yapıldı. Dolayısıyla CHP'ye yönelik şantaj iddialarının belgesi de ele geçirilmişti. Delil olduğu savunulan içinde *"Varan-2"* yazan belge. Şantajın başrolünde gösterilen İklim Kaleli'nin telefon konuşmaları da iddianamede delil olarak yer alıyodu. Ancak, böyle bir iddianın ana unsuru olan bir kadın Odatv operasyonu yapıldıktan, belgeler ele geçirildikten sonra tezgâhın ortaya çıkmasından hiç korkmadan ilginç telefon konuşmaları yapmış. İddianamenin 116 ve 117. sayfalarında yer alan ve Odatv operasyonunun gerçekleştirilmesinden 7 gün sonra 21 Şubat 2011'deki telefon konuşması gerçekten ilginç. Şantaj yapılması talimatı verdiği öne sürülen Soner Yalçın tutuklu. Tüm sırlar ortaya dökülecek ama ne gam İklim Kaleli *"görev aşkı"*yla yanıp tutuşuyor. İddianamede M.S.K. diye kodlanan kişiyle aynı gün (21 Şubat) saat 18.48 ve 18.50'de iki konuşma var. İddianamede özetlenen konuşmalar şöyle: *"İklim Kaleli'nin 'Telefon açık kalsa megafonunu açsam senin telefonun bunu kayıt edebiliyor mu?' dediği, İ. Kaleli'nin 'Tamam oraya giderken' dediği, M.S.K'nin 'Evet, evet telsimi ara' dediği, İ. Kaleli'nin 'Tamam odaya girerken' dediği..."*

16320 No'lu tape kaydından 2 dakika sonra aynı ikili yeniden konuşuyor. 16322 No'lu bu tape kaydı ise şöyle: *"İ. Kaleli'nin 'Tam gerek yok. Ben burada kendim halletmeye çalışırım... Keşke alabilseydik o Teknosa'daki çocuğun şeyini' dediği, M.S.K'nin 'Yap söyle sen bunu ben yaparım o şekilde' dediği, İ. Kaleli'nin 'Yok olmaz o çok tehlikeli bu' dediği tespit edilmiştir..."*

Bu konuşmaların şantaj planının delili olduğu belirtilmiş. Konuşmanın bütününü bilmiyorum ama bu yoruma neden olacak diyaloglar gibi duruyor değil mi? İklim Kaleli ve telefonda konuştuğu M.S.K kayıt yapabilecek bir cihaz arayışında. Zaten aynı gün yapılan bir telefon konuşmasında CHP Genel Merkezi'ni arayan Kaleli'nin Kılıçdaroğlu'ndan randevu almaya çalıştığını da iddianameden okuyoruz. Bu görüşmede neler olduğu da yine 21 Şubat 2011 günü Kaleli ile Ö.F.E ile saat 21.57'de yapılan konuşmalarda mevcut. Kaleli bir şey talep ettiği Kılıçdaroğlu'na *"En büyük balığı getireceğim"* dediği ancak teklifine sıcak yaklaşılmadığından dert yanıyor.

Savcı da bu konuşmaları diğerleriyle birlikte şantajın kanıtı olarak yorumlamış. Soner Yalçın tutuklu, *"şantajın delilleri"* elde ama İklim Kaleli kararlı. 7 gün sonra bile planı uygulama peşinde. Hiç korkmamış nedense. Bu arada planların içinde yer aldığı telefon konuşmalarından anlaşılan M.S.K kim? Savcı neden ifadesini almadı? Takipsizlik kararı verilen kişiler arasında M.S.K rumuzuna uygun bir isim de yok. En azından tanık olamaz mıydı? Sorular çok ama yanıtları yok. En önemlisi de İklim Kaleli kim? Ne zaman ve nasıl Odatv'de işe başladı? Neden tutuklanmadı? Aynı zamanda telefonlarının dinlendiği dönemde Şamil Tayyar ile görüşmeleri ve mesajlaşmaları olmasına karşın neden dosyalardan çıkarıldı?[17] Merak etmiyor musunuz?

"Gürsel bize yakın Halk TV içinde çabalıyor ancak hoca sevmiyor, Fethullahçı diyor" cümlesinde kastedilen kişinin Gürsel Tekin olduğu herkesin malumu. Kılıçdaroğlu'yla birlikte yıldızı parlayan ve parti içinde etkin bir konuma geçen Tekin'in önü mü kesilmeye çalışılıyor? *"Bize yakın"* vurgusundan kastedilen Ergenekon mu oluyor?

"Görüşmeler olumlu, Kılıçdaroğlu 'Seçimlerden önce bu iş bitsin' dedi. Ayrıca Hoca'nın talepleri kendisine iletildi. KCK konusunda da ılımlı" denilerek Yalçın Küçük'ün taleplerinin milletvekili adayları ile ilgili olduğu mu kastedilmiş? İddianameden anlıyoruz ki öyle. *"Hoca"* denilerek kastedilen Yalçın Küçük'ün ardından da bir başka komplo davası olan KCK'den bahsedilmesi ne kadar manidar değil mi? *"Düz ovada"* siyaset yapan Kürtlerin temsilcilerinin Ergenekonvari bir başka torbanın içine doldurulduğu KCK davasının ardında da cemaatin güçlü bir parmağı olduğu hep dillendirilmişti. Kürt sorununun çözümü konusunda en yeni bariyer olan bu davalar nedeniyle 6 binin üzerinde insan tutuklu. Aralarında milletvekili olanlar da, seçilmiş belediye başkanları da var. PKK'yi Yalçın Küçük üzerinden Ergenekon'a bağlayan zihniyet KCK'yi de bu ifadeler üzerinden aynı torbaya sokuyor. Hepsi de *"KCK konusuna ılımlı"* Kemal Kılıçdaroğlu ve CHP'ye bağlanmış olunuyor. Bravo!!!

9 - Koz: Yine Soner Yalçın'ın talimatları olduğu öne sürülen bu belgenin hedefinin Kâşif Kozinoğlu olduğu açık. Aynı zamanda Odatv de bu MİT'çiyle ilişkili gösterilmeye çalışılmış. Odatv zaten Ergenekon'un medya üssüydü öyle değil mi? Ne grift ilişkiler değil mi?

"Rusya ve Özbekistan'daki cemaat operasyonları hakkında Kozinoğlu'ndan gelen belgeleri mutlaka gündeme taşıyalım. Diğer belgeleri de değerlendirelim" yazıyor belgede. Bu cümlelerde sözü edilen belgelerin MİT'in Gülen cemaatine ilişkin yaptığı resmi çalışmalar olduğunu iddianameden anlıyoruz. Bu dokümanın bulunduğu

17) Ek klasörlerdeki bilgilere göre; Odatv operasyonunda gözaltına alınmasından önce İklim Kaleli Şamil Tayyar'ı bir kez Şamil Tayyar İklim Kaleli'yi 9 kez aramış. Bu görüşmelerin tapeleri dosyalara konulmamış.

"kozinoglu3" isimli klasörde çok sayıda gizli MİT dokümanı varmış. Aynı zamanda TSK'ye ait belgeler de bulunuyormuş. Kısacası bir gazeteci için maden. TSK'ye ait olduğu belirtilen 17 belge varmış mesela. TSK 7'sinin kendileriyle ilgisinin olmadığını belirtmiş. 4'ü hâlâ gizliymiş. MİT'in olduğu söylenen belgeler çok ilginç gerçekten. *"Örgüt mensubu olmaktan yargılanmış basın mensupları", "Abdülkadir Aygan'la ilgili bilgi notu", "PKK'nin yurt dışı organizasyonları", "Haydar Baş-Fethullah Gülen MİT raporu", "Fethullah Gülen grubunun yasadışı faaliyetleri"*....

Anlayacağınız en azından *"şok şok şok"* anonslarıyla duyurulur gibi görünüyor belge isimlerinden. Peki, bu belgeler nerede bulunmuş? Odatv isimli internet sitesinde. KOZ dokümanının 4 Ağustos 2010'da oluşturulup kaydedildiğinin iddianamede belirtildiği Odatv'nin bilgisayarında Fethullah Gülen cemaatine ilişkin MİT raporları olacak ama haber yapılmayacak. Hem de Odatv operasyonu olmadan 7 ay önce yazıldığı söylenen, Soner Yalçın'ın örgütsel talimatları olduğu öne sürülen KOZ belgesinde *"Kozinoğlu'ndan gelen belgeleri mutlaka gündeme taşıyalım"* şeklindeki *"emire"* rağmen kimse haber yapmamış. Çok şaşırdım. Gerçekten ilginç.

10- Org mu: İddianamede bu belgenin de Soner Yalçın'ın talimatlarını içerdiği öne sürülmüş. İçeriğinde ise Odatv operasyonları yapılmadan önce tutuklu olmayan ancak malûm medyanın hedefe koyduğu Orgeneral Bilgin Balanlı'dan bahsediliyor.

"Org mu Korg mu? Balanlı ile ilgili aktifte çıkan haber zamanlama ve içerik bakımından çok anlamlıydı. İçerik nasıl bu kadar zengin olabiliyor? İyi bir çalışma ile karşılanması lazım. (Yalçın Hoca'nın isteği) Balanlı Paşa çok stratejik bir konumda. Sorun çıkmaması hakkındaki haberler artabilir, anında cevap verilecek" yazan belge gerçekten manidar.

Belgede *"Aktifte"* denilenden kasıt www.aktif-haber.com isimli haber sitesi. Tahmin edeceğiniz üzere cemaatin internet medyasındaki ayaklarından biri. Bu sitede ne yayınlandı açıkçası bilmiyorum. Ama belli ki Orgeneral Balanlı hakkında birtakım iddialar dile getirilmiş ve soruşturulması istenmiş. Balanlı'yla ilgili yazının bu belgede anılması ise o haberde anlatılan iddiaların bir *"Ergenekoncu"* tarafından doğrulanması amacını taşıyor olabilir mi? Zaten *"örgüt lideri"* Yalçın Küçük de karşılık verilmesini *"emretmiş"*. Ah seni gidi Ergenekon seni!!! Zaten Balanlı da tutuklanmıştı Odatv operasyonundan sonra.

11- Hanefi: Soner Yalçın yememiş içmemiş örgütsel talimat yazmış. İşin ilginci illegal gizli bir örgüt adına hem de son 4 yıldır Gölcük Donanma Komutanlığı'ndan, Seferberlik Tetkik Kurulu arşivlerinin olduğu kozmik odaya dek polislerin savcıların girip *"delil"* topladığı, bir dönemin en kudretli paşalarının madara olduğu bir dönemde işyerindeki bilgisayara yazmış bunları. Olmuyor Soner Yalçın, illegalite ne demek bilmiyor musun hiç? Savcı *"Hanefi"* belgesine de Yalçın'ın *"örgütsel talimatları"* demiş. İçinde yok yok!

> *"Hanefi'nin kitabı ne durumda, referandum öncesine yetiştirilmeli. Nedim'i sıkıştırın, hızlandırsın. Referandum sürecinde cemaati yıpratmak ve kamuoyu üzerinde güvenirliliğini azaltmalı; Hanefi kullanılmalı. Böyle bir şeyi kendini ortaya koyarak teklif etmesi önemli."*

Bu başlangıç cümleleri bile daha ilk satırından bu belgenin kurgulanmış, sahte bir metin olduğunu ortaya koyuyor. Düzenlenen komplonun bir aracı olan bu kurgulanmış sahte belgeyle Hanefi Avcı'nın çok ses getiren kitabı itibarsızlaştırılmaya çalışılmış. Cemaatperver uzmanların gazete köşelerinden, manşetlerden ve televizyon ekranlarından günlerce, referandum öncesi (Ağustos 2010) çıkan bu kitabın amacının AKP'yi yıpratmak ve Ergenekon soruşturmalarını kuşkulu hale getirmek olduğu ajitasyonu yapıldı. Daha, yakın bir zamana dek cemaat yayınlarında baş tacı edilen emniyet müdürünün işkenceci sicili, infazlarda rol aldığı haberleri boy gösterdi. Avcı'nın emniyet içindeki cemaat örgütlenmesinin aldığı tehlikeli duruma işaret eden iddiaları hiç konuşulmadı bile. Çünkü Hanefi Avcı da artık *"Ergenekoncuydu"*. *"Nedim'i sıkıştırın"* ibaresi ise gazeteci Nedim Şener'i sanık yapmanın bir aracı olarak yerleştirilmişti metne. Mealini iddianameden öğrendik. Avcı'nın kitabının cemaatle ilgili iddialarının dile getirildiği 2. bölümünü *"Nedim Şener kaleme almış"*. Sizi bilmem ama o süreci de yakından takip etmiş birisi olarak bana çok tanıdık geldi bu iddia. Nedim ile birlikte tutuklandığımız Mart başından bu yana çok konuştuk konuyu. Bu iddiaya konu olan tezlerin nereden çıktığını, kimlerin yumurtladığını da biliyoruz ikimiz de. Avcı'nın kitabı çıktıktan sonra televizyon kanallarındaki tartışma-haber programlarının konukları arasındaydı Nedim. O programlardan birinde söylenen *"çamur at izi kalsın"* minvalindeki bu iddia 5 ay sonra tutuklanmasının nedeni oldu. Habertürk televizyonunda 3 Ekim 2010'da yayınlanan *"Olduğu Gibi"* programının konuklarından biri olan Polis Akademisi öğretim üyesi Önder Aytaç, *"Hanefi Avcı'nın kitabını yazan 8 gazeteci var"* diyerek isimleri sıralamaya başladı. Bu isimlerin arasında yer alan gazetecilerden biriydi Nedim. Bu iddianın üzerine atlayan aynı programın diğer konuğu Şamil Tayyar, o dönem çalıştığı Star gazetesindeki köşesinde. *"cemaatin polislikten devşirme köşe yazarı"* Emrullah Uslu da Taraf gazetesinden ve katıldıkları televizyon programlarından bu tezi dolaşıma soktu. Önce bir yalan ortaya atıp sonra da herkesi inandırmaya çalışan bu zevatın çabasının sonuç verdiğini ise tutuklamalar yaşandığında gördük. Kitabın Avcı'yla Şener'in ortak üretimi olduğuna dair iddianamede tek bir delil olmadığı da ortaya çıktı. Ama bu kurgulanmış belgede yazılanlar yeterli görülmüştü!!!

Bu paragrafın sonunda yer alan cümlelerdeki çelişki de izaha muhtaç. *"Hanefi kullanılmalı"* dedikten sonra gelen cümlede Hanefi'nin kendisinin teklifte bulunduğu yazılmış. Eğer Hanefi Avcı ile açıkça konuşarak ve kendisinin teklifiyle bir işbirliği varsa bu durum *"istismar etmek"* anlamında kullanılan bir sözcükle *"kullanalım"* diye mi anlatılır? Bu çelişkili durumun açıklanması gerekmez mi sizce de?

Ergenekon kod isim diye bir şey bilmiyor mu?

"Avcı ile direkt görüşmeyelim, Nedim'i ve Cumhur'u kullanalım. Müyesser'in emniyet bağlantılarından yararlanalım" cümlelerinin bir örgüt dokümanında yer alması incelemeyi yapan polislere hiç yadırgatıcı gelmiyor nedense. Bugüne dek polislerin binlerce sayfa örgüt dokümanı incelemiş olması gerekir. Böylesine gizli bir örgüte ait olduğu söylenen bu dokümanda, tıpkı daha önce incelediğimiz diğerlerinde ve birazdan anlatacağımız iki belgede de olduğu gibi herkesin adı faş edilmiş. Neredeyse bir tek ikamet adresleri, telefon numaraları, vatandaşlık numaraları yazılmamış. Kimsenin kod adı yok ya da kimliğini açık etmeyecek kısaltmalara, rumuzlara hiç ihtiyaç duyulmamış. Bir yandan daha öncekilerde gördüğümüz şekliyle polis takiplerinden, telefon dinlemelerinden bahsedip gizliliğe özen gösterilmesi, dikkat edilmesi istenen uyarılar varken belgelerin içinde herkesin adı geçiyor. Nedense adları anılan kişiler cemaate, AKP politikalarına muhalif tutum takınanlar. Kimi kaba saba kimisi de birtakım somut olgular üzerinden soruşturmaların aksaklıklarını dile getiriyor ve bu isimlerin her biri, adeta polis ve savcılar sobelesin diye örgüt dokümanlarında

açık seçik yazılıyor. Bu metinlerin örgütsel doküman değil, hedefe konulan kişilerin suçlu göstermenin delili olarak kullanılmak için üretilmiş, kurgulanmış, sahte belgeler olduğu çok açık. Öyle ki çok kolay akılda tutulacak konular, hiçbir karşılığı olamayacak iddiaların önünü açmak için birileri hakkında suç oluşturma amacıyla yazılı metne dönüştürülmüş. Soner Yalçın bir telefon uzağında olan ya da Odatv bürosunda karşılaştığı çalışanlarına yüz yüze söyleyebileceği konuları örgüt talimatı haline getirmiş. Bu iddianamenin dayandığı tek delil de bu sahte belgeler olmuş. *"Avcı ile görüşmek için Nedim'i kullanalım"* diye yazılan ve delil kabul edilen belgeyi doğru kabul eden savcılar ikili arasındaki irtibatları bulmayı ise nedense akıl edememişler. İddianamede delil gibi sunulan telefon konuşmalarının içeriğinin ise kanıt değil bu iddialarla ilgili olarak haber dışında bir konu olmadığı bile çok açık. Savcı hiç *"makul şüphelenmemiş"* yani.

Müyesser Yıldız Uğur'un polis müdürü olan kocası üzerinden emniyetle sıkı bağları olduğu vurgusunun nedeni de eş durumundan olsa gerek. Zaten Avcı ile kitabı çıktıktan sonra röportaj yapan da o idi. Bu gizli örgüt adına yürütülen illegal faaliyet Odatv'den de yayınlandı. Örgüte bak sen.

Paragrafın devamında *"Tepkiler çok büyük olacak, güvenirliliğini yıpratmaya çalışacaklardır, yayın sonrası dürüstlüğü ön plana çıkartılmalı. Sabih Üstat da 'İlhan Cihaner olayı kitapta muhakkak işlenmeli diyor. Cihaner'i bayraklaştıralım"* cümleleri yer almış. Bu vurgulamalardan çok açık ki kitabın yayınlanmasından sonra oluşan tepkilere bakılıp, işlenen konular ele alınıp senaryo yazılmış. Avcı'yla ilgili çıkan haberlerde ve geçmişinde de hep dürüstlüğü vurgulanıyordu. Cemaat medyası ise tam da yazıldığı gibi güvenilirliğini sarsmaya yönelik haber ve yorumlara yer verdi. Senaryo çok basit kurgulanmış ama insanları özgürlüğünden alıkoymaya da yetmiş anlayacağınız. Cemaat ve AKP'nin, 367 saçmalığının mimarı olan Sabih Kanadoğlu'nu[18] Ergenekon şüphelisi yapma gayreti burada da kendini göstermiş. Suçlu olduğuna kamuoyunun ikna edilemediği İlhan Cihaner üzerinden bir taşla iki kuş hedeflenmiş.

"Doğu 'Hanefi'nin ağzından Ergenekon'un boş bir dava olarak anlatılması sağlanmalı' diyor. Doğu'nun çalışmalarından faydalanalım. Hanefi'ye güven verilmeli. Doğu cemaat ile ilgili M. Cengiz'de kullanılabilecek yeni belgelerin olduğu haberini gönderdi. Muhakkak görüşülmeli. Bu belgelerde cemaat için kavga başlatacak bilgiler olduğunu söylüyor. Kitaba eklenmeli" cümleleriyle Hanefi Avcı'nın kitabının bir Ergenekon ürünü olduğu fikri pekiştirilmeye çalışılmış. Paragrafın ilk cümlesinden Ergenekon tutuklusu Doğu Perinçek'in kitap yazma talimatı verdiğini düşünmemiz isteniyor. İşin ilginç yanı zaten Ergenekon örgütüne kendisinin teklif sunduğu ilk paragrafın ilk cümlesinde vurgulanan Hanefi Avcı'ya ne için güven verileceğini ben çözemedim. İşçi Partisi mensubu avukat Mehmet Cengiz'in adının da kullanılması yeni bir şüpheli yaratma çabası belli ki.

İlgili paragrafın devamı yine Avcı'nın kitabıyla ilgili *"Kitapta Ergenekon, Cihaner, Balyoz, Poyrazköy gibi operasyonları poliste ve savcıdaki F tipi yaptı vurgusu iyi kurgulanmalı. Cemaat operasyonu, hukuki olarak hiçbir değeri yok algısı oluşturulacak. Hasan Fehmi'nin Silivri'den getirdiği notlar iyi değerlendirilmeli. Danıştay'ın türban eylemi olduğu Hanefi'nin ağzından net bir şekilde vurgulanmalı. Hanefi'nin böyle de-*

18) Eski Yargıtay Cumhuriyet Savcısı Sabih Kanadoğlu 2007 yılındaki Cumhurbaşkanlığı seçimlerinde ilk oturuma 367 milletvekilinin katılması gerektiğini öne sürülmüş ve Abdullah Gül'ün 357 oy aldığı ilk tur seçim Anayasa Mahkemesi'nce iptal edilmişti. Daha sonra 367 üyeye TBMM de ulaşılamaması nedeniyle genel seçime gidilmişti.

ğerlendirilmesi kamuoyunda ciddi bir etki bırakır. Çetin Doğan'ın verdiği bilgiler kitapta muhakkak yer almalı, Balyoz'un normal bir seminer olduğu ülke güvenliği için gerekli olduğu vurgusu işlenmeli. M. Cengiz'deki yeni bilgiler ve Hanefi'nin gönderdikleri üzerinden, emniyeti ele geçirmiş F tipi yapılanmayı kitapta işleyelim."

Söz konusu belge bu cümlelerle son buluyor iddianamede. Tezgâh öylesine basit kurgulanmış ki bunları açıklamaya çalışmak bile gereksiz aslında. Avcı'nın kitabı okunmuş, basından öne çıkarılan değerlendirmeler incelenmiş. Cemaatperver kalemlere çene ishali olmuşçasına dillendirilen suçlamalar *"örgütsel doküman"* denilen bir belgede arka arkaya sıralanmış. Bu yapılırken hedef seçilen isimler de metinlere serpiştirilmiş. Elbette hatalar da yapılmış. Aslında çelişki demek daha doğru. Mesela Danıştay saldırısının türban eylemi olduğunun haber yapılmasının *"emredildiğini"* görüyoruz. Ancak Avcı'nın ilgili kitabında yer verilen olayın anlatımında *"türban"* kelimesi hiç geçmiyor. Hatta bu saldırının türban nedeniyle gerçekleştirildiğine yönelik tek bir sözcük yok. Avcı kitabının ilgili bölümünde olayın sebebini değil polisin, savcının soruşturmayı yürütüş biçimini eleştirmekle yetiniyor. Öte yandan muhafazakâr bir ülkücü geçmişi bulunan bu polis müdürünün türban sorununda meseleye inançlara saygılı olunmasından yola çıkarak yaklaştığı, özgürlükçü bir anlayıştan yana saf tuttuğunu hatırlatmakta fayda var.

Balyoz soruşturmasının kitapta anlatıldığı bölümünde Avcı'nın, sanki ilişkiliymiş gibi gösterilmeye çalışıldığı Çetin Doğan'a ilişkin olumsuz ifadelerle eleştiride bulunduğu da bir başka çelişki. Öte yandan örgütsel talimatta belirtilmiş olmasına rağmen Avcı'nın kitabında Poyrazköy davası da ele alınmamış. Balyoz davasının en önemli *"eylem planları"* olan *"Sakal, Suga, Çarşaf, Eldiven"* adıyla anılan plan, tatbikat ya da benzer olaylara ilişkin hiçbir bilgi ve değerlendirme de yok. Ergenekon talimatıyla yazdığı öne sürülen kitabında örgütün *"emirlerini"* yerine getirmiyor. Emre itaatsizlik ediyor! Olmuyor Avcı olmuyor! Belgede Mehmet Cengiz'in adının bir daha vurgulanması da çok komik. Anladık, hedef seçmişsiniz işte.

Belgede ilk satırda, *"Hanefi'nin kitabı ne durumda, referandum öncesi yetiştirmeli" denilen son satırda, "Hanefi'nin gönderdikleri üzerinden emniyeti ele geçirmiş F tipi yapılanmayı kitapta işleyelim"* denilmiş. Yani ilk satıra göre kitabı Hanefi Avcı ancak son satıra göreyse başkaları yazıyor. Zaten bu konudaki *"kafa karışıklığı"* iddianamede de kendini gösteriyor. İddianamenin 96. Sayfasının 4'üncü paragrafında, *"Soruşturma kapsamında elde edilen delillerden Ulusal Medya 2010 dokümanında belirtilen stratejinin aynen uygulandığı ve bu kapsamda Emniyet Müdürü Hanefi Avcı'ya 'Haliçte Yaşayan Simonlar'* ***kitabının yazdırıldığı anlaşılmıştır"*** denilmiş.

Aynı sayfanın 10. paragrafında yazanlar ise şöyle: *"Nedim Şener'in gazetedeki köşesinde 'Haliçte Yaşayan Simonlar' kitabından alıntı yaptığını belirterek yazdığı kısımların kitabın basılmış halinden değil de taslak halinden alıntı yaptığı anlaşılmaktadır. Bu faaliyetlerde Nedim Şener'in, Hanefi Avcı ile irtibat sağladığını ve* ***onu yönlendirdiğini*** açıkça göstermektedir. "

Yine aynı sayfanın 11'inci paragrafında ise savcı bu kez, *"Dolayısıyla tespit edilen bu çelişkiler kitabın ikinci bölümünün* ***Hanefi Avcı tarafından kaleme alınmadığının...****" Yine 96'ncı sayfanın 12'nci paragrafında Hanefi Avcı kastedilerek "... Ergenekon Silahlı Terör Örgütü'nün talimat ve yönlendirmeleri ile 'Haliçte Yaşayan Simonlar' isimli* ***kitabı yazdığı,*** *kitapta sanık* ***Doğu Perinçek'in etkisi ve yönlendirmelerinin olduğu...*** " yazmış. Daha bitmedi, bir de 97'nci sayfanın 2'nci paragrafı var. Orada da, *"... kitabın ikinci bölümünün* ***Hanefi Avcı tarafından kaleme alınmadığı...*** " demiş savcı.

Savcının kafası belli ki çok karışmış. O yüzden aslında bu kitabı kimin yazdığını tespit dahi edememiş. Halbuki yazarı, Hanefi Avcı *"Ben yazdım"*, kitabı yazdığı öne sürülen Nedim Şener ise *"Ben yazmadım"* derken yine de yukarıdaki absürtlüklerin neredeyse hepsi bir tek sayfaya konularak suçlama yöneltilmiş.

Öte yandan Hanefi Avcı isimli belgede o kadar çok isim geçiyor ki manası yok. İnsan bir kez daha *"Bu nasıl gizli örgüt?"* diye soruyor ister istemez. 20 satırlık belgede Yalçın Küçük, Soner Yalçın, Doğu Perinçek, Sabih Üstat, Nedim, Cumhur, Müyesser, Hasan Fehmi, Çetin Doğan, M. Cengiz, belgeye de adını veren Hanefi ve Cihaner isimleri hemen her satıra serpiştirilmiş. Bu isimlerin hepsi de Hanefi Avcı'nın kitap yazdığını ve içeriğini de biliyor görünüyor. Herkesin her şeyi ve örgüt mensubu olduğunu bildiği gibi garabet bir durum ortaya çıkıyor. Nerede kaldı gizlilik? Nerede illegalite?

12- Nedim: Soner Yalçın'ın talimatlarını içerdiği iddia edilen bir başka belge de bu. Ergenekon üyesi denilen Yalçın'ı anlamak mümkün değil. Yazdığı öne sürülen belgelerde *"örgüt üyelerinin"*adını adeta hedef gösterircesine açık seçik yazması yetmemiş. Bir de *"örgüt dokümanları"* denilen belgelere de verdiği isimlerle resmen *"ihbar etmiş". "Hanefi", "Nedim", "Sabri Uzun" ya da* Kâşif Kozinoğlu'nun ima edildiği *"KOZ"* gibi isimleri neden verir ki bir *"örgüt üyesi"* anlayamadım.

"Nedim" isimli belgede de hedefler çok açık Nedim Şener, Hanefi Avcı ve soyadı verilmese de Hürriyet muhabiri Toygun Atilla. Savcılık sorgusunda bu Toygun'un bahsettiğimiz Toygun olduğu ortaya çıkmıştı. Zaten Toygun Atilla'nın adının geçtiği Nedim Şener'in bir telefon konuşması da iddianameye konulmuş. O konuşmayla ilgili hiçbir suç unsuru olmamasına rağmen hem de. Nedenini biliyoruz Hanefi Avcı'nın kitabını haber yapanlardan biri de Toygun Atilla'ydı. Habertürk'teki televizyon programında cemaatçi Önder Aytaç'ın ağzını köpürterek *"Avcı'nın kitabını yazan gazeteciler"* diye açıkladığı 8 isim arasında Toygun da vardı. Avcı'nın kitabını ilk haberleştiren üç gazeteciden biri olan Vatan gazetesindeki Tayfun Hopalı'nın adının da Aytaç tarafından zikredildiğini anımsatalım. Belgede neler yazıyormuş bir görelim: *"Nedim'in emniyet bağlantıları önemli, irtibatlarını devam ettirsin. Toygun'un gazete ile problemleri var, Nedim çözebilir mi? Haber yayınlatamıyorsa neden değerlendirmiyoruz, Hanefi ve ekibini çok iyi tanıyor. Nedim ile Hanefi'nin Dink konusundaki görüş ayrılıkları gündem yapılmamalı, üzerinde durulursa savunmamız ve etkisini arttırmamız zor olabilir, Nedim bu konuda duyarlı olmalı, çok fazla Hanefi'nin üzerine gitmemeli, ana gündemden kopup Hanefi'yi tartışılır hale getirmiş oluruz."*

Bu örgütsel dokümanın her bir cümlesi tıpkı diğerleri gibi neresinden tutarsanız elinizde kalıyor. Bir gazetecinin haber kaynakları arasında emniyetten birilerinin olması kadar doğal bir şey olabilir mi? Hele ki bu gazeteci yolsuzluk haberleriyle öne çıkmışsa ya da kendisini cezaevine getiren Hrant Dink suikastıyla ilgili iki ayrı kitap yazdıysa bundan doğal ne vardır sorarım size. Bir diğer çelişki ise talimatı verdiği iddia edilen Soner Yalçın'ın Nedim'den Hürriyet çalışanı Toygun Atilla'nın gazeteyle olan problemini çözmesini istemesi. Soner Yalçın Hürriyet'in bir yazarı olarak bir Hürriyet çalışanının sorununu Milliyet ve Posta gazetelerinde çalışan Nedim Şener'den istemesine ne demeliyiz? Aklıma yine *"Yeter ve oha"* demek geliyor. Soner Yalçın biliyorsunuz Odatv'nin sahibi. Herhalde *"Haber yayınlatamıyorsa biz neden değerlendirmiyoruz"* diyerek kendi kendine talimat veriyor olmalı. Yoksa, size gönderirse Toygun'un yayınlatamadığı haberi alır Odatv'de yayınlarsın. Örgüt dokümanında ne demeye kendi kendine konuşuyorsun.

Arkadan gelen cümle ise tam evlere şenlik. Dink suikastına ilişkin kitabı yazan,

Avcı'ya katkı sunduğu, hatta kitabının bir diğer yazarı olduğu öne sürülen Nedim Şener ile Avcı arasında görüş ayrılığı olduğu anlatılıyor. Bu nasıl bir örgüt ki, üyeleri böyle önemli bir konuda farklı fikirleri savunuyor. Hatta yazdıkları kitaplar da aynı konuda, Dink suikastında bambaşka tezler ileri sürüyorlar. Avcı'ya göre Dink suikastı çözülmüş bir cinayetken Şener ise asıl faillerin, tetiği çektirenlerin peşinde. Hatta diyor ki; Dink suikastı Ergenekon soruşturması kapsamına alınsın. Üye olduğu örgütü durduk yerde hedef gösteriyor. Ve tüm bu gariplikler rağmen niyetlerinin ne olduğu açıkça belli olan kurgulanmış sahte belgelerle şüpheli yaratılıyor. Bu belgede, *"Nedim ile Hanefi'nin Dink konusundaki görüş ayrılıkları gündem yapılmamalı, üzerinde durulursa savunmamız ve etkisini arttırmamız zor olabilir. Nedim bu konuda duyarlı olmalı, çok fazla Hanefi'nin üzerine gidilmemeli, ana gündemden kopup Hanefi'yi tartışılır hale getirmiş oluruz"* şeklinde *"talimatlar"* bulunuyor. İddianameye bakılırsa bu ifadelerin olduğu belgenin üretim tarihi 9 Ağustos 2010.

Şimdi biraz hafıza tazeleyelim. Bunun için de 33. Klasörün 134 dizin numarasından faydalanalım. Bu klasörde belirtilen sayfada Nedim'in Habertürk TV'de katıldığı bir programda Hrant Dink suikasti ile ilgili Hanefi Avcı'yla aynı şekilde düşünmediğini söyleyen sözlerin deşifresi bulunuyor. Dikkatinizi çekerim tarih 3 Ekim 2010. Zaten Nedim'in Dink suikastinde Hanefi Avcı ile farklı düşündüğünü söylediği tek örnek de bu değil, 29 ve 30 Eylül 2010 tarihlerindeki başka kanallardaki programlarda benzer şeyleri söylemiş. Ama iddianameye bakılırsa 9 Ağustos 2010'da üretildiği ve örgüt talimatı olduğu öne sürülen bir belgedeki emirler yaklaşık 2 ay sonra Eylül ve Ekim 2010'da gündeme gelen konu olmuş. Bu Ergenekon çok öngörülü bir örgütmüş. İki üyesinin arasında görüş ayrılığı çıkacağını bilip önceden önlemini almak istemiş. Ama başarılı olamamış. Hem üyelerine emirlerini dinletememiş hem de öngörüleri çok yerinde olmasına rağmen başına gelecekleri de görememiş. Aslında bu belgenin kimler tarafından üretildiğini, Odatv operasyonunun nasıl yapıldığını ve sahte belgelerle kimlerin nasıl hedef haline getirildiğini Barış Terkoğlu mahkemedeki titizlikle hazırlanmış, güzel savunmasında anlatmıştı. Barış Terkoğlu'na kulak verelim o halde:

> *"Bakınız bu soruşturma nasıl başladı? Elbette telefon tapelerinden anlaşılıyor ki bazı sanıklar 2 yıldır dinleniyor. Ancak soruşturmanın bir başka kronolojisi var. Ondan söz edeyim. Şöyle ki;*
> *20 Ağustos 2010: Hanefi Avcı'nın polisteki cemaat yapılanmasını anlattığı 'Haliçte Yaşayan Simonlar' kitabı çıkıyor. Hedefteki polisler hummalı bir çalışmaya başlıyor.*
> *28 Eylül 2010: Hanefi Avcı, Marksist-Leninist Devrimci Karargâh örgütüyle ilişkili olmakla suçlanarak tutuklanıyor. Avcı, 2 gün sonra yapacağı çok önemli açıklamayı bu sebeple yapamıyor. İşte bu tarihten sonrasını Odatv iddianamesi 32. ek klasöründen takip ediyoruz. Polis teşkilatı bambaşka bir çalışmaya başlıyor. Avcı tutuklandıktan sonra sıra kitabını tutuklamaya geliyor. Zira kitap hala özgür.*
> *32. ek klasörde polisin medyayı mercek altına aldığını ve 'çok özel' bazı gazetecilerin açıklamalarını ihbar kabul ederek tutanak hazırladığını görüyoruz.*
> *29 Eylül 2010: CNN Türk- Tarafsız Bölge-Adem Yavuz Arslan.*
> *29 Eylül 2010: Şamil Tayyar'ın köşe yazısı.*
> *30 Eylül 2010: CNN Türk- Tarafsız Bölge-Mehmet Baransu, Emrullah Uslu, Önder Aytaç.*

1 Ekim 2010: Şamil Tayyar köşe yazısı.
3 Ekim 2010: Cine 5-Derin Mevzu-Şamil Tayyar.
3 Ekim 2010: Habertürk TV- Olduğu Gibi- Şamil Tayyar, Önder Aytaç.
Bu gazetecilerin söz konusu programlarda yaptığı açıklamalar 32. klasörde var.
Bu 5 gazeteci Avcı tutuklandıktan bir gün sonra bu sefer kitap hakkında neredeyse aynı açıklamayı yapıyor: 'Bu kitabı Ergenekon yazmış olmalı'.
Dikkatinizi çekiyorum henüz ne Odatv baskını yapılmış ne de ortada herhangi bir delil var. Ancak bir kısmı resmen polis olan ve tamamı polisten beslenen bu gazeteciler 4 ay sonra olacakları önceden 'tahmin' ediyorlar. Söz konusu gazetecilerin Avcı'nın işaret ettiği cemaate en hafif tabirle yakın olduğunu hatırlatalım.
Polis İzin İstiyor.
İşte bu gazetecilerin açıklamalarını not eden İstanbul Emniyeti, 20 Ekim 2010'da İstanbul Cumhuriyet Başsavcılığı'na bir yazı yazıyor.
Yazıda şunu söylüyor: 'Hanefi Avcı'nın bahse konu kitabının iddia olunan Ergenekon Silahlı Örgütü tarafından bir dezenformasyon faaliyeti kapsamında yazdırılmış olabileceğine dair yayınların da yapıldığı tespit edilmiş olup...'. Polis, savcıdan gazetecilerin açıklamalarını ihbar kabul ederek soruşturma izni istiyor.
Savcı Veriyor
Hanefi Avcı'ya Devrimci Karargah Davası'nda tutuklama isteyen savcı Kadir Altınışık hemen aynı gün (20 Ekim 2010) yanıt vererek soruşturma izni veriyor.
Savcı Altınışık medyada çıkan haberleri işaret ettikten sonra şöyle söylüyor:
'Şüphelinin yazmış olduğu 'Haliç'te Yaşayan Simonlar' isimli kitabının bu kapsamda incelenmesi, bu konuda detaylı bir araştırma yapılması, varsa iddia olunan Ergenekon Silahlı Terör Örgütü ile arasındaki örgütsel irtibatı ortaya koyacak tüm delillerin toplanması...'
İronik bir durum. Fark ettiniz mi bilmem? Savcı Hanefi Avcı'nın değil kitabın örgüt irtibatı olduğunu söylüyor. Bir ifade hatası gerçeği de ifade ediyor. Sıranın kitabı tutuklamaya geldiğini söylemiştim. Savcı Altınışık'ın talebi bu sebeple yerinde.
Çalışmalar başlıyor.
Odatv sahibi Soner Yalçın'ın iki yıl boyunca dinlendiğini söylemiştim. İşte bu noktada önemli bir tarih var.
1 Kasım 2010: Polis bu tarihten sonra Yalçın hakkında hummalı bir çalışmaya başlıyor. Soner Yalçın'ın Haziran 2009'dan itibaren iddianameye alınan 286 görüşmesinden 285'i bu tarihten başlayarak hızla tape ediliyor.
20 Ocak 2011: Barış Pehlivan ve benim telefonlarım dinlenmeye başlanıyor. Soner Yalçın'ın televizyon kurma girişiminin ise önceki gün ete kemiğe büründüğü telefon konuşmalarından anlaşılıyor.
14 Şubat 2011: Ama bu tablo çok açık bir şekilde önce suçun, sonra suçlunun nihayetinde de delilin yaratıldığı bir soruşturmanın varlığını gösteriyor."

13- Sabri Uzun: Ulusal Medya 2010 belgelerinde anlatılan bir bölüm üzerinden yazdığım kitap *"İmamın Ordusu"* ve dolayısıyla adım Ergenekon çamuruna bulaştırılmak istendi. Ulusal Medya 2010 uydurma belgesinin "Strateji" başlıklı kısmında yer alan *"Operasyon sürecini yürüten kurumlara mensup olup tezlerimize ve faaliyetlerimize destek veren kamuoyunun yakından tanıdığı ve güvendiği kişilerle, Ergenekon ve benzeri davaların tertip olduğu yönünde açıklama ve yayın yaptırılması için bilgi, belge ve* *teknik destek sağlanmalıdır"* yazmasından yola çıkılarak kitabımın Ergenekon örgütü kapsamında değerlendirildiği yorumunu yapmışlar. Üstüne üstlük kitabın Emniyet Müdürü Sabri Uzun'un imzasıyla yayınlatılmasının planlandığı da öne sürülüyor. Bu iddiayı destekleyen tek olgu ise Odatv'de bir bilgisayar hard diskinde bulunduğu belirtilen, kimin yazdığı bilinmeyen, imzasız bir dijital word belgesi. *"Sabri Uzun"* isimli bu word belgesinde, *"Sabri'nin kitap konusunda çekinceleri var, ikna etmeye çalışalım, kitabı seçimden önce yetişmeli, Nedim, Ahmet Şık'la bu konuda görüşsün, Kitaba çalışırken cesur olun. Çıkarma ve ekleme yapmaktan çekinmeyin. Bu kitap Simondan daha kapsamlı olmalı. Nedim'i kutlarım. Ahmet'i çalıştırsın. Hanefi çıkacak ve size katılacak. Emin ve Sabri'ye moral verin. Sabri adıyla çıkmasını zorlayın. Çabuk olması şart. Seçimden önce yetişsin"* yazdığı iddianamede anlatılıyor.

Suçlanmama konu olan word dokümanından yola çıkılarak savcı, iddianamesinde *"Ahmet Şık'a hazırlatılan İmamın Ordusu örgütsel dokümanının kitap olarak Emniyet Müdürü Sabri Uzun ismi ile yayınlatılmasının planlandığı anlaşılmıştır"* diyor. Adı üzerinde iddianame. Yani iddia edilenlerin sıralandığı bir metin. Birtakım suç isnatlarının *"iddia edilmektedir, öne sürülmektedir"* gibi bir üslupla yazılması gerektiğini savcılara hatırlatarak yukarıda yapılan tespitin de iddia olduğunu söylememiz gerek. İmzasız, ne idüğü meçhul bir word belgesinde yazılı bir iddia hem de. Bu iddiayı bu kadar ciddiye alıp beni suçlayan savcı şüpheli olmadığına kanaat getirmiş olmalı ki Sabri Uzun'un ifadesini almamış. Şüpheli ya da sanık olmadığına göre, tam da üzerinde konuştuğumuz iddia nedeniyle Sabri Uzun'un müşteki ya da en azından tanık olarak ifadesinin alınması gerekmez mi? Soner Yalçın'ın 20 yıl önceki gazetecilik notlarının arasında bulunan birtakım yakışıksız ifadelerden yola çıkılarak Nazlı Ilıcak'ın bu davanın müştekisi olduğunu düşünürsek, *"Tüm kötülüklerin anası"* olan bir örgütün kendi adını kullanarak bir örgütsel dokümanı kitap olarak piyasaya çıkarmaya çalışmasından üst düzey bir polis müdürü mağdur olmaz da kim olur? Ya da *"Bu iddia hakkında bildikleriniz nelerdir"* diye tanık olarak dinlenmesi gerekmez mi?

Adeta suçumun delili olarak sunulan bu polis inceleme tutanağında kitabımın yazarlarından biri olduğunun *"tespit edildiği"* yazılmasına, Ergenekon örgütünün talimatıyla kaleme alınan bir *"örgütsel doküman"* olduğuna kanaat getirilmesine karşın Sabri Uzun bu davanın sanığı ya da şüphelisi değil. İddianameden anladığımız kadarıyla ifadesi dahi alınmadığı gibi haklarında takipsizlik kararı verilen şüpheliler arasında da yok. Garip. Bu bilgilerden sonra kitabım ve Sabri Uzun'la ilişkisini söyleyelim: Sabri Uzun, kitabımda adı geçen öznelerden birisi ve kimi tanıklıklarına yer verilmiş bir üst düzey emniyet bürokratı o kadar.

Şimdi bu word belgesinde dikkat çekici bir başka husus daha var. Soner Yalçın tarafından yazıldığından polis ve savcının emin olduğu bu sahte belgeden yola çıkılarak Yalçın'ın bana birtakım talimatlar verdiği iddia edilmekte. Ancak *"talimatlara"* bakılırsa Soner Yalçın benimle değil de bir başkasıyla konuşuyor olmalı: *"Sabri'nin kitap konusunda çekincesi var. İkna etmeye çalışalım, seçimden önce yetişmeli."*

Bu cümlenin meali şu olmalı: Soner Yalçın, Sabri Uzun'un kitapla ilgili çekincesi olduğunu öğrenmiş ve ikna edilmesi talimatını veriyor. Kimden öğrenmiş bilmiyoruz. Acaba Sabri Uzun mu söyledi? Yoksa bilmediğimiz bir başkası mı? Ahmet'in söylemediği kesin çünkü talimatı zaten Ahmet'e veriyor savcıya göre. *"Kitabı seçimden önce yetişmeli"* derken Sabri Uzun'a mı Ahmet'e mi talimat veriyor açıkçası ben anlamadım.

"Nedim, Ahmet Şık'la bu konuda görüşsün, kitaba çalışırken cesur olun." Savcıya göre bu talimat da bana veriliyor. O zaman şöyle oluyor; bu cümleye bakarak ben

Ahmet Şık olarak Nedim'e benimle bu konuda görüş diyeceğim. Konu da bir önceki cümledeki kitabın seçimden önce yetişmesi herhalde. Ama noktalama işaretleri öyle bir kullanılmış ki birbirine giren bu talimatları anlamak için dil uzmanı olmak gerekiyor. Zaten virgülden sonra gelen talimat gereği de kitaba çalışırken cesur olmamız isteniyor. *"Cesur olun"* ifadesindeki çoğul şahıslar kim acaba? Savcı bunu nasıl merak etmez? Ben ediyorum şahsen.

"Çıkarma ve ekleme yapmaktan çekinmeyin. Bu kitap simondan daha kapsamlı olmalı." En anlaşılır talimat cümlesi bu gerçekten. İyi de neyi çıkarıp ekleyeceğimiz belirtilmemiş. Öte yandan 40 yıllık bir Emniyet Müdürü'nün bilgi olanaklarıyla benimki nasıl olur da bir olur da Simon'dan daha kapsamlı hale getiririm bilmiyorum.

"Nedim'i kutlarım. Ahmet'i çalıştırsın."

Nedim'in kutlanması talimatının bana verilmiş olmasının saçmalığı bir yana, Ahmet'e verilen bir talimatta *"Ahmet'i çalıştırsın"* demek ne oluyor? Hem Nedim hangi nedenle kutlanıyor?

"Hanefi çıkacak ve size katılacak."

20 Aralık 2010'da yani 12 Haziran 2011 seçimlerine 6 ay kala yazıldığının tespit edildiği iddianamede yazan bir word belgesi bu. Hanefi Avcı'nın tutuklu bulunduğu Devrimci Karargâh davası ise Nisan ayının ortasında. Yani seçimlerden 2 ay kadar önce. Seçimden önce yetişmesi istenen bir kitap seçime az bir zaman kala cezaevinden çıkacağı söylenen Hanefi Avcı'nın katılımıyla hem de Simon'dan daha kapsamlı bir şekilde bitirilsin isteniyor. Bu talimatı veren kitap yazmayı böylesine komik sahte word belgesi yazmak gibi kolay olduğunu mu sanıyor acaba? Hem adama sormazlar mı Hanefi'nin cezaevinden çıkacağını nereden biliyorsun diye? Bunu bilmek için Hanefi'yi yargılayan Ağır Ceza Mahkemesi'nin en az iki üyesi bu konuda garanti vermesi gerekiyor. Öte yandan bu garantiyi Ergenekon örgütü üyesi Soner Yalçın alıp bize de aktardığına göre bu durumda Devrimci Karargâh davasına bakan mahkeme üyeleri de Ergenekon üyesi olmalı değil mi? Buradan ihbar ediyorum. Araştırılsın. Bir başka ihtimal ise Hanefi Avcı'nın yüksek güvenlikli bu cezaevinden firar edeceği olabilir. Kaçak bir mahkûm olarak kitap yazma işine devam edecektir sanırım.

"Emin ve Sabri'ye moral verin."

Ne konuda, niçin ve neden ben moral vereceğim anlamadım. Hem ben İstanbul'da onlar Ankara'da nasıl olacak bu iş? Hem tanımam etmem.

"Sabri adıyla çıkmasına zorlayın."

Bu Soner Yalçın beni tanımıyor. Bu cümle de bunun kanıtı. Bugüne dek kimsenin emeğinin üzerine konmadığım gibi, kendi emeğimin de gasp edilmesine her zaman karşı durdum. Hatta medya sektöründen aforoz edilmemin nedeni de budur. Kitabı ben yazacağım imza Sabri Uzun mu olacak? Hiç olur mu?

Savcının iddiasına göre bu cümleleri Soner Yalçın yazmış. Bana talimat veriyormuş ama üçüncü bir şahsa söylüyor gibi bir üslup var. O halde bu üçüncü kişi kim? Bir de Hürriyet gibi bir gazetede yazar olan, tuğla kalınlığında kitapları olan bir gazetecinin böyle kötü bir Türkçe ile yazıyor olması nasıl açıklanabilir? Ya bu belgeyi Soner Yalçın yazmadı ya da Hürriyet'teki yazıları ve o kitapları yazan bir başkası. Hangisine inanalım?

Mumcu'nun güzel yazısı

Bu kaynağı belirsiz belgelerle ilgili Özgür Mumcu Radikal gazetesindeki köşesinde *"Bilgisayarımdaki dosyalar"* başlıklı çok çarpıcı bir yazı kaleme almıştı. Burada sözü Mumcu'ya bırakıyorum:

"Sabahın köründe evimin polis tarafından basılacağını sanmıyorum. Ama olur da basılırsa ve Ergenekon'a üye olmaktan, halkı kin ve düşmanlığa tahrik etmekten tutuklanırsam diye çeşitli tedbirler aldım. Bu tedbirleri içeri alınacağını düşünen herkese tavsiye ederim.
Bir kere ben kolay sıkılan bir insanım. Nezarethanede, hapishanede yanıma muhabbete insan isterim. Yani en azından tek kişilik hücreye atılana kadar iki muhabbetin belini kırmayalım mı?
Ancak beraber vakit geçirmek isteyeceğim, sevdiğim insanların sabah sabah evlerinin basılmasına gönlüm razı olmaz. O zaman çok sevmediğim insanlarla vakit geçirmeye razı olmam gerek. Hem fena da olmaz, sorgu sıramızı beklerken münazara yaparız.
İşte bu amacım yerine gelsin diye açtım bilgisayarımda bir Word dosyası. Başladım yazmaya:
'Emre, AKP'den yana gibi görünmeye devam etsin. Bu rolü inandırıcı oldu, bozmasın. Ama partililerden aldığı istihbaratı bizle paylaşmayı sürdürsün. Engin biraz daha ısrarcı olsun.'
Dosyanın adını emrengin.doc koydum.
İkinci dosyayı açtığımda gülümsemeye başladım. Heyecanlı iş, casusluk filmi gibi:
'Yıldıray 'Söz konusu demokrasiyse, gerisi teferruattır' tarzı yazmaya devam etsin. Rasim televizyon programlarındaki üslubunu iyice sertleştirsin. Onları okuyup izleyenlerin davanın ciddiyetine inancı kalmıyor. Özellikle helikopteri Mirgün Cabas'ın düşürdüğü haberi gibi yayınlar çoğaltılsın.'
Klasik dosya
Yıld.doc belgesini kaydettiğimde artık iyice ustalaşmıştım. Bir gün gözaltına alınırsam kesinlikle nezarethanede yalnız kalmayacaktım.
Üçüncü Word dosyasında klasiklerden şaşmamak gerektiğini düşündüm:
'Emniyet içerisindeki cemaat yapılanması hakkında bilgiler çoğaldı. Nazlı'dan gelen bilgi akışı kesilmesin. Şamil, takma isimle kitabı yazsın. Seçimlerden önceye yetiştirin.'
Böylece kitabiyetistirin.doc bilgisayarıma kaydettiğim üçüncü belge oldu.
Söylememe gerek yok herhalde. Bu insanları tanımıyorum bile. Elbette bu belgelere yazdığım işleri yapmadılar, herhangi bir komplonun içinde değiller.
Sadece bir gün mahpus damlarına düşersem, yalnız kalmak istemiyorum.
Çünkü baktım ki artık gözaltına almak için böyle belgeler yetiyor. Bilgisayara yazılan ya da bir virüsle gönderilen iki satır not ile gazeteciler içeri alınıyor.
Her gün aklıma kim gelirse, onun için bir dosya açıyorum. Birine kitap yazması için emir veriyorum, diğeriyle televizyon kanalı kuruyorum, bir başkasıyla hükümeti çekiştiriyorum. Bilgisayarım dosya doldu, ama alıştım artık, kendimi tutamıyorum.
Ortaoyunu
Kontrgerilla gün yüzüne çıkıyor, darbe planları açıklanıyor, siyasi cinayetler aydınlanıyor diye başlayan bir davayı bugünkü haline getirenler bellidir. Zamanındaki usul ihlallerine dikkat çekenlere, 'Soruşturmanın sorunlu alanlarına yoğunlaşıp özünü kaçırmayalım' diyenler de bugünkü manzarada pay sahibidir. Kişiler hakkındaki şahsi kanaatlerini tutuklama sebebi olarak görenler, bugün başkaları hakkındaki şahsi kanaatlerini beraat sebebi olarak görmekten çekinmemekte.

Adalet değil, şahsi kanaat terazisiyle böylesine büyük bir davanın yürümeyeceğini görmediler.
Görenleri de statükocu ve darbeci ilan ettiler.
Madem Ahmet Şık içeride, sözü ona bırakalım:
'Ergenekon soruşturmaları ne savunucuları gibi körü körüne derin devletin sorgulandığına inanmamız istenen bir olgu ne de karşıtlarının yaptığı gibi sulandırılacak bir mevzu. Ama hal ve gidiş böyle devam ederse, Fetyyip suresinde de dediği gibi 'Bir gün her muhalif Ergenekon'u tadacak'.'
Usul kurallarına dava sulanmasın diye uyulsun istedik. Bugünkü manzaradan ve ondaki payınızdan memnun musunuz?
Görünmez bir duvara çarpan davanın su yatağı değişeli bir hayli zaman geçti.
Bu son gözaltılarla ilgili hiç beklenmedik bir delil varsa ve bu delil ispatlanırsa ben bugünkü yazımdan ötürü özür dileyeceğim.
Siz ne zaman özür dilemeyi düşünüyorsunuz?" [19]

Delilsiz faaliyetler

İddianamenin 14. sayfasından itibaren *"Yürütülen Faaliyetler"* başlığı altında şüpheliler olarak Ergenekon adına yürüttüğümüz öne sürülen 'suç faaliyetleri anlatılmış. 25 sayfa tutan bu bölüm;

- Halkı kin ve düşmanlığa tahrik etme amaçlı yürütülen faaliyetler.
- TSK'yi darbe yapmaya teşvik etme amaçlı yürütülen faaliyetler.
- PKK terör örgütüne destek amaçlı yürütülen faaliyetler.
- Siyaset dünyasına yön vermek amaçlı yürütülen faaliyetler.

a) AKP'ye yönelik faaliyetler.
b) CHP'ye yönelik faaliyetler.

- Medya yapılanması faaliyetleri kapsamında Halk TV ile ilgili faaliyetler.
- Ergenekon soruşturması ve dava sürecini etkilemeye yönelik faaliyetler.
- Devlet güvenliğine ilişkin bilgi ve belgelerin temin edilmesi.
- Kişisel verilerin hukuka aykırı olarak kaydedilmesi ve özel hayatın gizliliğini ihlal başlıklı bölümlerle tek tek ele alınmış. Bakalım neler varmış:

Halkı kin ve düşmanlığa tahrik etme amaçlı faaliyetler:

Savcı Odatv'de bulunan yukarıda irdelediğimiz word dokümanlarına göre örgüt üyesi olduğunu öne sürdüğü şüphelilerin Yalçın Küçük ile gizli toplantılar yaptıkları ve alınan kararlar uyarınca da *"Halkın tahrik edilerek ülkede kaos ve kargaşa ortamı oluşturulması"* amacına yönelik faaliyetler yürütüldüğünü iddia ediyor. Odatv'de yayınlanan bazı haberlerde Abdullah Öcalan'ın açıklamalarının kullanıldığının *"tespit edildiğini"* belirten savcı 'Bu açıklamaların haberleştirilerek *"Ülkemizde sanki bir iç savaş varmış algısı oluşturmayı hedefledikleri anlaşılmıştır"* yorumunda bulunmuş. Savcının bu suç isnadını yukarıda değerlendirmiştik. Savcının bu suçla ilgili delil olarak sunduğu ise *"Yalçın Hoca ile görüşüldü"* başlıklı kimin yazdığı bilinmeyen word dokümanı ile Odatv'de yayınlanan 5 haber ve 5 telefon konuşması olmuş. Telefon konuşmalarından üçü Odatv çalışanlarının birbirleriyle yaptığı ve bazı olaylarla ile haberler hakkında değerlendirmelerini içeriyor. Diğer ikisi ise Yalçın Küçük ile açık kimlikleri belirtilmeyen iki ayrı kişiyle ilgili yapılan siyasi değerlendirmeler.

19) 07 Mart 2011 Radikal gazetesi/ Özgür Mumcu'nun 'Bilgisayarımdaki dosyalar' başlıklı yazısı.

TSK'yi darbe yapmaya teşvik amaçlı faaliyetler:

Ergenekon'un medya yapılanması ile darbeye kışkırtıcı ve teşvik edici yayınlar yapmayı planladığının anlaşıldığını öne süren savcı Odatv'nin de yayıncılık anlayışıyla bu planı uygulamaya koyduğunu iddia etmiş. Bu yayınların Odatv'de bulunan imzasız, sahte olduğu kanıtlanan *"Ulusal Medya 2010"*, *"Bilinçlendirme"* ve *"teRTEmiz"* isimli belgelerdeki talimatlar ve stratejiyle örtüştüğü iddia edilmiş. Bu belgelerin dışındaki *"deliller"* ise 17 ayrı haber ve yorum ile 4 telefon konuşması, bir adet e-posta olarak sıralanmış. *"Delil haberlerin"* başlıklarında *"TSK'yi darbe yapılması yönünde tahrik edici ifadeler kullanıldığı"* da tespit edilmiş! Haberlerin 15'i Odatv'de yayınlanırken ikisinin de Akşam gazetesindeki köşesinde Oray Eğin'in kaleme aldığı belirtilmiş. Soner Yalçın ve Oray Eğin'in yakın iki arkadaş olduklarını ve Eğin'in siyasi konularda Yalçın'a fikir danıştığını da akılda tutmakta fayda var. Ancak savcı bu ilişkiyi *"Darbeye zemin hazırlama faaliyetlerinin sadece Odatv bünyesinde yapılmadığını, aynı zamanda bazı medya mensuplarına da bu doğrultuda haberler yaptırılmaya çalışıldığı anlaşılmıştır"* şeklinde bir niyet okumayla yorumlamış. Zaten bu yorumu yapmaya neden olan Oray Eğin ve Soner Yalçın arasındaki iki telefon konuşması da iddianameye konulmuş. Diğer iki konuşma kaydı da Barış Pehlivan'ın Yalçın Küçük ve Soner Yalçın ile yaptığı görüşme. Pehlivan telefonda Yalçın Küçük ile röportaj yaptıktan sonra haberin içeriğinin ne olduğunu bilgi vermek için patronu Soner Yalçın'ı aramış. Soner Yalçın'ın çalışanı Barış Pehlivan'a gönderdiği bir e-posta da delil olarak sunulmuş.

Ergenekon kontrolündeki PKK'ye destek amaçlı faaliyetler:

Bu suçlamaya konu olan tez ise Yalçın Küçük'ün geçmişte Abdullah Öcalan ve PKK'ye ilişkin siyasi duruşuyla temellendirilmiş. Küçük'ün Doğu Perinçek ile Beka kampına yaptıkları röportaj amaçlı ziyaretlere ilişkin fotoğraflar daha önce delil diye sunulmuştu. Ama zaten bu deliller dönemin 2000'e Doğru dergisinde yayımlanmıştı, röportaj ile birlikte. Savcı iddianamede *"Amerika'yı yeniden keşfederek"* bunları hatırlatıp Yalçın Küçük'ün PKK ve Öcalan'ı kontrol edip yönlendirdiği iddiaları yinelemiş. Sonra da delilleri sıralamış: *"HOCADAN NOTLAR"* isimli belge ve haberler. Odatv'de yayınlanan haberlerin incelediğini belirten savcı Öcalan'ın yaptığı hemen her açıklamasına *"haber değeri atfedildiğini"* söylemiş. Savcı değil sanki genel yayın yönetmeni. Daha önce de belirttiğim gibi haberlerde Öcalan'ın *"Eli kanlı bir katil değil de sivil toplum örgütü lideriymiş gibi masumane bir görüntüyle lanse edildiğini"* de tespit etmiş savcı. Bu da terör örgütü lideri Öcalan'ın açıklama ve söylemlerinin kamuoyunda kabul ettirilmeye, normalleştirilmeye çalışıldığının göstergesiymiş. Savcı delilleri arasında 26 adet haber ve yorum ile bir telefon konuşması ve üç adet e-posta olduğunu iddianameden anlıyoruz.

Bir de ihbar mektubu var. 9 Mart 2011'de savcılığa posta yoluyla gönderilen *"Türkiye Gençlik Birliği (TGB) mensubu bir üniversiteli"*nin yazdığı mektupta Yalçın Küçük'ün TGB'nin Gebze'de Ocak ayındaki konferansında PKK propagandası yaptığını yazmış. Bu iddiaya uygun bir de video kaydı gönderilmiş. Zaten Küçük, duyurusu çeşitli kamusal platformlardan yapılmış bu konferansa *"illegal örgüt yöneticisi"* sıfatıyla katılmış olmalı.

Delil diye anlatılan e-postaların içeriğinde ise PKK karşıtı internet sitesi yöneticilerinden Şükrü Gülmüş'ün gönderdiği bir mektup *"tekzip"* olarak nitelenmiş. Ancak içeriğinde tehdit olduğu iddianamede açıkça görülüyor. Bir diğeri Fırat Haber Ajansı'nın Odatv'nin bazı haberlerde kaynak gösterilmediğinden şikâyet eden ajans yöneticisinin e-postası. Sonuncusu da Barış Pehlivan'ın Soner Yalçın'a gönderdiği ve

PKK'deki kadınlara yönelik cinsel taciz konusunda yazılmış bir yazıyla ilgili. Bu yazının Yalçın tarafından yayınına izin verilmemesi de *"PKK'yi zor durumda bırakmaktan kaçınmak"* diye yorumlanmış.

Siyaset dünyasına yön vermek amaçlı yürütülen faaliyetler:

AKP: Savcı Ergenekon ile ilgili önceki soruşturmalarında darbe girişimleri ve kapatma davasına ilişkin örgütün birtakım faaliyetler yürüttüğü ve bunlarda başarılı olunamadığını anımsatmış. Ancak Odatv'nin Ergenekon güdümünde bir internet sitesi olarak AKP'ye yönelik dezenformasyon faaliyetlerine devam ettiğini ve bu kapsamda *"AKP'yi yıpratmaya yönelik yayınlar yaptığının tespit edildiğini"* öne sürmüş. Deliller ise *"HOCADAN NOTLAR"* ve *"teRTemiz"* isimli belgeler ile 84 ayrı haber ve bir adet telefon konuşması. Bu telefon konuşmasını ayrıntılı olarak *"teRTemiz"* isimli word belgesini ele aldığımız bölümde anlattık. Telefon kaydı da Soner Yalçın ile Odatv Yayın Koordinatörü Doğan Yurdakul arasında bir yazı hakkında geçen bir konuşma.

CHP: Ergenekon'un CHP'yi ve yönetimini ele geçirmeye çalıştığının daha önce ortaya çıktığı belirtilen iddianamede *"Kılıçdaroğlu'na destek zorunlu"* başlıklı belgenin de bu stratejinin devamı olduğu anlatılmış. Bazı Ergenekon sanıklarının CHP'den milletvekili gösterilmesinin de bu stratejinin parçası olduğu öne sürülmüş. Deliller mi? 12'si Yalçın Küçük'e, ikisi Soner Yalçın'a ait 14 telefon konuşması ile ikisi Yalçın Küçük'e ait 5 e-posta.

Medya yapılanması kapsamında Halk TV ile ilgili faaliyetler:

Savcı Ergenekon'un ülkede her daim kaos ve kargaşa ortamı oluşturmaya çalıştığı, bunun için provokatif eylemler yaptırdığı ve bu tip eylemlerin kamuoyunda sansasyonel etki yaratmasını sağlamak için de medya yapılanmasına özel önem atfettiğini anlatmış. *"Ulusal Medya 2010"* belgesinin de bu stratejiyi yansıttığını, Halk TV'nin de adının anıldığı bu belgede adı geçen yayın organlarının *"Geniş kitleleri ulusalcı çıkarlar doğrultusunda hareket edecek bir platformda toplayabilir"* tespitinin bulunduğunu söylemiş. Bu doğrultuda şüphelilerin Halk TV'yi ele geçirmeye çalıştıkları, CHP yöneticileriyle görüştüklerini ancak Deniz Baykal'ın ayak diremesi üzerine şantaj yapmak için çalışmalar yürütüldüğünü öne sürmüş. Deliller ise Halk TV'yi satın alma amaçlı yapılan 33 telefon görüşmesi, bir e-posta ve bir mektup. Oysa ki, Kemal Kılıçdaroğlu'nun basın danışmanı Baki Özilhan'a yazılan ve Soner Yalçın'ın kaleme aldığı mektupta Halk TV'nin satışı için yardım isteniyor. Delil denilen bir adet e-posta da Soner Yalçın'ın Odatv'deki ekip arkadaşlarına gönderdiği konuyla ilgili bir bilgilendirme maili. Aynı zamanda Yalçın'ın bilgisayarında Halk TV'nin satın alınması durumunda yapılacakları içeren bir plan çerçevesi anlatılmış.

Ergenekon soruşturması ve dava sürecini etkilemeye yönelik faaliyetler:

Ergenekon dava ve soruşturmalar zincirinin kamuoyu nezdinde güvenilirliğini sarsmak, itibarını zedelemek, soruşturmayı yürütenleri zor durumda bırakacak birtakım faaliyetler yürütüldüğü öne sürülmüş. Bu planın da *"Ulusal Medya 2010"* isimli ne idüğü belirsiz belge doğrultusunda hayata geçirildiğini öne süren savcı *"Hanefi"*, *"Nedim"* ve *"Sabri Uzun"* belgelerinin de bu planının delilleri olduğunu iddia etmiş. Savcının diğer iki delili ise birisi henüz basılmamış, diğeri 2010 Ağustos ayından itibaren yüzbinlerce satmış olan iki kitaptan ibaret. Hanefi Avcı'nın yazdığı "Haliç'te Yaşayan Simonlar" kitabının da tıpkı basılması engellenen kitabım gibi Ergenekon talimatıyla yazdırıldığı iddia edilmiş.

Devlet güvenliğine ilişkin bilgi ve belgelerin temin edilmesi:

Yapılan operasyonlarda Odatv ofisi ile Barış Terkoğlu ve Yalçın Küçük'ün evlerinde TSK, MİT ve Milli Savunma Bakanlığı- Savunma Sanayi Müsteşarlığı'na ait gizli belgeler bulunduğu iddianamede anlatılmış. Belgelerin bazılarının ise adı anılan kurumlara aitmiş gibi görünmekle birlikte üçüne de ait olmadığı da belirlenmiş. Bu belgelerle ilgili *"KOZ"* isimli dokümanın da delil olduğu öne sürülmüş. TSK ve MİT'e ait belgelerin MİT'çi Kâşif Kozinoğlu'nun temin ederek Odatv'ye gönderdiği de öne sürülüyor. Ancak Kozinoğlu ile diğer şüpheliler arasında irtibat kuracak herhangi bir telefon kaydı, araması ya da e-posta ilişkisi iddianamede yok. Kozinoğlu'nun sanık yapan tek bulgu *"KOZ"* isimli belge. Yani imzasız kimin yazdığı belli olmayan ve sahte olduğuna ilişkin kuşkular bilimsel raporlarla kanıtlanan doküman.

Kişisel verilerin hukuka aykırı olarak kaydedilmesi ve özel hayatın gizliliğini ihlal:

İddianamede Odatv'de yapılan aramalarda 2007'de çekildiği belirtilen ve dönemin AKP Genel Başkan Yardımcısı bir milletvekili ile bazı bakanların yemek görüntülerinin olduğu birer adet CD ve DVD bulunduğu belirtildi. Gizli olarak çekildiği anlaşılan bu görüntülerin yanı sıra bir dosya içinde *"Diyarbakır ili Lice ilçesinde oturan Ermeni kökenli vatandaşların nüfus kayıt örnekleri"* yazılı 84 sayfalık doküman da bulundu. Dokümanlarda bin 600 kişinin listelendiği ve din hanelerin karşısında *"İslam"*, *"Hıristiyan"* veya *"Hır."* yazdığının görüldüğü de belirtildi. Yalçın savunmasında bu nüfus kayıt örneklerini yıllar önce Behçet Cantürk'le ilgili yazdığı bir kitapta kullandığını ve bir haber kaynağından temin ettiğini söylemişti. Soner Yalçın'ın evinde yapılan aramalarda da gazeteciler Nazlı Ilıcak ve Güneri Civaoğlu hakkında özel hayatlarıyla ilgili notların yazıldığı not defteri bulunduğu da iddianamede belirtildi. Işık Koşaner'e ilişkin birtakım bilgi ve analizlerin yer aldığı notlar da bu suç iddiası kapsamında değerlendirildi. İklim Kaleli'nin evinde de 17 kişiyle yapılıp kayda alınmış ses kayıtları bulundu.

Haber ve yorumlardan "deliller"

Sekiz ayrı başlık halinde incelenen suç isnatlarıyla ilgili delillerin neler olduğunu toplu olarak sıralarsak 13 word belgesi, 85 haber ve yorum, 10 adet e-posta, 62 telefon konuşması, 1 mektup, 1 adet gizli video çekimi, 17 adet ses kaydından ibaret. Şüphelilerin durumunu tek tek ele alan 95 sayfalık kısımda yer alan deliller ise yukarıdakilerin yanı sıra kimisi teker anlatılmış olan 127 haber ve yorum, 185 telefon konuşması, 27 e-posta. Bir de genel toplamı verirsek 212 haber ve yorum, 247 telefon konuşması, 37 e-posta, 1 MSN yazışması, 1 haber gündemi toplantısı notları, birisi halen satışta olan birisi de iddianame hazırlandığı sırada basımı engellenmiş olan iki ayrı kitap tüm suçlamaların delili olmuş. Evet, *"Şüphelilerin gazetecilik faaliyetleri soruşturulmuyor"* denilen bir davanın iddianamesinin omurgasını kimin yazdığı belli olmayan, imzasız, sahte olduğundan kuşku duyulan dijital 13 belgenin etrafına saçılmış yukarıda sayılanlar oluşturuyor. Savcı'nın gazetecilik faaliyetleri saymadığı bu delillerin tek tek şüpheliler bakımından iddianamede nasıl yer aldığına bakalım.
Yalçın Küçük: 2008- 2011 arasında 28 telefon konuşması, 3 e-posta, Odatv'de yayınlanan 13 haber ve yorum. Odatv'yi Soner Yalçın üzerinden yönettiği öne sürülen Yalçın Küçük'ün Soner Yalçın'la yaptığı toplam dört telefon konuşması var. Üçü 2009'un

Kasım ve Aralık aylarında, en yenisi ise 18 Ocak 2010'da yapılmış.
Soner Yalçın: 34 telefon konuşması ve bir adet ortam dinlemesi, 6 e-posta, Odatv'de yayınlanan 57 haber ve yorum, Oray Eğin'in yazdığı bir yazı ile Soner Yalçın'ın 1987-1994 arasında çalıştığı 2000'e doğru dergisinden 21 adet haber. Toplamda 79 haber ve yorum delil olmuş durumda.
Barış Pehlivan: 11 telefon görüşmesi, 6 e-posta, 5 haber ve yorum.
Barış Terkoğlu: 19 telefon görüşmesi, 3 e-posta, 5 haber ve yorum.
Ahmet Şık: Basılmamış bir kitap ve 5 telefon konuşması.
Hanefi Avcı: Basılıp satılan bir kitap ve 2 telefon konuşması, 12 haber ve yorum.
Nedim Şener: 12 telefon konuşması, 2 e-posta, kendisinin yazmış olduğu da daha çok sayıda haber örneğinden alıntı, bir haber örneği.
Kâşif Kozinoğlu: 3 adet telefon konuşması.
Doğan Yurdakul: 13 telefon konuşması, 2 e-posta, 4 haber ve yorum.
İklim Kaleli: 20 telefon konuşması, bir e-posta.
Mümtaz İdil: 10 telefon, bir e-posta, 2 haber ve yorum.
Müyesser Yıldız Uğur: 4'ü 2007-2008'den toplam 5 telefon konuşması, bir haber.
Coşkun Musluk: 11 telefon konuşması, 2 e-posta, 1 MSN yazışması, 4 haber ve yorum.
Sait Çakır: 10 telefon konuşması, 2 e-posta, 1 haber.
Ayrıca belirtmek gerekirse ben, Hanefi Avcı ve Kâşif Kozinoğlu'nun birbirleriyle ve diğer şüphelilerle ilgili hiçbir telefon kaydı ya da araması iddianamede yok. Nedim Şener'in Odatv'den iki kişiyle haber içerikli iki telefon konuşması bulunuyor. Bu görüşmelerin birinde Nedim Şener'den görüş alınmak istiyor ve Şener görüş vermiyor. Diğerinde de Şener'in Odatv'ye uzaklığı net bir şekilde anlaşılıyor. Çoğu aynı haber sitesi için çalışan ya da yazı yazan diğer 9 sanığın *"delil telefonları"*nın büyük çoğunluğu birbiriyle yaptığı görüşmeleri içeriyor. Konuşmaların içeriği ise ağırlıklı olarak haberlerle ve gündemdeki olaylara ilişkin değerlendirmeleri içeriyor.

Suç: Yazmak, Delil: Haberler

Daha önce Odatv iddianamesinde yargılananın gazetecilik olduğunu defalarca ifade ettim. Bunun boyutunu anlamak için Odatv iddianamesinin delil klasörlerine yakından bakmak yeterli. Basın, düşünce ve ifade özgürlüğüne vurulan darbe bu binlerce sayfalık klasörlerde, haber ve yorumların suç delili diye gösterilmesinden çok net bir biçimde görülüyor aslında. Bu haberler birçok klasörde sıkça tekrarlandığı için konu hayli karmaşık bir hal almış durumda. Daha anlaşılır olması için klasör klasör anlatmayı tercih edeceğim. Genel bir yorum yapmak gerekirse suç delili olarak sunulan yazıların arasında günlük basında kalem oynatan birçok yazarın yazılarının yer aldığı göze çarpıyor. Hatta içlerinde AKP ve cemaat yandaşı sayılan *"neferlerin"* bile yazıları var. Mesela en cevvali Nagehan Alçı'nın Akşam gazetesinde yayımlanan yazısı da Odatv sitesinde yayınlanan suçlu yazılar arasında. Hüseyin Gülerce ve Erhan Başyurt diğer örnekler. Odatv soruşturmasının potansiyel sanıkları olacak bu yazarların listesini de daha sonra aktaracağız. Örgüt dokümanı olduğu öne sürülen belgelerle ilintisi kurulan haber-yorumların üçte birinin yayın tarihinin belgenin oluşturulma tarihinden eski olması da çok ilginç. Yine suç delilleri arasındaki yazılardan birinde Atatürk'ün gençliğe hitabesine de yer verilmesi dikkat çekici.

Delil klasörlerinde 14, 15, 16, 17, 41 ve 42'inci dosyalar Odatv'de yayınlanan haber yorumlara ayrılmış. Çoğu birbirinin tekrarı olan bu yazılar örgüt dokümanı denilen belgelerle ilişkilendirme ve hangi suç kapsamında değerlendirilmesi bağlamında tasnif edilmiş. Aynı yazılar başka klasörlerde de karşımıza çıkıyor. Ama bu yazıda sadece yukarıda geçen dosya numaraları üzerinden tespitlerimizi aktaracağız. Adeta bir çorbaya dönüştürülmüş bu konuyla uğraşmak hayli sıkıcı ve yorucuydu. Muhtemelen böyle olduğu içinde kimse bir şey okumadan gazetecilik yapıyor. Bunda dedikodusever gazetecilerin telefon konuşmalarına odaklanmış olması da etken. Kimi istisnalar olduğu belirterek esas mevzuumuza başlayalım.

14 ve 15'inci klasörler: Yüzlerce suçlu haber

Bu kalın iki klasörde toplam 251 haber/yorum suç delili olarak sıralanmış. 14'üncü klasörde 128 ve 15'inci de 123 yazı örneği bulunuyor. Birbirinin devamı olan bu klasörlerde yer alan yazılar Odatv bilgisayarında bulunan ve örgütsel doküman olduğu öne sürülen belgelerle ilişkisine göre tasnif edilmiş. Buna göre 14'üncü klasördeki 128 haberden Ulusal Medya 2010 ile ilgili 45, teRTEmiz ile ilgili 45, Soner beyden gelen ile ilgili 13, HOCADAN NOTLAR ile ilgili 15 yazı örneği sıralanmış. teRTEmiz ve HOCADAN NOTLAR belgelerinin her ikisiyle de uyumlu olduğu öne sürülen 10 haber 8 yorum bulunuyor aynı zamanda.

15'inci klasördeki 123 haberden HOCADAN NOTLAR ile ilgili 27, teRTEmiz ile ilgili 68, Soner beyden gelen ile ilgili 15 yazı örneği var. Bu klasörde de HOCADAN NOTLAR ve teRTEmiz belgelerinin her ikisiyle de uyumlu olduğu öne sürülen 13 yazı bulunuyormuş.

50 numaralı klasörde örgüt dokümanı denilen belgelerle ilgili tespit tutanakları yer alıyor. Buna göre belgelerin oluşturulma tarihleri şöyle: Ulusal Medya 2010: 21/07/2010-21.03, teRTEmiz: 02/10/2008- 12.47, Soner beyden gelen: 23/07/2010-15.20, HOCADAN NOTLAR: 18/0672010-11.23.

Yazıların Odatv'de yayınlanma tarihi ile belgelerin oluşturulma tarihleri kıyaslandığındaysa her iki klasördeki 251 yorumun 80 tanesi ilişki kurulan belgeden eski tarihli olduğu ortaya çıkıyor. Tek tek belirtmek gerekirse;

Ulusal Medya 2010: 45 yazıdan 23'ü eski tarihli, teRTEmiz: 113 yazıdan 10'u eski tarihli, Soner beyden gelen: 28 yazıdan 21'i eski tarihli, HOCADAN NOTLAR: 42 yazıdan 26'sı eski tarihli.

Gazeteci kaç, senden alıntı yapmışlar!

Bu 251 haberden 84 tanesi ise alıntı. Yani Hürriyet, Milliyet, Radikal, Akşam, Zaman, Cumhuriyet, Habertürk, Yeni Mesaj, Yeniçağ, Vatan gazeteleri ile www.sol.org.tr, www.acikistihbarat.com sitelerinden iki kişinin de aralarında bulunduğu toplam 51 gazeteci ve yorumcunun köşe yazıları ve haberlerinden alıntı yapılmış. Cüneyt Özdemir'in 5NıK programına konuk olan dönemin CHP Milletvekili Muharrem İnce'nin söylediklerinin yer aldığı haber de suç delili yazılar arasında. Aynı şekilde AKP yöneticisi ve Yeni Şafak gazetesi yazarı Ayşe Böhürler'in TVNet isimli kanalda türban konusunda İslamcı cenahı eleştiren sözlerinin alıntılanması da suç sayılmış. Alıntı yapılan bir habere kaynaklık eden gazeteler ise Milliyet, Hürriyet, Cumhuriyet, Yeni Şafak, Akşam ve Habertürk. Star gazetesinden de bir başka haber alıntılanmış. İddianamede suç olarak gösterildiğine göre Odatv soruşturmasının potansiyel sanıkları olan yazarlar ise şunlar:

Hürriyet: Mehmet Y. Yılmaz, Cüneyt Ülsever, Enis Berberoğlu, Fatih Çekirge, Yılmaz Özdil, Yalçın Doğan, Şükrü Küçükşahin ile muhabir Cansu Çamlıbel.

Milliyet: Metin Münir, Rıza Türmen, Güneri Civaoğlu, Fikret Bila, Mehmet Tezkan, Güngör Uras, Aslı Aydıntaşbaş, Kadri Gürsel. Esra Alus ise haberi alıntılanan bir mu-

habir. O dönem gazetede olan Devrim Sevimay'ın AKP yöneticisi Hüseyin Çelik ile yapmış olduğu ve Odatv'de alıntılanan röportaj de suçlu kategorisine alınanlardan.
Akşam: Serdar Akinan, Nagehan Alçı, Özlem Çelik, Nihal Kemaloğlu ve o dönemdeki yazarlarından Serdar Turgut.
Cumhuriyet: Ataol Berhamoğlu, Hulki Aktunç, Mustafa Balbay, Erol Manisalı, Nilgün Cerrahoğlu, Ümit Zileli. Aynı zamanda muhabirler Şehriban Kıraç'ın CHP yöneticisi Hurşit Güneş ile yaptığı bir röportaj ile Aykut Küçükkaya'nın AKP'li belediyelerden biri ile ilgili yaptığı yolsuzluk haberi de yer alıyor. Hatta gazetenin röportajcısı Leyla Tavşanoğlu'nun eski Cumhurbaşkanı Süleyman Demirel ile yaptığı söyleşi Odatv'de yayınlanan *"suçlu"* alıntı yazılar arasında.
Habertürk'ten Fatih Altaylı, **Bugün**'den Erhan Başyurt, **Zaman**'dan Hüseyin Sümer ve Hüseyin Gülerce, **Posta**'dan Mehmet Ali Birand, **Radikal**'den Altan Öymen, **Yeni Mesaj**'dan Muharrem Bayraktar, **Yeniçağ**'dan Sabahattin Önkibar ve Arslan Bulut, **Aydınlık**'ın dergi olduğu dönemden Emin Gürses ile **Vatan** gazetesinden Ruşen Çakır, Güngör Mengi, Mustafa Mutlu da yazıları alıntılanan isimler. ABD'li akademisyen Daniel Pipes'in kendine ait internet sitesindeki bir yazısının çevirisinin yapılarak Odatv'de yayını da suç olarak gösterilmiş. **www.sol.org.tr**'den Fatih Yaşlı ile **www.acikgazete.com**'dan Yusuf Yavuz isimli gazetecilerin yorum ve haberleri de suçlu yazılar arasında. Alıntı yapılanlar arasında bulunan **Tarsushaber** de tek yerel yayın. **KaosGL** dergisindeki bir yazı da yine bu kategoride değerlendirilmiş.

Sitede yayınlanan 110 yazı arasında Odatv iddianamesinin sanıkları arasında bulunan 7 kişiye ait toplam 35 yazı var. Doğan Yurdakul'un 9, Müyesser Yıldız'ın 7, İklim Kaleli'nin 3, Mümtaz İdil'in 2, Soner Yalçın'ın 5, Barış Terkoğlu'nun 6 ve Sait Çakır'ın 3 yazısı bu iki klasördeki 251 suçlu haber/yorum arasında gösterilmiş. Yine 110 haber arasındaki yazılardan 7'si **ANF** adıyla bilinen **Fırat Haber Ajansı**, bir tanesi **Anadolu Ajansı** kaynaklı. Bir sendika ve sivil toplum örgütünün torba yasa ile Boğaz'a yapılacak 3. köprü hakkındaki basın açıklamaları da bu bölümde bulunuyor. Suçlananlar arasında iki CHP milletvekilinin bir basın açıklaması ile TBMM'de yaptığı konuşma metni ile MHP'li bir milletvekilinin soru önergesi de bulunuyor. Kalan yazılarda imzası bulunan 30 kişi ise iddianamede suç işlendiği iddia edilmesine karşın şüpheli olmamış. Herhalde, yazılardan alıntı yapılan gazeteci ve yazarlarla birlikte suçlanacaklardır!

16. klasör: Basın dikkat! Suç olan son haberler açıklandı!

Bu klasörde de haberler *"suç türü"*ne göre ayrıma tabi tutulmuş. Önceki klasörlerde (14, 15) yer alan haberlerin tekrarı olan 151 adet yazının ilişkilendirildiği *"suçlar"* ve kaç tane oldukları şöyle: Ergenekon dava sürecini etkileme amaçlı 89, soruşturmayı yürüten hâkim, savcı ve kolluk kuvvetlerini yıpratma amaçlı 13, Erzincan davası ile ilgili 4, bazı Ergenekon sanıklarının Odatv'de yayınlanan mektup ve yazıları 13.

Diğer davalarla ilgili yapılan haberler başlığında da 32 haber var. Bunlarda şöyle sıralanıyor: Balyoz darbe planı davası 22, Poyrazköy, Kafes davaları 5, ÇYDD ve ÇEV davaları 4, Casusluk davası 1.

Suça konu edilen 151 haber/yorumdan 55 tanesi alıntı. Bir önceki klasörlerle ilgili kısımda anlatılan örneklerden bazıları da yer alıyor. Suç türüne göre tasnif ettiğimizde karşımıza çıkan tablo şöyle oluyor:

- Ergenekon dava sürecini etkileme amaçlı suçlaması yapılan 89 yazıdan 34'ü alıntı. 13 ayrı yazıda imzası bulunan 12 kişi şüpheli değil. Odatv sanıklarından 5 kişiye ait 9 yazı da bu bölümde. Ayrıca haberlerden ikisi Anadolu Ajansı kaynaklı.

Bazı sivil toplum kuruluşlarının ve İstanbul Barosu ile kimi Ergenekon sanıklarının avukatlarının basın açıklamaları da suçlananlar arasında. Deniz Baykal'ın genel başkanlığı döneminde yaptığı bir konuşma ile CHP'nin bir basın açıklamasının yayını da suç olarak değerlendirilmiş.

- Soruşturmayı yürüten hâkim, savcı ve kolluk kuvvetlerini yıpratma amaçlı denilen 13 yazıdan üçü Hürriyet'in yazarları Cüneyt Ülsever ve Mehmet Yılmaz'dan alıntı. 5 ayrı yazıda imzası bulanan 5 kişi de şüpheli değil.

- *"Sanıkların Odatv'de yayınlanan yazı ve mektupları"* başlığı altında bir suç Türk Ceza Kanunu ve Terörle Mücadele Yasası'na eklendi mi bilmiyorum. Ancak savcının suç olarak gördüğü bu bölümdeki 13 yazıdan 5'i alıntı. Milliyet'ten Aslı Aydıntaşbaş ve Mehmet Tezkan, Vatan'dan Mustafa Mutlu ile bir televizyon kanalında yayınlanan Dursun Çiçek'in mektubuna ilişkin alıntılar suçlananlar arasında. Mustafa Balbay'ın Cumhuriyet'teki köşesinde yayımlanan cezaevinden kaleme aldığı yazısının da kullanılması da suça konu edilmiş. Bu bölümde Mustafa Balbay'ın 5, Tuncay Özkan'ın 6, Hikmet Çiçek, Atilla Uğur ve Dursun Çiçek'e ait birer mektup yayınlananlar arasında. (Mustafa Mutlu'nun yazısında aynı gün Tuncay Özkan ve Atilla Uğur'un mektupları yayınlanmış.)

- Erzincan (İrtica ile Mücadele Eylem Planı) davasıyla ilgili 4 haberden bir tanesi www.sol.org.tr'den Fatih Yaşlı'dan alıntı. 2 tanesi Dursun Çiçek'in mektubu ve kalan biri de yine Çiçek'in açlık grevine başlamasıyla ilgili bir haber.

- Balyoz darbe planı davasıyla ilgili 22 haberden 11'i alıntı. Daha önce alıntı yapılan yazarlar listesinde bulunmayan Mehmet Ali Kışlalı o dönemde yazdığı Radikal'den alıntı yapılanlar arasında. 6 yazı da Çetin Doğan'ın kızı Pınar Doğan ve damadı Dani Rodrik'ten alıntılanmış. Bu bölümdeki 3 yazıda imzaları bulunan 3 kişi yine şüpheli değil.

- Poyrazköy, Kafes davaları başlığı altında 5 yazı var. Bir tanesi Vatan gazetesi muhabiri Kemal Göktaş'ın haberinden alıntı. Bir yazı sanık avukatlarından Hüseyin Ersöz'e ait. Bir başka kişiye ait bir diğer yazı da bu bölümde yer almış. Elbette bu iki kişi de şüpheli değil.

- ÇYDD ve ÇEV davasıyla ilgili 4 haber bulunuyor. İki ayrı yazıda imzası bulunan iki kişi şüpheli değil.

- Casusluk davasıyla ilgili 1 haber bulunuyor.

Yine bu klasörde yer alan 151 yazı içinde *"Odatv"* adıyla atılan genel imza dışında yazarı belirtilen 33 kişi bulunuyor. Odatv iddianamesinin sanıkları olan Doğan Yurdakul, Soner Yalçın, Barış Pehlivan, Barış Terkoğlu ve Yalçın Küçük'ün adları geçen 12 yazı var. İki yazının kaynağı devlet ajansı yani Anadolu Ajansı, ikisi de İstanbul Barosu ve Tüm Öğretim Üyeleri Derneği'ne ait basın açıklamaları. Yine sitedeki yazılardan dördünün sahibi çeşitli suçlamalarla tutuklanan Doğu Perinçek, Mehmet Ali Çelebi, Hikmet Çiçek ve Dursun Çiçek. 4 yazı ise sanık avukatı olan 4 kişiye ait. Çeşitli yazılarda imzası bulunan 19 kişi de şüpheli değil.

17. klasör: Tahrik ile haber arasındaki ince çizgi!

Bu klasörde yer alan haber sayısı: 99. Ancak birisi Odatv'de değil Akşam gazetesinde Oray Eğin imzasıyla yayımlanmasına karşın bu klasör içinde kendine yer bulmuş. *"Halkı kin ve düşmanlığa tahrik"* suçlamasına 43, *"Darbe zemini oluşturma amaçlı"* suçlama iddiasına da 56 yazı örneklenmiş. Soner Yalçın'ın *"talimatıyla"* yazdığı öne sürülen Oray Eğin yazısı da bu bölümde yer alıyor.

"Halkı kin ve düşmanlığa tahrik" başlığı altındaki 43 yazıdan 7'si alıntı. Odatv

iddianamesinin sanıklarından 4 kişinin imzasını taşıyan yazı sayısı ise 11. Bir diğer sanık olan Yalçın Küçük'le yapılmış 3 de röportaj bulunuyor.

"Darbe zemini oluşturma amaçlı" suçlaması yöneltilen 56 yazı sıralanmış. Oray Eğin'in 2 Temmuz 2009'da Akşam gazetesinde yayınlanan *"Birileri gerçekten darbe istiyor"* başlıklı yazısı da Odatv'de yayınlanmamasına karşın bu bölüme alınmış.

Kalan 55 yazıdan 16'sı, 15 kişiden alıntı. Odatv iddianamesinin sanıklarından üçünün 6 yazısı yer alıyor. Sanıklardan Yalçın Küçük ile ikisi 2007 diğerleri de 2008 ve 2009'da yapılmış röportaj ve görüş alma şeklinde 4 yazı bulunuyor. 11 yazıda imzası olan 7 kişi de şüpheli değil.

Bu klasörde yer alan 99 yazıdan toplam 23'ü alıntı. Bu yazıların sahipleri olan ve bir önceki bölümde isimleri bulunmayan yazarlar ise şöyle: **Birgün**'den Doğan Tılıç, **Evrensel**'den Mustafa Yalçıner, **Hürriyet**'ten Ertuğrul Özkök, Sedat Ergin, Yalçın Bayer ile o dönem gazetenin yazarlarından olan Bekir Coşkun, yine o dönemde **Radikal**'de yazan Mehmet Ali Kışlalı, **Akşam**'dan İsmail Küçükkaya, **Vatan**'dan Can Ataklı, AKP ve cemaatin basın bültenine dönen **Taraf** gazetesinin Genel Yayın Yönetmeni Ahmet Altan ve Lale Sarıibrahimoğlu (Kemal), **Radikal**'in eski yazarı Türker Alkan, **Yeniçağ**'dan Fatih Erboz ile **Habertürk** muhabiri Cemal Doğan alıntılanan yazılarıyla *"Halkı kin ve düşmanlığa tahrik"* ile *"darbe zemini oluşturmaya çalışmak"* suçlamalarıyla karşı karşıya kalan isimler olmuş.

Suçlu ilan edilen haberler arasında 2 film tanıtım yazısı, ABD'nin 2008 İnsan Hakları İhlalleri Raporu, Ergenekon davasının ölen sanıklarının kimler olduğuna ilişkin bir toparlama yazı, Türkan Saylan'ın kanser hastalığı ile ilgili bir yazı, İlhan Selçuk'un da gözaltına alındığı Ergenekon operasyonu, üç sanık avukatının İstanbul Barosu'na verdikleri dilekçe metni de bulunuyor. Odatv'de yayınlanan 13 yazıyı kaleme alan 12 kişi ise şüpheli değil. Alıntı yapılan yazılardan birisi Alman Junge Welt gazetesinde yayımlanan bir yazının çevirisi.

41 ve 42. klasörler: Haberler itinayla suça dönüştürülür

Bu bölümde 157'si 41'inci klasörde, 114'ü de 42'nci klasörde olmak üzere toplam 271 haber/yorum örneğine yer verilmiş. Birçoğu daha önceki klasörlerde anlatılan yazılardan oluşan bu haber/yorumlar Odatv'deki bilgisayarda bulunduğu söylenen örgütsel doküman olduğu iddia edilen belgelerle ilişkilendirilmiş. *"Ulusal Medya 2010", "Bilinçlendirme", "teRTEmiz", "HOCADAN NOTLAR", "Soner beyden gelen", "Yalçın Hoca ile görüşüldü"* isimli 6 ayrı belgede yer alan kimi ifadelere uygun olduğu değerlendirilen 271 haber bu iki klasörde 18 bölüm halinde tasnif edilmiş. Hangi belgenin hangi haberle ilintilendirildiği spesifik olarak değerlendirilmediği için bu yazıların dokümanları oluşturulma tarihine göre bir tasnife tutamadım. O yüzden genel bir yorum yapabilirim.

271 haberden 86'sı günlük basından alıntılardan oluşuyor. Alıntı sahibi yazar ve gazeteler daha önce isimleri sayılanlar. Bu isimler dışında soruşturmanın *"olağan şüphelileri"* arasına katılan yeni isimler AKP yanlısı **habervaktim.com** isimli internet sitesinden Arzu Erdoğral, **Cumhuriyet**'ten Işık Kansu ve Orhan Bursalı, **Radikal**'den Murat Yetkin, **Hürriyet**'ten Özdemir İnce, **Yeni Harman** dergisinde yazdığı bir yazı ile HAS Parti yöneticisi Mehmet Bekaroğlu oldu. 271 yazı içinde alıntılardan sonra kalan 185 yazıdan imzalı olanların 27'si Odatv iddianamesinin sanığı 7 kişiye ait. Müyesser Yıldız'ın 4, Doğan Yurdakul'un 5, İklim Kaleli'nin 3, Mümtaz İdil'in 1, Soner Yalçın'ın 6, Barış Terkoğlu'nun 6 ve Sait Çakır'ın da 2 yazısı bulunuyor. 62 yazıda imzası olan 30 kişi şüpheli değil.

41'inci klasörde *"Ulusal Medya 2010"*, *"Bilinçlendirme"*, *"teRTEmiz"* belgeleriyle ilinti kurulan ve EK-1 denilen bölümde yer alan 30 yazı arasında Odatv baskınını eleştirenler de bulunuyor. Akşam'dan Serdar Akinan'ın baskından 3 gün sonra 17 Şubat 2011'de kaleme aldığı ve Odatv'de alıntı yapılan yazısı ile sitede yine baskınla ilgili 14 Şubat 2011 günü yayınlanan eleştiri yazıları *"suçlu"* kapsamına alınmış.

"Ulusal Medya 2010" belgesiyle ilinti kurulan EK-2 bölümündeki 12 yazı arasında ise 24 yaş altındakilere alkollü içki satışının yasaklanmasına ilişkin kanun tasarısıyla ilgili haber de bulunuyor. Anadolu Ajansı kaynaklı alkollü içeceklerin ÖTV'sine zam yapılmasına ilişkin haberle Yeni Sinema Hareketi isimli grubun Kültür Bakanlığı'nın bir filmi sansürlemesini eleştiren basın açıklaması da suç delili olmuş. Yine Odatv'nin 14 Şubat 2011'de basılmasıyla ilgili medyada yer alan haber ve yorumların değerlendirildiği eleştirel bir yazı da suç sayılan metinler arasında.

41'inci klasördeki EK-3 bölümünde *"Ulusal Medya 2010"*, *"HOCADAN NOTLAR"*, *"Bilinçlendirme"* ve *"teRTEmiz"* isimli belgelerle ilinti kurulan 41 adet yazıya yer verilmiş. 14 tanesi alıntı olan bu örneklerden bir tanesi de ismi verilmeyen bir okurun bir habere yaptığı yorum. 28 Aralık *2009'da "Türk ordusu dağıtılıyor mu?"* başlığıyla sitede sunulan bu yazının Genelkurmay Karargâhı'na yapılan baskın haberine yazılan bir okuyucu yorumu olduğu ve okuyuculara aktarıldığı belirtiliyor. Tahmin ediyorum Bülent Arınç'a suikast girişimi (Sahi ne oldu o olay? Soruşturmanın akıbetini yazacak bir gazeteci yok mu?) iddialarıyla ilgili *"kozmik odada"* yapılan aramalarla ilgili haberlere dair yapılmış yorum bu. Yazıyı ilginç kılan ise eleştirilerin ardından Atatürk'ün gençliğe hitabesinin konulması. Evet, her okulda ve resmi kurumlarda bulundurulması zorunlu, gençliğe hitabe de suçmuş.

Aynı klasörün EK-4 bölümündeki suçlu haberlerden biri de Wikileaks belgelerinden birinin çevirisi. AKP hükümetinin ve belediyelerinin yolsuzluk iddialarının dile getirildiği 8'i alıntı 22 yazı bulunuyor. Suçlanan Wikileaks belgesi haberi ise Taraf gazetesinin de manşetten duyurduğu Başbakan'ın İsviçre Bankaları'nda gizli hesapları bulunduğu iddialarıyla ilgili bir yazı olmuş.

41'inci klasörün 13 haber örneği sıralanan EK-5 bölümü ise gerçekten manidar. Malum savcı görevinden alınmadan önce tutuklanmamızla ilgili süreci eleştiren meslektaşlarımızı tehdit eden bir basın açıklaması yapıp, *"Hassasiyetle takip ediyoruz"* demişti. İşte bu bölümdeki suçlu yazı örnekleri o *"hassas takibin"* kanıtı aynı zamanda. *"Ulusal Medya 2010"* belgesiyle ilinti kurulan 13 haberden 9'u gazeteci avına dönüşen operasyon ve soruşturmaya ilişkin tepkilerle ilgili. Basın Konseyi, ODTÜ, CPJ (Gazetecileri Koruma Komitesi) ve CHP lideri Kemal Kılıçdaroğlu'nun tepki açıklamalarıyla ilgili 7 yazı bulunuyor. Diğer yazılardan birisi dış basının ne yazdıklarına ilişkin bir toparlama haber ile The New York Times gazetesindeki yorum olmuş. Eski Cumhurbaşkanı Süleyman Demirel ile yapılmış ve alıntılanan Cumhuriyet ve Vatan'da yayımlanan iki röportaj da suç yazıları arasında. Diğer bir yazı da Murat Yetkin'in Yargıtay Onursal Başkanı Sami Selçuk'la Balyoz davasına ilişkin yaptığı bir konuşmayı anlattığı yazısı olmuş.

42'nci klasörde EK-18 diye adlandırılan bölümde 12 haber sıralanmış. Örgüt dokümanı denilen herhangi bir belgeyle ilinti kurulmayan bu yazıların *"işlediği suç"* delil klasöründe şöyle aktarılıyor: *"Ergenekon terör örgütü sanıklarının milletvekili yapılmaları kapsamında Odatv'de yapılan haberler"*. Bu konuyla ilgili tüm Türkiye medyasının haber yaptığı düşünüldüğünde benim artık söyleyecek sözüm kalmıyor. Sadece *"Yargılanan hani gazetecilik değildi"* diyebiliyorum.

Televizyon projesine operasyon

Ayrıca Odatv operasyonunun Soner Yalçın'ın seçimler öncesinde bir televizyon kurma çalışmasından hemen önce yapıldığını da ek delil klasörlerini incelediğimizde görüyoruz. Özellikle Ergenekon ve ilintili dava süreçlerinde AKP ve cemat medyasında kurulan mahkemeler aracılığıyla kamuoyunun gözünde kolayca suçlanabilecek bir internet sitesiydi Odatv. Soruşturmayla ilgisi olmamasına karşın dosyaya konulan kimi telefon konuşma kayıtlarına baktığımızda Odatv'nin aynı zamanda kişisel hesaplaşmaların bir aracı olarak kullanıldığını söylemek de mümkün. Zaten geçmişte bu hesaplaşmalar nedeniyle bir hayli *"düşman"* kitlesi edindiği de mevcut. Bu *"düşman"* kitlesinin önemli bir kısmı medyanın yeni muktedirlerinden olunca Odatv ve çalışanları *da "olağan şüpheli"* haline geldi. Buradan yola çıkarak Odatv merkezli bir soruşturmaya dâhil edilecek her ismin de sorgusuz sualsiz suçlu kabul edileceği planlanmıştı. Odatv'nin AKP, cemaat, Ergenekon ve ilintili kimi soruşturmalarda takındığı muhalif tutum zaten biliniyordu. Söz konusu dava ve soruşturmaların şüphelileri, yakınları ve avukatlarının bilinen nedenlerle yaygın medyada haber olamamaları ister istemez Odatv'yi bu kesimlerin sözcüsü, aktarıcısı haline getirdi. Bunun üzerine meslek ahlâkı bakımından bir hayli sorunlu bu haber sitesinin takipçisi giderek arttı.

Soruşturma dosyasından, kimi telefon konuşmalarından anlıyoruz ki Soner Yalçın ve bir grup arkadaşı - ki onlar bu soruşturmanın şu an şüphelisi olmadılar- bu ilgiyi paraya tahvil etmek için bir televizyon kanalı projesi için yola çıkmış. Önlerinde de iki canlı örnek var aslında. Ufuk Güldemir'in Habertürk'ü ile Tuncay Özkan'ın Kanaltürk'ü. Bu iki televizyon kanalı da küçümsenmeyecek paralarla, milyon dolarlarla el değiştirmişti. Yalçın ve arkadaşları televizyon projeleri için CHP'ye yakın Halk TV'yi almak istese de başarılı olamamışlar. *"Kolay lokma"* görülen ve kişisel yakınlıklarla alınmak istenen Halk TV Deniz Baykal'ın ayak diremesiyle satılamamış. Ancak yine CHP içinden bir milletvekilinin sahip olduğu uydu frekansı üzerinden yayın yapacak bir televizyon kanalı projesinin hayata geçirileceği anlaşılınca operasyon startı verilmiş. Soner Yalçın'ın konuşmalarına bakılırsa *"Durum TV"* adıyla 15 Şubat'ta test, 1 Mart 2011'den itibaren de sürekli yayına geçmesi planlanmış televizyon kanalının. CHP çizgisinde, seçimler öncesinde AKP'ye sıkı muhalefet edecek bir yayıncılık anlayışına sahip olacağı konuşulan bu televizyon kanalının yayınına başlamasını engellemek için operasyonun erkene alındığını söylemek mümkün. Özellikle *"erkene alındı"* diyorum. Çünkü görünen o ki Soner Yalçın ve Odatv çok uzun zamandır zaten takip altındaymış. Soruşturma dosyasına bakılırsa Odatv operasyonlarının hedefi aslında çok daha büyük. Örgüt dokümanı iddiasında bulunulan belgelerde tek tek kimlerin ve hangi kurumların, siyasi partilerin, sivil toplum örgütlerinin hedef olduğu açıkça görülüyor. Belgelerle ilgili değerlendirmelerimizde bunları aktarmıştık. O yüzden tekrara lüzum yok. Operasyonun erkene alınmasıyla bu *"hedeflere"* şimdilik sadece gözdağı verilmiş oldu.

Talimatlarda çok anlamlı bir "u dönüşü"

Özellikle de *"Ulusal Medya 2010"* isimli deli saçması dokümanla gazetecilerin hangi konuda neler yazabileceğinin de sınırı çizilmiş oluyordu. Soner Yalçın'ın talimatları olduğu öne sürülen dokümanlarla ilgili kuşkularımızı ve bu belgelerde kullanılan üslubun abesliğini anlatmıştık. Sanki Soner Yalçın'ın talimatları değil de Yalçın'a iletilen talimatlar gibi kurgulanmıştı bu belgelerde yazılanlar. Zaten öyle olduğunu da Soner Yalçın'ın savcılık sorgusunda öğreniyoruz. Bizlerde olduğu gibi Yalçın'da da savcılık sorgusunun sorularının patenti elbette polise ait. Orada dikkatimi çeken bir soru *"Belgelerde yazılı örgüt talimatlarını size kim verdi?"* şeklindeydi. Yani Yalçın örgüt talimatlarını bir başkasından almakla suçlanıyordu. Ancak iddianame çıktığındaysa tüm dil bilgisi tuhaflıklarına karşın savcı o talimatların Soner Yalçın'a ait olduğunu iddia etti. Anlaşılan o ki zaten zayıf kalacağı bilinen iddianame ve suçlamaları daha tutarlı ve sağlam gösterebilmek için bir başka ismin ya da isimlerin soruşturmaya eklenmesi hesaplanmıştı. Elbet aklımıza gelen birkaç isim var ama *"Kurdun aklına eşeği düşürmeyelim"*.

Yani Soner Yalçın bu senaryoda *"örgüt talimatlarının aktarıldığı ve bu talimatların hayata geçirilmesinden sorumlu olacak kişi"* olarak kurgulanmıştı. Akla gelebilecek her konuda mantık sınırlarını zorlayan konuşmalarını dinlendiğini bildiği telefonundan yapan Yalçın Küçük figürü de oturtulunca çatı oluşuyordu. Merkezine *"Ulusal Medya 2010"* saçmalığına uygun bir Odatv ile çalışanları ve bağlantılı oldukları isimler de eklenince işler kolaylaşacaktı. Bu arada *"hesaplaşılması"* gereken kim varsa listeye eklenecekti. Zaten adımın bu dosyada yer almasının tek nedeni de bu mantığın ürünü. *"Kara propaganda"* ya da *"içinde yeni bir şey yok"* çığlıklarıyla değersizleştirilmeye çalışılan kitabımda işlenen konular belki dikkatlerden kaçmamıştı. Nedim'in neden hedef olduğu ise çok açıktı. Hrant Dink suikastında kimlerin ihmali bulunduğunu ortaya koyunca, isimleri ortaya çıkan ve cemaatçi oldukları öne sürülen polisler zaten fırsat kolluyordu. Ayrıca Nedim Şener'in *"Ergenekon belgelerinde Fethullah Gülen ve Cemaat"* isimli kitabı vardı. Ama televizyon projesi hesabı karıştırdı. Planlanandan daha önce yapıldı operasyonlar. Hesabı bozan daha önemli sorunun ise Nedim ile beraber ikimizin dosyaya eklenmesi olduğu hemen kendini gösterdi zaten. Her şeyin komplo olduğu kısa sürede anlaşıldı. Kimseler ikna edilemedi. Bu yüzden mi bilinmez Ergenekon soruşturmalarının kilit iki ismi savcı Zekeriya Öz ve polis müdürü Ali Fuat Yılmazer görevlerinden alındı.

Operasyon erkene alınmak istense de bir taşla iki kuş vurulmak istenmişti. *"olağan şüpheli"* Odatv ve çalışanlarının yanı sıra seçimler öncesi CHP yeni bir seks skandalına konu edilecekti. Herkesin tutarsız, aptalca delillerle tutuklandığı soruşturmada bu skandalın kahramanlarından birisi olması istenen *"esas kadın"* serbest bırakıldı. Hemen ardından günlerce medyanın ana malzemesi oldu zaten. Soner Yalçın ile birlikte yakın arkadaşları olan gazeteciler de hedef haline geldi. Şimdilik şüpheli olmaktan kurtulsalar da telefon konuşmaları afişe edilerek cezalandırıldılar. Hanefi Avcı yazdığı kitabın bedelini bir kez daha ödemeye mahkûm edildi. Yakın arkadaşları polis müdürlerine gözdağı verildi. Cemaat hakkında rapor hazırladığından kuşkulanılan MİT'çi Kâşif Kozinoğlu da *"yaptığının"* bedelini ödemesi istenenlerdendi. Sanıkları ya da potansiyel sanıklarıyla herkesin neden hedef olduğu da bu tabloda açıktı: *Dokunan yanacaktı.*

Kozinoğlu, iddianame ve "deliller"

Bu bölüm yıllarca devletin belki de *"pis işlerinin bir aktörü olduğu"* düşünülen ve bu nedenle tutuklanması *"olağan"* karşılanan bir isimle, MİT'çi Kâşif Kozinoğlu'yla ilgili. Bir nevi, dosyasından görebildiğim kadarıyla kendimce savunması Kozinoğlu'nun. İki nedeni var. Birisi Odatv soruşturmasının ne kadar abesliklerle dolu olduğunu göstermesi. Bir diğeri de kurulan tezgâhla atıldığı cezaevinde kendini savunma imkânı dahi bulamadan ölmesi. Açık söyleyeyim Kozinoğlu'nu tanısaydım seveceğimi sanmıyordum. Ama bu, yaşadığı haksızlığı anlatmama engel değil. Yeni düzenin medyasını oluşturanların çıkarları gereği yaptığı gibi yaşanılan haksızlığı, *"Aman AKP'ya ya da cemaati eleştirmeyeyim"* diye görmezden gelmek ve hatta gözden kaçırmak hem insani hem de ahlâki değil. Öte yandan Kozinoğlu'nun geride bıraktığı bir eşi ve ömrü boyunca adını taşıyacağı bir oğlu olduğunu da, bir işe yaramayacağını bilsem *de "medya cellâtlarına"* anımsatmakta fayda var.

Ne yalan söyleyeyim, tutuklandığım günden itibaren *"örgüt arkadaşlarım"* içinde gözümü en çok korkutan Kâşif Kozinoğlu olmuştu. Dosyada adı geçenlerin hemen hepsi bilinen kişiler olmasına karşın MİT'çi Kozinoğlu, adı bilinen ancak en *"muammalı"* kişiydi. Ne zaman ki iddianame ve delil klasörleri ortaya çıktı Kozinoğlu'nun üzerindeki *"sır perdesi"* de kalktı. Korkularımın yersiz olması bir yana Kozinoğlu'nun etrafındaki muammayı yaratanın aslı astarı olmayan haberler olduğunu da anladık. Önceki Ergenekon soruşturmaları dosyalarına girmiş deli saçması ihbar mektupları ve gizli tanık ifadeleri ise zaten akıl sağlığı yerinde her insan için ciddiye alınacak türde değildi. Ancak biraz sonra değineceğimiz *"aslı astarı olmayan"* haberlerin ve *"gizli tanık"* ile *"ihbar mektupları"*'na da yansıyan Kozinoğlu'yla ilgili iddiaların birçoğunun Aydınlık Dergisi ve İşçi Partisi çevresinin dolaşıma soktuğu tevatürler olması ise tarihin garip cilvelerinden biri elbette. Kozinoğlu ile ilgili Susurluk döneminden bu yana yapılan ve her biri soruşturma dosyasına da konulmuş olan olumsuz, doğrulatılamamış haberlerin birçoğunun kaynağı Aydınlık Dergisi'ydi. Bugüne dek hakkındaki hiçbir iddiaya yanıt dahi vermeyen Kozinoğlu ile Aydınlık grubunun yolu Ergenekon soruşturmalarının *"ortak mağduru"* olmalarıyla yeniden kesişmiş oldu. Ancak bu kez eskinin düşmanı *"ABD uşağı", "CIA'cı"* Kozinoğlu Aydınlıkçılar için kahramandı.

Ezeli düşmandı, kahramanları oldu

Kozinoğlu'nun cezaevinde, kendisini aklamasına fırsat bulamadan talihsiz bir şekilde ölmesinden sonra artık günlük gazete olarak yoluna devam eden Aydınlık, günlerce bu MİT'çinin kendilerine göndermiş olduğu mektupları yayımladı. Çeşitli iddialar barındıran, Gülen cemaatini hedef alan ifadelerin bulunduğu mektuplarla, Kozinoğlu'nun ölümünden sonra ortaya çıkan mahkemede yapacağı savunmanın çelişkiler barındırdığını da not etmekte fayda var. Bu arada Kâşif Kozinoğlu'nun *"olağan şüpheli"* olmasındaki katkısı yadsınmayacak Aydınlık ve İP çevresinin *"ezeli düşmanları"* bu MİT'çiyi ölümünden sonra kahramanlaştırması ise gerçekten ironikti. Özel Harp Dairesi kökenli, eski bir asker olan Kozinoğlu'nun Ergenekon şüphelisi olmasından sonra *"suçlu"* olduğuna dair genel kabulde hem bu tür yayınların hem de mafya lideri Alaattin Çakıcı'nın davasıyla ilgili dönemin Yargıtay Başkanı Ersalan Özkaya ile yaptığı bilinen konuşma da etkili oldu. Ancak başta da söylediğim gibi Odatv soruşturmasının dosyaları ortaya çıkınca görüldü ki yargılanmadan suçlu kabul edilen Kozinoğlu da diğerleri gibi davanın en ilgisiz şüphelisiydi. Savcılık ifadesinde birlikte şüpheli olduğu hiçbir ismi tanımadığını söyleyen ve bunun aksini kanıtlayacak, somut ve hatta soyut tek bir delil ya da ilişki biçimi ortaya çıkmayan Kozinoğlu'nun kendisini aklamasına dahi fırsat bulamadan ölmesi medya mahkemelerinde yapılan yargılamaların kurbanı olmasının en çarpıcı örneklerinden biri oldu.

Tek "delil" sahte belge

Devletin gizli belgelerini Odatv'ye dolayısıyla *"Ergenekon'un medya yapılanmasına"* sızdırmakla suçlanan Kozinoğlu hakkındaki bu iddianın tek *"delili"* de üniversitelerin raporlarıyla sahte olduğu kanıtlanan dijital bir belgeydi. İddianameye bakılırsa 4 Ağustos 2010'da *"Soner"* isimli kullanıcı tarafından oluşturulduğu öne sürülen bu sahte belgede, *"Rusya Özbekistan'daki cemaat operasyonları hakkında Kozinoğlu'ndan gelen belgeleri mutlaka gündeme taşıyalım. Kozinoğlu'ndan gelen diğer belgeleri de değerlendirelim"* yazıyordu. Odatv'ye operasyon yapılmadan 7 ay önce yazılmış görünen bu belgedeki *"açık emire"* rağmen Kozinoğlu'ndan geldiği öne sürülen hem de MİT kaynaklı olan malum cemaat karşıtı raporların neden haberleştirilmediğinin yanıtını biri verecektir sanırım. Bu imzasız kimin yazdığı bilinmeyen ve sahteliği kanıtlanmış word dokümanı dışında Kozinoğlu adını Odatv operasyonuna dâhil eden bir diğer *"delil"* ise *"KOZ"* isimli bir klasörde adının bulunması.

Zaten bu klasör içinde de Kozinoğlu'ndan geldiği iddia edilen MİT ve TSK'ye ait belgeler, raporlar bulunuyor. Yani *"tutuklamaya yeterli"* malum savcılar için. Peki, Kozinoğlu hakkında başka *"delil"* yok mu? Elbette var. Hem de 11 tane. Bunlardan 7 tanesi Ergenekon'un ilk 2 davasının kimi sanıklarının bilgisayarlarında bulunduğu öne sürülen notlar. Bu notların kaynağı da ağırlıklı olarak Aydınlık haberleri ya da kişisel kanaatler içeriyor. Kozinoğlu'na karşı olan cephenin elemanı olarak görenlerin kişisel yorumları anlayacağınız. 7 belgeden 6'sı bu minvalde. Kalan bir tanesi ise Kozinoğlu'nun neden Odatv davasının sanıklarından olan eski polis müdürü Adil Serdar Saçan'ın *"Akbabaların İktidarı"* adını verdiği kitabından notları arasında, *"Anlaşılan Özkaya ve Bozkurt laik ve ulusalcı kimlikleri nedeniyle hedef haline gelmişlerdi ve tetiği F tipiler çekiyordu. Aynı olaya dâhil edilen Kâşif Kozinoğlu ise yurt dışındaki F tipi okullarla ilgili bir araştırma yapmakla – F tipicilerce- suçlanıyordu..."* ifadelerinin bulunması. Yani Odatv bilgisayarlarına virüs yoluyla kaydedildiği belirlenen MİT kaynaklı, cemaatin yurt dışındaki okullarının yürüttüğü faaliyetlere dair raporun Kozinoğlu tarafından kaleme alındığı söyleniyordu. Eh bu da Ergenekon sanığı olmak için yeter koşul oluyor.

Yine mi sen "vatanını seven ihbarcı"

Artık Kozinoğlu'nu Ergenekon sanığı yapmak isteyen savcıların çok ciddi bulduğu bir de ihbar mektubu var elbet dosyada. Zaten Ergenekon ve ilintili soruşturmaları yürüten savcıların ve malum medyanın en çok sevdiği ve ciddiye aldıkları bu saçma ihbar mektupları. Gönderen her ihbarcının *"vatanını, milletini çok sevdiği"* vurgusuyla başlayan bu mektuplardan Kozinoğlu ile ilgili olanı da Zafer Sancak imzalı. Elbette ki bu isim de sahte. Savcılar da bunu biliyor olsa gerek, bugüne kadar onlarca ihbar mektubunun kaynağını araştırmadıkları gibi bunu da araştırmamışlar. Savcıların soruşturma ve araştırma radarına yakalananlar ise sadece ihbar mektuplarının hedeflediği kişiler oldu. Her bir mektupta öyle *"iddialar"* dile getirilip, hedef kişi dışında öyle önemli isimler zikredilmesine rağmen savcılar sadece o an tutuklamak istediklerine yöneliyordu. Bunları birazdan anlatacağız, biz *"Zafer Sancak imzalı"* 8 sayfalık ihbar mektubuna dönelim. Mektupta Kozinoğlu'nun adı geçiyor. Ancak, 2009 Martı'nda İstanbul Cumhuriyet Savcılığı'na gönderilen ihbarın hedefindeki esas kişi İkinci Ergenekon davası sanıklarından eski asker Levent Göktaş. İhbarcımız da eski asker olduğunu vurgulayarak Göktaş hakkında doğru ya da yanlış birçok bilgiyle birlikte iddialarını dile getirmiş. Ergenekon tutuklular kervanının üyesi olan Göktaş'ı hedef alan bu mektupta Kozinoğlu'nun adı, *"Göktaş'ın husumetli olduğu kişi"* olarak anlatılıyor aslında. MİT müsteşarlığını Kozinoğlu'nun önlediği anlatılan mektupta, bu nedenle Göktaş'ın husumet beslediği anlatılıyor. Taraflar kavgalı, hatta birbirlerine rakip ve karşı saflardalar ama her nasılsa bunların anlatıldığı mektup 2 yıl arayla her ikisini de Ergenekon tutuklusu yapmış. Yazılanları ciddiye alan savcı Zekeriya Öz'ün konunun araştırılması için 2009 yılı Mart ayı sonunda mektubu İstanbul Emniyeti Terörle Mücadele Şubesi'ne gönderdiğini de dosyadan anlıyoruz. İki hafta sonra 8 Nisan 2009'da da mektubu dayanak gösteren polis Kozinoğlu'nun telefonlarının dinlenmesini talep etmiş. 10 Nisan 2009'da da İstanbul 13. Ağır Ceza Mahkemesi'nin oluruyla Kozinoğlu da dinlenenler kulübünün yasal üyesi olmuş. Biraz sonra bu dinlemelerin nasıl bir keyfi kararla alındığını, uzatıldığını, pervasızlığını, sınır tanımazlığını yine Kozinoğlu üzerinden anlatacağız.

Odatv soruşturma dosyalarında Kozinoğlu'nun adının yer aldığı *"bilgi ve belgeler"* tek tek sıralanmış. Hiçbiri resmi nitelik taşımayan, doğrulatılabilmiş iddialara dayanmayan tamamen tevatürler içeren bu dokümanların her biri yazılmış. Bunlardan birisi de birinci Ergenekon davası sanıklarından gazeteci Hikmet Çiçek'ten elde edilen notlar. Yani bir anlamda Aydınlık'ta yer alan doğrulatılamayan haberlerin de kaynağı. Hikmet Çiçek'in kendisine iletilen iddiaları not etmesiyle oluşturulan 10 Haziran 1997 tarihli bu belgelerde *"dudak uçuklatacak"* bilgiler bulunuyor, tabii yerseniz. Kozinoğlu'nun CIA'in Türkiye'deki ekibinin kilit elemanlarından olduğundan tutun da uyuşturucu ticareti yaptığına ve Sabancı suikastını ekibinin yaptığına dair bir dizi uçuk kaçık konu yer alıyor. Savcılar, polisler burada anlatılanları *"ciddiye almış olmalı"* ki dosyaların arasına koymuşlar. Ancak ciddiye alınan bu notlarda Özer Çiller'den Turgut Özal'a, Rahmi Koç'tan Korkut Özal'a ve Mehmet Keçeciler'e kadar bir dizi isim inanılmaz olaylarla birlikte anılıyor. Ancak nedense sadece Kozinoğlu ile ilgili anlatılanlar ciddiye alınıyor.

İbretlik bir ihbarcı portresi

Elbette bunlarla bitmiyor. Savcıların ciddiye aldığı bir başka *"ihbar mektubu"* daha bulunuyor dosyada. Bu sefer ki isim *"Sergünhan Topal"*. Bana sorarsanız yazılanları okuduktan sonra söyleyebileceğim tek şey; *"Bunu yazan şizofren ve toplum sağlığı için bir kliniğe yatırılması gerekir"* demek olur. Ama savcılar öyle dememiş. Ciddiye almış, hatta mektupta yazan şu ifadelere rağmen: *"Barutçu Apartmanı'nda ikamet ediyorum. Barutçu demek, tetikçi demektir. Tetikçilere emir veren ise emekli Albay Fikri Karadağ'dır... Eşimin teyzesinin oğlu ve ablasının kocası Mehmet Efendioğlu. Kendisi Ergenekon mafyası üyesidir. Eşim onun aracılığıyla Ergenekon'a hizmet etmektedir. Bu amaçla benim uyarılarıma rağmen evin tül perdesini çok ince, içeriyi gösteren model yaptırdı ve şimdi evimizin tam karşısındaki apartmanın özellikle 5. ve 4. katından sürekli gözetleniyorum. Amaç dürbünlü tüfekle beni öldürmek ve kaza süsü vermek."*

Odatv soruşturmasının omurgasını oluşturan ve *"önemli delil"* muamelesi yapılan imzasız word dokümanlarının sahteliğine ilişkin kuşkuları, iddiaları ciddiye almayan savcılar böylesine şizofrenik bir mektubu ciddiye almış olmalı ki dava dosyasında kendine yer bulmuş. Şizofrenik dememiz boşuna değil. *"Kâşif Kozinoğlu JİTEM sorumlusu Binbaşı Mehmet (Hasan) Çallı'yı öldürdü. Kâşif Kozinoğlu'nun amacı Güler Sabancı üzerinden Sabancı Holding'i ele geçirmekti"* ifadeleri de savcıların ciddiye aldığı mektupta yer alıyor. Dahası da var: *"1 Nisan 2004 Posta gazetesi ve 5 Nisan 2004 tarihli Star gazetesi, Akşam gazetesi 1. sayfadan sürmanşet İspanya'da tren bombalama eylemini Tunuslu terörist Serhan organize etti. Lider Serhan'dır diyerek JİTEM'e Ergenekon'a mesaj verdiler"* diyerek

Ergenekon'un kendisini nasıl hedef seçtiğini anlatıyor ihbarcımız.

Kozinoğlu'nun öldürdüğünü anlattığı JİTEM'ci olduğu iddia edilen Hasan Çallı ile ilgili anlattıkları bir kez daha şöyle yer alıyor mektupta: *"1 Nisan 2004'te Show televizyonunda Popstar müzik yarışması başlar. Yarışmaya Selçuk Demirelli adında bir gün önce öldürülen JİTEM sorumlusu Jandarma Binbaşı Hasan Çallı'nın benzeri katılır ve yarışmayı kazanır ve Hasan Çallı onure edilir. Ayrıca şarkılardaki mesajlar aracılığıyla mesajlaşılır."*

Savcıların iddianın bu kısmına ilişkin ne kadar ciddiyetle yaklaştığını gösteren bir emare soruşturma klasörlerinde bulunmuyor. Zira RTÜK'ten söz konusu programın kaydının istenip bir inceleme yapıldığını gösteren bir yazışma mevcut değil. Ancak sağlıklı bir akıl ve mantık sınırlarının çok ötesinde bu mektubu savcılar neden ve ne kadarını ciddiye aldı merak içindeyim. Mektubun ciddiye alındığının, Kâşif Kozinoğlu ve bazı Ergenekon sanıklarının isminin geçmesi dışındaki en *"rasyonalist"* nedeni de sanırım şu satırlarda gizli: *"2005 yılından itibaren Bayrampaşa ÖDP ve Emek Partisi bizim sokağın bitişiğine taşıdı. Amaç beni yanlarına çekip entrika çevirmek, infaz etmek. Ancak ben bu partilere gitmedim. AK Parti'ye üye oldum."*

"Sergünhan (Serhan) Topal/Makine Mühendisi" diye imzalanmış bu e-posta ihbarında *"Sabancı Ailesi ile MİT Müsteşarı Hakan Fidan'ın içme suyuna uyuşturucu katıp ailesini öldüreceğini"* de anlatan ihbarcımız, kendisine ordudan atılma bir subay tarafından Güler Sabancı'ya suikast yapması teklifinde bulunduğunu da söylemiş. Klasik ihbar mektuplarının aksine adresini de vermiş ihbarcımız. Evinin bulunduğu İstanbul Bayrampaşa'daki Kızılay Sokağı anlattığı bölümde *"Kızılay Sokak- Kızıldere 31 Mart 1972 Mahir Çayan'ın ölüm yıldönümünü anımsatır"* dedikten sonra oturduğu Barutçu Apartmanı'nın No'sunun 13/3 olmasını da *"13 rakamı ise Bitlis'in trafik kodudur ve uçağı şüpheli bir şekilde düşen Jandarma Komutanı Eşref Bitlis'in soyadıdır"* açıklamasında bulunur. 8 sayfalık ihbar mektubunun tamamı ipe sapa gelmez delicesine iddialarla dolu ama her nasılsa 37 yıl asker ve MİT'çi olarak devletine hizmet etmiş bir kamu görevlisini suçlamak için soruşturma dosyasında yer bulabilmiş kendisine. Mektubu yazan için artık diyebilecek bir şey yok. Ama ciddiye alanlara *"Allah akıl fikir versin"* demek gerekiyor.

Gizli tanık Kıskaç, madenmiş

Odatv soruşturmasının 10 bin sayfayı bulan evrakı arasında Kozinoğlu ile ilgili bölüm mizah dergilerine taş çıkartır gerçekten. Kozinoğlu'nun suçlu olduğu algısı oluşturmanın bir diğer aracı olarak bu kez de bir *"gizli tanık"* ifadesi referans alınmış. *"Kıskaç"* kod adı verilen gizli tanığın 30 Kasım 2008'de verdiği ifadelere yer verilmiş. O ifadelerde *"Ben Adnan Çiçek'in referansıyla Ankara Bahçelievler'de bulunan MİT binasına giderek Kâşif Kozinoğlu ile görüştüm. Terör örgütlerinden tehdit aldığım için yurt dışına çıkmak istediğimi kendisine söyledim. Alaattin Çakıcı'dan bahsederken 'Reis' diye konuşuyordu. Alaattin Çakıcı'nın kardeşi Savaş Çakıcı ise Antalya JİTEM'le ilişkili olan kişidir"* denilerek Kâşif Kozinoğlu'ndan bahsedildiği soruşturma dosyasında kendine yer bulmuş. *"Kıskaç"* kod adlı gizli tanık tıpkı biraz önce anlattığımız şizofren ihbarcı gibi soruşturma makamları için bir maden. Anlaşılan o ki *"anlat"* denildikçe hedef olması istenen her kimse ona ilişkin *"çok gizli"* ve *"önemli"* bilgiler yumurtlamış. Sonra bunlar ciddiye alınıp dava dosyalarında, iddianamelerde kendine yer bulmuş. *"Kıskaç"*ın ifadeleriyle kıskaca aldıklarından birisi de yine Ergenekon sanıklarından, karanlık ilişkilerin odağındaki bir başka isim olan Osman Gürbüz. Kendisini suçlayan ifadeler veren *"Kıskaç"*la Osman Gürbüz arasındaki bağ ise bir kadın. *"Kıskaç"* kod isimli gizli tanık, Osman Gürbüz'ün eski eşinin kocası ve aralarında bu nedenle husumet var. Gürbüz ise borcu olduğu birine para ödemek için alacaklısının Ergenekoncu olduğuna yönelik ifade vermiş nev-i şahsına münhasır sanıklardan birisi o kadar.

Kozinoğlu ile Eymür'ün "dostluğu"

İP'liler ve yayın organları Aydınlık tarafından yöneltilen çeşitli suçlamaların odağındaki isim olan Kâşif Kozinoğlu ile ilgili dosyalar arasında bir başka ilginç belge daha bulunuyor. Yıllar sonra kader birliği yapan müttefiklere dönüşen taraflardan İP lideri Doğu Perinçek yıllar önce aralarında Kozinoğlu'nun da bulunduğu bir grup MİT'çinin kendisine suikast düzenleyeceği iddiasıyla suç duyurusunda bulunmuş. Kimi Ergenekon sanıklarından ele geçirilen *"Şirket ve köstebekler"* ismindeki bir başka belgede, Kozinoğlu'nun adı geçtiği için dava dosyasına alınmış. Afganistan, Çeçenistan, Çin, Sincan, Uygur bölgesi ve Azerbaycan'da ABD adına faaliyet göstermekle suçlanıyor Kozinoğlu. Bu belgeye göre; başka Ergenekon sanıklarından elde edilen kimi belgelerde de Kozinoğlu ABD çıkarlarına hizmet etmek, Abdullah Gül ve Tayyip Erdoğan ile işbirliği yapmakla, MİT'çi Mehmet Eymür'le bağlantılı olmakla suçlanmış ve bunların her biri anlatılıyor 35 No'lu delil klasöründe. Ama Kozinoğlu'yla ilgili olarak, *"Bu personelle ilgili menfi kanaatlerim olduğu bilinmektedir"* diyen de, Kozinoğlu'nun, adamı olmakla suçlandığı Mehmet Eymür'dü. Kısacası dava dosyasında sadece tevatürlerden yola çıkılarak hazırlanmış belgelere bakıldığında dahi Kozinoğlu'nun birçok Ergenekon şüphelisiyle yıldızının barışık olmadığı ortaya çıkıyor. Ama ilginçtir o da aynı örgütte kavgalı olduklarıyla birlikte olmakla suçlandı.

Bugüne dek hakkında yapılan, çoğu Aydınlık kaynaklı haberlerden, şizofrenik mektuplar yazan ihbarcıların iddialarından, güvenilmez tanıkları anlattıklarından yola çıkılarak hazırlanan savcılık sorularına yanıt veren ve her birini yalanlayan Kâşif Kozinoğlu da Silivri esirlerinin arasına düşmekten kurtulamadı. Savcılık sorgusundaki yanıtlardan Çin'in Uygur bölgesine gitmediğini, ordudan kovulmayıp kendi isteğiyle emekli olduğunu ve MİT'e geçtiğini, Rusya'da hiç görev yapmadığını, Mehmet Eymür'ün adamı olmak bir yana kavgalı olup birbirlerini hiç sevmediklerini öğrendi dosyaları okuyanlar. Hakkındaki şehir efsanelerinin birçoğunu ortadan kaldıran zenginlikteki soruşturma dosyasına girmeyense Kozinoğlu'nun cezaevinde ölmesi üzerine mahkemede yapamadığı savunması oldu.

Kozinoğlu görevli bulunduğu Afganistan'dan iki günlük yolculuk sonrasında ifade vermek için geldiği İstanbul'da Savcı Zekeriya Öz'e ifade verdikten sonra tutuklandı. Hrant Dink suikastında yargılanan tetikçi çakalların örgüt olmadığına hükmeden 14. Ağır Ceza Mahkemesi'nin 10 Mart 2011 tarihli tutuklama kararının gerekçeleri arasında binlerce kilometre yol kat edip gelen Kozinoğlu'nun *"kaçacağı"* şüphesi de yer alıyordu. *"Silahlı Terör Örgütü üyesi olmak"* ve *"Devletin güvenliğine ilişkin belgeleri tahrip etme, amacı dışında kullanma, hile ile alma, çalma"* suçlamalarıyla tutuklanan Kâşif Kozinoğlu'nun avukatlarının tahliye talepleri her seferinde reddedildi. Talepleri değerlendiren mahkemeler *"kuvvetli suç şüphesi olduğunu"* öne sürüyordu. Avukatları tahliye taleplerinde bu suç şüphesine ilişkin delillerin olmadığını zaten varsa da göremediklerini anlatıyordu.

Kozinoğlu'nun suçlanmasına delil olarak gösterilen ve Odatv bilgisayarından bulunan gizli belgelerin olduğunu savcılık ve mahkeme sorgusunda yöneltilen sorular ile diğer şüphelilerin sorgularından ve basına yansıyan haberlerden öğrendiğini belirten avukatlar 14 Nisan 2011 tarihli tutukluluğa itiraz dilekçelerinde şunları söylüyordu:

> *"MİT Müsteşarlığı'nca yapılan incelemelere dayanılarak verilmiş ve dosyaya intikal etmiş bulunan cevaptan açıkça görüldüğü üzere müvekkilimiz tarafından MİT'ten çalındığı ve terör örgütüne servis edildiği iddia olunan evrak, MİT'in bünyesinde muhafaza ettiği münhasır evrak olmayıp, dağıtımlı evraktır. Bu nedenle dağıtımın yapıldığı kuruluştan sağlanmış olmaları olasıdır."*

Yani MİT'in hazırlamış olduğu Odatv'deki bilgisayarda bulunan evrakın Başbakanlık, ilgili bakanlıklar, Genelkurmay ve Emniyet Genel Müdürlüğü'ne de dağıtımının yapıldığı söyleniyordu.

O evraka ulaşamaz

Kâşif Kozinoğlu'nun söz konusu evraklara ulaşamayacağı da yine MİT'in vermiş olduğu yanıtlardan anlaşılıyordu. 15 Mart 2011 tarihinde MİT Müsteşarlığı Hukuk Müşaviri Ümit Ulvi Canik imzasıyla gönderilen yanıt yazısında *"Müsteşarlığımız bilgi sistemlerinde kullanıcılar, bulunduğu hiyerarşi ve çalıştığı birim kapsamında sadece iş kuralları dâhilinde yetkili oldukları yazılar ile dosyalar içerisindeki dokümanlara erişebilmektedir. Söz konusu sistemlerdeki erişim kayıt altına alınmaktadır. Bu kapsamda Güvenlik İstihbarat Başkanlığı emrinde görevli olmayan Kâşif Kozinoğlu'nun bu başkanlığa ait yetkili olmadığı herhangi bir dokümana Müsteşarlık Bilgi Sistemleri'nden erişimi imkânı bulunmamaktadır"* deniliyordu. Kozinoğlu'nun Odatv bilgisayarından çıkan belgelere görev tanımı gereği erişemeyeceği belirtilen yazıdan yola çıkan avukatlar müvekkillerinin de savcılık ve mahkemede söylediği ifadelerine dikkat çekiyordu. Kozinoğlu MİT'te her belgenin antetli ve yazıcı kayıt numaraları olduğunu, ancak söz konusu belgelerde bu tür bir kayıt numarası bulunmadığını söylemişti. Yani söz konusu belgeler MİT tarafından hazırlansa da sızdırmanın kaynağı MİT değildi. Kozinoğlu 10 Mart 2011'de Savcı Öz'e verdiği ifadede de MİT'te kompartımasyon sistemi olduğunu belirterek *"Yani başka odalara, bölümlere gidip belge alamam. O belgeler nereden çıktıysa yazıcısı da bellidir. Her koridorda kamera vardır, bizim koridorlara girmemiz yasaktır. Ayrı bir birimdir. Birimler arası geçiş yasaktır. Ben Soner Yalçın'ı tanımam ve belge vermedim. Verilmiş bir belge varsa MİT bu belgeyi kimin verdiğini bilir. Üzerinde antet vardır, çıkış numarası vardır"* diyordu. Ancak bunca kuşkulu durum ve makûl şüphe gibi unsurlar tıpkı diğer şüphelerde olduğu gibi Kozinoğlu için de dikkate alınmadı. Hayatını kaybedeceği cezaevine gönderildi.

"Gizemli" MİT'çiden "şüpheli" telefon konuşmaları

Kozinoğlu'nu tutuklama yolunu açan unsurlardan biri de *"şüpheli"* telefon konuşmalarıydı. İddianamede yer verilen *"şüpheli"* sadece 3 telefon konuşmasından birisi bir başka MİT' görevlisiyle, diğer ikisi de OYAK Holding'in üst düzey yöneticisi Coşkun Ulusoy'la yapılmış görüşmelerdi. Ancak Kozinoğlu'na ait 35 nolu delil klasöründe toplam 53 telefon konuşması bulunuyordu. Konuşmaların tümü 10 Nisan 2009 ile 10 Ocak 2010 arasındaki 9 aylık dönemi kapsıyor. Çünkü ilki 10 Nisan 2009'da 3 ay süreyle verilen mahkeme kararıyla başlayan dinlemeler birisi 3 ay diğerleri de birer ay olmak üzere 4 kez verilen uzatma kararlarıyla toplam 9 ay sürmüş. İstanbul polisinin 11 Ocak 2010'daki 5'inci uzatma talebi ise aynı tarihte, *"kuvvetli suç şüphesi olmaması"* gerekçesiyle reddedilince dinlemeler sona ermiş. Her ne kadar Ergenekon soruşturmalarında görev almış 4 savcının imzasını taşıyan ret kararında, *"Örgüt faaliyeti olarak nitelendirilebilecek konuşmalar değil"* dense de bu telefon konuşmaları, *"Ergenekon örgütü üyeliğinin kanıtı"* olarak delil klasörlerine konulmuş. Bu bilgilerden sonra Kaşif Kozinoğlu örneğinden yola çıkarak dinleme ve uzatma kararlarının nasıl bir keyfilikle yapıldığını anlatalım.

Savcılık ve mahkeme sorgularında Kozinoğlu'na *"şüpheli"* 6 telefon konuşması hakkında sorular sorulmuştu. Avukatların MİT ile yaptığı yazışmalarla da kanıtlandığı üzere şüpheli bu 6 görüşmeden 3'ü MİT personeliyle yapılmıştı. Kozinoğlu'nun birlikte çalıştığı *"Aydın, Ferruh"* ve *"Gökhan"* isimli MİT mensuplarıyla yaptığı görüşmeler de dâhil olmak üzere 2009 ve 2010'da çeşitli tarihlerde yapılan konuşmalarla ilgili polisin ilk dinleme talebi 8 Nisan 2009'da mahkemeye geldiği dava dosyalarından görülüyor. *"Terör örgütü faaliyetlerinde bulunmak, suç örgütü kurmak ve buna bağlı olarak örgütün faaliyetleri"* diye gerekçelendirilen polisin dinleme talebinde Kozinoğlu'nun 2 adet GSM ve bir adet de Ankara'dan sabit telefon numarası bildirilse de MİT görevlisi olduğuna dair bir ibare bulunmuyor. İstanbul 13. Ağır Ceza Mahkemesi hâkiminin 10 Nisan 2009'da verdiği kararla 3 ay süre ile Kozinoğlu'nun telefonları dinlemeye alınmaya başlanıyor. Hâkim kararında *"Suç işlendiğine dair kuvvetli şüphe bulunduğu, başka suretle delil elde etmenin mümkün olmadığına"* dair klişe ifadeleri eklemeyi de ihmal etmiyor. Peki, hâkimin suç işlendiğine dair kuvvetli suç şüphesi olduğunu düşünmesine neden olan polisin talep yazısında ne yazıyor ona bakalım: *"05.05.2006, 10.05.2006, 11.05.2006 tarihlerinde İstanbul'da bulunan Cumhuriyet isimli gazeteye el bombalarının atıldığı, 17.05.2006 tarihinde Danıştay 2. Dairesi'ne yönelik gerçekleştirilen silahlı saldırı sonucu Yüksek Hâkim Mustafa Yücel Özbilgin'in öldürüldüğü, iki yüksek hâkimin yaralandığı, 13.07.2007*[20] *tarihinde İstanbul ili Ümraniye ilçesinde bir adrese düzenlenen operasyonda 27 adet el bombasının ele geçirildiği, 26.06.2007 günü Eskişehir ilinde gerçekleştirilen operasyon sonucu 12 adet el bombası, 2 adet uzun namlulu silah, 11 kg. C3 patlayıcı, 11 kg. TNT patlayıcının ele geçirildiği bahsedilen eylemlerin Ergenekon Terör Örgütü tarafından gerçekleştirildiği yönünde kuvvetli suç şüphesinin bulunduğu, Ergenekon yapılanmasının EGM'nin raporu ile terör örgütü yapılanması olarak mütalaa edildiği, terör örgütü mensuplarının suç delilleri ile birlikte tespiti, suç unsurları ile birlikte yakalanabilmesi için bu aşamada başka türlü delil elde etme imkânı olmadığından şüphelilerin kullandığı iletişim araçlarının teknik takip altına alınması gerektiği sonucuna varıldığından..."*

Telefon dinleme izni almak bu kadar kolay yani. Hâkim polise *"Dinleyeceğiniz adam kimdir, ne iş yapar?"* diye sorma gereği dahi duymamış. Polisin MİT'çi olduğunu gizlediği Kozinoğlu'ndan ne tür olaylar gerekçesiyle şüphelendiğini de sormayan hâkim, dinleme talebinde yer alan bombalı saldırı, suikast, cephanelik

20) Polis burada Ergenekon operasyonlarının başlangıç tarihi olarak gösterilen Ümraniye'deki bir gecekonduya yapılan baskını yanlış yazmış. Doğrusu 12.06.2007 olacak.

bulunması olaylarıyla Kozinoğlu arasında ne tür bir bağ, ilişki olduğuna dair de meraklanmamış.

İstanbul TEM Şube Müdürlüğü ilk 3 aylık dinleme kararının süresinin bitmesinden 1 ay önce, 9 Haziran 2009'da dinleme kararının uzatılması istemiyle İstanbul Cumhuriyet Başsavcılığı'na yaptığı başvuruyu 9 Temmuz 2009'da karara bağlayan ise bu kez 10. Ağır Ceza Mahkemesi oluyor. 10 Temmuz 2009'den geçerli olmak üzere 3 ay süreyle ilk uzatma kararı alınıyor. Bu kez başvuruda Kozinoğlu hakkında *"Ergenekon Terör Örgütü'ne bağlı faaliyette bulunma şüphesi"* yazmakta. Polisler uzatma başvurularına tapeleri yapılan 3 adet *"şüpheli"* telefon konuşmasını da eklemiş. Bakalım bu *"şüpheli"* konuşmalar nelermiş?

İlk konuşma 30 Mayıs 2009'da Kozinoğlu ile Fahrettin isimli bir kişi arasında geçiyor:
Fahrettin: Afganistan'daki **Kasım Erdem Paşa** aradı. *"O benim telefonumu biliyor ararsa memnun olurum"* dedi. O kadar.
Kâşif Kozinoğlu: Bırak boş ver, sen ara sor ne istiyormuş. Kim o?
Fahrettin: Bu kızını işine soktuğumuz **paşa** kimdi başkanım?
Kâşif Kozinoğlu: Ne istiyorsa sana söylesin. Ben sonra ararım onu.

İkinci konuşma kaydı 18 Haziran 2009 tarihli. Kozinoğlu ile *"X erkek şahıs"* diye kodlanan kişi arasında geçiyor.
X: Başkanım saygılar.
K.K: Ha, buyur canım.
X: Başkanım Afganistan'dan **Nazari Türkmen** aradı beni. Bu geçen Perşembe Hindistan'a göndermişti, 1500 dolar da para vermiş kayınbiraderine hastaneye yatmış müdahale etmişler. Para kalmamış hastanede kalmış. Bir 1000 dolara ihtiyacım var başkanım.
K.K: Aşağıya gitsin **Tuncay'a** söylesin, **Tuncay** da yazsın alsın şu an Kabil'de mi?
X: Evet.
K.K: Tamam gitsin **Tuncay**'a söylesin. Tuncay da yazsın acil hastanede kaldı filan diye.
X: Emredersiniz başkanım.

Uzatma kararı için talep edilen yazıya eklenen polislerin *"şüpheli"* bulduğu, Ergenekon adına faaliyet yürütüldüğüne *"delil"* olarak yer verdikleri 3. konuşma ise yine *"X erkek şahıs"* diye kodlanan birisiyle Kozinoğlu arasında 17 Haziran 2009'da yapılmış.
X Erkek: Günaydınlar, iyi günler.
K.K: Anladım efendim, anladım.
X Erkek: Bu mesajda attığım konuyla ilgili olarak geçen seferki yerde olabilir. Hani deniz kenarı derseniz çok öyle popüler kapalı yerde olabilir.
K.K: Ben yeri yazmamak için şey yaptım. Rahat konuşacağımız bir yer iyi olur efendim.
X Erkek: O zaman geçen sefer ki yer her zamanki saatte 12.30.
K.K: Tamam efendim, biraz zamanınız olacak de mi?
X Erkek: Oldururum tabi. Ben sonra Ankara'ya gideceğim. Ama oldururum problem yok.
K.K: Evet efendim önemli de olur diğer bir şey ben spor kıyafetlerle gelebilir

miyim?
X Erkek: Tabi olur bekliyorum.
K.K: Emredersiniz efendim.

Bu telefon konuşmalarından ilkinin diyaloglarında *"Kasım Erdem"* isimli paşanın adı geçtiği için polisler tarafından şüpheli bulunduğunu anlıyoruz. Çünkü *"Kasım Erdem"* Balyoz Davası'nın şüphelisi. O tarihlerde Balyoz soruşturması var mıydı acaba? Bildiğimiz kadarıyla yoktu. Çünkü 20 Ocak 2010'da Taraf gazetesinde Balyoz Darbe Planı davasını başlatacak haber yayımlanmıştı. *"Kasım Erdem"*in Kozinoğlu'nu telefon ile aramasından yaklaşık 2 yıl sonra Şubat 2011'de tutuklanmıştı. İsminin kalınlaştırıldığı telefon tapesinin kayıt tarihinden 8 ay sonra Balyoz Darbe Planı haberi Taraf gazetesinde yayınlanmıştı. Bu konuşmaların dava klasörlerinde yer verilen tapelerinden anlıyoruz ki Kozinoğlu Kasım Erdem'in kim olduğunu dahi anımsamakta zorlanıyor. Kozinoğlu'nun konuştuğu Fahrettin isimli kişi de, telefon numarasından (99871 233 62 13) anlıyoruz ki Özbekistan'dan arayan bir MİT personeli. O sırada Türkiye'de bulunan Kozinoğlu'na bilgi veriyor. Konuşmanın bütününden Kozinoğlu'nun *"Kasım Erdem"*ın kızına iş bulduğunu anlıyoruz. Nedense polis bu konuşmayı şüpheli bulmuş. Ancak ilginçtir bu *"şüpheli"* konuşmanın devamına yer verilmemiş uzatma talebinde. Aynı gün birkaç saat sonra *"Kasım Erdem Paşa"*nın kendi telefonunundan Kozinoğlu'nu aradığını 35 No'lu delil klasörünün 44'üncü sayfasında görüyoruz. Tape edilen bu konuşmalarda ikili hal hatır sorma sohbeti yaparak telefonları kapatıyor.

Polisin uzatma talebinin ikinci *"şüpheli"* konuşması ise soruşturma dosyalarının içindeki tape edilmiş tutanakların arasına dahi konulmamış. Yani şüpheli bulunmamış. *"Nasılsa kimsenin hesap sorduğu yok"* diye düşünmüş olmalılar. Uzatma kararının gerekçeleri arasında bulunan 18 Haziran 2009 tarihli bu *"örgütsel faaliyet içeren şüpheli"* telefon konuşması uzatma kararında *"delil"* diye sunulmasına karşın bırakın iddianameyi delil klasöerlerinde bile yer almıyor.

Üçüncü şüpheli konuşma ise talep yazısında *"X Erkek Şahıs"* diye kodlanmış olsa da anlıyoruz ki OYAK Holding Ceo'su *"Şerif Coşkun Ulusoy"*la yapılmış. Konuşmalar çok *"muammalı"* gibi göründüğünden olsa gerek Savcı Zekeriya Öz de bu görüşmeyi 10 Mart 2011'de ifadesini aldığı Kozinoğlu'na sormuş: *"Görüşme yaptığınız şahıs kimdir? Bu şahısla aranızdaki ilişkiyi açıklayınız?"* Kâşif Kozinoğlu bu soruyu *"Coşkun Ulusoy benim abim gibi görüştüğüm bir insandır. Yemeğe çıkarken restoranı tarif etmek için yapılmış bir görüşmedir"* diye yanıtlamış. Yani tüm o muammalı görünen konuşmalar yer tarifi için yapılmış. Konuşmanın tarafları; bir MİT mensubu ile koskoca holdingin yöneticisi. Zaten konuşmalardan da yer tarifi yapıldığı anlaşılıyor ama polis bu konuşmayı şüpheli buluyor. İddianamede bile yer verilmeyen bu *"şüpheli"* konuşmayı *"delil"* diye değerlendirip dinleme kararını uzatan hâkim ise *"Bu konuşmanın neresi şüpheli? Neyin delili?"* diye sormuyor. *"Terör örgütü mensuplarının suç delilleri ile birlikte tespiti, suç unsurları ile birlikte yakalanabilmesinin temini için bu aşamada başka türlü delil elde imkânı olmadığından..."* diyen polisin talebini *"yerinde"* buluyor hâkim. Gereğini düşünüp *"Gerekçesinde yazıldığı gibi yapılan soruşturmada suç işlendiğine dair kuvvetli şüphe bulunduğu... başka suretle delil elde etmek mümkün olmadığı değerlendirildiğinden..."* diyerek telefon dinlemelerin devamına karar veriyor. Bravo.

Kâşif Kozinoğlu'nun telefonlarının dinlenmesine ilişkin 1 ay süreyle iki uzatma kararının altındaysa 11. Ağır Ceza Mahkemesi hâkiminin imzası var. Bu kez polisin talebinde isnat edilen suç yine aynı: *"Ergenekon Terör Örgütü'ne bağlı faaliyette bulunma şüphesi".* İlk uzatma kararının süresi dolacağından *"kanuni"* dinlemelere devam etmek isteyen polis 7 Ekim 2009'da yaptığı başvuruya ertesi gün olumlu yanıt alıyor gecikmeden. 10 Ekim 2009'dan geçerli olmak üzere 1 ay süreyle 2. kez uzatma kararını bir öncekilerle aynı gerekçelerle veriyor. Polisin talep yazısında ekli olarak Kozinoğlu'nun çeşitli tarihlerde yapmış olduğu telefon görüşmelerinin bulunduğunu karardan anlıyoruz. Ancak kararda bu gelişmelerin detayına, hangi görüşmelerin suç şüphesi doğurduğuna dair bir açıklama yapılmamış. Hâkim *"suç işlendiğine dair kuvvetli şüphe bulunduğunu"* belirtmiş. Polisler uzatma talebini de şöyle gerekçelendirmiş: *"Soruşturmanın tam olarak aydınlatılabilmesi ve şüphelilerin tespiti ile suç delillerinin eksiksiz toplanabilmesi, grubun hiyerarşik yapısının deşifre edilerek faaliyetlerinin ortaya çıkarılması ve şüphelilerin suç delilleri ile yakalanabilmesinin fiziki takip ve tarassut çalışmaları ile mümkün olmadığından, başka tülü delil elde etme imkânı bulunmadığı da anlaşıldığından..."* Bu kadar bahanenin meali kısaca şu oluyor aslında: *"Ben telefonları dinleyeyim, nasılsa suçlayacak bir şey yaratırız."*

Kâşif Kozinoğlu'nun telefonlarının dinlenmesi ile ilgili birer ay süreyle iki kez daha uzatma kararı alındı. 9'uncu ve 14. Ağır Ceza Mahkemeleri hâkimlerinin olur verdiği uzatma kararlarında tarihler dışında hiçbir farklılık yoktu. Önceki kararlarda belirtilen nedenler, gerekçeler, talepler doğrultusunda aynı sözcüklerle aynı cümleler kurularak hüküm verilmişti. Hiçbir talebi sorgulamadan verilen kararlarla Kâşif Kozinoğlu'nun telefonları 9 Ocak 2010'a kadar 9 ay kesintisiz dinlenmiş oldu. Peki, bu dinlemeler neden nasıl oldu da son buldu? Bu sorunun yanıtını da yine resmi bir evraktan öğreniyoruz. Ancak altını çizerek belirtelim ki bu evrak Odatv soruşturma dosyaları arasında yok. Soruşturma makamları kendilerini zor durumda bırakacak her yazışma ve evrakta olduğu gibi bu belgeyi de gizlemişler.

Delil klasörleri arasında olması gerekirken gizlenen belgede Kozinoğlu'nun telefon dinlemelerine son verilmesinin gerekçeleri anlatılıyor. İstanbul TEM Şubesi öncekilerde olduğu gibi 11 Ocak 2010 tarihinde de İstanbul Cumhuriyet Savcılığı'na başvurarak Kozinoğlu'nun 9 aydır kesintisiz dinlenen telefonlarıyla ilgili 1 ay süreyle 5'inci kez uzatma talebinde bulundu. Ancak aynı gün bu talep reddedildi. Aralarında Kâşif Kozinoğlu'nun sorgulanarak tutuklanmasını isteyen Zekeriya Öz'ün de bulunduğu 4 savcı polisin talep yazısında ekli telefon görüşme tapelerinde yasadışı terör örgütü faaliyeti olarak nitelendirilebilecek bir bulguya rastlanmadığı için talebi reddetti. Savcılar Zekeriya Öz, Fikret Seçen, Murat Yönder ve Ercan Şafak'ın imzasını taşıyan ret kararında gerçekçe şöyle açıklandı:

> *"... Yazınız içeriğinde ve ekinde bulunan raporlarda teknik takip sırasında şüphelilerin kaydedilen telefon görüşmeleri içerisinde yasadışı terör örgütünün faaliyeti olarak nitelendirilebilecek herhangi bir görüşmenin bulunmadığı, telefonların bizzat şüphelilerin kendi adına kayıtlı olup, kimlik ve adres bilgileri de sabit olduğundan, CMK'nın 135/1 ve ilgili yönetmeliğin 12/1. maddesinde düzenlenen 'Suç işlendiğine ilişkin kuvvetli şüphe sebeplerinin varlığı ve başka suretle delil elde edilmesi imkânının bulunmaması' koşulunun gerçekleşmediği anlaşıldığından, şüphelilerin belirlenen telefonları üzerinde mahkeme kararı ile devam etmekte olan iletişim tespitlerinin*

uzatılması talebi yerinde görülmemiştir."

GİZLİ
T.C.
İSTANBUL
13. AĞIR CEZA MAHKEMESİ
(CMK 250. Maddesi ile Görevli)

Teknik Takip Karar No : 2009 / 671
Soruşturma No : 2008 / 1692

HAKİM : ÖMER DİKEN -33944
KATİP : NUR KURÇENLİ -95534

İLETİŞİMİN DİNLENMESİ KARARI

İletişimin dinlenmesini isteyen birim	İstanbul Cumhuriyet Başsavcılığı (CMK 250.Maddesi Kapsamında Görevli)
Dinleme isteyen birim yazısının tarih ve sayısı	İstanbul Emniyet Müdürlüğü Terörle Mücadele Şube Müdürlüğünün 08.04.2009 gün ve 2009/6933 sayılı yazısı
Şüphelinin kimliği	**Kâşif KOZİNOĞLU** isimli şahıs **05323444756** numaralı, Necdet ERSOY adına, Paris Cad. No:9/4 Kavaklıdere Çankaya, Ankara adresine kayıtlı, **05342041567** numaralı, Ercan HAKBİLEN adına Yayla Mah. 9. Sok. 40/10 Etlik, Ankara adresine kayıtlı ve **03122410605** numaralı, Yeşim KOZİNOĞLU adına, Koru Mah Mesa Koru Sit No:- /17 Çayyolu Yenimahalle, Ankara adresine kayıtlı telefonu kullanır.
Yüklenen Suç	Terör Örgütü faaliyetlerinde bulunmak, Suç örgütü kurmak ve buna bağlı olarak örgütün faaliyetleri.
İletişim aracının türü ve Telefon Numarası	GSM **05323444756 – 05342041567** SABİT **03122410605**
Tedbirin Türü ve Kapsamı	İletişimin tespit edilmesi, dinlenilmesi, kayda alınması, görüşme detay sorgulamalarının yapılması, ADSL İnternet trafiğinin tespiti ve takibi ile sinyal bilgilerinin değerlendirilmesi, görüşmelerin yapıldığı anda bulunduğu baz istasyonlarının tespiti,
Tedbirin Süresi	**(3) Ay**
İletişim Dinlenilmesi ve kayda alınması talebinin sebebi. (Uzatma İstenmişse Sebebi)	• 05.05.2006, 10.05.2006, 11.05.2006 tarihlerinde İstanbul'da bulunan Cumhuriyet isimli gazeteye el bombalarının atıldığı, • 17.05.2006 tarihinde Danıştay 2. Dairesine yönelik gerçekleştirilen silahlı saldırı sonucu Yüksek Hakim MUSTAFA YÜCEL ÖZBİLGİN'in öldürüldüğü, iki Yüksek Hakimin yaralandığı, • 13.07.2007 tarihinde İstanbul İli Ümraniye ilçesinde bir adrese düzenlenen operasyonda 27 adet el bombasının ele geçirildiği, • 26.06.2007 günü Eskişehir ilinde gerçekleştirilen operasyon sonucu 12 adet el bombası, 2 adet uzun namlulu silah, 11 kg. C3 patlayıcı, 11 kg. TNT patlayıcının ele geçirildiği, Bahsedilen eylemlerin Ergenekon terör örgütü tarafından gerçekleştirildiği yönünde kuvvetli suç şüphesinin bulunduğu, Ergenekon yapılanmasının EGM'nin raporu ile terör örgütü yapılanması olarak mütalaa edildiği, Terör örgütü mensuplarının suç delilleri ile birlikte tespiti, suç unsurları ile birlikte yakalanabilmesinin temini için bu aşamada başka türlü delil elde imkanı olmadığından şüphelilerin kullandığı iletişim araçlarının teknik takip altına alınması gerektiği sonucuna varıldığından;

Yukarıda gerekçesi yazıldığı gibi yapılan soruşturmada suç işlendiğine dair kuvvetli şüphe bulunduğu, talep edilen tedbirin CMK 135/6. maddenin 8, 13 ve 14. maddelerine ilişkin olması, ancak başka suretle delil elde etmek mümkün bulunmadığı değerlendirildiğinden, CMK 135 ve 137. maddelerine göre şüphelilerin kullanmakta olduğu ve yukarıda belirtilen telefon numaralarının iletişimlerinin **(3) Ay süre ile** telefonların tespitine, dinlenilmesine, kayda alınmasına, görüşme detay sorgulamalarının yapılmasına, ADSL İnternet trafiğinin tespiti ve takibi ile sinyal bilgilerinin değerlendirilmesine, şüpheli şahsa ait telefonun görüşme yaptığı *anda bulunduğu baz istasyonlarının tespiti amacıyla*, sinyal bilgilerinin değerlendirilerek **Telekomünikasyon İletişim Başkanlığı Kapsal Dinleme Programı** üzerinden alınabilmesine karar verildi. 10/04/2009

KATİP- 95534 **HAKİM- 33944**

T.C.
İSTANBUL
CUMHURİYET BAŞSAVCILIĞI
(CMK 250. Maddesi ile Yetkili Birim)

SAYI : 2008/1756 Soruşturma.

İSTANBUL EMNİYET MÜDÜRLÜĞÜ
TERÖRLE MÜCADELE ŞUBE MÜDÜRLÜĞÜNE

İLGİ : Terörle Müc.Şb.Müd.'nün 11/01/2010 tarihli 2010/(2009/270) (526) sayılı yazısı.

İlgi yazınızda iddia olunan ERGENEKON terör örgütü soruşturması çerçevesinde daha önce alınan mahkeme kararlarına istinaden adı geçen şüphelilerin teknik takip altında bulunan telefonları üzerindeki teknik işlemlerinin **(1)** ay süreyle **(5.)** kez uzatılması için teknik takip kararı talep edildiği anlaşılmıştır.

5271 sayılı CMK' nın 135/1. maddesi "Bir suç dolayısıyla yapılan soruşturma ve kovuşturmada, suç işlendiğine ilişkin kuvvetli şüphe sebeplerinin varlığı ve başka suretle delil elde edilmesi imkânının bulunmaması durumunda..." teknik takip kararı ile bu işlemin yerine getirilmesi hükmünü amirdir.

10.11.2005 tarihli resmi gazetede yayınlayarak yürürlüğe giren **telekomünikasyon Yoluyla Yapılan İletişimin Tespiti, Dinlenilmesi, Sinyal Bilgilerinin Değerlendirilmesi Ve Kayda Alınmasına Dair Yetkileri Hakkında Yönetmeliğin "İletişimin tespiti, dinlenilmesi, kayda alınması ve sinyal bilgilerinin değerlendirilmesi"** başlıklı 12.maddesi;

"Bir suç dolayısıyla yapılan soruşturma ve kovuşturmada, suç işlenildiğine ilişkin kuvvetli şüphe sebeplerinin varlığı ve başka suretle delil elde edilmesi imkanının bulunmaması durumunda, hakim veya sanığın telekomünikasyon yoluyla iletişimi tespit edilebilir, dinlenilebilir, kayda alınabilir ve sinyal bilgileri değerlendirilebilir. Cumhuriyet Savcısı, kararını derhal hakimin onayına sunar ve hakim, kararını en geç yirmi dört saat içerisinde verir. Sürenin dolması veya hakim tarafından aksine karar verilmesi halinde tedbir Cumhuriyet Savcısı tarafından derhal kaldırılır.

Şüpheli veya sanığın tanıklıktan çekilebilecek kişilerle arasındaki iletişimi kaya alınamaz. Kayda alma gerçekleştikten sonra bu durumun anlaşılması halinde, alınan kayıtlar derhal yok edilir.

Birinci fıkra hükmüne göre verilen kararda, yüklenen suçun türü hakkında tedbir uygulanacak kişinin kimliği, iletişimim aracının türü, telefon numarası veya iletişimi bağlantısını tespite imkan veren kodu, tedbirin türü, kapsamı ve süresi belirtilir.

Tedbiri kararı en çok üç ay için verilebilir; bu süre bir defa uzatılabilir. Ancak örgütün faaliyeti çerçevesinde işlenen suçlarla ilgili olarak gerekli görülmesi halinde, hakim bir aydan fazla olmamak üzere sürenin mütcaddit defalar uzatılmasına karar verilebilir.

Şüpheli veya sanığın yakalanabilmesi için, mobil telefonunun yeri, hakim veya gecikmesinde sakınca bulunan hallerde Cumhuriyet Savcısının kararına istinaden tespit edilebilir. Tespit işlemi en çok üç ay için yapılabilir; bu süre bir defa daha uzatılabilir.

Bu madde hükümlerine göre alınan karar ve yapılan işlemler, "tedbir süresince gizli tutulur" düzenlemesini getirmiştir.

Yasal düzenlemeler karşısında ilgi sayılı yazınız içeriğinde ve ekinde bulunan raporlarda teknik takip sırasında şüphelilerin kaydedilen telefon görüşmeleri içerisinde yasadışı terör örgütünün faaliyeti olarak nitelendirilebilecek her hangi bir görüşmenin bulunmadığı, telefonların bizzat şüphelilerin kendi adına kayıtlı olup, kimlik ve adres bilgileri de sabit olduğundan, CMK'nın 135/1 ve ilgili yönetmeliğin 12/1. maddesinde düzenlenen **"suç işlendiğine ilişkin kuvvetli şüphe sebeplerinin varlığı ve başka suretle deli elde edilmesi imkanının bulunmaması"** koşulunun gerçekleşmediği anlaşıldığından, şüphelilerin belirlenen telefonları üzerinde mahkeme kararı ile devam etmekte olan iletişim tespitlerinin uzatılması talebi yerinde görülmemiştir.

Bu nedenle şüpheli **Kaşif KOZİNOĞLU** isimli şahsın **05342041567 – 05323444756 – 03122410605 – 05348415630** numaralı telefonuna ait iletişimin dinlenilmesi, tespiti, kayda alınması, sinyal bilgilerinin değerlendirilmesi tedbirinin uygulanmasına son verilmiş olup,

Bilgi ve gereği rica olunur. **11/01/2010**

ERCAN ŞAFAK	**FİKRET SEÇEN**	**M.MURAT YÖNDER**	**ZEKERİYA ÖZ**
İst.C.Savcısı 33383	**İst.C.Savcısı 34460**	**İst.C.Savcısı 34877**	**İst.C.Savcısı 35837**

9 ay boyunca aynı gerekçelerle, aynı nedenler öne sürülerek yapılan başvurularla gerçekleşen dinlemeler aynı nedenlerle bu kez son bulmuş oldu. İşin ilginci bu ret kararında imzası olan 4 savcıdan biri olan Zekeriya Öz, 14 ay sonra bu dinlemeler sırasında elde edilmiş telefon kayıtlarını tutuklamaların gerekçeleri arasında göstermişti. 14 ay önce konuşma içeriklerinde terör örgütü faaliyeti bulunmadığını savunan savcı Öz, 14 ay sonra o konuşma içeriklerinden sorular yöneltmişti Kâşif Kozinoğlu'na. Üstüne üstlük suç unsuru bulunmadığı için dinleme kararı sona erdirilen bu telefon konuşmaları suç delili olarak da soruşturma dosyasının içine serpiştirilmişti.

Aynı durum Nedim Şener için de geçerliydi. Sahte imzalı, kim olduğu dahi araştırılmayan, soruşturma açma ve dinleme yapmanın önünün açılması için gönderildiği açıkça belli olan bir *"ihbar mektubuna"* dayanarak Nedim'in da telefonları dinlenmeye alınmıştı. 6 Mayıs 2009'da Nedim'in de içinde bulunduğu bir Ergenekon hücresinin Hrant Dink suikastı benzeri bir eylem hazırlığında olduğu şeklindeki asılsız ihbarı ciddiye alan polis 22 Mayıs 2009'dan itibaren Nedim'in telefonlarını dinlemeye almıştı. 6 ay süreyle dinlenen ve sonra sona erdirilen bu kararla ilgili resmi evrak da Kozinoğlu'nda olduğu gibi soruşturma dosyasına konulmadı. İhbarda, Nedim'le birlikte adları geçen ve *"Ergenekon'un suikast eylemi hazırlığındaki bir hücresi"* olduğu öne sürülen Açık Toplum Vakfı yöneticisi ve üyeleri olan diğer kişilerle ilgili herhangi bir dinleme kararı olmadığı da ortaya çıktı. Yani hedef seçilen Nedim Şener dışında kimse dinlenmemiş ve takip altına alınmamıştı.

Peki, bu dinlenen telefonların tapesi ne zaman yapıldı ona da bakalım. Nedim 2009 yılında dinlenen telefonlarının, dinleme tarihinden 14 ay sonra 6-26 Ocak 2011 tarihleri arasında deşifre edildiğini cezaevinden gönderdiği bir mektupta yazmıştı. 6 aylık dinleme kayıtlarından sadece bir tanesi konuşmanın yapıldığı günlerde, kalan 270 tanesi ise 14 ay sonra birdenbire tape edilmişti. Halbuki Nedim ile ilgili, telefonlarının dinlenmesine de yol açan e-posta ihbarında suikast hazırlığındaki bir grubun üyesi olduğu ve hatta *"Başbakanı can evinden vuracak"* bir eylem hazırlığında olduğu iddia ediliyordu. İhbar bu kadar ciddiyken, bu 'teröristin' telefonda neler konuştuğu kimlerle görüştüğü nedense merak edilmemişti. Nedim cezaevinden yazdığı mektubunda çok önemli sorular sormuştu:

> *"Madem benim (tabii Ahmet Şık'ın) tutuklanmam 14 Şubat 2011 günü Odatv'ye yapılan baskında bilgisayarda bulunan 'Hanefi', 'Nedim', 'Sabri Uzan' isimli word notlar sonucunda gerçekleşti, polis neden Ocak ayında bana ait 2009 yılı telefon görüşmelerini hem de sabahlara kadar varan çalışmayla deşifre etti? Sabahlara kadar diyorum, çünkü kâğıda döken polisler tarih yanında saatini de yazmışlar. Yoksa 'Odatv operasyonu için son hazırlıkları yapanlar oradaki bilgisayarlarda neler çıkacağını biliyor muydu?' gibi bir soru aklıma geliyor. Belki de yersiz bir soru... 2009 yılında kayıt altına alınan telefon görüşmelerimin 2011 Ocak ayında tam da Odatv baskınından önce kâğıda dökülmesinin başka bir cevabı varsa elbette dinlemeye hazırım."*

Kozinoğlu hukuksuz dinlendi

Şimdi de Kozinoğlu'nun telefon kayıtları için ne yapılmış görelim. Kâşif Kozinoğlu'nun 35 No'lu delil klasöründe yer verilmiş toplam 53 telefon kaydı bulunuyor. 11 Nisan 2009 ile 9 Ocak 2010 dönemi arasındaki bu 53 telefon görüşmesi 5 dönem halinde 9 ay süreyle kayıt altına alınmış. İlk dinleme kararını 3 ay, sonraki 3 uzatma kararını da birer aylık süreler için verdiğini yukarıda anlatmıştık. Her uzatma kararı İstanbul TEM Şubesi'nin talebi üzerine verilmişti. Polisin talep yazısında Kozinoğlu'nun Ergenekon adına faaliyet yürüttüğü ve şüpheli telefon konuşmaları yaptığı öne sürülüyordu. Ancak dava dosyasından anlıyoruz ki polisin *"şüpheli"* dediği, savcıların *"yerinde bulduğu"*, mahkemelerin de *"onayladığı"* dinleme ve uzatma kararlarıyla kayıt altına alınan bu telefon konuşmalarının hiçbiri uzatma talep edildiğinde deşifre edilmemiş. Daha anlaşılır söylersek polis telefonları dinlemiş ama deşifresini yapmamış. Deşifre edilmeyen bu telefon görüşmelerinde polis, her nasılsa şüpheli konuşmalar yapıldığını, Ergenekon örgütü adına faaliyet yürütüldüğünü *"tespit etmiş"*. Bu tespitlerinden yola çıkarak her defasında uzatma kararlarıyla telefon dinlemelere devam etmiş. Ta ki savcılar, aynı konuşmalar ve gerekçelerle 4 kez uzatma kararı verdikleri dinlemelere 9 ay sonra *"iddialarla ilgili kanıt olmadığı gerekçesiyle"* ret kararı verene dek sürmüş bu hukuksuzluk.

Mesela ilk dinleme kararı alındığının akabinde 11 Nisan 2009'dan itibaren kayıt altına alınan telefon konuşmalarından 17 tanesi soruşturma dosyasında bulunuyor. 11-27 Nisan 2009 arasındaki 5 telefon görüşmesinden en erken deşifre edileni neredeyse 1 yıl sonra, 31 Mart 2010'da tape edilmiş. Bu 3 aylık dönemde en erken deşifre edilen 2 adet kayıt bulunuyor ki o da tam dört ay sonra. Kozinoğlu ile OYAK Holding Ceo'su Şerif Coşkun Ulusoy arasındaki 17 Haziran 2009 tarihli karşılıklı iki mesajlaşma 6 Ekim 2009'da tape edilmiş. Bu dönem içinde kaydedilerek dosyaya konulmuş geriye kalan toplam 15 telefon görüşmesi ise 4 Mart 2010 ile 23 Şubat 2011 tarihleri arasında deşifre edilmiş. Yani *"şüpheli"* denilen, *"terör örgütü faaliyeti yürütülüyor kuşkusu"* taşıyan telefon konuşmaları 9 ile 21 ay arasındaki sürelerde deşifre edilmiş. Savcılığa başvuran, mahkemelerden de sorgusuz, sualsiz izni alan polisler en erkeni 4 ay sonra tape edilen bu telefon görüşmelerinde ne konuşulduğu dahi bilmeden nasıl uzatma talep edebildiler? Deşifre edilmemiş telefon görüşmelerinde Ergenekon faaliyeti yürütüldüğü kanaatine nasıl vardılar? Daha da önemlisi savcılar, hâkimler bu soruları neden sormadı?

Devam edelim. 10 Temmuz 2009 - 09 Ekim 2009 dönemini kapsayan üç aylık ilk uzatma dönemine ait dosyalarda toplam 19 görüşme kaydı bulunuyor. Bu görüşme kayıtlarından en erken tape edileni yaklaşık 6 ay sonra deşifre edilmiş. İkinci uzatma dönemi 10 Ekim 2009 – 09 Kasım 2009 tarihlerini kapsayan 1 ay süre için verilmişti. Soruşturma dosyasında 10 - 22 Ekim arasını kapsayan 4 adet telefon görüşmesi olduğunu görüyoruz. Bu kayıtlar da 9 ile 16 ay arasında deşifre edilmiş. Üçüncü uzatma dönemine ait bir tek kayıt bulunmuyor dosyalarda. 10 Kasım 2009 tarihli bu telefon konuşması da yaklaşık 6 ay sonra tape edilmiş. Ve son olarak 4. uzatma dönemine ait olan 12 adet telefon görüşmesinden en erken deşifre edilenin de 3 ay sonra tape edildiğini görüyoruz. Bu 12 telefon kaydı 3 ile 14 aylık süreler arasında deşifre edilmiş.

Tartışmalı her soruşturmanın omurgasını oluşturan, niyet okumalardan yola çıkılarak suç isnat edilmeye yarayan bir araç vazifesi gören telefonların *"yasal"* dinlemelerinin öyküsü böyle. *"Polisin talebi, savcıların oluru ve mahkemelerin adeta otomatiğe bağlanmış izin kararlarının"* kanuni mi yoksa kanun kılıfına büründürülmüş bir hukuksuzluk mu olduğunun kararını size bırakıyorum. Kendisi de Odatv davasının her bir sanığı gibi bir komployla mağdur edilen, hayatına kastedilen Kâşif Kozinoğlu'nun en azından geride kalan ailesinin savunması, bu dosyadan aklanması olsun burada anlatılanlar.

Kuşkulu soruşturmada göze çarpanlar

İddianame ve toplamı 10 bin sayfayı bulan ek *"delil klasörleri"*nden yola çıkarak soruşturmaya ilişkin göze çarpan diğer tespitlerimizi şöyle sıralamak mümkün:

- Suç delilleri olarak gerçekliği tartışmalı, bu tartışmalara ilişkin bilgisayar korsanlığı iddialarının savcılık tarafından incelemeye tabi tutulmadığı, kim tarafından yazıldığı bilinmeyen 13 adet word dokümanı dışında somut hiçbir bulgu yok. Polis fezlekeleri ve ruhunun bire bir karşılığını bulduğu iddianame niyet okumalardan yola çıkan sübjektif değerlendirmeler üzerinden suçlama yöneltiliyor.
- 134 sayfalık iddianamede; 361 kez *"haber"*, 280 kez *"kitap"*, 53 kez *"yazı / köşe yazısı"*, 26 kez *"röportaj"*, 5 kez de *"makale"* kelimesi geçiyor. Gazeteciliğin, mesleki faaliyetlerin yargılanmadığı söylenen bir davanın iddianamesinde sadece gazetecilik faaliyetlerini içeren kelimeler kullanılarak suçlamalar yöneltiliyor. Türkiye'de gazetecilik ve yayıncılık faaliyetlerinin tanımının yeniden yapıldığı yeni sınırlarının çizildiği bu 134 sayfalık iddianamede 111 kez *"Fethullah Gülen ve cemaat"* kelimeleri kullanılması da adeta komployu kuranların adresini veriyor.
- Odatv'nin bilgisayar hard diskleriyle ilgili düzenlenen polis inceleme tutanağında işletim sistemine ait *"administrator"* ve *"Türker"* olmak üzere iki adet kullanıcı hesabı bulunduğu belirtiliyor. Yani Odatv'deki aramalarda suça konu edilen belgelerin bulunduğu öne sürülen hard diskin kullanıldığı bilgisayar işletim sisteminde *"Soner"* isimli bir kullanıcı olmadığı raporda yazılmış. Ancak iddianamede, suç delili olarak gösterilen belgelerin *"Soner"* isimli kullanıcı tarafından oluşturulduğunun tespit edildiği yazılarak bir çelişkiye imza atılmış. Daha doğrusu bu teknik konulardan anlamamakla birlikte bu belgelerin, kullanıcı adı olarak *"Soner"* ismi verilen bir başka bilgisayarda oluşturulup kaydedildikten sonra Odatv'nin bilgisayarına virüsle yüklenmiş.
- Belgelerin virüs yoluyla Odatv'nin bilgisayarına kaydedildiğine ilişkin Boğaziçi Üniversitesi'nce verilen raporda yer alan tablodan yola çıkarak da bir başka kuşkulu durumu anlatabiliriz. Söz konusu raporun 5. sayfasında yer alan tabloda *"Soner"* isimli kullanıcı tarafından oluşturulan ve son olarak kaydedilen 12 adet belgenin Odatv bilgisayarı hard diskinde bulunduğunun tespit edildiği yazılmış. Sonra da bu belgeler tabloda sıralanarak *"oluşturan"* ve *"kaydeden"* kişinin kim olduğu gösterilmiş. Bakalım neler varmış: *"Unallocated Clusters&45.doc"* belgesini oluşturan *"Soner"* ancak son kaydeden *"Toshiba"* olmuş. Yani bilgisayarın markası olsa gerek. Anlaşılan kayıt yapılan bilgisayara kullanıcı ismi verilmemiş. *"UlusalMedya2010.doc"* belgesini oluşturan *"PC"* ancak kaydeden *"Soner"*. Yine *"Unallocated Clusters&40.doc"* isimli bir başka dosyayı oluşturan da *"PC"* ancak kayededen *"Soner"* olmuş. *"Bilinçlendirme.doc"* belgesini oluşturan *"Your User Name"* yani kullanıcı adı belirtilmediğinde windows işletim sisteminde otomatik olarak beliren ad. Ancak kaydeden kişi ise *"Soner"* olmuş. Benim bu listeden anladığım adları geçen bu 5 belgenin 4 ayrı bilgisayarda oluşturulduğu oluyor. Bu arada belirtmek gerekir ki incelenen hard diskteki *"Projeler.doc"* isimli belgenin oluşturucusunun adı *"Kanuni Sultan"* kaydedeni de *"Soner"* olarak görünüyor. "Programlar.doc" isimli belgenin oluşturucusunun da kaydedeninin de adı *"Soner"* olarak tespit edilmiş. Anlaşılan o ki *"Soner"*

isimli kullanıcı her belge yazdığında bilgisayar kullanıcı adını değiştirmekten zevk alıyor olsa gerek.

- Sahteliği kanıtlanmış olmasına rağmen suçlamaların omurgasını oluşturan dijital belgelerin normal oluşturulmuş bilgisayar dosyası özelliği taşımadığının tespit edilmesi için bilirkişi incelemesine bile gerek yoktu. Kendisi de kitap yazdığı için hakkında açılan bir takım davalardaki asılsız suçlamalarla hapiste tutulmaya devam edilen Hanefi Avcı çeşitli kereler yaptığı savunmalarında bunları tek tek anlatmıştı. Örgüt dokümanı diye nitelenen belgelerin isimleri, boyutları, hash (veri) değerleri ve içeriklerinin anormal olduğu sıradan bir kullanıcının bile tespit edebileceği açıklıktaydı. Mesela Kâşif Kozinoğlu'nun tutuklanmasına ve hapiste ölmesine yol açan *"Koz"* isimli toplam 3 satırlık belge. Dava dosyasının 50'inci klasörünün 381'inci dizininde yer alan polis bilirkişisinin tespitlerine göre 3 satırlık *"Koz.doc"* dokümanının 24 bin 64 kb (kilobayt) büyüklüğünde olduğu yazıyordu. Halbûki bu belgede yer alan 3 satırlık cümle, harflerin her biri en büyük ölçülerde yazılsa dahi 19,5 kb büyüklüğüne erişebiliyordu. Dava dosyasında varolan haliyle bir word sayfasının tamamına yazıldığında bile dosya büyüklüğü 23,5 kb olabiliyordu. 3 satırlık belgenin 24 bin 64 kb büyüklüğünde olduğunu yazan polis bilirkişileri, bu tespitlerinden 6 sayfa sonra aynı klasörün 387'inci dizininde 16 satırlık *"Toplantı.doc"* belgesinin 22 bin 16 kb, 392'inci dizin numarasındaki *"Darbe.doc"* simli 18 satırlık belgenin 22 bin 528 kb ve 404'üncü dizin numarasında anlatılan *"Unallocated Clusters-45.doc"* isimli 15 satırlık belgenin ise sadece 21 kb olduğunu da yazmışlardı. Örnek verilen bu 3 belge de içerik olarak *"Koz.doc"* isimli dokümandan daha büyük olmasına karşın boyutu kilobayt olarak daha küçük görünüyordu. Ayrıca tıpkı *"Koz.doc"* belgesinde olduğu gibi içerikleriyle büyüklükleri arasında anormal farklar bulunan bu belgelerin de normal bir kullanımla oluşturulmadığı virüs bulgusuna işaret ettiği ortadaydı. Polisin bilirkişisi olduğu söylenen uzmanları bu kadar basit incelemeleri acaba neden yapmamıştı?
- Odatv operasyonlarında suçlama konusu yapılan belgelerle ilgili bilgisayar korsanlığı ve virüs iddialarının *"yalan"* olduğunu can siperane biçimde savunan gazeteci kılığına girmiş cemaatperver yorumcuların en büyük dayanaklarından biri de benzer belgelerin Müyesser Yıldız'ın bilgisayarında da bulunduğu iddiasıydı. Çıkarları ve siyasi hesapları nedeniyle bu iddiaya sarılmalarının bir başka nedeni ise elbette ki bu komplodaki rolü aşikâr biçimde ortaya çıkan polisin sızdırdığı bilgileri kontrol etmeden doğru olduğuna yönelik ön kabul de çek etkiliydi. Çünkü suçlama konusu yapılan belgelerin Yıldız'ın bilgisayarında da bulunduğunun anlatıldığı, 43'üncü klasörün 421 numaralı dizininde yer alan polis raporlarından birinde, *"Yukarıda adı ve özellikleri belirtilen dosya incelendiğinde; raporda bulunan 'SY.doc', 'Ulusal Medya 2010.doc', 'Yalçın hoca.doc' ve 'Hanefi.doc' isimli dosyaların içeriklerinin bahse konu dosya içerisinde yer aldığı görülmüştür"* yazıyordu. Yıldız'ın 16 ay boyunca özgürlüğünden mahrum olmasına neden olan, bu kadar kesin ifadeler barındıran bu raporda, suça konu olan belgelerin bulunduğu öne sürülen dosyanın büyüklüğünün tamı tamına 2 milyar 146 milyon 971 bin 648 bayt olduğu da yazılmıştı. Gelin basit bir matematik hesabı yapalım. İnternet arama motorlarında yer alan bilgilere göre 1gb (gigabayt) 1 milyar 73 milyon 741 bin 824 bayta eşit. Polis bilirkişi raporlarında

yer alan bilgilere göre Müyesser Yıldız'ın bilgisayarında bulunduğu öne sürülen 1 sayfalık *"SY.doc"*, 11 sayfalık *"Ulusal Medya 2010.doc"*, 2 sayfalık *"Yalçın hoca.doc"* ve 1 sayfalık *"Hanefi.doc"* isimli toplam 15 sayfalık 4 word belgesinin bulunduğu dosyanın büyüklüğü olarak belirtilen 2 milyar 146 milyon 971 bin 648 baytı, 1 milyar 73 milyon 741 bin 824 bayta böldüğümüzde çıkan sonuç yaklaşık 2 gb sonucuna ulaşıyoruz. Yani toplam 15 sayfalık 4 adet word belgesi polis bilirkişi raporuna göre bir imkânsızı başararak, Müyesser Yıldız'ın bilgisayarında 2 gb'lik bir alan kaplıyormuş. Halbûki suç delili denilen bu 4 doküman aynı biçimde ve aynı sözcüklerle yazıldığında büyüklükleri toplamı 139.264 kb oluyordu. İşin ilgince devasa bir büyüklüğe sahip bu dokümanların bulunduğu klasörün adı ise değişik rakamlar, işaret ve parantezlerin de kullanıldığı tam 80 karakterden oluşuyordu. Sözün kısası anormal bir ismi bulunan bu büyüklükteki bir dosyanın bilgisayar korsanlığı dışında oluşturulması mümkün değilken ve ilk günden bu yana virüs iddiaları dile getirilmişken polis bilirkişileri bu yönde bir araştırma yapmamıştı.

- Yine polis bilirkişi raporlarında yer alan bulgulara göre kimi dosya isimlerinde bilgisayar klavyesinde bulunmayan değişik işaretler ve semboller de kullanılmıştı. Normal bir kullanıcının bu garip karakterleri klavye kullanarak girmesi elbette mümkün değildi. Yani bu ayrıntı bile virüs iddialarını kanıtlıyordu.
- Polis bilirkişi raporlarına göre farklı büyüklüklerdeki bazı dosyalar aynı hash değerlerine sahip görünüyordu. Hatta büyüklükleri arasında 2 kb fark olan dosyaların bile aynı hash değerlerine sahip olduğu raporlarda yazılması polis bilirkişilerinin güvenilirliği konusunda bir fikir veriyordu.
- Hanefi Avcı'nın kitap taslağının *"Simon son.doc"* ve *"Unallocated Clusturs-49.doc"* isimleriyle Odatv'nin bilgisayarında bulunduğu raporlarda yer alsa da bu iki dosya arasında büyüklük ve tarih farkları da bulunuyordu. Polis raporu her iki dosya aynı dese de dosyaların birisi 3 bin 312 kb diğeri ise bin kat daha büyük bir halde 3 milyon 391 bin 488 kb büyüklüğündeydi. Zaten üniversite bilirkişi raporlarında da *"Simon son.doc"* dosyasının sadece isim olarak bulunduğu gerçekte hard diskte bu isimle kayıtlı bir dosya olmadığı da tespit edilmişti.
- Bilgisayar işletim sistemlerinde aynı isimli iki dosyanın aynı klasörde oluşturulması mümken değilken polisin tutanaklarına göre 45'inci klasörün 33-37 dizin numaraları arasında gösterilen 179 dosyanın 61 tanesinin adının mükerrer kayıt edildiği görünüyordu.
- Örgüt dokümanı denilen kimi belgelerin Odatav'nin bilgisayarında oluşturulduğu öne sürülmesine rağmen bizzat polis bilirkişi raporları bu iddiayı çürütüyordu. Çünkü belgelerin ilk oluşturulma tarihleri ile Odatv'nin bilgisayarına kaydedilme tarihleri arasında mantıksız farklılıklar bulunuyordu. *"Hanefi.doc"* isimli belge 12 Temmuz 2010 tarihinde Odatv'nin bilgisayarında ilk defa oluşturulmuş görünmesine rağmen aynı bilgisayara 26 Temmuz 2010 tarihinde kaydedilmiş görünüyordu. Yine aynı şekilde *"Nedim.doc"* belgesi 9 Ağustos 2010'da ilk defa oluşturulmuş ve 16 Ağustos 2010 tarihinde kaydedilmiş, *"Simon.son.doc"* dokümanı 14 Ağustos 2010 tarihinde ilk defa oluşturulmuş ve 16 Ağustos 2010 tarihinde Odatv bilgisayarlarına kaydedilmiş, *"Ulusal medya 2010.doc"* 21 Temmuz 2010'da ilk defa oluştu-

rulmuş ve 27 Eylül 2010 tarihinde Odatv bilgisayarlarına kaydedildiği polis raporlarında yer alan bilgilerdi. Yani Odatv'nin bilgisayarında *"Soner"* isimli kullanıcı tarafından oluşturulup kaydedildiği iddia edilen bu belgeler başka bilgisayarlarda oluşturulup, virüs yoluyla sonradan Odatv bilgisayarlarına taşınmıştı. Tüm bu dosyalar birkaç saniye içinde yüzlerce dosyayla birlikte kaydedilmişti. Bu arada Odatav bilgisayarında *"Soner"* isimli bir kullanıcının tanımlı olmadığını da hatırlatalım. Zaten suça konu olduğu öne sürülen dosyaların olduğu bilgisayarda *"Administrator"* ve *"Türker"* diye yetkili iki kullanıcı tanımlıydı. Yani tüm dosyaların sahiplerinin bu kullanıcılar olması gerekirken polis raporlarında bu kişilerin isimleri ne dosya oluşturan ne de bilgisayara kaydeden kişi olarak yer almıyordu.

- Örgüt talimatı ve dolayısıyla örgütsel doküman olarak nitelendirilen belgelerde yazılanlar doğru ve belgeler gerçek kabul edilse dahi ortaya çıkana suç nitelemesinde bulunmak zor. Birtakım siyasi analizler, güncel politikaya dair değerlendirmeler içeren görüşlerden ibaret dokümanlar, suç delili olarak nitelenmekten hayli uzak. Örgüt dokümanı olduğu öne sürülen belgelerde yazılan konuların, şüphelilerin dinlenildiğini bildiği telefonlarıyla yaptığı görüşmelerde de dile getirilmiş olması da herhalde ilginç bir *"tesadüf"* olsa gerek. Söz konusu bu dinlenen telefon konuşmalarının birçoğunun Yalçın Küçük'e ait olduğunu belirtmekte de fayda var. Yalçın Küçük'ün *"birçoğu hayatın doğal akışına aykırı"* siyasi tespitleri ve hayli şişkin egosu nedeniyle karşı koyamadığı bir biçimde kendisini önemseme ve önemli gösterme çabasının bir ürünü olan telefon konuşmalarıdır söz edilen.
- Bunlar dışında kalan telefon konuşmalarında ise tek bir suç unsuru yok. Zorlama yorumlarla, genel diyalogların içinden cımbızlanmış sözcükler ve cümlelerle illegal bir yapının parçası gibi gösterilmeye çalışılan kişilerin konuşmaları gibi sunulmuş.
- Telefonu dinlenen şüphelilerden altısı zaten aynı haber sitesinin, Odatv'nin yöneticisi ve çalışanları. Bu kişilerin (Soner Yalçın, Doğan Yurdakul, Barış Terkoğlu, Barış Pehlivan, Mümtaz İdil ve İklim Kaleli) birbirleriyle yaptıkları, sitedeki haberlerle ilgili konuşmalar yargılananın gazetecilik olmadığı iddiasındaki soruşturmanın *"delili"* haline gelmiş. Yine eski bir Odatv çalışanı olan Müyesser Yıldız Uğur'un bu 6 şüpheliyle dahi konuşması olmadığı gibi, suç delili diye sunulan telefon kayıtları genel olarak 2007-2008 yılına ait ve yine Ergenekon kapsamında dinlemeye alınan bir başka *"şüpheli gazeteciyle"* yaptığı sırada *"tesadüfen"* kayda alınmış konuşmalarından ibaret.
- Coşkun Musluk ve Sait Çakır'ın telefon konuşmaları da yine Odatv'de yayınlanan ya da yayınlanacak haber ve yorumlarıyla ilgili olmaktan öteye gitmemiş. Hatta Coşkun Musluk'un iddianamede PKK yanlısı faaliyet yürütme suçlamasının delili olarak sunulan MSN görüşme kayıtları tam aksi yöndeki diyaloglardan oluşuyor.İddianameye tıpkı dinlenen telefon konuşmalarında olduğu gibi cımbızlanarak konulan bu kayıtların bütününde ciddi bir PKK eleştirisi yapılıyor.
- Yine telefon kayıtlarıyla ilgili olarak Soner Yalçın'ın kişisel kullanımında olan hattından yaptığı, herkesin yaptığı tarzdaki dedikodu içerikli 286 adet konuşma ya da mesajlaşma sadece *"itibarsızlaştırma"* amacıyla dosyaya konulmuş.

Soruşturmaya konu edilen suçtan ziyade Soner Yalçın'ın gazeteciliğinin ve ilişkilerinin niteliğine ilişkin fikir vermeye *"yarayan"* bu konuşma kayıtlarının *"suç delili"* olarak sunulmalarının amacının küçük düşürme niyeti taşıdığı çok açık.

- Sahibi Soner Yalçın olan Odatv'nin bağlı olduğu şirket adına kayıtlı sabit ve GSM telefon hatlarından haber amaçlı yapılan görüşmeler suç irtibatı olarak sunuluyor. Süreç içinde Ergenekon şüphelisi ya da sanığı olan kişilerle yapılan bu telefon görüşme kayıtlarının tümü Soner Yalçın'ın örgütsel irtibatı olarak gösterilmiş.
- Yalçın Küçük'ün kurucu-yönetici, Soner Yalçın'ın da ondan aldığı talimatları diğer şüphelilere aktaran kişi olduğu öne sürülmesine karşın ikili arasında 1 yıldan uzun zamandır telefonla ya da yüz yüze herhangi bir irtibat bulunmuyor. 2008-2011 yılları arasında bu iki kişi arasında yapılmış telefon konuşma sayısı sadece 8.
- Odatv, *"Ergenekon'un medya üssü"* olarak anılmasına karşın bizzat sahibi Soner Yalçın'ın Ergenekon konusunda kötü habercilik ya da fazla habere yer verilmesi nedeniyle çalışanlarına kızdığı telefon kayıtlarının da dosyada olduğu görülüyor. Ergenekon güdümünde olduğu iddia edilen bir haber sitesinin sahibinin çalışanlarını Ergenekon konusundaki haberlere fazla yer verilmesi nedeniyle *"fırçalaması"* izaha muhtaç bir çelişki değil mi?
- Halk TV'nin satışı için Deniz Baykal'a şantaj yapılacağı iddia ediliyor. Ancak Halk TV'nin satışının gerçekleşmemesi üzerine Soner Yalçın ve arkadaşlarının vazgeçtiği telefon konuşmalarından anlaşılıyor. Hatta bir CHP milletvekilinin sahip olduğu uydu frekansı üzerinden bir başka TV kanalı için çalışmalar başlıyor.
- İddianamede İklim Kaleli'nin, Soner Yalçın'ın talimatıyla Deniz Baykal'a yönelik bir şantaj hazırlığında olduğu öne sürülüyor. Ancak Yalçın'ın şantajla *"görevlendirdiği"* İklim Kaleli'nin ilk telefon konuşması Deniz Baykal'ın tacizine uğradığını iddia etmesinden sonra yapılıyor. Bu konuşmada ve konuyla ilgili diğer görüşmelerde Yalçın şaşırdığı gibi Baykal'a hakaretler içeren sözler de ediyor.
- İddianamede *"Odatv çalışanlarının sürekli olarak Ergenekon davası ile ilgili toplumu yanlış bilgilendirme amaçlı haberler yaptıkları tespit edilmiştir"* yazmış savcı. Ama bu iddiasını araştırma gereği bile duymamış. Çünkü avukatlardan öğreniyoruz ki Odatv'de yayınlanan Ergenekon ve ilintili soruşturmalarla ilgili yapılan haberler aleyhine açılmış tek bir iftira davası dahi bulunmuyor. Kaldı ki öyle olsa dahi yalan haber yapılmasının yargılanacağı yer özel yetkili mahkeme midir? Örgüt davası mıdır?
- Söz konusu olan herhangi bir dava ile ilgili haber yapmaksa eğer, her gazeteci bilir ki haber kaynağı avukattır. Ama iddianameye, dosyadaki telefon görüşme kayıtlarına bakarsanız, gazetecilerin avukatlardan bilgi alması, sanık savunmalarına yer verilmesi örgüt faaliyeti olarak lanse edilmiş. Avukatlarla ya da gazetecilerin birbirleriyle yaptığı haber içerikli konuşmalar dahi *"örgütsel ilişkinin kanıtı"* diye yorumlanmış. Aslında bir bakıma avukatları Odatv davasının *"gizli sanığı"* olarak yerleştirmiş savcı iddianamede. Dosyada ya da telefon konuşmalarında adları geçen 6 avukat yargılamalar sırasında savunman olarak mahke-

mede bulunuyor.

- Sahte oldukları konusunda Odatv çalışanları ve avukatlarının ilk günden bu yana iddia ettikleri kuşkular savcılar tarafından inceleme konusu yapılmadı. Aşağıda örnekleriyle anlatacağımız gibi *"telefonları dinleyenlerle bu word belgelerini üretenler aynı kişiler ya da aynı ekibin bir parçası"*. Dinlenen telefon konuşmalarında geçen diyaloglara uygun metinler birer belgede arka arkaya sıralanmış ve *"örgütsel talimat"* denilmiş. Hâl böyle olunca normal şartlarda suç olarak değerlendirilmeyecek birtakım siyasi analizler, gündemdeki olaylara ilişkin konuşmalar, günlük yaşama dair konuşmalar *"örgüt dokümanı"* denilen bir belgede bulunduğu öne sürülüp *"örgütsel talimat"* diye nitelenince suç isnadının gerekçesi ve delili sayılıyor. Örgüt dokümanı denilen *"Ulusal Medya 2010"* belgesinde Strateji bölümünde *"Güçlü tez ve delillerle karşı karşıya kalındığında konunun ekseni değiştirilmeli, gri ve kara propaganda unsurları etkin bir şekilde kullanılmalıdır..."* yazması ideolojik örgütler ve üyelerinin kendileri için yazdıkları yazıda kullanacakları bir üslup olabilir mi?
- Kolayca akılda tutulacak konuların dahi *"talimat"* adı altında yazılı hale getirilmesi normal değil, hatta mantık dışıdır. Suçlanmak istenen birileri hakkında şüphe yaratıp suçlanmasına delil oluşturmak isteyen kişilerin yapacağı bir uygulamadır bu.
- Sürekli talimatlar sıralanıyor belgelerde. Ancak bu talimatları yazan kişinin bu konuları hangi bilgiyle oluşturduğuna dair tek bir emare yok. Öte yandan talimatlar muhatabına değil de üçüncü bir kişiye söyleniyor gibi yazılmış. Ya da yazan kişinin kendi kendine hatırlatma notları gibi her biri. Eminim yıllardır illegal örgütlerin gizli yazışmalarını, talimat içeren dokümanlarını okuyan ve bu soruşturmada görev alan polisler bunun açıklamasını benden daha iyi yapar. Ancak örgüt üyesi olduğu öne sürülen Soner Yalçın'ın yazdığı iddia edilen bu talimatlarla ilgili *"Bir örgüt üyesi kendi kendine neden hatırlatma notları yazıp, kendine talimat veriyor?"* sorusunun yanıtlanması gerekli.
- Örgütsel doküman denilen ve suçlamaların omurgasını oluşturan dijital word belgelerinin tümü bilgisayarlarda *"silinmiş olarak bulundu"*. Bu belgelerin hiçbiri daha önce bulundukları söylenen bilgisayarlarda açılmamış görünüyor. Ayrıca yazıcı çıktısı alınmadığı da belirlenmiş.
- Ulusal Medya 2010 isimli ve örgüt dokümanı olduğu iddia edilen belgede *"İnternet yayıncılığı"* diye bölüm açılmasına karşın sadece Odatv'den bahsediliyor. Sosyal medyanın en önemli araçları kabul edilen twitter, facebook, youtube'tan hiç bahsedilmeyip sadece hedef seçilmiş Odatv'nin adının anılması neden kimseye garip gelmiyor acaba?
- Odatv'nin sahibi olan Soner Yalçın'ın her gün yüz yüze görüşme imkânı olduğu telefonla konuşabildiği çalışanlarına yönelik talimatları neden yazılı hale getirmiş olduğu anlaşılır bir durum değil. Örgüt üyesi olduğu öne sürülen Hanefi Avcı'nın yıllarca en kritik mevkilerde görev yaptığı düşünülürse neden sadece kitabı hakkında konuşulduğu yanıtlanmaya muhtaç. 40 yıllık bir üst düzey polisten hiçbir bilgi alınmamış mı bu konularda?
- Türkiye'nin en az yarım asırdır canına okuduğu söylenen, 4 yıldır süren soruşturmalar vesilesiyle her kanlı ve karanlık provokasyonunun ardında gizlenen bir güç olduğu iddia edilen bir örgütün var olduğuna inanmamız isteniyor. En

kıytırık örgütün bile gizlilik konusunda azami özen gösterdiği herkes tarafından bilinmekteyken örgütsel doküman denilen ve örgüt talimatı olarak nitelenen belgelerde herkesin adının, kimliğinin açık seçik yazılmış olmasını ben kendime izah edemedim. 1950'lerden beri karda yürüyüp izini belli etmeyen, ortaya çıktığında her bir izi polisi, MİT'i, askeri, yargısı ve politikacısıyla el birliği ile silinen bu örgütten böylesine gizliliği ihlal eden hatta *"şeffaf"* diyebileceğimiz örgütsel talimat dokümanları yazabileceğine kimi, nasıl inandırabilirler?

- İddianamede Hanefi Avcı'nın kitabının taslak halinin Odatv'ye gönderildiği ve gerekli düzenleme, ekleme ve çıkarmalar yapıldıktan sonra basıldığı iddia edilmişti. Ancak soruşturma dosyasında yer alan e-posta trafiğinden ortaya çıkıyor ki Odatv çalışanları da kitaptan tıpkı Türkiye kamuoyu gibi, gazetelerde haber olmasından sonra bilgi sahibi olmuş. Barış Pehlivan ile bir yayınevinde editörlük yapan arkadaşı Bilge Kaya arasındaki 20 Ağustos 2010 saat 00.12'deki e-posta yazışmasında Avcı'nın kitabından bahsediliyor. Hatta Barış Pehlivan yazdığı bir cevap e-postasında Bilge Kaya'ya *"Dediğin kitap nedir?"* diye soruyor. Odatv'de konuyla ilgili yapılan haber ise Hürriyet'te çıkan haberin bire bir kopyası. Odatv çalışanları bir arkadaşlarının uyarısı ile hem kitaptan hem de gazetelerde konuyla ilgili çıkan haberlerden haberdar oluyor.
- Ek delil klasörlerinden 32 numaralı olanın 226 ve 227. dizin sayfalarında olan yazılara göre Odatv aramalarında bulunan belgelerin KOM Şubesi'nden TEM Şubesi'ne verilmesi savcılık tarafından 9 Mart 2011'de istenmiş. Savcının bu emri ertesi gün 10 Mart'ta yerine getirilmiş ve TEM Şubesi'ne gerekli 323 932 ve 308 848 sicil numaralarından henüz meslekte 1 yılını doldurmamış oldukları anlaşılan polisler tarafından incelenmiş. 2 gün sonra da bu 1 yıllık polisler incelemelerini tamamladığı gibi raporlarını da yazmışlar. 32. klasörün 116-224 dizin sayfaları arasında bulunan 110 sayfalık rapor ve 318 sayfalık ekler 12 Mart 2011 günü hazır hale gelmiş. Bu rapordan anlıyoruz ki, Hanefi Avcı'nın *"Haliçte Yaşayan Simonlar"* isimli kitabıyla ilgili Nedim Şener'in katıldığı 4 ayrı televizyon programı ise 2010 Aralık ayında izlenip çözümleri yapılarak rapor haline getirilmiş. Zaten 33. ek delil klasörü tamamen bu çözümlere ayrılmış. Bunun anlamı çok açık: Henüz Odatv'de aramalar yapılmadan nelerin bulunacağı, operasyonun kimlere ulaşacağı önceden bilinerek, belge içeriklerine bakarak hangi televizyon programının çözümünün yapılacağı dahi düşünülmüş. Arefin polise, aferin bu durumdan kuşkuya kapılmayan savcıya.
- Hanefi Avcı savunmasında kitabını 2010 Mart'ında yayınevine teslim ettiğini bu durumun yayınevi belgeleri ile kitabın yayına hazırlanmasında görev alan şahitlerce de ortaya konulduğunu belirterek kitabıyla ilgili ifadelerin bulunduğu ve suçlamaya konu olan *"Hanefi"* isimli belgenin üretim tarihiyle çeliştiğini söylüyor. Polis raporlarına göre belge 12 Temmuz 2010'da üretilmiş görünüyor. Halbuki Avcı Mart 2010'da kitabını yayınevine teslim etmiş. Avcı'nın kitabını taslak olarak yayınevine teslim etmesinden 3 ay sonra oluşturulan belgede geçen ifadeler nedeniyle suçlama yöneltiliyor.
- İddianamenin temelini oluşturan ve sahteliği de kanıtlanan tüm dijital deliller Odatv'ye yapılan 14 Şubat 2011'deki operasyon sonrasında bulunuyor. Yani savcılık ve polis elinde hiçbir delil olmadan aylarca bu soruşturmayı yürütmüş ve Odatv'yi delil olmadan basmış. Operasyonlarda gazetecilerin evlerinden ve Odatv'den 35 ayrı bilgisayar hard diski, 3 bin 95 video kaset, (Oradaydım belge-

selleri ve haberler), bin 906 CD ve DVD, 471 mini DV kaset, 21 VHS kaset ile çok sayıda taşınabilir hafıza kart, yazılı dokümana el konuldu. Aramalar 15 Şubat 2011 sabaha karşı bitmişti. Soner Yalçın ile 2 çalışanı ise 17 Şubat 2011 sabahı savcılığa çıkarıldı. Binlerce kaset, CD, DVD, tüm bilgisayar hard diskleri, her biri içindeki binlerce sayfa veri, binlerce sayfalık yazılı dokümanların incelenmesi ne ilginçtir 2 gün içinde bitmiş olmalı. Çünkü o kadar incelenecek materyal içinden suça konu edilen imzasız word belgeleri 2 gün içinde bulunmuştu. Barış Pehlivan'ın mahkeme savunmasında da dediği gibi, *"İnsan kendi koysa ancak bu kadar kolay bulur!"* Polisin bu dijital verilerden yola çıkarak hazırlayıp savcıya gönderdiği sorular 3 gazetecinin sorgusunda karşısına çıkmıştı. İnsan bu sürati görünce *"Türkiye yargısını da ne bulacağını bilen polislere emanet etmek istiyor"*. Hem yargı hızlanır hem de bu tür yargılamalar aslında gerçekten yürütenlerin eline verilmiş olur.

- İddianamede Barış Pehlivan'la Yalçın Küçük arasında örgütsel hiyerarşik bir ilişki olduğu ve Küçük'ün örgütsel amaç ve hedefler doğrultusunda yayın yapması konusunda Pehlivan'ı yönlendirdiği iddia edildi. Ancak ikili arasındaki telefon konuşmaları dışında bu iddiayı kanıtlayan hiç bir delil sunulmadı. Zaten telefon konuşmaları da Pehlivan'ın gündemdeki kimi konularla ilgili Küçük'le yaptığı telefon röportajlarından ibaretti. Savcının örgütsel ilişkinin delili saydığı, haber içerikli bu telefon kunoşmalarının sayısı ise sadece 4. Pehlivan 2008'de 3, 2010 yılında da 1 kez Küçük'ü arayarak habercilik faaliyeti yapmış.
- Yine iddianamede Barış Pehlivan'ın, halkın sokağa dökülmesini teşvik eden haberler yaptığı da iddia ediliyor. Bu iddiasının kanıtı da Odatv'nin yayın yönetmeni olan Pehlivan'ın, haber müdürü olan Barış Terkoğlu ile yapmış olduğu telefon konuşması. İddianamenin 68. sayfasında yer verilen telefon konuşmasında Abdullah Öcalan'ın avukat görüşmesinde Mısır'da yaşanan olayları örnek göstererek Diyarbakır'da da halkın sokağa çıkmasını istediğinden bahseden ikili, zaten bütün Türkiye medyasında yayınlanan bu konunun Odatv'de haber yapılıp yapılmamasını tartışıyor. İki habercinin yaptığı bu konuşma, halkın kışkırtılması suçlamasının delili olarak yer verilse de konuşmalarda, *"Biz bir tetikleyici unsur gibi gözükmeyelim"*, *"Soğuk bir şekilde vermek lazım"* gibi diyaloglar herhalde savcının gözünden kaçmış olmalı. Bu telefon görüşmesinin çözümü iddianamede uzun uzun yer alsa da, savcı, bu konuşmanın tam ortasında yer alan Pehlivan'ın bir cümlesini, kişisel fikrini beyan ettiği bir bölümü nedense iddianameye koymamış. Halkı sokağa dökmekle suçlanan Pehlivan, dava dosyasının 8'inci ek klasör 155 numaralı dizininde yer alan telefon konuşmasının tamamında, iş arkadaşı Terkoğlu'na şöyle diyor: *"Ben onların sokağa dökülmelerini olumlu karşılamıyorum."*
- Dava dosyasının 25'inci ek klasörüne göre Müyesser Yıldız'ın emniyet sorgusu 5 Mart 2011 saat 23.50'de başlamış. Yıldız emniyette susma hakkını kullanmış ama polis yine de tüm soruları soruyor ve tutanağa geçiyor. Bu tutanağa göre polis Müyesser Yıldız'ın bilgisayarından çıkan dijital verilere ait tam 11 soru soruyor. Biri komiser iki polisin aldığı bu ifade, yine tutanağa göre 6 Mart saat 00.30'da bitiyor. Anlaşılan o ki Müyesser Yıldız'ın bilgisayarına ön inceleme yapılmış, polis buna göre sorular hazırlamış ve sormuş. Şimdi yine 25'inci ek klasörde yer alan Dijital Ön İnceleme Tutanağına bir göz atalım. Biri komiser 3 polis memurunun altında imzası olan tutanağa göre; Müyesser Yıldız'ın bilgi-

sayarı 6 Mart saat 01.00'da incelenmiş! Yani daha inceleme yapılmadın 1 saat 10 dakika önce, Müyesser Yıldız'a bilgisayarının içindeki dijital verilere dair sorular sorulmuş. Sanhteliği kanıtlanan o dijital belgelere dair 11 soru sorulduktan 30 dakika sonra Müyesser Yıldız'ın bilgisayarının incelemesi tamamlanmış.

- Barış Terkoğlu'nun, Yalçın Küçük'ün yönlendirmesiyle haber yaptığı suçlaması iddianamede yer alıyor. Ancak hangi haberi ya da yazıyı Yalçın Küçük'ün yönlendirmesiyle yaptığına ilişkin delil veya örnek yok. Terkoğlu ile Küçük arasındaki telefon görüşmesi de sadece 1 tane. O görüşmede ilk aramayı yapan Terkoğlu, Yalçın Küçük'ten yanında bulunduğunu bildiği iki arkadaşının telefonları kapalı olduğu için Küçük'ün telefonundan görüşmek istediğini söylüyor.
- Odatv'de yapılan aramalarda içinde AKP'li bazı bakanların gizli kamera ile kaydedilmiş görüntülerinin bulunduğu bir CD ve DVD bulunmuştu. Odatv'ye, kendini Urfalı bir işadamı olarak tanıtan bir kişi tarafından gönderilen ancak haber yapılmayan CD ve DVD'lerin bulunduğu torbanın içinde gönderen kişinin adı ve adresi bulunan not kâğıtları soruşturma dosyasına konulmadığı gibi bu kişinin kim olduğu da nedense araştırılmadı.
- Soner Yalçın'ın dinlemeye alınan ve operasyondan 2 ay önce tape edilen telefon konuşmalarında geçen *"kitap"* sözcüğünün bulunduğu cümleler büyük harflerle ve koyulaştırılarak kâğıtlara dökülmüş. Ya bu deşifreleri yapan polisler kitaplara düşman ya da Odatv bilgisayarlarında içinde *"kitap"* sözcüğü geçen *"örgütsel doküman"* bulacakları malum olmuş.
- İddianamede Odatv ile MİT'çi Kâşif Kozinoğlu arasındaki ilişkiye delil olarak gösterilen Rusya, Özbekistan'da Nurcuların tutuklanması ve okullarının kapatılması ile ilgili haberin kaynağı Nurcuların kendi haber sitesi olan www.risalehaber.com. Ancak savcı *"KOZ"* adı verilen belgede *"Rusya ve Özbekistan'daki cemaat operasyonları hakkında Kozinoğlu'ndan gelen belgeleri mutlaka gündeme taşıyalım"* ibaresinden yola çıkarak Odatv'nin haberi yayınladığı 19 Ağustos 2010'da birçok internet sitesinde yayınlanan bu yazıyı suç delili olarak göstermiş.
- 45. delil klasöründe yer alan bir polis tutanağı Odatv bilgisayarlarından suç isnat edilen dokümanların çıktığı hard disk incelemesine ait. İncelemeye konu edilen 179 ayrı dosyadan 61 tanesi 8 Temmuz 2010/ 16.17.13'te, 55 tanesi 8 Temmuz 2010/ 16.17.14'te, 27 tanesi 1 Kasım 2010/15.21.41'de, 14 tanesi 28 Eylül 2010/15.54.42'de, 4 tanesi 26 Temmuz 2010/13.55.57'de oluşturulmuş. Yine polis raporuna göre 8 Temmuz 2010'da saat 16.17.13 ile 16.17.14'te toplam 116 belge toplam 2 saniyede oluşturulmuş. Ancak kimseye kuşkulu gelmemiş ne garip.
- Mehmet Baransu'nun tutuklanmamızdan sonra 14 ve 28 Mart 2011 tarihlerinde Taraf gazetesinde yazdığı iki ayrı yazı Nedim Şener'in suçlanmasına konu edilmek için savcının kendi tespitleri gibi iddianamede yer aldı. Baransu'nun *"olmayan buzağıyı olmayan öküzün altına sokma"* gayretlerinin bir ürünü olan yazılarda, Nedim'in, Hanefi Avcı'nın kitabını yazdığı iddia ediliyordu. Kitapta yer alan kimi ifadelerin, gazetelerin anlam kaymasına yol açmayacak biçimde editoryal olarak kısaltmaları Baransu'nun tezinin *"dayanak"* noktalarıydı. Oysa ki kendisinin imzasıyla çıkan Hanefi Avcı'yla ilgili *"Mösyö"* isimli kitabında ise birçok ifadenin anlamı değiştirilerek tahrif edildiğini Nedim savunmasında

anlattı. Nedim Şener duruşmada şöyle demişti:

Konunun anlaşılması için İddianameden önce benim hakkımdaki bu iddiayı ortaya atan Mehmet Baransu'nun Mösyö isimli kitabından (Karakutu Yayınları 2. Baskı Aralık 2010) bir örnek vereceğim.
Hanefi Avcı'nın kitabı hakkında onu eleştiren bir kitap yazan M. Baransu kitabının 358'üncü sayfasında aynen şunları yazmaktadır :
"....Hanefi Avcı kitabının 'Neşter-2' bölümünü ele aldığı 264'üncü sayfasında da bir çelişkiye imza atmıştı. Avcı, 'HSYK eski Başkanvekili ve o zaman Yargıtay üyesi Ergün Güryel de grubun içindeydi. Savcı Aldan'ın değerlendirmesine göre (ki biz de bu görüşe katılıyoruz), Yargıtay üyeleri de sanıktı ve onlara da işlem yapmalıydı ama bu daha önce yapılmış bir şey değildi.' diye yazacaktı."
Baransu, Avcı'nın kitabının 264. sayfasından yaptığı alıntıyı kendi kitabının 358. sayfasında bu şekilde aktarmıştı. Şimdi Baransu'nun kitabında "alıntı" olarak aktardığı bu bölümün, Avcı'nın kitabının basılmış nüshasında bu şekilde olup olmadığına bakalım ;
Avcı'nın kitabının 264. sayfasında bu bölüm şöyle kaleme alınmış ;
"HSYK Başkanvekili ve o zamanın Yargıtay üyesi Ergün Güryel ve iki üç kişi ile irtibatları vardı. Bir zaman sonra tahkikat belli bir olgunluğa gelmiş ve operasyonun yapılması gerekiyordu. Savcı Aldan'ın değerlendirmesine göre (ki ben de bu görüşe katılıyordum), Yargıtay üyeleri de bu, daha önce yapılmış olan bir şey değildi."
Şimdi Baransu'nun alıntı şeklinde kitabında yer verdiği bölümü Avcı'nın kitabındaki bölüm ile karşılaştırdığımızda şu farklar ortaya çıkmaktadır;
1- Avcı'nın kitabından alıntı olarak verdiğim bölümde bazı cümleler Baransu tarafından alıntı yapılırken çıkarılmış. Yani 53 kelimelik bölüm Baransu'nun kitabında 34 kelimeye indirilmiş.
2- Asıl dikkat çekici olansa bu alıntıda parantez içindeki (ki ben de aynı görüşe katılıyordum.) cümlesi Baransu tarafından (ki biz de bu görüşe katılıyoruz) şeklinde yayınlanmıştır.
Baransu'nun, Mösyö kitabında, buna benzer birçok editoryal faaliyet yer almaktadır. Alıntı yaptığı bölümler kitabın orjinalinde farklı biçimde yayınlanmıştır. İstenmesi halinde örneklerini verebilirim. Buradan da yola çıkarak "kitaptan alıntı" ile "kitabın basılmış nüshası arasındaki farklar olması" bir suç değil özellikle günlük gazetelerde editoryal faaliyet olduğu açıkça görülmektedir.

Sahte belgeler telefonlar dinlenerek mi yazıldı?

Odatv'de bulunan word dokümanlarının dinlenen telefonlarda geçen konuşmalara uygun biçimde yazıldığını söylemiştik. Benim çıkarabildiğim liste şöyle:

* Sayfa 15, tape no: 16025/23.01.2011'de Yalçın Küçük ve L.E arasında geçen konuşmada adları anılanlar Doğu Perinçek, TGB, ÖDP'ye yakın genç grubu denerek hem parti hem de Halkevleri kastediliyor. Üniversite gençliğinden bahsediliyor. 27 Mayıs 1960 darbesine atıf yapılıyor. Peki, *"Yalçın Hoca'yla görüşüldü"* belgesinde kimlerin adı var bakalım: Üniversiteli muhalif gençlik, TGB, Halkevleri ve 27 Mayıs darbesi anlatılıyor.

* Sayfa 16 tape no: 15987/ 07.02.2011: Yalçın Küçük ve O.F arasındaki konuşmadan ADD'den bahsediliyor. Yine *"Yalçın Hoca'yla görüşüldü"* belgesinde ADD'den bahsediliyor.

* Sayfa 17 tape no: 15789/ 24.02.2010'da Barış Pehlivan ile Yalçın Küçük arasında ve telefon röportajı olan görüşmede 27 Mayıs 1960 darbesine atıf yapılan diyaloglar bulunuyor. Yani *"Yalçın Hoca'yla görüşüldü"* belgesinde anlatılanlar bir telefon konuşmasında yer almış. Öte yandan bir röportaj olan bu konuşmada Küçük'ün ordu hakkında söyledikleri *"Hocadan notlar"* belgesindeki, *"Ordunun olmazsa olmaz olduğu vurgusu..."* diye başlayan bölümle örtüşüyor.

* Sayfa 18, tape no: 15482/ 01.07.2009/ Soner Yalçın - Oray Eğin.

* Sayfa 19, tape no: 15453/ 14.06.2009/ Soner Yalçın - Oray Eğin. Bu iki konuşma tapesinde yer alan diyalogların iddianamede yer bulmasının nedeni ise *"Soner beyden gelen"* başlıklı belgede Oray Eğin'in adının geçmesi. Eğin'in yazacağı yazılarla ilgili görüşülmesi isteniyor.

* Sayfa 21, tape no: 15930/15.12.2008/ Yalçın Küçük ile Barış Pehlivan arasında yine röportaj amaçlı yapılan telefon görüşmesinde Kürt sorunu ve Öcalan hakkında konuşuluyor. Konuşmada Öcalan'ın avukatları aracılığıyla yaptığı son açıklaması değerlendiriliyor. İlginç bir şekilde *"Hocadan notlar"* başlıklı belgede ise *"Pehlivan'a söyleyelim"* diye başlayan cümlenin devamında *"İmralı'dan gelenleri çarpıcı bir şekilde vurgula"* deniyor.

* Sayfa 25, tape no: 16026/23.01.2011/ Yalçın Küçük - X şahıs.

* Sayfa 25, tape no 16025/ 23.01.2011/ Yalçın Küçük - L.E. Bu her iki konuşmada da Yalçın Küçük, CHP lideri Kemal Kılıçdaroğlu'na destek verilebileceğinden bahsediyor. Örgütsel doküman denilen belgelerden birinin adının "Kılıçdaroğlu'na destek zorunlu" olmasıysa herhalde sadece *"tesadüf"* olsa gerek.

* Sayfa 26, tape no: 15963/ 29.01.2011/ Yalçın Küçük ile L.E. rumuzlu kişi arasındaki konuşmada Süheyl Batum övülüyor.

* Sayfa 26, tape no: 15989/ 07.02.2011/ Yalçın Küçük ve H.E.T. ile yapılan konuşmada Süheyl Batum'la arkadaşlık anlatılıyor.

* Sayfa 26-27, tape no: 16044/16.02.2011/ Yalçın Küçük ve X şahıs diye kodlanan kişi arasındaki konuşmada *"Süheyl'i genel başkan yaparım"* deniyor.

* Sayfa 53, tape no: 16046/17.02.2011/ Yalçın Küçük ve L.E. arasındaki konuşmada da bu kez *"Süheyl'e güvenim tam"* deniyor. Şimdi de toplantı başlıklı belgede Süheyl Batım için ne dendiğine bakalım: *"Soner ve Batum'a yönelik eleştirilere anında reaksiyon verilecek. Hoca ikisine de güveninin tam olduğunu söyledi."*

* Sayfa 40, tape no: 15561/18.01.2010 / Soner Yalçın ve Yalçın Küçük görüşmesinde Küçük, *"Notlarımı alıyor musun?"* diye soruyor. İlginçtir delil denilen belgelerden birinin adı ie *"Hocadan notlar"*. Bu arada Küçük'ün mahkeme savunmasında e-postaları *"not"* diye adlandırdığını söylediğini de belirtelim.

* Sayfa 40, tape no: 15517/ 07.12.2009/ Soner Yalçın ve Yalçın Küçük görüşmesinde de Küçük, Silivri duruşmalarının Odatv'de yayınlanmasının önemli olduğunu söylüyor. Bu konu *"Soner beyden gelen"* belgesinde *"Silivri'yi ne ölçüde takip ediyoruz"* diye anılıyor. *"Toplantı"* isimli belgede de *"Kritik haberler (Silivri, PKK, Çetin Paşa...) mutlaka hocaya sorulacak"* deniliyor.

Yine aynı konuşmasında Küçük konuyu adliyedeki hâkimlere söylediğinden bahsediyor. Peki, *"Bilinçlendirme"* isimli belgede ne yazıyor?: *"Yargı mensupları üzerine düşen görevleri eksiksiz yerine getirmelidir. Nihai hedef tüm davalardan beraat çıkmasıdır"*. Küçük'ün *"Silivri'de hâkimlerle görüştüğü"* iddiası bu cümleyle doğrulanmaya çalışılmış olabilir mi acaba? Küçük daha sonra genç bir avukattan bahsedip bağlantı kurulmasını istiyor. Bahsi geçen *"genç avukatın"* Yalçın Küçük'ün avukatlarından *Kazım Yiğit Akalın* olduğunu da dava dosyasındaki telefon kayıtlarından anlıyoruz. Güya yasal koruma altında olan avukat - müvekkil dokunulmazlığı polisler ve savcılar tarafından ihlal edilirken, bir avukat aynı zamanda *"gizli sanık"* olarak hedef gösterilmiş oluyor.

* Sayfa 40, tape no: 15520/ 14.12.2009/ Soner Yalçın ve Yalçın Küçük görüşmesinde Küçük, *"Bu sabah Silivri'ye uğradık, üstadımla konuştum"* diyor. Bu konuşmayla ilgili olarak *"Hanefi"* isimli belgede *"Sabih Üstat"* denilerek Kanadoğlu'ndan bahsediliyor.

* Sayfa 42, tape no: 16025/ 23.01.2011/ Yalçın Küçük ile L.E. görüşmesinde Küçük TGB'den bahsediyor. "Hoca ile görüşüldü" belgesinde ise TGB anılıyor.

* Sayfa 42, tape no: 15972/ 01.02.2011/ Yalçın Küçük ve Özgür isimli kişi arasındaki görüşmede de Küçük'le ADD arasında ilişki kuruluyor. *"Yalçın Hoca ile görüşüldü"* belgesinde de yine ADD'den bahsediliyor.

* Sayfa 50-51, tape no: 15760/ 07.12.2009/ Soner Yalçın ile Yalçın Küçük arasındaki bu görüşme iddianamenin 40. sayfasında da ancak 15517 numara ile kayıtlı görünüyor. Bazı yeni bölümlerin olduğu bu kayıtta Ferda ve Osman Paksüt çiftinin isimleri geçiyor. Görüşmede geçen bir diğer isim ise aynı zamanda Küçük'ün avukatı olan Hasan Fehmi. Yani Yalçın Küçük'ün bir diğer avukatının da hedef seçildiğini bu konuşmayla örtüşen, *"Hanefi"* isimli belgede *"Hasan Fehmi'nin Silivri'den getirdiği notlar..."* diyen cümleden anlıyoruz.

* Sayfa 63, tape no: 15468/18.06.2009/ Soner Yalçın ve X şahıs arasındaki görüşmede Yalçın, Ergenekon soruşturmasında ABD'nin parmağı olduğunu, soruşturmanın etkin gücü olduğunu anlatıyor. *"Bilinçlendirme"* isimli belgede ise Ergenekon'u yabancı istihbarat örgütleri ABD, CIA'nın yönettiği anlatılıyor.

* Sayfa 64, tape no: 15470/ 23.06.2009/ Soner Yalçın - Oray Eğin

* Sayfa 64, tape no: 15472/ 23.06.2009/ Soner Yalçın - Oray Eğin

* Sayfa 64, tape no: 15465/ 16.06.2009/ Soner Yalçın - Oray Eğin.

Söz konusu bu üç telefon konuşmasında da Soner Yalçın siyasi konularla igili değerlendirmeler yapıyor. Oray Eğin de bu konuşmalardan yola çıkarak yazı kaleme alıyor. Tesadüfe bakın ki, *"Soner beyden gelen"* belgesinde ise Oray Eğin'in arkadaşı Soner Yalçın tarafından yönlendirildiği ifade ediliyor.

* Sayfa 77-78, tape no: 15800/ 21.01. 2011/ Barış Terkoğlu ve A.S. arasındaki görüşmede A.S. *"Bu avukattan aldığım belgeleri size nasıl verebilirim"* diyor.

* Sayfa 77-78, tape no: 15816/ 26.01. 2011/ Barış Terkoğlu ile V.E. arasında geçen konuşmada rumuz kullanılmışsa da V.E, Ergenekon davasındaki kimi sanıkların avukatı olan Vural Ergül oluyor. İsim verilmeden iddianamenin 40 sayfasında yer verilen 15517 numaralı tapede de kendisinden bahsedilmişti. Şimdi doğrudan dinlemeye takılıyor.

* Sayfa 79, tape no: 15836/06.02.2011/ Barış Terkoğlu ile V.E. diye rumuzlanan avukat Vural Ergül'ün konuşmaları dinlemede. Peki, *"Soner beyden gelen"* belgesinde ne yazıyordu anımsatalım: *"Av. Vural'ın gönderdikleri değerli."*

* Sayfa 130, tape no: 16177/ 24.02. 2011/ Yalçın Küçük ile L.E. arasında geçen konuşmada Küçük yanında çalışanlara verdiği müstear isimlerden bahsediyor. *"Toplantı"* isimli belgede ise konuşmada adları geçen kişiler ve müstear adların yazılı hale geldiği karşımıza çıkıyor.

Çağlayan Adliye Sarayı'nda "tiyatro" başlıyor

İddianamenin kabulü ve ardından ek klasörlerin gelişiyle cezaevinde hayli zaman geçirmiştik. 2,5 ay sonraya gün verilen ilk duruşmada neler olacağına dair kafa yoruyorduk her birimiz. Asılsız suçlamaları destekleyecek tek bir delil de yoktu. *"Acaba bırakılır mıyız?"* sorusu benim için tam bir karamsarlıktı. Çünkü bırakılmayacağımızı biliyordum. Her şeyden önce, tahliye durumunda *"O zaman neden aylarca tutuklu kaldılar?"*sorusunun yanıtlanması istenecekti. Halen de bu soru orta yerde duruyor olduğundan 10 celse sonunda herhangi bir tahliyede yaşanmadı. Diğer yandan her birimiz için, siyasi bir kararla verilen tutuklama kararı yeni siyasi bir kararla kaldırılacaktı. Yani bu olayı hukuk bağlamında açıklamaya kalkmak fazlasıyla yersiz. Bu satırlar yazıldığında henüz kimse tahliye edilmemişti. Ancak tam da yukarıdaki cümlede söylendiği gibi "siyasi bir kararla" ben ve Nedim Şener ile Coşkun Musluk ve Sait Çakır 12 Mart 2012'de yapılan duruşmada tahliye edildi. Yaklaşık 2 hafta önce de Doğan Yurdakul sağlık sorunları bulunduğu için *"erken"* tahliye edilmişti. Ancak herkesin bildiği üzere, malum cemaatin etkisi halen devam ettiğinden Soner Yalçın, Barış Terkoğlu, Barış Pehlivan ve Hanefi Avcı'nın tutukluluğu halen sürmekte. Müyesser Yıldız ise 18 Haziran 2011'deki duruşmada tahliye edildi.

22 Kasım 2011'de bir *"sürpriz"* yaşanınca, az olan tahliye umudu da suya düştü. Odatv avukatları bir grup müvekkillerinin davamızı görecek olan 16. Ağır Ceza Mahkemesi Başkanı Resul Çakır'la davalık olduğu gerekçesiyle redd-i hâkim talebinde bulundu ilk celsede. Odatv'de yayınlanan ve iddianamede hayli yer tutan, Ergenekon soruşturmalarının savcı ve hâkimleriyle kolluk kuvveti olan polislerin iftar yemeği fotoğrafları haberi nedeniyle davalık olmuştu Odatv ile Hâkim Çakır. Daha doğrusu o davanın mağdur listesindeki isimler arasında Çakır da vardı. Buraya kadar hiç sorun yok. Redd-i hâkim talebi çok yerindeydi. Ancak bu talep iddianamenin kabulüyle birlikte yapılabilecekken duruşmadan bir gün öncesine dek beklenmişti. Herhalde avukatların ve bu talebin bu kadar geciktirilmesine onay veren Odatv çalışanlarının bir açıklaması vardır. Bu *"işbilmezlik"* ya da kötü hesaplanmış hamle nedeniyle ilk celse başlamadan bitti. Duruşma 5 hafta sonraya 27 Aralık 2011'e ertelendi. Tabii ki tutukluluğumuza devam edilecekti. Elbette tahliye edilmeyeceğimizi biliyordum. Ancak tutuklamaya devam kararının gerekçesi sanık avukatlarının bulundukları bir talep nedeniyle olmak yerine mahkemenin takdiriyle olması arasında siyaseten çok fark vardı. Zaten ağır ceza mahkemelerinde gidenle gelen arasında herhangi bir fark olmayacağı da herkesin malumuydu. Öyle de oldu.

22 Kasım sabahı Silivri'deki 4 ayrı cezaevinde bulunan 11 tutuklu sanık, sabah erken saatlerde toplandıktan sonra getirildi Çağlayan Adliyesi'ne. Yaklaşık 1,5 saat süren, ring aracının daracık hücre tipi bölmelerinde 5'erli, 6'şarlı oturtularak getirildiğimiz rahatsız edici bir yolculuktan sonra adliye binasının -7'inci zemin katında bulunan nezarethaneye konulduk. Herkes birbiriyle tanışmaya başladı. Güya aynı örgütten, aynı birimin üyeleriydik. Ama kimse birbirini tanımıyordu. Hatta Doğan Yurdakul ile Barış Terkoğlu bile ilk kez yüz yüze geliyordu, hem de aynı yerde çalışıyor olmalarına rağmen. İşte böyle örgüt üyelerinden oluşuyordu Odatv sanıkları. Kısa bir bekleyişten sonra mahkeme salonuna çıkarılıyoruz. Nezarethanelerin bulunduğu -7'inci zemin kattan bindirildiğimiz asansörler doğrudan duruşmaların yapılacağı mahkeme salonunun dışındaki sanık bekleme kısmına çıkıyor. Salonu dolduran sevdiklerimizle sadece bir kapı kaldı artık. Herkeste kendini gösteren sabırsız bir bekleyişin ardından salona alınıyoruz. İzleyici sıralarından herkes tutuklu yakınlarının adlarını söylüyor. Herkes birbirine el sallıyor. Tıklım tıkış dolu salonda kime, hangi

yöne bakacağını şaşırıyor insan. Yonca'yla bakışıyoruz gülümseyerek. Aylardır tecrübeli olduk artık dokunmadan, sarılmadan, bakışarak özlem gidermeye. Arkadaşlar, dostlar, akrabalar herkes salonda. Aylardır kimse kimseyi görmeyince herkesin yüzünde gülücükler. Zaten Nedim'in gayet güzel bir şekilde *"tiyatro"* diye özetlediği bu yargılama oyununun tek iyi yanı sevdiklerimizle buluşabilmek. Bu buluşmaları en anlamlı kılansa bir nevi açık görüş yaşamaktı. Birbirine dokunmanın yasak olduğu bir açık görüş. Başka bir deyişle *"mesafeli açık görüş"*. Adaletin çıkmayacağını bilsek de mahkemede olmanın iyi yanı ise duruşma sırasında verilen kısa aralardı. Herkes sevdikleriyle *"özlem gideriyordu"*.

22 Kasım'daki ilk celse, sanığı olduğu her davada olduğu gibi Yalçın Küçük'ün konuşmak istediği bir duruşma oldu. Yargılamalar sırasında neler yapacağını özetlediği, Küçük'ü bilenler için hayli kısa sayılabilecek konuşmasında söylediği bir konunun daha sonra gerçekleşeceğini bilmiyorduk henüz. Yargılandığı her davada olduğu gibi çoğu kendi yazdığı onlarca kitapla konuşan Küçük, mahkeme heyetine *"Beni yargılayanlar aynı zamanda bir şeyler öğrenmiş olurlar. Sonra da terfi ederler. Yargıtay'a çıkarlar"* demişti. Öyle de oldu. Redd-i hâkim talebi üst mahkeme tarafından oybirliği ile reddedilmiş olsa da Mahkeme Başkanı Resul Çakır Yargıtay üyeliğine atanarak görevinden oldu. Terfi yoluyla bir *"azil"* daha gerçekleşmişti. 27 Aralık'taki celseden 2 gün önce gerçekleşen bu atamadan sonra Mahkeme Başkanı 11. Ağır Ceza Mahkemesi üyelerinden Mehmet Ekinci oldu.

Öfkeyle geri döndüğümüz cezaevinde tekrar mahkemeye çıkarılmak için geçmesi gereken bir 5 hafta daha bekledik. 27 Aralık 2011 gününe ertelenen duruşma gününü beklemek en ağır geçen zaman dilimiydi. Beklemekten başka yapacak hiçbir şey yoktu. Biz de öyle yaptık. Saat kaç olursa olsun cezaevinde zaman zaman alkışlar, ıslık sesleri yükselir. Her sevinç gösterisinde birinin tahliye olduğunu anlıyorduk. 27 Aralık 2011'de başlayacak duruşma maratonunun sonunda bu kez de bizler için bir alkış ve ıslık kutlaması yapılacak mı acaba sorusuyla bir kez daha adliyenin yolunu tutuyoruz. Adliyeye gidişlerin en rahatsız edici yanı ring araçları. Havasız, insanın beline birkaç gün sürecek ağrılara mahkûm eden oturakları, küçücük alana 5-6 kişiyi sığdıran bölmeleriyle, bu ring araçlarında şehirlerarası seyahat etmeye zorlanan tutukluların halini düşünüyoruz her birimiz. O araçları üreten firmaların yöneticileri ve Adalet Bakanını 2 kez Silivri'den Çağlayan'a götürüp getirseler eminim sorun çözülür. *"Biz cezaevine düşmeyiz"* diye kendilerini avutmamalarını da önemle hatırlatmam gerekiyor. Hayat bu, belli mi olur? TMK'yi, faşizan ceza yasalarını, cezaevlerindeki tecrit sistemini savunanların hali ortada.

Duruşma iki gün sürecek sıkıcı iddianamenin okunmasıyla başlıyor. TRT spikerlerinin güzel sesleri dışında ilgi uyandıracak, dikkat çekecek hiçbir şey yok. Spikerler berbat bir Türkçe'yle yazılmış tuhaflıklar silsilesini öyle güzel okuyorlar ki, insanın *"Evet ben suçluyum"* diyesi geliyor. İşin şakası bir yana bu davada bizler dışında TRT spikerlerinin de cezalandırıldığını söylesek abartmış olmayız. O sıkıcı iddianameyi, hem de hiç kimsenin dinlemediğini bile bile okumak zorunda kalmak gerçekten ceza. Mahkeme heyetinden avukatlara, sanıklardan izleyicilere kadar herkes esnedi 2 gün boyunca. Nihayet 3'üncü celsede savunmalar başlayabildi. Sırayla Soner Yalçın, Yalçın Küçük ve Barış Terkoğlu birer gün süren savunmalar yaptı.

Yalçın Küçük'ün en akılda kalan sözleri davaya osuruk benzetmesi yapması oldu. Zaten bu doğru tespitten yola çıkarak hakkındaki iddiaların üzerinde çok durmadı. Ancak o keskin zekâsıyla her bir iddiayı yalanlamasını da bildi. Soner Yalçın haklı olarak konuyla, suçlamalarla ilgisi olmayan yüzlerce telefon konuşmasının dava dosyasında yer almasını eleştirdi. İddianame deli saçması birçok suçlamayla dolu olsa da bu ithamlara ilişkin tek delilin sahte olduğu kanıtlanan word dokümanları olması bilindiğinden mi yoksa birileriyle hesap görmek istenmesinden mi bu telefon konuşmaları çokça yer bulmuştu dosyalarda? Soner Yalçın savunmasında hakkındaki iddiaların her birini çürüttü. Barış Terkoğlu ise iddianameye ve dava klasörlerine *"delil"* olarak konulan haber örneklerini tek tek anlatarak yargılananın gazetecilik faaliyeti olduğunu ortaya koydu. Sadece başlıklarıyla değerlendirmeye tabi tutulan haberlerin içeriğinin iddianamede öne sürülen suçlamalarla ilgisinin olmadığını açıkladı tek tek. Benzer haberlerin, benzer içeriklerle bu soruşturmanın tam göbeğinde yer alan cemaatin yayın organlarında da ele alındığının örneklerini sıraladı Terkoğlu. Savunmaların iddianameyi çürütmesinin yanı sıra avukatların da suçlamalara konu edilen word belgelerinin virüs ve bilgisayar korsanlığı yoluyla bilgisayarlara yüklendiğini ortaya koyan bilirkişi raporlarını sunması doğal olarak herkeste tahliye umudu yaratmıştı. Ancak her bir iddiaya yanıt vermek güdüsüyle uzun tutulan savunmalar bitmek bilmiyordu.

Sabah 10.00'dan akşamın 18.30'una dek süren duruşmaların en uzun molası haliyle yemek arası oluyordu. Aylardır cezaevinin kötü, lezzetsiz yemeklerinden sonra ailelerimizin gönderdiği yemekler nezarethanede ziyafet ortamı yaratmıştı. Dolma, mücver, yaprak sarma, içli köfte, börek, kısır, köfte, hatta midye dolmaya dek aylardır hasret kalınan yemeklerle karın doyurmak yakınlarımızla buluşabilmekten sonra bizlere en iyi gelen şeydi. Ancak bu ziyafet 3'üncü gün kesintiye uğradı. *"Zehirlenerek"* öldürülebileceğimiz kuşkusuyla yemek alımına engel çıkarıldı. Duruşmaların 3'üncü gününe *"damga vuran"* olay da bu oldu. Bir grup avukat, haklı olarak aç kalmamızı eleştirdi. Hâkim ise cezaevinden kumanya verildiğini savunuyordu. Haklıydı ama kumanyanın kuru ekmek ve sudan ibaret olduğunu bilmiyordu hâkim. Cezaevlerindeki 140 bin civarındaki mahkûm sayısının 40 binden fazlasını tutuklular oluşturuyor. Yani her gün on binlerce kişi sadece ekmek ve sudan oluşan kumanyayla adliyelere götürülüyor. Büyük kısmı saatlerce süren yargılamalar nedeniyle aç kalıyorlar. Adliyede görevli herhangi bir hâkim ya da savcının, bir zahmet nezarethaneye inerek yerinde tespit edebilecekleri bu sorun maalesef ki kimsenin umrunda olmuyor. Ancak kamuoyunun dikkatini çeken bir davada da tartışma konusu olunca *"gündeme gelebiliyor"* sorun. Zaten duruşmada da bu durum öylesine konuşuldu ki, her vahametin magazinel kısmıyla ilgilenmeyi daha çok seven Türkiye medyası günü kurtardı. İddianamenin çelişkileri, suçlamaların altının boş ve yargılananın gazetecilik olduğunu anlatan savunmalar haberlerde neredeyse hiç yer almadı.

Uzun savunmalar nedeniyle bir sonraki haftaya sarkan duruşmalarda daha sonra sırayla Sait Çakır ve Coşkun Musluk söz aldı. Her ikisi de Yalçın Küçük'ü Odatv'ye irtibatlandırmanın bir aracı alarak yer alıyordu iddianamede. Odatv ile ilişkisi demeç vermek, kendisiyle röportaj yapılmasından öte olmayan Küçük'ün yönettiği iddia edilen Soner Yalçın'la dahi son 16 ayda telefonla konuşması bile yoktu. İşte Çakır ve Musluk'un iddianamenin sanıkları haline gelmesine neden olan da buydu. Çakır ve Musluk zaman zaman Odatv'ye fikirlerini anlatan yazılar kaleme alıyordu. Aynı zamanda Yalçın Küçük ile de irtibatı olunca komployu planlayanlar için sanık yapılmaları gerekiyordu. Öyle de oldu. Her ikisinin de savunmalarında dediği gibi *"Yalçın Küçük'e dokunmuş ve yanmışlardı."*

Doğan Yurdakul yurt dışında yaşadığı yıllarda tercümanlık yaptığı bir mahkemede yaşadığı absürt bir anısını anlattı kısa savunmasında. *"Soğan cücüğü ile adam öldürmek"* diye nitelediği bu olayla 40 yıl sonra kendisini yeniden cezaevinde yaşamak zorunda bırakan davanın aynı absürtlükte olduğunu dile getirdi. Müyesser Yıldız'ı en çok öfkelendiren, bir Türk milliyetçisi olarak PKK ile irtibatlandırılması olmuştu. Bilgisayarında bulunduğu öne sürülen *"örgüt dokümanlarının"* virüsle kaydedildiğine dair ODTÜ'den alınan bilirkişi raporu bulunduğunu da söyledi. Hanefi Avcı ile irtibatı sağlayan kişi olduğu iddia edilmesine rağmen kitabının yayımlanmasından sonra ilk kez röportaj yapmak için tanışıp bir daha da kendisini görmediğini söyledi. Eşi polis müdürü olan Yıldız'ın şu söylediği ise davanın akıl, mantık sınırlarının ne kadar ötesinde olduğunu kanıtıydı adeta: *"İddianameye bakılırsa terör örgütü mensubuymuşum. Ama yıllardır birlikte yaşadığım polis kocam bunu fark etmemiş."* Sona kalan tutuklu üç sanık olarak ben, Nedim ve Hanefi Avcı için mahkeme başkanı hepi tonu 3 saat süre vermişti savunmalar için. Sonra da avukatlardan talepleri *"birer"* cümleyle alıp karar verecekti. Öyle de oldu. Avukatlarımdan Fikret İlkiz, hâkimin bir tek cümleyle anlatması istediği talebini şöyle özetledi mahkemede: *"Bir cümle ile söylenebilecek bir görüşümüz olmadığından virgül, Ahmet Şık hakkında verilecek karar mahkemenize aittir nokta."*

Benim okuyacağım metin yarım saat sürüyordu. Kalan süre ise Avcı ve Nedim'e gitti. Elbette onlara yeterli gelmedi. Yazdıkları kitaplarla nasıl hedef olduklarını dile getirdiler. Hem benim hem de Avcı'nın kitabına katkı yapmakla, hatta yazmakla suçlanan Nedim bu iddiaların doğru olmadığını anlattı tek tek örneklerle. Avcı'nın kitabıyla ilgili yazdığı haberler ve köşe yazılarından yola çıkarak *"hafiyecilik"* oynayan tetikçi kalemşörlere yanıt verdi birer birer. Hanefi Avcı'nın 3 hafta sonraya ertelenen duruşmada da devam eden savunmasıyla ilgili söylenecek olanıysa, duruşmayı izleyen gazeteci Haluk Şahin twitter'dan özetlemişti: *"Hanefi Avcı sanığı olmasaydı bu davanın bilirkişisi olurdu."*

Polis, savcılık ve bu soruşturmanın orta yerinde duran malum cemaatin tetikçi kalemşörlerinin tüm iddialarının çürütüldüğü, suçlamaların dayanağı olan word belgelerinin virüs yoluyla bilgisayarlara kaydedildiğini kanıtlayan bilirkişi raporlarına karşın mahkeme 3'üncü kapanış celsesinde de hiç kimse için tahliye kararı ver(e)medi. Suçlamaların da iddianamenin de hukuki olmadığı gibi elbet bu karar da hukuki değildi.

Mahkeme Başkanı'nın bir diğer iddialı cümlesiyle onca bilirkişi raporuna *"şüpheden sanık yararlanır"* hukuki ilkesine rağmen yine tahliye kararı ver(e)mediği 23 Ocak 2012'de yapılan duruşmada geldi. Virüs iddialarının çok önemli olduğunu söyleyen Hâkim Mehmet Ekinci, *"Dedikleriniz doğru çıkarsa bu komployu kimin yaptığını da araştıracağız"* dedi. Ortada bir komplo olduğunu artık herkes biliyor. Kimlerin bu komployu düzenlediği de çok açık. Bunu araştırmak için bir de TÜBİTAK'tan rapor istemeye gerek bile yoktu. Cezaevinde kalmamızın gerekçesi olarak alınan bu karar karşısında başımız dik tutuklu kalmaya devam ettik, İçeridekiler hâlâ öyle yapıyor. Görmek için bekliyoruz, olgularla yakıştırmalar birbirinden ayırılıp, yakıştırmalarda rol alanların peşine gerçekten düşülecek mi?

Silivri'de piyaz yapmayı herkes öğrenmeli

Söz sırasının bende olduğu mahkeme günü yaklaştıkça ne söyleyeceğime ilişkin kararsızlığım daha da artıyordu cezaevinde. Açıkçası böylesine bir kepazeliğe hiçbir şey demek istemiyordum. Öte yandan içimden geçenleri de söylemek istiyordum. Öyle ya; hırsıza hırsız, uğursuza uğursuz demeyeceksek, herkesin hak ettiğini dile getirmeyeceksek o zaman cezaevinde işim neydi? Bir ara *"dalga geçeyim"* dedim.

Cezaevinde kuru fasulye yemeğinden nasıl piyaz yapılır anlatayım diye geldi aklıma. Anlamsız gibi görünüyorsa da inanın öyle değil. Görünen o ki böyle giderse AKP-Cemaat koalisyonu kendilerine muhalif olan herkesin yolunu Silivri'ye düşürecek. Cuntanın generalleri zamanında *"Asmayalım da besleyelim mi?"* demişti. Üzerinden çok zaman geçti. İdam cezası da kaldırıldı. Şimdinin *"sivil generalleri"* ise asmayıp gerçekten besliyor. Ama ne yalan söyleyelim, yemekler berbat. Ben de yolu cezaevine düşecek muhalif yeni tutsaklara kolaylık olsun diye piyaz tarifi anlatmak istemiştim. Daha da önemlisi baştan sona saçmalıklar bütünü olan, ortalama bir zekâ ve akla sahip olanın inanmayacağı, birçok benzemezi bir torbaya doldurulan bu dava dosyası için ne söylenebilir karar veremedim. Mizah iyidir ama yaşadığımız süreç cezaevi piyazının tarifiyle geçiştirilemeyecek kadar da karanlıktı. İşte o karanlığı aydınlığa çıkartmak için herkesin kafasının içindekileri net olarak söylemesi gerekiyordu. Alınterinin ve dürüstlüğün elzem olduğunu anne-babamdan öğrenmiştim. Hırsızın hırsız, uğursuzun uğursuz olduğunu söylemenin doğru olduğunu da. O yüzden dostlarımın aylardır haykırdığı gibi *"yansak da dokunacağız"* düsturuyla 5 Ocak 2012 günkü duruşmada konuşmayı tercih ettim.

Evet, iddianamenin, delil diye ortaya konulan binlerce sayfanın anlattıkları bunlar. Elbet benim görebildiğim, kitapta yer verebildiğim kadarıyla. Eminim plan, proje, genişletilmek istendiği açıkça sırıtan komplo daha büyüktür. Şimdilik ortaya çıkanı bundan ibaret. Kitap daha çok kendime dair bir hikâye olduğu için *"örgütdaş"*larımın mahkemede yaptıkları savunmaların detaylarına girmedim. Her biri isnat edilen suçlamaları yerle yeksan eden o uzun savunmaları meraklısı biliyor zaten. Muhtemelen bu komplonun diğer mağdurları olan *"örgütdaş"*larım da başlarına gelenleri anlatacak kitaplara imza atacaktır. Türkiye'nin ifade özgürlüğü tarihine not düşecek olan o kitaplardan okuyacağız her birini. Ben yine kronolojik olarak anlatmaya devam edeyim.

Bir absürt tiyatro örneği olarak Odatv davası

"Absürt" sözcüğü sözlüklerde *"anlamsız, saçma"* olarak tanımlanır. Peki *"saçma"* ne demektir? O da *"akla uygun olmayan, mantık kurallarını tersine çeviren"* diye anlatılıyor. Yani saçma bir düşünce argümanları, tezleri birbiriyle çelişen, birbiriyle bağdaşmayan bir düşünce oluyor. Saçma bir yargı kendi içinde dahi tutarsız olan ya da tutarsızlık içeren bir yargıdır. Absürtün anlamsız, saçma demek olduğunu söyledim. Ama bu durum bu sözcüğün bir tiyatro akımının adı olmasının önünde de bir engel olmamış. Bunları neden mi anlatıyorum. Açıklayayım. Absürt ya da saçma tiyatro akımının en önemli temsilcilerinden birisi kuşku yok ki İrlandalı oyun yazarı Samuel Beckett. Zaten yapıtlarının birçoğunda insanın anlamsız bir varoluşa tutsak haline gelmesini anlatmış her zaman. Bunun en bilinen örneğiyse, en çok sahnelenen eseri olan *"Godot'yu Beklerken"* isimli oyunu. İki perdelik 5 karakterden oluşan bu oyunun başrol karakterini ise hiçbir zaman göremeyiz. Adı Godot'dur. Hep adı anılır, hep beklenir ama hiç gelmez. *"Kendi suskunluğumun sesini arıyorum"* diyen Beckett'in bu ünlü oyununa dair kaleme aldığı bir yazısında sevgili Yıldırım Türker şöyle yazmış: *"Suskunlukla söylenmeyen şeylerin uğultusuyla kurulan, tuhaf, tekinsiz bir his. Kelimelerin birer birer sorgulandığı, soyulup arandığı, tekrar tekrar sorgulanarak anlamsız bırakıldığı bir iletişim iklimi."*[21]

21) Radikal 2 Gazetesi, Godot'nun 50. Yılı 2 Şubat 2003.

Bizleri özgürlüğümüzden alıkoyan komplonun, suçlamaların somut delilleri olarak sunulan, binlerce sayfa içinde hayli yer kaplayan telefon konuşmalarını düşününce, bu yazılanlar eminim sizlere de çok tanıdık gelmiştir. O konuşmalarda öylesine söylenmiş kimi sözcükler cımbızlanmış, birer birer sorgulanmış, soyulup aranmış. Tekrar tekrar sorgulanmış. Anlamından sıyırtılıp yepyeni anlamlar yüklenmiş. Mantık sınırlarını zorlayan bir saçmalıkla yüklenmek istenen yeni anlamlardan suç icat edilmeye çalışılmış. Aynı yazısında *"Godot'u Beklemek 'Amerikayı yeniden keşfetmek' gibi, 'Bütün yollar Roma'ya çıkar' gibi bir klişe"* diyen Yıldırım Türker, *"Hayatın çaresizce beklemekten ibaret olduğu; kişisel iradenin hiçbir anlamının kalmadığı bir dünyada hiçbir şeyi değiştirmeden sadece duran bir vakti geçirmeye çalışarak yaşamanın adında dönüşen 'Godot'u Beklemek' bütün klişeler gibi mide bulandırıcı bir isabetle yüzümüze doğru parmağını sallıyor. Godot gelmiyor çünkü Godot zaten gelmeyecek olanın adı"* diye noktalıyor sözlerini.

Yargılanmaya başladığımızda ilk duruşmalardan birinde Nedim çok doğru, ama kanımca eksik bir tanımlamayla yaşadığımız saçmalıklar için *"tiyatro"* benzetmesini kullanmıştı. Eksikliğiyse bu tiyatroda sahnelenen oyunun adını dile getirmeyişindendi. Onu da ben yapayım. Bu oyunun adı *"Adaleti Beklerken"* olsun. Tıpkı Becket'in o ünlü oyunundaki gibi burada da başrolde olması gereken ama Godot gibi hiç gelmeyecek olan adaleti beklediğimiz bir tiyatro. Her birimiz var olmayan, var olmadığı halde kriminalize edilmiş kuşkulu, sahte bir geçmişle ne olacağı bilinmeyen bir gelecek arasında, şimdinin tutsağı olarak adaleti bekledik. Kimimiz içeride kimimiz dışarıda hâlâ bekliyoruz.

Al sana sivil yargı

Bir sanık avukatının *"Hulusi Kentmen gibi babacan"* bulduğunu söylediği Hâkim Mehmet Ekinci başkanlık ettiği ilk duruşmada çok iddialı bir şey söylemişti: *"Olgularla yakıştırmaları birbirinden ayıracağız."* Hâkim ve mahkemenin diğer üyeleri değil ama sanıklar savunmalarında yakıştırmaların her birine olgularla yanıt verdi. Ancak aldıkları kararla mahkeme, söylediği iddialı sözlerin altında kaldı. Bizlerse, kimlerin rol aldığı belli, bu açık komplonun esirleri olarak cezaevinde gün saymaya devam ettik bazılarımız hâlâ sayıyor. Çünkü artık şaşmaz bir gerçeklikle biliyoruz ki bu baskı sisteminin egemenlerinden biri polistir. Ve yargı da polise boyun eğmiş durumdadır. Malum cemaatin emniyet teşkilatındaki uzantıları hedefine koydukları herkes için soruşturma yürütüyor. Davalar açtırıyor. Engizisyon dönemi soruşturma yöntemleriyle sanıktan delile ulaşmaya çalışıyor. Delil bulamadığında kendisi üretiyor. Hedefine koydukları kişilerin dinledikleri telefon konuşmalarından, kitap çalışmalarından, mesleki notlarından kendine göre suç değerlendirmesi yapıp yorumlarını suçun delili olarak savcılara sunabiliyor. Savcılar da engizisyon dönemi okumalarıyla suçlamalar yöneltiyor. Suçlanan her kurban delilsiz suçlamaların gerçek olmadığını ispata zorlanıyor.

Hem de ülkenin sivilleştiği, darbelerden hesap sorulduğunun iddia edildiği, adına ileri demokrasi denilen bir sistemde yaşanıyor tüm bunlar. O halde *"sivil ve demokratik"* yargı sistemini gelin *"cunta hukuku"*yla kıyaslayalım. Bunu da Birikim dergisinin, *"Eyvah Polis! Olağanüstü Yargı Rejimi"* kapağıyla çıktığı 2012 Ocak sayısında Tanıl Bora'nın, ÇHD Genel Başkanı Avukat Selçuk Kozağaçlı ile yaptığı röportajda anlatılan bir olayla yapalım. Kozağaçlı mevcut yargı pratiğinin durumuyla ilgili bir soruya şöyle yanıt veriyor:

"Çok açık bir geriye gidiş var. Sürekli bir geriye gidiş var. Sıkıyönetim askeri mahkemelerinin ve Askeri Yargıtay'ın çok çarpıcı kararları vardır. Çok aktarılan bir tanesinden bahsedebilirim. Duvara elinde sprey boyayla yazı yazmaya çalışan ve 'TK' kısmını yazmışken polislerle karşılaşan bir grup yazılamacı, silahlı çatışmaya girerler. Bir polis memurunu yaralar birisi, diğerleri yaralanır ve alınırlar. Bugünün standartlarında kısa bir yargılamanın sonunda bu ekibin tamamı ağırlaştırılmış müebbet hapis cezası alır. Ne temyizle ne başka bir yolla bunu değiştiremezsiniz. Hızla ve ölünceye kadar cezaevine gönderilirler. Askeri sıkıyönetim mahkemesi ve onun kararını denetleyen Askeri Yargıtay ise şöyle demiştir, 80'li yılların başında : 'TK..' yazılmış, gerisinin ne olacağı belli değil. Henüz bir illegal durum yok. Burada bir örgüt bağı kurabilmiş değiliz. Ruhsatsız silah taşımak suçtur, yasadaki karşılığı belli. Kolluğu yaralamak da suçtur ama hep birlikte yaralamamışlar, birisi yaralamış. Dolayısıyla bu davayı şöyle görebiliriz: 3 ruhsatsız silah taşıyan kişiden 3'üne de bu cezanın verilmesi, birisine kolluğu tehlike geçirmeyecek şekilde yaralamaktan ceza verilmesi yazılan yazı tamamlanamadığı için anlaşılmadığından da örgütsel bir program yürütmeye gerek olmadığı ve belki duvar kirletmeye ilişkin de bir belediye tanzim cezasının uygulanması... Toplamda 7-10 yıllık bir hapis cezasına karşılık gelir."[22]

Evet, olay bu. Şimdi yıl 2012. Darbenin üzerinden 30 yılı aşkın zaman geçmiş. Sivilleşme demokratikleşme gibi yalanlar havada uçuyor. Böyle bir ortamda sahte, kurgulanmış dokümanlardan yola çıkılıp niyet okumalarla, tamamen yakıştırmalardan oluşan iddianamelerle gazeteciler yargılanıyor. Hem de bu bilinmesine, ilk duruşmada *"olgularla yakıştırmaları birbirinden ayıracağız"* şeklindeki iddialı konuşmalar yapan bir heyet başkanının bulunduğu mahkemede söz alan her bir sanık başından sonuna kadar yakıştırmalarla dolu olan iddianameyi olgularla çürütmesine rağmen.

Olgularla yakıştırmaları birbirinden ayır(ama)mak

Her bir sanık iddianameyi ve iddialarını yerle yeksan etse de mahkeme heyeti *"ikna olmamıştı"*. Anlaşılan ya dinlememişler, ya duymak istememişler ya da hukuki değil politik bir yargılama olan bu davada henüz *"cezaların"* tamamlanmadığı söylenmiş olmalıydı. Zaten aylardır tekrarlanan klişe cümleler yinelenip üç kez tutukluluğun devamına karar verdi mahkeme. Bu kararlar da herkese, bir avukatın çok hatalı biçimde Hulusi Kentmen benzetmesi yaptığını kanıtlıyordu. Hatalı demem boşuna değil. Çünkü Hulusi Kentmen rol aldığı filmlerde hangi karakteri canlandırırsa canlandırsın gerçeklerin pusulasında doğrulardan ayrılmaz ve vicdanının sesini dinleyerek karar verirdi. Ama yargılandığımız mahkeme heyetinde bir Hulusi Kentmen olmadığı verilen kararlarla kanıtlanmış oluyordu. *"Olgularla yakıştırmaları birbirinden ayırmayan"* bu kararlar da o iddialı cümlenin haksız ve adaletsiz kararın altında ezildiğinin kanıtı oldu.

Gazeteci değil teröristler yalanı

Tutuklanmamıza, 1 yıldan fazla esir tutulmamıza ve halen de 5 kişinin haksız

22) Tanıl Bora, Çağdaş Hukukçular Derneği Genel Başkanı Selçuk Kozağaçlı ile Söyleşi: Olağanüstü Yargı Rejimi ve Polis, "Elastik ve Yapışkan Bir Ağ"

biçimde hapiste olmasına yol açan bu komploda yer alanlar da biliyor aslında düşüncelerin ifade edildiğinde anlam ve güç kazandığını. Bu yüzden düşünce ve ifade özgülüğünün sansürlenmesi, yok edilmeye, tutsak alınmaya çalışılması hiçbir zaman tesadüf olmadı. Ne zaman ki baskı rejimlerinde güç sahipleri iktidarına ortak olmayanlar üzerinde otorite kurmak ister işte o zaman dolar cezaevleri. İşte bu yüzden Türkiye cezaevleri haber yazan, yorum yapan gazetecilerden, parasız eğitim talebini pankartlarında dile getiren öğrencilere, seçilmiş Kürt siyasetçilere kadar binlerce tutsakla dolu. Bir de bu tutsaklara her fırsatta *"terörist"* yakıştırması yapan siyasetçiden geçilmiyor memleket. 5 Ocak 2012 günü mahkemedeki ifademde, olur olmaz demeçler vererek *"adil yargılamayı etkileme suçunu işleyen"* politikacıların bir süredir sessiz kalmasından umutlanıp, *"Bu suskunluğun nedeni umarım ve varsa hicap duygusundandır"* diyerek bir temennide bulunmuştum. Yanıldığım kısa sürede ortaya çıktı.

İlk ses verenlerden birisi *"301"* kod adıyla maruf TBMM Başkanı Cemil Çiçek'ti. 2012 Ocak ayı başında Ankara'ya gelerak bazı temaslarda bulunan Norveç Başbakanı Jens Stoltenberg de tıpkı diğer Avrupalı parlamenterler gibi Türkiye'deki ifade özgürlüğüne ilişkin sorunlarla ilgili endişelerinden bahsetmişti. Gazetelerden takip ettiğimiz kadarıyla Stoltenberg bir araya geldiği Cemil Çiçek'e Türkiye'de gazetecilerin tutuklanıyor olmasının ve o dönem için cezaevinde 100'den fazla gazetecinin bulunmasının büyük bir sorun olduğunu söylemişti. Hemen o bildik yanıt verilmiş tabi kendisine; *"Bildiğiniz gibi değil. Onlar gazeteci değil, terörist"* anlamına gelen yalanlar sıralanıp bu konuda uzman olduğunu da söylemiş bay Çiçek. Daha önce dağdaki gerillaların sünnetsiz olduklarına ilişkin yaptığı *"tespitlerden"* Anadolu Ermenilerinin yaşadığı katliamların anlaşılmasını sağlamak amacıyla konferans düzenleyenlerin *"bu ülkenin sırtına saplanmış hançer"* olduğunu söylemesinden de Cemil Çiçek'in uzmanlığının yeterliliğini, menşeini biliyorduk. Ama belli ki düşünce ve ifade özgürlüğü nedir? Gazeteci kimdir? Gazetecilik faaliyeti nasıl gerçekleşir? Pek ayırdında değilmiş. Elbette ben de bu konularda uzman olduğumu iddia etmeyeceğim. Ancak okuyan, merak eden, düşünen ve ifade eden bir gazeteci olarak bazı fikirlerim var bu konuda. Sahip olduğum fikirlerin Cemil Çiçek'inki gibi faşizan ve gerici olmadığını söyleyebilirim. Faşizan demem boşuna değil. Çünkü Çiçek 'in Sevgili Hrant Dink'i katleden faşist çakalların beslendiği iklime katkı yapan düşüncelerini de hepimiz biliyoruz.

"Gazeteci değil teröristler" yalanını en çok şu son 1 yılda duydum. Öncesinde de söyleniyordu elbet. Devlet eliyle öldürülen ya da canını kurtarabilen meslektaşlarımın tıpkı bugünlerde olduğu gibi zindanlara tıkıldığı 1990'lardan bu yana en sık tekrarlanan yalandı bu. Şimdilerde daha sık tekrarlanır oldu. Kolay değil elbet, 100 gazeteciyi cezaevine tıktıktan sonra bir bahane bulunması gerek. Bu bahaneye en çok başvuranlardan biri de başbakan elbette. Anlaşılan o ki başbakan sadece kendisine, partisine ve iktidarının gayriresmi ortağı olan malum cemaate biat edenleri zulme sessiz kalanları gazeteci sanıyor. Bir de özgürlük, demokrasi, haysiyet, onur gibi kavramlarla ilgisi olmayanları. Gerçekten tiksindirici. Fazlasıyla mide bulandırıcı. Ama bu baskı rejiminin adı ileri demokrasi olursa bu tiplerin gazeteciden sayılması da normal. Haliyle başbakanın bu zulüm dizeninde, bu baskı ortamında suç ortaklığı duygusundan sözünü sakınmadan konuşup yazarak kurtulanlardan gazeteci değil terörist diye bahsetmesi de olağan. Zaten o yüzden başbakan, artık tamamıyla sindirip, denetime aldığı medyanın karşısına her çıktığında bir fırsatını bulup *"Tutuklu kalsınlar, onlar terörist"* diyor. Gazetecilerin ya katil, gaspçı, tecavüzcü olduğunu ya da mesleki faaliyet olan haber yapmayı, kitap yazmayı darbecilik olarak tanımlıyor. *"Darbe*

çığırtkanlığı yapmak konusunda medyanın günahı var mı?" sorusuna külliyen *"hayır"* demek elbette yanlış olur. Ama bugün yaşanan savaş ve hesaplaşma ne darbeciler ve darbelerle ne de düne dair bir savaş ve hesaplaşma. Bunca yaygaranın, hengâmenin tek nedeni devletin yeni sahiplerinin iktidarı elinden kaçırmamak istemesi. Ancak giderek bir dikta rejimini andıran Türkiye'deki gücün şimdiki sahiplerine de, zulümlerin uygulayıcıları düzenin bekçi köpeklerine de hatırlatmak gerek: Güç kimseye kalmaz. Gücün kimseye kalmayacağının kanıtı ya da gücü ellerine geçirenlerin bilindik bir hikâyesi olan *"iktidar paylaşım savaşı"* kendini göstermekte de gecikmeyecekti.

BÖLÜM 4

DEVLETİN YENİ SAHİPLERİNİN GÜÇ SAVAŞI

"Kötüler, kendilerine tahammül edildikçe, daha çok azarlar."
Sadi

Sınıfsal temelde örgütlenmiş bir egemenlik aygıtı olan devlet, kendisinin sahibi olduğunu düşünen hâkim sınıfların çıkarlar temelinde bölündüğü, güce sahip olmak ve siyasete yön vermek için kendi aralarında daima çekiştikleri bir siyaset arenasından ibaret. Haliyle devletin tepesinde ya da kurumları arasında yaşanan çatışma esasında devlete hâkim olmaya çalışan güçlerin siyasal eğilimleri doğrultusunda çıkarlarını korumak için birbirinin hâkimiyet alanına nüfuz etme kavgasını ifade eder. Hâkim güçlerden birine sırtını dayamayan onlardan destek almayan ya da o kesimin siyasal çıkarları temelinde harekete geçirilmeyen polis ve yargı bürokrasisinin sırf hukuka bağlı olarak ve kendiliğinden devletin en hassas kurumlarından birine, MİT'e karşı bir operasyon başlattığını düşünmek safdillik olur. Hele ki bu savaşı başlatan polis ve yargıdaki Gülen cemaati egemenliğini düşündüğümüzde yaşananların bir hukuk ve demokrasi mücadelesi değil, devletin yeni sahiplerinin nüfuz alanını genişletme savaşı olduğu daha kolay anlaşılır.

MİT kriziyle su yüzüne çıkan devlet kurumları arasında bir süredir yaşanan çatışmanın nereden kaynaklandığı konusunda kamuoyunun kafası bulanıktı. Bir yanda taparcasına sevilen bir başbakan, öte tarafta kitleleri *"iyilik hareketi"* olduğuna inandırmış bir İslami cemaat. Çatışmanın görünen yüzüyle söylersek kavganın bir tarafında polis ve yargı, öte tarafında ise MİT ve Başbakanlık vardı. Elbette ki bu kavgada da tıpkı öncekilerde olduğu gibi Kürt sorunu önemli bir yer tutuyordu. Cemaatin katıksız bir örgütlenmeyle denetimine aldığı polisin yürüttüğü operasyonlar ve bu yapının onay makamı haline getirilmiş yargıdaki uzantılardan oluşan cepheye göre MİT, PKK ile yapılan Oslo görüşmelerinde ileriye gitmekle kalmayıp suç işlemişti. Cephenin medya organları üzerinden KCK'nin içine sızan MİT'in, haberdar olduğu eylemleri engellemeyerek MİT'in hain olduğu da ima ediliyordu. Zaten karşılıklı yıpratma operasyonu da her çarpışmada son yılların en önemli mevzisi olan medya üzerinden devreye sokuldu. Sakinleşmek bir yana giderek şiddetlenen fırtına devlet kurumları arasındaki çatışma büyük bir siyasal krize dönüşmüştü. Elbette ki Gülen cemaati parmakları olduğu bilinen her olayda olduğu gibi yine, bir cemaatin devletin tepesinde fırtınalar estiren bir krizin parçası olamayacağını anlatıyordu. Mevzi kaybettikçe de çatışmanın üstünü örtmeye çalışıyorlardı. Gülenciler bu krizde de ilgilerinin olmadığına bu kez kimseyi inandıramadılar. Tarihindeki en ağır eleştirilere maruz kaldılar.

Son 10 yıldır ortak oldukları AKP'nin iktidarıyla giderek büyüyen Gülenciler, İslami bir cemaat olmanın çok ötesine geçip uluslararası bir holding haline döndü. Zaten yaşanan son krizle de Gülenciler dindar bir cemaatten ziyade, örgütlenmek için dindar cemaat kisvesine bürünen, yerleştiği, örgütlendiği devlet aygıtları üzerinden iktidardan pay alan ve hep daha fazlasını isteyen bir güç odağına dönüştüğünü dosta düşmana gösterdi. Hem de hedefine karizmatik Başbakan Erdoğan'ı koyacak kadar bir gözü dönmüşlükle hareket etmelerindendir ki yaşananlar devletin tepesinde bir krize dönüştü. Erdoğan'ın, *"Hiçbir zaman seçilmişleri atanmışlara kul etmeyiz"* demesi de muhataplarına iletilen en güçlü mesajdı. Seçilmiş olanın MİT müsteşarı Hakan Fidan değil kendisi olduğunu bilen Erdoğan bu savaşta hedef seçildiğini elbette anlamıştı.

Savaşı başlatan Gülenciler bir yandan sahip olduğu gücün boyutunu göstermek aynı zamanda da beklenmedik bir darbeyle rakibinin, yani Erdoğan'ın gücünü kırıp siyasal alanda kendine daha geniş bir alan açmak istediyse de şimdilik yanıldılar. Belli ki zamansız ve sonuçları çok iyi hesaplanmamış hatalı bir kalkışmaya giriştiler ve şimdi bu hatayı mümkün olan en az hasarla atlatmaya çalışıyorlar. Bu savaşla ilgili yapılan en doğru tespitlerden birisi hiç kuşkusuz ki yeni Ergenekon'un cemaat olduğuydu. Başbakana en yakın isimlerden biri olan danışmanı Yalçın Akdoğan, *"Ergenekon'un polis ve yargıya sızdığını"*[23] söylerken kastettiğinin kimler olduğu elbette anlaşılmıştı. *"Ergenekoncular içeride ama yöntemleri dışarıda"* diyerek aynı noktaya işaret edenlerden biri de Erdoğan'ın eski basın sözcüsü Mehmet Akif Beki'ydi. Gülen cemaatini eski vesayetin yerini almakla suçlayan Beki, *"Bir görünmez devletin yerini yeni bir görünmez devletin alması için başlatılmadı herhalde bu mücadele. Anti-Ergenekon'un, Ergenekon'un yerine ikame edileceği öngörülmemişti bu süreç başlarken"* diyecekti.[24] Şimdi neden tutuklandığımızı olduğu kadar neden serbest bırakıldığımızı da gayet iyi özetleyen bu olayın ne olduğunu anlatmaya başlayalım.

Alengirli her taşın altındaki cemaat

Zamanın garip bir sihri var. Yıllar geçtikçe yaşadığınız karmaşa birkaç cümleyle özetlenebilir oluyor ve gerçekler çok net ortaya çıkıyor. Odatv davasındaki gerçeklerin ortaya çıkması için kısa bir süre yeterli oldu. İddialar ve savunmalar düşünüldüğünde aslında sadece iki seçenek vardı:

1-Sanıklar Ergenekoncu.

2- Emniyet ile yargı içinde örgütlenmiş bir dini cemaat var ve komplo kurdu.

Bu iki şıktan hangisinin doğru olduğunu MİT çatışması ve öncesinde ortaya dökülenler anlatmaya yetti. Sipariş kitaplarla her taşın altında cemaatin olup olmadığı sorusuna sözde yanıt arama uğraşında olanlara hazır konusu açılmışken yanıtını

23) Yasin Doğan, Yeni Şafak Gazetesi, 15 Şubat 2012, "Her türlü oyunun farkındayız..."

24) Mehmet Akif Beki, Radikal gazetesi, 16 Şubat 2012 "Anti Ergenekon'un davranış bozukluğu"

da verelim: *"Her taşın değil ama alengirli her taşın altında cemaat var"*. Zaten bu tespitimizi doğrulayan ve MİT kirizi olarak adlandırılan darbeyle bu kanıtlandı. O malum kitaba yönelik yapılacak eleştiriyi ise tek cümleye sığdırmak mümkün: *"Kendi kendini bu kadar kısa sürede yalanlayan ikinci bir kitap olmamıştır."*

İktidar savaşı: MİT krizi

Aslında Gülen cemaati ile diğer İslami cemaatler ve tarikatlar arasında her zaman belli bir mesafe olduğu bir sır değildi. Gülen, hedeflediği yolun uzunluğunu bilerek konunun ilgilisi olan devlet güçlerine hem kendisinin hem de taraftarlarının aşırı uçlarda görülen ya da radikal diye bilinen tüm İslami yapılarla arasını açık tutmaya özen gösterdiğini belli ediyordu. Zaten bu mesafeli tavrı da, aynı zamanda eleştirel tutum takındığı diğer yapılarca kendisi ve cemaati hakkında doğru ya da yanlış sıklıkla eleştiriye yol açıyordu. Yasal siyasi partilere de eşit mesafede durduğunu iddia eden Gülen bu görüntüyü korumak için iktidarı elinde tutan her kimse onlarla yan yana görünmeye özen göstermişti. Ancak bu tavır Milli Görüş geleneğinin temsilcisi ve 1990'lardaki iktidarı olan Refah Partisi için hayata geçirilmedi. Hatta Ruşen Çakır'ın bir yazısında[25] ifade ettiği gibi, *"Bazı odakların Gülen'i, RP'nin yükselişini engelleyebilecek bir güç olarak gördükleri, Gülen'in de bu algıdan alabildiğine istifade edip, bir tür 'devlet gözetiminde' kendi yükselişini yaşamış olduğu da bir sır değildi"*. Çünkü Gülen birçok siyasetçiyle yan yana gelmesine karşın o dönemin yükselen değeri Refah Partisi'nin önde gelen isimleriyle birlikte görünmekten kaçınmıştı. Zaten daha sonra kendisinin de mağdurları arasında yer alıp ABD'ye kaçmak zorunda kalacağı 28 Şubat 1997 darbesinde Gülen, hedef olan RP'nin değil, askeri vesayetin yanında saf tutmuştu. Şimdilerde Türkiye'nin geleceğini yeniden çizen siyaset sahnesinin ve İslami camianın bu iki önemli aktörü, Milli Görüş geleneğinden doğan AKP ile Gülen cemaatinin arasındaki buzları eriten ise Ergenekon soruşturma sürecinin başlaması olmuştu. Bu pragmatik ittifak sonucu yıllar yılı iktidarı elinde tutan askerler ve destekçisi anlayışları temsil eden diğer kurumların geriletilmesiyle ikili arasında güce daha çok sahip ya da devletin yeni sahibi olma savaşı başlamıştı.

Bizler içeride, sevdiklerimiz dışarıda beklerken çok tuhaf günlerden geçiyorduk. Öyle tuhaf ki tüm ülkeye adeta toplumsal bir şizofreni yaşatıyordu. Birçok şehirde hemen her gün yaşanan KCK ya da Devrimci Karargâh operasyonlarıyla kâh Kürtler kâh avukat ya da gazeteciler ya da öğrenciler gözaltına alınıp tutuklanıyordu. Ülkede etkili toplumsal muhalefet yapmaya çalışan, AKP-Cemaat koalisyonunun önündeki tek engel olarak kalan Kürtler ve sosyalistler hedefteydi. Bu şizofrenik hâl, iktidarın bileşenleri olan AKP ve cemaatin bir güçler savaşının tarafları olarak birbirine düştüğünün ayyuka çıktığı 7 Şubat 2012 gününe dek devam etti. Bir sivil darbe olarak adlandırabileceğimiz, kamuoyunda *"MİT krizi"* olarak adlandırılan bir soruşturma dalgasıyla Başbakan Erdoğan'ın bile *"terörist başı"* diye damgalanmasına ramak kalmıştı. Cemaat hâlâ neden ve neye güvenerek yaptığının ayrıntılarını bilemediğimiz bir hamleyle Başbakan Erdoğan'a *"şah"* çekmişti. Ama *"şah"* düşmediği gibi bu satrançtaki *"vezirleri, kaleleri ve elbette piyonları"* teker teker yedi.

7 Şubat darbesi olarak tanımlayabileceğimiz MİT Krizi aslında iktidarın bileşenlerini oluşturan iki gücün AKP ve cemaatin arasındaki çatışmanın görünen yüzünü oluşturdu. İki güç odağı arasındaki gerilimin ilk nüvesi ise Emniyet İstihbarat Daire

25) Vatan Gazetesi, 6 Haziran 2010, "Gülen cemaati ve AKP: Yollar yeniden ayrılıyor mu?"

Başkanı Ramazan Akyürek'in görevden alınmasıydı. Hrant Dink suikastında ihmali olduğu iddia edilen ve bu yönde ciddi kuşkular bulunan, hakkında cemaat mensubu olduğu iddiaları yöneltilen Akyürek, tıpkı cinayette ihmali olduğu öne sürülen diğer eminyetçiler gibi korunmuştu. Ancak Akyürek 16 Ekim 2009'da aniden görevinden alınarak merkeze çekildi ve Strateji Geliştirme Dairesi Başkanlığına uzman olarak getirildi. Daha sonra bu tasarrufla ilgili olarak İdare mahkemesine dava açarak görevine iadesi kararı verilse de Akyürek mahkeme kararına rağmen görevine dön(e)medi.

Peki, Dink suikastı dolayısıyla eleştiri oklarının hedefi olmasına rağmen yerinden edilemeyen Akyürek ne olmuştu da görevinden alınmıştı? Bu sorunun yanıtını elbet taraflardan birisi cevaplamadığı müddetçe öğrenemeyeceğiz. Ancak ilginç bir tesadüfe dikkat çekmek gerek. Akyürek'in görevden alınmasından önce söylentilere göre Başbakanın gizlice kayedilmiş telefon konuşma kayıtlarının sızdırıldığı emniyet ve siyaset kulislerinde konuşuluyordu. Zaten 2 gün sonra bu söylentilerin doğru olduğu kanıtlandı. 18 Ekim 2009'da ve 25 Ekim 2009'da o dönem haftalık dergi olarak yayın yapan Aydınlık'ın kapak haberleri Başbakan Erdoğan'ın illegal biçimde kaydedilmiş telefon konuşmalarıydı. İlk haberde Başbakan Erdoğan eski KKTC Cumhurbaşkanı Mehmet Ali Talat'la, diğerinde ise işadamı Remzi Gür'le konuşuyordu. Dink suikasti gerçekleştiğinde Emniyet Genel Müdürlüğü İstihbarat Daire Başkanı olan Akyürek bu görevinden önce de cinayetin planlandığı Trabzon'da Emniyet Müdürlüğü yapıyordu. Başbakanlık Teftiş Kurulu'nun raporunda *"görevini ihmal etmek"*le suçlanmasına rağmen görevinin başında kalan Akyürek, tam da bu haberlerin yayımlanmasından kısa süre önce görevinden alınmıştı. Bu arada illegal ses kayıtlarıyla ilgili haberlerin diyetini ödeyenler de gazeteciler oldu. Haberde imzaları bulunan gazeteciler Deniz Yıldırım ve Ufuk Akkaya Ergenekon soruşturması kapsamında *"örgüt üyesi"* oldukları iddiasıyla tutuklandı.

Aleni ilk kırılma: Mavi Marmara Katliamı

Gülen cemaatiyle kendi dışlarında kalan İslami cemaatler ve tarikatlar ile çeşitli oluşumlar arasındaki en temel ayrışma Batıyla kurulan ve gelecekte kurulacak ilişkilere bakış açısında kendini gösteriyordu. Gülen cemaati başta ABD olmak üzere Batı dünyasını çok önemseyen ve muhalif olarak hayatta kalmanın ya da faaliyet yürütmenin önündeki engelleri iyi tahlil edip kendilerine bu doğrultuda yol haritası çizmişlerdi. AKP'nin içinden çıktığı Milli Görüş geleneğinin de tıpkı diğerlerinde olduğu gibi dayandığı ideolojik temellerde ise bu yaklaşımın aksi, *"Batı ve İsrail düşmanlığını"* temel alan bir yaklaşım egemendi. Zaten tam da bu yaklaşım farklılığı nedeniyle Gülen cemaati ABD ve İsrail'le her zaman *"sıcak ilişki kuracak"* mesafede durmayı tercih etti. Hatta yılardır bir insanlık sorunu olarak yaşanan Filistin sorununda cemaat, hem de ortada İslam kardeşliği gibi bir olgu bulunmasına karşın İsrail'i doğrudan hedef alan tutumlardan kaçınmayı tercih etti. Bu durum Mavi Marmara katliamıyla da iyice belirginleşti.

Bir yandan İsrail'in hamisi ABD'nin dümen suyunda hareket edip, İsrail'le askeri ikili anlaşmaları devam ettiren AKP öte yandan dayandığı ideolojik temellerin *"hakkını veriyor"* görüntüsü çizmekten de geri durmuyordu. 2008'de Filistin sorununun çözümü için Türkiye'nin İsrail ile diğer Arap ülkeleri arasında arabuluculuk rolünü üstlendiği dönemde, diyalogların sonuç vermesi beklenirken Aralık ayında İsrail'in Gazze'ye saldırıları nedeniyle görüşmeler sona ermişti. İsrail'in Türkiye aracılığıyla süren görüşmeleri aniden kesmesi ve Gazze'deki harekâtın çok sayıda sivilin ölümü ile sonuçlanması Türkiye ile İsrail arasındaki ilişkileri olumsuz etkilemişti. 29 Ocak 2009'da Davos'ta yapılan Dünya Ekonomik Forumu sırasında Erdoğan ile İsrail Devlet Başkanı Şimon Peres arasında Gazze'de yaşanan katliamlar nedeniyle dünyanın gözleri önünde sert bir tartışma yaşandı. Siyasi literatüre *"one minute krizi"* olarak geçen bu olayda Erdoğan'ın, *"Bir daha da Davos'a gelmem"* diyerek toplantıyı terketmesiyle sonuçlanan bu tartışmadan sonra Türkiye-İsrail ilişkilerinde büyük bir gerilim yaşandı. İsrail'le Türkiye arasındaki askeri anlaşmalar devam etmesine karşın AKP hükümeti kamuoyuna İsrail'le *"köprüleri atmış"* görüntüsü verdi. Gerilen ilişkilerin üzerine yaşanan Mavi Marmara katliamı ile de AKP ile Gülen cemaati arasındaki İsrail'le ilgili yaklaşım farklılığı daha net göründü.

İnsani Yardım Vakfı'nın (İHH) organizasyonuyla İsrail ablukasındaki Gazze'ye yardım malzemeleri götürmek üzere Mavi Marmara isimli gemiyle yola çıkan gönüllüler, Gazze'ye yakın uluslararası sularda İsrail ordusunun saldırısına maruz kalmıştı. 31 Mayıs 2010'daki bu katliamda 9 Türkiye vatandaşı İsrailli komandolarca öldürülmüştü. AKP ile cemaat arasında daha sonra giderek sertleşecek mücadelenin alenileştiği ilk olay kabul edebileceğimiz Mavi Marmara katliamıyla ilgili Erdoğan İsrail'i *"devlet terörü"* yapmakla suçlarken, Fethullah Gülen ABD gazetesi Wall Street Journal'e yaptığı açıklamada, İsrail'le uzlaşılmamasını eleştirmiş ve AKP'nin yol verdiği İHH'nin İsrail'in onayı olmadan yola çıkmasını *"otoriteye başkaldırı"* olarak nitelemişti. Gülen, *"Gördüğüm şeyler hiç de hoş değildi. Çok çirkin şeylerdi. Organizatörün Gazze'ye yardım götürmeden önce İsrail'le uzlaşma yolunu seçmemeleri faydalı sonuçlar doğurmayacak şekilde otoriteye başkaldırmaktadır. İHH'nin politik bir amaç güdüp gütmediğini söylemek kolay değil"* diyerek 9 kişiyi katleden İsrail'i koruyordu. Böylece Batının söz sahibi ülkelerine, cemaatin uluslararası politikalarında değişiklik olmadığı, otoriteye saygıda kusur göstermeyeceği de anlatılmış oluyordu.

Mavi Marmara katliamıyla ortaya çıkan görüş ayrılığı nedeniyle akıllarda yer eden ise, *"Acaba cemaat ile AKP arasında çatlak mı vardı?"* sorusuydu. Bu sorunun yanıtını arayanlardan birinin de, *"Gölge CIA"* olarak bilinen ABD menşeli *"düşünce kuruluşu"* Stratfor'un yazışmalarının deşifre edilmesiyle Türkiye kamuoyu da öğrenecekti. Wikileaks'le yaptığı anlaşma sonrası bir süredir Stratfor'un, ele geçirilen iç yazışmalarını yayımlayan Taraf Gazetesinde yer alan yer alan haberde[26] , Mavi Marmara baskını sonrası "gölge CIA"in de harıl harıl *"Gülen cemaati-AKP ayrılığı Mavi Marmara sonrasında mı oldu?"* sorusuna yanıt aradığı görülüyordu.

Fethullah Gülen'den Erdoğan eleştirisi

Mavi Marmara katliamı sonrası yapılan açıklamalar, Fethullah Gülen ve Tayyip Erdoğan özelinde cemaat ve AKP arasındaki fikir ayrılığının en net göründüğü olayların başlangıcıydı. Derken Türkiye, aslında yargı mekanizmasını cemaate teslim etme sürecini sağlayacak olan 12 Eylül 2010 referandumuna kilitlendi. 12 Eylül anayasasının kimi maddelerinde yapılacak torba yasa değişikliği ile özellikle yüksek yargıdaki *"Kemalist vesayetin"* tasfiyesi için alan açılacaktı. Zaten öyle de oldu. Ancak bir vesayet gitmiş diğeri gelmişti. İşte bu referandum öncesi cemaatin yayın organları Hoca Efendileri Fethullah Gülen'in vaazları rehberliğinde 12 Eylül 2010'da yapılacak referanduma çılgınlar gibi desteklerini açıklıyordu. *"Her devrin güleni Fethullah Gülen"* 1980'de desteklediği12 Eylül cuntasının anayasasında yapılacak değişiklikleri öngören referandum için cemaatine , *"İmkân olsa mezardakileri bile kaldırarak o refe-*

26) Taraf Gazetesi, 12 Mart 2012, "Gülen'le AKP ayrı mı düştü?"

randumda 'evet' oyu kullandırmak lazım" diye telkinde bulunmuştu. Vaazlarının yayınlandığı www.herkul.org isimli internet sitesinde Gülen'in 1Ağustos 2010 günü yer alan ve referandumdaki tavırlarının kesin bir evet olacağını anlatan konuşmasında[27] darbeleri ve cuntacıları eleştirirken isim vermeden Tayyip Erdoğan ve AKP'ye yönelik eleştirilerde de bulunuyordu. Açıklamasında darbeler gerçekleştiren askerlerin *"kuvvet sahibi"* olduklarını ancak sahip oldukları kuvveti *"tahrip edici güç"* olarak kullanmasını eleştiren Gülen konuşmasının devamında *"ezip sindirme sadece belli bir kesimin işi değil"* diyerek eleştiri oklarının hedefinde askerlerden sonra isim vermeden AKP ve Erdoğan'ın da bulunduğunu ima ediyordu. Gülen, totaliter olmakla suçlayıp tabanının sesine kulak vermemekle suçladığı Erdoğan'ın bizzat yakın çevresindekiler yüzünden tabandan koptuğunu ima ediyordu. İki güç odağı arasındaki gerilimin ya da tatsızlığın giderek arttığının göstergesi olan Gülen'in konuşmasının ilgili bölümü şöyleydi:

> *"Kuvvetin genetiğindeki bozukluk, hemen hemen bütün kuvvet temsilcilerine başka insanların tepelerine binme, onları ezme, sindirme ve seslerini kesme hislerini pompalar. Dolayısıyla da, kuvvetin taşkınlığı ve çılgınlığıyla insanları ezip sindirme sadece belli bir kesimin işi değildir. Bazen, siyasi iktidarı güçlenenler de artık kimseyi kâle almamaya başlar ve dediğim dedik düşüncesiyle hareket ederler. Dahası, idarecilerin etrafı danışmanlar, özel kalemler, yakın çevrelerce kuşatılır ve halkın sesinin asıl merciye ulaşmasının önü kesilir. Böylece daha dün herkesin elini öpen kimseler, biraz güçlenince gayrı kimseyi dinlemez olur, bildikleri gibi davranır ve her iyi işin de kendilerine mal edilmesini isterler."*

Akit yazarından cemaat uyarıları

Cemaat ve AKP, daha doğrusu Fethullah Gülen ve Başbakan Tayyip Erdoğan arasındaki gerilim gözlerden uzak tutulmaya çalışılsa da iki tarafa da yakın olanlar her şeyden haberdardı. Bir cemaatler ve tarikatlar *"konsorsiyumu"* olan AKP iktidarında devlet bürokrasisi ve nimetlerinden Gülen cemaatinin en büyük parsayı toplaması tepki çekiyordu. Yeni Akit Gazetesi yazarlarından Şaban Şimşek de, *"devlette yer kapma savaşı"*nı anlattığı seri yazılarında cemaatlerin devlet içinde kadrolaşabilmek için birbirlerine hayat hakkı tanımadıklarını söylüyordu. Aynı zamanda Rize Üniversitesi Tıp Fakültesi öğretim görevlisi Profesör Şaban Şimşek, Yeni Akit'te *"Neyse O"* isimli köşesinde 23 Ekim-13 Kasım 2010 tarihleri arasında 4 bölüm halinde yayımlanan *"Allah bu memleketi cemâatÇİLİKten korusun!.. Amin"*[28] başlıklı seri yazılarının ilkinde peşinen bir gerçeğe işaret ederek, cemaatçilik konusu üzerine düşüncelerinden ötürü, eleştiri konusu yaptığı çevrelerin kendisine hemen hain damgası vuracağını söylüyordu. Şimşek, *"Biliyorum bu yazıyı okuyan bazı insanlar bana hemen 'hain' damgasını vuracak ve düşman ilan edecek; en azından yanımdan uzaklaşacak, karşıt pozisyon alacak. Bir kısmı da dudak bükecek; 'O da modaya uydu, Hanefi Avcı rüzgârına kapıldı, oyuna geldi ya da gündem yaratacak bir konuyla meşhur olmak istiyor' filân diyecek... Ama inandığını söylemek, Hakk'ı dile getirmek de imanımızın bir gereği. Zira işin içinde*

27) http://www.herkul.org/index.php/bamteli/bamteli-arsiv/8283-Kuvvetin%20%C3%87%C4%B1lg%C4%B1nl%C4%B1%C4%9F%C4%B1%20ve%20Referandum%20F%C4%B1rsat%C4%B1

28) Şaban Şimşek, "Allah bu memleketi cemâatÇİLİKten korusun!.. Amin". Yeni Akit Gazetesi 23 Ekim-13 Kasım 2010

dilsiz şeytan olmak var! Ayrıca serde akademisyenlik var ve akademisyenlikte de akademik namus diye de bir şey var" diyordu.

Şimşek konuyla ilgili devam eden yazılarının ikincisinde de cemaatlerde kayıtsız şartsız sadakat olduğunu belirterek, *"Ancak kayıtsız şartsız sadakat her durumda itaatı gerektirecek, aklı yok sayacak ve özgür iradeyi boğacaktır"* tespitinde bulunuyordu. Profesör Şaban Şimşek'in son yazısını, *"Öyleyse, inanan-inanmayan, cemaatli-cemaatsiz, şu soydan bu boydan insanlar olarak hep birlikte dua edelim: Allah bu insanları, bu Müslümanları, bu memleketi, bu devleti cemaatçilikten korusun"* dedikten sonra *"Allah (cc) sonumuzu hayreylesin. Amin"* diyerek bitiriyordu. Bu duasına neden olanları ise 3'üncü yazısında kaleme almıştı. Son dönemde kimi cemaatlerin faaliyet sahalarının yanı sıra, birbirleriyle ve devletle olan ilişkilerinin dikkat çekici noktalara ulaştığını ve *"devlete sahip olma ve devleti ele geçirme"* gibi suçlamaların muhatabı olduğunu vurguladığı üçüncü yazısında ise Şimşek şunları dile getirmişti:

> *"Burada, haklı ya da haksız olduklarına dair bir şey söylemek yersiz olacaktır ama giderek genele matuf hale gelmeye başlayan bu kanaatin oluşmasında, 'kendi inanç, düşünce ve yöntemlerini en doğru, yararlı ve tek geçerli yol olarak kabul eden, diğerlerininkileri ise yanlış, faydasız ve zararlı bulan tutucu anlayışın çok ciddi bir rolü olduğunu' söylemeden geçmek de doğru olmayacaktır. Bugün, gelişmeler onu gösteriyor ki, cemaatler arasında (cemaatlerin dışından gelenleri bir tarafa bırakalım) kıyasıya bir 'devlette yer kapma savaşı' yaşanmakta ('devleti ele geçirmek' tabirini kullanmak istemiyorum) ve bunu yaparken de diğerlerini ötekileştirme, büyümelerine engel olma, mümkün olduğu kadar zayıflatma, sistem dışına itme gibi altıncı kol faaliyetleri sürdürülmektedir.*
>
> *Kısacası 'Biz' değil 'Ben' duygusuyla hareket eden bu gruplar diğerlerine hayat hakkı tanımamaktadır... Bu arada, dinsel anlamda kardeş saymaları gereken ama günlük pratikte rakip gibi algıladıkları cemaatlere bunları müstehâk görenlerin başka kategorilere koydukları (cemaatsiz!) vatandaşlara neyi reva gördüklerini söylemeye çok da gerek yoktur sanıyorum!...*
>
> *Açık yüreklilikle ve cesaretle söylemek gerekiyor: Dün milleti paylaşmak için (tabii İslam adına ve o insanları kurtarmak için!) yapılan örtülü mücadele bugün devleti(n zenginliğini) paylaşmak üzere (yine İslam adına ve hem insanları, hem memleketi kurtarmak için!) verilen örtülü bir savaşa dönüşmüş durumdadır...Netice itibarıyla bütün bunlarla 'dine hizmet edildiğini söylemek' de havada kalan boş bir inançtan öteye geçemeyecektir.*
> *'Bu paylaşmadaki amaç ne kadar maddidir, ne kadar manevidir, ne kadar ben içindir, ne kadar biz içindir' sorusu ise üzerinde durulması gereken asıl konudur. Bunları kimseden çekinmeden konuşmak, tartışmak gerekiyor; henüz gönüller bütünüyle kırılmadan, insanlar birbirine düşmeden, fiili çatışma dönemine girmeden... Kanımca işin boyutu sanıldığından da büyüktür. Zira konuştuğum bazı cemaat ehli dostların anlattığına göre bu örtülü savaştaki meydan sadece yurt içiyle de sınırlı değil!*
>
> *İşin bir de siyasal pratiği ilgilendiren yönü var... Bilindiği gibi önümüzdeki yıl genel seçimler yapılacak. Devletin (yani en büyük gücün) kurumsal anlamda giderek siyaset ve siyasetçilerle (TBMM) özdeşleşmeye başladığı bir ortamda, bazı cemaat-tarikatların sahayı boş bırakmayacağı tahmin edileme-*

yecek bir öngörü değil. Çünkü gelişen demokrasimizin bugün vardığı noktada, herkes inanıyor ki 'yer kapma, paylaşma ya da sahip olmanın kestirme yolu' artık büyük ölçüde buradan geçmektedir! Bu bağlamda, liderlerin, özellikle yeni hükümeti kurmaya en yakın siyasi parti olarak gözüken Ak Parti'nin büyüklerinin bu hususa özellikle dikkat etmeleri hem milletimiz, hem devletimiz hem de (cemaatler arasındaki bu çekişmenin yaratacağı olumsuz imajın peşinen önlenmesi anlamında) Müslümanlık için yararlı olacaktır kanaatindeyim.

Bu belki ileride, parti içerisindeki cemaate dayalı grupların yukarıdan gelen (kutsal bir emir gibi addettikleri) talimatlarla hareket ederek partiyi bölmeleri tehlikesine karşı da şimdiden alınmış bir tedbir olacaktır."

Başbakan Yardımcısı da *"Ergenekoncu!"*

2010 yılında kaleme alınan bu yazılarda cemaatin AKP'yi bölme planları olduğu iddiası dile getirilmişti. Bir iddiaya göre AKP'ye seçimlerdeki katkısının yüzde 10 olduğu dile getirilen cemaatin, pervasızlıklarında elbette ki bu gücüne güvenmesinin etkisi büyüktü. Ama gözden kaçırdıkları nokta ise cemaatin tabanının Erdoğan'ın şahsında AKP tabanına dönüşmüş olduğuydu. Cemaat ve AKP, daha doğrusu Fethullah Gülen ve Başbakan Tayyip Erdoğan arasındaki Akyürek'in görevden alınmasıyla başlayan bu ilk kırılmadan sonra, aralarındaki gerilimin dozuna göre zaman zaman cemaatin gazete ve televizyonlarında Tayyip Erdoğan'ın haberlerinin kapladığı yer de azalıyordu. Bu arada cemaat tandanslı kimi tetikçi kalemlerin sahip olduğu gazete köşelerinden AKP ve özellikle Başbakan Erdoğan'a yönelik *"şantaj kokan"* yazılar da yayımlanıyordu. PKK ile yürütülen müzakere sürecinin daha doğrusu Kürt açılımının koordinatörü olan ve 12 Haziran 2011 seçimlerinden sonra Başbakan Yardımcılığı görevine getirilen eski İçişleri Bakanı Beşir Atalay ise en büyük hedeflerden biri haline gelmişti. MİT krizinin yaşandığı günlerde www.aktifhaber.com isimli cemaate yakın internet sitesinde yayınlanan bir yazıda da emniyetin KCK hakkında bir rapor yazarak operasyonlara başladığı 2009'da İçişleri Bakanı olan Atalay bazı operasyonları durdurduğu ve aynı yıl Valiler Toplantısında bunu bir talimat olarak verdiği dile getirilmişti. Bir başka iddiaya göre de Maliye Bakanlığı Müsteşarı Naci Ağbal, MİT Müsteşarı Hakan Fidan, AK Parti grup başkan vekili Mahir Ünal'ın Başbakan'ın talimatıyla bir *"bürokrat havuzu"* kurdukları ve bu havuzda *"kim cemaatçi kim değil"* şeklinde çalışma yapıldığı ve Atalay'ın da bu çalışmaya dışardan destek verildiği de MİT krizi sonrası kaleme alınan kimi yazılarda öne sürülmüştü.[29]

AKP'nin bir önceki hükümetinin İçişleri Bakanı olan Atalay'ın cemaatin açık hedef olması ise Odatv operasyonundan sonra olmuştu. Gazeteci tutuklamalarıyla ilgili tepkilerden sonra polis şefi Ali Fuat Yılmazer'in İstanbul İstihbaratın başından alınarak kızak göreve getirilmesi Atalay'ın tasarrufuydu. Zaten Mehmet Baransu da bu görevden almanın arkasında Beşir Atalay'ın olduğunu anlatan eleştirel bir yazı kaleme almakta gecikmedi. 12 Haziran 2011 seçimlerinden sonra cemaat tandanslı Zaman gazetesine Hüseyin Gülerce'nin kaleme aldığı yazıda ise Başbakan Erdoğan'ın yeni kabine seçiminde *"ustalığını"* yeni kabine seçimi ve Yüksek Askeri Şûra atamalarında göstermesi isteniyordu.[30] 12 Haziran seçimlerinin sonucunun tek başına AKP'nin siyasi bir başarısı olarak algılanmaması *"uyarısında"* bulunan Gülerce, *"Sayın*

29) Yetkin Yıldız, 20 Şubat 2012 www.aktifhaber.com, "Yalçın Akdoğan'a Cevap, Bir Yalçın Akdoğan Okuması 2 ve 3"

30) Hüseyin Gülerce, Zaman Gazetesi, 15 Haziran 2011, "Ustanın ilk iki imtihanı"

Erdoğan'ın ustalık döneminin ilk iki sınavı yeni kabinenin teşkili ve yaklaşan Yüksek Askeri Şûra çalışmalarıdır. Ustalık döneminin başlangıcını test etme fırsatını böylece bulmuş olacağız" diyordu. Anlaşılan o ki cemaatin seçimlerde AKP'yi desteklemenin karşılığı olarak bu iki konuda Erdoğan'dan istekleri olmuştu. Ancak Gülerce'nin *"uyarısına"* rağmen, yeni kabinde Başbakan Yardımcısı olarak görevlendirilen Beşir Atalay Kürt Açılımı'nın koordinasyonu ile birlikte terörle mücadeleden sorumlu isim olarak belirlendi.

Bu atamadan memnun olunmadığıysa cemaat kalemlerinin yazılarında kendini gösteriyordu. Cemaatin İngilizce yayınlanan gazetesi Today's Zaman'ın genel yayın yönetmeni Bülent Keneş de, Kürt sorununun çözümüne yönelik bir dizi önerilerde bulunduğu Zaman gazetesinin yorum sayfalarında yer alan yazısını Beşir Atalay'ı ima ederek şöyle noktalıyordu: *"Yeter ki, Kürt açılımını akamete uğratan, başarısızlığın en büyük müsebbibi olan en yakınındaki bazı isimler Erdoğan tarafından ödüllendirilmeye ve daha kötüsü Kürt sorununun çözümü konusunda yetkilendirilmeye devam edilmesin."*[31]

Cemaatin Kürt Açılımı'ndan ve terörle mücadeleden elinin çektirilmesini talep ettiği isim olan Beşir Atalay'ın hedef olmasının önemli nedenlerinden biri de polisteki cemaat örgütlenmesinin yarattığı hukuksuzluklara karşı engel çıkarmaya çalışmasıydı. Beşir Atalay hakkında, *"Ergenekon operasyonlarını akamete uğratmak"* ve hatta *"Ergenekonculuk"* suçlamaları yöneltilen yazılara imza atılıyordu. Tarafın polis kökenli yazarı Emrullah Uslu, Sabah gazetesinde yayımlanan, hükümetin Kürt sorunu ile ilgili üzerinde çalıştığı demokratik açılım paketine ilişkin bir haberden yola çıkarak kaleme aldığı bir yazısında Beşir Atalay'a saldırıyordu.[32] Söz konusu çalışmanın mimarı Atalay olunca Uslu da lafı hiç dolandırmadan Atalay'ın tutuklu bulunan PKK ve Ergenekon sanıklarının serbest bıraktırmak, Ergenekon ve KCK soruşturmalarını boşa düşürmek için çabaladığını öne sürüyordu. *"Bu açılımın adı net olarak Ergenekon açılımıdır. Ergenekon sanıklarını kurtarmak için düzenlemiştir"* diyen Uslu, PKK'ye fiili bir af çıkacağını da öne sürerek dağdan inişlerinin önünün açılması için de Abdullah Öcalan'a ev hapsi sürprizi yaşanabileceğini anlatıyordu.

Şikeyi soruşturmayan şike soruşturması

Odatv operasyonunda tutuklanmamızla ilgili iç ve dış kamuoyundan gelen baskıları, tribünlerin önünde *"onlar gazeteci değil terörist"* diye savuşturuyor görünse de AKP hükümetinin siyaseten zor durumda kaldığı, özellikle Avrupalı parlamenterlere açıklama yapmakta zorlandığı herkesin malumuydu. Cemaat güdümündeki polis ve yargının her hamlesi AKP'yi daha da sıkıştırıyor ancak her sorun geçici çözümlerle hallediliyordu. Derken 2011 Temmuzunda Aziz Yıldırım ve başkanlığını yaptığı Fenerbahçe kulübünü hedef alan *"şike soruşturması"* patlak verdi. Fenerbahçeli olduğu bilinen Başbakan bir kez daha alicengiz oyunuyla karşı karşıya kalmıştı. Türkiye'de varolduğundan kimsenin kuşku duymadığı şikeyi soruşturmayan bir soruşturmayla Aziz Yıldırım ve FB'nin hedef alınması camia nezdinde büyük infial yarattı. Bu olayla ilgili bulunan geçici çözüm ise AKP'nin kendi çıkardığı kanunla ilgili değişiklik yapması oldu. Bu satırlar yazıldığında Aziz Yıldırım halen tutuklu olmasına karşın, Türkiye Futbol Federasyonu Etik Kurulu'nun hazırladığı raporda ise şike iddialarıyla ilgili suçsuz bulunduğuna hükmedilmişti. Şike yasasındaki ağır cezalarda geri adım

31) Bülent Keneş, Zaman gazetesi 23 Ağustos 2011, "PKK ve Kürt sorununu bitirmek için 'iki dil stratejisi' şart"

32) Emre Uslu, Taraf gazetesi 28 Aralık 2011, "Beşir Atalay'ın Ergenekon Açılımı"

atan ve cezaları düşüren yasa değişikliği üzerine Fethullah Gülen cemaati, değişikliğin mimarı olan hükümette son sözü söyleme yetkisini elinde bulunduran tek isim olan Erdoğan'a ilk görünür tepkisini de ortaya koyacaktı. Her zamanki kurnazlığı ile *"dürüst ve temiz toplum özlemi"* kalkanı arkasına sığınan *"iyilik timsali"* cemaat, *"tek adam Erdoğan"*'a sesini yükseltti. Cemaatin yayın organlarından yapılan yayınlardan sonra Cumhurbaşkanı Abdullah Gül'ün yasayı veto etmesiyle omuzları kabaran cemaat Erdoğan'a, *"artık siyaset sahnesinde bize muhtaçsın"* demeye getiriyordu. Cemaat kalemlerinin *"anayasa değişikliği", "yerel seçimler", "cumhurbaşkanlığı seçimleri"* gibi siyasi takvimi hatırlatan yazıları ise bu *"cesaretli"* duruşun nedeninin ne olduğunu anlatıyordu. Ancak *"tek adam"* Erdoğan tüm karşı hamleleri ve tehditleri elinin tersiyle savuşturarak, partisindeki *"çatlak sesleri"* de susturmasını bildi. Veto edilen yasa yeniden, hiçbir değişiklik yapılmadan Cumhurbaşkanı'nın önüne gitti ve onaylandı.

Kimsenin araştırmadığı iddia

Seçimlerden sonra oluşan kabineden cemaatin memnuniyetsizliğini dile getiren kimi yazılar dikkat çekse de kimse üzerinde durmadı. Eleştiri oklarının hedefinde yine Beşir Atalay vardı. Şike soruşturmasıyla ilgili tutumunun karşılığı alamayan cemaatin kimi kalemleri bu süreçte kılıçlarını kuşandığını gösterdi. Genel yayın yönetmeni Ahmet Altan'ın *"sarsıcı haberler uzmanı"* diye nitelediği Taraf gazetesinden Mehmet Baransu 19 Aralık 2011'de kaleme aldığı *"Erdoğan'ın lider adayı kim"* başlıklı yazısında gerçekten yenilir yutulur olmayan iddialar dile getirdi. Yazısında 2014'te Cumhurbaşkanlığı seçiminin ardından Köşke çıkması öngörülen Tayyip Erdoğan'dan sonra AKP'nin başına kimin gelebileceğine ilişkin ihtimaller sıralayan Baransu, Cumhurbaşkanı Abdullah Gül'ün 12 Haziran seçimleri öncesi, parti kurmak ya da AKP'nin başına geçmek için temaslara geçtiğini iddia ediyordu. Ancak yazıda daha önemli kısımlar vardı. Daha sonra aralarındaki bir polemikte Erdoğan'ın *"Bu cambazların istihbarat teşkilatımız içinde böcekleri var"* dediği Baransu'nun yazısının her satırında mesaj vardı adeta. Erdoğan'ın Köşke çıkma hesapları nedeniyle partisine *"emanetçi bir başbakan"* aradığını ve bu ismin de Binali Yıldırım olduğunu belirten Baransu daha sonra Yıldırım'ın akrabalarıyla ilgili yolsuzluk iddialarında bulunuyordu. Yıldırım'ın eşinin, inşaat sektöründe faaliyet gösteren şirketleri bulunan yeğenlerinin aldıkları devlet ihalelerinin AKP iktidarıyla birlikte arttığını öne süren Baransu, *"...İstanbul'da hiç de küçümsenmeyecek oranlarda ihale aldılar. Haseki Hastanesi'nin güçlendirme işiyle ilk ciddi işlerini yaptılar. Dönemin İstanbul Bayındırlık ve İskân İl Müdürü konuyu yargıya taşımak isterken, görevinden alındı. Burada yapılan yolsuzluk ve usulsüzlük müfettiş raporlarına girmesine rağmen konu unutturulmaya çalışıldı. Hatta yolsuzluk dosyası 2005 yılında Sabah gazetesine ulaştırıldı. O dönem Sabah'ın etkin bir isminin avukatı devreye girdi ve yolsuzluk haberleştirilmedi, dosya kayıplara karıştı."* diyordu.

Yazısının devamında Yıldırım'ın akrabalarıyla ilgili çok fazla yolsuzluk iddiası olduğunu belirterek Başbakan Erdoğan'a *"mesajı"* gönderen Baransu, *"kendi gönlündeki"* başbakanı da açıklıyordu: Abdullah Gül. Baransu, Cumhurbaşkanının 12 Haziran 2011 seçimleri öncesinde yeni bir parti kurma ya da AKP'nin başına geçmek konusunda da nabız yokladığını da iddia etti. *"Cumhurbaşkanlığı muhtemelen bu yazdıklarımı da yalanlamaya çalışacaktır. Şunu baştan belirteyim. Bu isimlerden bazılarının Gül'le yaptığı birkaç görüşmenin, öncesi ve sonrasının bizzat şahidiyim.* İstanbul'da yapılan bir görüşmenin de detaylarını görüşmeden birkaç saat sonra öğrenenlerdenim. *Görüşülen isimlerden biri de Gül'ün bir yurt dışı seyahatine katıldı."* diyerek iddialarının doğruluğundan da emin olduğunu anlatıyordu.

Aslında Baransu bu yazısında *"gerekli mesajı"* ileten *"şantajvari"* en önemli iddiasını ise sona saklamıştı. *"AK Partili bir ismin 2004 yılında olduğunu, bu paranın Türkiye'ye neden getirildiğini de doğrusu merak ediyorum"* diyordu Baransu. Ancak bu önemli iddia hem Taraf gazetesince hem de medyanın geri kalanınca *"görmezden gelindi"*. Yayın Yönetmeni Altan, *"sarsıcı haberler uzmanı"* sıfatını yakıştırdığı muhabirinden iddiasını haberleştirmesini istemedi. İddiasını alengirli her soruşturmanın belgeleri, telefon dinleme kayıtları, raporlarının çekmecesinde bulunduğunu akılda tuttuğumuzda Baransu'da bu iddiasını kanıtlayacak dokümanlar da vardır elbette. Ancak sonraki günlerde *"el birliğiyle"* unutturulan, kimsenin araştırma ihtiyacı dahi hissetmediği bu iddiayı dile getirenin amacının gazetecilik mi şantaj yapmak mı olduğunu ise şimdilik bilemiyoruz.

Bu kez devletin ses kayıtları sızdırıldı

Ergenekon ve ilintili soruşturma süreçlerinin başlamasından sonra, malum çetenin hedefinde olan kim varsa illegal yollardan elde edilmiş ses kayıtları sürecin etkili bir silahı olarak kullanılan internete yükleniyordu. Ses kayıtlarını kimin hangi yollarla elde ettiğini, kimin internete yüklediğini tartışmak yerineyse *"şok ses kaydı"* anonslarıyla yeni hedefin itibarsızlaştırılma ve sanık yapma süreci de başlatılmış oluyordu. Hatta ses kaydının yetmeyeceği kimi durumlardaysa tıpkı eski CHP lideri Deniz Baykal ve 12 Haziran 2011 seçimleri öncesinde kimi MHP milletvekili adaylarının başına geldiği gibi hedef seçilenlerin *"özel görüntülerinin de"* internete yüklenildiğine tanık olundu. 14 Eylül 2011 günü, internetteki ses kaydının bu seferki hedefi daha sonradan aslında daha büyük bir saldırı projesinin parçası olacağını öğrendiğimiz eski ve yeni üst düzey MİT yöneticileriydi. İnternetten yayın yapan Kürt haber sitesi Dicle Haber Ajansı'nın sitesine bilgisayar korsanlığı yoluyla yüklenmiş ses kaydı birkaç ay sonra kopacak fırtınanın da *"yasal kılıfı"* olacaktı. İllegal elde edilmiş bu ses kayıtlarında yer alan kişiler üst düzey MİT görevlileri ile PKK'nin yönetici kadrolarıydı. Ses kayıtlarının sahibi ise MİT Müsteşarı Hakan Fidan'ın Başbakanlık Müsteşar Yardımcısıyken dönemin MİT Müsteşarı Emre Taner ve yardımcılarından Afet Güneş ile birlikte üst düzey PKK'liler Mustafa Karasu ve Sabri Ok ile Kongra-Gel Başkan Yardımcısı Zübeyir Aydar'dı. Bu ses kaydının yine illegal yollarla kamusal alana açılmasıyla yıllardır dillendirilen bir sır da ifşa edilmişti. Devlet, Kürt sorununun son 30 yıldır tek muhatabı olarak görünen PKK ile masaya oturmuştu. Başka bir deyişle devletin yeni sahipleri ve PKK müzakereye başlamıştı. Hem de çok önceden.

Devlet-PKK görüşmelerini kanıtlamış olan ses kayıtlarının ortaya çıkışı da bu bilinen sırrın ifşa olması kadar *"esrarengizdi"*. Ses kayıtları sabah saatlerinde Kürt haber ajansı Dicle Haber'in (DİHA) internet sitesinden, *"Görüşmelerin iç yüzü Erdoğan'ı yakacak"* başlığı ile duyurulmuştu. Ana akım medyadan, "bilinen nedenlerle" abonesi olmayan DİHA'nın geçtiği bir haber sanılsa da kısa sürede gerçek anlaşıldı. Söz konusu ses kayıtları bilgisayar korsanlığıyla DİHA'nın internet sitesine yüklenmişti. Zaten, ses kaydının yüklenmesinden sonra 2,5 saat süreyle devre dışı kalan ajanstan abonelerine yapılan açıklamada, *"sanal saldırı sonucu şifrelerinin kırılması suretiyle kayıtların internet sitesine konulduğu farkedilince de hemen yayından kaldırıldığı"* duyuruldu.

Norveç'in başkenti Oslo'da yapıldığı anlaşılan ses kayıtlarında, İngilizce konuşan ve tarafları buluşturmak için Ankara ve Kandil'de temaslarda bulunmuş ve *"koordinatör ülke temsilcisi"* diye anılan yabancı bir kişi de bulunuyordu. Konuşmalardan, söz konusu toplantının bir dizi görüşmenin beşincisi olduğu ve öncekiler gibi Oslo'da yapıldığı anlaşılıyordu. Ses kayıtları yapılan 5'inci toplantıya ise önceki dördüne katılmayan ancak son toplantıdan bir ay öncesinde Öcalan'la 2 saatlik görüşmede de hazır bulunan Hakan Fidan da katılmıştı. PKK ile yapılan bu 5'inci görüşmenin Fidan'ın 2010 yılı Mayıs ayında MİT Müsteşarlığı'na atanmasından önceki dönemde olduğu da bu şekilde anlaşılmış oluyordu. Görüşmelerde sözü edilen ve *"yol haritası belirlenmesi"* kararı alınan 4'üncü Oslo toplantısının muhtemelen 2009 yazında yapıldığı anlaşılıyordu. 9 Mayıs 2009'da Cumhurbaşkanı Abdullah Gül *"Türkiye'de güzel şeyler olacak"* diyerek açılım sürecinin fitilini ateşlemişti. 31 Mayıs'ta PKK tek taraflı ateşkesi uzatırken 1 Ağustos 2009'da da dönemin İçişleri Bakanı Beşir Atalay açılım sürecinin ilk toplantısını yapmıştı. PKK o dönemde 5-6 kez tek taraflı çatışmasızlık ilan etmiş 2010 Nisan ayına dek TSK'nin bazı operasyonlarındaki çatışmalar dışında ciddi bir PKK saldırısı olmamıştı.

Toplantıya Başbakan Erdoğan'ın *"bütün riskleri göze aldığı yönünde siyasi"* güvence vermek için katıldığını anlatan Fidan'ı, *"zamanı geldiğinde siyasi iradeye daha yakın kişilerin görüşmelere katılacağı taahhüdünü anımsattıktan sonra"* dönemin MİT Müsteşar Yardımcısı Afet Güneş PKK'li heyete şöyle tanıtıyor: *"...Bu çalışmaya başlarken çok uzun soluklu bir çalışma olacağının bilincinde başladık her iki taraf olarak...Bugüne kadar ne vaat ettikse kendi ölçülerimiz dahilinde gerçekleştirdik... Sayın Fidan bizimle birlikte bu toplantıya katıldı. Kendileri Başbakanlık Müsteşar Yardımcısı onun da ötesinde Başbakan'a en yakın kişilerden biri..."*

Bunun üzerine kendisinin ismi ve pozisyonu ile PKK'yle görüşmesinin riskine dikkat çeken Fidan da toplantıdaki varlık nedenini şu sözlerle açıklıyor: *"...Afet Hanım'ın da dediği gibi yaklaşık 1 ay önce İmralı'da Sayın Öcalan'la bir araya geldik. İsmim Hakan Fidan. Müsteşar yardımcısıyım ama Sayın Başbakanımızın özel temsilcisiyim. Bir noktadan sonra olayın teknik görünen bir çalışmadan öte, daha siyasi içerikli, daha farklı bir boyuta taşınması ihtiyacı hasıl olunca sayın başbakanımız bu konuda beni görevlendirdi... Takdir edersiniz ki oldukça hassas bir durum, siyasi riski kabul edilemeyecek derecede yüksek bir durum. ...Sayın Başbakan bu noktada ciddi olduğunu, samimi olduğunu siyasi riski de yüklenmeye hazır olduğunu birkaç defa söyledi. ...orada Sayın Öcalan'la iki saatten fazla bir görüşmemiz oldu odasında. Üç kişiyiz, bayağı uzun ve verimli bir görüşme oldu. Kendisinin sağlık durumu oldukça iyi. Zihni fevkaladeden de iyi çalışıyor. Artikülasyonları oldukça sağlıklı."*

Konuşmalardan MİT heyetinin İmralı'da tutuklu bulunan Abdullah Öcalan'la da görüştükleri, müzakere yürütülen PKK'liler aralarında iletişim sağladıkları ve hatta karşılıklı mektup alışverişinde bulunulmasına yardımcı oldukları da böylece öğreniliyordu. Öcalan ile görüşmenin olumlu sonuçlar doğurduğunu, kendisinde olumlu bir değişim gördüklerini anlatan MİT heyeti, AKP hükümetinin başlattığı açılım sürecine fırsat verilmesini istiyordu. PKK'li Sabri Ok'un, Öcalan'a yeni bir mesaj iletmek istedikleri talebini de MİT Müsteşar Yardımcısı Güneş, *"Akşama dek yazılması ve kısa olması şartıyla"* kabul ediyor ses kayıtlarında. Güneş PKK'lilerin mesajlarının uzunluğundan, Öcalan'ın görüşmelerde bu mesajları okumak ve yanıtını yazmak için uzun zaman harcamasından yakınırken, Öcalan ile PKK'liler arasında mesaj taşıdıklarını da açıkça anlatıyordu. Kayıtlarda MİT yöneticisi Güneş, amacı *"PKK'ye verilen birtakım sözlerin tutulmasını göstermek"* olan 19 Ekim 2009'da yaşanan Habur olayını da *"kırılma noktası"* olarak niteliyor ve olayın PKK'lilerin hatalarından kaynaklandığını ima ediyordu. Muhalefetin olayı ajitasyon için kullandığından yakınan Fidan ise, *"Habur sonrası iklim değişti, bunu yönetemedik yani, açıkça söyleyelim"* diye yorum yapıyordu.

Konuşmalardan Habur'dan gelen PKK'lilerin tutuklanmayacağına ilişkin bir anlaşma olduğu da anlaşılıyordu. Güneş ve Fidan, yine de isteklerinin sürecin kesintisiz devam ettirilmesi olduğunu vurguluyordu. Eylemsizliğin sürmesi gerektiğini anlatan Fidan, Türkiye'ye döndüğünde PKK'lilerin şikâyet ettiği gözaltılar konusunda İçişleri Bakanı ile uzun uzun konuşacağını vaat ediyordu. Öcalan'ın çözüm çizgisinde olduğu yorumunu yapan Fidan, dışarıdaki PKK'lilerin de o konuda bir çözümlemeye gitmeleri gerektiğine işaret ederek, *"Yoksa bunu ben AK Parti'nin veya devletin eli rahatlasın diye söylemiyorum"* diyordu. Kayıtlarda, Afet Güneş, PKK'nin eylemsizlik kararının seçime ya da bir başka nedene bağlı olmaksızın uzatılması gerektiğini anlatıyor ve Fidan'ın görüşmede bulunmasının hükümetin konuya verdiği önemi gösterdiğini belirtiyordu. Güneş ayrıca, PKK tarafının eylemsizliğe rağmen yapılanlara yönelik şikâyetlerine, ordunun planlı operasyonu bulunmadığı yanıtını veriyordu. Kayıtlarda Fidan, siyasi atmosferi, yapılacakları anlatırken koordinatör ülke temsilcisi de kendilerinin hem Ankara'ya hem dağa gitmeleri, Oslo'daki 6'ıncı zirveye hazırlamaları gerektiğini söylüyordu.

Beklenen olmadı

Her alengirli işin arkasında olan malum çetenin, bu görüşmeleri internet üzerinden kamuoyuna duyurmasıyla ne planlamış olduğu ilk günler anlaşılmadı. Çünkü anlaşılan o ki olayın medyaya yansımasından sonra beklenen, *"Devlet teröristle görüşür mü?"* şeklinde özetlenebilecek sığ muhalefet hengâmesi toplumsal karşılığını bulamadı. Bilinen ya da tahmin edilenin dışında fazla bir tepkiye yol açmadı. Anlaşılan o ki yıllardır savaş ve kan üzerinden yürütülen *"mücadele"* biçimiyle sonuç alınamayacağı kamuoyunda genel kabul görmüş gibiydi. Ancak Türkiye'nin en can yakıcı meselesi olan Kürt sorununun gerçekten müzakereyle çözülmesinin istenip istenmediği elbette hâlâ net olarak bilemediğimiz bir konu. Elbette bu görüşmelerin, eğer öyleyse ne noktada sona erdiği ya da nelerin pazarlık konusu edilip edilmediği taraflardan birisi dürüstçe açıklamadığı müddetçe bilebileceğimiz bir konu değil. Ama geniş kamuoyunda ciddi bir tepki doğmamasından yola çıkarak en azından yıllar yılı *"kırmızı çizgi"* kabul edilen bir tabunun toplum nezdinde yıkılmış olduğunu da böylece anlamış olduk.

Muhalefet liderlerinin eleştirilerini, Müsteşarı Hakan Fidan adına göğüsleyen ise Başbakan Erdoğan oldu. Ses kaydının basında yer almasının ardından Başbakan Erdoğan, *"Malum çevrelerin geçmişte de Hakan Bey'i hedef aldığı biliniyor. Sızma nasıl olmuş onu araştırıyoruz. Ama hatası da olsa Hakan Bey'i böyle nedenlerle harcamayız. Biz kolay kolay adam yemeyiz"* diyecekti. Muhalefetin bildik tutumuna, kamuoyunun sessizlik ya da tepkisizlikle geçiştirmesine karşın olayla ilgili en merak edilen soru hâlâ cevabını arıyordu. *"Ses kayıtlarını kim, neden sızdırmıştı?"* Elbet kesin yorumlarda bulunmak mümkün değil. Hele ki Kürt meselesi ve PKK gibi, global bir arenada tartışılan ve uluslararası aktörleri de olduğu bilinen bir konuda kesin bilgi olmadan konuşulunca ne denilse doğru ve bir o kadar da yanlış olabilir. Kayıtların internet üzerinden yayın yapan DİHA'nın sitesinden ve görselinde üzerinde, *"Savaş yolunu seçen ve güç gösterisine soyunan bedelini öder!"* yazılmış olan bir PKK bayrağı kullanılarak sızdırılmış olması ilk olağan şüphelinin örgüt olduğuna işaret ediyordu. Ya da öyle düşünülmesi istenmişti. Ancak DİHA yetkilileri bilgisayar korsanlığına işaret ederek, sızdırmayla ilgilerinin olmadığını açıklamışlardı. PKK de konuyla ilgisinin olmadığını duyurdu. Söz konusu görüşmenin dinlemelerini çeşitli istihbarat örgütlerinin yaptığına ilişkin tevatürler dolaşıma sokulduysa da malum basın ihaleyi PKK'nin üzerine bırakmakta kararlıydı. Müzakereyi yürüten PKK'lilerin gizlice ses kaydı yaptıklarını ve çıkarları zedelendiğini düşündüğü noktada da KCK soruşturmaları nedeniyle tepki duydukları Başbakan Erdoğan ve AKP hükümetini zorda bırakmak istedikleri yorumları yapıldı. ABD'nin CIA'inden ve İsrail'in MOSSAD'ından bahsedildi. İsrail'in 26 Mayıs 2010'da MİT Müsteşarı tayin edilen Hakan Fidan'la ilgili rahatsızlıkları olduğu kamuoyuna yansımıştı. Çünkü Fidan daha 2008 yılında Uluslararası Atom Enerjisi Kurumu'nda Türkiye temsilcisiyken, İran'ın barışçıl amaçlarla nükleer program geliştirme hakkına sahip olduğunu söyleyerek İsrail'in tepkisini çekmişti. İsrail, Türkiye ile İran arasındaki *"uranyum takası"* anlaşmasının mimarı olarak da görülen Hakan Fidan'la ilgili İsrail'in Haaretz gazetesinde MİT Müsteşarı olduğunda yayımlanan bir yazıda Fidan'ın Davutoğlu ile birlikte Mavi Marmara olayını planladığını ve Türkiye'nin İran'la ilişkilerini geliştirmesinde rol aldığını yazarak, İsrail'in hoşnutsuzluğunu dile getiriliyordu. Zaten bu hoşnutsuzluğu İsrail Savunma Bakanı Ehud Barak da 1 Ağustos 2010'da, *"İran destekçisi bir adam Türkiye MOSSAD'ının başına atandı. Onların elinde önemli miktarda sırrımız var. Son iki aydaki izlenimimiz, bu sırları İran'a açabilecekleri şeklinde"* diyerek net olarak ifade ediyordu. Ancak yapılan her yorum, PKK'yi ya da uluslararası aktörleri adres gösteren her yazı aslında akla gelen bir diğer olağan şüpheliyi ya da uluslararası aktörlere suç ortağı olabilecek cemaati gözlerden uzak tutuyordu.

Kesin olan bir şey varsa o da, toplumsal bir tepki doğuracağı düşünülen ses kayıtlarının sızdırılmasıyla müzakere sürecinin önünü kesmenin ve aynı zamanda Başbakan Erdoğan ve AKP hükümetinin zorda bırakılmasının amaçlandığıydı. Meseleye buradan bakınca karşımıza çıkan adres ise gözden uzak tutulan olağan şüpheli yani, Kürt meselesinin çözümünde *"müzakere"* yerine *"güvenlikçi anlayışı"* tercih ve temsil eden cemaat oluyordu. Ses kayıtlarında yapılan konuşmalardan KCK'nin neden ortaya çıktığına ilişkin de fikir veriyordu. 2007 yılından itibaren kendini deklare ederek faaliyet yürütmeye başlayan KCK, anlaşılan o ki müzakerelerin olumlu sonuçlanması durumunda yapılacak olası bir barış sonrası PKK kadrolarının *"ovada siyaset yapma zemini"* olarak inşa edilmişti. Savaşın sona ermesi durumunda dağda bulunan binlerce kişinin ne olacağına dair ne tür planlamalar yapıldığını en azından şu aşamada bilemesek de KCK'nin ciddi bir alan açacağı ortadaydı. 2 yıl boyunca herhangi bir engellemeyle karşılaşmadan faaliyet yürüten KCK'liler, 2009 yılında bir anda polisin operasyonlarına maruz kalmaya başladı. Tesadüfe bakın ki cemaat medyası her bir operasyonu *"PKK'nin şehir yapılanmasına büyük darbe"* yaygaralarıyla duyuruyordu. Hız kesmeyen operasyonlar halen olduğu gibi, önüne aldığı herkesi de cezaevine sürüklemeye başladı. Sadece KCK soruşturmaları nedeniyle 6 binden fazla Kürt cezaevlerine konuldu. KCK soruşturmalarına da tıpkı Ergenekon ve türevi davalarda olduğu gibi *"en şahin"* desteği sunan cemaatin yayın organlarıydı. Kürt meselesinde müzakereyi değil operasyonculuğu savunan cemaatin, Kürt bölgelerinde örgütlenmesinin önündeki en büyük engel PKK'ydi. Bir taşla birkaç kuş vurulacaktı. Hem doğması beklenen toplumsal tepkiyle Kürt meselesinde operasyonel tercih öne çıkarılacak hem de Başbakanlığa bağlı MİT üzerinden Tayyip Erdoğan, uzun zamandır cemaatin eleştiri oklarına maruz kalan müzakere sürecinin yöneticisi olan Başbakan Yardımcısı Beşir Atalay hedefe konulmuş olacaktı. 2009'da birdendire *"KCK'nin PKK olduğunun keşfedilmesiyle"* başlayan sürecin ne anlama geldiğini de zaten MİT krizi diye anılan 7 Şubat darbesiyle anlayacaktık. Zaten sızdırılan telefon kayıtlarında MİT Müsteşarı Hakan Fidan, ne diyordu anımsatalım: *"Sayın Başbakanımızın özel temsilcisiyim...Sayın başbakanımız bu konuda beni görevlendirdi..."*

Polis devşirmesi yazardan "kehanetler"

Eski meslektaşları olan polislerden aldığı bilgilerle manipülasyonlar yapmakta ustalaşmış olan Taraf gazetesi yazarlarından Emrullah Uslu, 16 Kasım 2011'de ilginç bir yazı kaleme aldı. Yazının ilginçliği anlatılanlardan ziyade, bahsedilen konuların birkaç ay sonra kamuoyunun karşısına soruşturma olarak çıkacak olmasındandı. Uslu, 7 Şubat 2012'deki darbe girişiminden sonra dolaşıma sokulan *"MİT'in KCK'yi yönettiği, eylemlerine katıldığı iddiasını"* anlatıyordu.[33] Yazının başında şimdi KCK operasyonlarını cemaati kastederek *"Devletin bir kesimi KCK operasyonlarına karşı"* diyenleri eleştiren Uslu şöyle devam ediyordu:

> *"...İstihbarat teşkilatlarının doğal görevlerinden biri mücadele ettikleri örgütlere sızmaktır. KCK yapılanması yeni bir yapılanma olarak ortaya çıkınca istihbarat birimleri de bu alanı bir fırsat alanı olarak görüp PKK içine sızmak için değerlendirmiş olabilir. Buraya kadar aslında her şey normal. Peki, KCK networkuna sızdırdığınız elemanlardan ne beklersiniz? PKK'nın yapacağı eylemleri güvenlik birimlerine bildirip eylemler olmadan önce önlenmesini beklersiniz değil mi? Hayır bizde böyle olmadı olmuyor. MİT ve Askerî İstihbarat birimlerinin KCK yapısı içindeki elemanları 'İl Sorumlusu' seviyesine çıktılar, serhildan eylemlerinde toplumu galeyana getirmek için yüzleri poşulu en önde yürüyenler arasında onlar da vardı; hatta en önde gidenler çoğu zaman onlardı. Polis de bunların kim olduğunu biliyor ve eylemlerde bunlara dokun(a)mıyordu. Yani KCK yapılanmasını iller bazında bizzat yöneten ve yönlendirenler aslında çoğunlukla istihbarat elemanları."*

MİT'in içindeki askeri kanadın uzun süre KCK operasyonlarına direndiğini ve bazı elemanları KCK operasyonlarında tutuklanınca Emniyet birimlerine sert çıktılarını anlatan Uslu, *"Ben en azından dört önemli ilde tutuklanan KCK il sorumlularının bizzat istihbarat elemanları olduğunu biliyorum"* diyordu. Oslo'daki MİT-PKK görüşmesinin ses kayıtlarında Afet Güneş'in Sabri Ok'a *"Şehirleri bomba doldurdunuz hepsini biliyoruz"* dediğini anımsatan Uslu, *"Nereden biliyordu? Bizzat KCK networkunun illerdeki sorumlusu kendi elemanları olduğundan biliyordu. Peki, bunu Emniyet birimleriyle paylaşıp yakalattılar mı? Hayır. Hatta KCK operasyonu yapan Emniyet birimlerine çok kızdılar... Yani devlet PKK ile mücadele ederken istihbarat birimlerinin KCK içindeki elemanları şehir sorumlusu seviyesine gelmişti ama asıl görevleri olan PKK'nın şehirlerde yapacağı eylemleri bildirmek bir yana o eylemleri bizzat organize ediyordu. Emniyet'e de aslında hem PKK ile hem de o kesim istihbarat görevlileri ile mücadele etmek düşüyordu"* iddialarında bulunuyordu. Zaten bu iddialar MİT krizinden sonraki süreçte suçlama olarak da karşımıza çıkacaktı.

Gazetecilere KCK operasyonu

20 Aralık 2011 günü İstanbul başta olmak üzere 8 ayrı ilde yapılan KCK operasyonlarının hedefinde ise bu kez gazeteciler vardı. Ağırlıklı olarak Kürt ve sosyalist basın kuruluşlarına yönelik operasyonlarda Dicle Haber Ajansı (DİHA), Fırat Haber Ajansı (ANF), Özgür Gündem gazetesi, Etik Ajans ve Gün Matbaasının büroları basılıp bazı çalışanlarının evlerinde de aramalar yapıldı. Çoğunluğu İstanbul'da olmak

---

33) Emre Uslu, Taraf gazetesi, 16 Kasım 2011, "KCK yöneticileri istihbarat elemanı"

üzere, KCK'nin *"basın komitesinde"* yer aldıkları öne sürülen 30'un üzerinde gazeteci gözaltına alınıp tutuklandı. Vatan ve BirGün gazetelerinin muhabirleri ile Fransız Haber Ajansı AFP'nin foto muhabiri de gözaltına alınan isimler arasındaydı. Her iktidar döneminde zaten *"doğal hedef"* olan Kürt ve sosyalist basına yönelik bu gözaltı ve tutuklama dalgası *"olağan"* karşılansa da AFP'nin çalışanı olan Mustafa Özer'in gözaltına alınmasına kimse anlam verememişti. Uzun zamandır AFP için foto muhabirliği yapan Özer'in neden gözaltına alındığı, ne oldu da savcılıktan serbest bırakıldığı da bir süre sonra anlaşıldı. Özer gazetecilik mesleğini MİT adına faaliyet yapmak için kullanıyordu. PKK'nin Kuzey Irak'taki kamplarına gazeteci kisvesiyle gittiği dönemde Özer, MİT adına fotoğraflar çekip bilgi taşıdığını yani ajanlık yaptığını savcılık sorgusunda anlatmış ve serbest kalmıştı. MİT'in sağladığı parasal kaynaklarla bir de haber ve fotoğraf ajansı da kurduğunu anlatan Özer'in, bu ilişkisinin deşifre olduğu gün AFP ile ilişiği kesildi. Bu arada Özer'in MİT'e çalıştığını anlattığı ifadesi ortalığa düşmeden önce gözaltına alınanlar arasında ajanlık yapanlar bulunduğu bilgisi de kimi medya organlarında yer amaya başlamıştı. Sadece kim ya da kimler olduğu kamuoyu ve özellikle gazeteciler için sırdı. Ancak tüm soruşturmalarda polisin en etkili *"silahı"* savcıların da en çok sevdiği *"suç delili"* olan telefon dinlemelerini yapanlar kimin kime çalıştığını, kimlerin MİT elemanı olduğunu çok önceden tespit etmişti. Kısa süre içinde malum cenahın *"gazeteci görünümlüleri"* de KCK içinde birçok ajanı olduğunu öne sürdükleri MİT'in kimi eylemleri önceden bilgi sahibi olmasına karşın polise bildirmediğini yazmaya başlamıştı. Yani Özer, aslında MİT ilişkisi deşifre edilmek için güvenlik bürokrasisinin bir diğer aktörünce operasyona dahil edilmişti. Süreç ilmek ilmek örülüyordu.

Uludere'de 34 yitik can

Şike davası, MİT ajanlarının deşifre edilmesiyle kendini iyice belli eden *"güçler savaşı"* iki iktidar odağının daha da sertleşeceğinin de habercisiydi aslında. Zaten Roboski (Uludere) katliamıyla birlikte her şey daha bir görünür hale geldi. 29 Aralık 2011 gece saatlerinde Şırnak'ın Uludere ilçesine bağlı Ortasu Köyü'ne yakın sınır bölgesinde meydana gelen olayda, TSK'ye ait uçakların tepelerine yağdırdığı bombalarla öldürülen 34 kişinin parçalanmış bedenleri yeni bir çıkar çatışmasının malzemesi yapıldı. Elbette çatışmanın bu yeni evresinde de sahne alanlar cemaatin *"operasyonel"* kalemleri olan Mehmet Baransu ve polis eskisi Emre Uslu'ydu. Türkiye basınının katliamı 12 saat sonra, hem de Genelkurmayın açıklamasını haber bültenlerine koymak şeklinde duyurarak *"otosansür haberciliği"*ne ilişkin tarih yazdığı bu katliamın sorumlusunun MİT olduğu daha ilk saatlerden itibaren bu iki cemaat kalemi tarafından sosyal medyada dile getirilmeye başlanmıştı. İddialara göre kaçakçılık yapan çoğu çocuk 34 kişinin uçaklarca bombalanarak öldürülmesine MİT'in verdiği istihbarat neden olmuştu. Hatta Baransu sonraki günlerde iddialarının kanıtı olduğunu belirttiği MİT istihbarat raporlarını da yayımladı. Anlaşılan devletin istihbarat birimlerinin elindeki her belge ve bilginin bir kopyası Baransu'nun çekmecesinde de vardı.

Roboski Katliamı, cemaatin bir kez daha kılıçlarını çekmesi için bir fırsat oldu. Cemaatin bütün yayın organlarında, yanlış istihbarat verildiği, hükümetin bu yanlış istihbaratın tuzağına düşürüldüğü yazıldı, söylendi. Erdoğan'ın başta MİT Müsteşarı Hakan Fidan ve bazı askeri yetkililer olmak üzere kimi çalışma arkadaşlarının istifa etmesi istendi. Elbette ki burada da amaç demokratikleşme ve sivilleşme değildi. Erdoğan'ın ve hükümetinin yıprandığı, terörle mücadele edemediği düşüncesi topluma empoze edilmeye çalışılıyor böylece hükümetin de zor durumda kalması isteniyordu.

Başbakan Erdoğan'ın askerler ve MİT dahil güvenlik bürokrasinin tüm kurumlarına koruma zırhı olduğu bu olayda Baransu'nun yazdıkları için, *"Bu cambazların istihbarat teşkilatımız içinde böcekleri var"* diyecekti. Mehmet Baransu ise bunun üzerine *"Kasımpaşalı senden korkmuyorum"* diyecek noktalara kadar taşıdı cemaatinin tepkisini. Ana akım medyadan biri bunları söylese Başbakan'ın hiddeti tahmin bile edilemezdi ama nedense ölçülüydü bu sefer Tayyip Erdoğan'ın yanıtı. Zaten Mehmet Baransu'nun Başbakan'dan özrü de gecikmeyince ortalık biraz olsun duruldu. İlerleyen süreçte kamuoyu MİT'in Uludere'de bir istihbaratının ve sorumluluğunun olduğuna dair en ufak bir bilgi edinemedi. Amerikan Wall Street Journall gazetesinde istihbaratın kaynağının Predator denilen İnsansız Hava Uçaklarından alınan bilgi doğrultusunda ABD olduğuna yönelik haberler çıkınca konu biraz deşilmek istense de kimsenin hesap soracak cesareti kalmamıştı.[34]

Ancak Uludere'de katledilen 34 canın unutturulması sürecinde yeniden dağıtıldı iskambil destesi. Bu sefer Fethullah Gülen cemaati eline çok güveniyordu. Tek adamın yumuşak karnını biliyorlardı: Kürt sorunu. Cemaatin örgütlenmede sıkıntı yaşadığı Kürt bölgelerinde önündeki tek engel olan PKK'yle mücadele ediliyor görünümünde, şaibeli KCK operasyonları ile Kürt sorununda söyleyecek sözü olan herkesi hedef haline getirmişti. Muhalif Kürtler için bulunan yöntem de tıpkı Ergenekon ve türevi davalarda olduğu gibi KCK soruşturmaları oldu. Cemaatin denetimindeki polis ve yargıdaki uzantıları ile de Kürt sorununun çözümünde güvenlikçi anlayışı öne çıkaran bir zihniyetle olur olmaz gerekçelerle binlerce kişi cezaevine atılmıştı. Akdemisyen Büşra Ersanlı ile Yayıncı Ragıp Zarakolu'nun da benzer komik ve zorlama iddialarla tutuklanması da tıpkı bizlerin tutuklandığında olduğu gibi KCK soruşturmalarına ilişkin benzer bir kırılma yarattı. Ancak bu bile Zarakolu'nun 6 ay hapiste yatmasını Ersanlı'nın ise halen tutuklu olmasını engellemedi. Gazeteciler, avukatlar, siyasetçiler, öğrenciler, akademisyenler, yayıncılar, hak savunucuları her meslekten herkes için suçlanacak bir bahane bulunuyordu. Durumun geldiği vahametin boyutunu ortaya koyan bir yazıyı ise Ali Bayramoğlu Yeni Şafak gazetesindeki köşesinde kaleme almıştı.[35] *"Bizi de mi tutuklayacaktınız?"* başlıklı yazısında Bayramoğlu, kendisi ve gazeteci Cengiz Çandar'la birlikte bazı akademisyenlerin de aralarında bulunduğu bir grubun KCK soruşturması kapsamında gözaltına alınacağını söylüyordu. Gazeteci tutuklamalarının demokrasi tartışmalarına ve Türkiye imajına ciddi bir gölge olmayı sürdüreceğini belirten Bayramoğlu, sorunun temelinde, terörle mücadelede siyaset ile şiddet arasındaki sınırları yok sayan güvenlikçi politikaların yatmasında olduğunu vurguluyordu. Kürt siyasi hareketine temas eden her aktörü, her faaliyeti, her düşünceyi baskı altında tutan bu politikaların, ülkenin temel sorunlarından birisi olduğunu vurguladığı yazısında Bayramoğlu gözaltına alınmak istenmeleri girişiminin hikâyesini şöyle anlatıyordu:

> *"Ersanlı ve Zarakolu'nun tutuklandığı günlerdi. Uzun yıllar birlikte çalıştığım, çok sevdiğim ve son derece değerli bir öğretim üyesi arkadaşım gazeteye geldi. Endişe içinde, 'yeni bir gözaltı listesi varmış, ben dahil 7 öğretim üyesi*

34) Başbakanın kibirli tavrını ve özür dilememesini eleştiren bir yazı kaleme aldığı için yandaş medyanın kalelerinden Yeni Şafak'ın 16 yıllık çalışanı Ali Akel de işten atılan gazeteciler kervanına katılacaktı.

35) Ali Bayramoğlu, Yeni Şafak 23 Mayıs 2012, "Bizi de mi tutuklayacaktınız?"

alınacakmış' diyordu. Bilgiyi emekli bir meslektaşı vermişti. O meslektaş da bunu devlet içinde etkili konumda bir yakınından duymuştu. Bahsettiği listedeki isimler ise son derece önemli, özgürlükçü görüşleriyle tanınan bazı öğretim üyeleriydi.

Gazetede yönetici ve yazar kimi arkadaşlarla konuştuk, ciddiye alıp alınmaması gerektiğini bilemedik önce...

Ama şüphe duyduk...

Ve bilmesi, duyması gereken herkese söyledik...

Ne yazık ki, sonunda bilginin doğru olduğu teyit edildi.

Teyit eden emniyet kaynaklarıydı.

'Özgür düşünceyi terör örgütü teorisyenliği sanan', siyasi değerlendirmeyi keyfince yapan ve mekanizmayı tetikleyen asıl kararı veren 'özerk merkez' olarak 'emniyet'...

Öncelikli olan arkadaşlarımızın güvenliğiydi ve bilginin teyidiyle bu operasyonun yapılması da imkansız hale geldi ve rafa kalktı...

Ama enformel yollarla...

Ancak mesele bunun formel hale gelmesi, düşüncenin, aydının, gazetecinin üzerindeki tehdidin kalkmasıdır.

Bu tehdit polis değerlendirmeleriyle hala sürüyor, yargının devlet merkezli refleksiyle hız alıyor, siyasi iktidarın gazetecileri ve gazeteleri milli duruşa davet etmesiyle derinleşiyor.

İş Çandar'a ve benzerlerine uzanırsa, otoriter cesaret bu noktaya kadar gelmişse, demokrasinin beli doğrulmayacak kadar bükülmüş demektir.

Bu durumda asıl beli kırılması gereken o 'cesaret'tir."

Bayramoğlu'nun belini kırılmasını istediği *"cesaretin"* cemaat ve temsil ettiği zihniyet, gözaltına alınmaktan kurtuldukları *"enformel yolların"* da hükümet katındaki bazı görüşmelerle elde edilmiş *"koruma kalkanı"* olduğunu bilen biliyor. Anlaşılan o ki Türkiye'nin yeniden biçimlendirilmesinde güvenlik politikalarının operasyonel kanadı olan cemaat yoluna kimin çıktığını düşünürse kurban etmekten geri kalmıyordu. Zaten tam da bu nedenlerle önlerindeki en büyük engel olan Tayyip Erdoğan'a yönelik hamle de gecikmedi. Cemaatin büyük olduğu kadar belki de attığı en yanlış adım olan bu hamlesinin merkezinde ise MİT görünse de dolaylı olarak asıl hedef Başbakan Erdoğan ve bir süredir cemaatin diş bilediği yardımcısı Beşir Atalay'dı.

7 Şubat 2012 "sivil darbesi"

MİT-PKK görüşmelerinin ses kayıtlarının neden sızdırıldığı ilk zamanlar anlaşılamasa da birkaç ay sonra işin rengi *de "görünen ve görünmeyen"* hedeflerin kimler olduğu da anlaşıldı. Başlatılan bir KCK soruşturmasının şüphelileri arasında Oslo'daki müzakere görüşmelerini yürüten MİT yöneticileri de vardı. *"Tesadüfe bakın"* ki tam da Başbakan Erdoğan'ın sağlık sorunları nedeniyle ortalıktan kaybolduğunu *"uzun kulaklar"* dışında kimselerin bilmediği bir dönemde başlatılmıştı soruşturma. 7 Şubat günü Hürriyet gazetesinin internet sitesinden duyurulan haberle ilgili ilkin resmi bir doğrulama yapılmasa da daha sonra olayın gerçekliği ortaya çıktı. KCK soruşturmasını yürüten özel yetkili İstanbul Cumhuriyet Başsavcıvekilliği, MİT Müsteşarı Hakan Fidan, eski Müsteşar Emre Taner ve eski Müsteşar Yardımcısı Afet Güneş'i telefonla ifadeye çağırmıştı. Olay ilk duyurulduğunda İstanbul Cumhuriyet Başsavcısı Turan Çolakkadı ve özel yetkili Başsavcıvekili Fikret Seçen iddiaları reddetmişti.

Ancak ertesi gün Başsavcıvekili Seçen, MİT Müsteşarı ve diğer ilgililerin ifadeye çağrıldığını doğrulamak zorunda kaldı. İddialara göre KCK soruşturmasını yürüten özel yetkili savcılar, operasyonlar kapsamında tutuklanan ve Öcalan'ın avukatlığını yapan bazı kişilerin MİT yetkilileriyle ilgili iddialarda bulunması üzerine Oslo'da yapılan MİT-PKK görüşmelerine ilişkin yeni bilgi ve delillere ulaşmıştı. Bu bulgular ışığında da eski ve yeni MİT yöneticilerini soruşturmaya dâhil eden savcılık, Fidan, Taner ve Güneş'in de aralarında bulunduğu 5 kişinin ifadelerinin alınması için MİT Müsteşarlığı'na tebligat göndermişti. Konuyla ilgili açıklama yapan İstanbul Özel Yetkili Başsavcıvekili Fikret Seçen, MİT Müsteşarı Hakan Fidan ve diğer MİT'çilerin KCK soruşturmasını yürüten savcı Sadrettin Sarıkaya tarafından 7 Şubat 2012 günü telefonla ifadeye çağrıldığını söylüyordu. Seçen, MİT'çilerin *"şüpheli"* sıfatıyla mı ifadeye çağrıldığı sorularını ise yanıtsız bırakacaktı. Olayın Hürriyetin internet sitesinden duyurulduğu günün gecesi Anadolu Ajansı'na bir açıklama yapan İstanbul Cumhuriyet Başsavcısı Turan Çolakkadı, *"Bir bilgimiz yok, bilgi verilmiş değil. Olsa verilirdi diye düşünüyoruz. Bilginin İstanbul Cumhuriyet Başsavcıvekili'ne de verilmesi gerekirdi. Bu bilgi verilmedi bize. Eğer bu haber doğruysa, o zaman bizlere bilgi verilmeden yapılmış demektir"* demişti. Çolakkadı, *"Sizin haberiniz olmadan çağrılmış olabilir mi?"* sorusuna ise, *"Duymadığımız bir şeye nasıl 'var' diyelim. Önemli konularda normalde bilgi verilir. Savcı önemli kabul etmemişse bilemem tabii"* diye yanıt vermişti. Sonradan ortaya çıktı ki ne Başsavcı Çolakkadı ne de konunun doğru olup olmadığı yönündeki sorulara, *"Öyle bir şey yok"* diyen özel yetkili İstanbul Cumhuriyet Başsavcıvekili Fikret Seçen konudan haberdar edilmişti. Hatta Başsavcı Çolakkadı, *"Dün sabah (8 Şubat) sordum ve doğru olduğunu öğrendim. Şüpheli olarak çağrılıp çağrılmadığı konusunda ise bir bilgim yok"* diyerek bu durumu doğrulayacaktı.

Konunun ayyuka çıkmasından sonra bir anda Türkiye tarihinin en önemli siyasi krizlerinden biri yaşanmaya başlamıştı. Mezhep temelli yeni çatışmaların yaşanmasının beklendiği Ortadoğu'da yönetimlerin değiştiği, Suriye'de olası bir dış askeri müdahalelerin beklendiği iç savaş ortamının giderek şiddetlendiği ve İran'la Batının ilişkilerinin daha bir gerginleştiği bir dönemdi. Lider ülke olma hevesi ve *"Neo Osmanlıcılık"* zihniyetiyle AKP iktidarı dâhil olduğu bölgede yaşanan gelişmelere kayıtsız kalmak değil aksine müdahil olmak istiyordu. Yani MİT'e en çok görev düşecek bir dönemde patladı kriz. Bu krizle hedef alınan hükümetin, daha doğrusu Başbakan Erdoğan'ın hamlesi de gecikmedi. 9 Şubat günü İstanbul Emniyet Müdürlüğü'nün tepesinde *"tayin"* depremi yaşandı. 2009 yılında İstanbul'da göreve gelen ve KCK operasyonlarını yürüten İstanbul Terörle Mücadele Şube Müdürü Yurt Atayün ile İstihbarat Şube Müdürü Erol Demirhan, görünüşte İstanbul Emniyet Müdürü Hüseyin Çapkın tarafından görevden alındı. Ergenekon ve Devrimci Karargâh soruşturmalarını da yürüten müdürler, herhangi bir gerekçe gösterilmeden *"müdüriyet emri"*ne alınmıştı. Ergenekon, Balyoz, Devrimci Karargâh, Odatv operasyonları gibi kimi uygulamalarıyla AKP hükümetini siyaseten zor durumda bırakan birçok operasyona imza atan ekibin yönetici kadrosu dağıtılmaya başlanmıştı. İstanbul Emniyet Müdürü görevden almaları, *"rutin uygulama"* diye açıklasa da gerçek nedenin MİT krizi diye anılan soruşturma olduğu herkesin dilindeydi. Zaten gerçek nedenin bu olduğu bir başka görevden almayla daha bir pekişti. Odatv operasyonuyla tutuklanmamızın ardından İstanbul İstihbarat Şube Müdürlüğü görevinden alınarak, Bomba İmha Olay Yeri İnceleme ve Tanık Koruma Şube Müdürlüğü'nden sorumlu Emniyet Müdür Yardımcısı görevine atanan Ali Fuat Yılmazer, bu kez de *"atama kararı"* ile Ankara'da Polis Akademisi emrine gönderilmişti. Elbette bu da *"rutin bir uygulama"* diye gerekçelendirildi.

Yılmazer'den bir gün önce görevden alınan İstanbul İstihbarat Şube Müdürü Erol Demirhan İstihbarat Daire Başkanlığı emrine, Terörle Mücadele Şube Müdürü Yurt Atayün de Emniyet Genel Müdürlüğü Emniyet Kontrol Komuta Merkezi'ne atandı.

Bu arada MİT'çilerle ilgili iddialar da her zaman olduğu gibi medya üzerinden dolaşıma sokulmuştu. Sızdırılan belgelerden yapılan haberlerle MİT'in PKK içindeki elemanları deşifre edilirken, MİT mensuplarının eylem kararları verip bunları uygulattığı da öne sürülüyordu. Hatta PKK'yi MİT'in yönettiği suçlamasına kadar vardı iddialar. Haberlerde MİT'in üst düzey yöneticilerinin ifadeye çağırılmasının, 13 Ocak 2012'de BDP Diyarbakır İlçe Başkanlığı'na yapılan operasyon sonrası gündeme geldiği anlatılıyordu. İddialara göre aramalarda Oslo görüşmelerini tamamlayıcı nitelikte olduğu ileri sürülen ve yine MİT ve PKK'nin üst düzey yöneticileri arasında geçtiği iddia edilen 12 ses kaydı ve Abdullah Öcalan'ın yazdığı 19 mektup ele geçirilmişti. Baskında ele geçirilen evrakı inceleyen savcılık, KCK ile MİT arasında 12-13 Mayıs 2011 tarihlerinde Oslo'daki görüşmeler üzerine yapıldığı ileri sürülen bir mutabakat taslağına ulaşmıştı. Söz konusu mutabakatta PKK'nin eylemlerine son vermesi karşılığında, Kürt sorunun çözümünde adımlar atılması, bazı tutukluların serbest bırakılması, askeri ve siyasi operasyonların durdurulması, KCK operasyonları adı altında tutuklananların serbest bırakılması gibi bazı taleplerin yer aldığı iddia ediliyordu. KCK operasyonlarında tutuklanan ve Öcalan'ın avukatlığını da yapan bazı kişilerin, bu belgelerle ilgili MİT yetkililerinin haberi olduğu iddiasında bulunması üzerine de savcılık makamları harekete geçmişti. Tüm bu gelişmelerin taraflarından birisi olarak cemaat medyasında yer alan iddialara göre, *"MİT, KCK'yi kurdurmuş, PKK ile cezaevindeki lideri Abdulah Öcalan arasında kuryelik yapmış ve kimi eylemlerden öncesinde haberdar olmasın karşın engellememiş ya da ilgili birimlere bildirmemişti".* Elbette ki bu iddialar cemaat medyası üzerinden tüm yaygarasıyla kamuoyuna aktarılıyor, MİT'çiler üzerinden, bürokratlarını korumaya çalışan Başbakan Erdoğan ve AKP hükümeti aleyhine yazı ve yorumlara yer veriliyordu. İktidarın bileşenleri olan AKP ve cemaat birbiriyle çatışmaya başlamıştı. Daha doğrusu uzun süredir aralarında varolan gerilim ve perde gerisinden yürüyen çatışma ayyuka çıkmıştı. Zaten Başbakana bağlı MİT'çilerin soruşturulması demek uzun vadede Erdoğan ve açılım sürecini yöneten yardımcısı Beşir Atalay'ın da sanık yapılacağı anlamına geliyordu. Medyaya servis edilen bilgi ve belgelere göre iddialar şöyle sıralanıyordu:

> *"MİT heyeti, istihbarat toplama ve bilgi edinme görevinin dışında örgütün yönetilmesine aracılık etti.*
>
> *Silahlı faaliyet yürütmesi en baştan beri öngörülen KCK yapılanması MİT heyetinin gözetiminde tamamlandı.*
>
> *MİT gerek doğrudan temaslarında gerekse örgüt içindeki ajanları aracılığıyla elde ettiği saldırı ve eylem talimatlarının önlenmesi ve engellenmesine yönelik harekete geçmedi.*
>
> *İstihbarat toplama vazifesi aşılarak devletin bütünlüğü ve anayasal düzene karşı anlaşma noktasına gidildi.*
>
> *Örgütün silahlı eylemlerine ve yapılanmasına göz yumuldu.*
>
> *Öcalan'la örgütün üst yönetimi arasındaki mektuplaşma trafiği sağlandı.*
>
> *MİT, örgüte verdiği taahhütler kapsamında güvenlik güçlerinin operasyonlarını engellemek için çalışma yürüttü ve örgüte geri bildirimde bulundu."*

Hükümetten "kanuni" çözüm arayışları

KCK soruşturmasını yürüten İstanbul Özel Yetkili Cumhuriyet Savcısı Sadrettin Sarıkaya'nın *"şüpheli"* sıfatıyla çağırdığı MİT'çiler ifade vermeye gitmemişti. MİT Hukuk Müşavirliği, savcılığın ifade alma davetine yanıt olarak bir yazı göndererek, görev ve yetki açısından itirazda bulunmuştu. MİT tarafından gönderilen yazıda, iddia edilen suçlamanın, MİT kanunlarına göre görev suçu kapsamında olduğu belirtilerek, Başbakanlıktan izin alınması gerektiği ifade ediliyordu. Şüpheli olarak ifadeye çağrılan MİT'çiler hakkında izin alınmadığı belirtilen dilekçede, CHP'nin Oslo görüşmelerine ilişkin yaptığı suç duyurusu üzerine Ankara Cumhuriyet Savcılığı'nca bir soruşturma yürütüldüğü, MİT Müsteşarlığı'nın da Ankara'da olduğu belirtilerek, 5 MİT'çi hakkında görevsizlik ve yetkisizlik kararı verilerek soruşturma dosyasının Ankara Cumhuriyet Başsavcılığı'na gönderilmesi isteniyordu.

Konuya *"kanuni"* bir çözüm bulmaya çalışan hükümet kurmayları ise sürekli toplantılar yapıyordu. Geçirdiği ağır ameliyat sonrası sağlık sorunları nedeniyle ortalıkta görünmeyen Başbakan Erdoğan, krizi uzaktan talimatla yönetiyordu. Başbakan Yardımcısı Bekir Bozdağ ve Adalet Bakanı Sadullah Ergin, Başbakanlık Müsteşarı Efkan Ala'nın yanı sıra MİT, Başbakanlık ve Adalet Bakanlığı yöneticileri ve hukukçularının bir araya geldiği toplantıda, terörle mücadele kapsamındaki faaliyetlerinden ötürü istihbarat örgütü yöneticilerinin soruşturulamayacağı sonucuna varılacaktı. Gerekçe olarak da, suçlamaya konu faaliyetlerin özel yasa uyarınca MİT'çilerin kendilerine verilmiş istisnai görevlerinden olduğu söylenecekti. Bu kapsamda, Başbakan'ın da bilgisi dâhilinde başta MİT Müsteşarı Fidan olmak üzere hiçbir MİT'çinin ifadeye gitmemesi kararlaştırıldı. Bu arada MİT Müsteşarı Hakan Fidan ve yöneticilerin yargılanmasını engelleyecek bir kanun teklifi üzerinde de çalışılmaya başlanmıştı. Zaten kısa süre içinde de MİT Kanunu'nda jet hızıyla bir düzenleme yapılacak ve MİT'çilerin ifade vermesi başbakanın iznine bağlanacaktı.

Savcıdan "altın vuruş"

Bulunan *"kanuni çözümler"* ve hükümete yönelik adeta bir darbe girişimi olan soruşturmayı yürüten kritik görevdeki polis müdürlerinden ikisinin görevden alınmalarıyla konunun muhataplarına gerekli mesajın verildiğini düşünenlerin yanıldığı kısa sürede ortaya çıktı. Hükümetin sert karşılığının ardından MİT Hukuk Müşavirliği'nin de görev ve yetki yönünden yaptığı itirazı değerlendirmeye bile almayan savcılık Hakan Fidan'ın Ankara Cumhuriyet Başsavcılığı'nda ifade vermesi için talimat gönderdi. Mazeretsiz ifade vermeye gelmeyen eski müsteşar Emre Taner ile eski müsteşar yardımcısı Afet Güneş ve görevdeki müsteşar yardımcıları Yaşar Yıldırım ile Hüseyin Kuzuoğlu içinse yakalama kararı çıkarıldı. Savcı Sadrettin Sarıkaya, mazeretsiz olarak ifade vermeye gelmeyen MİT'çiler hakkında yakalama kararı çıkarılması için İstanbul Nöbetçi Ağır Ceza Mahkemesi'ne başvurmuştu. İstanbul 14. Ağır Ceza Mahkemesi hâkimi Mesut Özcan ise savcılığın talebi üzerine 4 isim için yakalama kararı çıkardı. Üst düzey 4 MİT'çinin polis tarafından görüldükleri yerde gözaltına alınarak Beşiktaş'taki İstanbul Adliyesi'ne getirilmesi isteniyordu. Bu *"cesur"* girişiminin ardından Savcı Sadrettin Sarıkaya İstanbul Başsavcılığı tarafından süratle dosyadaki görevinden alınırken yerine ise savcılar İbrahim Işık ve Âdem Özcan görevlendirildi. Sarıkaya ile birlikte KCK soruşturmasını yürüten ancak MİT'çilerin ifadeye çağrıldığı ve daha sonra 4'ü hakkında yakalama kararı çıkarıldığı süreçte yurt dışında bulunan Özel Yetkili Savcı Bilal Bayraktar hakkında ise bir tasarrufta bulunulmamıştı. Görevinden alınmasının nedenine ilişkin bir açıklama yapılmayan Sarıkaya ise, *"Baş-*

savcının takdiridir. Yapacak bir şey yok. Görevimizi yaptık" yorumunda bulundu. Ankara'daki bir törende kendisine yöneltilen sorular üzerine konuyla ilgili bir açıklama yapan Başbakan Yardımcısı Bülent Arınç, Ceza Muhakemesi Kanunu'ndan aldığı yetkiyle soruşturma başlattığını söyleyen savcı Sarıkaya'nın İstanbul Başsavcısı'na haber vermemesi ve yetkisini kötüye kullanması sebebiyle görevinden alındığını açıkladı. HSYK'den de yazılı bir açıklama yapılarak Sarıkaya'nın görev aldığı soruşturma kapsamında *"MİT görevlileri hakkındaki çeşitli iddialar içeren bilgi ve belgelerin basında yer alması nedeniyle soruşturmanın gizliliğinin ihlal edildiği"* gerekçesiyle resen inceleme başlatıldığı duyuruldu. İki müfettiş görevlendirildiği belirtilen açıklamada HSYK 2. Dairesi'nin, Sarıkaya'nın soruşturmanın gizliliğini ihlal edip etmediğini araştıracağı inceleme sonucu soruşturmada herhangi bir kusuru olduğu ortaya çıkması durumunda ise soruşturma açılıp açılmamasına karar verileceği anlatıldı.

İstanbul polisinde "rutin uygulama" bitmiyor

MİT'çilerin ifadeye çağrılması üzerinden kendilerine yönelik saldırıya hükümetin sert tepkisi doğal olarak dinmek bilmiyordu. İstanbul emniyetinde 2 üst düzey müdürle başlayan görevden alınmalara 4 gün içinde yeni isimler eklendi. İstanbul Terörle Mücadele ve İstihbarat şube müdürlüklerinde görevli 9 polis daha 16 Şubat günü görevden alındı. Görevden alınanlar arasında, daha önce el çektirilen Terörle Mücadele Şube Müdürü Yurt Atayün'ün yardımcısı Emniyet Müdürü Kazım Aksoy da bulunuyordu. İl Emniyet Müdürü Hüseyin Çapkın'ın talebini İstanbul Valisi Hüseyin Avni Mutlu'nun onaylaması üzerine Terörle Mücadele Şube Müdürlüğü'nde görevli müdür yardımcısı Kazım Aksoy ile birlikte 2 emniyet amiri, 1 başkomiser ve 1 komiser ile İstihbarat Şube Müdürlüğü'nde görevli 2 emniyet amiri, 1 başkomiser ve 1 komiser, başka birimlere atandı. Görevden alınanlar arasında İstanbul polisinin en önemli birimi olan ve dinlemeleri yapan Teknik Büro'nun sorumlusu Emniyet Amiri Murat Çetiner de vardı. İl Emniyet Müdürü Hüseyin Çapkın, Terörle Mücadele Şube Müdürlüğü ve İstihbarat Şube Müdürlüğü bünyesinde PKK masasından sorumlu emniyet amirleri ve başkomiserlerinin görevden alınmasını, bir kez daha *"görev gereği, rutin atamalar"* diye açıklayacaktı. AKP hükümeti bu kez kendilerini de hedef alan komploların odağını keşfetmişçesine İstanbul emniyetinde belli bir yapıyı dağıtmaya çalışıyordu. Zaten Hüseyin Çapkın'a aynı açıklamayı yapmaya neden olan son atama depreminde ise bu kez İstanbul'da görevli 700 polisin tayini çıkarıldı. KCK operasyonlarını yürüten Terörle Mücadele, Organize Şube ve İstihbarat Şubesi'nde görevli 700 polis memuru şark tayiniyle İstanbul'dan uzaklaştırılmış oldu. MİT krizinin hemen ardından 8 ve 15 Şubat'ta yaşanan tayin yoluyla üst düzey görevden el çektirmelerin ardından üçüncü tayin dalgası Emniyet Genel Müdürlüğü'nün 700 polisin cep telefonuna gönderdiği *"şark tayini"* mesajıyla oldu. İstanbul Emniyeti tarafından personeline tebliğ edilen atamalarla Terörle Mücadele Şube Müdürlüğü'nde 350, İstihbarat Şube Müdürlüğü'nde 200, Organize Şube Müdürlüğü'nde ise 150 polis memurunun görev yeri değiştirilmiş oluyordu.

Öte yandan hükümetin jet hızıyla yaptığı yasa değişikliğiyle MİT mensupları veya başbakan tarafından belirli bir görevi yerine getirmek üzere kamu görevlileri arasından görevlendirilenlerin, görevin niteliğinden doğan veya görev sırasında işledikleri iddia olunan suçlardan dolayı özel yetkili mahkemelerin görev alanına giren suçlar da dâhil olmak üzere haklarında soruşturma yapılması başbakanın iznine bağlanmış oldu. Yasada yapılan değişikliğin ardından Emre Taner, Afet Güneş, Yaşar Yıldırım ve Hüseyin Kuzuoğlu hakkındaki yakalama emri kaldırılırken

Fidan'ın talimatla ifadesinin alınması için gönderilen yazı da geri çekildi. İstanbul Başsavcılığı'nın yasa değişikliğinin ardından 5 MİT'çi hakkında soruşturma açılması için istedikleri izin de verilmedi.

"Dokunan Yanar" doğruymuş!

Gözaltına alındığım gün, düzenlenen komplonun adresini tarif etmek için iki sözcük söylemiştim: *"Dokunan yanar."* Gülen cemaatinin sahip olduğu gücün eriştiği noktayı ve muhaliflerine ya da yaşanan süreci doğru okumaya çalışanlara neler yapabileceğini gayet iyi anlatıyordu bu söz. Kimilerinin *"abartılı"* bulduğu bu sözlerle ilgili bir parazit de haddini aşarak ve konuyu çarpıtarak *"zihin dünyamdaki çarpıklıklara işaret ettiğini"* yazmıştı. O halde yanıtı Zaman gazetesinden verelim. Ali Ünal 13 Şubat 2012 günü AKP-Cemaat çatışmasına ilişkin dolaylı bir anlatımla çok çarpıcı bir yazı kaleme almıştı. Fethullah Gülen'in talebelerinden olan Ünal, *"Bir tecrübe, bir rüya ile teneffüs"* başlıklı yazısında bir arkadaşından dinlemiş olduğu bir rüyayı anlatıyordu. Meali, *"Hocaefendi'nin cübbesine ve 'öğrencilerine' dokunan Hz. Ömer bile olsa yanar"* olan Ali Ünal'ın anlattığı rüya şöyleydi:

> *"Güzel, güneşli bir gün. Hz. Ömer'i (ra) görüyorum, en üst makamlarda bir idareci olarak. Elinde kazma, köyümüzde bir tarlanın etrafına hendek alıyor. Elimde ceketini tutuyorum. Yanında da milletvekili bir yakınım var. O yakınım, siyasete girdiğinden şikâyetçi. Cekete bir şey olmasın diye onu götürüp evimizde duvara asmak için köye iniyorum. Köyün içinde, köyün mübarek ihtiyarlarından Şerif Can ve etrafında çocuklar var. Şerif Can'ın üzerinde kahverengi cübbe bulunuyor. Ceketin bu cübbeye katiyen dokunmaması gerekiyormuş. Ne kadar uğraştımsa da ceket cübbeye dokundu ve o anda elimde kupkuru bir dala dönüşüverdi. Korktum ve heyecanlandım."*

Yazılarla uzlaşı arayışı ve iddialar

Cemaat kalemleri *"cekete dokunan bile yanar"* tehdidinde bulunsa da hükümet cephesine yakın olanlar da uzlaşı arayışını hissettiren yazılar kaleme alıyordu. Krizin tüm şiddetiyle sürdüğü günlerde başbakana yakınlığıyla bilinen Yalçın Akdoğan 15 Şubat'ta Yeni Şafak gazetesinin manşetten duyurduğu bir yazı kaleme almıştı. Akdoğan'ın söylemlerinin, sağlık sorunları nedeniyle ortalıkta görünmeyen başbakanın düşünceleri olduğunu bilenler için Yasin Doğan müstear adıyla kaleme alınan ve *"Her türlü oyunun farkındayız..."* diye çok şey anlatan bir başlıkla duyurulan bu yazı önemliydi. İki kardeş olan cemaatle AKP arasında kavga dövüş olmayacağını anlatan, suyun daha da bulanıklaşmasını giderme ve uzlaşı önerisi olarak yorumlanabilecek yazısında Akdoğan, *"Bugün bazılarının anlamadığı şudur: Başbakan Erdoğan'ı gönülden seven cemaat mensupları ile Hocaefendi'ye sevgi besleyen AK Partililer arasında bir çatışma ve çekişme olamaz, bunlar birbirinden ayrılamaz, çünkü bunlar aynı insanlardır. (...) Fitne ateşine odun atanlar, sadece parti ve cemaati 'kaybet-kaybet' sarmalına sürüklemek istememekte, aynı zamanda Türkiye'yi iddialarından ve demokratikleşme perspektifinden koparmaya çalışmaktadır"* diyordu.

Akdoğan'a hitaben başbakana verilen yanıt ise cemaate yakın www.aktifhaber.com isimli internet sitesinde Yetkin Yıldız tarafından kaleme alındı. *"Yalçın Akdoğan perdeleme mi yaptı"* başlıklı ve *"Bir Yalçın Akdoğan okuması"* altbaşlığını taşıyan toplam 3 yazıda Yıldız, hükümetin bilgisi dâhilinde kaleme alınan Akdoğan'ın yazısında denildiği gibi AKP ile cemaat arasında bir çatışma yaşanmadığının doğru olmadığını söylüyordu. *"Yalçın Akdoğan'ın yaptığı hamle daha 'akıl' eseri... Sabah ve Star'ın başını çektiği cemaate açıktan saldırı dalgasının AK Parti'ye zarar verdiğini fark etmiş görünüyor"* diyerek *"cemaatin tehdidini"* de dillendiren Yıldız'a göre, AKP hükümeti MİT krizinden çok önce cemaate yakın olduğunu bildiği isimleri devlet bürokrasisinden temizleme operasyonu yapmaya başlamıştı. MİT'in devlet bürokrasisi içindeki cemaat mensuplarına ilişkin fişlemeler yaptığını da anlatan Yıldız, *"Anlaşılan o ki, bu listelerin gereği yapılırken, yani MİT'in hazırladığı listelerdeki insanlar sürülürken, hükümet oy kaybetmemek için cemaatin yüzüne gülecek... Cemaat ile ilgili olduğu düşünülen kadrolar tasfiye edilirken, cemaate sıcak mesajlar verilecek ve yandaş medyada cemaate çakmanın dozu düşürülerek kamuoyu nezdinde bu işten en az zararla çıkılmaya çalışılacak"* diye yazıyordu. Yıldız cemaatçilerin tasfiyesine ilişkin edindiği bir bilgiyi de yazısında şöyle anlatıyordu:

> *"Milli Eğitim Bakanlığı'nda Ömer Dinçer dönemiyle birlikte cemaat mensubu yöneticilerin tamamının 'kazındığı' sıradan Eğitim Muhabirlerinin tweetlerinde bile yer almaktadır. KPSS Puanı, tecrübe, liyakat, yeterlilik gibi objektif kriterlerle yapılması gereken seçimlerde bir insanın cemaatçi olup olmadığını tespit edebilmek istihbarat çalışmaları ve teknik destek yapılabilir ancak. Bu teknik desteği MİT mi vermektedir? Bilal Çetin'in sözünü ettiği 'cemaat bürokratları dosyası' mı kaynağı oluşturmaktadır?"*

Yıldız'ın iddialarına Akdoğan'ın yanıtı gecikmedi. Anlaşılan uzlayışı arayışı sonuç vermeyecekti. Star gazetesinin Açık Görüş ekindeki cevabında[36] hükümetin politikalarına yönelik müdahalelere karşı çıkılıp tedbir alındığını anlatan Akdoğan şunları yazıyordu:

> *"Hükümete ve süreci başlatan yargı/polis bürokrasisine yönelen eleştiriler meselenin asli zemininden kaydırılmaya çalışıldığını, sapla samanın iyice birbirine karıştığını gösterdi. Hükümete yönelik suçlamalarla ilgili şunlar söylenebilir: AK Parti iktidarı hiçbir zaman yanlış yapanları savunmamış, kirli ilişkilerin üzerini örtmemiştir. Hakan Fidan'ın Oslo görüşmeleri üzerinden 'suçlu' muamelesine tabi tutulması, hükümetin güvenlik politikasına müdahale olarak algılanmış ve Başbakan'ın iznini bypass eden tutuma karşı tedbir geliştirilmiştir. Bir kurumun içinde yanlış yapanlar varsa bunları bulup çıkarmanın yolu, hükümete karşı bir dayatma görüntüsü vermek, böyle bir kaosa ve gerilime zemin hazırlamak olmamalıydı..."*

Başbakandan danışmanı aracılığıyla açık uyarı

AKP ve cemaat arasında çatışma olmadığını yeniden ifade eden Akdoğan, *"İki farklı kulvarda hareket eden bu yapılar arasında güç ve iktidar çekişmesi yaşanmasını murad edenler yine hayal kırıklığına uğrayacaktır"* diyerek uzlaşı talebini yineliyordu. AKP ve cemaat arasında iyi ilişkilerden rahatsız olanların dezenformasyon ve manipülasyonlarla fitne çıkarmaya çalıştığını vurgulayan Akdoğan, *"Cemaate karşı AK Parti içinde, 'kadrolaşma, devleti ele geçirme, her alanda etkinlik kazanma' türü laflar üretilirken, cemaat içinde AK Parti'ye karşı özellikle cemaat mensuplarının kamu kurum-*

36 Yalçın Akdoğan, Star gazetesi Açık Görüş eki, 20 Şubat 2012 "Örgüt istismar malzemesi buldu"

larından tasfiye edilmeye çalışıldığı, her alanda etkinliklerini kıracak ayrımcı politikalar uygulanacağı yönünde safsatalar üretilmektedir. Başbakan'ın böyle bir tasfiye talimatı verdiği, MİT'in özel dosyalar hazırladığı, hükümetin Ergenekoncularla anlaştığı, Emniyet İstahbarat'ın MİT'e bağlanacağı şeklindeki uydurma bilgiler pompalanmaktadır..." diyerek hem Yetkin Yıldız'ın hem de Taraf gazetesinde benzer yazılar kaleme almış olan Emrullah Uslu'nun iddialarını yalanlamaya çalışıyordu.

MİT krizinde hükümet çevrelerince sorgulananın konunun kamu görevlilerinin yargılanması ekseninden çıkarılarak karmaşık bir probleme dönüştürülmesinin belli odakların manipülasyonuyla gerçekleşmesi olduğunun altını çizen Akdoğan, *"En samimi sağduyu çağrılarını bile 'perdeleme' olarak kötüye yormak insafla bağdaşmaz. AK Parti'nin bir yandan yüze güldüğü, diğer yandan tasfiye çabası içinde olduğu iddiası çok çirkin bir iftiradır. İftira atmak, fitne çıkarmaya çalışmak, yangına körükle gitmek tasvip edilemez"* diyordu. Akdoğan'ın yazısındaki en çarpıcı kısım ise *"Biz gücümüz yettiğince hak bildiğimiz yolda yürür ve kardeşlik hukukunu korumaya gayret gösteririz. Her olaya habis duygularla yaklaşanları ise Allah'a havale ederiz"* cümleleriydi. Başbakan Erdoğan, danışmanı ve sözcüsü Akdoğan aracılığıyla cemaate en açık uyarısını böylece yapıyordu.

Hoca Efendiden Erdoğan'a "uyarılar"

Bu arada konuya yaşadığı ABD'den dâhil olan Fethullah Gülen'in Pensilvanya sohbetlerinde kullandığı cümlelerde krizin etkisi, yaşanan çatışma görülüyordu. Başbakanın ilk ameliyatı sonrası geçmiş olsun mesajı yayımlamayan Gülen, sohbet toplantılarından birinde isim vermeden Erdoğan ve AKP'ye şöyle sesleniyordu:

> *"Hırsızlıklar, haramilikler yapma gibi değişik spekülasyonlar gibi, kapkaçlar gibi milletin servetine hortumlar bağlayıp ama doğrudan doğruya irtibatlı ama kaçamak yollu başkalarının üzerinden kendi havuzlarına milletin malını akıtma gibi şeyler... Bunlar hep el hıyanetine giren şeylerdir, işte bunlar hakiki manada Müslüman değildir... Menfaat üzerine dünyalarını kurduklarından dolayı başkalarını karalamak suretiyle onlara alan tanımamak suretiyle bütün alanları kendi hesaplarına işgal etme gibi bir mülahazadan kaynaklanır... İşi menfaate bağlı götürüyorsanız dindar bile olsanız, camide imam olsanız, beldede müftü olsanız, yaptığınız işin içinde şahsi çıkarlarınıza gayretlerinize bağlamışsanız, onunla birşey elde etmeyi düşünüyorsanız, o krediyi şahsınız adına birşey elde etmeye bağlamışsanız, o istikamette kullanıyorsanız hafizanallah hiç farkına varmadan başkalarının hukukuna girebilirsiniz elinizi de kullanırsınız, dilinizi de kullanırsınız kimbilir hiç farkına varmadan bazı siyasilerde olduğu gibi bunlar madem böyle güç haline geliyor en iyisi bunları batırmak ve bunlara alan bırakmamak lazım alan bütünüyle bizim elimizde olursa kimse bize soru soramaz ama alanın içinde başkaları olursa sorgulama meselesi de beraber olabilir onunla. En iyisi mi bütün muhalifler yok olmalı, Allah'ım bütün muhaliflerimizi yok eyle bizi muhalifsiz bırak da ayıplarımızı mayıplarımızı yakın takibe alan insanlar bulunmasın. Bu mülahaza ile yaşayan insanların esenlik vaad etmeleri selam insanı olmaları 'selamün aleyküm ve rahmetullahi ve berakatühü'ye bağlı yaşamaları mümkün değildir vesselam."*[37]

37) http://www.samanyoluhaber.com/kultur/Hocaefendiden-onemli-tavsiye/732085/

Gülen yine çark etti

MİT krizinin başlangıcı olan 7 Şubat 2012'de yapılan bu konuşmanın ardından kısa zamanda çok şey yaşanmıştı. Elbet ikili arasındaki mücadelede kaybeden şimdilik cemaatti. Zaten süreç içinde Erdoğan'ın kararlı ve sert duruşunun etkisi ve yaşadıkları kayıplardan sonra cemaat gazete ve televizyonlarını kaplayan yenilir yutulur türden olmayan o büyük iddialar bir anda bıçak gibi kesilmişti. Başbakan Erdoğan'ın sert tedbirler alması üzerine başlarda Fethullah Gülen'in yaşadığı ABD'de yaptığı haftalık vaazlarının satıraralarından, denetimindeki medyanın yazarlarının da açık açık Başbakan Erdoğan'a, *"bize mahkumsun"* şeklinde özetlenebilecek söylemleri zaman içerisinde, *"Bizi birbirimize düşürmeye çalışıyorlar biz ortağız" şekline büründü.* Devlet içi savaşın *"şimdilik kazananı"* olan Erdoğan, cemaatin uzattığı bu *"barış çubuğunu"* reddetmedi. Bunu da kamuoyuna deklare ettiler zaten. Gülen'in sohbet toplantılarında söylediklerini her hafta köşesinde aktaran Zaman yazarı Ahmet Kurucan'ın 31 Mart 2012 tarihli yazısını da son sohbete ayırmıştı.[38] Gülen'in, cemaatinin mensuplarına *"uyarıda bulunduğu"* gözleniyordu:

> *"...Bugün sahip olduğumuz nice imkânlar var; var ama ihtimal usul ve üslup hatası yapıyor ve bu imkânları değerlendirilmesi gerektiği ölçüde değerlendiremiyoruz. Tebşir (müjde) edilecek yerde inzarda (ihtar) bulunuyoruz. Hâlbuki bakın Allah'ın şu lütfuna. Maddi imkânlar insanların istek, arzu ve heyecanları ile birleşmiş. Geriye bunları rantabl kullanma kalıyor. O da usul ister, üslup ister, metod ister. Hadiseleri iyi okuma önemlidir. Zaten sorumluluklar ona göre belirlenir. Dün yaptıklarınızı bugün hiçbir değişikliğe gitmeden tekrar eder durursanız, onlar bugün için bir şey ifade etmeyebilir. Çağı ve hadiseleri okuma yanında insanı okuma da ihmal edilmemelidir. Doğru üslubu bulma adına gösterdiğiniz bu gayretler aynı zamanda İlahi inayete (yardım) bir çağrıdır... Bir yerde yaptığınız bir işten dolayı zaferyab (başarı gösteren) olursunuz. Bir başka yerde aynı şartlar, aynı imkânlarla aynı işte başarılı olmazsınız. Hâlbuki sebep sonuç ilişkisine göre başarılı olmanız gerekir. İhtimal orada bir iç-beğeni devreye girmiş ve o iç-beğeni size hüsran yaşatır. Hâlbuki başarılar, zaferler iç-beğeniyi değil, Allah'a hamd ve şükür hissini kamçılamalı. O'nun lütuf ve ihsanları arttıkça bizim de O'nunla irtibatımız artmalı; artmalı ki sonsuz daha iyi görülsün. Sonsuzu sıfır kadar güzel gösteren bir şey yoktur. Sıfır olun ki sonsuzu yakalayın... Enaniyetin (bencillik/kendini kayırma) mırıltılarını yaptığınız işlerin içine sokmayın."*

Erdoğan uzatılan zeytin dalını reddetmedi

Gülen'in sohbette söylediklerinin gazetede aktarıldığı aynı gün cemaate yakınlığıyla bilinen Türk İşadamları ve Sanayicileri Konfederasyonu'nda (TUSKON) konuk olan Başbakan Erdoğan bir bölümü cemaate yönelik olan konuşmasında dikkat çekici açıklamalar yaptı. Erdoğan, cemaatle aralarındaki savaşta *"ateşkes"* ilan edildiğini *"Bugüne kadar birlikte yürüdüğümüz arkadaşlarımızla, dostlarımızla, kardeşlerimizle ayrılığa düşmeden el ele, omuz omuza beraber yürümeye devam edeceğiz. Bugüne kadar, hiçbir zaman bize 'ben' demek yakışmaz..."* diye duyuruyordu. Erdoğan konuşmasında Fethullah Gülen'den gereken mesajı aldığını gösteren şu

38) Ahmet Kurucan, Zaman gazetesi, 31 Mart 2012, "Hayber'in Kale Kapısı"

cümleleri kullanacaktı: *"Biz enaniyetten (bencillik/kendini kayırma) uzak duracağız. Bizim kitabımızda 'ben' yok, 'biz' var. Senlik, benlik kavgasına asla müsaade etmeyeceğiz. Fitneye, nifaka asla prim vermeyeceğiz."*

Evet, tarafların kamuoyu önündeki *"ateşkes anlaşması"* bu şekilde olmuştu. Ama bu durumun geçici olduğunu elbette zaman kanıtlayacak. Cemaat hep yaptığı gibi, bir kez daha gücü görünce taktiksel bir geri çekilmeye başvurmuştu. Görünen o ki, tıpkı 28 Şubat darbesinde olduğu gibi bu taktiksel geri çekilme sürecini yeterli güç ve istihbarat toplamakla geçirecek olan cemaat zamanı geldiğinde yine kuşandığı kılıcını sallamaktan geri durmayacak. Zaten zaman zaman sahip oldukları gazete köşelerinden, internet sitelerinde yer alan yazılarda özellikle önümüzdeki yerel seçimler, cumhurbaşkanlığı seçimi ve yani anayasa sürecine ilişkin hatırlatmalarda bulunarak *"birbirlerine muhtaç olduklarının"* mesajını vermeye devam ediyorlar.

Yarattığı canavara kurban olmak

AKP iktidarının en çok yatırım yapığı alan, hiç kuşkusuz ki ideolojik akrabalığı da bulunan 10 yıllık iktidarı boyunca muazzam yetkilerle donatılan polis teşkilatı. Terörle Mücadele Yasasıyla neredeyse her türlü muhalefet terör suçu kapsamına alınmıştı. Ağır silah alma yetkisi verilerek polis teşkilatı, AKP iktidarıyla aralarında *"kırılgan bir güven ilişkisi"* bulunan askerin muadili bir savaş aygıtı haline dönüştürüldü ve özellikle muhalif Kürtlere yönelik operasyonlarda ön plana çıktı. Ergenekon ve Balyoz ile türevi soruşturma ve davalarla rejimin yeniden inşasında polis ve yargıdaki uzantıları önemli bir rol oynadı. Tüm bunlar olurken emniyet içindeki cemaatçi çete de büyük ilerleme kaydetti. Yargı ise özel yetkili mahkemeler eliyle yeni rejimin, her muhalifin başına inen sopası haline dönüştürüldü. Zaten polis teşkilatı ve yargı bizzat Tayyip Erdoğan tarafından, gücünü yitiren orduya karşı *"ileri demokrasi"* diye tanımlanan yeni rejimin güvenceleri olarak ilan edilmişlerdi. Ancak Erdoğan'ın, iktidarının gayriresmi ortaklarıyla birlikte elbirliğiyle yarattığı rejiminin güvencesi saydığı bu kurumların kendisinin değil ortaklarının denetiminde olduğunu da öğrendi.

Rejimin yeniden inşasının aracı kılınan Ergenekon ve türevi soruşturmalar ile Balyoz davasındaki kimi hukuksuzluklarla araları limoni olan AKP ve cemaatin özellikle PKK ile mücadele ve Kürt sorunu konusunda bazen ortak hareket ediyor görüntüsü verseler de farklı yaklaşımlara sahip oldukları MİT kriziyle de iyice belirginleşmişti. Bardağı taşıran damla olan ve Ali Bayramoğlu'nun *"saray içi iktidar kavgası"* diyerek meseleyi gayet iyi özetlediği MİT krizinde Erdoğan'ın bu kadar sert önlemler almasının nedeni elbette bu darbe girişiminin nihai olarak kendisi ve en az bir bakanını hedef aldığını bilmesindendi. Çünkü sızdırılan telefon kayıtlarında MİT Müsteşarı Hakan Fidan'ın, *"Sayın Başbakanımızın özel temsilcisiyim...Sayın başbakanımız bu konuda beni görevlendirdi..."*diye konuşması özel yetkili bir savcı tarafından Anayasa'nın 83. Maddesi kapsamında yorumlanabilirdi. *"Ağır cezayı gerektiren suçüstü halleri"*ni dokunulmazlık dışında tutan bu madde uyarınca, Başbakan ve bakanına *"terör"* suçlaması yöneltip bunun *"ağır cezayı gerektiren bir suçüstü hali"* sayılmasına ramak kalmıştı. Eğer bu olsaydı, tıpkı eski Genelkurmay Başkanı İlker Başbuğ'un itirazının reddinde olduğu gibi, yöneltilen suçlama için de özel yetkili mahkemeler *"göreviyle ilgili değil"* diyerek Başbakan'ı yargılama yerinin Yüce Divan olmadığına karar verebilirdi.

Kapatılan Devlet Güvenlik Mahkemelerinin (DGM) işlevini sürdüren Özel Yetkili Mahkemeler AKP hükümetinin çıkardığı bir yasayla, 4 Aralık 2004'te TBMM'de kabul edilen Ceza Muhakemeleri Yasası'yla (CMK) kurulmuştu. Yıllardır yaşanan hukuksuzluklara, başta tutuklamayı kolaylaştıran katalog suçlar ve 10 yıla varan tutuklama süreleri konularında yöneltilen eleştirilere karşın AKP hükümeti ne Özel Yetkili Mahkemelerin kaldırılması ne de çağdaş hukuk normlarına uygun hale getirilmesine yönelik iyileştirici bir düzenleme yapmadı. Doktor Victor Frankenstein'in başına geldiği gibi kendi yarattığı canavarın kurbanı olacağını anladığı anda ise yıllardır göz yumduğu garip yargı pratiğine kendi yarattığı hukuka itiraz etmiş oldu.

"Taraf"ın taraf yapılması girişimi

Ancak burada dikkat çekici bir başka noktayı da ele almak gerekiyor. 7 Şubat darbe girişiminin ortaya çıkmasından sonra 10 Şubat'ta her gazetede olduğu gibi Taraf gazetesinin manşet haberinde de MİT vardı. Ancak *"sarsıcı haberler uzmanı"* muhabirlerinin kendisini yasadışı biçimde izleyen MİT ajanlarını polise yakalatmasının hikâyesi eşliğinde MİT'in, tıpkı Ergenekon soruşturmalarında polisin yaptığı gibi *"kanuni ancak hukuki olmayan"* mahkeme kararlarıyla gazetenin yazarlarının telefonlarının dinlendiği anlatılıyordu. *"Taraf'a MİT Operasyonu"* başlıklı manşet haberde, ilki 30 Ekim 2008, sonuncusu 4 Kasım 2009'da olmak üzere beş ayrı mahkeme kararına dayandırılan telefon dinlemelerinde, gazetenin bazı yazarlarına yabancı kod isimler verilerek *"suç önlenmek"* amacıyla mahkemeden dinleme kararı çıkarıldığı elbette ki belgeleriyle anlatılıyordu. İstanbul 11. ve 14. Ağır Ceza mahkemelerinden alınan dinleme kararları ile dinlenen isimler ise Ahmet Altan ve kardeşi Mehmet Altan ile Yasemin Çongar, Markar Esayan ve gazetenin o dönemki yazarlarından Amberin Zaman'dı. Üç aylık sürelerle dinleme kararının yinelendiğini kanıtlayan mahkeme kararlarında, teknik takibin amacı ise, *"terör amaçlı casusluk faaliyeti"* olarak belirtilen dinleme kararlarındaki MİT talep yazısında gazetecilerin kimlikleri gizlenerek çeşitli yabancı kod isimlerle doldurulmuştu. Haberde ve yapılan yorumlarda haklı olarak bundan hükümetin haberi olup olmadığı sorgulanıyordu. Ancak elbette ki önemli bu soru, hukuksuz dinlemelere ilişkin 4 yıllık mahkeme kararlarının nasıl ve ne oldu da tam da MİT krizinin yaşandığı bir dönemde Taraf'ın polis muhabiri ve belge taşıyıcısı Mehmet Baransu'ya verildiğini sormayınca yetersiz kalıyordu. Baransu'nun kendini bir süredir takip ettiğinden şüphelendiği MİT'çileri tam da eski ve yeni MİT müsteşarlarının özel yetkili savcılık tarafından ifadeye çağrıldığı gün polislere yakalatması da sanırım *"tesadüftü"*. Gazetenin sonraki günlerde, cemaatçi kimlikleriyle bilinen elemanları dışında, MİT kriziyle ilgili hükümeti kollayan yazı ve yorumlara imza attığı görülünce insan ister istemez bu yeni komploda da *"Taraf gazetesinin komploculara taraf olması mı istendi?"* diye sormadan edemiyor.

Hep MİT'e çarpan tesadüfler zinciri

Devletin zirvesinin o sıcak günlerinde *"tesadüf bu ya"*, aktörlerinin MİT'çiler olduğu bir suç soruşturması da Adana'dan ajanslara düştü. Hatay Altınözü'ndeki mülteci kampında barınan Suriyeli rejim muhalifi Albay Hüseyin Harmuş ve Binbaşı Mustafa Kassum, iddialara göre aralarında MİT görevlilerinin de olduğu bir çete tarafından 29 Ağustos 2011 günü kaçırılarak para karşılığı Suriye ordusuna teslim edilmişti. Olayla ilgili soruşturma kapsamında ise MİT Hatay Bölge Müdürlüğü'nde tercüman olarak çalışan Ö.S. ile M.A., S.A.K., Y.N. ve M.N. isimli şüpheliler "siyasi casusluk" ve "kişiyi hürriyetinden yoksun kılma" iddialarıyla 10 Şubat 2012'de gözaltına alınıp tutuklandı. MİT'ten yapılan açıklamada ise Ö.S.'nin operasyondan beş gün önce kurumla ilişiğinin kesildiği söylendi. Ancak tüm bu süreçte medyaya biçilen rol kapsamında, MİT'çilere yapılan operasyonun polis kamerası görüntülerine kadar tüm bilgi ve belgeler bir kez daha servis edilmişti. MİT'in ne kadar *"tu kaka"* bir istihbarat örgütü olduğu rızası üretiliyordu.

MİT Bölge Başkanı kızakta

Bu arada MİT İstanbul Bölge Başkanı İsmail Nişancı'nın merkeze çekildiği haberi 23 Şubat 2012 tarihinde, *"Başkan Merkeze"* manşetiyle çıkan Hürriyet gazetesi tarafından duyuruldu.[39] Yaşanan MİT krizi sonrasında İstanbul emniyetindeki polis şeflerinin başka görevlere atanmasının hemen sonrasına denk gelmesi açısından dikkat çekici bulunan bu kızağa alma işlemini kimse anlamamıştı. MİT'in en kritik birimlerinin başında gelen İstanbul Bölge Başkanlığı MİT Müsteşar Yardımcılığı'ndan bir önceki basamak olarak görülüyordu. Ancak kulislerde dolaşan iddialara göre Nişancı, Taraf gazetesi yazarlarının dinlenmesi talimatını verdiği öne sürülen isimdi. Bu iddianın doğruluğunu bilemiyoruz ama 2009'da İstanbul'daki görevine başlayan Nişancı'nın ismi görevden alınmasından birkaç ay önce polis tarafından başka bir olayla ilgili olarak zaten basına sızdırılmıştı. Cemaatin parmağı olduğundan birçok kişinin emin olduğu şaibeli şike soruşturması sırasında Nişancı'nın operasyon öncesi Yıldırım'a *"üstü kapalı"* uyarıda bulunduğu ima edilen haberler basına sızdırılmıştı. 21 Ekim 2011 günü basında yer alan haberlere göre Nişancı bu görüşmede *"Hakkında bir şeyler duydum. Seninle ilgili bir şeyler var. Kendine dikkat et"* dediği Yıldırım'dan *"Tamam. Bana bir şey olmaz"* karşılığını alıyordu. Bu iddialarla ilgili soruşturma savcısı Mehmet Berk tarafından *"ifade sahibi"* sıfatıyla ifadesine başvurulan MİT İstanbul Bölge Başkanı İsmail Nişancı'ya dava açılmasına gerek görülmedi.

Neden GES'in MİT'e devri mi?

Aslında KCK soruşturmasıyla yüzeye çıkan kriz geçmişten gelen MİT ve polis arasındaki çatışma açısından elbette sürpriz değildi. Çünkü bir süreden beri MİT ile polis arasında özellikle İstanbul'da bir çatışma yaşandığı biliniyordu. Daha 2009'da İstanbul'da KCK operasyonlarında bazı MİT mensuplarının gözaltına alınmaları nedeniyle yaşanan gerginlik sırasında MİT İstanbul Bölge Başkanı İsmail Nişancı'nın İstanbul emniyetini merkeze şikâyet ettiği de iddialar arasındaydı. Taraf gazetesi yazarlarının dinlenildiği bilgisinin Mehmet Baransu'ya polis tarafından verilmesi de[40], bu hukuksuz dinleme kararının talimatını verdiği öne sürülen ve adı şike soruşturmasına karıştırılan Nişancı'nın polisin hedefinde olduğunu gösteriyordu. Yine MİT'in polis tarafından hedef alındığı bir başka olay ise İlhan Cihaner'i de Ergenekon sanığı yapan Erzincan'da yürütülen cemaat soruşturması sonrasında ortaya çıkmıştı. Dönemin Özel Yetkili Savcısı Osman Şanal'ın yürüttüğü soruşturma kapsamında polis MİT Erzincan Bölge Müdürlüğü'ne 5 Aralık 2009'da baskın yapmıştı. Gözaltına alınan MİT Erzincan Bölge Müdürü ile iki MİT personeli Ergenekon soruşturması kapsamında tutuklanmıştı. Başbakan Erdoğan, dönemin MİT Müsteşarı Emre Taner'in itirazlarına rağmen, MİT görevlilerinin soruşturulmalarına izin vermişti.

En sonunda Başbakan Erdoğan ve Beşir Atalay'ı hedefleyen MİT soruşturmasın-

39) Hürriyet gazetesi 23 Şubat 2012, Metehan Demir, "İstanbul MİT'e Ankara'dan başkan"

40) MİT Müsteşarlığı'nın, basın müşavirliği aracılığıyla, Yasemin Çongar'ın soruları üzerine sahte isimlerle gizli dinleme operasyonunu yalanlayamadığını, "açıklama yapmamak"la yetindiğini ve skandalı ortaya çıkaran belgelerin kaynağının "emniyet" olarak habere eklenmesini rica ettiği Yasemin Çongar'ın 10 Şubat 2012'de, Taraf gazetesindeki köşesinde yayımlanan yazısında yer aldı.

da cemaatin bu kadar cüretkâr bir çıkış yapmasının nedeni ve Hakan Fidan'ı neden bu kadar önemli bir hedefe dönüştürdükleri konusunda şimdilik sadece tahminler var. Ancak MİT'e yönelik cemaatin sert hamlesinin zamanlamasında çok dikkat çeken bir durum var. Türkiye'nin yurt içi ve yurt dışına yönelik en büyük dinleme üssü Genelkurmay Elektronik Sistemler Komutanlığı'nın (GES) MİT'e devredilmesinden kısa süre önceydi. Cemaatin dinleme, izleme ve istihbarata verdiği önem düşünüldüğünde cemaatin MİT hamlesinin GES'in devredilmesinden önce yaşanması manalı hale geliyor. Ancak bu çatışmanın emin olduğumuz en önemli nedeninin KCK operasyonları sırasında MİT ve emniyetin ya da devletin yeni sahiplerinin *"ayrı düşmesi"* olduğunu söyleyebiliriz. Devlet içinde, başbakanın görevlendirmesiyle müzakereci anlayışın aktörü olan MİT ile cemaatin bölgedeki çıkarları doğrultusunda engelleri ortadan kaldırmak için yapılan operasyonları gerçekleştirerek güvenlikçi anlayışı temsil ettiğini gösteren polis farklı kutuplarda yer alıyordu. Bu farklı görüş nedeniyle operasyonların başladığı dönemde de PKK'yle müzakere eden ve silah bırakılması için gizli pazarlıklar yürüten MİT kanadı sürecin kesintiye uğrayacağından kaygı duyuyordu. İddialara göre dönemin MİT Müsteşarı Emre Taner sürece zarar vermemesi için KCK operasyonları konusunda emniyet yetkilileriyle bir dizi görüşme yapsa da istediği sonucu elde edememişti. Bu arada Önder Aytaç, Emrullah Uslu, Mehmet Özcan ve Mehmet Baransu gibi cemaate yakın kalemler ise çok önceden yapılması gerektiği düşünülen KCK operasyonlarının, Beşir Atalay tarafından en az iki yıl ertelendiğini iddia ediyorlardı. Böylece MİT soruşturmasından murad edilenin ya da asıl hedefin Başbakan ve en azından BeşirAtalay olduğunu da anlıyorduk. Bir cemaate değil başbakana bağlı bir kimlik sergileyen Hakan Fidan'ın devletin bir kanadının oluruyla PKK ile müzakereye gitmesi üzerine yaratılan fırtınada AKP az kalsın, kendi eliyle yarattığı canavara kurban olacaktı. Pragmatik yaklaşımlar nedeniyle beslenen, kollanıp büyütülen ve çeteleşen bir *"cemaat devletin yeni sahiplerinden biri olduğunu"* ilan etmişti.

Mecburi ateşkes

Bu çatışmadan sonra herkesin bildiği ama delilleri hep yok edilmiş bir iddianın gerçekliği de kanıtlanmış oluyordu. Artık kimse cemaatin polis ve yargıda örgütlendiği, operasyonlar yaptığı ve hatta hükümete karşı çıkacak kadar bir güç elde ettiğini inkâr edemezdi. MİT yöneticilerinin mahkemeye çağrılması, *"PKK'yi devlet kurdu"* tezlerinin yeniden dolaşıma sokulması, *"KCK belasını MİT başımıza musallat etti"* söylemleri elbette ki hukuki meşruiyetine yönelik ciddi kaygıların bulunduğu KCK tutuklamalarının tamamını da meşru hale getirme çabasıydı. *"Devletin eski sahiplerini, paşaları, savcıları, gazetecileri ve hatta eski genelkurmay başkanını gözaltına alan tutukladık, başbakanın izni bizim için çok önemli değil"* diyenler, *"MİT müsteşarını da alırız. Hatta Başbakanın kendisini ve bakanını da"* mesajını vermişti. Bu da Kürt meselesinin kan dökülmeden çözümüne yönelik arayışlarda siyasi riski büyüttüğü gibi benzer bir süreçte görev alacak devlet görevlilerine de gözdağı veriliyor ve *"PKK ile kimse müzakere etmesin"* deniyordu.

Sonuç olarak bu çatışmanın görünen ilk raundunu kazanan hiç şüphesiz Erdoğan olmuştu. Cemaat geri adımlar atarak *"Birbirimizle çatışmayalım. Bu düşmanlarımızı sevindirir"* açıklamaları yapsa da artık AKP-Cemaat ittifakının çatladığı ancak yarılmayla sonuçlanmayan bu çatlağı aralarında *"ateşkes"* yaparak kapattıkları kesin. Böylesi bir muhalefetin, daha doğrusu güç odağının AKP için ciddi bir tehdit olacağı çok açık. Bu cemaatin oy potansiyelinden çok, sahip olduğu devlet kurumları eliyle elde ettiği AKP aleyhinde biriktirdiği belge ve bilgilerden kaynaklanıyor. Zaten bunun mesajı da MİT kriziyle yaşanan çatışmanın en sertleştiği günlerde polisin Ankara'daki Kamu İhale Kurumu'na (KİK) baskın yapmasıyla verildi.[41] Hükümetin medyaya uyguladığı baskı nedeniyle gözlerden kaçırılan KİK baskını ve yolsuzluk operasyonu AKP'ye, *"yolsuzluklarını ortaya dökerim"* diye yapılan en ciddi uyarıydı. Gülen cemaatinin devletin içerisinde özellikle güvenlik ve yargı bürokrasisinde varolan hegemonyasını her alana taşımak istediği ortada. Aynı şekilde Tayyip Erdoğan'ın iktidarının paylaşımında kesin sınırlar çizdiği de artık biliniyor. Zaten Taraf gazetesinin Stratfor'un iç yazışmalarına dayanarak verdiği bir haber de cemaatin AKP'yle yaptığı pazarlıkları ve talepleri yerine getirilmediğinde ne kadar cüretkâr olduğunu da ortaya koyuyordu. Taraf gazetesinin Stratfor'un 2011 yılı boyunca yaptığı Türkiye ile ilgili analizleri içeren özel iç yazışmalarına dayanarak verdiği bir haberde MİT kriziyle ortaya çıkan cemaat-AKP gerginliğinin çok önceden var olduğu anlatılıyordu.[42] *"Gölge CIA"* diye bilinen Stratfor'un istihbarat dedikodularında 12 Haziran 2011 genel seçimlerinin iki iktidar odağı arasındaki gerginlik hesaba katılarak değerlendirildiği görülen analizlerde Nedim Şener'le birlikte tutuklanmamızın da seçimlerde istenen 150 milletvekilliğinin reddedilmesi üzerine cemaatin AKP'yi siyaseten zor durumda bırakmak amacıyla atılmış bir adım olduğu şöyle anlatılıyordu:

> *"Erdoğan pragmatik bir adamdır, seçimler öncesinde halkın AKP'den korkusunu arttıracak ek bir baskı istemez. Dolayısıyla, Gülen hareketi bu gözaltıları gerçekleştirerek AKP'ye baskı yapıyor. Sorulması gereken soru: Niye? Bunu yakın bir zaman önce Austin'e gelen Türk arkadaşımızla tartıştım. O, Erdoğan eğer üzerindeki baskının azalmasını istiyorsa, Gülencilerin buna karşılık AKP'den 150 vekillik talep ettiğini söylüyor. Bu esasen seçim sonrasına yönelik bir pazarlık."*

Ne kadar ciddiye alınması gerektiği konusunda denilecek her şeyin bir dedikodudan ibaret olacağını söyleyeceğimiz Stratfor'un, MİT krizinin ortaya çıkmadan aylar öncesinden yazışmalarına konu edildiğini aklıda tutmakta da fayda var. AKP-cemaat çatışmasında her iki iktidar odağını da yakından tanıyan ve meseleye hâkim olan gazetecilerden Ali Bayramoğlu konuyu, *"Bu deprem bir iktidar kavgasının izdüşümüdür. Bir süredir devam eden 'saray içi' iktidar mücadelesinin su yüzüne çıktığı en keskin noktadır"*[43] *diyerek gayet güzel özetlemişti.* Sonuç olarak bu *"saray içi çatışmanın"* şimdilik bir yarılmayla sonuçlanacağını söylemek maalesef çok mümkün görünmüyor. Tayyip Erdoğan ve Fethullah Gülen ve cemaati arasındaki birbirlerine olan pragmatik mecburiyet iktidarın bileşenlerinin şimdilik kendi sınırları içinde birlikte yola devam edeceğini gösteriyor.

---

41) Ankara'da kamu ihalelerine menfaat karşılığında fesat karıştırıldığı iddiasıyla yürütülen bir soruşturma kapsamında 13 Şubat 2012 günü Kamu İhale Kurumu'na baskın yapıldı. Ankara Emniyet Müdürlüğü Kaçakçılık ve Organize Suçlarla Mücadele Şube Müdürlüğü ekiplerinin, Ankara Cumhuriyet Başsavcılığının talimatıyla yapılan operasyonda bazı KİK üyeleri ve raportörleri ile işadamlarının da aralarında bulunduğu 23 kişi gözaltına alındı. 50'den fazla ihaleye fesat karıştırıldığı öne sürülen soruşturma kapsamında biri kurul üyesi iki KİK çalışanı ile bazı şüpheliler tutuklanmıştı.

42) Taraf gazetesi, 7 Mart 2012, "Şık ve Şener, AKP-Cemaat kavgasının kurbanı"

43) Ali Bayramoğlu, Yeni Şafak Gazetesi, 9 Şubat 2012, "Büyük kavga: Fidan'a davet... Bardağı taşıran son damla"

BÖLÜM 5

VE ÖZGÜRLÜĞE MERHABA

"Düş görenler dağıtır karanlıkları"
Pablo Neruda[44]

MİT özelinde yürüyen *"güçler savaşı"*, cemaatin en etkili olduğu polis ve azımsanmayacak bir ağırlığı olan polise bağımlı yargı cephesinin kimi *"hukuksuz"* uygulamalarında bir rahatlama da yarattı. KCK, Devrimci Karargah gibi ya da öznesini öğrencilerin oluşturduğu kimi soruşturmalarda tutuklamalar devam etse de sayılarında azalma gözlendi. Cemaatin kısmen de olsa geri çekilmesi, Odatv operasyonuyla tutuklanmamızdan sonra yaratılan korku ikliminin kırılmasında da çok etkili oldu. Başbakan Erdoğan'ın gücü de bilindiğinden medyada cemaat karşıtı ciddi eleştiriler yapılmaya başlandı. Ergenekon ve türevi davalarda yaşanan hukuksuzluklar daha bir dillendirilmeye başlandı. Her ne kadar layığıyla tartışılmasa da bu hukuksuzlukların en çok öne çıktığı davalardan biri haline gelen Odatv soruşturması ile akademisyen Büşra Ersanlı ve yayıncı Ragıp Zarakolu'nun tutuklandığı KCK soruşturması üzerinden cemaate, denetimi altındaki polis ve özel yetkili mahkemelere yönelik ciddi eleştiriler yöneltildi.

Sağlık sorunuyla gelen tahliye

Bu eleştirilerin karşılığı da davamızda ilk tahliyenin yaşanmasıyla kendini gösterdi. Bildiğiniz üzere davanın görülmeye başlanmasının ardından ne ilk savunmaların ya da ifadelerin alındığı o celsede ne de sonrasında 12 Mart 2012'deki duruşmaya dek kimse tahliye edilmedi. Hatta ilk tahliye mahkeme kararıyla ama mahkeme dışında oldu. Ciddi sağlık sorunları bulunan, aynı zamanda Nedim'le birlikte bizlere

44) Gece, Yüz Aşk Sonesi

koğuş arkadaşlığı yapan Doğan Yurdakul 22 Şubat 2012 günü, *"sağlığının cezaevinde kalmaya elverişli olmadığı"* gerekçesiyle tahliye edildi. Önce Doğan ağabeyin sevgili eşi Güngör Yurdakul, ardından Kâşif Kozinoğlu'nun hayatını kaybetmesinden sonra sanırım 3'üncü bir can kaybının ağır olacağını düşünmüş olmalı birileri. Nedim ve benim kendisinden daha önce tahiye edileceğini düşünen Doğan ağabey için bu karar gerçekten sürpriz olmuştu. Televizyondan öğrendiği bu sevinçli habere uzun süre inanamadı şaşkınlıktan. Aslında tam bir *"Eşeğini önce kaybettirip sonra da buldurma"* durumuydu yaşadığımız sevinç ki aynısını yaklaşık 3 hafta sonraki duruşmada 4 kişi ve yakınları da yaşayacaktı. Zaten Doğan ağabey de tahliyesine sevinemez halde bizi geride bırakırken gittiğinde, *"İlk duruşmada sizi de alacağım"* demişti. Öyle de oldu.

Eksik soruşturmayla dava

Ne yalan söyleyeyim, tutuklandığımız günden itibaren, ilk duruşmada tahliye edileceğimizi düşünüyordum. Her şeyden önce üzerimize atılmaya çalışılan çamur yapışmadığı gibi, cemaatperver kalemlerin ve yalakalarının çabalarına karşın leke de bırakamamıştı. Tutuklamaların peşin ceza yöntemi olarak kullanıldığını bildiğimden iddianame çıkana dek hapishanede tutulacağımızı, suçlamaların asılsız olduğu gibi *"delil"* diye ortaya konulanların da tutarsızlığı anlaşıldığı için bırakılırız diye düşünüyordum. Hem de herkesin. Yanılmışım. Bizler için esaret hayli uzun sürdü. Sadece gazetecilik faaliyetlerinin soruşturma konusu edildiği bu davada halen 5 kişi haksız yerde içeride tutulmaya, intikam alınmaya devam ediliyor. Halbuki hem yargılama öncesi hem de sonrasında tututluluğumuzun devamı yönünde verilen kararlardaki gerekçeler bile soruşturmanın eksik yürütüldüğünün kanıtıydı. Bunlar arasında en çok dikkat çekeni *"delillerin henüz tamamen toplanamamış olması"* şeklindeki gerekçeydi. Aslında bu davada inandırıcılığına dair kuşku bulunmayan, sahte olmayan somut bir tek delil yoktu. Her ne kadar bu davanın en önemli unsuru olsa da bu başka bir tartışma konusu. Eğer hukuk üzerinden bir değerlendirme yapacaksak toplanmayan delillerle nasıl suç isnadında bulunulduğunu, nasıl iddianame yazılabildiğinin açıklanması gerekiyor. Hem de bu konudaki kanun hükümleri açık olmasına rağmen. Önce 17 Şubat 2012 tarihli kimi gazetelerde yer alan bir haberden alıntı yapalım:

> *"Ankara Cumhuriyet Başsavcılığınca 'nitelikli dolandırıcılık ve muhafaza altına alınmış eşya hırsızlığı' suçlamasıyla yürütülen soruşturmanın iddianamesi, sunulduğu Ankara 11. Asliye Ceza Mahkemesince iade edilmiş. Mahkemenin, 'şüphelinin ifadesinin alınmasının' da aralarında bulunduğu, kimi nedenlerle eksik soruşturma yapıldığını belirterek iddianameyi ifade etmesine de savcılık itiraz etmiş. Ancak Ankara 8. Ağır Ceza Mahkemesi de başvuruyu reddedince Adalet Bakanlığı karara Yargıtay nezdinde itiraz etmiş. Dosyayı inceleyen Yargıtay 13. Ceza Dairesi de mahkemenin, iddianamenin eksik soruşturma nedeniyle iade edilmesi kararını yerinde bulmuş. Yargıtay 13. Ceza Dairesi "Soruşturma uzun sürebilir. Ancak kovuşturma evresinin yeni bir delil toplanmasına gerek kalmadan ve bir iki celsede yargılamanın bitirilmesi hedeflenmiştir. Kişilerin lekelenmeme hakkı gözetilerek, suçun oluşumu hakkında şüpheye yer bırakmayacak deliller toplanmadan iddianame hazırlanmamalıdır. Cumhuriyet savcıları makul sürede bütün delilleri toplamalı, sadece mahkumiyetle sonuçlanacağını değerlendirdikleri hususları dava konusu yapmalı; yani bir nevi filtre görevi yapmalıdır. CMK'de yapılan değişikliklerle savcılara sanıkların lehine olan delilleri toplama, şüphelinin haklarını koruma yükümlülüğü getirilmiştir. Suçun sübutuna etki edeceği*

muhakkak olan bir delil toplanmadan hazırlanan iddianamenin iade edilmesi gerekir"[45] demiş.

Yani kısaca CMK'daki 2006'da yapılan düzenleme anımsatılıp *"Eksik soruşturmayla yapılan iddianameyle dava görülmez, delillerin tamamı toplanmadan iddianame yazmayın savcılar"* denilmiş. Elbette şüpheli lehine olan delilleri de toplamanın yasal zorunluluk olduğunun da altı çizilmiş. Peki, başka davalarda da sıkça örneğine rastladığımız gibi tutukluluğumuzun gerekçelerinden birisi ne idi anımsatalım; *"delilerin tamamı toplanmamış."* Bu itirafı Yargıtay 13. Ceza Dairesinin kararıyla birleştirdiğimizde ortaya çıkan sonuç, aslında iade edilmesi gereken bir iddianameyle tutuklu bulunduğumuz gerçeği oluyordu. Hakkında HSYK'nin re'sen inceleme başlatıp başlatmayacağını merak ettiğim soruşturmamızı yürüten savcı, suçlanmamıza dayanak olacağını iddia ettiği delilleri toplamadığı gibi, yasal zorunluluğu olan şüpheli lehine delilleri de toplamamıştı. Hatta Avukat Hüseyin Ersöz kendisini uyarmış, ama göz ardı etmiş. Odatv operasyonunun yapıldığı 14 Şubat 2011 tarihinden iki gün sonra savcılığa "suçlamalara konu edilen ve örgüt talimatı olduğu öne sürülen dijital belgelerin bilgisayar korsanlığı yoluyla bilgisayar hard disklerine kayıt edildiği şüphesi olduğundan bahsetmiş. Bu kuşkulara ilişkin birtakım belgeler sunulmuş. Savcılık *"Ben bu işlerden anlamam"* demiş. Haklı olabilir. O zaman doğal olarak bu işlerden anlayan uzmanlara danışması gerekirdi, değil mi? Savcı bunu da yapmamış. Zaten 12. Ağır Ceza Mahkemesi'nin 27 Ocak 2012 tarihinde verdiği kararda *"Mahkememizce de henüz dijital verilerle ilgili bilirkişi raporu aldırmamış olması"* şeklinde ifade edilen bir gerekçeyle de hem tutukluluk halinin devamına bir bahane üretilmiş, hem de savcının yerine getirmediği yasal yükümlülük belirtilmiş. Neyse ki avukatlar, hiç de iyi niyetli olmadığı çok açık olan bu örnekte olduğu gibi işini savsaklamamış. Çeşitli engellemelerle uzatılan bir süreç sonunda 4 ayrı bilimsel rapor alarak iddialarını da kanıtlamışlar. *"Söz konusu dokümanlar virüsle bilgisayarlara kaydedilmiştir"* diyen bilimsel raporları mahkeme heyetinin önüne koymuşlar. Ancak mahkeme yine de tatmin olmamış. Soruşturma savcısının bir yıl öncesinde yapması gerekeni bu kez de mahkeme heyeti yaptırmak istemiş ve TÜBİTAK'tan bilirkişi raporu alınmasına karar vermiş. Ceza Muhakemesi Kanunu'na göre söz konusu raporları hazırlayan bilim insanlarının tanık olarak dinlenmesi mecburiyken bunu da yerine getirmeyen mahkeme TÜBİTAK'tan rapor gelene dek esaretin sürmesine bahane üretilmiş böylece.

12 Mart günü yapılacak duruşmaya giderken de içimde tahliye edileceğimize dair tek bir umut yoktu. Her ne kadar iç ve dış kamuoyunun baskısı devam etse de, polis ve yargı eliyle cemaatin neler yaptığı, nasıl hukukusuzlara imza attığı anlaşılsa da bırakılacağımızı düşünmüyordum. Hem ne diyerek serbest bırakacaklardı? Hakkımızda duruşmalarda iki kez o bildik klişe cümlelerle tutukluluğumuzun devamı yönünde ara kararlar veren mahkeme, bu kararlarıyla ne kadar bağımsız ve tarafsız ve elbette siyasetten uzak olmadığını kanıtlamamış mıydı? Üzeri örtülmeye çalışılan suç çoğalmamış, üzerini örtmeye çalışanı da suça ortak etmemiş miydi? Halbuki adaletin ne olduğunu bilmemiz için haksızlık yaşamamıza gerek yoktu. Çünkü adaletsizliğin ne olduğunu gösterdiğimiz için bu komplonun hedefi olmuştuk. Meslek hayatım boyunca, hakikati doğru zamanda dile getirmek için kendime çok basit bir gazetecilik prensibini düstur edindim: Vicdanımın kabul etmediği olaylarla ilgili

45) Cumhuriyet Gazetesi, 17 Şubat 2012

aklıma takılan soruların yanıtının peşine düşmek. Bu olaylardan biri de 15 yıl önce Manisa'da polisin ağır işkencelerine maruz kalmış çocuklarla ilgiliydi. Haberler kamuoyu tepkisi yaratınca, o işkenceci polislere dava açılabilmiş, hatta çeşitli cezalar da verilmişti. İşkenceci polislerin ceza alması kesinleştiği sıralarda kendileriyle röportaj yapmak istemiştim. Küçücük çocuklara akıl almaz vahşilikte işkence yapmayı, devleti korumak diye nitelerlerken, o devletin kendilerine ceza verecek olmasının öfkesiyle konuşmayı kabul ettiler. Ancak avukatları engelledi. O avukat bana ne öğrenmek istediğimi sorduğunda, kendisine en çok merak ettiğim bir tek soru olduğunu söyledim. *"O çocuklara işkence yapan elleriyle, kendi çocuklarını nasıl sevebiliyorlar, sevdikleriyle göz göze gelebiliyorlar mı? Geceleri vicdanları rahat bir şekilde uyuyabiliyorlar mı?"* Bu sorunun yanıtını arıyorum dedim. Tahmin edeceğiniz gibi o sorunun yanıtını öğrenmem mümkün olmadı. Şimdi aynı soruyu bu komployu hazırlayan polislere, komplonun devamında çeşitli roller üstlenen savcı ve hâkimlere ve elbette özel yetkili gazetecilere de soruyorum.

Fikret İlkiz'den "ithamname"

Mahkeme başkanı 12 Mart günü de öncekilerden hiç bir farkı olmayan bir biçimde başlayan duruşmanın önceden söylendiği gibi 2 gün sürmeyeceğini duyurduktan sonra avukatım Fikret İlkiz'in sürekli ertelenen *"savunması"* nihayet başladı. Savunma dediğime bakmayın. *"Suçlamalarınıza karşılık yapacağımız savunmamızda gazeteciliğimizle, hayatımızla, haberlerimizle, kitaplarımızla, hak haberciliğimizle, basın özgürlüğünden ve barıştan yana olmamızla ve sadece gazeteciliğimizle; zihniyetinizi suç işlemiş olmakla itham edeceğiz..."* diyen Fikret ağabey dediğini de yaptı. *"Tüm gerçeğe ve tüm adalete ağır bir haksızlık yapılması bu dava ile göze alındı. Böylece her şey bitti. Türkiye'nin alnına leke sürüldü. Tarih böylesine bir hukuka aykırılığın 'ileri demokrasi' denilen dönemde işlendiğini yazacaktır...Bu davada gazetecilerin, gazeteci olması suçtur" diyerek* mahkemede ithamnamemizi okudu. İlkiz'in ardından ara veren mahkeme öğleden sonra sanıklardan taleplerini alacağını ve Nedim'le birlikte mahkeme sorgumuzun yapılacağını söyleyince yaşadığımızın aciz bir tiyatro olduğu bir kez daha anlaşıldı. Umutlu değilim ama bir yandan da bırakılmamıza karar verildiğini düşünmeye başladım. Taleplerin alınmasının ardından da, *"sorgumuz"* başladı. Mahkemenin üye hakimlerinden birisi tüm soruşturmanın belli ki *"en can alıcı"* olduğunu düşündüğü sorusunu yöneltti: *"Alper Görmüş, Taraf gazetesinde..."* diye başlayarak, Özden Örnek'e ait *"Darbe Günlükleri"* haberini benim yapmadığım yazılmış, bu doğru muymuş? Anlaşılan o ki müştekisi Nazlı Ilıcak olan davanın *"bilirkişisi"* de Alper Görmüş tayin edilmişti. Hakimin bu sorunun yanıtı yine Görmüş'ün köşesinde hem de benim ağzımdan yanıtlanmıştı. Amaç elbette ki başkaydı. Hakkımda iler tutar o kadar yayından sonra yazacak bir şey bulamayan cemaat medyası için manşet çıkarılmak isteniyordu. Yanıt vermek istemedim. Çünkü davayla, soruşturmayla ilgisi yoktu. Bunu hakime de söyledim. *"Sorunuzun soruşturmayla, davayla ilgisine dair en ufak bir bağ kurun yanıt vereceğim"* diye söyleniyordum sinirle. Sesim biraz fazla yükselmiş olacak ki mahkeme başkanı askerlere yerime oturtulmam talimatını verdi. Hakim talimatı vermiş ama önümdeki mikrofonun sesini kısmaya yarayan düzenek önünde olmasına karşın kapatmamıştı. Ve ben hâlâ söyleniyordum. Avukatlarım devreye girerek soruları yanıtlamamı istediğinde artık tahliye edileceğimizden emin olmuştum. Daha önce defalarca söylediğimi yeniden tekrar ettim. Haberi yapmadığımı ancak bir gazeteci olarak öyle bir haberin altında imzam olmasını isteyeceğimi söyledim. Ertesi gün de bu söylediklerimin cemaat medyasında, *"Ahmet Şık itiraf etti"* başlığıyla duyurulduğunu görünce niyetin ne olduğu da anlaşılmış olacaktı. Benim ardımdan Nedim'in *"sorgusu"* yapıldı. Akşam saatlerinde ise tıpkı daha öncekilerde olduğu gibi mahkemenin kararını cezaevinde almak üzere Silivri'ye doğru yola çıkarıldık.

1 yıl 11 gün ve 15 saat sonra özgürlük

Zaten yolu yarılamıştık ki tahliye edildiğimiz haberini de aldık. Cezaevi ring aracının o berbat bölmelerinde, o rahatsız edici koltuklarında otururken kapıyı açan subaylardan birisi Nedim ve benimle birlikte Sait ve Coşkun'un da tahliye edildiğini söylediğimizde hepimizin boğazı düğümlendi. Zaten cezaevinden çıkan geride bıraktıklarını bildiğinden sevinemez. Öyle olmuştu. Bir tek suçlusunun olduğuna inanmadığım bir davada, hukuksuz biçimde tutuklanmış ve şimdi de serbest bırakılıyorduk. Peki ya diğerleri? Birlikte *"yolculuk"* ettiğimiz Barış Pehlivan ve Hanefi Avcı'nın yüzüne bakamayacak kadar utanıyordum. Şu kesindi ki, mahkeme sadece bizi bırakmak için duruşma yapmıştı. Cezaevine geldiğimizde geride bırakacağımız *"örgütdaş"*larımızı da en kısa sürede aramızda görmek dileğiyle vedalaştık. 2 Nolu cezaevinde 1 yıl boyunca kaldıktan sonra sevk edildiğimiz 1 Nolu cezaevinde geçirdiğimiz 11 günün ardından koğuşumuza son kez eşyalarımızı toparlamak için giriyorduk. Birkaç saatlik bekleyişin ardından tahliye evraklarımızın gelmesi gece 21.00 sıralarında 1 yıl 11 gün ve 15 saatlik esaretimiz sona erdi. Cezaevinin kapısına gelen bir askeri araçla getirildiğimiz cezaevi nizamiyesinde aylardır her hafta Silivri yollarını kateden Yonca ve Mina, Bülent ağabeyim, avukat arkadaşlarım ve dostlarımla bir anda sevinç yumağı oluverdik. Aynı şekilde Nedim de ailesi ve dostlarıyla kucaklaşıyordu. Şaşkınlıkla sevinç birbirine karışmış durumdaydı.

Ailem ve arkadaşlarımla birlikte bir minibüse doluşup, kendilerine dindar Müslüman diyenlerin komplosuyla hayatımın 1 yılının çalındığı Silivri Cezaevini geride bırakmak üzere yola çıktık. Ancak cezaevi kapısının önü ana baba günü olmuş durumdaydı. Gazeteciler, arkadaşlarımız, dostlarımız, destekçilerimiz, bize güvenen, inanan herkes bekliyordu. Zaten ilerlemesine imkân olmayan araçtan inerek arkadaşlarımın yanına gittim. 1 yıllık çabalarının karşılığını gecikmeli de olsa alan arkadaşlarımı alkışlıyordum yanlarına giderken. Kimlerle kucaklaştığımı dahi anımsayamadığım o hengâmede birdenbire kameralarla burun buruna geliverdim. Aslında sadece, *"Yarın benim için 4 Mart. Nerede kalmıştık"* dışında hiçbir şey söylemeyecektim. Ancak bir TV muhabiri, "Ahmet, herkes canlı yayında ne söyleyeceksin?" deyince aklıma gelenleri, hakikati, bu komplonun merkezinde kimlerin yer aldığını işaret etmek üzere konuştum. Sonrasında, cemaatperverlerin kopardığı yaygara nedeniyle soruşturma açılan sözlerimi bir kez de buradan aynen tekrarlamakta fayda var:

> *"Eksik kalmış adalet bu ülkeye hukuk ve demokrasi getirmeyecek. Sadece benim davamda 5 tutuklu var. 100 civarında gazeteci hâlâ içeride* ve ifade özgürlüğü *meselesi sadece gazetecilerin sorunu değil. 600 civarında öğrenci tutuklu. KCK davasında 6 binin üzerinde tutuklu var. Bunların hepsi düşünce ve ifade özgürlüğü bağlamında değerlendirilmesi gereken tutuklular. Bunun mücadelesine devam edeceğiz. Şimdi Burada adalet ne zaman sağlanacak diyeceksiniz. Bu komployu kuran polisler, komplonun yürütülmesinde görev alan savcı ve hâkimler bu cezaevine girecek. Burada and içiyorum hepinizin önünde. Onlar buraya girdiğinde bu ülkeye adalet gelecek. O cemaat bağlantılı o çete bağlantılı adamlar buraya girecek. Bunu da buraya yazıyorum. Çok net söylüyorum. Bu işin sorumluları ki burada cemaatçi olan herkesi suçlamıyorum, ama cemaatçi*

olup da çete faaliyeti gibi çalışan emniyet ve yargı bürokrasisi içindeki örgütlenmiş adamlardı bunun asli sorumluları. Siyaseten sorumlusu da AKP hükümetidir. Bunlara sesini çıkarmadığı, bu hukusuzluklara cevaz verdiği için. Ama şunu herkes bilsin. Bunca baskı ve zulümden o iktidarın korktuğu ama bizim de özlemini duyduğumuz ve mücadelesini sürdürmeye devam edeceğimiz bir hayat çıkacak."

Evet, 1 yıl ve 11 günün güncesi şimdilik bu kadar. Hiç olmaması gereken bir soruşturma 5 esiriyle birlikte hâlâ sürüyor. Serbest kalanların 1 yıldan fazla bir zaman boyunca, halihazırdaki 5 esirinse hapiste tutulmasının *"en önemli gerekçesi"* kaçma şüphesiydi. Tahliye edildikten kısa süre sonra Avrupa Parlamentosu'nda bir konuşma yapmak üzere önce Brüksel'e gittim. Ardından iki kez daha yurt dışına çıktım ve döndüm. İlk tutuklandığımda dosyamda ne varsa, serbest kaldığımda da aynı şeyler mevcuttu ve lehte ya da aleyhte dosyaya yeni hiç bir şey girmemişti. Hiçbir sınır konulmadan bırakıldım. Kibirden oluşmuş *"tepelerde oturanların"*, işaret etmeye çalıştığımız tehlikenin hedefi olduğu anda vermiş olduğu talimatlarla serbest kaldım. Dönmemek üzere bir yere gitmeye de niyetim yok. Tıpkı *"kaçma şüphesi"* diyerek bırakılmayan ve bu ülkeyi terk etmeyecek diğer esirler gibi.

14 Şubat 2011'de Odatv'ye düzenlenen operasyon ve Soner Yalçın ile iki arkadaşının tutuklanmasıyla başlayıp 3 Mart 2011 günü bizleri de içine alarak devam eden, soruşturulduğumuz, yargılandığımız söylenen bu davada neyin ne olduğu çok açık. Tüm gerçekler tüm çıplaklığıyla ortada duruyor. Ancak mahkemeler bu gerçeklerin, gerçek çetenin peşine düşmek yerine, yakıştırmalara inandığını gösteren kararlar aldı ve bu hukuksuzluğa, bu haksızlığa devam etmekte sakınca görmediler. Halbûki içlerinde polisler ve yargı mensuplarının da bulunduğu aynı cemaate mensup bir çetenin komplosuyla ve destekçisi özel yetkili gazetecilerin, o çok sevdikleri deyimle söylersek *"kara propogandalarıyla"* karşı karşıya olduğumuzu ilgili ilgisiz herkes biliyor. Mahkemenin görevi iler tutar hiçbir yanı olmayan bu davayı düşürüp, asıl bu çetenin kimler olduğunu ortaya çıkarmaktı. Çünkü bizi olduğu kadar kendilerini ve hepimizi özgür kılacak olan sadece gerçeklerdir. Çekoslovak yazar, düşünür, siyaset adamı ve cumhurbaşkanı olmadan önce bir düşünce özgürlüğü mahkûmu olan Vaclav Havel, *"İnsan hayatta oynamak istediği rolle değil, tarihin ona biçtiği rolü nasıl oynadığı ile sınanır"* demiş. Odatv davası da hepimiz için ama en çok da bu komployu savunanlar ve devamını sağlamaya çalışanlar için bir sınav oldu. Kimlerin bu sınavdan geçip geçmediği ortada ve tarih bu sınavda rollerimizi nasıl oynadığımızı kalın harflerle yazacak biliyorum.

BÖLÜM 6

ERGENEKON SORUŞTURMASININ GENEL ANALİZİ

"Beni kötülerin zulmü değil, iyilerin sessizliği korkutuyor."
Martin Luther King

16 soruşturma tek dava

2007 yılı ortasından itibaren başlayan Ergenekon soruşturmaları birçok ilintili soruşturma ve davayı da beraberinde getirdi. Uzun yargılama süreci bir yana yaşanan hukuksuzlukların yarattığı hak ihlalleri ve elbette tutuklamaların cezaya dönüşmesi bu soruşturmalar zincirinin en çok öne çıkan eleştiri noktalarıydı. Hele ki birbiriyle ilgisiz ve ilişkisiz, siyaseten bambaşka yerlerde duran insanlardan bir örgüt olduğunu varsayıp hepsini bir torbaya doldurunca iş daha da içinden çıkılamaz hale geldi. Hatta özellikle böyle yapıldı. İstanbul 13. Ağır Ceza Mahkemesi, 27 Nisan 2012'de yapılan birinci Ergenekon davasının 225'inci duruşmasında, birinci ve ikinci Ergenekon dava dosyalarındaki eylemlerin iddia olunan *"Ergenekon terör örgütü"* kapsamında değerlendirildiğini belirterek 16 Ergenekon davasının tek bir davada birleştirilmesine karar verdi. Böylece zaten sorunlu olan süreç tam bir kaos ve çözümsüzlük içine hapsedilmiş oldu. Birleştirme kararıyla birlikte birinci, ikinci ve üçüncü Ergenekon, Danıştay saldırısı ve Cumhuriyet gazetesine el bombası ile molotofkokteyli atılması, Danıştay saldırısında kullanılan glock marka silahın Alparslan Arslan'a satılması, savcı Zekeriya Öz'ün tehdit edilmesi, İrtica ile Mücadele Eylem Planı, İlker Başbuğ'un da sanığı olduğu İnternet Andıcı davası, kendi aralarında birleştirilen Poyrazköy ve Kafes davaları, Amirallere suikast, ÇYDD ve ÇEV'e açılan dava, İlhan Cihaner'in de sanığı olduğu Erzincan davası olmak üzere Ergenekon kapsamında olan toplam 16 iddianame tek davada toplandı. İstanbul 13. Ağır Ceza Mahkemesinde görülen Birinci Ergenekon davasının ikinci Ergenekon davasıyla birleştirmesiyle davadaki sanık sayısı da 63'ü tutuklu olmak üzere 256'ya çıktı. Davaların birleştirilmesiyle birinci, ikinci ve üçüncü Ergenekon, Danıştay saldırısı ve Cumhuriyet gazetesine el bombası ile molotofkokteyli atılması, Danıştay saldırısında kullanılan glock marka silahın Alparslan Arslan'a satılması, savcı Zekeriya Öz'ün tehdit edilmesi, İrtica ile Mücadele Eylem Planı, İlker Başbuğ hakkındaki dosya olmak üzere Ergenekon kapsamında açılan toplam 16 iddianame tek davada toplandı. 20 Ekim 2008'de başlayan Ergenekon davası kapsamında Danıştay saldırısının tetikçisi Alparslan Arslan'dan gazeteciler CHP İzmir Milletvekili Mustafa Balbay ile Tuncay Özkan'a, adı birçok karanlık olay ve isimle anılan emekli Tuğgeneral Veli Küçük'ten Doğu Perinçek'e ve mafya tetikçilerinden eski Genelkurmay Başkanı emekli Orgeneral İlker Başbuğ'a, JİTEM'in kurucusu olduğunu söyleyen Arif Doğan'dan JİTEM'in hukuksuzlukları ile ilgili ilk soruşturmayı başlatıp dava açılmasını sağlayan İlhan Cihaner'e kadar alakasız isimler aynı davada *"örgütdaş"* olarak yargılanıyor artık. Bu koca torbanın dışında kalan Odatv davasının 18 Haziran 2012'de yapılacak duruşmasında da muhtemelen birleştirme kararı verilecek ve ben de diğer sanıklarıyla birlikte bu isimlerin arasında bulacağım kendimi. Davaların genel analizini Milliyet gazetesinde yayımlanan Esra Alus'un haberinden okuyalım:

> *"Ümraniye'de bir evde 12 Haziran 2007 tarihinde ele geçirilen patlayıcı maddelerle ilgili olarak başlatılan soruşturmada, ilk etapta İstanbul Cumhuriyet savcıları Zekeriya Öz, Mehmet Ali Pekgüzel ve Nihat Taşkın tarafından hazırlanan ve 14 Temmuz 2008 günü İstanbul 13. Ağır Ceza Mahkemesi'ne tevzi edilen iddianame, 25 Temmuz 2008 günü kabul edildi. Davanın görülmesine 20 Ekim 2008 tarihinde Silivri Ceza İnfaz Kurumları yerleşkesinde oluşturulan salonda başlandı. Birleşen dosyalarla birlikte dava kapsamında yargılanan sanıkların sayısı 31'i tutuklu olmak üzere 108'e çıktı.*
>
> *- Danıştay saldırısı davası: Danıştay üyeleri ve Cumhuriyet gazetesine yönelik saldırıya ilişkin davanın tutuklu sanıkları Alpaslan Arslan ve Osman Yıldırım'ın da aralarında bulunduğu 8 sanıklı dava.*
>
> *- Vatansever Birliği Derneği davası: Vatanseverler Birliği Derneği (eski adıyla Vatansever Kuvvetler Güç Birliği Hareketi Derneği) Genel Başkanı Taner Ünal ile Derneğin eski Genel Başkan Yardımcısı Ahmet Cinali'nin, "Ergenekon örgütü içindeki hiyerarşik yapıya dahil olmamakla birlikte, örgüt üyelerine, bilerek ve isteyerek yardım ettiği" iddiasıyla yargılandığı dava.*
>
> *- Glock davası: Dava sanıklarından Alparslan Arslan'a Danıştay saldırısında kullanılan Glock marka silahı sattığı iddiasıyla Üsküdar 5. Asliye Ceza Mahkemesi'nde yargılanan Erkan Ayyıldız, Aykut Metin Şükre, Kenan Özay ve Selçuk Özkan'ın davası.*
>
> *- Patrik Bartholomeos'a suikast davası: Fener Rum Patriği Bartholomeos'a yönelik suikasta hazırlandığı öne sürülen İsmet Reçber'in tutuksuz yargılandığı dava.*
>
> *- Savcı Öz'ü tehdit davası: İstanbul Cumhuriyet Başsavcıvekili Zekeriya Öz'ü "Ergenekon" soruşturmasını yürüttüğü sırada tehdit ettiği iddiasıyla tutuklu yargılanan Özkan Kurt'un davası.*
>
> *- Cumhuriyet gazetesine molotoflu saldırı davası: İstanbul 12. Ağır Ceza Mahkemesi'ndeki Cumhuriyet gazetesine molotofkokteyli atılmasına ilişkin tutuklu sanıklar Bayram Demir, Seyhun Zayim, Boğaç Kaan Murathan, Bora Ballı, Bedirhan Şinal ve Fatih Derdiyok ile tutuksuz sanık Murat Aplak'ın yargılandığı dava.*
>
> *- Şile'de bulunan mühimmat davası: Şile'de bulunan mühimmata ilişkin İstanbul 12. Ağır Ceza Mahkemesi'nde görülen 4 sanıklı dava.*

30'u tutuklu 148 kişi sanık sandalyesinde

İstanbul Cumhuriyet savcıları tarafından "Ergenekon" kapsamında hazırlanan 1909 sayfalık ikinci iddianame, İstanbul 13. Ağır Ceza Mahkemesi'nce 25 Mart 2009 tarihinde kabul edildi. Davanın görülmesine, 20 Temm uz 2009 tarihinde Silivri Ceza İnfaz Kurumları yerleşkesinde yeni oluşturulan duruşma salonda başlandı. Birleşen dosyalarla birlikte dava kapsamında yargılanan sanıkların sayısı 30'u tutuklu olmak üzere 148'e yükseldi.

- 3. Ergenekon davası: Eski MGK Genel Sekreteri emekli orgeneral Tuncer Kılınç, emekli Orgeneral Kemal Yavuz, eski Başkent Üniversitesi Rektörü Prof. Dr. Mehmet Haberal ve eski İnönü Üniversitesi Rektörü Prof. Dr. Fatih Hilmioğlu, eski YÖK Başkanı Kemal Gürüz, eski Özel Harekat Dairesi Başkanvekili İbrahim Şahin'in de aralarında bulunduğu 52 sanık hakkında hazırlanan üçüncü "Ergenekon" iddianamesi.

- Sivaslı kuyumcu Durmazgüler'e suikast davası: Ergenekon soruşturması kapsamında Sivas'ta kuyumculuk yapan Minas Durmazgüler'e suikast düzenleneceği iddialarına ilişkin haklarında Bekir Çelik ve Emrah Gönenci'nin yargılandığı dava.

- 2. Durmazgüler suikastı davası: Aynı suikast planı için 2011 Haziran ayında hazırlanan İbrahim Şahin ve Garip İrfan Torun'un suçlandığı ek iddianame.

- Yusuf Erikel davası: Aralarında avukat Yusuf Erikel'in de bulunduğu 8 sanığın yargılandığı dava.

Avukatın bürosunda albay imzalı belge

İkinci Ergenekon davası sürerken Albay Dursun Çiçek tarafından hazırlandığı ve avukat Serdar Öztürk'ün Ankara'daki ofisinde bulunduğu iddia edilen "İrtica ile Mücadele Eylem Planı" belgesine ilişkin 7 sanıklı yeni bir iddianame hazırlandı. Bu iddianameye ilişkin dava 28 Haziran 2010'da Silivri'de başladı. Birleşen davalarıyla birlikte "İrticayla Mücadele Eylem Planı" davası da 6 Nisan'da ikinci Ergenekon davasıyla birleştirildi.

- İnternet andıcı davası: "Kamuoyunu yönlendirme amaçlı internet siteleri kurulduğu" yönündeki iddialara ilişkin başlatılan soruşturma kapsamında eski Kuzey Deniz Saha Komutanı Koramiral Mehmet Otuzbiroğlu ile eski 1. Ordu Komutanı emekli Orgeneral Hasan Iğsız, tümgeneraller Hıfzı Çubuklu, Mustafa Bakıcı, Korgeneral Mehmet Ersöz, "İrticayla Mücadele Eylem Planı" davası kapsamında tutuklu bulunan emekli Albay Dursun Çiçek'in de aralarında bulunduğu 22 şüpheli hakkındaki dava.

- İlker Başbuğ davası: Eski Genelkurmay Başkanı emekli Orgeneral İlker Başbuğ hakkında hazırlanan ek bir iddianameyle açılan dava.

Davanın ünlü sanıkları

1. Ergenekon: Emekli Tuğgeneral Veli Küçük, İP Genel Başkanı Doğu Perinçek, eski İstanbul Üniversitesi Rektörü Prof. Dr. Kemal Alemdaroğlu, Türk Ortodoks Patrikhanesi Basın Sözcüsü Sevgi Erenerol, Sedat Peker, Ali Yasak ve Sami Hoştan, Danıştay saldırısı şüphelileri Alparslan Arslan ve Osman Yıldırım.

2. Ergenekon: Emekli orgeneraller Mehmet Şener Eruygur, Hurşit Tolon, emekli Tuğgeneral Levent Ersöz ve emekli Albay Hasan Atilla Uğur, gazeteciler Mustafa Balbay, Tuncay Özkan, eski ATO Başkanı ve CHP Milletvekili Sinan Aygün, eski İstanbul Organize Suçlarla Mücadele Şube Müdürü Adil Serdar Saçan, eski

Esenyurt Belediye Başkanı Gürbüz Çapan, emekli Albay Arif Doğan, Anayasa Mahkemesi Başkanvekili Osman Paksüt'ün eşi Ferda Paksüt, yazar Erol Mütercimler, eski milletvekilleri Emin Şirin ve Turhan Çömez (firari), eski MGK Genel Sekreteri emekli orgeneral Tuncer Kılınç, emekli Orgeneral Kemal Yavuz, eski Başkent Üniversitesi Rektörü Prof. Dr. Mehmet Haberal, eski İnönü Üniversitesi Rektörü Prof. Dr. Fatih Hilmioğlu, eski YÖK Başkanı Kemal Gürüz, eski Özel Harekat Dairesi Başkanvekili İbrahim Şahin, eski 19 Mayıs Üniversitesi Rektörü Prof. Dr. Rıza Ferit Bernay, eski Uludağ Üniversitesi Rektörü Prof. Dr. Mustafa Abbas Yurtkuran, eski Genelkurmay Adli Müşaviri emekli Tümgeneral Muhittin Erdal Şenel, gazeteci-yazar Yalçın Küçük ve İstanbul Üniversitesi emekli öğretim üyesi Prof. Dr. Erol Manisalı, Yeditepe Üniversitesi Kurucusu Bedrettin Dalan (firari), emekli Kurmay Albay Dursun Çiçek, MİT görevlisi Özel Yılmaz, eski 1. Ordu Komutanı emekli Orgeneral Hasan Iğsız, eski Genelkurmay Adli Müşaviri Tümgeneral Hıfzı Çubuklu, eski Genelkurmay Başkanı emekli Orgeneral İlker Başbuğ.

Milyonlarca sayfa iddianame
1. Ergenekon: 2455
2. Ergenekon: 1909
3. Ergenekon: 1454
İrticayla Mücadele Eylem Planı: 165
İnternet andıcı: 90
İlker Başbuğ: 39
Yusuf Erikel: 150
Sivaslı kuyumcu Durmazgüler'e suikast davası: 150
Birleşen davaların toplam 4 bin 352 ek delil klasörü bulunuyor. Delil klasörlerinin her birinin ortalama 300 sayfadan oluştuğu düşünülürse delilleri oluşturan sayfa sayısı 1 milyonu aşıyor."[46]

Bir öç alma soruşturması olarak Ergenekon

Bu bilgilerden sonra Ergenekon soruşturmalarına ilişkin genel değerlendirmemize başlayabiliriz. Ancak öncelikle Ergenekon'un bir örgütten ziyade, aralarında çeşitli ilişkilerin olduğu kimi şüphelilerin de bulunduğu ırkçı, faşist, siyasal İslam ile Kürtler ve sosyalist solu hedefine koyan, darbe yanlısı, ultra milliyetçi bir zihniyeti yansıttığını belirtmekte fayda var. Buradan hareketle Ergenekon soruşturmalarının ne olduğu konusunda biraz hafızamızı tazeleyelim. 2007 yazında Ümraniye'de bir gecekondunun çatı katında ihbar üzerine el bombaları bulunmasıyla başlayan ve giderek dallanıp budaklanan bir soruşturma ve yargı sürecinin adı oldu Ergenekon. İlk zamanlar polis ve savcılık kaynaklı sızdırma belgelerin yer bulduğu medya aracılığıyla estirilen havanın etkisiyle, ben de dahil olmak üzere azımsanmayacak bir kitle bir kez daha Türkiye'nin derin devletiyle hesaplaşma için yeni bir fırsat yakaladığını düşünmüştü. Önceki fırsat herkesin bildiği gibi Susurluk soruşturmalarıydı. Ancak kısa zamanda üzeri örtülüvermişti. Daha sonra Şemdinli bombalamaları sırasında ele geçirilen fırsatın heba edilmesi ise Susurluk'tan daha hızlı olmuştu. İnandırılmak

46) Esra Alus, Milliyet gazetesi, 29 Nisan 2012, "16 iddianame, tek dava, 1 milyonu aşkın sayfa"

istendiğimiz, *"Ergenekon'un bir derin devlet soruşturması olduğu"* yalanı ise zaman içerisinde soruşturmanın gelip dayandığı yerde anlaşıldı. Soruşturma malum cemaatin muhaliflerine yönelik bir sindirme, öç alma harekâtına dönüştü ve derin devletle hesaplaşma amacının olmadığı ortaya çıktı. Zaten tam da bu nedenlerle Ergenekon soruşturmaları Susurluk sürecinde olduğu gibi bir toplumsal destekten yoksun kaldı. Bir tarafta AKP-Gülen cemaati koalisyonu yanlıları öte tarafta ise bu koalisyonun muhalifleri olarak ülke iki büyük kampa ayrıldı. Her iki gruba da eşit mesafede durmaya çalışıp süreci arka plan bilgisi ve yaşananlar üzerinden analiz etmeye çalışıp yol göstermeye çalışan zayıf azınlık ise maalesef hiçbir zaman seslerini duyuramadı.

Soruşturmanın siyasi atmosferi

Aslında Ergenekon soruşturmalarının ne olduğunu anlatmaya çalışmak yukarıda anılan nedenler dolayısıyla hayli güç. Konuyu anlaşılır kılmanın zorluğuna bir başka neden ise Türkiye'deki politik atmosfer ve daha önemlisi bu atmosferi yaratan politik kutuplaşmanın geçmişinin hayli karışık olması. Elbette ki bu karışıklıkta siyasal İslamın 1990'ların sonunda önce koalisyon ortağı olarak hükümette yer alması, 2002'den sonra ise AKP'yle birlikte tek başına iktidar olması çok belirleyici oldu. Seçmen gözünde meşruiyetini sağlayan AKP, 12 Haziran 2011 seçimlerinde de 8,5 yılın ardından bir dört yıl daha geçerli oyların yarısını alarak üçüncü kez iktidar partisi olabilme başarısını da gösterdi. Aslında durumun böyle olacağı, yani AKP'nin kalıcı olacağı daha ilk günlerden de anlaşılmıştı. Siyasal İslamın iktidarı elde etmesi, bunca uzun bir dönem sahip olduğu gücünü koruması ve kalıcı olduğunu ortaya koyması ise Türkiyeli katı laiklerin bir türlü anlamak istemediği bir gerçeklikti. Mevcut siyasi konjonktürdeki kitlesel muhalif partilerin *"demokratikleşme"* sayılabilecek kimi konularda İslamcı- muhafazakâr AKP'nin bile gerisine düşmeleri ve AKP'nin özellikle iktisadi alanda neoliberal politikaların koşulsuz destekçisi ve uygulayıcısı olması da kalıcılığını sağlayan diğer önemli unsurlardı. AKP'de vücut bulan siyasal İslamın bu uzun süreli iktidarı kendini solda tanımlayan siyasi partilerin ve seçmenlerin de politik savrulmalarına neden oldu. Öyle ki bu savrulmalar demokratik seçimlerde alt edilemeyen AKP iktidarının bir askeri darbeyle yerinden edilmesi beklentisine bile dönüştü. Hatta bu faşizan talep, düzenlenen AKP karşıtı gösterilerde sloganlarla, pankartlarla, yapılan konuşmalarla açıkça dile getirildi.

Darbecilerden muhaliflere

28 Şubat 1997 de dâhil, o güne dek gerçekleşen dört darbeye bakılırsa sonuç olarak faşizme ya da totalitarizme karşılık gelen bu talebi yerine getirmek için ordunun içindeki kimi kişi ve grupların çeşitli hazırlıklarda olduğu Ergenekon ve ilintili soruşturma süreçlerinde ortaya çıktı. Bu bilgi ışığında *"Ergenekon soruşturmaları ve dava süreci nedir?"* diye sorulacak bir soruya düşünülmeden verilecek yanıtlardan biri *"AKP hükümeti aleyhine planlama düzeyinde kalmış darbelerin yargılanması"* demek yanlış olmaz. Ancak tek başına bu yanıt özellikle gelinen süreçte çok eksik kalacaktır. Doğrudur, başlangıçta AKP ve bileşenlerini hedefleyen darbe planlarını soruşturan Ergenekon operasyonu artık sadece bileşenlerin küçümsenmeyecek bir parçası olan Gülen cemaati muhaliflerini hedef alan bir intikam alma aracına dönüşmüştür.

Umutlu başlangıç ve hüsran

Ergenekon operasyonunun ilk başladığı zamanlarda yıllarca dokunulamayan ve dokunulmaz zannedilen kişi ve kurumlara yönelik *"cesaretle"* yürütülen operasyonlarda, vicdanlarda mahkûm edilmiş isimler gözaltına alınıp tutuklandı. Hal böyle olunca askerin siyasette gölgesinin olmasını istemeyen, bu satırların yazarının da aralarında bulunduğu devrimci, demokrat kamuoyu Ergenekon soruşturma sürecine destek çıkmıştı. Özellikle AKP destekçisi ve Gülen cemaati kontrolündeki medya ile kamuoyunda solcu, demokrat, liberal ya da özgürlükçü kimlikleriyle bilinen yazar ve kanaat önderlerinin sınırsız, koşulsuz ve sorgulamaksızın sürece destek çıkmalarıyla *"iyimser hayaller"* kurulmasının da yolu açılmıştı. Sanki Türkiye'nin yarım asırdan fazla geçmişi bulunan derin devletiyle hesaplaşılıyordu. Ya da bunun kapısı açılmıştı. Ardında binlerce ölü bırakan 30 yıllık savaş, faillerinin bizatihi devlet ya da devlet tetikçisi gruplar olduğu bilinen faili meçhul yüzlerce cinayet, kitle kıyımları, gözaltında kayıplar, işkencede ölümler ve infazların da aralarında bulunduğu birçok olayın aydınlatılacağına dair bir umut, bir inanç doğmuştu. Ancak bu iyimser umutların beslendiği soruşturma ve davalar zinciri Türkiye kamuoyunu bir derin devlet soruşturması yapıldığına inandırma amacı güden bir aldatmaca, bir illüzyon haline dönüştü. Yukarıda konu başlıklarıyla anılan olayların hiçbiri soruşturma konusu edilmedi. Güya derin devletle hesaplaşılıyordu ancak ortada bu kanlı cinayet şebekesinin bir tek mağduru görünmüyordu. Mağduriyeti bilinenlerin davalara müdahil olmasına dahi mahkemeler izin vermedi. Hatta öyle bir hale geldi ki bizzat bu olayların, kontrgerillanın mağdurlarının ya da bu kanlı ve karanlık sürecin aydınlatılmasını isteyen, bunun için çalışanların bile *"Ergenekoncu"* olduğunun iddia edildiği tuhaflıklar yaşandı. Toplumun adalet problemlerini eleştiri konusu yapan halkın geniş kesimlerinin adalet ve hakkaniyet talebine yanıt vermesi beklenen soruşturmalar zinciri birtakım siyasal dönüşümlerin aracı kılındı. Yani kimse derin devletten vazgeçmemişti. Sadece sahipleri el değiştiriyordu böylece.

Başka bir deyişle adına derin devlet dediğimiz güce kimin sahip olacağı kavgasıydı yaşananlar. Yani gücün bilinen öyküsüydü. Ebediyen varolan, zayıflamış gibi göründüğü zamanlar dahi etkisi büyük olan, değişiyor gibi göründüğü zamanlardaysa tek değişenin sadece sahipleri olduğunun, o gücün ipini kimin elinde tuttuğunun hikâyesiydi. Gücün sahibinin değişimiyle elbet sahibine göre kişneyen at misali yaşatılan zulmün, baskının, haksızlık ve adaletsizliklerin niteliği, niceliğiydi değişen. Ve maalesef tarihin şaşmaz doğrusu olarak bu bilindik hikâye böyle gelmiş, böyle gidiyor ve böyle gidecektir. Çünkü tarihin bize hep anlattığı devrildiği halde hiç değişmeden kalan iktidarların öyküleridir. Çünkü eskisini, kendisinden öncekini alaşağı eden her güç, içinde değiştirdiğinin tohumlarını barındırmaktadır. Zamanla devirdiğinin devamı haline gelir bu güç. Demokrasi, eşitlik, kardeşlik, sivilleşme, hoşgörü ve diyalog gibi yalanlarla zehirler herkesi. Halbuki ayrıcalıklar eski ayrıcalıklardır. Kimlerin bunlardan faydalanabileceği değişmiştir o kadar. En kutsal kıyafetler içinde dahi çeşitli şekiller, sıfatlar altında gizlenenlerin her birinin temsil ettiği şey aynıdır; güç ve vesayet.

Kontrgerilladan Ergenekon'a

Peki, bu güç ve vesayeti her daim iktidar kılmanın aracı olan, kontrgerilla ya da derin devlet dediğimiz oluşumun Türkiye'deki geçmişi ne? Ertuğrul Mavioğlu ile birlikte kaleme aldığımız Ergenekon'a dair 2 ciltlik "Kırk Katır Kırk Satır" üst başlığında yayımlanan kitabımızda [47] da yer verdiğimiz bölümü burada tekrarlamakta fayda

47 Kırk Katır Kırk Satır, Derin Devlet ve Ergenekonu Anlama Kılavuzu. İthaki Yayınları 2010.

var. Türkiye'de kontrgerilla diye de anılan derin devletin kirli geçmişine bir bakalım, sonra da Ergenekon sürecinin iddia ettiği gibi bu kanlı geçmişi sorgulayıp sorgulamadığına karar verelim:

> *"Türkiye'nin yer almadığı 2. Dünya Savaşı'nın bitiminden sonra en çok yakınlık kurulan ülkelerin başında ABD geliyordu. Dönemin ABD Başkanı Harry Truman'ın 17 Mart 1947'de ABD kongresinde yaptığı ve daha sonra kendi adıyla Truman Doktrini diye anılacak olan konuşmasında Ortadoğu'da düzenin sağlanması için Yunanistan ve Türkiye'nin ulusal bütünlüklerinin korunması, bu iki ülkenin komünist Sovyet etkisinden korunması gerektiğini anlatıyordu. Sovyet rejiminin 'tehdidi altında' bulunan bu iki ülkeye, yani Türkiye ve Yunanistan'a ekonomik ve askeri yardım yapılması da Truman Doktrini çerçevesinde kongrede kararlaştırılmıştı. 22 Mayıs 1947'de Türkiye'ye yapılacak askeri yardımı görüşmek üzere Amerikan askeri heyeti Ankara'ya geldi. Yapılan görüş alışverişinin ardından 1948 Eylül'üne dek ABD'den 73 milyon dolar askeri yardım alındı. 14 Haziran 1948'de de ABD'nin iktisadi heyeti Ankara'daydı. Amerikan heyetlerinin gelme nedeni ise ihtiyaçların ve yardımın nerelerde kullanılacağını kendisinin belirleme amacında olmasıydı.*
>
> *Öyle de olmuştu. Yapılan yardımlar ABD onayı olmadan başka amaçlarla kullanılmayacaktı. ABD'ye iade-i ziyarete giden ikinci askeri heyete dönemin Genelkurmay Başkanı Orgeneral Salih Omurtak başkanlık etmişti. 5 Ekim 1948'de yapılan bu ikinci ziyaretin hemen ardından 8 Ekim'de Türkiye, ilk kez Dünya Bankası'na borçlanıyordu. 50 milyon dolar alınmıştı. Bu arada dönemin ABD Dışişleri Bakanı George Marshall tarafından planlanan ve 2. Dünya Savaşı'nda yıkıma uğramış Avrupa ülkelerine ekonomik yardım içeren Marshall Programı 4 Temmuz 1948'de Ankara'da yapılan anlaşmayla yürürlüğe girmişti. Bu plan doğrultusunda Türkiye 1952'ye kadar 350 milyon doların üzerinde dış yardım aldı. 1950 yılının başında ise ABD'den alınan paraların karşılığı ülke genelinde yürütülen komünist ve solculara yapılan baskılarla ödeniyordu. Üniversitelerdeki solcu öğretim üyeleri takip edilip fişleniyordu. Behice Boran, Pertev Naili Boratav, Niyazi Berkes'in de aralarında bulunduğu çok sayıda öğretim üyesi üniversitelerden uzaklaştırılıyordu. Her yerde komünist, her etkinlikte komünizm propagandası aranıyordu.*
>
> *CHP iktidarında başlayan bu süreç 14 Mayıs 1950'deki seçimlerle iktidarı ele geçiren Demokrat Parti (DP) döneminde de daha da yoğunlaşarak sürdü. CHP'nin tek parti iktidarına son veren seçimlerin galibinin DP olduğu bu yeni dönemde dünyada soğuk savaş sürecinin egemenliği hüküm sürmüştü. Artık iki kutuplu olarak anılan dünyada bir yanda ABD öteki tarafta SSCB vardı. Doğu Avrupa'nın tamamı Sovyetlerin komünist rejiminin nüfuzu altındaydı. ABD'nin kâbusu komünizmin Avrupa'nın batısında da iktidara aday görünmeleri, Asya ve Afrika'daki özgürlük ve bağımsızlık taleplerini de beraberinde getirdi. Truman Doktrini ve Marshall Planı çerçevesinde yapılmak istenen ise stratejik ülkelerin başında gelen Türkiye'de komünizmin yayılmasını durdurmaktı. Türkiye ile birlikte birçok ülkede ekonomik ve askeri yardım paketleriyle 'komünizm belasına' karşı ABD'nin öncülüğünde örgütlenmeye gidiliyordu.*
>
> *ABD başta olmak üzere batıya karşı rüştünü ispata girişen Adnan Menderes Hükümeti Kore Savaşı'na asker göndermeye karar verdi. Komünist Kuzey Kore'ye karşı çarpışan Güney Kore'ye askeri yardımda bulunan ABD'nin Başkanı*

Truman savaşın başlamasından bir ay sonra 25 Temmuz 1950'deki bu karardan memnuniyetini Türkiye'ye yaptığı yardımı arttırarak gösterdi. Türkiye hiç ilgisi olmayan dünyanın öteki ucundaki savaşta yitirdiği bine yakın askerinin bedeli olarak NATO'ya kabul edildi. TBMM'nin 19 Eylül 1951'de onayladığı anlaşmayla Türkiye artık NATO'ya dâhil olmuştu."

Türkiye'nin sadece NATO'ya dâhil olmadığının geniş kamuoyu tarafından öğrenilmesi için 1990'ların başına dek beklenilecekti. İtalya'da Gladio skandalı ortalığa saçılınca, CIA'in 1952 yılından itibaren NATO'ya bağlı tüm Avrupa ülkelerinde kontrgerilla örgütlenmeleri kurmuş olduğu öğrenilecekti. Bu örgütün Türkiye'deki adı Özel Harp Dairesi'ydi. Gelin Türkiye derin devletinin ne olduğunu Kırk Katır Kırk Satır isimli kitabımızdan yakından bakalım.

Derin devlet mi devletin kendisi mi?

"Derin devlet" denilen yapılanma çeşitli adlarla dünyanın hemen her tarafında varolan bir örgüt aslında. Devletin olduğu her yerde bir de *"derin devlet"* var. Birçok NATO ülkesinde fazla uzak olmayan tarihsel kesit içinde, Gladio, Rüzgar Gülü, Süper Nato, Gehlen Harekâtı gibi isimlerle derin devlet deşifre olmuştu. Ergenekon'un İtalya'daki benzer yapılanması olan Gladio, 24 Eylül 1989'da deşifre edildi. İtalya'da Gladio'nun ortaya çıkışı ile başlayan çetrefilli süreç, Mafya-Kilise-P2 Mason Locası-Parlamento-Emniyet örgütleri arasındaki gizli ve kirli ilişkilerin öğrenilmesi ve devletin *"Temiz Eller"* adı verilen bir dizi operasyonu ile sonlandırıldı.

İkinci Dünya Savaşı'ndan sonra ABD'liler, CIA desteğiyle NATO içinde son derece gizli bir özel birlik kurdurttu. Amaç soğuk savaşta muhtemel Sovyet işgaline hazırlanmaktı. Meydan muharebeleri yerini iç savaşlar ve gerilla mücadelelerine bırakmış ve ona göre örgütlenmek gerekiyordu. *"Gerillaya karşı kontrgerilla"* kuruldu. Gladio'nun soğuk savaş döneminde NATO tarafından kurdurulmasının arkasında, SSCB'nin devrim ihracına karşı milliyetçi unsurların savaş gücü olarak set oluşturulması fikri vardı. Avrupa'da deşifre olan bu dehşet verici yarı resmi gizli örgüte bağlı olanlar NATO üyesi ülkelerin hepsinde aynı eğitimden geçmişlerdi. Türkiye'ye de kolları uzanan gizli özel harp birliği, halktan sivilleri örgütleyecek, bu siviller de işgal halinde düşmanı içeriden vuracaktı. Kesin gizliliğin esas olduğu örgütten kimi zaman başbakanlar bile haberdar değildi. İtalyanların, Belçika'daki NATO karargâhından yönetilen örgütü açığa çıkartmasıyla Avrupa ayağa kalktı. Neredeyse tüm NATO ülkelerinde kurulan araştırma komisyonlarının çalışmalarıyla ortaya belgeler döküldü. Komünizme karşı kurulduğu için daha çok, solun güçlü olduğu Akdeniz ülkelerinde örgütlenen Gladyo'nun neofaşist örgütlerle işbirliği yaptığı belirlendi. 40 yıl boyunca iç savaş taktikleriyle pek çok operasyon düzenleyip arkasında ipucu bırakmayan örgüt gerçekleştirdikleri eylem ve sabotajlardan sonra suçu hep sosyalist solcuların üstüne attı. Solcuların suçlandığı bu eylem ve sabotajlarla halkın devlete bağlılığı arttırılıyor, sol ve komünizm ise öcü gibi gösteriliyordu.

Türkiye'de kontrgerilla

Ortaya konulan belgelere göre örgütün Türkiye'deki adı da *"kontrgerillaydı"*. NATO tarafından kurulan bu örgütün varlığı hükümet ve Meclis'ten gizliydi. Adı ilk kez 12 Mart 1971 darbesi sonrasında duyuldu. Meşhur Ziverbey Köşkü işkencecileri, gözleri bağlı mağdurlarına kendilerinin kontrgerillaya bağlı olduğunu söylüyordu. Ziverbey'in işkence tezgâhlarından geçenler mahkemelerde kontrgerilla adını dillendirdiler. İsmi ilk telaffuz eden kişi ise *"Bomba Davası"* sanığı Yarbay Talat Turhan'dı.[48] Turhan bomba davasında idam talebiyle yargılanırken 12 Haziran 1973'te kaleme aldığı bir dilekçeyi dönemin başbakanı Naim Talu ile Genelkurmay Başkanlığı ve Kara Kuvvetleri Komutanlığı'na gönderdi. Turhan dilekçesinde, kendilerine kontrgerilla diyen bir yeraltı örgütünün cunta halinde devlete el koyduğunu söylüyordu. Yarbay Turhan, CIA'in Türkiye'de kontrgerilla adıyla siyasi cinayetler işleyip eylemler yaptığını söyleyerek bir Meclis araştırması yapılmasını talep etse de buna kulak asan olmadı. Halbûki 12 Mart darbesine gelinen süreçte menşei son derece kuşkulu bazı provokasyonlar yaşanmıştı. Darbeden 3 ay önce kimliği belirsiz 3 kişi, Kültür Sarayını yakmış, Deniz Gezmiş ve arkadaşlarının darağacında katledilmesinden 2 ay önce Marmara yolcu gemisi yakılmış, 6 Mayıs 1972'deki idamlardan 1 ay sonra da Eminönü araba vapuru sadece Deniz Kuvvetleri Komutanlığı'nda kullanılan bir bombayla batırılmıştı.

İşte böylesi karanlık olayların yaşandığı sürecin hemen ertesinde yapılan 1973 seçimlerinde CHP Genel Başkanı Bülent Ecevit, Türkiye'de kontrgerillayı etkisiz hale getireceği vaadiyle iktidar olmayı başardı. Ancak uluorta dile getirdiği bu iddialı vaat konusunda gerçek manada bilgi sahibi olmayan Ecevit, konuyu biraz araştırmak isteyince bizzat kendisine düzenlenen bir kontrgerilla suikastıyla yüzleşmek zorunda kalacaktı. Gazeteci Can Dündar'ın hazırladığı bir programda Ecevit, 1974 Kıbrıs harekâtından önce dönemin Genelkurmay Başkanı Semih Sancar'ın kendisinden bir istekte bulunduğunu belirterek kontrgerillayı nasıl duyduğunu şöyle anlatıyordu:

> *"Örtülü ödenekten para isteniyordu. O zaman az para vardı ve mecbur olmadığım halde bunun harcamalarını belgelerde bağlatırdım. Büyükçe bir meblağ isteniyordu, nedenini sordum. Özel Harp Dairesi için denildi. Başbakanlığım ve çalışma bakanlığım sırasında Özel Harp Dairesi'nden haberdar olmamıştım. Bütçeye baktırdım orada da adı geçmiyordu. Bunun üzerine kurum hakkında bilgi istedim. Bana ve Milli Savunma Bakanı Hasan Esat Işık'a birifing düzenlendi. Anlatılanlardan ikimiz de dehşete kapıldık. Bize özel timlerden, vatansever sivillerden ve ülkenin her yerinde gömülü silahlardan bahsettiler. İrkildim. Parasının nereden sağlandığını sordum. ABD'lilerin gizli ödenekten verdiğini söylediler. Kuşkularım daha da arttı. Nerede çalıştığını sordum. 'ABD askeri yardım binasının bir kanadında' dendi. Failleri ortaya çıkmayan esrarengiz olaylar oluyordu o zamanlar. Haliyle kafamda bu olaylarla Özel Harp Dairesi'nin sivil*

---

48) Talat Turhan, 12 Mart muhtıracıları tarafından son derece paradoksal biçimde hem darbecilikle hem de bazı sabatoj eylemlerini organize etmekle suçlanıyordu. Turhan mahkemedeki savunmasında, "Kontrgerilla, CIA güdümünde politik bir örgüttür. Doğrudan doğruya Pentagon'dan yönetilen dünya karşı devrim örgütünün Türkiye'deki koludur. Atatürk Kültür Merkezi'ni (1971'de) yakan, (1972'de) tersanelerde gemileri batırıp ateşe veren Kontrgerilla'dır... Bütün bu işleri 'sol'a yıkmak için düzmece davalar icat edenler onlardır" diyordu. Turhan, Askeri Mahkeme'deki savunmasıyla Kontrgerilla'yı resmi kayıtlara geçirdi ve daha sonra da bu konuda çeşitli kitaplar yazdı. Talat Turhan'a göre, Kontrgerilla'nın temelini ST 31-15 Kara Kuvvetleri Sahra Talimnamesi-Gayri Nizami Kuvvetlere Karşı Harekât oluşturuyor. Bu belge 25 Mayıs 1964 günü Kara Kuvvetleri Komutanlığı'nın verdiği emirle ve Orgeneral Ali Keskiner imzasıyla yürürlüğe sokulan bir talimname. Ama Talat Turhan'a göre, "Kontrgerilla bir örgüt değil, bugün varlığı resmen inkâr edilen Gladio'nun Türkiye bağlantısının yürüttüğü özel operasyonun adıdır."
Talat Turhan, 3 Aralık 1990'da Korgeneral Doğan Beyazıt tarafından verilen bir brifingdeki Özel Harp Dairesi'yle ilgili şu açıklamalara da dikkat çekti: "Bizim ülkemiz sadece komünist istilaya uğrayacak tek bir komşuya sahip olsaydı, o zaman komünist işgale karşı işgal sahasında mücadele verecek bir teşkilat yeterli olabilirdi. Fakat bizim ülkemiz din ihracından tutun...çeşitli tehditlere tabidir. Dolayısıyla Özel Harp Dairesi anti-komünist değildir. Din devrimine karşı da kullanılacaktır."

uzantısı arasında bağ kuruldu hemen. Benim için verilen bir yemekte, eskiden Özel Harp Dairesi'nde çalıştığını öğrendiğim bir generale, Özel Harp Dairesi'nin sivil uzantılarına ilişkin kuşkularım olduğunu belirterek, 'Varsayalım falan partinin ilçe başkanı da bu örgütün ömür boyu görevli vatanseverlerinden olamaz mı?'diye sordum. General, 'Evet öyledir ama çok iyi birisidir' yanıtını verdi."

Ecevit'in bahsettiği parti MHP, generalin *"iyi birisidir"* dediği ilçe başkanı da Sarıkamış'taydı ve kontrgerillanın sivil görevlisiydi. Yıllar sonra MHP Genel Başkanı Alparslan Türkeş, Özel Harp Dairesi'nde görevi olup olmadığı sorularına, *"Yorum yapamam"* yanıtını vermişti. Ecevit'in kontrgerillaya ilişkin resmi ağızdan ilk bilgileri edindiği dönemde Kıbrıs harekâtı başlamıştı ve Özel Harp Dairesi adada Türk Mukavemet Teşkilatı'nı örgütlüyordu. Ecevit kontrgerilla konusunu araştırmaya kalktığı dönemde de hükümetten düştü. Sonrasında, 1977'de yapılan seçimlerden önce miting meydanlarında, *"Katiller hükümetçe korunmayacak"* diye konuşan Ecevit, yeniden iktidara yürüyordu. Kontrgerillayı araştırmaya başladığında hükümetten düşen Ecevit, bu araştırmasını seçim vaadi yaparak iktidara yürürken bu kez 1 Mayıs 1977 Katliamı meydana geldi. Taksim Meydanı'nda toplanmış 500 bin kişilik kalabalığa açılan ateş sonucu 34 kişi öldü, 126 kişi yaralandı. Bu esrarengiz katliamda da, Özel Harp Dairesi'nin sivil uzantısının provokatör rolü oynadığını düşünen ancak elinde buna ilişkin belge olmayan Ecevit, nihayetinde kontrgerillanın talimnamelerine ulaştı. Bu derin örgütün köylere kadar nasıl yapılanacağı şemalarla anlatılıyor, gerektiğinde terör yaratmaktan sabotaj düzenlemeye kadar yapılacak illegal eylemler anlatılıyordu. Ecevit kanlı 1 Mayıs'tan bir hafta sonra İzmir mitinginde kamuoyuna devlet içinde ama devlet denetimi dışında bir örgütten söz edince cevabı kurşunla geldi. Ancak kurşun Ecevit'e değil, parti yöneticilerinden Mehmet İsvan'a isabet etti. Hafif yaralanan İsvan'ın vücudundan çıkarılan kurşun o güne dek Türkiye'de hiç bulunmayan cinstendi. Hemen inkâr edilerek öyle bir kurşunu atacak silahın Türkiye'de bulunmadığı açıklandı. Ancak menşei ABD olan silahın İzmir Emniyeti'nde kaydı olduğu ve havaalanında görevli polislerden birine verildiği anlaşıldı. Ecevit'in tüm ısrarlarına rağmen olaya kaza süsü verilerek üstü kapatıldı. Silahı ateşleyen polise ise *"tedbirsizlik ve dikkatsizlikten"* sadce 3 ay hapis cezası verildi.

Türkiye'yi 12 Mart 1971'de olduğu gibi darbe ortamına sürükleyecek olayların fitili de ateşlenmişti. Sayısız faili meçhul cinayet, iç savaş ortamı ve karanlık tertiplerle ülke 12 Eylül darbesine koşar adım sürükleniyordu. Çorum ve Maraş'ta MHP yanlıların Alevilere yönelik katliamlarında yüzlerce kişi öldürüldü. Gazeteci Abdi İpekçi öldürüldüğü gibi katili ülkücü Mehmet Ali Ağca tutuklu bulunduğu İstanbul'un en büyük garnizonu olan Maltepe'deki askeri cezaevinden rahatça kaçırıldı. Dönemin Aydınlık gazetesinde ise MHP ile kontrgerillanın işbirliğine yönelik belgeler yayımlanıyordu. ABD güdümlü 12 Eylül 1980 darbesini yapan Kenan Evren'in Genelkurmay Başkanı olduğu dönemde Özel Harp Dairesi'yle ilgili bilgilerini aktaran Ecevit bu gizli örgütün demokratik hukuk devleti çizgisine çekilmesi görevini de verdi. Kendisine görev verilmesinden sonra konuyu soran Ecevit'e her seferinde, *"Bu konuyu hallettik, halledeceğiz"* yanıtı veren Evren, emekli olduktan sonra, *"Ben izin vermedim ama Özel Harp Dairesi belki bazı olaylarda yer almıştır"* diyecekti.

Gladyo'nun Avrupa'da tasfiye edilmesinden sonraki süreçte eski CIA Başkanı William Colby, Türkiye'de de Gladyo benzeri bir örgüt bulunduğunu, "CIA,

Türkiye'nin komünistlerin eline düşmemesi için bazı antikomünist kuruluşları desteklemiş olabilir" diyerek açıklayacaktı. 1960'lı yıllardan itibaren Avrupa'daki Gladyo'nun benzeri bir yapılanmanın olduğu Türkiye'de, 1980 darbesi sonrasında yapılan ilk seçimlerde "derin devlet" ummadığı bir yenilgi aldı. ABD kaynaklı darbeyi yapan askerlerin partisi MDP, 1983 seçimlerinde belki de derin devletin ilk başbakanını iktidara koymayı planlarken halk Turgut Özal'ı seçince hesaplar tutmadı. Tek başına iktidar olmanın avantajını hep kendisine ve yandaşlarına yontan Özal bir yandan da askerin yetkilerini kısmak istiyor ancak bunu başaramadığı için de çareyi polisin yetkilerini artırmakta buluyordu. Derken, ilk kez Ecevit'in resmi olarak öğrendiği kontrgerillanın hedefi yıllar sonra yine bir başbakan oldu. 1988 ANAP kongresi sırasında Başbakan Turgut Özal'ı yaralayan silahın tetiğini çeken ülkücü kökenli Kartal Demirağ'ın arkasındaki örgüt bir türlü bulunamazken, suikastçı yıllar sonra 32. Gün programında, *"Türkiye'nin çeşitli yerlerinde gizli kamplar vardı. Emekli ordu mensupları gençleri eğitiyordu. Adamlar komando, zaten eğitim görmüş. Emekli olunca da bizim gibi gençleri eğitiyordu"* açıklamasını yapmıştı. O dönemde suikastı soruşturan müfettişler de, Demirağ'ın memleketi Afyon Dazkırı'nda sol hareketleri önlemek için 1970'li yıllarda kontrgerilla örgütü kurulduğunu ortaya çıkarmıştı. Demirağ da bu örgütün kamplarından yetişmişti. Ancak müfettişler daha ileri gidemedi. Tehdit aldıkları için soruşturmayı bıraktılar. Böylelikle bir başbakana suikast girişimi daha karanlıkta kaldı.

Ergenekon derin devlet ama "devletten bağımsız"

Türkiye kontrgerillasının ya da her kanlı kirli olayın ardında bıraktığı izlerine tanık olduğumuz derin devletin kısa ve kabaca tarihçesi böyleydi. İtalya'dan başlayarak tüm NATO ülkelerinde başlayan kontrgerilla tasfiyesinin Türkiye'ye de uzanacağı düşünülüyordu. Artık komünizm tehlikesi kalmadığına göre örgüte de ihtiyaç kalmamıştı. Ama Türkiye Gladyosu kendi dinamiklerini ve iktidarını yarattıktan sonra kendi kendisini yok etmeye yanaşmadı. Komünizm olmazsa başka tehlikeler icat edilir ve şimdilerde adı yanlış biçimde Ergenekon diye anılan derin yapı da varlığını devam ettirirdi. Peki, Ergenekon soruşturması derin devleti mi araştırıyordu bakalım.

Ergenekon soruşturmasının iddianamelerine göre örgüt uzun yıllardır Türkiye'de faaliyet gösteriyordu. İddianameye göre; 1999 yılında örgüt yenilenmeye ihtiyaç duydu ve çalışma yöntemlerini yazılı hale getiren Ergenekon bu çalışmayla sivil unsurların da örgüt içerisinde yer almasının sağlanması gerektiğinden hareketle sivil açılımlar sağlamıştı. İlk Ergenekon iddianamesinde[49], *"Ergenekon terör örgütü en başta, 'derin devlet' ifadesi ile anılan, ülkemizde birçok kanlı eylemler gerçekleştiren, gerçekleştirdiği bu eylemlerle ciddi kriz, kargaşa, anarşi, terör ve güvensizlik ortamı oluşmasını amaçlayan ve bunu kısmen de olsa başararak ülkemizin gelişme ve kalkınmasının önünde engel olan bir örgüttür"* denilerek, ilk olarak NATO üyesi ülkelerde deşifre edilen Gladyo yapılanması anlatıldı.

NATO'nun komünizmle mücadele amacıyla birçok ülkede kurduğu bu örgütlerin, zaman içerisinde amaçları dışına çıkmış ve bir kısım kişi ve zümrelerin kendi amaç ve ideolojilerini gerçekleştirmek için kullandıkları birer terör örgütüne dönüştüğü tespiti yapılan iddianamede, gelişmeler şu cümlelerle ifade edildi:

49) Savcı Zekeriya Öz tarafından yazılan ve 28 Temmuz 2008'de kabul edilen 2008/968 sayılı birinci Ergenekon iddianamesi.

"Dünyadaki birçok ülke İtalya örneğinde olduğu gibi bu oluşumlarla gerekli mücadeleyi yapmış ve bunu başardıklarında 'hukuk devleti' olabilmişlerdir. Ne yazık ki, Ergenekon terör örgütü uzun yıllardır sürdürdüğü faaliyetlerle ülkemizin bir mafya ve terör cennetine dönüşmesine neden olurken, bazen bir mafya liderinin yaptığı eylem ve açıklamalarla hükümetlerin düşürülebildiği, bazen de bir terör örgütünün gerçekleştirdiği eylemlerle ciddi kaosların yaşandığı ülke olmamıza neden olmuştur. Öte yandan faili meçhul cinayetlerle ülkemizin yetişmiş insanları ve sahip olduğumuz değerlerden olan aydınlar katledilmiş ve her olaydan sonra ülkemiz yeniden kaosa, karanlığa ve güvensizlik ortamına sürüklenmek istenmiştir. Böylelikle Ergenekon terör örgütü ülkemizde yaşayan tüm vatandaşların huzurlu ve güvenli bir yaşam sürmesini sağlayacak olan hukuk devleti olmanın önünde daima bir engel teşkil etmiştir."

İddianamede, NATO'nun kurdurduğu bu örgütün zaman içerisinde amaçları dışına çıkarak bir kısım kişi ve zümrelerin kendi amaç ve ideolojilerini gerçekleştirmek için kullandıkları birer terör örgütüne dönüştüğü vurgulanarak, *"Dünyadaki birçok ülke İtalya örneğinde olduğu gibi bu oluşumlarla gerekli mücadeleyi yapmış ve bunu başardıklarında 'hukuk devleti' olabilmişlerdir"* denilerek Ergenekon ve türevi soruşturmaların amacı da tarif edilmişti.

Şu satırlar da yine aynı iddianamenin 47. sayfasından: "*20. yüzyılın sonlarına doğru Susurluk'ta*[50] *meydana gelen bir trafik kazası ile ülkemizdeki bu kanlı örgütün kapıları kısmen de olsa aralanmıştır. Fakat örgütün o dönemdeki etkinliği ve gücü nedeniyle yeterince derinleştirilememiş, sadece buz dağının görünen yüzü aydınlatılmış ve örgüt amaçları doğrultusunda karanlık eylemlerine devam etmiştir.*"

Kontrgerilla ya da derin devleti hedefine koyma iddiasındaki bir soruşturma için bu son derece önemli meselenin odağına Susurluk'u koymak, hem çok tartışıldığı için, hem de anlaşılırlık bakımından hiç de kötü sayılmayacak bir milat olarak kabul edilebilir. Bu kanlı suç örgütüyle hesaplaşmak için 3 Kasım 1996'da Susurluk'taki bir trafik kazasıyla yakalanan fırsatın heba edildiği artık herkesin bildiği bir sır. Ancak yarım kalan ya da sadece başlangıcı yapılan bu hesaplaşmanın 11 yıl sonra 2007'de açılan Ergenekon soruşturmasıyla bu kez layıkıyla kapatılacağını düşünenlerin yanıldığı da gelinen süreçte açık bir biçimde ortaya çıktı. Toplamı binlerce sayfayı bulan soruşturmayla ilgili her iddianamede savcılar, sık sık altını çizerek yıllardır varolan ve bu soruşturma vesilesiyle Ergenekon adıyla vücut bulan derin devlet örgütünün Türkiye'yi mafya ve terör cennetine çevirdiğini, birçok kanlı ve karanlık olayın ardında bilinen, ancak kamu kurumlarındaki gücü nedeniyle aktörlerine dokunulamayan bir örgüt olduğunu anlatıyordu. O uzun ilk iddianamede ve sonrasında devam eden operasyonlar vesilesiyle hazırlanan diğerlerinde de hep aynı illüzyon yaratıldı: *"Bugüne dek buz dağının görünen kısmına şahit olunan derin devlet artık soruşturuluyor. Türkiye sivilleşmesini tamamlayarak demokratik bir hukuk devleti olacak."*

Ancak bu iddialı *"amacına"* karşılık iddianamelerde Ergenekon diyerek bir yandan derin devleti tarif ederken öte yandan örgütün devletin içinde değil, dışında

50) 3 Kasım 1996'da Balıkesir'in Susurluk ilçesinde içinde DYP Şanlıurfa Milletvekili Sedat Bucak, Emniyet Müdürü Hüseyin Kocadağ, katliam sanığı ülkücü Abdullah Çatlı ile sevgilisi Gonca Us'un bulunduğu 06 AC 600 plakalı Sedat Bucak adına kayıtlı Mercedes otomobil son hızla Hasan Gökçe'nin kullandığı kamyona çarptı. Kazada Kocadağ, Çatlı ve Us öldü, Bucak yaralı kurtuldu. Bu kazanın ardından ortaya çıkan derin devlet ilişkileri 'Susurluk' diye anılır oldu.

olup devlete sızmaya çalıştığı çelişkisine de imza atılıyordu. Kimi sanıkların asker olmasının Türk Silahlı Kuvvetleri'ni (TSK) temsil ettikleri anlamına gelmeyeceği, Ergenekon'un güvenlik bürokrasisindeki hiçbir kurumla ilgisinin bulunmadığı, gizlice örgütlenerek ve kendisine derin devlet süsü vererek devletin tüm kurumlarına sızmayı amaçladığı aynı iddianamelerde sürekli vurgulanıyordu. Zaten yaratılan bu havaya karşın onca bilgi kirliliği içinde iddianamede sanıklara yöneltilen somut suçlamanın, sadece kimi şüphelilerin birbiriyle telefon irtibatından öte gitmeyen ilişkileri üzerinden bağ kurulan kanlı Danıştay baskını ve Cumhuriyet gazetesinin bombalanmasından[51] ibaret olduğu da gözden kaçırıldı. Ergenekon soruşturmasının ilk iddianamesinin 56. sayfasındaki şu satırlar aslında soruşturmaların sınırını da çizmiş oluyordu:

> *"Kendilerini 'derin devlet' olarak niteleyen Ergenekon yapılanmasının devletin hiçbir resmi kurumuyla irtibat ve alakasının bulunmadığı, Türkiye Cumhuriyeti Anayasası ve yürürlükteki kanunların gizli-kapaklı bir oluşuma müsaade etmediği gibi kanunların genel yapısı itibarıyla da halihazırda devletin denetimi altında olmaksızın devletin yetkilerini kullanacak hiçbir kurum ve kuruluşun bulunmadığı, bulunmasının da mümkün olmadığı açıktır."*

Derin devletle hesaplaşma yalanları

Türkiye'de derin devlet dendiğinde akla gelebilecek olanları bir çırpıda sayarsak şunlarla karşılaşıyoruz: 1950'lerden başlayarak 6 -7 Eylül olayları da dâhil olmak üzere Türkiye'de yaşayan dini ve etnik azınlık mensuplarına yönelik saldırı ve provokasyonlar. Özellikle 12 Eylül 1980 darbesinin yapı taşlarını oluşturan kitle katliamları. Faillerinin devletin aktörleri olduğuna hemen herkesin inandığı suikastlar. Tek taraflı ateşkeslerle kesintiye uğramış olsa da Kürt sorunundan kaynaklı olarak 1980'lerin ortalarından bu yana PKK ile süren savaş. Bu savaşın kirindeki en önemli paya sahip olan JİTEM'in illegal faaliyetleri. Yine JİTEM'e bağlı olarak Kürt illerinde çeşitli kıyımlara imza attığı Ergenekon soruşturmaları vesilesiyle kanıtlanan ancak faaliyetleri bu soruşturmanın kapsamına alınmayan Türkiyeli Kürtler arasında "Hizbulkontra" olarak bilinen Hizbullah örgütünün faaliyetleri. Köy yakma, boşaltma ve zorunlu göç uygulamaları. Bombalı saldırılar. 1990'larda Türkiye devletinin sistematik bir mücadele yöntemi olarak kullandığı ve insan hakları örgütlerinin raporlarına göre kurbanlarının sayısı 2 binin üzerinde olan gözaltında kayıplar. Hemen her biri cezasız bırakılan işkence vakaları ve yargısız infazlar...

Peki, soruşturmada rol alan ve Fethullah Gülen cemaatinin üyesi olduklarına yönelik haklarında çeşitli iddialar bulunan polis ve yargı mensupları ile AKP yanlısı olanlar ve yine Fethullah Gülen cemaatine bağlı medyanın derin devletin soruşturulduğu propagandasını yaptığı Ergenekon yargılamalarında bu anılan karanlık süreç soruşturma konusu edildi ya da ediliyor mu sorusuna vereceğimiz yanıt ise tek kelimeyle hayır. Yukarıda kısaca belirtilen örnek olaylar ve diğer derin devlet faaliyetlerinin hiçbirisi ne yazık ki Ergenekon soruşturmasının ilgi alanına girmedi. Her biri derin devlet mağduru olduğu düşünülen kurbanların yakınlarının Ergenekon davalarına müdahil olma talepleri bizzat yargılamayı yapan mahkemece reddedildi.

51) 5, 10 ve 11 Mayıs 2006 tarihlerinde Cumhuriyet Gazetesinin İstanbul Şişli'de bulunan binasına el bombalı saldırılarda bulunuldu. İlk iki saldırı başarısız olurken üçüncüsünde yaşanan patlamada ise sadece maddi hasar meydana geldi.

Ardında Ergenekon çetesinin olduğu iddia edilerek bu çeteyle ilgili her iddianamede sıkça atıf yapılan, hatta kimi sanıklarınca açıkça tehdit ettiği bilinen ve Ergenekon soruşturma sürecinin en önemli meşruiyet aracı kılınan Hrant Dink suikastı dahi bu davanın konusu edilmedi. Ne acıdır ki derin devletin en büyük av sahasına dönüşmüş olan PKK ile yürütülen savaşta Kürt halkını sindirmeye yönelik cinayet ve katliamları sadece medya üzerinden soruşturmalara meşruiyet kazandırmak için propaganda malzemesi olarak kullanılırken soruşturmalarda yer almasından imtina edildi. Soruşturmalar bir türlü derin devletle hesaplaşma boyutuyla yürümedi. Niyet okumalardan yola çıkan savcılar somut delillerle değil polisin dikte ettiği soyut suçlamalarla planlama aşamasında kalmış darbe girişimlerinin soruşturmasına indirgedi bu fırsatı. Başta AKP ve Gülen cemaati, daha sonraysa sadece Gülen cemaati karşıtlarının hedef olduğu, muhalif her sesin kısılmak istendiği, geçmişe dayalı birtakım siyasi hesapların görülmeye çalışılması nedeniyle hedef haline getirilmek istenenler hakkında üretilen sahte deliller ya da hukuki bütünlüğü bozacak eklemeler yapılan belgelerin sıklıkla karşımıza çıktığı bir soruşturma oldu.

Bu soruşturmalar zincirinin adeta bir koruyucu zırh olduğu AKP nezdindeki siyasal İslam iktidarının sağlamlaştırılıp sürekli hale gelmesi, bunun sonucu olarak da hem poliste hem yargıda zaten büyük oranda gerçekleştirilmiş olan Fethullah Gülen cemaati örgütlenmesinin bürokrasinin ve ekonominin her alanında yaygınlaşmasının önündeki tüm engellerin kaldırılması amacında olduğu gün gibi ortada duruyor. Bu tespitten yola çıkarak Ergenekon soruşturmalarında sanık olan ve kamu vicdanında suçlu olduklarına dair genel kanaat bulunan kimi şüphelileri aklamaya çalıştığım düşünülmesin. Aksine bu şüphelilerden isimleri tüm Türkiye tarafından gayet iyi bilinen bazıları, soruşturma konusu edilen ve maalesef ki edilmeyen çeşitli suçlara karışmış olduğu ortada. Ancak Ergenekon soruşturmaları kamuoyu vicdanında da suçlu oldukları bilinen bu kişilerin bu suçlarını yargılama konusu yapmamaktadır. Adlı adınca söylersek Ergenekon süreci gerçek suçluları gerçek suçlarından yargılamamaktadır. Yani asıl dert gladyo ile hesaplaşmak ya da kontrgerillanın tasfiyesi değil, aralarında suça bulaşmış kişilerin de bulunduğu şüpheliler araç kılınarak her kimlikten ve siyasetten muhalif olanların sindirilmesi, korkutulması ve intikam alınmasıdır. İşte bu gerçeği dile getirenlere de hep aynı şekilde Ergenekonculuk suçlaması yöneltildi. Hatta derin devlet faaliyetlerini soruşturma konusu edinen yargı mensuplarından mesleki kariyerini bu konuyla ilgili çalışmalarla geçirmiş gazetecilere kadar muhalif ya da hukuki manada sıkıntılı bu soruşturmalara eleştirel mesafe alan birçok kişi çeşitli komplolarla, sahte delillerle Ergenekon soruşturmalarının sanığı haline getirildi.

Daha önce İstanbul Ümraniye'de bir gecekonduda 27 adet el bombasının 2007 yazında ihbar üzerine bulunmasının Ergenekon soruşturmaları sürecinin resmi başlangıcı olduğunu söylemiştik. Resmi süreç diye özellikle vurguluyoruz. Çünkü gayriresmi sürecin çok önce başladığını düşünmemiz için elimizde çok fazla emare bulunuyor. AKP hükümeti ile Gülen cemaatine yakın ya da angaje medya organlarına ve kimi gazetecilere sızdırılan bilgi, belge, yasadışı kaydedilmiş telefon dinleme kayıtları bile başlı başına bu gayriresmi sürecin başlangıcı hakkında bir fikir edinmemizi sağlıyor. Sızdırılan her bilgi, belge ve yasadışı kayıtla TSK'nin karanlık yanı biraz daha aydınlanıyordu. Üzerine ışık düşen her olay ise yeni Ergenekon şüphelisi veya sanıkları yaratıyordu. Tüm bu süreç boyunca hep aynı şeye inanmamız istendi; *"Türkiye derin devletiyle hesaplaşıyor"*. Ancak ortaya çıkan karanlık planların en eskisinin 2000'li yılların gerisine uzanmamasıysa soruşturmaların, geçmişi hayli eski olan kontrgerilla, gladyo ya da derin devlet diye anılan yapıyı temizleme niyetinden hayli uzak olduğunun göstergesiydi.

Ergenekon soruşturması çok daha yaşlı

Biraz önce Ergenekon soruşturmalarının fitilinin 2007'den çok önce ateşlendiğini iddia etmiştik. Bu iddiamızı anlatmakta fayda var. Özellikle 28 Şubat 1997 postmodern darbesinin ardından TSK'nin Türkiye siyasetine ve ülkeye istediği biçimi verdiği, bunun sonucu olarak da demokrasi üzerindeki gölgesinin hayli kalın olduğu 2000'li yılların hemen başında Ergenekon operasyonlarının ilk işaret fişeği bazı internet siteleri üzerinden çakılmıştı. www.yolsuzluk.org, www.aloihbar.org, www.yesil.org vs. gibi çeşitli internet sitelerinde yayınlanan kimi yazı ve haberlerin hedefinde ordu vardı. Matruşka bebekleri gibi birbirleriyle aynı içeriğe sahip bu internet sitelerinde kâh ordu içindeki yolsuzluk iddiaları kâh bazı rütbelilerin özel yaşamları ile ilgili detaylar kimi zaman da birtakım illegal faaliyet iddiaları öne sürülüyordu. Görünüşte bu iddialar belgeleniyordu da. Belgesi olmayanlar ise *"vatansever, yurtsever, vatanını, milletini seven bir asker, meçhul subay"* gibi imzalarla mektup şeklinde dile getiriliyordu. Hepsi olmasa da bir kısmının doğru olduğu ortaya çıkan bu iddialardan bazıları Ergenekon iddianamelerinde ya da ek delil klasörleri arasında kendine yer buldu. Öyle ki savcılar bu iddialara yer veriyor ama doğru olup olmadığını bile araştırmıyordu. Birçoğu yalan yanlış ve düzmece bilgi, belge içeren bu sitelerle ilgili Genelkurmay Başkanlığı'nın hukuki girişimleriyle erişimi engelleme kararları alındıysa da bu çözüm olmadı. Farklı adlar ve uzantılarla yayınlarına devam eden bu siteler iddialarını sürdürmeye devam etti. Hemen hepsi Türkiye yargısının müdahale edemediği ABD'den yayın yapan bu internet sitelerinin sayıları, AKP'nin iktidara geldiği 2002'den sonra artış gösterse de her şeye rağmen istenilen etkiyi yaratmaktan uzaktı. Bunda elbette Türkiye medyasının askere verdiği sınırsız, koşulsuz destek ve ordunun hedefine yerleşme korkusunun etkisi büyüktü. Her ne kadar AKP tek başına hükümet olsa da devlet iktidarı halen orduydu.

Altı yıl önce bir internet sitesinde

Bunun en bariz örneğini ise henüz Ergenekon soruşturmaları başlamışken www.aloihbar.org isimli internet sitesinde yer alan bir belgenin "hak ettiği" ilgiyi görmemesiyle açıklamak mümkün. 2007 yılında başlatılan soruşturmalardan sonra Ergenekon'un temel örgütsel dokümanı olarak kabul edilen ve hazırlanan tüm iddianamelerde savcıların sürekli atıf yaptığı *"Lobi"* isimli belge 2001'de bu sitede yayınlanmıştı. Bu belgeyi ilk dile getiren kişi o dönemde Yeni Şafak gazetesinde yazan Fehmi Koru olmuştu. Koru'nun köşesinde ele aldığı bu belge[52] daha sonra Gülen cemaatinin yayınlarından biri olan Aksiyon dergisinde de kapak konusu olarak haberleştirildi.[53]Ancak kimse bu konuyu değerlendirmeye almadı, görmezden geldi. Belgenin ciddiye alınması için 6 yıl beklemek gerekti. Bu süreçte de hedefine askeri koyan Ergenekon soruşturmalarının fikri altyapısı hazırlandı ve kamuoyundaki rıza üretimini gerçekleştirecek olaylara imza atıldı.

1970'lerin ortalarından itibaren polis teşkilatı içinde örgütlenen Gülen cemaati 30 yıl içinde istediği gücü dilediğince kullanabilecek kıvama gelmişti.

52) Fehmi Koru, Yeni Şafak 30 Nisan 2001 ve 1 Mayıs 2001 tarihli köşe yazıları

53) Aksiyon dergisi 12 Mayıs 2001, Sayı: 306.

Polis okulları ve akademideki örgütlenmenin bir diğer önemli ayağı Personel Daire Başkanlığı'ydı. Bu yolla cemaat mensubu olarak bilinen polislerin hangi göreve atanacağı da belirleniyordu. Cemaatin en önem verdiği birimler İstihbarat Daire Başkanlığı, Kaçakçılık ve Organize Suçlarla Mücadele Daire Başkanlığı, Terörle Mücadele Daire Başkanlığı'ydı. 2000'li yılların başında stratejik önemdeki bu üç daire başkanlığı hemen hemen cemaatin kontrolüne girmişti.

Burada önemli bir anekdot olarak cemaatin yargıda da aynı şekilde örgütlendiğini belirtmekte fayda var. Öyle ki Ergenekon soruşturmalarının görüldüğü özel yetkili mahkemelerin kadrosu dahi Demokrat Yargı Derneği'nin Eşbaşkanı Orhan Gazi Ertekin'in iddiasına göre 2004'ten, 2005'ten bu yana hazırlanıyordu.[54] Ergenekon davalarının altyapısı için Türk Ceza Kanunu (TCK) ve Ceza Muhakemesi Kanunu'nda 2004'te değişiklikler yapıldı. 2006'da ise Terörle Mücadele Yasası son şeklini aldı.[55] 2007 yazında başlayan Ergenekon soruşturmalarında cemaatin ele geçirdiği İstihbarat Daire Başkanlığı, Kaçakçılık ve Organize Suçlarla Mücadele Daire Başkanlığı ve Terörle Mücadele Daire Başkanlığı ile ilgili birimler olan il müdürlüklerindeki polisler kolluk kuvveti olarak rol alıyordu. Yine cemaatçi oldukları öne sürülen özel yetkili savcılar ile özel yetkili mahkemelerin hâkimleri de yargı ayağındaydı. Ancak süreçte görev alan bütün polis ve yargı mensuplarının cemaatten olduğu söylenemez. Cemaatin ulaştığı güce biat eden ve bu güçten çekinen ya da yararlanmak isteyenler de önemli bir kesimi oluşturuyordu şüphesiz.

Şaibeli Tuncay Güney'in çuvalı

Bu anımsatmadan sonra Ergenekon soruşturmalarının kaynağına, ilk işaret fişeğine dönelim. İlginçtir Ergenekon adını ilk duyan ve hatta yıllar sonra her biri varolduğu öne sürülen örgütün önemli temel dokümanları arasında sayılan belgelerden ilk haberdar olanlardan biri de daha sonra kendini Ergenekon sanığı olarak cezaevinde bulacak olan dönemin İstanbul Kaçakçılık ve Organize Suçlarla Mücadele Şube Müdürü Adil Serdar Saçan'dı. Gülen cemaatine karşı tutumuyla bilinen Saçan adli suçtan *"change oto"* diye bilenen bir sahtekârlıktan ötürü gözaltına alınan Tuncay Güney'in 2001 yılında verdiği ifadelerle tanıştı Ergenekon'la. Bir dönem kimi gazete ve TV kanallarında çeşitli görevler almış olan, Veli Küçük'ten Gülen cemaatine ve Doğu Perinçek'in İşçi Partisi'ne dek her taşın altından çıkan Tuncay Güney'in[56] ev

54) Express dergisi sayı: 2011-121, "Yeşil gece, Orhan Gazi Ertekin'le söyleşi"

55) 2004 yılında yapılan yasa değişikliği ile Devlet Güvenlik Mahkemeleri'nin yerini Ergenekon davalarının da görüleceği Özel Yetkili Mahkemeler aldı. 2006 yılında ise Terörle Mücadele Yasası'ndaki değişiklikle terör örgütü kurma ve destek olma suçunun içeriği değiştirildi. Örgüt üyesi ve destekçisi olma suçlaması kolaylaştı.

56) Önce Hıristiyan sonra Yahudi olan Güney daha önceleri tarikatlarla iç içe olacak kadar sıkı Müslüman'dı. Ortokuldayken Süleymancılara bağlı bir yurtta kalan Güney sonrasında kendini Fethullah Gülen cemaatinin içinde buldu. Ofisboy olarak çalışmaya başladığı Sabah gazetesinde daha sonra muhabir olan Güney dediğine göre önce 1992'de bir harp okulu öğrencisi vasıtasıyla emekli Albay Necabettin Ergenekon'la, onun aracılığıyla da Veli Küçük'le tanışmıştı. Daha sonra Zaman gazetesinin Cağaloğlu ilan bürosu müdürü aracılığıyla, cemaatin televizyonu Samanyolu'nda işe girdi. Kanala ait Işık Prodüksiyon Şirketi'nde işe başlayan Güney 1994 yılında 8 ay süreyle 'Doruktakiler' adıyla bir program hazırladı. Kimi iddialara göre 'şeriat geliyor' korkusu salmak için kullanılan Gülen'in konuşmalarının kayıtlı olduğu kasetleri çalıp satması nedeniyle Güney'in programı sona erdirildi. Özellikle Susurluk sürecinin başlamasıyla birlikte söylediği her cümlenin içinde derin devlet, JİTEM ve Veli Küçük'ün adı geçen Güney bu dönemde Aydınlık grubu ve Doğu Perinçek'le de ilişki kurdu. İşçi Partisi'ne gidip gelen ve Susurluk'la ilgili bildiklerini ya da yorumlarını aktaran ve Ergenekon'un temel dokümanlarından bazılarını da Perinçek'e veren Güney, söz verdiği ve Perinçek'in de bir basın toplantısıyla duyuracağı açıklanan bir belgeyi getirmeyince dövülerek partiden atıldı. Arşivden aldığı birtakım fotoğraflarla dönemin Başbakan'ı Mesut Yılmaz'ı Susurlukçu Abdullah Çatlı'yla yan yana gösteren bir fotomontaj

ve ofisinde yapılan aramalarda, Ergenekon soruşturmasının yıllar sonra temelini oluşturacak 6 çuval belge bulunmuştu. Bu dokümanlar Ergenekon'la ilgili belgelerin yanı sıra Susurluk, JİTEM, Veli Küçük, İşçi Partisi, bir takım siyasetçiler ve işadamları, uyuşturucu ve silah kaçakçılığı, suikastlar, yasadışı telefon dinleme kayıtları ve fişleme bilgileri gibi çetrefilli ilişkilere dair birçok bilgi barındırıyordu. Ergenekon'un adı bile anılmazken, tesadüf sonucu örgütün en geniş arşivine ulaşan Adil Serdar Saçan ve ekibi Güney'i işkenceli sorguya aldı. Güney ifadelerinde Ergenekon ve Veli Küçük, başta olmak üzere birçok kişiyle ilgili çarpıcı açıklamalar yapıyordu. Anlattıklarının çoğu iddianamede bazı sanıklara yöneltilen suçlamaları oluşturdu. Güney'in anlattıklarına rağmen ilk ifade verdiği o dönemde nedeni hâlâ bilinmeyen bir şekilde Ergenekon'la ilgili herhangi bir soruşturma açılmadı. Ergenekon soruşturmasına kılavuzluk eden bu ifadelerle ilgili dönemin DGM başsavcılığı soruşturma izni vermeyince belge ve bilgiler rafa kalktı. Bilinmeyen bir şekilde serbest kalan Tuncay Güney ise yurt dışına çıkış yasağı olmasına rağmen nasıl olduysa ABD'ye kaçabildi. Bu ülkedeki günleri hakkında herhangi bir bilgi olmayan Güney, Hıristiyanlığa da 2004'de ABD'de adım attı. Güney, ABD'de geçirdiği günlerde İP'lilerin iddiasına göre CIA denetiminde olan New York Institutes adlı internet sitesinin genel yayın yönetmenliğini yaptı. Daha sonra Kanada'ya geçen Güney burada da bir kez daha din değiştirerek Yahudi oldu. Güney'in, bu ülkeye yaptığı iltica başvurusuna olumlu yanıt alabilmek için Yahudi olduğu da iddialar arasında.

Tuncay Güney'in MİT'in kayıtlı elemanı olduğu iddiası da Sabah gazetesinde 25 Kasım 2008 günü yayımlanan "Kod Adı İpek" başlıklı haberle aktarılmıştı. Haberde, İpek kod adıyla MİT'in Türkiye-İran Masası'na bağlı olarak görev yaptığı öne sürülen Güney'in JİTEM ve Ergenekon içine de ajanlık faaliyetleri kapsamında sızdırıldığı belirtiliyordu. Dönemin MİT İstanbul Bölge Başkanı Galip Tuğcu tarafından kurum için çalıştırıldığı da öne sürülen Güney'in 1990'lı yıllarda önce *"Gerici Faaliyetler Şubesi"* sonra da İran Masası'na bağlı faaliyet sürdürdüğü belirtilerek 1992'den itibaren de emir üzerine JİTEM ve Ergenekon'a sızma görevi verildiği anlatıldı. Gazetede, haberde anlatılan iddialarla ilgili MİT'e ait bir belgeye de yer verilmişti. Ancak haberin yayımlanmasından sonra MİT tarafından yapılan açıklamada, *"Haberde yer alan belge teşkilatımıza aittir. Fakat Güney, o dönem itibariyle şüpheli faaliyetleriyle dikkatimizi çeken ve üzerinde çalışma yapılan bir şahıstır. Bu bağlamda, Tuncay Güney kayıtlı bir haber kaynağımız değildir"* denilerek Güney'in MİT için çalıştığı iddiaları yalanlandı.

7 Ocak 2009'da, bu kez Bugün gazetesinde yayınlanan bir haberde ise Güney'in aslında JİTEM için çalıştığı öne sürülüyordu. Habere kaynaklık eden ise Sabah gazetesinde Güney'in MİT'çi olduğunu kanıtlamak için sunulan belgeydi. Bugün gazetesinin haberinde Tuncay Güney'in MİT'te çalıştığını gösterdiği iddia edilen belgenin aslında JİTEM'de çalıştığını ortaya koyan bir MİT raporu olduğu öne sürülüyordu. Tuncay Güney, 17 Temmuz 2009 günü yayımlanan ve uydu bağlantısıyla katıldığı 32. Gün programında da hakkındaki bu iddiaları yalanladı, MİT ve JİTEM'e çalışmadığını

fotoğrafı Yılmaz'a muhalif bir milletvekiline sattığı ortaya çıkınca Akşam gazetesindeki işinden de olan Güney'in gazetecilik kariyeri Turgut Büyükdağ'ın sahibi olduğu Yeni Strateji Dergisi'nde devam etti. Derginin yayın yönetmeni ise yine bir Ergenekon sanığı olan Ümit Oğuztan'dı. Gazetecilikten ziyade çetrefilli işlerle uğraşarak para kazanmaya çalışan Güney, Ergenekon'un ilk delillerinin bulunmasına yol açan gözaltısını da bu nedenle yaşadı. 2 Mart 2001'de bir cip alım satımıyla ilgili dolandırıcılıktan gözaltına alındı. Önce İstanbul Gayrettepe'deki Asayiş Şube Müdürlüğü'nde sorgulanan Güney, birkaç gün sonra da daha sonra Ergenekon davasına sanık olarak dahil edilen Adil Serdar Saçan'ın o dönem başında bulunduğu Kaçakçılık ve Organize Suçlarla Mücadele Şube Müdürlüğü'ne teslim edildi.

savundu. Bunca bilgi, belge ve karanlık ilişkiye rağmen Kanada'da yaşayan Tuncay Güney nedense, ilgili ilgisiz herkesin doldurulduğu Ergenekon torbalarının şüphelisi olmadı. Savcıların göstermelik biçimde "tanık" olarak ifadesinin alınması için Kanada makamlarıyla yapılan yazışmalarda ise Güney'in olumsuz yanıt vermesi nedeniyle olumlu bir sonuç alınamadı.

Adil Serdar Saçan cemaat karşıtı olarak bilinse de müdürü olduğu İstanbul Kaçakçılık ve Organize Suçlarla Mücadele biriminde hatırı sayılır bir cemaat örgütlenmesi vardı. Hatta Gülen cemaatiyle ilgili başlattığı bir soruşturma iddiasına göre İstihbarat Şube Müdürlüğü ile kendi birimindeki cemaatçi polisler tarafından akamete uğratılmış ve bir adım mesafe bile kaydedilememişti. Tuncay Güney'den ele geçirilen belgeler ve ifadesindeki iddialar nedeniyle İstanbul İstihbarat Şube Müdürlüğü'nün hem 2001 hem de 2006 yıllarında başlatmak istediği soruşturmada Emniyet Genel Müdürlüğü İstihbarat Daire Başkanı Sabri Uzun'un engeline takıldığını internette *"İmamın Ordusu"* kitap taslağında ve basılan adıyla *"oooKİTAP"*'ta anlatmıştık.[57] Sabri Uzun'un birtakım hukuki gerekçelerle reddettiği Ergenekon soruşturması gel gör ki internet siteleri üzerinden başlayacaktı. Örgütün temel dokümanı olarak kabul edilen Lobi belgesinin ve Güney'in ifadelerinde geçen iddiaların www.aloihbar.org isimli internet sitesinde yer almasının bu olaylarla bir ilgisi var mı diye düşünmeden edemiyor insan.

Ergenekon'a giden yolda provokatif olaylar serisi

Bu anımsatmalardan sonra Ergenekon'un fikri altyapısı ve kamuoyundaki rıza üretimini gerçekleştirmeye yarayan bir dizi provokatif olayın ne olduğuna dönelim. AKP'nin tek başına iktidar olmasıyla başlayan ordu-hükümet geriliminin zirve yaptığı konu katı laik tutumuyla bilinen Ahmet Necdet Sezer'in Cumhurbaşkanlığı süresinin sona ermesiydi. Ülkenin başkumandanı sıfatını taşıyan bu koltuğa TBMM'nin üçte ikisini elinde tutan AKP'nin göstereceği adayın oturacağı kesindi. Cumhurbaşkanı adayının siyasi referansının İslam ve eşinin türbanlı olması bir yana zaten yasama organını ezici bir üstünlükle elde etmiş olan AKP'nin Cumhurbaşkanlığı'nın onay mercii olduğu kimi atamalarda da yürütmeyi ele geçireceği üzerinden yaratılan 'laiklik tehlikede paranoyası' bu gerginliği arttıran en önemli unsur oldu. Çankaya seçimleri öncesinde yaşanan gerginliğe katkı yapmasıyla, tesadüf olamayacak kadar paralel biçimde bir dizi provokatif olay ve saldırı meydana geldi:

*** "İyi çocuklar"ın bombaları**

Şemdinli'de 9 Kasım 2005'te eski bir PKK hükümlüsü olan Seferi Yılmaz'ın sahibi olduğu Umut Kitabevi bombalandı. Bu patlamaya dek son 2 ay içinde Şemdinli'nin bağlı olduğu Hakkâri ili ile Yüksekova ilçesinde her biri faili meçhul kalan 17 bombalı saldırı olmuştu. Ancak bu kez işler umulduğu ya da planlandığı gibi gitmedi. Kitabevi saldırısını gerçekleştirdikleri öne sürülen JİTEM mensubu iki asker ve bir PKK itirafçısı halk tarafından yakalanınca devlet içinde yuvalanmış çetelerden biri daha deşifre oldu. Bir kişinin öldüğü bombalı saldırı sonrası çıkan ve giderek

57) İmamın Ordusu kitabının internette yayınlanan halinin 185. sayfasında ve OOOKİTAP'ta eski İstihbarat Daire Başkanı Sabri Uzun'un Fatih Altaylı'ya gönderdiği ve Habertürk gazetesindeki Teketek köşesinde yayımlanan mektubundan bahsetmiştim. Sabri Uzun İstanbul Emniyeti'nin Ergenekon benzeri bir soruşturma için 2001 ve 2006'da sözlü olarak kendisinden talepte bulunduğunu anlatarak bunu delil olmadığı için reddettiğini bu mektupta anlatmıştı.

tüm bölgeye yayılan protesto gösterileri ve çatışmalarda yeni ölümler yaşanırken yüzlerce kişi yaralandı. Yakalanan sanıklardan bir astsubay için ise Kara Kuvvetleri Komutanı Yaşar Büyükanıt *"Tanırım iyi çocuktur"* dedi. Asıl kıyamet ise Şemdinli bombalamasını soruşturan savcı Ferhat Sarıkaya'nın düzenlediği iddianamede müstakbel genelkurmay başkanı olan dönemin Kara Kuvvetleri Komutanı Yaşar Büyükanıt ile bazı üst rütbeli askerlerin adının anılmasıyla koptu. Askerin siyasetten geriletilmesine yönelik o güne dek yapılan en somut adım olan bu olayda AKP Hükümeti dik duramayınca savcı Sarıkaya meslekten atıldı.[58] Dönemin İstihbarat Daire Başkanı Sabri Uzun da yazdığı öne sürülen ve Sarıkaya'nın iddianamesinde yer verdiği olaylar ve bazı kişileri suçlayan bir bilgi notu nedeniyle ikinci kurban oldu. Büyükanıt'ın talebiyle, Uzun apar topar görevinden alındı. Uzun yıllar sonra o bilgi notunu kendisinin hazırlamadığını ve görevinden alınması için bir cemaat komplosuyla karşı karşıya kaldığını iddia edecekti.[59]

*** Rahip Santoro öldürüldü**

Trabzonda 5 Şubat 2006'da Santa Maria Kilisesi'nin rahibi Andrea Santoro 16 yaşındaki bir tetikçi tarafından silahla vurularak öldürüldü. Ancak bu suikast hiçbir zaman derinleştirilerek soruşturulmadı. Tek zanlıyla yetinildi. Cinayet zanlısı olarak yakalanan ve olay günü 16 yaşında olan Oğuzhan Akdin Trabzon Ağır Ceza Mahkemesi'ndeki yargılaması sonucu ömür boyu hapis cezası alsa da suç tarihinde 18 yaşının altında olduğu için cezası 20 yıl hapse çevrildi. Rahip Santoro'nun, öldürülmeden önce Pontusçu faaliyetler yürüttüğü iddiasıyla aylarca telefonlarının dinlendiği ve polis takibinde olduğu sonradan ortaya çıktı.

*** Sauna çetesinin arşivi**

Ankara polisinin 18 Şubat 2006'da yaptığı Küre adı verilen bir operasyonda Sauna Çetesi isimli bir gruba üye olduğu iddiasıyla birçok kişi gözaltına alındı. Aralarında eski polis ve askerlerle kamu görevlilerinin de bulunduğu çetenin darbe ortamı hazırlamaya çalıştıkları öne sürüldü.

*** Cumhuriyet'e bombalar**

Cumhuriyet gazetesinin İstanbul Şişli'deki merkezine birkaç gün arayla el bombalı saldırı düzenlendi. 11 Mayıs 2006'daki 3. saldırıda da ölen ya da yaralanan olmadı. Saldırının arkasında İslamcı örgütler olduğu düşünülse de daha sonra bu eylemlerin Ergenekon örgütü üyesi oldukları öne sürülen kişilerce gerçekleştirildiği ortaya çıktı. Bu olayla ilgili ilginç bir ayrıntı ise Cumhuriyet gazetesinin ölene dek imtiyaz sahibi ve başyazarı olan İlhan Selçuk ise gazetenin yazarlarından Ankara temsilcisi Mustafa Balbay'ın da örgütün yöneticilerinden olduğu iddiasıyla sanık olmalarıydı. Yani Selçuk ve Balbay trajikomik bir şekilde kendi gazetelerini bombalatmaktan da yargılanıyordu.

58) Savcı Ferhat Sarıkaya 2006 yılında meslekten men edildi. HSYK kararıyla 2011 yılında göreve geri döndü.

59) Sabri Uzun Habertürk gazetesi Genel Yayın Yönetmeni Fatih Altaylı'nın Teketek isimli köşesinde 20 Kasım 2009 tarihinde yayımlanan mektubunda bu bilgi notunu kendisinin yazmadığını, bunun kendisine bir komplo olduğunu öne sürdü. Şemdinli bombalamasının sanığı olan astsubay Ali Kaya ve Özcan İldeniz'in sivil mahkemede 39 yıl hapsi istendi ancak dosya askeri mahkemeye gönderilince tahliye edildiler. Davanın yasa değişikliğiyle tekrar sivil mahkemeye gelmesiyle sanık askerlere yeniden 39 yıl hapis cezası verildi. Askerler 9 Haziran 2011'de tutuklanarak cezaevine konuldu.

*** Danıştay baskını**

Ankara'da 17 Mayıs 2006'da Danıştay 2. Daire üyelerine yönelik kanlı bir saldırı gerçekleştirildi. Hâkimlerden 2. Daire Başkanı Mustafa Yücel Özbilgin'in öldüğü saldırıda 4 üye de yaralandı. Saldırının tetikçisi Alparslan Arslan'ın Cumhuriyet gazetesine yönelik bombalı saldırıların da faili olduğu ortaya çıktı. Vakit gazetesi daha önce türbanlı bir öğretmenin okulda çalışamayacağına yönelik karar veren Danıştay 2. Dairesi'nin üyelerini manşetten hedef göstermişti.[60] Alparslan Arslan'ın otomobilinde gazetenin üyelerin fotoğraflarını koyduğu bu manşetin kupürü vardı. Ancak Arslan'ın üzerinden çıkan bir kartvizit AKP karşıtı, ulusalcı bir derneğe aitti. Kimi Ergenekon sanıklarıyla da bağlantılı olduğu belirlenen Arslan BBP'nin gençlik örgütlenmesi Nizam-ı Âlem Ocaklarının da üyesiydi. Bu saldırının dini amaçlar uğruna yapıldığına olan inanç nedeniyle AKP Hükümeti ciddi bir kamuoyu tepkisiyle yüz yüze kaldı.

*** Atabeyler'in planları**

Bir yanda AKP iktidarı zor durumda bırakacak saldırı ve eylemler yaşanırken öte yanda polis çeşitli kişi ve gruplara yönelik yaptığı operasyonlarla sürekli darbe ortamı hazırlamaya çalışan çete üyelerinin yakalandığını açıklıyordu. Ya iki kutup devlet iktidarı için çatışıyordu ya da ciddi darbe hazırlıkları yapılıyor ve bu saldırılarda yapılacak bir darbeye zemin hazırlanıyordu. Bir diğer seçenek ise hem saldırıların hem de darbe zemini hazırladığı öne sürülen çetelerin de aynı merkezden yönetiliyor ya da yönlendiriliyor olması ihtimaliydi. 31 Mayıs 2006'da Ankara polisinin bir eve düzenlediği operasyonda gözaltına alınanların da darbe ortamı hazırlamak için kimi saldırı ve suikast hazırlıklarında oldukları öne sürüldü. Atabeyler Çetesi denilen ve aralarında askerlerin de bulunduğu grubun arşivinde birçok doküman ve belgenin yanı sıra saldırı krokileri de bulunduğu iddia edildi. Söz konusu belgelere göre şüphelilerin aralarında siyasetçilerin de bulunduğu birçok isme suikast hazırlığında olduğu öne sürüldü.

*** Hrant Dink cinayeti**

19 Ocak 2007'de ise adeta Türkiye'nin kalbine sıkılan kurşunların hedefinde Ermeni sosyalist gazeteci Hrant Dink vardı. AGOS gazetesinin kurucusu da olan Dink'in bu cinayeti engellemekle görevli polis, asker, istihbarat görevlileri ve bürokratlar dâhil herkesin bilgisi dahilinde öldürüldüğü de soruşturma sırasında ortaya çıktı. Cinayete doğrudan ve dolaylı yoldan ortak olanların kısa zamanda yakalanıp yargılanmalarına başlansa da bu suikastın arkasındaki yapının ortaya çıkarılmasına ilişkin derinleştirilmiş bir soruşturma hiç yapılmadı.[61] AKP ve Gülen cemaati denetimindeki medya organları, yaptıkları haberlerde sadece jandarmanın, suikasta ilişkin adeta katkı gibi görünen ihmallerine yer verdi. En az jandarma kadar cinayetin suç ortağı olan polisler ise Gülen cemaatine mensup oldukları için korundu. Hatta ba-

60) Vakit gazetesi 13 Şubat 2006 tarihli sayısı.

61) 17 Ocak 2012'de sonuçlanan Hrant Dink cinayeti davasında mahkeme "Örgüt yok" kararı verdi. Suikastın azmettiricisi Yasin Hayal ağırlaştırılmış müebbet hapis cezasına çarptırılırken "Büyük Abi" olarak nitelenen, polis muhbiri Erhan Tuncel beraat etti. Mahkeme Başkanı kararını açıkladıktan sonra basına konuştu ve bu kararın vicdanını tatmin etmediğini belirtti. Soruşturmada örgütün ortaya çıkarılmadığı için bu kararı verdiklerini söyledi. Savcı ise "Delil de var, örgütte var" açıklaması yaptı. Çocuk Mahkemesi'nde yargılanan Ogün Samast ise cinayetten 26 yıl hapis cezasına çarptırılmıştı. Ahmet İskender ve Ersin Yolcu ise cinayete yardımdan 12 yıl hapis cezasına çarptırıldı.

zıları terfi ettirilip kimisi Ergenekon soruşturmasının komuta kademesine getirildi. Suikastın 5. yılında da polisler, bürokratlar ve istihbarat görevlileri hakkında yargısal bir işlem yapılmazken askeri görevliler ise sadece *"görevi ihmal"* suçundan yargılanıp yetersiz hapis cezaları aldı.

*** Zirve katliamı**

Bu cinayetten kısa süre sonraysa bir başka dini azınlık mensuplarına yönelik katliam haberi Malatya'dan geldi. Misyonerlik faaliyeti yürüttükleri belirtilen Hıristiyan dinine mensup biri Alman 3 kişi gırtlakları kesilerek öldürüldü. Kurbanların misyonerlik faaliyeti merkezi olarak kullandıkları öne sürülen Zirve Yayınevi'nde gerçekleşen bu katliamdan sonra zanlılar olay yerinde yakalandı. Zaman içinde katillerle ilişkileri oldukları gerekçesiyle başka şüpheliler de tutuklandı ya da yargı sürecine dâhil edildi. Ancak bu cinayet de tıpkı Rahip Santoro ve Hrant Dink suikastlarında olduğu gibi derinlemesine soruşturma konusu yapılmadı. 2011 Nisan ayındaysa katliamın Ergenekon'la ilişkili olduğu iddiaları üzerine aralarında bazı askerlerin de bulunduğu yeni şüpheliler gözaltına alınıp tutuklandı. Ancak cinayetin Ergenekon soruşturmasıyla bir ilgisi bulunmadığı gerekçesiyle soruşturma dosyası İstanbul Özel Yetkili Mahkemesi Savcılığı'nca yeniden Malatya'ya gönderildi

*** İnternetten muhtıra**

Bu sancılı günlerin ardından Cumhurbaşkanlığı seçimleri yaklaşmıştı. Önceleri çeşitli toplantılarda üstü kapalı dile getirilen askeri darbe tehditleri 27 Nisan 2007 gecesi Genelkurmay Başkanlığı'nın internet sitesinde elektronik muhtıra haline geldi. Ancak bu muhtırayla AKP hükümeti kimsenin beklemediği bir şekilde dik bir duruşla karşı koydu. Aynı sertlikte karşılık verdi. Bu gelişmelerden bir hafta sonra 5 Mayıs 2007'de Türkiye siyasetinin belleğine *"Dolmabahçe buluşması"* olarak kaydedilen ikili bir toplantı gerçekleşti. Başbakan R. Tayyip Erdoğan ile muhtıranın yazarı dönemin Genelkurmay Başkanı Orgeneral Yaşar Büyükanıt Dolmabahçe'de bir araya geldi. Ayrıntıları halen meçhul bu görüşmede askerlerle hükümet arasında bir mutabakata varıldığı öne sürüldü. Hatta iddiaya göre bu muhtıranın arkasında Başbakan Erdoğan'ın Büyükanıt'a yönelik bir şantajının olduğu yorumları yapıldı. Söz konusu şantaj henüz başlamamış Ergenekon soruşturmasıyla ilgiliydi yorumlara bakılırsa. Ergenekon örgütü tarafından Yaşar Büyükanıt'la aile üyeleri ve yakın çevresine yönelik kimi faaliyetler yürütüldüğü, haklarında fişleme dosyaları bulunduğu iddia ediliyordu. Ergenekon soruşturması başlamadan iki ay önce yapılan görüşmede örgüt hakkında bir çalışma olduğu da böylece ortaya çıkmış oldu. Görüşmede Büyükanıt'a sunulan şantaj belgeleri ise aylar sonra yapılan operasyonda ele geçirildi.

*** Cumhuriyet mitingleri**

Bu gerilimli sürecin mihenk taşlarından biri de bayrak mitingleriydi. Genelkurmay ve hükümet arasındaki gerilimli ilişkiler askerlerin hükümet karşıtı bildirileri ve açıklamalarıyla daha da sertleşti. Kimi zaman yalpalasa da özellikle 27 Nisan muhtırası karşısında askere haddini bildiren bir açıklama yapan AKP hükümeti herkesi şaşırtmıştı, özellikle de ordu komuta kademesini. Muvazzafların yetersiz kaldığı anlaşılınca başını emekli general ve subayların çektiği ve dalga dalga yayılan Cumhuriyet ve Bayrak mitingleri baş gösterdi. AKP karşıtı bu gösterilerde demokratik tepkilerini gösterenlerin yanı sıra açık açık darbe çığırtkanlığı yapanlar giderek ön plana çıktı. 14 Nisan 2007'de Ankara'da başlayan mitingiler 20 Mayıs 2007'ye dek birçok kentte düzenlenerek en son Samsun'da noktalandı. Miting yapılmayan irili ufaklı kentlerde de kendiliğinden sokaklara dökülenler oldu. Otomobil camlarına, evlere bayrak asma histerileri baş gösterdi. Bayrak asmayanlara adeta vatan haini muamelesi yapılıyordu. Milyonlarca kişinin katıldığı ve etkilendiği bu süreç toplumdaki varolan kutuplaşmayı daha da keskinleştirdi.

Bu provokatif olaylar zinciri Türkiye'yi bir darbe ortamına sürüklemek için mi yoksa böyle düşünülmesini sağlayarak Ergenekon soruşturmalarının başlatılmasına dair fikri ve psikolojik altyapıyı hazırlamak için mi gelişti? Bu her iki görüşün de destekleyenleri Türkiye'de çokça mevcut. Ergenekon soruşturmalar zinciriyle başlayan süreçte adeta iki keskin kutba ayrılan Türkiye'de soruşturmaya destek verenler ilk tezi, karşısında duranlarsa ikincisini sahiplenmiş görünüyor. Aslında her iki tarafın bu tezlerini dayandıracağı haklı temelleri var. Ancak kimin gerçekten haklı olduğunu sanırım bu süreçte ve yakın gelecekte kimse bilemeyecek. Ancak bugüne kadarki süreci, Dink suikastiyle ilgili devletin ortaya saçılan rezaletleriyle birlikte değerlendirdiğimizde hiç de akıldışı olmayan bir tespit yapabiliriz. Her iki tarafın da kirli olduğu kuşku götürmeyen bir savaş halini andıran Ergenekon soruşturmalarının en önemli mevzisi hiç kuşku yok ki Hrant Dink suikastı. Çünkü Ergenekon soruşturma zincirinin kamusal meşruiyetini sağlayan maalesef ki Hrant Dink'in öldürülmesi oldu. Dink'in devletin bilgisi ve gözetimi dâhilinde nasıl hunharca katledildiği, katillerinin ve ortaya çıkarıl(a)mayan azmettiricilerinin yargı ve bürokrasi eliyle nasıl korunduğu da verilen kararlarla artık herkesin malumu. Bu süreçte güvenlik bürokrasisi içinde en çok korunanların aynı zamanda Ergenekon soruşturmalar zincirinin en önemli rolünü üstlenen ve haklarında çeşitli iddialar bulunan polisler olduğu da akılda tutulursa Dink suikastının neden Ergenekon soruşturmalarının en önemli mevzisi olduğu daha kolay anlaşılır.

BÖLÜM 7

ERGENEKON SÜRECİNDE MEDYANIN ROLÜ VE YENİ MEDYA DİZAYNI

"Ey mutsuzlar!
Kardeşinizi boğazlıyorlar, siz göz yumuyorsunuz
Çığlıkları duyuluyor, ama siz susuyorsunuz.
Aramızda dolaşıp kurbanını seçiyor zorbanın teki
Sessiz kalırsak bize dokunmaz diyorsunuz.
Bok yiyorsunuz!
Ne tuhaf yer burası, sizler nasıl insanlarsınız!
Haksızlık varsa bir yerde eğer, ayaklanmalı insanlar.
Ayaklanma olmuyorsa, batsın o şehir yerin dibine,
Yansın bitsin, kül olsun karanlıklar basmadan!"
Bertolt Brecht [62]

Soruşturmanın dönüm "Nokta"sı

Bir önceki bölümde bahsettiğimiz provokatif olaylarla gerilimi yükselen süreçte yayın hayatına başlayan Nokta dergisinde ardı ardına yayımlanan üç önemli kapak haber bugün yaşanılan sürece dair önemli ipuçları vermişti. Daha önce bahsettiğimiz kimi internet sitelerinde yayımlanan iddiaların koparması istenen ancak gerçekleşmeyen fırtına Nokta dergisinin haberleriyle hayat buldu. Dergide önce basın kuruluşlarıyla kimi gazetecileri darbe yanlısı ve darbe karşıtı diye sınıflandıran Genelkurmay Darbe Andıcı haberleştirildi.[63] Haberin öznesi habercilerin kendisi olunca medyada

62) "Sezuan'ın İyi İnsanı", sayfa: 192

63) Nokta dergisi 8 Mart 2007 kapak haberi.

fırtına koptu, günlerce tartışıldı. Askerin yanında saf tutmaya çalışanlar söz konusu andıcın sahte olduğunu kanıtlama uğraşına girdi. Ancak Genelkurmay Başkanı Yaşar Büyükanıt'ın yaptığı toplantıda andıç belgesinin sahte olmayıp taslak metin olduğunu söylemesi tartışmaları noktaladı.

Nokta dergisinin bir sonraki önemli haberi aynı zamanda Ergenekon sürecinin de temelini oluşturuyordu. AKP'ye yönelik darbe girişimlerinin soruşturulduğu Ergenekon sürecinin miladı sayılan bu haberde eski Deniz Kuvvetleri Komutanı Oramiral Özden Örnek'e ait darbe günlükleri yayımlandı.[64] İlginç bir şekilde bu haberin medyadaki karşılığı büyük bir sessizlik oldu. Bazıları yine günlüklerin sahteliğini kanıtlama çabasına girdi. Haberi yayına hazırlayan derginin Genel Yayın Yönetmeni Alper Görmüş'e dava açıldı, beraat etti.[65] Genel olarak görmezden gelinen ya da sahte denilen darbe günlüklerinde anlatılan 2003- 2004 yıllarını kapsayan darbe planlarının Ergenekon soruşturması sürecinde sahihliği doğrulanınca bu kez de medyadaki kimi yazarların anlatılan planlardan ve süreçten haberdar olduklarını anlatan yazılar kaleme aldığı da görüldü.

Bir sonraki haber ise *"Günümüzdeki sivil eylemler ne kadar sivil"* başlığıyla yayımlanan ve Genelkurmay'ın 2004'te sivil toplum kuruluşlarıyla işbirliği planını ortaya koymayı amaçlayan bir andıcı anlatıyordu.[66] TSK'nin halkla bütünleşmesinin geliştirilmesi konusunda *"Toplumsal Gelişime Destek Faaliyetleri"* başlıklı Eylül 2004'te hazırlandığı iddia edilen belgede *"dost ve düşman STK'ler"* şeklinde bir ayrım yapıldığı ileri sürülürken, kamuoyu oluşturmak ve ortak hareket etmek amacıyla TSK açısından olumlu sivil toplum örgütlerinin TSK'yle doğrudan ilişkisi olmayan kişiler tarafından kontrol altında tutulması amaçlanıyordu.

Bugünkü sürecin *"önemli bir kilometre taşı olma görevi"* verilmiş olan Nokta dergisi, bu haberlerinin yarattığı rahatsızlık üzerine askeri savcılığın talebiyle polis tarafından basıldı. Baskıların görünür hale gelmesinden kısa süre sonra da bizzat sahibi tarafından derginin yayın hayatı sonlandırıldı.[67]Bu kaçınılmaz sonda elbette şimdilerde demokrasi havarisi gibi görünenler de dahil olmak üzere Türkiye medyasının dergiyi, çalışanlarını ve kendilerini doğrudan ilgilendiren düşünce, ifade, basın özgürlüğüne sahip çıkmaması çok etkili oldu. Güce biat etme geleneği gibi olumsuz bir sicile sahip olan Türkiye medyasında tabu olan konuların başında gelen orduya eleştiri yöneltilemeyeceği, cesaret edilemeyeceği algısını kırmakta Nokta dergisi

64 Nokta dergisi 29 Mart 2007 kapak haberi.

65) Burada bir parantez açarak bu haber üzerinden adım etrafında koparılmak istenen fırtınayla ilgili bazı açıklamalar yapmak gerekiyor. Darbe günlükleri haberinin yazarı Genel Yayın Yönetmeni Alper Görmüş'tü. Ancak haber dergide imzasız olarak yayımlanmıştı. Medya andıcı haberin tarafımdan kaleme alındığı bilindiği için bu sızdırma belgelerin yazarının da benim olduğum yolunda yaygın bir kanaat oluşmuştu. İnternet gibi denetimsiz bir ortamda yaygın bir halde bu tevatür dolaşıma girdi. Elime geçen her fırsatta bunun doğru olmadığını açıkladığım gibi hiçbir zaman de bu önemli haberin yarattığı ranttan nemalanmaya çalışmadım. Zaten haberle ilgili davanın da Görmüş'e açıldığını herkes biliyordu. Gözaltına alınıp ardından tutuklandığım günlerde söz konusu haberi benim yazdığım şeklindeki internet efsanesi de dolaşıma sokulmuştu. Konuyla ilgili haberlerde adımın "Darbe Günlüklerini yazan kişi" olarak geçtiğini gözaltından savcılık sorgusuna götürülürken gördüğüm bir gazeteden öğrendim. 3 günlük sürede birçok gazetede de darbe günlüklerini yazanın Ahmet Şık olduğundan bahsedilmişti, rahatsız oldum. Bu rahatsızlığımı avukatım ve arkadaşım Tora Pekin'e de savcılık sorgusunu beklerken ilettim. Kimse tutuklanacağıma ihtimal vermediği için Tora "Yarın sen açıklama yaparsın" diye karşılık verdi. Ama tutuklandım, konu kaynadığı gibi açıklama da yapamamıştım. Derken Alper Görmüş, Taraf gazetesinde 8 Mart 2011'de yaptı bu açıklamayı. Görmüş, Medyaironik isimli köşesinde "zor bir yazı" kaleme aldı. Hem benim habercilik namusumu "kurtardı" hem de konuyu aydınlattı.

66) Nokta dergisi 5 Nisan 2007 kapak haberi.

67) Nokta dergisi 20 Nisan 2007'de kapatıldı.

deneyimi önemli bir rol üstlendi. Zaten dergide yayımlanan haberlerin Ergenekon soruşturmalarının belkemiğini oluşturduğunun anlaşılmasıyla bu tabu neredeyse tamamen kırılacaktı.

Nokta'dan sonra Taraf

Evet, medyanın asker tabusunun kırılmasının kapısı aralanmıştı. Ancak yeterli değildi. Süreci istenilen noktaya çekmek için sızdırma belgeleri yayımlama *"cesareti"* gösterecek bir yayın organına ihtiyaç vardı. İnternet siteleri ile başlayan Nokta'yla devam eden süreç kısa bir kesintiye uğrasa da bu misyonu daha sonra yayın hayatına başlayan Taraf gazetesi üstlenecekti.[68] Taraf gazetesi de tam da bu ihtiyaç nedeniyle tedavüle sokuldu. Çünkü bir savaşa dönüşecek Ergenekon sürecinde bir "öncü piyade"ye[69] kaba tabirle bir *"mayın eşeğine"* ihtiyaç vardı. AKP'ye verdiği destek ve yaşanan aksaklık ve hak ihlallerine karşın Ergenekon soruşturmalarına kör bir inançla sahip çıkmasıyla eleştirilse de Taraf gazetesi Türkiye demokrasisi için çok önemli bir rol üstlendi. Artık kaynağı herkesçe malum sızdırma belgelerle de olsa cesaretle yapılan birçok haberle Türkiye'de kendini rejimin sahibi sanan askerin eleştirilebileceği görüldü. Böylece Ergenekon soruşturmalarında daha kolay yol alınmasının da önü açılmış oldu. Ancak sızdırılan her belgenin doğru olduğuna yönelik ön kabulle çapraz sorgulamaya tabi tutulmadan, sızdırmayı yapan kaynaklarla araya mesafe koymadan yapılan haberler maalesef Ergenekon soruşturmalarını sadece birilerinin istediği rotada yol almaktan öteye götürmedi. Belge sızdırmaların daimi adresi haline gelen gazete, tam da bu nedenlerle AKP yanlısı cemaat medyasının da *"öncü piyadesi"* haline geldi. Büyütülmek istenen birtakım siyasi hesaplaşmaların görülmesini sağlayacak belgeler önce Taraf'a sızdırılıyordu. Haberin yayımlanmasıyla birlikte özellikle cemaat medyası tarafından haberdeki belgeler büyük bir yaygarayla kamuoyuna aktarılıyordu. Bu tür habercilikle kurulan "medya mahkemelerinde" adları geçen her şüpheli hakkında da hüküm verilmiş oluyordu. Bu hüküm uyarınca da istenilen herkes cezaevine atılıyordu. Kim suçlu kim suçsuz diye bir ayrım bile gözetilmiyordu.

Eski medyanın tasfiyesi

Siyasal İslam'ın yükseliş dönemini tek başına iktidar olarak taçlandırdığı AKP döneminde ve ardından başlayan Ergenekon ve türevi soruşturmalar zinciriyle medyada keskin bir ayrışma yaşandı. Ergenekon soruşturmaları bağlamında daha net bir şekilde ortaya çıkan iktidarın *"devlet ve hükümet"* olarak ikiye ayrıldığı bu dönemde medyada hangi kutbu temsil ediyorsa ya da her zaman olduğu gibi hangi taraftan çıkarı varsa oraya yanaşmayı tercih etti. Tüm iktidar odaklarına, herkese eşit mesafede durması gereken medya *"siyasi iktidar yanlısı"* ve *"askeri iktidar yanlısı"* diye anılan iki kutuplu bir görünüm kazandı. Daha sonra bu ayrım *"askeri vesayet"* ve *"sivil vesayet"* diye yine gazeteciler tarafından tanımlanacaktı. Bu hengâmede medya ise hangi tarafa angajeyse o grubu yüceltti. Diğerinin açıklarını aradı, buldu, haberleştirdi. İktidar çatışmasının rıza üretimleri medya eliyle yapılırken siyaset sahnesindeki ya da toplumsal önemdeki her olgu gazetecilik kuralları ve ilkeleriyle değil angaje olunan tarafın kıstasları ve çıkarlarıyla okuyucuya/ izleyiciye aktarıldı. Bağımsız bir gözle bakıldığında, bu dönemde her iki tarafta da güdümlü gazeteciliğin bütün izleri-

68) Taraf gazetesi 15 Kasım 2007 tarihinde kuruldu.

69) Radikal gazetesi 10 Nisan 2011, Pınar Öğünç'ün söyleşisinde Andrew Finkel bu tespiti yapıyor.

ni yakalamak mümkün.

Medya üzerinden toplumun da iki baskın kutba ayrıldığı bu dönemin en ilginç yanı her iki kesimin de demokrasi mücadelesi yürüttüğünü iddia etmesiydi. Bir taraf *"sivil irade, cunta karşıtlığı, seçim, bağımsızlık, sivilleşme, askeri ya da kemalist, vesayet, demokratikleşme"* gibi ifadelerle iktidar alanını kurmaya çalışırken diğer taraf ise *"Atatürkçülük, laiklik, sivil vesayet"* söylemleri ve bir dönemin *"en kullanışlı aracı"* olan *"şeriat gelecek"* paranoyasıyla propaganda yürüttü. Elbette ki Türkiye'ye şeriat gelmedi ama bugün gelinen noktada yaşananlar, haksızlık ve adaletsizlikler özlenen ve olması gereken demokratik ortamın da en az şeriat kadar uzakta olduğunun birer göstergesi.

Bu dönemde medya açısından bir başka nirengi noktası ise AKP iktidarıyla birlikte Türkiye medyasının mülkiyet yapısında siyasi iktidar yanlıları lehinde yaşanan hızlı değişimdi. Bu değişimin sonucu olarak basının devlet ve siyaset alanına sirayet eden ilişkileri ve bu gruplar arasındaki iktidar kavgasında üstlendiği rol özellikle, ana akım olarak nitelenen çok satışlı/ izlenilirlikli medyada tıpkı eski dönemde olduğu gibi gazeteciliği geri plana attı. Burada bahsi geçen ana akım medyadan kastedilenin her iki gruba angaje olan tüm medya organları olduğunu da belirtmek gerekiyor. Ancak söz edilen eleştirinin en büyük payının da AKP ve cemaate angaje medya olduğunun da altını çizmek gerekir. Geri plana atılan gazeteciliğin, haberciliğin yerini kaynağı belirsiz bir yerlerden gelen bilgi ve belgelerin hiçbir araştırmaya, sorgulamaya tabi tutulmaksızın, bırakın çifte kontrolü tamamen kaynağın sızdırdığı şekilde sayfalarına pike edilmesi ya da televizyon haber bültenlerinde yayınlanması aldı. İşin kötüsü bu durum doğal bir gazetecilik olarak görülmeye başlandı. Büyük sansasyon yaratan bazı haberler yalan ya da kaba tabirle söyleyelim *"fos"* çıkmasına rağmen, bu sansasyonları yapanların yaptıkları *"hatayla"* ilgili özür dileme gereğini bile duymamalarının üzerinde bugün bile ciddi bir şekilde durulması gerekiyor.

AKP'nin üç dönem ardı ardına ezici meclis çoğunluğuyla iktidarı elde etmesi kendisine ve cemaate daha bir mesafeli durmaya çalıştığı izlenimi veren medya gruplarında da ciddi tasfiyeler yaşanmasına neden oldu. AKP'nin ilk iktidarı döneminde utangaç yürüttüğü tasfiye ve baskılar, ikinci iktidar döneminde sert yüzünü gösterdi. AKP'nin 3. iktidar dönemi olan 12 Haziran 2011 seçimleri sonrasındaysa ne Başbakan Erdoğan ne de hükümet kurmaylarının bir şey söylemesine bile gerek kalmadan medya kendine *"çeki düzen verdi"*. Geriletildiği söylenen askeri vesayetin yerine ikame edilen sivil vesayet ve baskı ortamıyla medya bu kez de iktidarın bileşenlerini oluşturan AKP ve cemaat karşısında *"esas duruşa"* geçti. Yani iktidarı eline geçirenlerin kıyafetleri değişse de apoletler takım elbiselerin üzerine geçirilmişti. Bu sürecin, baskı ortamının doğal ve normal olmayan sonucu olarak da sansürün en berbat hali olan otosansürün en ağır dönemi yaşanır hale geldi. Artık AKP'nin uzun ve kesintisiz iktidar döneminde baskı altına alınan medya gruplarının tıpkı kendilerine rakip olan diğerleri gibi holding sermayelerinin tekelinde bulunması ve patronlarının özellikle de hükümetlerle akçeli işlere fazlasıyla bulaşmış olması bu istibdatı ve *"sakıncalı"*ların, başa dert olabileceğinden şüphelenilenlerin tasfiyesini hızlandırdı. Aynı zamanda karşı konulamaz hale de getirdi.

Doğan grubu hedefte

Hükümete en *"muhalif"* görünen Doğan grubu bu baskı ve tasfiyelerden en çok canı yanan, canı yakılan medya grubu oldu. 2008 yılı başında Doğan grubu gazetelerinde Başbakan Erdoğan'ın oğlu ve gelininin iş ilişkileriyle ilgili haberler çıkınca,

Tayyip Erdoğan'ın henüz İstanbul Büyükşehir Belediye Başkanı olduğu yıllarda varolan gerilim zirveye tırmandı. Deniz Feneri yolsuzluğuyla ilgili haberlerin ardından ise Başbakan Erdoğan meydanlarda Doğan grubunun sahibi Aydın Doğan'ı hedef almaya başladı. Başbakan 6 Eylül 2008'de Güngören İlçe Kongresi'nde şunları söylüyordu:

> *"Son zamanlarda AK Partiyi yaralayamayanlar, AK Parti'yi geriletemeyenler AK Parti üzerinde yalan yanlış iftira kampanyalarıyla bir şeyler yapmanın gayreti içerisine girdiler. Şu ana kadar bunu sessizlikle takip ettim, hala da sessizlikle takip ediyorum. Ama artık yetti! Bunu görüldüğü gibi bir medya grubu- Doğan Medya Grubu- yani açık söylüyorum Aydın Doğan Grubu üstlenmiş vaziyette. Cumhuriyet Halk Partisi ile beraber bu kampanyayı sürdürüyor. Ben bu kadar açık söyledikten sonra diyecek ki; 'Başbakan bene hedef gösterdi' veya 'Başbakan benim grubumu hedef gösterdi.' Sen AK Parti'yi hedef göstereceksin olacak, Başbakan partisine saldıran bu gazeteyi hedef gösterdiği zaman olmayacak. Bal gibi de olur. Kimse AK Parti'ye yolsuzluk çamurunu atamaz. Yolsuzluk çamurunu atanlar kendileri o çamurun içinde boğulurlar. Bugüne kadar atanlar da aynen bu şekilde boğulmuşlardır."*

Medya ve iktidarın kokuşmuş ilişkileri

Erdoğan'ın sözlerinin devamında Türkiye'de iktidar-medya ilişkilerindeki gelenekselleşmiş kokuşmuşluğunda ipuçları vardı:

> *"Sizin bu telaşınız nedir? Siz onu söyleyin. Bunu ben biliyorum da, siz açıklayın. Bu saldırganlığınız neden? Bir hafta süre. Açıkladın açıkladın açıklamazsan, gelecek haftasonu yine kongreler var, ben açıklayacağım! CNN'in karasal yayın talebiyle ilgisi var mı açıkla!.. Tüm bunların arkasında ne var biliyor musunuz? İşte açıklıyorum. Hilton var, Hilton arazisi var. Hilton'da istedikleri tadilatı yapamaması var..."*

Aydın Doğan'ın verdiği yanıtta da medya ve siyasetin kirli ilişkilerinin ipuçları bulunuyordu:

> *"Velev ki ben ona gittim, ben ona Hilton için gitmedim. Ben ona 'Sayın Başbakan 2.5 Milyar dolar paramız var. Biz bu ülkede yatırım yapmak istiyoruz. Ben sizden ruhsat istiyorum, ben o ruhsatla yatırım yapacağım. Rafineri kuracağım' dedim. 'Nerede kuracaksın?' dedi. Ceyhan'da dedim. 'Hayır olmaz orayı Çalık grubu istiyor' dedi. Ben de 'Çalık da kursun ben de kurayım' dedim. Ama kabul etmedi. Kendisi bana sordu; 'Hilton`u ne yapacaksın' diye, Ben de 'Hilton demode olmuş, yanına ilave birşeyler yapılması lazım' dedim. Ben Başbakandan bir şey istemedim. Benim Hilton`u yıkıp da yerine gökdelen yapma gibi bir planım yok. Sayın Başbakan sapla samanı karıştırıyor. Ülkenin Başbakanı'nın böyle ucuz şantaj yollarına gitmesi çok üzücü. Başbakan`ı anlamakta zorluk çekiyorum. Bu yapılanların sonucu siyasi şantajdır."*[70]

Aydın Doğan bu açıklamasında ayrıca hükümetin baskılarından ve basın öz-

70) 07 Eylül 2008 Kanal D'de yayınlanan özel program.

gürlüğünden bahsederek, hiç de yapamayacağı bir şeyi *"biat etmeyeceğini"* dile getiriyordu. Bunun üzerine Erdoğan mitinglerde Doğan grubu gazetelerinin okunmaması, televizyonlarının seyredilmemesi çağrısı yapacak kadar kavgayı büyüttü. Başbakan'ın açıklamalarının ardından gazetelerin trajları düşmedi ancak grubun hisselerinde çok büyük düşüşler yaşanıyordu. [71]

İlk başta Erdoğan'ın Aydın Doğan'la eski hesabını görmesi olarak değerlendirilen bu durum aslında AKP'nin yeni bir medya dizayn etmesinin en önemli adımlarından biriydi. Aydın Doğan'a malvarlığının üzerinde vergi cezaları kesildi [72] ve Doğan grubu kısa süre içinde boynunu eğdi. Artık Doğan grubunda da hükümeti eleştiren haberler sayfalara konulmuyordu. AKP ve Erdoğan korkusuyla artık haberler ve sayfalar grup içinde sıkı denetimden geçiyor, editör ve muhabirler daha öncekinden çok daha büyük bir baskı altında çalışıyorlardı. Yöneticilerin sansürünün mazereti hep aynıydı: *"Vergi cezaları var... Şirket diken üstünde... Çok hassas bir dönem yaşıyoruz..."*

Tasfiye edilecekler listeleri

Ana akım medya suya sabuna dokunmadan günü kurtarmaya çalışıyordu artık. Hükümetin istemediği gazeteci ve yazarlar, eskilerinden öğrendikleri yöntemlerle yeni düzenin tetikçisi olan malum medyanın da hedef göstermesiyle işlerinden, köşelerinden ya da etkili görevlerinden oldu. Kimisi Ergenekon sanığı yapıldı. Giden her kişiyle vergi cezaları da azaldı. Adı Hürriyet gazetesiyle özdeşleşen Oktay Ekşi başyazarlıktan ve gazetesinden istifa etmek zorunda kaldı. Nedeni 28 Ekim 2010 tarihinde Hürriyet'in taşra baskısındaki HES'lerle ilgili yazısının sonundaki cümleydi: *"Bu zihniyet analarını da satar."*[73] Paniğe kapılan medya grubu hemen Oktay Ekşi'nin istifa ettiğini açıkladı. Hürriyet'in 20 yıllık genel yayın yönetmeni Ertuğrul Özkök görevini bırakmak zorunda kalarak kendi deyimiyle *"nehir kıyısına"* çekildi. Ama yeterli olmadı. 28 Şubat 1997 darbesiyle ilgili açılan soruşturma vesilesiyle, yaşanan yeni 28 Şubat sürecinin sözcülüğünü yapanlarca *"tutuklanması istenen"* gazeteciler arasında adı en sıkça anılanlardan biri olmaya devam ediyor hâlâ. Gazetenin AKP muhalifi olarak görünen yazarları, ilkin Emin Çölaşan'la açılan kapıdan birer birer çıktı. Bekir Coşkun, Özdemir İnce, Cüneyt Ülsever, Rahmi Turan Hürriyet'ten kovuldular. Tufan Türenç ise "iş yoğunluğu" gerekçesiyle yazılarına son vermek zorunda kaldı. Gazetenin yazarı Ferai Tınç ise *"Artık bu şartlarda gazetecilik yapılmaz"* diyerek istifa etti.

Grubun diğer önemli gazetesi Milliyet'in yayın yönetmeni olan Sedat Ergin görevini bırakıp Hürriyet'in yazar kadrosuna alındı. Vatan gazetesinden Necati Doğru yazıları sansürlenince istifa ederken Mine Kırıkkanat'ın ise işine son verildi. Bir süre sonra ise Milliyet ve Vatan gazetelerini Aydın Doğan, iddialara göre; hükümete verdiği söz üzerine alınan küçülme kararıyla sattı. Milliyet ve Vatan gazetelerinin sahibi olan Yıldırım Demirören'in ilk yaptığı ise Başbakan Erdoğan'ın miting meydanlarında *"namert"* diyerek hedef gösterdiği Nuray Mert'in yazılarına son vermek oldu. Doğan Grubu'nun liberal sol görünümlü gazetesi Radikal'in yazar kadrosuna ise bir dönem Başbakanlık Basın Sözcüsü olan Akif Beki katıldı. Beki sözcülük görevini

71) Doğan grubu hisseleri birkaç gün içinde yüzde 8 oranında değer kaybetmişti. Maliye Bakanı Mehmet Şimşek'in "Doğan grubu hisselerini satın, onlar gidici" dediği öne sürüldü.

72) Aydın Doğan'a yaklaşık 10 milyar liralık vergi cezası kesildi. Yasa değişikliklerinden ve aflardan yararlanan Doğan grubu bu cezanın 1 milyar lirasını ödeyerek 2011'de kurtuldu.

73) Oktay Ekşi 2011 seçimlerinin ardından CHP milletvekili olarak Meclis'e girdi.

gazetedeki köşesinden yürüttü. Ardından Radikal'in başına cemaat kökenli Eyüp Can Sağlık getirildi. İsmet Berkan Hürriyet'in yazar ailesine giderken yeni Genel Yayın Yönetmeni Eyüp Can az okunduklarına karar vererek başta Haluk Şahin ve Türker Alkan'ın daha sonra da Hakkı Devrim'in yazılarına son verdi. Devrim sloganıyla yola çıkan Can ve ekibi eskiden sol maskeyle yürütülen sağcı politikaları artık açıktan yürütmeye başladı.

Doğan grubunda artık neredeyse hükümeti ve cemaati rahatsız edecek yazar kalmamıştı. Kalanların çoğu AKP ve cemaat ve elbette Ergenekon sürecine ilişkin haberlere daha mesafeli dururken *"muhalif"* kimlikli kimi yazarlar da adeta *"göze batmasın"* diye yerlerini koruyabildiler. Süreç neredeyse tamamlanmıştı. Tüm bunlar yaşanırken Zaman gazetesi Genel Yayın Yönetmeni Ekrem Dumanlı ise *"Tasfiye edilecek gazete(ci)ler"* başlıklı bir yazı kaleme almıştı.[74] Artık bütün köşe yazarları büyük tasfiyeyi tartışıyordu.

Doğan Grubu'ndan sonra Başbakan ile ilişkileri çok iyi olan Doğuş Holding'in yayın kuruluşlarında tasfiyeler başlayacaktı. 12 Haziran 2011 genel seçimlerinin öncesinde NTV'nin demokrat yayıncıları erken yaz tatiline çıkarıldı. Kanal ile özdeşleşmiş isimlerden Banu Güven ilk gönderilen oldu. Banu Güven'ın işten çıkarılmasını gazeteci Ruşen Çakır'ın programının sonlandırılması takip etti. Mirgün Cabas ile birlikte yaptıkları Yazıişleri Programı yayından kaldırıldı. Sonrasındaysa Çakır da NTV'den çıkarılanlar arasında yer aldı. Cabas ise grubun çıkardığı suya sabuna dokunmayan bir derginin başına getirildi. NTV'nin ekran yüzlerinden ve deneyimli gazeteci Can Dündar'ın başarılı programlarına da birden son verildi. Çiğdem Anad da NTV'de programı sonlandırılan gazeteciler kervanının bir diğer üyesiydi. Gazetecilerin tasfiyesi devam ediyordu. NTV'nin de sahibi olan Doğuş Grubu Star TV'yi aldıktan sonra ilk yapılan ise haber bültenini hazırlayanların işine son verilmesi oldu. Türkiye'de televizyon haberciliği denildiğinde tek kanallı günlerden beri akla ilk gelen isimlerden Uğur Dündar da böylece tasfiye edilen gazeteciler kervanına katılmıştı. Uğur Dündar haber bültenini hazırladığı Star TV'nin Doğuş Grubu'na satılmasından sonra Aydın Doğan ile görüşmüştü. Aydın Doğan, Uğur Dündar'a *"Sana verebileceğim boş bir koltuğum yok"* demişti. Bunun *"Hükümet ya da cemaat seni istemiyor"* anlamına geldiğini artık Türkiye'deki medya dünyasında herkes biliyordu.

Habertürk gazetesi ve televizyonuyla medya dünyasına giren Ciner Grubu'nda da durum farksızdı. Sol duyarlılığın ve vicdanın medyadaki seslerinden Ece Temelkuran'ın Habertürk'teki yazılarına son verildi. AKP ve iktidarının gayriresmi ortağı Gülen cemaatine karşı eleştirel tutum takınan, yürütülen politikalara karşı muhalif bir duruş alan birçok gazeteci ve yazar işinden edilmişti. Tasfiye öyle bir hale geldi ki AKP'ye yakın duran, yıllar boyunca eleştiriden muaf tutulan Mehmet Altan bile hafif sayılabilecek bir eleştirel tutum almasıyla birlikte *"yandaş"* diye anılan Star gazetesindeki köşesini kaybetti. Kalanların çoğunluğu da suskun kalmayı tercih edince son bir kaç yıldır daha bir gündemde olan Türkiye'nin tutuklu gazeteciler sorunu, *"tutuklu olmadığı halde tutuklu olan gazeteciler"* sorunuyla birlikte anılır oldu.

Asıl talimatla çalışanlar yandaş

Medyada bu tasfiye süreci yaşanırken yukarıda bahsettiğimiz gazeteciliğin pervasızlaştığı, kontrol bile edilmeden bilgilerin ve belgelerin gazete sayfalarında

74) Zaman gazetesi/10 Ağustos 2009

yer aldığı süreç devam ediyordu. Bu eleştirinin satır aralarında yitip gitmemesi için açmakta daha doğrusu örneklemekte fayda var.

Talimatla kitap yazdığım iddiasıyla cezaevinde tutukluyken aslında kimlerin hangi talimatlarla hangi haberleri yaptığını ortaya koyan yazı dizisi 1 Nisan 2011'de BirGün gazetesinde yayımlanmaya başladı. Onurkan Avcı'nın kaleme aldığı bu habere göre; polis hedef haline getirdikleri kişilerle ilgili soruşturma bilgilerini başlığı ve spotu yazılmış, önemli kısımların altı çizilmiş şekilde yandaş gazetelere, televizyonlara ve internet sitelerine servis ediyordu. Bu haberler aynı şekilde medyada yer alıyordu. Üstelik BirGün gazetesinde yayınlanan bu örnek haberler, çok ironik bir şekilde, örgüt talimatıyla haber ve kitap yazmakla suçlanan gazetecilerin yargılandığı Odatv operasyonuyla ilgiliydi. Yani polisin yazdığı metinleri aynen çalıştıkları medya kuruluşuna veren *"güdümlü gazeteciler"* bazı gazetecileri talimatla haber yapmak, kitap yazmakla suçluyordu. Yani asker andıçları yerini polis andıçlarına bırakmıştı. Andıçlar devam ediyor sadece üniformaların rengi ve tetikçi gazeteciler değişmiş oluyordu.

Kurulan pusunun medya ayağını deşifre eden bu yazı dizisinin ilk bölümü 1 Nisan 2011 günü BirGün gazetesinin sürmanşetinde *"Sızdırma belgelerini açıklıyoruz"* başlığı ile duyuruldu. İç sayfada *"Talimatlara riayet mi, gazetecilik zaferi mi?"* başlıklı haberde gizli belgelerin yandaş medyaya sürekli servis edildiği belirtildikten sonra özetle şunlar yazılmıştı:

> *"Birçok hukukçu, 'bu nasıl soruşturma gizliliği' diyerek isyan edip, emniyet ile savcılık haricinde bu sızdırmayı yapabilecek başka bir makam bulunmadığına dikkat çekerken, Bir Gün; 'sızdırılan' belgelerden bazılarına ulaştı... Altında isim ya da imza bulunmayan, dijital çıktılardan oluşan toplam 19 sayfalık belgelerde, soruşturmanın içeriğine dair gizli kalması gereken 'bilgiler' aktarılıyor. Polis tutanağını andırmayan, gayet düzgün bir Türkçeyle yazıldığı gözlemlenen belgelerde, haber yapılırken en çok nerelere vurgu yapılması gerektiğinin işaret edilmesi, hatta başlık verilmesi dikkat çekiyor."*

Haberin devamında ise polisin Odatv operasyonuyla ilgili servis ettiği haberlerin yandaş medyada nasıl yer aldığı irdelenmişti. Bu gazetelerin hemen hepsinin polisin başlık, spotlarıyla haberleri sayfalarına taşıdığı, altı çizili bölümleri öne çıkarttıkları görülüyordu.

Polisin özetleyerek servis ettiği metinde yer alan *"Ulusal Medya 2010"* belgesi Mart ayı başında bazı köşe yazılarında aynı cümlelerle yer almıştı. Haberde şöyle deniliyordu:

> *"Baskında ele geçirildiği ileri sürülen 'Ulusal Medya 2010' adlı belgenin özetlenmesiyle başlayan metinde, 'internet sitesi olarak Odatv, televizyon olarak Halk TV ve gazete olarak Sözcü gibi yayın organlarının Türk halkını Kemalist çizgide birleştirebileceği belirtilerek, Ulusal medyanın yeniden inşa edilmesi gerektiğine vurgu yapılıyor' deniyor.*
>
> *Sızdırıldığı iddia edilen belgelerle kimlerin mi yazıları örtüşüyor: Nazlı Ilıcak, Sabah gazetesindeki köşesinde 9 Mart'ta yazdığı 'Ulusal Medya 2010/Amaç ve Strateji' başlıklı yazısı, Zaman gazetesi yazarı Mümtazer Türköne'nin aynı tarihli 'Ulusal medya 2010 teknikleri' başlıklı yazısı, Samanyolu televizyonunun aynı tarihte 'ulusal medya 2010' başlığıyla sunduğu haber,*

"Ulusal Medya 2010 planı'nın referansı Ergenekon belgeleri" başlıklı 31 Mart'ta Star gazetesinde çıkan haber, sızdırıldığı iddia edilen belgelerdeki ifadeler ve kompozisyonla birebir aynı."

Haberlerin kimlere servis edildiği ve onların nasıl bire bir aynısını kullandığı da Onurkan Avcı'nın haberinde şöyle anlatıldı:

"Belgelerde, Baykal'ın Halk TV'nin Soner Yalçın'a devrine razı olmadığı, ancak Kılıçdaroğlu'nun onay vereceği bilgileri yer alırken, Halk Tv'nin devralınması için Odatv'nin 4 aşamalı bir plan kurduğu iddia ediliyor. Odatv'de ele geçirilenleri yandaş medyaya özetleyen 'yetkililer', Halk TV'nin Odatv ekibine devrine Baykal'ı ikna etmek 'varan 2 şantajı hazırlığı' içinde olduğuna dair belgeler ele geçirdiklerini iddia ediyor.
Buna dayanak olarak ise Odatv'den ele geçirildiği iddia edilen metinlerdeki şu ifadeler kullanılmış:
- Halk TV'yi devralırsak parasal sıkıntımız kalmaz. Kılıçdaroğlu istekli, her türlü desteği alırız ama Baykal direniyor. Baykal engelini Aşmalıyız. İkna için varan 2...
- Görüşmeler olumlu, Kılıçdaroğlu bu iş seçimlerden önce bitsin diyor."

Belgelerdeki bu ifadeler ise yine iktidara yakın basın kuruluşlarınca desteklenmiş görünüyor. Belgelerde "Halk TV için Baykal'a VARAN 2 Şantajı yapıldı" başlık önerisi altında toparlanan bilgiler aynı minvalde hatta benzer başlıklarla yandaş medyada yer bulmuş. Tüm haberlerin yayımlanma tarihinin 4 Mart olması, bu sızdırma işleminin 3-4 Mart'ta gerçekleştiği ya da hangi tarihte yayımlayacakları konusunda bu medya kuruluşlarının aralarında bir konsensüs olduğunu ortaya koyuyor. İşte o haberler:
- Sabah gazetesi, "Baykal'a Halk TV için 'Varan 2' şantajı iddiası" (4 Mart)
- Habertürk gazetesi, "Baykal'a 'Varan 2 kasetli şantaj hazırlığı' iddiası" (4 Mart)
- Star gazetesi, "Baykal'a varan 2'li ikna" (4 Mart)
- Vakit gazetesi, "Baykal'ı bitiren kasetle ilgili şok iddia" (4 Mart)
- Zaman gazetesi, "Oda TV'de şok belge: Baykal ikna olmazsa 'Varan 2' yi kullanalım" (4 Mart)
- Bugün gazetesi, "Baykal ikna olmazsa 'Varan 2' yi kullanalım (4 Mart)
- Samanyolu tv, 'Varan 2' (4 Mart)
Bu haberlerin haricinde belgelerdeki talimatlara uyarak iddiaları haberleştiren, hatta başlık önerilerini bile boşa çıkarmayan, iktidara yakın birçok internet sitesinin bu sızdırmalardan aynı tarihte faydalandığı görülüyor."

Özetleyecek olursak hiçbir dayanak olmadan gazetecilerin başkalarının talimatıyla haber yaptığını, kitap yazdığını öne süren yandaşlar bu konudaki talimatı polisten yazılı olarak almış ve aynen uygulamıştı. Hatta çoğu polisin attığı başlıkları değiştirme ihtiyacı bile duymamışlardı. Bu, polisin gazetelere yazdığı haberi aynen koyacak kadar profesyonel bir şekilde bir medya planlamasına gittiği ve medyanın bu pusuda görev almak için nasıl can attığının en önemli delillerden biri olarak karşımızda duruyor.

Baykal operasyonunda **Ergenekon Parmağı:**

Halk TV için Baykal'a VARAN 2 Şantajı yapıldı

Ergenekon soruşturmasında Odatv'ye geçtiğimiz haftalarda gerçekleştirilen operasyonlarda, ele geçirilen başta Ulusal Medya 2010 belgesi olmak üzere birçok el yazması ve dijital belgede, Odatv'nin medyada Ergenekon vb soruşturmaların boşa çıkarılması için medyada Merkez Üssü rolü oynadığını gözler önüne seriyor.

Ulusal Medya 2010 belgesinde İnternet sitesi olarak ODATV, Televizyon olarak HALK TV ve Gazete olarak SÖZCÜ gazetesi gibi yayın organlarının, Türk halkını Kemalist çizgide birleştirebileceği belirtilerek, Ulusal medyanın yeniden inşa edilmesi gerekliliğine vurgu yapılıyor.

Odatv operasyonu sonrasında basında, Soner Yalçın tarafından HALK TV'nin CHP'den alınmasına çalışıldığı, Kılıçdaroğlu'nun Halk TV'yi Odatv ekibine seçimler öncesinde devredilmesini istediği halde, DENİZ BAYKAL'ın engel olması sonucunda, kanalın devrinin gerçekleşmediği haberleri basında yer aldı.

Soner Yalçın'ın ikametinde ve Odatv binasında ele geçirilen belgelerde, HALK TV'nin Soner Yalçın'a devrinin arka planı, kanal üzerinde pazarlıklar ve satışa razı olmayan Deniz Baykal'ın zorlanması için Şantaj yoluyla tehdit edilmesine kadar pek çok konuda çok önemli belgelere ve bilgilere ulaşıldı.

Belgelere göre, kanalın devri için Baykal'a VARAN 2 şantajı yapılması planlanmış. VARAN 1 skandalı hakkındaki ilk kayda değer bilgiler de Ergenekon sanığı Ergün Poyraz'dan ele geçirilmiş, Baykal'ın bir Ergenekon operasyonu ile CHP Genel Başkanlığından tasfiye edildiği ileri sürülmüştü. Odatv da ele geçirilen belgeler, Baykal'ın kaset skandalında Ergenekon projesi iddialarını güçlendirdi.

Odatv'de ele geçirilen başka bir belgede de, Soner Yalçın ve Odatv ekibi tarafından HALK TV'nin devralınması için, 4 Aşamalı plan çerçevesinde hareket edildiği ortaya çıktı. Bu 4 aşamanın da Deniz Baykal'ın satışa onay vermeye zorlanması temelinde olduğu belirtiliyor.

Ulusal Medya 2010 belgesinde medyanın yeniden inşası kapsamında adı geçen Halk TV'nin Soner Yalçın'a devrinin bir diğer amacının da Halk TV'ye hakim olan Deniz Baykal'ın CHP'den tam tasfiyesi olduğu, kanalın satışı ile Baykal'ın etki alanından uzaklaştırılması halinde Kılıçdaroğlu'nun liderliğinin pekişeceği ve parti içerisindeki tek rakibi Baykal'ın tasfiyesinin tamamlanmasının amaçlandığı ileri sürülüyor.

1. HALK TV İÇİN BAYKAL'A VARAN 2 ŞANTAJI

Ergenekon soruşturması kapsamında Odatv'ye 14 Şubat 2011 günü yapılan operasyonda, CHP'nin kanalı Halk tv'nin, Soner Yalçın ve Odatv'ye devri hakkında önemli belgeler ele geçirilmişti.

Basına yansıyan haberlerde, Genel seçimler öncesinde Soner Yalçın ve ekibinin Halk tv'nin devri için Kılıçdaroğlu ile işbirliği yaptığı, ancak Deniz Baykal'ın karşı çıkması sonucu kanalın devrinin gerçekleşmediği yer almıştı.

Odatv'de VARAN 2 izleri

Odatv'ye gerçekleştirilen Ergenekon operasyonunda, kaset skandalı sonrasında genel başkanlıktan olan Deniz Baykal'a Halk Tv'nin Soner Yalçın, Hakan Aygün ve Odatv ekibine satışı için VARAN 2 videosunun şantaj amaçlı kullanımı hakkında önemli belgeler ele geçirildi.

"Baykal engelini aşmalıyız. İkna için varan 2..."

Odatv binasında ele geçirilen bir Belgede;

"Kılıçdaroğlu'na destek zorunlu. Liderlik çekişmesi yaratılmak istendiği açık. Haber içeriklerine dikkat! Sav'ın oğlunun gay ilişkileri... CHP'ye zarar verilmemeli

Müyesserin Baykal sevdası odatv yayın politikası ile bağdaşmıyor.... Hanefi ile ilgilenmeye devam etsin... Avukatlarla irtibatına dikkat etsin.

Halk TV'yi devralırsak parasal sıkıntımız kalmaz. Kılıçdaroğlu da istekli, her türlü desteği verir ama Baykal direniyor. Baykal engelini aşmalıyız. İkna için varan 2...

Gürsel bize yakın halk tv için de çabalıyor ancak hoca sevmiyor. fetullahçı diyor.

Görüşmeler olumlu. Kılıçdaroğlu seçimlerden önce bu iş bitsin [illegible] [illegible]" ifadeleri yer alıyor.

Halk tv'nin Soner Yalçın'a devri konusunda Kılıçdaroğlu'nun istekli olduğu, ancak Deniz Baykal'ın direndiği belirtilen belgede, Halk tv devrinin gerçekleşebilmesi için Deniz Baykal hakkında "Baykal engelini aşmalıyız. İkna için varan 2 ..." cümleleri yer alıyor.

Emniyet yandaşı çalıştırsın... Habere çalışırken cesur olun

Genelkurmay andıçlarının haklı olarak bütün medyanın çok ilgisini çektiği dönemde polisin andıcı hak ettiği ilgiyi görmedi. Merkez medyada bile BirGün gazetesinin haberine değinen yok denecek kadar azdı. Ertesi gün yani 2 Nisan 2011 günü BirGün gazetesi yazı dizisine devam etti. Gazetenin sürmanşetindeki başlık bu kez *"Emniyet ile yandaşın haber ortaklığı"* idi. Polisin Soner Yalçın'ın savcılık ifadesini de "talimat haberi"ne koyduğu belirtilen yazı dizisinin ikinci bölümünde özetle şunlar yazıyordu:

> *"Belgelerde yer alan Odatv'nin Halk TV'yi ele geçirmek için 4 aşamalı bir plan kurduğu iddiası da tıpkı diğer servis edilen bilgiler gibi aynı ifadelerle iktidara yakın basın kuruluşlarında çıkmış.*
>
> ***Vay yandaş vay***
>
> *Yalçın'ın ifadesinde "Gazeteci Hakan Aygün ile bir telefon konuşmanızda karşı taraf size 'CHP'den para aldık lafı bile ikimizin arasında kalmalı' diyor. Ne diyorsunuz?" diye sorulduğunda bu kısmını yanıtlamadığına dikkat çekilen belgelerde, "Paranın sahibi Hurşit!'" diye bir başlık da açılmış.*
>
> *Bu başlık altında kendisine yaptığı telefon konuşmaları arasında 'paranın sahibi Hurşit' ifadesini kullanan Yalçın'a bu konuşma sorulduğunda, "Hurşit Güneş CHP'nin finanstan sorumlu Başkan Yardımcısıdır. Halk TV konusunu onunla görüştük" cevabı verdiği servis edilmiş.*
>
> *Yandaş medyanınsa bu başlık önerisi altında verilen bilgilere duyarsız kalmadığı arşivlerle ortaya çıkıyor:*
>
> *-Bugün gazetesi, 'Paranın sahibi Hurşit Güneş' (11 Mart)*
>
> *- Vakit gazetesi, 'Vay Hurşit Vaaay !' (11 Mart)*
>
> *- Zaman gazetesi, "Halk TV pazarlığında CHP'den iki lider, iki başkan yardımcısı var" (11 Mart)*
>
> *- Ve iktidara yakın yayın çizgisinde ilerleyen çok sayıda internet sitesinin de aynı tarihte benzer başlıklarla bu 'haberi' yayımladığı görülüyor.*
>
> ***Hem servis hem ideolojik manipülasyon***
>
> *Belgelerde Odatv'nin sadece Ergenekon ile işbirliği içinde olmadığı gazetecilere öğretilirken, şu ifadeler kullanılmış: "Ergenekon savunuculuğunu yapan Odatv'nin PKK'nın da sözcülüğünü yapması dikkat çekiyor."*
>
> *Tabi yandaş basın bu talimata da sessiz kalmamış:*
>
> *Bugün Gazetesi, PKK ile şok işbirliği başlıklı ve 4 Mart tarihli haberinde, belgedeki ifadelerin aynısını kullanarak "Odatv operasyonunda ele geçirildiği öne sürülen bir not ise sitenin PKK'nın amaçları doğrultusunda yayın yaptığını ortaya koydu" diye yazmış.*
>
> *Kanal 7'nin internet sitesi Haber 7, "Odatv'deki belgelerden kaos taktikleri" başlığıyla, Zaman Gazetesi de "Odatv'deki belgelerden kaos taktikleri çıktı" başlığıyla yakın tarihlerde aynı kompozisyonu işlemiş.*
>
> ***Belgelerde altı çizili ifadeler var***
>
> *19 sayfalık servis belgelerinde 'yetkililerce' bazı yerlerin altının çizilmesiyse 'buraya ayrı bir önem atfedin' anlamına geliyor olsa gerek ki, iktidara yakın yayın kuruluşları haberlerini daha çok bu çizili ifadeler üzerinden kurmuş. Bu*

ifadeler arasında Yalçın Küçük, Ergenekon, PKK, Hanefi Avcı, Nedim Şener, İlhan Cihaner, şehit cenazeleriyle ilgili bölümler başı çekiyor. Arşivlere bakıldığında ise aynı gazete ve televizyonların bu konuları itinayla işlediği görülüyor. İşte Odatv'de bulunduğu iddia edilen ve servis edilirken altı çizilen o ifadelerden bazıları:

- Nedim'in emniyet bağlantıları önemli, irtibatlarını devam ettirsin.

- Nedim ile Hanefi'nin Dink konusundaki görüş ayrılıkları gündem yapılmamalı. Nedim bu konuda duyarlı olmalı.

- Danıştay'ın türban eylemi Hanefi'nin ağzından net biçimde vurgulanmalı. (Haliç'te yaşayan Simonlar adlı kitabın öncesindeki konuşmalardan olduğu iddia ediliyor)

- (Ahmet Şık-Sabri kitap başlıklı belgede) "Sabri'nin kitap konusunda çekincesi var. İkna etmeye çalışalım. Kitabı seçimden önce yetişmeli. Nedim, Ahmet Şık konusunda görüşsün. Kitaba çalışırken, cesur olun. Çıkarma ve ekleme yapmaktan çekinmeyin. Bu kitap Simon'dan daha kapsamlı olmalı. Nedim'i kutlarım. Ahmet'i çalıştırsın. Hanefi çıkacak ve Sabri'ye katılacak. Emin ve Sabri'ye moral verin. Sabri adıyla çıkmasına zorlayın. Seçimden önce yetişsin."

Altı çizili bu ifadelerin de yandaş basında aynen yer aldığını görüyoruz.

- *Bugün gazetesi "Şener ve Şık arasındaki irtibat" (7 Mart)*
- *Kanal 7, "Hanefi Avcı'ya 'Nedim Şener' sorusu" (7 Mart)*
- *Vakit gazetesi, "Gazetecilere sipariş üzerine kitap yazdırmışlar" (7 Mart)*
- *Ve daha niceleri..."*

Özetle, *"Emniyet yandaşı çalıştırsın... Habere çalışırken cesur olun... Star, Taraf'la bu konuda görüşsün..."* gibi bir word dosyasını daha çok yandaşlar ve polis hak ediyor. Ama hiç kimse bu kadar saçma bir şey yazmaz, iftira atmak, pusu kurmak istemedikçe. Ama bu polis andıcında görünüyor ki yandaş basına haberleri servis ederken polis metni yazmakla kalmıyor, başlık spot çıkarıp nerelere vurgu yapılacağının altını bile çiziyor. Yani o *"gazeteciler"*in okuma yazma bilmesine bile gerek yok. Askerin talimatıyla haber yazanların yerini günümüz Türkiye'sinde çok benzerleri alıyor. İki farkları var; birincisi yandaşlar polisten talimat alıyor, ikincisi askerin talimatıyla haber yazanlara bildiğimiz kadarıyla böyle başlıklı, spotlu, önemli yerlerin altı çizilmiş metinler gelmiyordu. Ama özleri aynı, al birini vur ötekine...

Sızdırma gazeteciliğin cehaletine iki örnek

Ergenekon ve ilintili soruşturma süreçleri başladığından bu yana adından en çok söz ettiren gazete haliyle Taraf olmuştu. Ancak bu *"şöhreti"* sağlayanın gazetecilik değil cesaret olduğunun altını çizmek gerek. Çünkü sızdırma belgelerin daimi adresi haline gelen gazetenin yaptığı, kendilerine verilen belgeleri hem de hiçbir kontrol mekanizmasından geçirmeden sayfalarına yerleştirme *"cesaretinden"* ibaretti. Cesaret dememiz bir ironi değil, çünkü gazete eski rejimin sahibi olan askerlerle savaşa girmişti. Evet, rejimin yeniden inşası, devletin sahiplerinin el değiştirmesi savaşıydı yaşanan. Prusyalı general Carl Von Clauseweitz'in, *"Savaş siyasetin başka araçlarla sürdürülmesidir"* sözünü doğrularcasına bu kez savaşta kullanılan başka araçlardan birisi, bir nevi *"öncü piyade"* olan Taraf gazetesiydi. Artık devletin operasyonel kanadını oluşturan Gülen cemaatinin hamiliğinde servis edilen belgeleri, sızdırmayı yapanlarla kurulmuş vıcık vıcık ilişkilerle yayımlamanın habercilikle ilgisi olmadığı ortada. Aslında bu konuda söyleyecek çok sözüm var. Ama şimdilik susacağım.

"Sarsıcı haberleriyle" çok can yakmış olan *"kerameti cemaatinden menkûl uzmanının"* günahlarına kendisinin de ortak olduğunu düşündüğüm Ahmet Altan'a, kendisini Ahmet Altan yapan yazıları için sevgi ve saygı besleyen insanlar adına başında bulunduğu gazetenin nasıl böyle olabildiğinin yanıtını aramasını önereceğim. Şimdi esas mevzuumuzu servis edilen haberleri aynen gazeteye vermek dışında hiçbir işlevi olmayan *"kuryelerin"* kaçınılmaz olarak imza attıkları büyük hataları anlatalım. Bunun çok trajikomik örneklerine Türkiye tanık oldu. Sansasyonel olmasına karşın *"fos"* çıkan haberlerle ilgili örnek sayısı az değil. Ama iki tanesiyle yetinelim. İki örneğimiz de bünyesinde *"kurye"* ve polis eskisi istihdam eden Taraf gazetesinden. Bu örneklerden yola çıkılarak gazeteye amiyane tabirle neden *"mayın eşeği"* yakıştırmasında bulunduğumuz da sanırım daha kolay anlaşılacaktır.

Sızdırma belge gazeteciliğinde adres haline gelen Taraf gazetesinde hep aynı isim öne çıkıyordu. Bir dönem cemaatin yayın organı Aksiyon isimli haber dergisinde çalışmış olmasına karşın adını pek kimselerin bilmediği Mehmet Baransu. Bu isim yukarıda özetlenen kaynakla mesafenin var olmadığı sızdırma haberciliğin son yıllardaki yıldızı olmakta gecikmedi. Hakkını yemeyelim kimi haberler askerlere hadlerini bildirilmesi ve sınırlarının ne olmasını göstermesi bakımından çok önemliydi. Ancak kaynakla kurulan ilişkinin aldığı hâl öyle bir noktaya geliyor ki bu kez de yazdıklarına güvenilmez bir gazeteci haline dönüşmesini de fazlasıyla içinde barındırıyor. Gazeteciden ziyade kaynağınız olan kişi ya da grubun siyasi çıkarlarına hizmet eden, manipülatif her türlü bilgi, belgeyi yayımlayan bir *"şaşkın"* haline geliyorsunuz. O zaman da yaptığınız işin adı gazetecilik olmuyor. Bununla ilgili iki örnek haberin altında da aynı isim, Mehmet Baransu'nun olması da bu dediğimizi haklı çıkaracak cinsten.

Örnek 1: Akıl süzgeci olmayınca...

İlk haberimiz 22 Ekim 2009 tarihinde Taraf gazetesinde manşetten yayımlanan Muhsin Yazıcıoğlu'nun öldüğü helikopter kazasına ilişkin. Haber *"Ölüm helikopteri 139 defa arandı"* başlığını taşıyordu. Habere göre BBP Genel Başkanı Muhsin Yazıcıoğlu ve beraberindeki 5 kişinin öldüğü helikopter kazasından [75] önce NTV'nin santralinden toplam 295 defa arandığı belirtiliyordu. Hâlâ *"kaza mı suikast mı"* tartışmalarının yaşandığı bu olaya, bu telefon trafiğinin neden olduğu haberde öne sürülüyordu. Haberde bilgisine başvurulan ve kimlikleri gizli tutulan *"telekomünikasyon sektöründe görevli iki mühendis"*in ağzından *"manyetik alan yaratılıp helikopterin düşürülmüş olabileceği"* anlatılıyordu. Haberde iddiaların odağındaki NTV'nin de aranıp görüş alındığını ise *"NTV yetkilileri ise Taraf'a 'O gün haber için bu aramaların yapıldığını' söyledi"* cümlesinden anlıyorduk.

İddia çok ciddiydi. Bir gazete bir başka medya kuruluşunu *"suikast düzenlemek"* iddiasıyla zan altında bırakıyordu. Her sıkıntılı haberde *"kimliği meçhul uzmanlar, üst düzey yetkililer, adını açıklamayan kaynaklar"* gibi *"bilirkişiler"* yine burada kendini göstermişti. Gazete cevap hakkı için NTV'yi de aradığını söylüyordu. Peki, gerçek böyle miydi?

Aynı gün NTV'nin bağlı olduğu Doğuş Yayın Grubu'ndan yapılan açıklamayla

75) 25 Mart 2009 tarihinde Muhsin Yazıcıoğlu ve beş kişinin bulunduğu helikopter Kahramanmaraş'tan Yozgat'ta bir mitinge giderken Keş dağında düştü. Helikopterin enkazı 48 saat sonra bulunduğunda Yazıcıoğlu ve İHA muhabiri İsmail Güneş'in de aralarında bulunduğu 6 kişi ölmüştü. Helikopterin sabotaj sonucu düştüğü öne sürülüyor.

iddia yalanlandı. Açıklamada; kazanın ardından helikopterde bulunanların cep telefonlarının haber merkezi editörleri ve muhabirleri tarafından defalarca arandığı, bunun bir gazetecilik refleksi olduğu belirtildi.

Bir gün sonra 23 Ekim 2009'da NTV'nin o dönemdeki ekran yüzlerinden Mirgün Cabas hem haberle ilgili hem de Ahmet Altan'ın kaleme aldığı *"NTV ve gazetecilik"*[76] başlıklı yazısına cevap veren bir yazı kaleme aldı. Muhsin Yazıcıoğlu'nun telefonunu kazanın ardından arayanlardan birinin de kendisi olduğunu *"itiraf eden"* Cabas, o dönem Ruşen Çakır ile birlikte sundukları Yazıişleri Programı'nda söylediklerini yazısında tekrarlıyordu: *"Bu haberin içinde belgeler, uzman görüşleri gibi unsurlar var ama temel bir şey eksik; Akıl yok."*

Cabas, Ahmet Altan'ın konuyla ilgili yazısına da atıf yaparak *"NTV'den nasıl görüş aldığınızı anlatmışsınız. Doğrusu tuhaf bir süreç izlemişsiniz. 'Sarsıcı haberler uzmanı' (tanım size ait) bir muhabirin birkaç ay önce yayınına çıktığı gazetecilere ulaşamaması, 100 kişilik haber merkezinden kimseyi bulamaması vs... Oysa sarsıcı haber uzmanı için NTV'den görüş almak soruşturmadan sayfa almaktan zor olmasa gerek. Üstelikte birkaç ay önce bizim yayınımıza konuk olmuştu"* diyordu.

Ahmet Altan'ın yazısına göre konuyla ilgili görüş alınan kişinin de arandığında yurt dışında olan ve habercilikle hiç ilgisi bulunmayan Yönetim Kurulu Başkanı Erman Yardelen olduğu belirtiliyordu. Cabas çok yerinde bir tespitte bulunuyordu yazısında: *"Yapmanız gereken, bu belgelerdeki saatlerin niye yanlış rapor edildiğini sorgulamaktır."*

Ahmet Altan'ın çok güvendiği *"sarsıcı haberler uzmanı"* muhabiri Baransu'nun ipine sarılarak kaleme aldığı yazısı *"Ya savcının elindeki resmi telefon kayıtları hatalı ve bizi, savcıyı şaşırtıp soruşturmayı yanlış yönlendiriyor ya da 'biz aradık' diye canlı yayında itiraf ettiklerine göre NTV'den birileri o helikopterin düşeceğini, daha düşmeden önce biliyordu. Hangisi?"* diye bitiriyordu.[77] Altan'ın yanıtını aradığı sorunun cevabı ertesi gün geldi. Taraf gazetesinin bu iddialı haberinin belgesi diye sunduğu kayıtlar kısaca GMT saati diye bilinen İngiltere Greenwich'e göre ayarlanan dünya saatini gösteriyordu.

Yani belgede yer alan saatlerle NTV'den yapılan arama saatleri arasında 2 saatlik bir fark vardı. Cabas'ın da yazısında dikkat çektiği bu husus nedense *"sarsıcı haberler uzmanı"*nca *"atlanmıştı"*. Baransu ve Taraf yetkilileri ya Türkiye saati ile GMT saati arasındaki farkı bilmiyordu ya da haberleri kasıtlıydı. Taraf gazetesi bu gelişme üzerine komplo teorisi haberiyle ilgili *"Kayıtlar yanlış"* başlığıyla manşetten özür diledi.[78] Ahmet Altan da köşesinde özrü tekrarladı.

Peki, mesele kapandı mı? Elbetteki hayır. Ahmet Altan'ın çifte özrüne rağmen yardımcısı Yasemin Çongar'la katıldığı bir TV programında iddialarını savunmaya devam etti. CNN Türk'te yayımlanan *"Tecrübe Konuşuyor"* isimli programda Altan *"Özür diledik ama aslında biz o kadar hatalı değildik. Bu işi merak eden sadece biz değiliz. Savcılık da merak etmiş telefon dökümlerini görünce. NTV'yi çağırıp sormuşlar. NTV savcılığa GMT kayıtlarını söyledi mi? Madem GMT'yi biliyorlardı neden 48 saat sonra açıkladılar"* diyecekti.[79] NTV bilimsellikten uzak, suçlayıcı açıklamalar nedeniyle Taraf gazetesine

76) Taraf gazetesi/20 Ekim 2009/ Ahmet Altan 'NTV ve gazetecilik' başlıklı köşe yazısında Mehmet Baransu'dan 'Sarsıcı haberler uzmanı' diye bahsediyor ve haberi savunuyordu.

77) Taraf gazetesi/20 Ekim 2009/ Ahmet Altan 'NTV ve gazetecilik' başlıklı yazı.

78) Taraf gazetesi /24 Ekim 2009.

79) CNN Türk/ Tecrübe Konuşuyor programı/ 2 Kasım 2009.

dava açtığını duyurdu.

Ancak tüm bunlara rağmen Muhsin Yazıcıoğlu'nun helikopterinin düşmesiyle ilgili hakkında dava açılması istenen şüpheliler arasında Mirgün Cabas da yer alacaktı. Türkiye hukuk sisteminin alamet-i farikası sayılacak bir şekilde Malatya Özel Yetkili Cumhuriyet Savcılığı'nca gönderilen fezlekede Cabas da bu yalan çıkan haberler nedeniyle hakkında dava açılması istenenler arasındaydı. Kazanın yaşandığı yerin Kahramanmaraş olması nedeniyle Cumhuriyet Savcısı Uğur Koç tarafından hazırlanıp örgütlü suç kapsamında değerlendirildiği için Malatya Özel Yetkili Savcılığı'na gönderilen fezlekede şüpheliler *"Suç işlemek amacıyla örgüt kurmak, terör örgütüne üye olmak ve yardım etmek, tasarlayarak birden fazla kişiyi öldürmek"* iddialarıyla suçlandı.

Suçlanan 7 kişi ise NTV Haber Koordinatörleri Cabas ile Mustafa Hoş, Albay Sezai Akgün, Emniyet Amiri Dursun Özmen, helikopterin sahibi Mustafa Kemal Süler, Muhtarlar Yılmaz Tilki ve Abdullah Göllü idi. Fezlekede Yazıcıoğlu'nun helikopterinin düşmesinin basit bir kaza olmadığı belirtilerek *"Henüz üyeleri tespit olunamayan örgüt mensuplarınca yapılan sabotaj sonucu düşürülmüş olduğuna ilişkin iddialar ve helikopter düştükten sonra yapılan arama kurtarma faaliyetleri sırasındaki gecikme ve olumsuzlukların kasıtlı olarak gerçekleştirilmiş bir faaliyet olarak nitelendirilmiş ve şikâyetçi taraflarca ileri sürülmüştür"* denildi. Gözaltına alındığımız 3 Mart 2011 günü ortaya çıkan fezleke bizlere yönelik operasyonun gölgesinde kaldığı için maalesef tartışılmadı. Bu trajikomik fezlekede şu iddialara yer veriliyordu:

> ** Söz konusu helikopterin şüpheliler Mirgün Cabas ve Mustafa Hoş'un çalışanı oldukları bir ulusal televizyon kanalı tarafından ölen gazeteciye ait cep telefonu aranmak suretiyle sinyal vererek helikopterin düşürüldüğü ileri sürülmüştür. Ayrıca söz konusu helikopterin bölgede uçan Awacs uçakları tarafından yönü değiştirilerek düşürüldüğüne ilişkin haberler yer almıştır.*
>
> ** Ölenlerden Muhsin Yazıcıoğlu'nun yakın akrabası olan tanık Rafet Arslanoğlu'nun helikopterde bulunan şahıslara Çağlayancerit'ten kalkışı esnasında bir poşet içerisinde dürüm verildiği ve dürüm nedeniyle zehirlenmiş olabileceklerini beyan ettiği, ayrıca helikopterde bulunan kişilerin karbonmonoksit zehirlenmesi sonucu yaşamlarını yitirdiği ve helikopterin bu şekilde düştüğü ileri sürülmüştür.*

Örnek- 2: Su sızdıran gazeteci

Bu akıllara ziyan gelişmeye neden olan Mehmet Baransu hiçbir şey olmamış gibi yoluna devam etti. Polis içindeki malum teşkilat operasyon yaptıkça o beslendi, palazlandı. Ahmet Altan'ın himayesinde can yakmaya devam etti. Derken BirGün gazetesinin manşetinde de denildiği gibi yine *"su kaçırdı"*. Bu kez de MİT kaynaklı olduğunu öne sürdüğü bir belgeye dayanarak yaptığı haberde *"Yoldaş General"* başlığıyla Taraf gazetesinin manşetinde yer aldı. 29 Temmuz 2011 tarihini taşıyan bu habere göre Balyoz soruşturmasında tutuklu muvazzaf askerlerden Korgeneral Ziya Güler hakkındaki MİT belgesine göre 1972'de THKP-C davasında suçlanmış, 1989'da ise TBKP'liymiş. Hava Kuvvetleri Komutanlığı'ndaki terfi sırasında iken tutuklanıp Hasdal Cezaevi'ne gönderilen Hava Eğitim Komutanı Korgeneral Ziya Güler'le ilgili belgelerin MİT tarafından Ergenekon soruşturmasının özel yetkili savcılarına gönderildiği haberde anlatılıp belgenin detaylarına yer veriliyordu.

Gizlilik kararı olan soruşturmalardaki belgelerin savcıların elindeyse Mehmet Baransu ve benzeri özel yetkili gazetecilerde olmasına *"alışan"* kamuoyu için haberin

Taraf'ta yayımlanması şaşırtıcı değildi elbet. Bu şaşırtıcı olmayan haberde Korgeneral Güler'in 1972'de yasadışı sol örgüt Türkiye Halk Kurtuluş Partisi- Cephesi üyesi olduğu için tutuklandığı yine MİT kaynaklı olduğu anlatılan bir diğer belgede de Türkiye Birleşik Komünist Partisi Polit Bürosu'nun aldığı kararı değerlendirdiği öne sürülüyordu. 6 Şubat 2009'da Ergenekon savcılarına gönderildiği öne sürülen belgede Korgeneral Güler için yazılanlar özetle şöyle anlatılıyordu:

> *"Adı Hava Kuvvetleri Komutanlığı için geçen Ziya Güler'le ilgili ilk belge 1972 yılına ait. Bu belgede Güler'in Mahir Çayan'ın lideri olduğu THKP-C'ye mensup olduğu kaydediliyor. Belgede şu ifadeler yer alıyor: "1- İstanbul Hava Harp Okulu 3. sınıf 2302 nolu öğrenci, 2- T.H.K.P. ve Cephesi mensubudur. 3- T.H.K.P. ve Cephesi adlı illegal örgüt mensuplarınca meydana getirilen anarşik eylemlere adı karıştığı iddiasıyla, İstanbul Sıkıyönetim Askeri Mahkemesi'nce 29 Haziran 1972 günü tutuklanmıştır. İstanbul Sıkıyönetim Komutanlığı Askeri Mahkemesi'nde açılan Mahir Çayan davası ile ilgili olarak yargılanmaktadır."*

Söz konusu haberde 13 Ekim 1989 tarihine ait olduğu tahmin edilen ikinci bir belgenin Güler'in binbaşı ya da yarbay rütbesindeyken ele aldığı bir yazı olduğu iddia ediliyor. TBKP polit büronun aldığı kararların değerlendirildiği *"Değerli Yoldaşlar"* diye başladığı belirtilen yazıda da Güler'in yurt dışındaki komünistlerin Türkiye'ye dönmesi çağrısı yaptığı anlatılıyordu. Bu yazının tam metni söz konusu habere konulmuştu.

Baran'su' kaçırdı

Ancak ertesi gün, 30 Temmuz 2011'de BirGün gazetesi *"Baran'su' kaçırdı"* manşetiyle Mehmet Baransu'nun bu haberini yalanlıyordu. Söz konusu habere Ergenekon ile devrimciler arasında bağlantı kurulmaya amaçlandığı belirten BirGün'ün haberinde TBKP'li Ziya Güler'in Korgeneral Güler'le uzaktan yakından bir ilgisi olmadığı belirtiliyordu. Çünkü Ziya Güler TBKP Merkez Komite Üyesi ve Federal Almanya Yöre Sekreteri Feridun Gürgöz'ün parti adıydı. TBKP Polit Bürosu'na Ziya Güler adıyla gönderilen değerlendirme yazısı da Feridun Gürgöz'e aitti. Gürgöz TÜSTAV tarafından yayınlanan anılarından oluşan kitapta da Ziya Güler adını kullandığını zaten açıklamıştı.[80] BirGün gazetesinin hem haberiyle hem de Baransu'yla dalga geçtiği manşet haberde kullanılan sıfatlar ise aslında bu tür haberciliğin sorununu da ortaya koyuyordu:

> *"Son dönemin flaş gazetecilerinden 'önüne konanı yapar' gazeteci Mehmet Baransu'yu tebrik etmek gerekiyor. TSK içinde açık açık komünist faaliyet sürdüren subayın TBKP'nin Polit Bürosu'na yazdığı değerlendirmeyi bulup yayınlayarak büyük bir iş başarmış. Baksanıza adını saklama gereği bile duymamış, oysa böyle raporların daima parti adıyla, müstear adla yazıldığını herkes bilir. Baransu keşke biraz daha araştırma yapsaydı da TSK mensubu Ziya Güler'in Avrupa'nın çeşitli ülkelerinde yapılmış Komünist ve İşçi Partileri toplantılarına katıldığını da (yıllık izinlerini bu toplantılarda harcamayacağına göre mutlaka görevli gitmiştir. Alın size komünistlerle Ergenekon arasında bir bağlantı daha) ve buralarda yaptığı konuşmaları da bulup yayınlayabilseydi.*

80) Feridun Gürgöz, Saat Geri Dönmüyor, TÜSTAV San Defter Dizisi İstanbul. Nisan 2007

Böylece hem haber güçlenir, hem de Ergenekon'u sola komünistlere bulaştırma çabası daha doyurucu, daha inandırıcı bir hale gelirdi.
Gazeteci sıfatı taşıyan ama gazeteciliğin en basit kurallarını es geçerek, önüne konan her belgeyi tereddütsüz doğru kabul eden Taraf bir kez daha faka bastı. Çünkü TBKP'li Ziya Güler'in Korgeneral Ziya Güler'le uzaktan yakından bir ilgisi yok. Ziya Güler, TBKP Merkez Komite üyesi ve Federal Almanya Yöre Sekreteri Feridun Gürgöz'ün parti adı. TBKP Polit Bürosuna Ziya Güler imzasıyla yazılan değerlendirme de ona ait. Feridun Gürgöz, TÜSTAV tarafından yayınlanan anılarında Ziya Güler adını kullandığını açıklamıştı.."

Peki BirGün'ün bu ibretlik haberinden sonra ne oldu? Hiç, koca bir hiç. Hatta 31 Temmuz 2011 günü, *"Yoldaş General-2"* başlığıyla manşetten olmasa da birinci sayfadan asparagas haberin devamı yayımlandı. Taraf gazetesinin iddiasına göre *"Yoldaş General manşeti tartışılıyordu"*. Mehmet Baransu'dan da açıklama olduğu belirtilen haberde, *"MİT belgesiyle Korgeneral Ziya Güler'in THKP-C sanığı olarak yargılandığı kayda geçilmişti. İkinci bir MİT belgesi de, yine Korgeneral Güler'in TBKP Polit Bürosu'na gönderdiği metindir. Eğer o metin Ziya Güler kod adını kullanan Feridun Gürgöz'e ait ise MİT iki Güler'i karıştırmış olabilir"* deniliyordu. Yani çürütülen haberdeki iddialar yinelenip sorumlusu da MİT denildikten sonraysa ortaya çıkan gerekçelere rağmen *"Ama burada asıl soru solculara kan kusturan bir orduda bir THKP-C sanığın nasıl korgeneralliğe yükseldiğidir?"* deme pişkinliğini de gösterdi Baransu. Yazdığı açıklamada kendisine ulaştıran belgeyle ilgili 25 gün boyunca TBKP'nin eski yöneticilerine partilerinde Ziya Güler adında bir askerin olup olmadığını sorduğunu anlatıyordu Baransu. *"Madem ortada hata varsa MİT'indir. Ben servis edileni yazarım"* diyen Baransu haberinin 3. kısmını da 2 Ağustos günü yayımladı. *"Genelkurmay 'Ders alalım' demiş ama..."* başlığıyla birinci sayfadan duyurulan haberde Ziya Güler'in örgütsel faaliyetinin 1980 öncesi Genelkurmay'ın *"Ders Alalım"* isimli kitabında deşifre edildiği öne sürülüyordu.

Baransu haberini böylesine pişkin, cansiperane savunuyorsa demek ki yalanlanmasına rağmen doğruluğundan emin. İyi de esas haber o en sonunda sorduğun soru değil mi diye sormazlar mı adama. İddialara konu olan dönemde 1971 darbesinin ardından hem de yargılanmasına rağmen kurtulmuş bu subay. Üstüne yine solcuları ezen, ABD menşeli *"kızıl kuşağa karşı yeşil kuşak projesini"* hayata geçiren cuntacıların 1980 darbesi de olmuş. Ordunun içindeki *"kızıl unsurlar"* kapı önüne konulmuş. Bu *"Yoldaş General"* Kenan Evren'in elinden de kurtulmuş. Korgeneral olup terfisini beklerken aksilik bu ya tutuklanmış. Esas haber bu karanlıkta kalan yanlar mıdır, yoksa birilerinin çıkarlarına uygun diye servis edilen her belgeyi yayımlamak mıdır gazetecilik?

Bu soruyu akılda tutup devam edelim. Çünkü bu konu daha çok su kaçıracağa pardon su kaldıracağa benzer. Baransu'nun son haberinin yayımlandığı gün www.bianet.org isimli internet haber sitesinde de Ayça Söylemez imzalı bir haber yayınlandı. Haberin başlığı *"Korgeneral Güler THKP-C sanığı değil"* diye atılmıştı. Baransu haberinde Ziya Güler isimli bir TBKP üyesi askerin olup olmadığını 25 gün boyunca araştırdığını yazmıştı. Ayça Söylemez de 3 günlük bir araştırma sonunda Baransu'nun 25 günde bulamadıklarından birini daha bulmuştu. Söylemez'in 2 Ağustos 2011 tarihli haberinde THKP-C davasından yargılandığı öne sürülen Ziya Güler'in adının sanık listesinde olmadığını anlatıyordu. Haberde *"Davanın 28 Şubat 1973 tarihli iddianame-*

sinin yeniden basımı olan 'THKP-C davası iddianame'[81] *başlıklı kitapta da Güler'in adı sanıklar arasında geçmiyordu"* deniliyordu.

Bu arada BirGün gazetesi de amacı belli bu yalan haberin peşini bırakmadı. 3 Ağustos 2011 günü yayımlanan *"Taraf ile Baransu su kaçırmaya devam ediyor"* başlıklı haberde 1972'deki THKP-C davasından yargılanıp TSK'den atılan subayların anlatımlarına yer veriliyordu. Dönemin hava subayı olan Mehmet Alkaya ve Salih Veysioğlu yaptıkları açıklamada Ziya Güler isminde birlikte yargılandıkları bir subay olmadığını söylüyorlardı.

Gazetede 5 Ağustos 2011'de İbrahim Varlı imzasıyla yayımlanan haber ise Ziya Güler kod adı kullanan Feridun Gürgöz'ün açıklamalarıydı. Baransu'nun "bulamadığını" BirGün bulmuştu. *"MİT bir hesaplaşmayı bitirmek istiyor"* başlıklı haberde Gürgöz, Korgeneral Ziya Güler'e atfedilen TBKP Polit Bürosu'na yazılan mektubu kendisinin kaleme aldığını şöyle anlatıyordu:

> *"Parti 1989'da tüm Merkez Komite üyelerinin Türkiye'ye dönmesi kararı aldı. Benimle birlikte bir üyenin daha en son dönmesine karar verildi. Söz konusu mektup da dönüş kararı alınması üzerine, o halet-i ruhiye içinde yazıldı. Merkez Komite üyelerine verilmek üzere yazılan bu mektup 11 adet çoğaltılarak Türkiye hapishanelerinde bulunan komite üyelerine gönderildi."*

Mektubun MİT'in eline bu şekilde geçmiş olabileceğini düşündüğünü belirten Gürgöz, bu mektubun MİT tarafından şimdi servise konulmasını bir hesaplaşmayı bitirmek amacıyla yapıldığını söylüyordu.

Sızdırma gazeteciliği çok iyi deşifre eden bir örnek olduğu için bir hayli uzun anlattığımız bu haberle ilgili son bir anekdotu da kendi tanıklığımdan ya da bildiklerimden yola çıkarak ekleyip bu faslı kapatacağım. Ergenekon ile ilgili analizin bulunduğu bölümde psikolojik savaşın bir parçası olan bazı internet sitelerinden bahsetmiştik. Onlardan biri de www.aloihbar.org isimli olanıydı. Bu site Ergenekon ve ilintili soruşturmalar için bir tarla kadar verimliymiş gerçekten. Eylemin temel dokümanı kabul edilen *"Lobi"* belgesi de burada yayınlanmıştı. Soruşturmalar başlamadan çok önce yayımlanan bu belgeler arasında Mehmet Baransu'nun haberinin hedefinde yer alan asker Ziya Güler ile ilgili bir yazı vardı. O zamanlar Ziya Güler korgeneral değil, tümgeneralmiş, yazıdan bunu anlıyoruz. Baransu'nun MİT kaynaklı dediği belgede yer alan suçlamalara benzer iddialar sıralanıyordu yazıda. *"THKP-C örgüt üyeliğinden tümgeneralliğe"* başlığı uygun görülen yazıda Baransu'nun iddialarının hemen hemen aynısı sıralanıyordu. Asker Güler'in akrabalarına ilişkin bilgilere de yer verilen yazı şöyleydi:

> ***THKP-C Örgüt üyeliğinden Tümgeneralliğe***
> *Türk Silahlı Kuvvetlerinin beynini oluşturan kurmay kadrosunun yetiştirildiği Hava Harp Akademisi'nin başında bir Maocunun bulunabileceği rüyalarınıza dahi giremeyecekken bunun acı bir gerçek olduğunu Genelkurmay Başkanlığı'nın resmi belgeleri ispat ediyor. Aynı generalin bazı akrabalarının nitelikli dolandırıcı bazılarının mason bazılarının da tarikatçılarla kol kola olması şaşkınlığımızı kat kat artırıyor. Milliyetçi bir subayın tamamı belgeli*

81) THKP-C İddianame, V yayınları Mart 1988.

mektubu bütün bu gerçekleri ortaya döküyor:

"Aloihbar.org site yetkilisi, sitenizde şimdiye kadar TSK mensuplarından bazılarının çeşitli konulardaki hatalarını ve haddi aşmalarını yayınladınız ancak şimdiye kadar Türk Silahlı Kuvvetleri içinde özellikle de Hava Kuvvetlerinde öbeklenmiş olan aşırı sol yapılanma hakkında hiçbir şey yazılmadı. Şimdi resmi belgeleri ile birlikte yolladığım bu dosyayı yayınlarsanız bilahare bu konuda size daha fazla bilgi ve belge göndereceğim. Bu ilk dosya THKP-C üyeliği resmi kayıtlara girmiş olan bir generalimizle ilgili...

Ne yazık ki Tümgeneral Ziya GÜLER, henüz bir Harbiyeli iken başladığı 'masum bulduğu TSK mensuplarını yasa dışı terör örgütüne kazandırma' eylemini daha iyi yapabilsin diye şu anda Türk Silâhlı Kuvvetlerinin geleceğinin kurmay kadrolarının ve generallerinin yetiştirildiği Hava Harp Akademisinin komutanı yapılmıştır!...

Henüz Harbiyeli iken yasa dışı bölücü THKP-C terör örgütü üyesi olduğu tespit edilen sanık Ziya GÜLER'in, para toplayarak örgüt evi tuttuğunu ve masum bulduğu TSK mensuplarını örgüte kazandırdığını belgeleyen Genelkurmay Başkanlığı tarafından hazırlanan 'Ders Alalım' isimli dokümanı görmek için tıklayınız..."

Bu metnin ardından *"Tümgeneral Ziya Güler'in akrabaları"* başlığı altında kuzen, yeğen, baldız, halasının kızı vs. hakkındaki detaylı fişlemeler yer alıyordu. Kiminin Rotary Kulübü üyesi kiminin CHP yöneticisi olduğu kiminin ise Genç Parti'de görev aldığı isimleri açık açık yazılarak anlatılmıştı. Bu fişlemedeki detaylar, bilginin kaynağı konusunda da fikir veriyordu. Bu son bilgiyle beraber değerlendirme yaptığımızda bizim de aklımıza bazı sorular takılıyor elbet. Birkaç iyi gazetecinin merak duygusuyla ve elbet mesleki deneyimi sonunda bulup ortaya koyduğu gerçeklere Baransu'nun neden ulaşamadığı malum. Ya sızdırılmamıştır ya da yazması istenmemiştir. Bir diğer ihtimal zaten görevi gerçekleri yazmak değildir. Şimdi yalanlar ortaya saçılmışken Baransu'nun *"Kızıl bir general nasıl terfi edip korgeneral oldu"* minvalindeki soru tedavülden kalkıyor. Ama başka sorular ortaya çıkıyor:

- Birkaç iyi gazetecinin ortaya çıkardığı bu gerçeklere koskoca MİT elindeki olanaklarla nasıl ulaşamamıştır?
- Yoksa MİT'ten gönderildiği iddia edilen belge, açık kaynak taramalarından yapılan bilgi toplama faaliyeti sonunda ulaşılmış doğruluğu kuşkulu bilgilerden mi oluşmuştur?
- Ya da MİT'ten Ergenekon savcılarına gittiği öne sürülen böyle bir belge yok mudur?
- Eğer öyle ise Baransu'nun elindeki belgelerin kaynağı kimdir? Herhalde MİT bu sorulara yanıt verir. Onlar sorarsa Baransu açıklama yapar.

Taraf gazetesinden bu konuda çok sayıda örnek daha akla geliyor. Örneğin YGS'de şifre iddialarına ilişkin *"Şifre palavra, ÖSYM haklı"*[82] manşetiyle çıkan Taraf, daha sonra şifrenin varlığını tüm Türkiye ile birlikte kabul etmişti. Ama burada hepsinden bahsetmeye gerek yok.

82) Taraf gazetesi 5 Nisan 2011.

Ucu Çandar'a dokununca

Kısaca ve kabaca anlatılmaya çalışıldığı üzere Türkiye medyasının her dönem iktidar odaklarıyla kurduğu angajmana varan yakınlık Ergenekon sürecinde zirve yaptı. Medya her zaman olduğu gibi temel işlevini yitirdi. Yani tüm güç odaklarına eşit uzaklıkta kalarak kamunun, toplumun, yurttaşın yararına haberciliği bir yana bırakarak sadece temsil ettiği odağın sözcüsü haline geldi. Ergenekon soruşturmalar zincirine bu arka plan bilgisi ışığında bakıldığında; AKP yandaşı ve Gülen cemaati kontrolündeki medya organlarının savcıların iddianamelerinde anlatılan suçlamaları mutlak doğrularmış gibi okuyucuya/izleyiciye sunduğunu görüyoruz. Bu iddiaların birçoğunun somut deliller ile desteklenmemiş olduğunu da vurgulamakta fayda var. Ayrıca soyut kalan, maddi delile dayanmayan birçok iddia soruşturma başlatılır başlatılmaz *"gizlilik kararı"* olmasına rağmen bizzat polis ve savcılık eliyle medyaya sızdırılarak şüpheliler hakkında suçlu oldukları algısı yaratıldı. Savcıların bu süreçteki en önemli bilgi kaynakları ise sözlerine güvenilmeyeceği birçok olayda ortaya çıkmış olan ne idüğü belirsiz itirafçılar ile gizli tanıklar olduğunu da eklemek gerek. Tüm bunlara rağmen birçok şüpheliyle ilgili *"yargısız infaz"* durumu öyle bir hal aldı ki hukuka uygun olup olmadığı tartışmalı kimi durumlar ve sanıkların ihlal edilen insan hakları dahi *"demokrasinin kurtarılması mücadelesi"* olarak yansıtılmaya çalışılan soruşturma ve davalar zinciri için hoş görülecek, ihmal edilmesi gereken küçük ayrıntılar olarak gösterildi. Kimi zaman görmezden gelindi. Herkes ezberlediğini söylüyordu. Bu tarz gazetecilikte esas niyetin demokrasi talebinden ziyade AKP ve siyasal İslamın iktidarının sürekliliğini sağlamak, Gülen cemaatinin gücünü daha da büyütmek olduğu yönündeki iddiaları haksız çıkaracak bir gelişme olmadı, olmuyor.

Ergenekon soruşturmalarında yaşanan bu olumsuzlukları görmezden gelenlerin başında bulunan isimlerden biri olan Cengiz Çandar Fenerbahçe özelinde yürütülen şike soruşturmasında, futbol deyimiyle söylersek *"kontrpiyede kalanların"* başında yer aldı. Çandar'ın 9 Temmuz 2011'de Radikal'deki yazısının başlığı şöyleydi: *"Ergenekon ve Balyoz doğru Fenerbahçe operasyonu haksız".* Yazıda özetle şunlar söyleniyordu:

> *"Bu yazıyı Fenerbahçe Kulübü Başkanı Aziz Yıldırımın Savcı Mehmet Berk önünde sorgusu devam ederken yazıyorum. Sonucu bekleme gereği duymadan. Sonuç ne olursa olsun, Şike operasyonu adı verilen projeyle Yıldırım zaten bertaraf edilmiş oldu. O nedenle bir önceki yazıya, 'Bu gerçekten şike operasyonu mu yoksa bir Fenerbahçe operasyonu ya da Aziz Yıldırım operasyonu m?' sorusuyla girmiştim.*
> *Tıpkı 28 Şubat sürecinde olduğu gibi, medya, bu operasyonun vurucu gücü olarak kullanıldı ve Aziz Yıldırım, savcı önüne çıkmadan günler önce kamuoyu algısı elde edilerek bitirildi.*
> *Onun ismi üzerinden Fenerbahçe de sarılması belki yıllar alacak şekilde ağır yaralandı.*
> *Pazar sabahı Aziz Yıldırım gözaltına alındığı andan itibaren medyaya servis edilen ve önemli bölümü doğru çıkmayan bilgi-bulgu-delil sağanağı ile yargısız infaz yerine getirilmişti. O andan itibaren Ergenekon bülbüllerinin şakımaya başlayacağını, bu operasyonun hukuk çiğnenerek yapılması üzerine, İşte Ergenekon ve Balyoz'da da aynı şey yapıldı diyeceğini adım gibi biliyordum...*
> *Benim dünkü, operasyonun hukuk dışına çıkarak yürütülmesinden adalet gelmeyeceğine dair yazımı, Aynısı Ergenekon ve Balyoz için geçerli değil mi? Aklın başına yeni mi geldi? salvolarıyla değerlendiriyorlar. Cevap basit: Hayır, değil!*

Ergenekon, Balyoz, somut deliller üzerinde yürüdü. Ümraniye, Eskişehir, Poyrazköy ve Ankara'da ortaya çıkan silahlar, bunların bağlantıları, Danıştay saldırısı ile ilişkileri, Özden Örnek ile Mustafa Balbay'ın birbirini tutan günlükleri, ıslak imza, Gölcük'te karargâhın altından çıkan sayısız belge, TSKdaki andıçlar, tüm bunlar teknik raporlarla gerçekliği saptanmış bulgular. Ayrıca,Türkiyede üç darbe, bir postmodern darbe gerçekleşmedi mi? Bunların medya ayağı yok muydu? Ortaya dökülen Ayışığı, Sarıkız vs. darbe planları sanal mı?...

Peki, aynı durum Şike Operasyonu ya da Fenerbahçe için geçerli değil mi? Cevap yine basit: Hayır, değil! Kirli işlere bulaşmış, bu bulaşıklıklarının somut delilleri ortaya çıkmış yöneticiler yok demedik.
Dediğimiz şu: Fenerbahçenin bu sene futbolda elde ettiği şampiyonluk, şikeyle kazanılmadı. Emek ve alınteriyle kazanıldı. Şikeyle kazanıldığı algısını oluşturmak için medyanın kullanımına sunulan bilgi ve belgeler bunun öyle olduğunu ortaya koymuyor..."

Çandar'ın değişen fikri ve çelişkiler

Çandar'ın düştüğü durumun zavallılığı da yazılarında kendini gösterdi. Ergenekon ve ilintili soruşturmalarda hukuku katleden savcı ve hâkimleri bu katliamın araçlarını sağlayan polisi yere göğe sığdıramayan Çandar bir anda fikir değiştirdi. Daha doğrusu bu hak ihlallerinin yaşanmasında kendi *"canını acıtan"* konuda fikrini beyan etti. Arka arkaya üç yazı kaleme aldı Çandar. Öyle ki ne olduğunu zaten herkesin bildiği bu yazar beni çok güldürdü. Oturup ben de bir yazı kaleme aldım. Çandar'ın son yazısını yayımladığı 9 Temmuz'dan iki gün sonraydı. Tutuklu milletvekilleri krizinin ve FB'yi mağdur etmek üzerinden yürütülen şike soruşturmasının yargının ne hale düştüğünün ayan beyan ortaya koyduğu günlerden birinde, 11 Temmuz 2011'de yazdığım yazıyla bu durumu anlatmak daha kolay sanırım:

> Tutuklu milletvekili krizi nedeniyle bugünlerde en sık dillendirilen şikâyet konularından birisi yargının siyasallaşması. Halbuki sorun hiç de yeni değil. Türkiye'de yargı hep siyasaldı, hep müesses nizamın bir organıydı. Şimdi de öyle. Tek fark müesses nizamın değişen sahiplerinin ideolojisinin güdümünde olması. Ancak şu sıralar CHP'lilerin haklı olarak şikâyet ettikleri yargıya ilişkin bu durum tespitinde bulunmak için ille mağdur mu olmaları gerekiyordu? Bir dönem de, hakkında kapatma davası açıldığı için yine haklı olarak AKP şikâyet ederdi. Neyse ki *"Yetmez ama evet"* diyerek çanak tutulan bir referandumla o şikâyet konusunu hallettiler. Yani roller değiştikçe yakınanların da değiştiği bir süreç başlamış oldu. Bu konuda AKP yandaşı/yanlısı olanlar ile Pensilvanya mescidinin medyasında hiç yer verilmeyen iki kitabı önererek bu bahsi kısa kesebilirim. Cumhuriyet gazetesinin titiz muhabirlerinden İlhan Taşçı'nın *"İlahi Adalet"*[83] ve bir gazeteci titizliğiyle kaleme alınmış olan hâkim Orhan Gazi Ertekin'in *"Yargı Meselesi Hallolundu"*[84] isimli kitapları ardı ardına okunursa yargının nasıl da hallolunduğuna da iyi bir ışık tutuyor.

83) Orhan Gazi Ertekin/ Yargı Meselesi Hallolundu /2011/ Epos yayınları

84) Alper Görmüş Kürşat Bumin ve Ümit Kıvanç ile birlikte medyakronik isimli bir site hazırlamıştı.

Bugünlerde her şeyi gölgede bırakan bir gelişmenin yarattığı mağdurlar da katıldı yargıdan şikâyet edenler kervanına. Malum, FB özelinde yürütülen şike soruşturmasından bahsediyorum. Şikâyet edilen sadece yargı değil aynı zamanda polis ve elbette bu iki kurumun sözcülüğüne soyunan medya da var. Haklılar. Tıpkı kısaca Ergenekon diye adlandırdığımız Devrimci Karargâh, Balyoz, KCK ve elbette Ergenekon sürecinin mağdur ettikleri gibi. Son yakınmacı grup olan FB'lilere de tıpkı öncekilerde olduğu gibi hep aynı şey söyleniyor: *"Yargı bağımsızdır"*. Buna inanmadığınızı belli ederseniz de bu kez emir kipinde bir tavsiyede bulunuyor: *"Yargıya güvenin!"*.

Güvenmemiz istenen yargı zinciri 'polis+medya+savcılık+mahkeme' diye sıralanıyor. Nasıl mı?

- Polis: Hedefine koyduğu kişi ya da kuruma yönelik, resmi kılıf uydurulan kararlarla dinleme, izleme, teknik takip kararlarıyla sürek avı başlatıyor. Bir şey bulup bulmaması önemli değil, *"delil"* denilen o belgeler de zaten bilgisayar başında hazırlanıyor. Sonra da hedef kişinin bilgisayarına korsanlıkla yükleniyor. Kimi zaman dijital hafıza kartları, CD ya da DVD'lere de yüklenerek ilgili kişinin ev ya da ofisine konuluyor. Aramada bulunduğuna ilişkin tutanak düzenleniyor.
- Medya: Özellikle Ergenekon süreciyle birlikte yeni bir tür gazeteci var medyada: *"Özel Yetkililer"*. Aralarında polislikten devşirme olanları da var. Bu *"özel yetkili gazeteciler"* nedense hep önemli soruşturmaların belgelerinin teslim edileceği isimler oluyor. Hedef kişiyi gözaltına alan polis hazırladığı *"andıçları"* bu muh(a)birlere gönderiyor. Gözaltındaki şüpheli(ler)nin suçlu olduğuna ilişkin rıza üretimleri manşetlerden duyuruluyor günlerce. Herkeste bir *"ateş olmayan yerden duman çıkmaz"* havası yaratılıyor. Polis sorgusunda *".... olduğunuz tespit edilmiştir", ".... suçları işlediğiniz belirlenmiştir", ... telefon konuşmalarınızda gizliliğe dikkat ettiğiniz anlaşılmış ve örgütsel bir dil kullandığınız görülmüştür"* gibi kesinlik belirten akla ziyan sorulara eğer yanıt verdiyseniz eğer ertesi gün gazetelerde okuyacağınızı da bilmelisiniz.
- Savcılık: Polisin hazırladığı sorular bu kez de aynı üslupla savcı karşısında sorulmaktadır. Adeta polis teşkilatının bir icra organı haline gelen savcılarca sorgulandıktan sonra zincirin son halkasına yolculuk başlar.
- Zincirin önceki halkalarıyla aynı zihniyette, aynı örgütlenme içinde gibi davranan hâkim karşısında ise gizlilik kararı alınmış delillerin ne olduğunu bilmeden malum ilan edilir. Tutuklusunuzdur artık.

Bu süreç Ergenekon soruşturmasında olduğu gibi FB'nin odağında yer aldığı öne sürülen şike soruşturmasında da böyle yürüdü. Ancak o da ne? Önceki hukuk katliamına, hak ihlallerine, polis ve yargı eliyle gerçekleştirilen *"pusu ve infazlara"* ses etmeyen bazı medyacılardan da yakınmalar başladı. Bu yazıda bu nedenle yazılıyor zaten. Özellikle de Ergenekon soruşturmasına verdiği gözü kapalı destek kadar fanatik olan Cengiz Çandar için. Geçen hafta (Temmuz 2011'in ikinci haftası) boyunca kaleme aldığı yazıda ve konuk olduğu TV programlarında Çandar bu haklı yakınmaları dile getirdi.

Malum komployla, Ergenekoncu ilan edilerek cezaevindeyim. Tıpkı KCK, Balyoz ve Devrimci Karargâh soruşturmalarında benzer komplolara maruz kalmış bazı isimler gibi. Bazıları dediğimin tekrar altını çiziyorum ki öküzün altına buzağı sokulmasın.

Bu Ergenekon sürecinin yanlısı var, karşıtı var. Bir de her iki gruba eşit mesafede durup doğruyu yanlışı işaret etmeye çalışanlar var. "Önünüze atılan her şeye fanatik bir şekilde doğru ya da yanlış muamelesi çekmeyin" diyenler yani. Ama konumuz benim de içinde yer aldığım son grup değil. Ya da yaşadığım mağduriyetten ötürü konumuz belki de bu. Neyse. İlginçtir Ergenekon sürecine yandaş olanın da karşıt olanın da haklı gerekçeleri var. Ama her iki grupta da bu haklılığı görmeme eğilimi yok sayma, Allah kelamı gibi kabul edilmiş durumda. İşte Çandar da bu fanatiklerin yandaş olan takımından bir gazeteci. Yalnız da değil. O yüzden bu yazıda ismi anılmayan ve Çandar'la aynı safta yer alanlar da alınganlık gösterseler hiç fena olmaz.

Ergenekon ve FB fanatiği Çandar'ın takımının adının karıştığı soruşturmayla ilgili neler dediğini anımsatalım önce:

> *"... Aziz Yıldırım, şu anda yargısız infaz ile darağacında sallandırılmakta..." (Radikal, 6 Temmuz 2011 Çarşamba)*
>
> *"Polis, medyaya hayli cömert bir servis sunuyor. Hazırlık soruşturmasının gizliliğine uyan pek yok..." (Radikal, 6 Temmuz 2011 Çarşamba)*
>
> *"..... Aziz Yıldırım'ın ismi -iddialar doğru çıksa da çıkmasa da- öylesine tahrip oldu, hakkında öyle bir algı oluşturuldu ki, geri dönüşü çok zor.... A.Yıldırım adliyeye bile sevk edilmeden damgalanmış durumda...." (Radikal, 6 Temmuz 2011 Çarşamba)*
>
> *"Medya dört gündür müthiş manipülasyon yapıyor. Silah görüntülerinin ardına Aziz Yıldırımın görüntülerini koydu. Adeta bir linç kampanyası düzenledi. Dün gazeteye gittim, şikeyle ilgili çok ciddi belgeler var dediler. Nereden geliyor o bilgiler? Polisten. Polis veya yargıdan geliyor diye kalkıp önümü ilikleyemem. Her şeyi de doğru yapmıyorlar yani. Adaleti yerine getirmek için adil davranmak lazım. Bu gidişle adaleti bulamazsınız. Batı'nın gözü üstümüzde". (A Haber TV 6 Temmuz 2011*
>
> *"Görüntülerde bir suçun suçüstü ortaya çıkarılması yok elbette. Ama böyle bir algı yaratılıyor Aziz Yıldırım üzerinde tipik bir psikolojik harekat örneği. Daha ifadesi bile alınmamış birinin kamuoyu nezninde infazı sağlanıyor..." (Radikal 8 Temmuz 2011 Cuma)*
>
> *"Üstelik bu gizli olması gereken hazırlık soruşturması sırasında yapılıyor. Polis medyaya -daha önce de yazdım- cömert bir servis yapıyor. Medya hiçbir hukuk ve ahlâk filtresi geçirmeden eline tutuşturulanı yayımlayarak psikolojik harekata aracılık yapıyor. Tıpkı 28 Şubat'ta yaptığı gibi. Tıpkı o dönemde mağdurlarından birinin ben olduğu Andıçta yaptığı gibi. Hukuk ayaklar altına alınarak adalete nasıl ulaşılacaksa o yol izleniyor. Medya yöneticilerinin bir bölümü hiçbir şeyi sorgulamadan polise inanma yolunu çoktan ve kendiliğinden seçti bile." (Radikal 8 Temmuz 2011)*

Andıç mağduru Çandar'ın bu satırlarına kimse itiraz edemez sanırım. Ortada olanın hukuksuzluk, adaletsizlik, yargısız (yargılı mı deseydik) infaz olduğu nasıl sırıtıyor değil mi? Hele ki polisin hiç haddi ve yetkisi olmayarak *"19 maçta şike tespit edildi"* gibi bir açıklama yapmasının ardından her şeyin sızdırıldığı medyada bu delillerin ne olduğuna dair inandırıcı hiçbir bilgi kırıntısı bulamamak daha bir ilginç. Tam da bu yüzden bu soruşturmaya malum medyanın *"Futbolun Ergenekon'u"* tanımını yapması cuk diye oturmuş durumda. Böyle düşünüyorum ama bir yandan da 28 Şubat'ın andıç mağduru gazetecisi Çandar'ın tam da dikkat çektiği biçimde bir *"pusu ve komployla"* tutuklanmamla ilgili ne dediğini anımsamaya çalışıyorum. Hatırlayamıyorum. Çünkü gayet *"utangaçça ve yasak savma babında"* söylediklerini bir kenara bırakırsak bir şey demedi. Aslında aklımda yer eden söyledikleri içinde en önemlisini de televizyonda izlemiştim. İzlerken de konuşanın, bu yorumu yapanın bir gazeteci mi yoksa hükümet yetkilisi ya da pusu kurmakta mahir polis, savcı ve mahkemelerin sözcüsü mü olduğunu anlamamıştım. *"Ahmet Şık ve Nedim Şener gazetecilikten değil terör örgütü üyesi olmaktan tutuklandı"* demişti Çandar. *"Yargının kararını bekleyelim"* diye buyurmuştu sonra. Kızmıştım. Söyleyebildiğim tek şey *"Demek ki Çandar için andıçlanmak değil, kimin andıçladığı önemliymiş"* olmuştu.

Zaten bu tespitte yanılmadığımı kanıtlayan Çandar'ın cümleleri 9 Temmuz 2011 tarihli Radikal'deki köşesinde yer aldı. *"Ergenekon ve Balyoz doğru, FB operasyonu haksız"* başlığını taşıyordu yazısı. Çandar'ın gazeteciliğinin nesnelliği konusunda fazlasıyla ipucu veren o yazıdan alıntı yapmak istemiyorum. Sıkıldım. Merak eden bulup okusun. Okuyun ve ne kadar gülünç ve zavallı bir duruma düşen bir gazetecinin portresine tanık olun. Yonca 6 Temmuz'daki açık görüşte *"Arkadaşlarına, gazetecilere bir mesajın var mı?"* diye sormuştu. Ben de şunu demiştim: *"Cengiz Çandar Sivas katliamıyla ilgili Aziz Nesin hakkında yazdıklarıyla ilgili Bianet'in hatırlatma haberi ve Yıldırım Türker'in de köşesinde yer vermesi nedeniyle 18 yıl sonra vicdan azabı çektiğini itiraf etmiş, özür dilemiş. Çandar'ın yazısını okuyunca içimden 'Ertuğrul Özkök'ün Paris'te Ahmet Kaya'nın mezarı başındaki fotoğrafı ne kadar samimiyse ancak o kadar samimi bir itiraf' diye geçirmiştim. İstersen bunu söyle"* demiştim. Buradan da ben duyurayım istedim. Hatta Çandar ve şürekâsının yazılarındaki kibire, hak hukuk tanımazlığa, çifte standarda, yargılı ve yargısız infazlara alkış tutmalarına bakınca *"Hoş geldiniz yeni müesses nizam medyasının Ertuğrul Özkök'leri Emin Çölaşan'ları"* diye de eklemek lazım.

Polisin basın bürosu ve "niyet"leri

Bu yazıdan sonra konumuza kaldığımız yerden devam edelim. Ergenekon soruşturmalarıyla ilgili ardı ardına gelen polis operasyonlarında öne sürülen suçlamalarla ve birbiriyle ilgisiz görünen, siyaseten çok farklı kutupları temsil eden kişilerin tutuklanması bir yandan kafaları karıştırırken varolan gerilimi de arttırıyordu. Bu kafa karışıklığının büyümesi ve yaygınlaşmasında ise hiç kuşkusuz en büyük pay doğruluk süzgecinden geçirmeden ve tamamen iddialara dayalı haberlerle medyanındı. Özellikle AKP ve cemaat yanlısı medya adeta, sızdırmaların kaynağı olan polisin basın bürosu gibi çalışıyordu.

Açıklanan iddianameler de kafa bulanıklığını gidermekten çok soru işaretlerinin artmasına neden oldu. Binlerce sayfalık iddianameler suçlamalara kıyasla yetersiz ya da hiç olmayan somut delillerden çok niyet okumalardan yola çıkarak hazırlanmıştı. Böylece AKP ve özellikle Gülen cemaati karşıtı herkesi de Ergenekon şüphelisi yapmanın yolu da açılmıştı. Hâl böyle olunca toplumsal kutuplaşma arttı ve giderek keskinleşti. AKP yandaşı ve Gülen cemaatine angaje medya organlarına yoğun bir şekilde doğruluğu tartışmalı belgeler sızdırılmaya başlandı. Çeşitli iddialarla suçlanan kişilerin isimleri pervasızca *"faş edilirken"*, kendini savunmalarına olanak bile tanınmadı. İnsanlar gözaltına alınıyor, belgeler malum medyaya servis ediliyor, yargılama yapılıp hüküm medyada veriliyordu. Savcılar ve hâkimler de bu hükmün gereğini yerine getirip *"şüphelileri"* tutukluyordu. Cezaevinde de suçlamalara, karalamalara yanıt verme olanağı ellerinden alınan insanlar demir parmaklıklar ardında unutturuluyordu. Avukatlarının yaptığı açıklama ve yalanlamalar ise iddialara kıyasla ya haber değeri görmüyor ya da olabildiğince gizleniyordu.

Sürekli olarak aynı kaynaktan beslenmek ya da o kaynaktan sızdırılan belgelerle hep aynı hedefi vurmaya yönelik habercilik yapmanın da gazetecilikle pek bir ilgisinin bulunmadığının altını çizmekte fayda var. Çünkü varolan durum belgeye dayalı araştırmacı gazetecilikten, sızdırılan herhangi bir belgeye dayalı bir sansasyonel angaje gazeteciliğe dönüştü. Belge sızdıranlarla gazeteciler arasında hiçbir mesafenin kalmadığı bu dönemde birçok medya organı giderek şiddetlenen bir iktidar çatışmasında taraflardan birinin sözcüsüne dönüştü adeta. Siyasi, askeri ve ekonomik ve dini güç odaklarının girdikleri bir iktidar savaşında *"kendi haklılığını"* öne çıkarmak amacıyla medyayı kullandıkları gerçeği ortadayken, maalesef yukarıda anlatılan biçimdeki habercilik anlayışının giderek daha fazla prim yapması gazeteciliğin en temel ilkelerini fazlasıyla dejenere etti. Buradaki temel niyetin, işlevin gerçekten gazetecilik olup olmadığı sorusu daha öne çıktı ama hiçbir zaman tartışılmadı.

Kim ak kim kara

Devlet içinde yuvalanmış bir çetenin komplosuyla cezaevine atılmış olmak herkesin samimiyetini de ortaya koyan, turnusol işlevi gören bir süreç oldu. Kimin dürüst olup olmadığını da, demokrat olup olmadığını da kanıtladı bu komplo. Kendini dostunun önüne siper edeni de kişisel ikbali için sırtta hançer olacak denli alçaklaşabileni de tanıdım böylece. Ergenekoncu olarak suçlanıp tutuklanmam birçoğuyla tanıştığım ya da arkadaş olduğum *"liberal"* ya da *"demokrat"* diye anılan gazetecilerde de şaşkınlık yarattı Ergenekon soruşturmalarının yılmaz savunucusu olan cenahta kimin ak kimin kara olduğu da ortaya çıktı böylece. Turnusol işlevi gören başka olaylar da yaşanıyordu elbet. Seçilmiş milletvekillerinin tutuklu kalmasından tutun da Hopa'daki olaylara kadar bu çevrenin sınırsız, koşulsuz desteklediği AKP iktidarı ve cemaatin ayak oyunları nedeniyle sürekli ofsaytta kalıyordu *"demokratlar"*. Genel olarak bu tavra yönelik eleştirilerimi içeren 16 Ağustos'ta yazdığım yazı 2 hafta sonra www.bianet.org sitesinde yayınlandı. *"Ağır taş yerinde gerek"* başlıklı yazıda şöyle diyordum:

> Referansları İslam dini ve muhafazakârlık olsa da neo-liberal politikaların en sıkı uygulayıcısı olan AKP kimisi için iyi, kimisi için kötü bir iktidar. Her iki görüşü savunanların da kendilerince haklı gerekçeleri olduğunu söyleyebiliriz. Ama bu yazının konusu ne AKP iktidarının kötü olduğunu ne de Türkiye medyasında çoklarının adeta amigoluk düzeyinde yaptığı gibi iyi olduğunu kanıtlamak. Taraftarları, yandaşları ve amigolarına göre, AKP Türkiye'de ciddi dönüşümleri gerçekleştiren bir iktidar; ama dediğimiz gibi amacımız bunların ne kadar doğru olup olmadığını tartışmak

değil. Bu yazıda amacım, ben ve benim gibi düşünenler açısından AKP'nin gördüğü işlevi anlatmak. Kanımca AKP iktidarının bu ülkeye yaptığı en büyük hizmet sol, sosyalist ve demokrat kamuoyu nezdinde, kendini liberal-demokrat olarak tanımlayan epeyce kişi için bir turnusol işlevi görmesi oldu. Nasıl mı?

AKP'yi iktidara taşıyan 2002 Kasım seçimleri en azından 28 Şubat'ın baskıcı, karanlık ve despot yöntemlerinin bir nebze de olsa sona erdiğini de gösteriyordu. Ancak Ergenekon soruşturmaları zinciriyle başlayan sürecin geldiği noktanın 28 Şubat'ın bir başka versiyonu veya rövanşı olduğu da şimdilerde iyice belirginlik kazandı. Geçtiğimiz dokuz yıl boyunca girdiği her seçimden küçümsenmeyecek başarılarla çıkan AKP'nin *"demokratik yöntemlerle"* veya *"seçimlerle"* alt edilemeyeceğini düşünen *"malum çevrelerin"* hatırı sayılır bir destekçi kitlesinin gücünü de arkasına alarak, şimdilerde ortaya saçılan darbe planlarıyla AKP'yi devirmek istediği de olgusal bir gerçek. Ergenekon soruşturmalar zinciri, işte tam da bu nedenle başladı. Elbette ki darbe girişimleri soruşturulacaktı. Ancak gelinen noktaya bakıldığında bu soruşturma sürecinin seyri ve hedefinin çok değiştiği söylenebilir. Ergenekon soruşturmaları süreci AKP'ye ve polis ile yargıda örgütlenmiş gizli ortağı konumundaki malum cemaate muhalif olan herkesi sindirmeye, korkutmaya, bu yetmediğinde ise Ergenekoncu, KCK'ci vs... gibi yaftalarla cezaevine göndermenin bir aracı haline dönüşmüştür. Bu gidişe bir dur demek gerekse de henüz kitlesel bir karşı çıkış görülmedi. Yakın zamanda göreceğimizi de sanmıyorum. Dolayısıyla yukarıda söylediğimizi tekrar vurgulamak gerekirse 28 Şubat'ın bir başka versiyonunu yaşıyoruz. Sadece üniformalar ve bir de mağdur edilenler değişti. Hem de aynı karanlık senaryolarla.

Ergenekon soruşturmaları sürecini başlatan ve AKP iktidarının çeşitli toplumsal çevreler nezdinde ilk turnusol işlevi gördüğü ana olaylardan biri bayrak ya da cumhuriyet mitingleriydi. *"Türkiye'nin İran olmayacağının haykırıldığı"* ve *"ordunun göreve çağırıldığı"* bu mitinglerde kökten-laiklerin gösterdiği tepkiler, dile getirdiği çağrılar ve bunları ifade ediş biçimleri ne çok *"darbesever"* olduklarını kanıtlamıştı.

Madem seçimlerle alt edilemeyen bir parti iktidarı ele geçirmişti, o zaman ordu ne güne duruyordu. Biz sosyalist solda olanlar açısından bu mitinglerin turnusol olması ise, kendini solcu sanan o kalabalıkların arasında elde bayrak koştura koştura orduya görevini anımsatan sol-sosyalist geçmişten gelenlerin de bulunmasıydı. Her askeri darbenin silindir gibi üzerinden geçtiği insanlar darbe çığırtkanlığı yapıyordu. Bu elbette üzücüydü. Geniş anlamda solun, özelde sosyalistlerin sayıca azaldıklarına tanık oluyorduk. İşin ilginci biz buna üzülürken, o arkadaşlarsa kendilerini solcu ya da sosyalist diye tanımlamaya devam ediyorlardı; hâlâ da ediyorlar! Sayımız azalıyordu ama olsun. En azından kimlerle yola devam edeceğimizi daha net görüyorduk. Bunun benzeri bir olayı başörtüsü sorununun tartışıldığı günlerde de görmüştük. İster ideolojik isterse inanç temelli olsun, başörtüsü takan hiçbir kadını görüş alanı içinde istemeyen "solcu, sosyalist, demokrat" arkadaşlar gördük. Dolayısıyla bu olaylar üzerinden saflarımızda kimlerin kaldığını, kim solcu, sosyalist ya da demokrat, kim fikirlere ve inançlara saygılı anlıyorduk.

Başörtüsü sorunu ve bayrak mitingleriyle peydah olan ya da daha görünür hale gelen bir grup ortaya çıktı. İlkin liberaller diye anılıyorlardı. Zaman geçtikçe buna ek olarak demokratlar diye de tanımlanır oldular. İçlerinde azımsanmayacak sayıda dindar, muhafazakâr çevreden olanlar da vardı. Ama bu yazı bağlamında muhafazakârlar bizi pek ilgilendirmiyor. Zaten birkaç istisna dışında ne kadar *"demokrat"* olduklarını da kanıtlamış durumdalar. Bu yazıya konu olanlar geçmişlerinde sol-sosyalist referansları bulunanlar. Bu grubun arasında istisnalar bulunduğunu yine belirtmek gerekiyor.

Hâlâ solcu ya da sosyalist olduklarını iddia edenlerin de aralarında bulunduğu *"malum liberal demokratlar"* için turnusol işlevi gören olaylarla sık karşılaşır olduk. AKP'nin gericiliğin, milliyetçiliğin ipine daha sıkı sarıldığı son seçim söylemi, AKP-Cemaat koalisyonuna karşı tek etkili muhalif olarak kalan Kürtler ve sosyalistlerin birlikteliğine ilişkin takınılan tutum, Ergenekon soruşturmalarının şu an geldiği nokta, yeni HSYK ile birlikte yargının bir başka vesayet yarattığı gerçeği, Hopa olayları ve hatta Fenerbahçe özelinde yürütülen şike soruşturması bu olaylardan birkaçı.

Bu olaylar sözü edilen liberal demokrat kesimin maskelerini düşürmüş, yaldızlarını döküvermişti. Bu kişilerin savundukları liberalizm siyaseten her ne kadar sınırsız özgürlük içeriyor gibi görünse de, Türk tipi bu demokratların liberalizm anlayışının katı sınırları olduğuna tanık olduk; oluyoruz. Yani müesses nizama ya da AKP iktidarına halel getirecek her olay, her siyasi grup, her hukuksuzluk ve haksızlık bu arkadaşların liberalizm anlayışlarının da sınırlarını çizmiş oldu.

Turkish liberal ya da demokrat bu zevatın en hassas olduğu konu elbette ki Ergenekon soruşturmaları. Polis ve yargıdaki malum örgütlenmenin elemanlarının rol aldığı ve malum medyacıların da sorgusuz sualsiz destek verdiği bu soruşturmalar zincirinde yaşanan hukuksuzluklar ve hak ihlalleri nedense hiç ilgi alanlarına girmez. *"Sivilleşme, demokratikleşme"* hedefine ilerlerken yaşanan yol kazalarına karşı sessiz kalmak, "Dilsiz şeytan" olmak en iyisidir onlara göre. İnsanlar sahte delillerle, kerameti kendilerinden menkul gizli tanıklarla, ne idüğü belirsiz ihbar mektuplarıyla özgürlüklerinden mahrum bırakılmış kime ne? Temel hukuk yasaları ve insan hakları ayaklar altına alınmış -ki liberal düşüncenin en kuvvetli ifade bulduğu alandır burası-, *"cesur, kahraman, efsane"* gibi sıfatlar yakıştırılan savcılar ve hâkimler eliyle hukuk katledilmiş onlara ne? Sessizlik en iyisidir bu zevat için. Konuşanlarıysa, en fazla *"Konu yargıda, yargının vereceği kararı bekleyelim"* der.

Çok gariptir ki, bu soruşturmalara ciddiyet kazandıran Hrant Dink suikastinde emniyet teşkilatının da en az askeri teşkilat ve MİT kadar ihmalleri olmasına rağmen; bu ihmal ilgi alanlarına hiç girmez bu zevatın. Cinayete ortak olmak boyutundaki bu *"ihmali"* irdelemezler; ama sorsanız *"Hrant'ın arkadaşlarıdırlar"*. Şaşırtıcı değil; çünkü sessizlik burada da devrededir. Sevgili Arat, Hrant Dink cinayetinde üst düzey bir kamu görevlisi olarak ihmali olduğu iddia edilen Muammer Güler'in AKP'den milletvekili adayı yapılmasını (şimdi TBMM'de); *"Bizi sırtımızdan hançerlediler"* diyen Cemil Çiçek'in aslanlar gibi koltuğunu korumasını eleştirir. Al sana yine sessizlik.

O yere göğe koyamadıkları sultanları, seçimlerden iki gün önce gazeteci Ruşen Çakır'a verdiği röportajda *"Ne Yahudiliğimiz, Ne Ermeniliğimiz, ne affedersiniz Rumluğumuz kaldı..."* diye cümlesine başlayıp özünde ne olduğunu ortaya koyan bir konuşma yapar. Malum zevat, yine susar ve *"balkon konuşması"*nı beklememizi tavsiye ederler. Seçim meydanlarında böyle konuşmalara tolerans göstermemizi, bunun olağan olduğunu savunanlar bile olur aralarında. Zaten sevgili Hrant Dink AKP iktidarda iken katledilmemiştir. Yine AKP iktidarda iken katilleri yargılanıyormuş gibi yapılmamaktadır. Gerçek katillere ulaşmamız AKP iktidarında engellenmemektedir. Bu yüzden de *"Ey iktidar şu tetikçi çakalların ardındaki devlet gücünü yargıla"* diyemezler.

Dünyanın her tarafında olduğu gibi Türkiye'de de iktidar mensupları, devrimciler, muhalifler, öğrenciler tarafından protesto edilip yumurta mı atılır? Onlara göre bu tiplerin arkasındaki güç Ergenekon'dur. Hopa'da, en doğal hakkını kullanıp protesto gösterisi yapanların ardında da Ergenekon vardır zaten. Bir insan ölmüş önemli değildir. *"Adının da önemi yok"* zihniyeti bu arkadaşlara sirayet etmekte gecikmez. Çünkü *"ölen de dâhil bu protestocular, çevreleri ya da çevrelerinin çevreleri de... Ergenekoncudur"*. Yani gencecik kadınlar polisten, çocuğunu düşürebilecek şiddette dayak yemelidir. Metin hoca ölmeyi hak etmiştir. Hopalılara yaşatılan zulüm, sıkıyönetim uygulamaları da hukukidir zaten. Kuşkusuz bu insanların vurguladığı veya görmezden gelerek dile getirdikleri şeyler bu kadar basit akıl yürütmelerin sonucu değil belki; ama bu konuları ele alışları, dile getiriş biçimleri tam da bu yüzden, dolambaçlı akıl yürütmeleri, derin analizleri, hatırı sayılır birikimleri vs... yüzünden çok iç karartıcı, hatta mide bulandırıcı...

"Yetmez ama evet" dalkavukluğuyla anayasa değişikliğinin yargıyı hukuk çizgisine oturtacağını iddia ederler. Ama kazın ayağının öyle olmadığı, yeni yapının cuntacılara rahmet okuttuğu ortaya çıkar, yine susarlar. Hem de görünenle gerçeğin farklı olduğunu, sözlerinin ağırlığı olan bir hâkim, Orhan Gazi Ertekin yazdığı kitapla anlatmıştır; ama nafile. Hem susarlar hem de demokrat olmanın ne demek olduğunu anlatan Hâkim Ertekin de aforoz edilir. Öyle ya yeni müesses nizama asla halel gelmemelidir.

Devlet Güvenlik Mahkemelerini (DGM) mumla aratan Özel Yetkili Mahkemelerin hukuku nasıl katlettiği bu kadar ortadayken, buna eleştiri yöneltmemek kuraldır sanki. Ancak tuttukları takım da mahkemelerin, savcıların kurbanı, esiri olunca akıllarına gelir hukuk ve demokrasi. Gerçi o zaman bile demokrat olmayı beceremezler ve sadece tuttukları takıma yapılanların hukuksuz olduğunu utanmadan yazarlar, söylerler.

Basındaki sansür seçimlerden sonra daha katmerli hale gelir. Otosansür, sansürün ruhuna rahmet okutur. Yazarlar köşelerini, programcılar televizyon kanallarını terk eder. Ne gam. Adeta teneke çalarlar arkalarından. Onlara göre yazarlar kötü, TV programcıları yeteneksiz oldukları için işsiz, gazeteciler de terörist oldukları için tutukludurlar. Sansür ve baskı ise ileri demokrasiyle birlikte ortadan kaldırılmıştır. AKP eleştirilemezdir. Her bir uygulaması hak ettiğinden fazla övülmelidir. Hukuk ve demokrasiyle çelişkili durumların ise haber değeri yoktur. Yorumlanması gereksizdir. Muhalefete yönelik eleştirilerse kılıç keskinliğinde olmalıdır. Muhalefetin hukuk, demokrasi ve eşitliğe vurgu yapan her söylemi, raporu ya yalandır ya da samimiyetsizdir. Ergenekon sanıklarının bu partilerden aday gösterilmesi eleştirilir ama Muammer Güler ve Cemil Çiçek gibiler hoş görülür veya AKP ileri gelenlerinin ırkçılığı ve nefreti körükleyen söylemlerinin üzerinde bile durulmaz. Başbakan ile partisinin medyatik yüzlerinin, dillerinden düşmeyen başta Kürtler ve Ermeniler olmak üzere yaptıkları azınlık düşmanlıkları, nefret söylemleri, dinsizler-teröristler hezeyanları seçim dönemlerinde hoş görülmelidir onlara göre...

Muhalefet partilerinin önemli isimleri adeta porno kasetlerle dizayn edilerek Meclis dışı bırakılmaya çalışılır ama faillerinin peşine düşmez bu demokratlar! Oyun dışı bırakılmak istenen herkesin en mahrem anları gizli kameralarla kayıt altına alınıp şehvetle seyre sunulur. Olsun, zaten yeni anayasayı *"Milliyetçi Hareket Parti'siz (MHP) yapmak gerektiğini"* yazarlar. Bağımsızlığı AKP'ye ve cemaate bağımlı olmak, tarafsızlığı AKP'ye ve cemaate taraf olmak olarak gören zevat, AKP dışındaki partileri istedikleri kıvama getirdiklerinden emin olunca geriye kalan tek hedefe yönelirler: Gerçekten kurulu düzene muhalif olan Kürtler ve sosyalistler. Bilirler ki iktidar ve yandaşlarının yarattığı bu illüzyonun ne olduğunu bilen ve anlatan bir onlar vardır.

Bu *"dikensiz gül bahçesi"* iktidarının önündeki her engel yıkılmalıdır. Şimdilik bu muhalefetin büyük ağabeyi konumundaki Kürtler veya Kürt siyasi hareketi hedefte. Büyük ağabey olmalarından ötürü saldırının en ağırına maruz kalanlar da onlar. Bu açık gerçeğe rağmen, liberal-demokrat geçinen zevat, AKP'nin kendi Kürt'ünü yaratma projesinin en heveskâr piyonu olmaktan zorsunmaz; *"Hadi canım gelin Meclis'e", "Demokratik özerklik saçmalığını bırakın"* derler. Bunu kanıtlamak için bu konuların en zayıf halkalarıyla provokatif röportajlar yaparlar. Hatta *"Bu demokratik özerklik barış geliyor telaşıyla mı ilan edildi"* gibi sorular sorarlar. Azarlayarak ayar vermeye çalışırlar. Öyle ya Kürtler azar yemeye alışkındır değil mi? Her biri aynı frekanstan demokrasi öğretmeye kalkışır da kendileri ne kadar çifte standartlı bir demokrasi anlayışına sahiptir bilmek, görmek, kabullenmek istemezler. Demokratik özerklik ne demektir anlamak, anlatmak istemezler. Kendileri için en büyük düstur satmak ya, Kürt siyasetçilere de Meclis'e gitmeleri için yoldaşlarını satmalarını önerirler. Erdoğan'ın seçim meydanlarında söylediklerini kendileri unutmuştur ya Kürtler de unutsun isterler. Başbakan ve kurmaylarının şu ana kadar söyledikleri nasıl bir anayasa istediklerine de işaret etmekteyken bunu görmezden gelir ve şu anayasayı yapmak için Meclis'e gelin derler.

Aslında örnekleri çoğaltmak ve haliyle bu yazıyı daha da uzatmak mümkün ama bu yazılanlar bile liberal-demokratların! manzara-i umumiyesini anlatmaya yeter sanırım. Zaten ne demişti Erdoğan aylar önce: *"Size ihtiyacımız yok!"* Belli ki artık son demlerini yaşayan bu zevatla işlerinin bittiğini anlatmaya çalışıyordu. Gerçekten de artık bu zevata ihtiyaçları yok. Hem bu yüzden hem de daha önemlisi bunların söylediklerinin ve söyleyeceklerinin artık bir ağırlığı olmamasından olsa gerek. Hani, "*Bu zevat hiç yazmasa-konuşmasa ne değişir artık* diye bir an düşünürsek ne söylediğim daha net anlaşılır diye umuyorum. Öyle ya; böyle çifte standartlı ve sahte bir liberal demokrasi anlayışıyla ne kadar konuşursan konuş boş. Ağır taş yerinde gerek; durduğun yer yanlış, sözlerinin de bir ağırlığı olmayınca...

Güç ve vesayet

İster yukarıdaki yazıda bahsi geçen *"liberal-demokratlar"*ın yer tuttuğu olsun isterse diğerlerinde, siyasetin hangi kutbunda olursa olsun genel olarak medyanın *"gelene ağam gidene paşam"* dediğine sıklıkla tanık olduk, oluyoruz. Ancak AKP iktidarıyla yukarıdaki düsturun sahipleri de el değiştirdi. Medyanın ötekilerinin kim olduğu da farklıydı artık. Rol çalmalar da eskisini aratmıyordu aslında. Sonuçta her birinin temsil ettiği şey aynıydı: Güç ve vesayet. Zaten bu yeni temsilciler de gemi azıya alınca ne kadar zalimleşebileceklerini herkese kanıtladı. Güç budalası olmanın sınırı olmadığını da bir kez daha görmüş olduk. Önlerindeki çanağa yem konduğu müddetçe kokuşmuş düzeni, zulmü, demokrasi diye allayıp pullayan soytarılarla doldu medya. Bu konuyu biraz irdelemekte fayda var. Hayvanlar âleminden *"örnekleyerek"* anlatayım durumu.

Ben fırsat buldukça belgesel izlerim. Vahşi doğa belgesellerini de çok öğretici bulurum. Her birinin adını övmek ya da küfür etmek için kullandığımız hayvanların yaşamının insanlarınkinden daha fazla dürüstlük barındırdığını düşünürüm. İnsana ait birçok özellik ve davranış hayvanlarda fazlasıyla mevcut aslında. İyisi de kötüsü de var bu özelliklerin. Şahsen karıncaları pek sevmem. La Fontaine'nin o korkunç masalından mı bilmiyorum ama ağustosböceğini açlığa terk etmenin zalimliğinin bunda etkisi çok sanırım. Karıncaların kolonide yaşayan milyonlarcasının beslenmesini sağlamak amacıyla ihtiyacından fazlasını bitmek tükenmek bilmez bir hırsla tüm yiyecekleri yuvaya taşımasını aç gözlüce bulurum. Hayvanlar âleminin kapitalistleridirler sanki karıncalar. Ama bu kötü özelliklerine rağmen inanılmaz bir dayanışma örneği var karınca kolonilerinde. Bir belgeselde karıncaların bedeniyle canlı bir köprü kurmalarını izlemiştim. Birbirlerine kenetlenip, sırt sırta vererek binlerce karıncadan oluşan bir köprüydü bu. Koloni üyelerinin işi bittiğinde bu köprüde sona kalanlar öleceklerini bilmelerine rağmen bu son görevi yerine getirmişlerdi. Karıncalar unutulmaya yüz tutan dayanışmanın ne olduğunu anlatıyordu bizlere.

Kartalları çok severim. Dilediğince yükselip özgürce kanat çırparlar. Bir de *"kanatlarından tüy aldırmaz"* özgüvenleriyle çok asaletli dururlar. En sevdiğim yanlarıysa birkaç kilometre yüksekten dahi en küçük avlarını görebilecek keskinlikteki gözleri olmaları. Bir bakıma uzak görüşlülük de diyebilirsiniz. Gazetecilik yapanlar ya da yapacak olanların da böyle keskin gözlere sahip olmaya, olayları önü ve arkasıyla analiz edebilecek bir uzak görüşlülüğe sahip olmaya çalışması gerektiğini düşünmüşümdür hep. Kartallar her gazeteci için örnek alınacak hayvanlardır.

Aslanlar ürkütücü ve yırtıcıdırlar. Ama sadece ihtiyaç duyduklarında, yani karınlarını doyurmak için kullanırlar bu ürkütücülüklerini. Fazlasına sahip olmak gibi bir dertleri olmaz hiçbir zaman. Karnı doyduğunda da kalana bakmadan çeker gider. Avının kalanını ardındakilere bırakmasını bilir. Cömertlik yapar hiç gocunmadan.

Örnekleri daha da çoğaltmak mümkün, ama gerek yok. Türkiye medyasının şimdiki haline getireceğim sözü. O yüzden esas örneğimize geçelim artık. Kim ne derse desin hayvanlar âleminde hiç sevmediğim tür çakallardır. Tam da sevmeme nedenim yüzünden dilimize yerleşmiş *"çakal"* küfrünü çok severim. Nedeni malûm; çakallar gaspçıdır. Başka hayvanların mallarına el koyarlar. Başka hayvanların avlarına el koyarlar. Emek harcamadan *"avlanırlar"* sürü olarak. Avlanan kendinden güçlü diğerlerini izler çakal. Av parçalanıp yok edilirken sinip bekler. Sonra da avdan arta kalanla beslenirler. Diş geçiremediği aslanlar karnını doyurur o kalan leşin artıklarına saldırır. Hiç sevilesi değildirler gözümde. Hayvan olanını da insan kılığına girmiş olanını da hiç sevmem. O yüzden hak edenine de *"çakal"* derim. Türk medyasında son birkaç yılda çakal sayısı giderek arttı. Hep vardı çakallar ama bu kadar çok ve pervasız oldukları bir dönemi hiç hatırlamıyorum. Yaşadığımız bu dönemi tarih *"çakallar çağı"* olarak yazacak bundan eminim.

Görmüş'teki körlük

Birkaç sayfa önce *"demokratlar"* diye anılan cenaha yönelik yazımı *"ağır taş yerinde gerek"* diye bitirmiştim. Sözün ağırlığı olmasının gerektiği bir uyarıyla birlikte. Bu konuda tartışmanın öznesi olmuş birinden bahsedip faslı kapatacağım. Alper Görmüş'ten bahsedeceğim. Görmüş ile Ergenekon soruşturmalarının bir nevi işaret fişeği olan kapatılan Nokta dergisinde çalışmıştık. Birlikte çalışmadan öncede birbirimizi gıyabımızda tanıyorduk, elbette yaptığımız işler nedeniyle. 6-7 ay kadar Nokta'da, kısa bir süre de Bilgi Üniversitesi'nde birlikte çalıştık. Ergenekon soruşturmalarının başlangıcındaki fikir birliğimiz 1-2 yıl içinde ayrışma gösterdi. O körü körüne yapılanların tümünü doğru, yerinde ve haklı buluyordu. Ben de bir derin devlet temizliği olduğunu sandığım zamanlar öyle düşünüyordum. Derken kazın ayağının öyle olmadığı kuruların yanına konulan yaşların sayısının ateşi söndürecek kadar çok olmaya başladığını fark ettiğimdeyse bu konuda çok anlaşamaz olmuştuk.

Kendisi hem öğrencilerine hem de Nokta'da birlikte çalışırken bizlere öğütlediği gazetecilik soğukkanlılığı ve duygularımıza mesafe koymaktan hayli uzaktı kanımca. Her şeye rağmen Ergenekoncu suçlamasıyla gözaltına alınıp ardından tutuklandığımda bizi tanıyan ve aramızda o zaman bitmemiş olan arkadaşlığımızı bilenlerin Alper Görmüş'ün ne diyeceğini çok merak ettiklerini biliyorum. Evim basılmadan iki gün önce konuşmuştuk telefonla. Odatv soruşturmasına adımın karıştırılmış olmasına şaşırdığını ama durumun anlaşılacağını söyledi bana. Ben onun kadar rahat değildim ve bunu da söyledim. Öyle bir şeyin çok tuhaf olduğunu söylemekle birlikte üzerinde çalıştığım kitap konusuyla ilgili ilginç bir yorum yaptı. *"O kitabı senin yazmanla Ergenekon zihniyetindekilerin yazmasının yaratacağı etki bir olmaz"* diyordu. Bir bakıma haklıydı. En sonunda da *"Bir şey olmaz. Seni de alamazlar"* dedi.

Bu son konuşmamız oldu. Sonrasında Alper Görmüş'ün yazdığı yazıları anlatmayacağım burada. *"Tuhaf"*tı evet. Ama beni şaşırttığını söyleyemem. Çünkü öylesine kör bir akılla sahip çıktığı, yaşanan onca hak ihlalini görmezden geldiği Ergenekon soruşturmalarına, bu süreci dilediği pervasızlıkta yürüten polis, savcı ve hâkimlere ses çıkarmak demek kendini de inkâr anlamına gelecekti. Durumu zordu, anlıyordum. Ama dürüstlük ve cesaret zaten zor zamanlarda sınanır. Görmüş'ün o sınavdan nasıl bir sonuç aldığının ayrıntılarını burada anlatmayacağım kimi konuşmalarıyla da yazdığı, söylediğiyle de gösterdi. Durduğu yerin yanlış, sözlerinin bir ağırlığı olmadığı konusunda hesaplaşmayı kendi vicdanına bırakıyorum.

Yazıp çizdikleri içinde beni en çok sinirlendiren Zaman gazetesine verdiği röportajda bitmemiş kitabımla ilgili söyledikleriydi. *"Kitap kötü, içinde yeni bir şey yok"* minvalindeki cemaat ağzıyla söylenen lakırdılarını boş vermiştim zaten. Okumadığı ya da okuduysa işine gelmediği çok açıktı. Ama beni Ergenekoncu zihniyetine sahip olmakla suçlamasını içime sindiremiyorum. Zaten *"Ben de Susamam. Çünkü Ergenekon Benim de Davam; Gerçekten"* başlıklı yazıyı da bu yüzden kaleme aldım. Her ne kadar Görmüş'e yanıt gibi olsa da aslında burada Alper Görmüş adıyla simgelenen *"malum demokratların"* her biri üzerine alınsın bu yazıyı. Yazı şöyleydi:

> İster mağdur, ister muktedir, bu ülke medyasının ne olduğunu ben bilirim de, en iyi sen bilirsin.

Mesleki kıdemin, gözün kapalı desteklemekte beis görmediğin malum zihniyetin verdiği gazla kendini Olympos'ta hissettiren egonla, hele ki yaptığın işler içinde önemli bir zaman dilimini kapsayan *"kronik"*[85] zamanlarınla ya da bir dönem mağdurun yanında saf tutmuşken şimdi muktedir olmanla, en iyi sen bilirsin.

Bir dönem lanetlediklerini, rüzgâr tersine döndüğünde göklere çıkardıklarını da bilirsin, yeni lanetlilerin eskiden göklere çıkardıkları olduğunu da en iyi sen bilirsin.

Hem de her seferinde bunu demokrasi ve memleketin bekası için yaptıklarını söylediklerini de, bunun yalan olduğunu da bilirsin.

Tanık olmuşsundur; oluyorsun elbet. Anımsamıyorsan çok da gerilere gitmene lüzum yok. Son birkaç yıldır kimin *"demokrasi"* dediğine ve bunu kimin için ve nasıl söylediğine bakıver. Sanırım internet filtresinde *"demokrasi"* sözcüğü şimdilik yasaklananlar arasında olmadı.

Girdikleri kabın şeklini almakta ne kadar mahir olduklarını da bilirsin, kim iktidar olursa olsun onun yatağında soluk soluğa kaldıklarını da en iyi sen bilirsin.

Hiç utanmaları yoktur bilirsin, tıpkı buna ihtiyaç hissetmediklerini de çok iyi bildiğin gibi. Utanmış gibi yapanlarınsa sadece yeni vesayete yanaşmaya çalıştıklarını da bilirsin de bunu hiç dillendirmezsin; *"tuhaf"* bulmazsın.

Her devrin medyası oldukları için ya da kendilerinin de medyası olacağı devrin geleceğini bildiklerinden, başlarına hiçbir felaket gelmez, bilirsin. Gerçi şimdinin padişahı, hep kendi saltanatının süreceğini sandığından durum biraz değişmiş görünse de aldanma sen.

Her devirde en çok ihtiyaç duyulanın kendileri olacağını da bilir bu medya; bilirsin sen de. Ahlâksıza, yalancısına, şarlatanına, cellâdına, mezar kazıcısına ne kadar ihtiyaç duyulursa onlar da o kadar itaatkârdırlar. Her buyrulana hatta buyrulmasına gerek kalmadan *"emredersiniz devletlum"* ya da *"padişahım çok yaşa"* derler bilirsin. Vesayetin böyle meşrulaştırıldığını da bilirsin.

Gücü ellerine geçirenler halkı korku ve dehşete salarken de, bunu yapamadığını hücrelere tıkmak için de bu itaatkâr şarlatanlara ihtiyaç duyar bilirsin.

Onlar olmasa ne güç budalalarını destekleyecek kitle, ne de idare edecek bir vesayet kalmaz biliyorsun değil mi?

Hem mağdura, hem mazluma, hem ezilene, hem ötelenene bir de 'tebaa olmayacağım' diyene muktedirin kiralık katilleri gibi saldırdıklarını da bilirsin. Muktedir olmanın kolaylığı ve rahatlığıyla hareket edip hedef belirlediğini asılsız suçladığını da en iyi sen bilirsin.

Benim bildiğim daha çok şey var. Ama herhalde hiç muktedirin yanında saf tutmadığımdan senin bildiklerin kadar değil.

Bir de *"kronik"* zamanlarının (ilk dönemi elbet) ne güzel olduğu var bildiklerim arasında.

85) http://bianet.org/bianet/diger/130506-ben-de-susamam-cunku-ergenekon-benim-de-davam-gercekten, yayın tarihi: 06 Haziran 2011.

Anımsıyor musun sen de o zamanları?

Memleket medyasında roller değişmemişken daha, en çok iş sana düşerdi. Keyifle okurduk. *"Hah! İşte tam da bu"* derdik. En azından ben diyordum; sıklıkla hem de...

Şimdinin mağdurları muktedirdi o zamanlar. Tersten söylersek belki anımsamana faydası olur: Şimdinin muktedirleri, mağdurdu o zamanlar. Hatırlarsın, o kadar da eskide kalmadı.

Bilirsin, muktedirin dili zalimdir, zulmün tadına vardığından hep zalim olmak ister. Bu yüzden, buna engel olacak ne varsa, kim çıkarsa karşısına tepeler, dümdüz eder, yaşatmaz. Tıpkı şimdilerde örneğini daha sık gördüğümüz, yaşadığımız gibi değil mi? Eskinin mağdurlarını muktedir kılma projesi son beş yılda tamamlandı. Biliyorsun, yaşıyorsun, yaşatıyorsun.

Ne ilginç değil mi? Eskiden (ve niyeyse hâlâ) kızdıklarının dilini, araçlarını onlar da biliyormuş. Hatta aynı silahlarla ve çoğu zaman daha ağırlarıyla ve daha pervasızca da saldırabiliyorlarmış.

Daha ilginç olansa yazdıkların. *"Tuhaf"*. Düşmanlarının hâlâ aynı olmasına bakılırsa yeni muktedirler ne kadar mezar kazıcı gibi davransalar da seni pek ilgilendirmiyor anlaşılan. Eski muktedir, yeni mağdura çakmaya devam ediyorsun. Gerçekten çok *"Tuhaf"*.

Haklı olduğun noktada yazdıklarının altına hâlâ imzamı atmaktan çekinmem bilirsin. Ama anlamadığım bir şey var. Geçmişin hesabını hala kapatamadığından mı yoksa yeni muktedirlerin yediği herzelerin senin ilgi alanına girmediğinden mi o sularda kulaç atmıyorsun hiç? *"Böyle yaparak sen de o muktedirler korosunda yer alıyor görünmekten hatta çoğu zaman yer almaktan memnun musun acaba?"* diye sormayacağım. Sorayım mı?

Halbûki, o sularda senin sevdiğin türden ne çok herze var; baksana. Seleflerinin dili desen, onlarda, silahları desen daha ağırları olduğunu söylemiştim. Lojistik destek için F tipi polis, hâkim ve savcı hazır kıta beklemekte. Padişahları da en az kendisi kadar pervasız ve nobran cellât kılığındaki bu soytarılarına *"Her şeyi yiyebilirsiniz"* demişken bence görev seni bekler.

Ama bu isteksizliğini görünce, ya gönlün yok ya da gönlünü muktedire kaptırmışsın diye düşünmüyor değilim. O zaman kime anlatıyorum ki ben bunları?

"Keşke cezaevinden çıkabilsem de tartışabilsek" diyorum. Ama sen bile böyleyken..."

Hem polis, hem savcı hem de hâkim olan medya

Örneklerimizden de yola çıkarsak eğer uzun lafın kısası Ergenekon soruşturması süreci, Türkiye'de gazeteciliğin ve meslek etiğinin sınıfta kaldığı bir dönem olarak hafızalara kazındı. Medyanın Ergenekon soruşturmaları konusundaki tavrı soruşturmanın kendisi kadar tartışılır hale gelmiş durumda. Türkiye'nin karanlık tarihine ışık tutacak önemdeki soruşturma fırsatını sadece AKP, jakoben liberaller ve Gülen cemaati yanlılarını tatmin edecek şekilde ele almak yerine toplumun diğer katmanlarının da desteğini alacak şekilde yürütmek gerekiyordu. Hal böyle olunca, medyanın hem polis hem savcı hem yargıç görevini üstlendiği; esas olan gazeteciliğin gözden düştüğü, demokrasinin -hiç hak etmediğine sayısız örnek bulunmasına karşın- AKP iktidarı ile özdeşleştirildiği; Gülen cemaatinin siyasi ve ekonomik çıkarları için tüm rakiplerinin bertaraf edilmeye çalışıldığı bir atmosfer oluştu. Bu topraklarda yaşayan insanların hayatını karartanların varlığının görmezden gelinip davanın sulandırıldığı; demokrasi ve özgürlük talep edenlerle alay edilen böylesi bir süreçten ve böylesi bir toplamdan adalet çıkmasını beklemek deyim yerindeyse tam anlamıyla safdillik oluyor.

BÖLÜM 8

EKLER

"Olgular devrimcidir."
Gramsci

EK-1

Pusuyu kuranlardan iftira tutanağı

Yurt içi ve yurt dışından sert tepkilerle karşılanan tutuklanmamızın 3. haftası bittiğinde hâlâ azılı birer Ergenekoncu olduğumuzu kanıtlama gayretleri hız kesmemişti. 27 Mart 2011 günü yandaş medyanın neferlerinden Star gazetesinin internet sitesinde bir haber yayınlandı. Haber, bitmemiş kitabımın üç taslağını inceleyen polisin hazırladığı inceleme tutanağında yapılan *"tespitleri"* anlatıyordu. Elbette internet sitesine inceleme tutanağının 49 sayfalık tam metni de koyulmuştu. *"Gizli"* yürütülen soruşturmanın evrâkı ne avukatımda ne bende vardı ama kamusal meşruiyetin aracı kılınan görevlilere verilmesinde sakınca yoktu. Zaten, yanlı, yanlış ve yalanlarla dolu o inceleme tutanağında yazılanlar, *"bekleyin göreceksiniz"* diye kamuoyu aldatılmaya çalışıldıktan aylar sonra çıkacak iddianamede de hakkımdaki iddiaların dayandığı tek dayanak olacaktı. Söylemek gerekir ki tutuklanmamdan 10 gün sonra 16 Mart 2011 günü tamamlanan bu inceleme tutanağı kurulan komplonun en önemli kanıtlardan biri olarak önümüzde duruyor. Bu tutanaktaki akla ziyan iddialar, yargılananın gazetecilik ve suçun kitap yazmak olduğunu açık bir şekilde ortaya koyuyordu. Cezaevinde onca boş vakit de varken, bitmemiş kitabımın taslağı ile polisin inceleme tutanağını karşılaştırmak mümkün olmadı. Yapabilsem örgüt talimatı denilen notların hangisinin tarafımdan yazıldığını, hangisinin isim, yer, tarih, olaylara ilişkin düzeltmeler olduğunu, bir yanlış yapmamak için titizlenen bir gazetecinin farklı kaynaklardan edindiği bilgilerden doğruya ulaşma çabasının ürünü olduğu ortaya çıkacaktı. Aynı zamanda kitabımda yaptığım yorumları, ifade ettiğim tespitleri bir zihniyet bekçiliği ile taraflı ve yalan içeren yorumlarla Ergenekon kılıfına sokmaya çalışan polislerin Nazilerin ruhuna rahmet okuttuğunu gösterecekti. Böylece polislerin, yetki ve sıfatın ardına gizlenip görevini kötüye kullandıklarını ve aynı zamanda mahkemeleri yanıltmaya çalışmaktan sorumlu olduklarını da kanıtlayacaktı. Ancak olmadı. Dedim ya soruşturma bana ve avukatlarıma *"gizliydi"* ve inceleme tutanağını cezaevine sokmak mümkün olmadı.

Neyse ki dostlarım vardı. Gazeteci arkadaşım Timur Soykan, benim yapmak isteyip de gerçekleştiremediğim karşılaştırmayı benim adıma yaptı. Nihayetinde ortaya *"bilirkişi"* iddiasındaki bilmez polislerin yalanlarını kanıtlayan bir *"bilirkişi raporu"* çıktı. İşte burada o raporu bulacaksınız. Şimdi hep birlikte Timur'un çok basit bir gazetecilik refleksiyle iddialarla, olguları karşılaştırarak bir bilmezkişinin raporuna karşılık hazırladığı emek ve dostluk ürünü bilirkişi raporunu okuyalım.

Kitabın suçu ilerlemek

İmamın Ordusu isimli kitap taslağı hakkındaki polisin inceleme tutanağı Odatv'de 14 Nisan 2011 tarihinde yapılan baskında bulunduğu öne sürülen "Ulusal Medya 2010", "oooKİTAP", "Nedim", "Hanefi" ve "Sabri Uzun" isimli word belgelerinden bahsedilerek başlıyor. Bilindiği üzere bu belgelerin hiçbirinde bir imza ya da kim tarafından yazıldığına ilişkin bir ibare bulunmuyor. Odatv çalışanları ve avukatlarının talebiyle Boğaziçi Üniversitesi Bilgisayar Mühendisliği bölümünün yaptığı ilk inceleme, belgelerin bir virüs yoluyla yüklenmiş olabileceğini vurguluyor. (Bu inceleme kitabın imhası için mahkeme kararının alınmasından sonra hard diske polisçe el konulması nedeniyle tamamlanamadı.) Kaynağı tamamen belirsiz ve isteyen herkesin kendi kendine bilgisayarında yazabileceği bu word belgeleri sanıkların aylarca cezaevinde tutulmasının tek "delili". Ayrıca word dosyasında kod ad kullanmadan açık açık isimlerin yazılmış olması bunun bir örgüt dokümanı değil, komplo yazısı olduğunu net bir şekilde ortaya koyuyor. Çünkü Terörle Mücadele ve Organize Şube Müdürlüğü'ndeki polisler de gayet iyi biliyor ki en küçük örgütler bile kod isim kullanır hatta bunları bile bilgisayarlarına kaydetmezler.

Polis inceleme tutanağının devamında Ahmet Şık'ın bilgisayarında 3 Mart 2011 tarihinde yapılan incelemede bulunduğu öne sürülen yegâne "deliller" sıralanıyor: "oooKITAPSON", "Ahmet Kitap" ve "KİITAPPPPPPPPPPPP" isimli 3 ayrı word dosyası. Bu word dosyalarında Ahmet Şık'ın "İmamın Ordusu" kitabının bulunduğu anlatılan polis inceleme tutanağındaki ilk suç isnadı; kitabın ilerlemiş olması. "oooKİTAPSON" dosyasının 299, "Ahmet Kitap" dosyasının 301, "KİITAPPPPPPPPPPPP" dosyasının 302 sayfa olduğu vurgulandıktan sonra Odatv'de bulunan "oooKİTAP" word dosyasını 189 sayfa olduğu belirtiliyor. Bir kitabın yazılmasına ve ilerlemesine suç gizemi katmaya çalışan Polis İnceme Tutanağı, taslaklardaki farkları sıralamaya çalışıyor. Bu farklar;

1- Kitabın sayfa sayısının artmış olması.

"oooKİTAPSON" 299 sayfa, "Ahmetkitap" word belgesinin 301 sayfa ve "KİTAPPPPPP" isimli word belgesinin 302 sayfa olması ve içeriklerinde farklılıklar olmasının bir suç unsuru gibi gösterilmesi bu soruşturmadaki kötü niyetini bütün çıplaklığı ile ortaya koymaktadır. Tabii ki kitap daha az sayfa ile başlayıp daha çok sayfaya ulaşacaktır ve gelişecektir.

2- Kitap taslağının üzerinde bulunan notlarda belirtilen bilgi eksiklikleri ve hata düzeltmelerinin ilerleyen taslaklara eklenmiş olması.

Ahmet Şık'ın kitap taslağında kendisinin kırmızı ve büyük harflerle aldığı notlar ve maddi hatalar olup olmadığı konusunda kontrol etmesi için haber kaynağına gönderdiği taslakta onun (*) ile başlayan ve parantez içinde devam eden notları bulunuyor.

İlerleyen bölümde çok detaylı olarak ele alacağımız kitaptaki notlarla ilgili iddialar kasıtlı ve cahilcedir. Kitap yazar için uzun ve sancılı bir sürecin ürünüdür. Özellikle bir gazetecilik çalışması olan kitapta çok sayıda not olmasından daha doğal ne olabilir. Yazar ya da haber hazırlayan bir gazeteci yazım aşamasında kitabında ya da haberinde olan eksiklikleri sürekli not alır ve bu eksiklikleri tamamlamaya çalışır. Tabii ki yazarın aldığı notlar daha sonraki yazım aşamalarında uygulanacaktır. Zaten bu notların amacı unutmamak ve kitabın eksiklerini gidermektir. Ahmet Şık'ın kitabına kırmızı ve büyük harflerle aldığı notların kendisine ait olduğu çok açıktır.

Kitap yazan herkes bilir ki insan çalışmasını sürdürürken başka insanların fikirlerini merak eder. Bunun için kitap çalışmasını getirdiği noktalarda güvendiği insanlara, haber kaynaklarına, uzmanlara gönderir ve yorumlarını değerlendirerek çalışmalarına devam eder. Bu da bir suç değil aksine titiz bir kitap çalışmasının şartıdır. Kitaptaki (*) ile başlayan parantez içindeki notlar konunun uzmanı bir haber kaynağının taslak üzerindeki maddi hata düzeltmelerinden ibarettir. Bunu bütün çıplaklığı ile ortaya koyan notları ilerleyen bölümde inceleyeceğimizi tekrar hatırlatalım.

Bir word dosyası yaz ki notlar suç olsun

Kitaptaki ilerlemeleri suç olarak göstermeye çabalayan polisin bu konudaki dayanağı ise Odatv'deki bilgisayarlarda bulunduğu öne sürülen, kaynağı belirsiz, imzasız "Sabri Uzun" isimli word dosyası. Bu word dosyasında "Kitaba çalışırken cesur olun. Çıkarma ve ekleme yapmaktan çekinmeyin. Bu kitap Simon'dan daha kapsamlı olmalı. Nedimi kutlarım. Ahmet'i çalıştırsın" şeklindeki yazıları 'delil' gösteren polis akıllara durgunluk veren tespitini yapıyor: "Kitap Ergenekon'un talimatıyla hazırlandı."

Kitabın yazarının cümlelerinin kenarına, metinlerinin içine eksiklikleri not almasından, kitabını haber kaynaklarına, avukatlarına, arkadaşlarına eleştirilmek üzere göndermesinden suçlamalar yaratacak kadar cahil kişilerin bu word dosyalarını hazırladığı çok net.

"Sabri Uzun" isimli word dosyasındaki ifadelerle polisin tutanaktaki tespitlerinin kardeşliği elbette ki gözlerden kaçmıyor.

Sonuç olarak bu bölümle ilgili yapılacak son yorum; burada hiçbir kanıt olmadığı aksine suç üretmek için zorlama yorumlar yapıldığı, deliller uydurulduğudur. Uydurma ve kitap taslağı incelendikten sonra hazırlandığı çok açık olan word dosyası üzerinden suçlamalar yaratılmaya çalışılmıştır. Böylece yazarın kitabına aldığı notlar talimat gibi gösterilmek istenmektedir. Uydurma word dosyasına atıfla saçma sapan bir örgüt şeması oluşturulmuştur.

Özetle bu bölümde Ahmet Şık ile ilgili suçlamalar şunlardır:

1 – Gazeteci olmak.

2- Kitap yazmak.

3- Kitap yazarken notlar almak

4- Kitap yazarken haber kaynakları bulmaya çalışmak.

5- Kitap yazarken ilerlemek, sayfa sayısını arttırmak.

6- Not aldığı eksiklikleri gidermek.

7- İmzasız ve uydurma bir word belgesinde adı geçmek.

Muhalif gazeteciliği suça dönüştürme belgesi

"İmamın Ordusu" kitabıyla ilgili polisin hazırladığı inceleme tutanağında bir başka vurgu ise "Ulusal Medya 2010" belgesi. Polis, sahte olduğu kanıtlanan bu belgenin Odatv'de bulunduğunu öne sürüyor. Polis inceleme tutanağında Ergenekon'un medya yapılanmasının belgesi olduğu öne sürülen bu dokümanla "İmamın Ordusu"nun içeriği karşılaştırılıyor ve şu tespit yapılıyor: "İmamın Ordusu, Ulusal Medya 2010'daki amaçlar doğrultusunda hazırlandı."

Ancak akıllarda şöyle bir soru var: "Bu belge Ergenekon operasyonları ve Fethullah Gülen cemaatinin eleştirilmesini yasaklamak, bunu bir suça dönüştürmek için uydurulmuş olamaz mı?" Polis inceleme tutanağındaki ifadelere bakıldığında bu sorunun yanıtı çok açık bir şekilde ortaya çıkıyor.

Polisin altı emri

Gazeteciliğin ve kitap yazmanın bir suça dönüşmesinin yolunu açan "Ulusal Medya 2010" sahte belgesiyle Ahmet Şık'ın kitabını polis 6 başlık altında kıyaslamış. Bu başlıkların ilk 3'üne göre, "Ergenekon operasyonunun siyasi olduğunu ve AKP ile cemaate muhalif isimleri hedef aldığını yazmak" bir suç. Dördüncü maddeye göre "yandaş medya" demek ve böyle bir medya olduğunu ifade etmek Ergenekon üyesi olmak için yeterli. Ayrıca "uzun tutukluluk" gibi insan hakları ihlallerinden bahsetmek de kişiyi zanlı yapabilir. Beşinci maddeye göre "yazdıklarınız Ergenekon davasının sanıklarının savunmalarıyla bir kez hem fikir olursa" da suçlanabilirsiniz. Altıncısı ise "Ergenekon operasyonunu yapan savcı ve polislerin icraatlarını eleştirmek" Ulusal Medya 2010 belgesi sayesinde artık yasak. "İmamın Ordusu"nun Ulusal Medya 2010 belgesiyle örtüştüğünü savunan polis inceleme tutanağındaki bazı "örnekli iddialar" şöyle:

POLİS İNCELEME TUTANAĞI:

Yapılan inceleme sonucunda ULUSAL MEDYA 2010 dokümanında belirtilen stratejiler doğrultusunda yazıldığı anlaşılan "Ahmet Kitap" isimli word belgesinde bu kapsamda tespit edilen kısımlar aşağıda belirtilecektir.

01-ULUSAL MEDYA 2010 dokümanında STRATEJİ başlığı altında, "Emperyalist güçlerin ve işbirlikçilerinin Kemalist ideolojiye karşı yürüttüğü planlı ve sistematik savaşın, kamuoyuna tüm gerçekliğiyle anlatılması en önemli ödevdir. Bunun için, yürütülmekte olan operasyonların siyasal olduğu, AKP ve cemaatin, Cumhuriyet İlke ve Devrimlerine karşı rövanşist düşüncelerle giriştiği sivil&faşist bir hareket ve diktatörlüğe uzanan yeşil bir devrim olduğu anlatılmalıdır." yazdığı görülmüştür. Bu bilgilere paralel olarak;

Kitap taslağının 4. Sayfasında; "Elbette suçlamaların odağında yer alan isim, kişi ve kurumların Fethullahçı olup olmadığını bilmiyoruz Ancak varolan duruma bakarak söylersek Ergenekon soruşturması ve davasının, AKP'nin özgürlükleri kısıtlamak için kullandığı bir araç olduğu tespiti yanlış olmaz. Bu soruşturma ve dava süreci aynı zamanda emniyet teşkilatını kontrol altında bulunduran Gülen cemaatinin gücünü, soruşturmaya dâhil edilmeye çalışılarak bertaraf edilmeye çalışan kimi rakiplerine (ÇYDD, ÇEV) bakarak kurs ve bursların da dâhil olduğu eğitim pazarındaki tekelini koruma iradesini ve pastadan aldığı dilim giderek daha da büyüyen mali gücünü de yansıtması bakımından önem taşıyor." yazdığı görülmüştür.

DEĞERLENDİRME: Ahmet Şık'ı tanıyan, tanımayı bırakın yazılarını okuyan hiç kimse onun bir Kemalist olduğunu söyleyemez. ÇYDD ve ÇEV'e yapılan operasyonlar Ergenekon soruşturmasının derin devletle bir hesaplaşma olabileceğini düşünen demokrat kesimlerde büyük bir hayal kırıklılığı yaratmıştır. Ayrıca Gülen cemaati okullarıyla bu Atatürkçü ÇYDD ve ÇEV gibi kurumların rakip olduğu ve daha sonra bu kurumlara yönelik operasyonlar yapıldığı hafızalardadır. Bütün bu gerçekleri yazmak sadece kaynağı belirsiz bir word dosyasına dayandırılarak bir suçlamaya dönüştürülmektedir.

POLİS İNCELEME TUTANAĞI:

Kitap taslağının 50. Sayfasında; "Siyasal alanda ağırlığını ve demokrasi üzerindeki gölgesini fazlasıyla hissettiren ordunun en büyük desteği aldığı o dönem medyasının yaptığı haberlerle ülkede adeta cadı avı başlatılmıştı. Tıpkı bugünlerde, sistemin işine gelmediği herkesin Ergenekoncu olarak fişlenmesine benzer bir şekilde siyasetçisinden, öğretmenine, bürokratından, sermaye sahibine kadar herkes şeriatçı, tarikatçı ya da cemaatçi olmakla suçlanıyor bu suçlamalarda yürütülen psikolojik savaş unsurlarıyla destekleniyordu." yazdığı görülmüştür.

DEĞERLENDİRME: Burada darbeler yapmayı hedeflediği öne sürülen Ergenekon'a yardımla suçlanan Ahmet Şık bir darbe eleştirisi yapmaktadır ve bugün polisin yaptığı ile 28 Şubat darbesinin benzerliğine dikkat çekilmektedir. Darbelere karşı durmak Ulusal Medya 2010 uydurma belgesinde yer almamaktadır. Aslında bu alıntı Ahmet Şık'ın Ergenekon zihniyetiyle ilgisinin olmayacağını göstermektedir.

POLİS İNCELEME TUTANAĞI:

Kitap taslağının 202. Sayfasında; "Burs alanında cemaatin hem ideolojik olarak karşısında duran, hem de rakibi olan en büyük yapı da kuşkusuz ki Çağdaş Eğitim Vakfı ve Çağdaş Yaşamı Destekleme Derneğiydi." yazdığı görülmüştür.

DEĞERLENDİRME: Bunun böyle olduğunu bütün Türkiye bilmektedir. Bunu yazmanın bir suç olduğunu düşünerek kendini ele veriyor polis. Gerçekleri yazmanın bu ülkede bir suça dönüştürüldüğünün daha net bir ifadesi olabilir mi? Ama Ulusal Medya 2010 gibi uydurma bir belgeye dayandırılarak gerçekler bir suça dönüştürülebiliyor.

POLİS İNCELEME TUTANAĞI:

Kitap taslağının 205. Sayfasında; "Neden kendisine böyle bir şantaj yapılmak istendiğini de Nuh Mete Yüksel Star'a şöyle açıklıyor: 'İrticaya karşı yürüttüğüm inceleme ve soruşturmalar, beni onlara hedef yaptı. Ama bunları da aşacağım. Beni montaj seks kasetiyle vurmaya çalıştılar. Bunların hesabı da, yapanlardan sorulacak'." yazdığı görülmüştür.

DEĞERLENDİRME: Ankara DGM Savcısı Nuh Mete Yüksel böyle bir açıklama yapmadı mı? Yanıt: Yaptı ve Star gazetesinde, Saygı Öztürk, "Tantan Savcıya Şantajı Açıkladı, Star Yazdı, DGM Belgeledi" başlıklı bir yazıyla bunu anlattı. Bu hatırlatmayı yapmak bile polis inceleme tutanağında bir suç olarak gösterildiğine göre ülkede arşivcilik yapan bütün meslek erbabının gözaltına alınması ve Silivri Cezaevi'ne atılması gerekiyor.

POLİS İNCELEME TUTANAĞI:

02- ULUSAL MEDYA 2010 dokümanında STRATEJİ başlığı altında, "Saldırıların bilinçli olarak TSK ve Yüksek Yargı başta olmak üzere Anayasal Kurumlara karşı yürütüldüğü işlenmelidir." yazdığı görülmüştür.

Kitap taslağının 44. Sayfasında; "AKP'nin ikinci kez tek başına iktidar koltuğuna oturmasından sonra başlatılan Ergenekon soruşturmaları sırasında ordunun birbiri ardına ortaya çıkan darbe planlarıyla TSK'nin halk nezdindeki itibarı yerlerde sürünmeye başlamıştı. İtirazlara ve muhalefetlere rağmen kararlı bir şekilde yürütülen ve bir noktadan sonra eleştirilemez hale gelen Ergenekon soruşturmalarına en çok sevinen kesim kuşkusuz ki cemaat yanlılarıydı. TSK o güne dek görülmemiş biçimde eleştiriliyor, haklı olarak her türlü hukuksuzluğu sorgulanabiliyordu." yazdığı görülmüştür.

DEĞERLENDİRME: Polis tutanağının bu bölümünde de ibretlik bir yorum ile karşı karşıyayız. Ahmet Şık'ın kitabının bu bölümünde polisin kırmızı renge boyadığı kısım şu: "TSK'nin halk nezdindeki itibarı yerlerde sürünmeye başlamıştı." Bu tespitin gerçekliğini Türkiye'de yaşayan herkes biliyor ve ama uyduruk belge ile bu bir suç gibi polis tarafından kötü niyetle sunulabiliyor. Burada ayrıca polisin kırmızı renkle önemli bulduğu bölümü vurgulaması da dikkate değer. Gazeteci unutmamak için notlarını kırmızı harflerle alınca suç ama polis kırmızıyla suçlama yapınca normal. Ayrıca bu bölümde altı çizilmesi gereken asıl önemli cümle şudur: "TSK o güne dek görülmemiş biçimde eleştiriliyor, haklı olarak her türlü hukuksuzluğu sorgulanabiliyordu." Ahmet Şık kitabının tamamında darbe özlemcilerini ve darbeleri eleştirmiştir. Zaten gazetecilik mesleği ve yazdığı kitaplar da bu demokrat duruşu açık bir şekilde ortaya koymaktadır.

POLİS İNCELEME TUTANAĞI:

Kitap taslağının 48. Sayfasında; "...Gülen cemaati, Ergenekon soruşturmalarının en olumlu sonucu olarak askerin demokratik siyaset alanından kısmen de olsa çekilmesinin yarattığı boşluğu da değerlendirerek son yıllarda Türkiye'nin iç politikasında ciddi bir etkinliği olan bir güç haline geldi. AKP iktidarının sistem içerisinde örgütlenmede ciddi bir avantaj yarattığı İslamcı akımlar bütün bakanlıklarda kadrolaşmasını en tepeden en alta kadar tamamladı..." yazdığı görülmüştür.

DEĞERLENDİRME: 8.5 yıllık AKP iktidarı boyunca yaşanan kadrolaşma kimse tarafından inkâr edilemez. Gülen cemaatinin etkinliğinin artması ise kendi yayın organlarında da yazılmaktadır. Bunu cemaatin yayın organlarının yazması suç değilken cemaat dışından birinin kaleme almasının neden suç olduğunu anlamak mümkün değildir. Buradaki yoruma bakıldığında yandaş pek çok kişi de Ulusal Medya 2010 uydurma belgesindeki Strateji bölümüne göre TSK'nın etkisizleştirildiğine yönelik yayın yapmaktan dolayı suçlanması gerekir ama nedense bu suç sadece Ahmet Şık'ın özelindedir.

POLİS İNCELEME TUTANAĞI:

03- ULUSAL MEDYA 2010 dokümanında STRATEJİ başlığı altında, "Medya gücünü etkin bir şekilde kullanan Akp ve cemaate karşı ulusal medya topyekun harekete geçirilmeli ve komploları boşa çıkaracak propaganda ve kara propaganda unsurları etkili bir şekilde kullanılmalıdır." yazdığı görülmüştür.

"Ahmet Kitap" isimli word belgesine bakıldığında; Sayfa 85'de; Fethullah GÜLEN Grubu hakkında Ankara DGM Savcılığınca yürütülen soruşturma ile ilgili olarak eski bir emniyet mensubunun "...CMUK değiştirilmeden yapılırsa da ortaya çıkan sonuç bugünkü Ergenekon davası gibi düzmece olur" dediğinden bahsedildiği görülmüştür...

DEĞERLENDİRME: Polis inceleme tutanağının Ulusal Medya 2010 isimli uydurma dokümanın Strateji başlığı altındaki üçüncü bölümünde bold yapılmış şu alıntı gerçekten inanılmaz: "Kara propaganda unsurları etkili bir şekilde kullanılmalıdır." Yani Ergenekoncu gazeteciler var, oturup "Biz kötüyüz, kara propaganda" yapmalıyız diyor ve bunu yazılı hale getiriyorlar. Ayrıca bu üçüncü bölüm girişinde bir emniyet mensubunun "Ergenekon davası düzmece" demesi Ulusal Medya 2010 ile birleştirilip bir suç gibi gösteriliyor. İyi de ana muhalefet lideri, diğer pek çok muhalif parti, kamuoyu araştırmalarına göre halkın neredeyse yüzde 50'si bunu söylüyor. Yani hepsi Ulusal Medya 2010 belgesini okudu ve ona göre mi davranıyor. Ya da Ergenekon davasının düzmece olduğunu düşünen herkes Ergenekoncu mu?

POLİS İNCELEME TUTANAĞI:

04- ULUSAL MEDYA 2010 dokümanında STRATEJİ başlığı altında, "Kemalist ideolojiye karşı yürütülen savaşa destek veren medya organlarına yandaş medya damgası vurulmalıdır."

"Yürütülen davaların insan haklarını ihlal temelinde, telafisi mümkün olmayan hukuki ve siyasi sonuçlar doğuracağı işlenmelidir." yazdığı, bu stratejilere paralel olarak;

Kitap taslağının 241. Sayfasında; "Gürültü koparacağı düşünülse de ne ertesi gün, ne de sonrasında kimse bu 'Sabri Uzun'dan mektup' başlıklı bu yazı ve içeriğinde anlatılanlar üzerine kalem oynatmadı. Haber yapmadı. Hükümete ve tüm hukuk ihlallerine ve yürütülüşündeki aksaklıklara rağmen Ergenekon soruşturmasına yandaş olanı ve olmayanıyla tüm medya sus pus olmuştu..." şeklinde yazdığı görülmüştür.

DEĞERLENDİRME: AKP ve cemaate yaranmak için gazetecilik yapan kesimlere bu bölümde büyük bir haksızlık yapılmaktadır. Yandaş algısını Ergenekon'un yarattığını söylemek ne de olsa iktidara, cemaate ve Ergenekon operasyonlarına kayıtsız, şartsız destek veren, hükümetin beğeneceği manşetler atmak için yarışan medyanın hakkını yemek olur. Yandaş gazetecilik algısı neyse ki bütün kamuoyunun gözleri önünde yaşanmaktadır. Bu ifadelerin yandaş medyayı korumak için açılmış bir başlık olduğu açıktır. Ancak en vahimi bu metin üzerinden 'yürütülen davaların insan hakları ihlal temelinde, telafisi mümkün olmayan hukuki ve siyasi sonuçlar doğuracağı işlenmelidir' şeklindeki ibaredir. Yani Cumhurbaşkanı'nın bile 'uzun gözaltı sürelerini' eleştirmesi bir suça dönüşmektedir. İnsanların savunmaları bile alınmadan yıllarca cezaevinde tutulması bir suç değildir ama buna itiraz etmek bu maddeye göre suçtur. Yani özetle bu madde vesilesiyle "insan haklarını savunamazsınız" denilmektedir gazetecilere.

POLİS İNCELEME TUTANAĞI:

05- ULUSAL MEDYA 2010 dokümanında STRATEJİ başlığı altında, "Başlatılan yargı sürecinde karşı tarafın elde ettiği delillerin boşa çıkarılması, değersizleştirilmesi ve normalleştirilmesi adına savunma makamlarının geliştirmekte oldukları argümanlar kullanılmalıdır. Bu kapsamda tespit edilecek zayıf halkalar ve iddialar gündeme taşınmalı ve davanın geneliyle özdeşleştirilmelidir. Güçlü tez ve delillerle karşı karşıya kalındığında, konunun ekseni değiştirilmeli, gri ve kara propaganda unsurları etkin bir şekilde kullanılmalıdır. Kitlesel hafıza süresinin kısalığı dikkate alınarak, ilk şokun atlatılması ve kitlelerde kalıcı kabullerin oluşmasına fırsat verilmemesi önem taşımaktadır." yazdığı görülmüştür.

Kitap taslağının 203. Sayfasında; "Örneğin, yıllarca ÇYDD'nin başkanlığını yapmış ve ömrünü çağdaş bir Türkiye'nin önemine vurgu yaparak eğitime adamış olan Türkan Saylan'ın adını da Ergenekon kapsamında anılması ve hatta evinin basılarak aranması bizzat Ergenekon destekçisi çevrelerden de büyük eleştiri almıştı." yazdığı görülmüştür.

DEĞERLENDİRME: Ulusal Medya Planı uydurma belgesinde olduğu iddia edilen bu metinle Ergenekon operasyonlarını ve Fethullah Gülen cemaatini eleştirmenin yanı sıra savunma makamlarının tezleri gazetecilere yasaklanmaktadır. Türkan Saylan'ın evinin aranmasının Ergenekon soruşturmasına pek çok kişinin bakış açısını değiştirdiğini yazmanın suç gibi gösterildiği bir inceleme tutanağının iddianamede de dikkate alınması vahimdir.

POLİS İNCELEME TUTANAĞI:

06- ULUSAL MEDYA 2010 dokümanında STRATEJİ başlığı altında, "Davayı yürüten kurumlara yönelik kamuoyu desteğini kırmak için, gerek kurumsal gerekse bireysel düzeyde yıpratılmaları ve güvenilirliklerinin zedelenmesi gerekmektedir. Haklarında geniş ve detaylı araştırma yapılarak soruşturma açılması sağlanmalı ve üzerlerinde baskı oluşturulmalıdır." yazdığı görülmüştür.

Kitap taslağının 5. Sayfasında; "O zaman başta polis teşkilatında olmak üzere bürokrasinin her kademesinde ve henüz çok yaygın olmasa da TSK içinde de örgütlendiği bilinen bu cemaatin gerçekten sivil olduğunu söyleyebilir miyiz? Ya da devleti kendi inançları doğrultusunda yönetmeyi arzu etmediğine, böyle bir niyeti olmadığına inanabilir miyiz? Hele ki ülkenin en önemli hesaplaşmalarından birine sahne olan Ergenekon soruşturmaları ve davalarının üzerindeki en büyük gölgenin, polis ve yargıdaki örgütlenmesi nedeniyle Gülen cemaati olduğunu kimse inkâr edemezken. Ve işte tam da bu nedenle ideolojik hesapları olanların da varolduğunu gerçeğini göz ardı etmeyerek, yaratılan bu korku ikliminden beslenenlerin, bel bağladığı tek umut kapısının darbe yapacak bir ordu olmasının bize anımsattığı tek şey, 'İki ucu pis değnek' sözü oluyor." yazdığı görülmüştür.

DEĞERLENDİRME: Ulusal Medya 2010 sahte dokümanının polis inceleme tutanağındaki altıncı Strateji bölümü ise sanki soruşturmayı yürütenlere dokunulmazlık kazandırmayı hedefliyor. Soruşturmayı yürütenleri "eleştirilemez" kılan suçlamaya örnek gösterilen maddelerden üstteki örnek ise evlere şenlik. Ergenekon ve onunla ilişkilendirilmeye çalışılan uydurma Ulusal Medya 2010 belgesindeki temel suçlama "darbeciliktir". Polisin İnceleme Tutanağı'na aldığı üstteki metin Ahmet Şık'ın görüşlerini açık bir şekilde ortaya koymaktadır. Şık iki ucu pis değneğin bir tarafına darbecileri koymaktadır ve bu onun ideolojik-politik duruşunu çok açık bir şekilde özetlemektedir. Kitabın genelinde darbeci ve darbe özlemi duyanlara eleştirilen Ahmet Şık Ergenekon'a yardım ettiği iddiasıyla aylarca tutuklu kalmıştır.

POLİS İNCELEME TUTANAĞI:

Kitap taslağının 59-120. Sayfaları arasında; Emniyet raporlarından, gazetelerden ve başka yazarların kitaplarından alıntılar yapılarak Emniyet Teşkilatı içerisinde Fethullah GÜLEN Grubunun örgütlendiğine dair iddialara yer verildiği görülmüştür.

DEĞERLENDİRME: Kitabın en uzun ve önemli bölümünün polisin inceleme tutanağında bu şekilde geçiştirilmesi gerçekten çok manidar. Çünkü daha önce de belirtildiği gibi Ahmet Şık'ın kitabının suç delili olarak gösterilen Fethullah Gülen cemaatinin polis içindeki örgütlenmesi daha önce resmi raporlarda anlatıldı. Ahmet

Şık kitapta verdiği bilgilerin tamamını belgelere dayandırmış, belge olmaması halinde tanıklarla konuşmuş ve birkaç kanaldan teyit almıştır. Bu nedenle burada en uzun sayfa aralığının ele alındığı başlığa sadece bir cümle konulması çok anlamlı.

Sonuç olarak polis inceleme tutanağında çok açık bir şekilde Ergenekon operasyonuna inanmamak, bu operasyonu sorgulamak bir suç olarak gösteriliyor. A&G araştırma şirketinin Ergenekon operasyonu konusunda yaptığı bir araştırma katılımcıların yüzde 50'sinin operasyona inanmadığını ortaya koymuştur. Yani böyle bir mantıkla polisin ülkenin yarısını tutuklaması ve Ergenekon'u sulandırmakla suçlaması gerekecektir.

Polis inceleme tutanağında İmamın Ordusu kitabı 6 başlık altında Ulusal Medya 2010 uydurma belgesine dayandırılmaktadır. Tutanağın bu konudaki ilk üç başlığında Ergenekon soruşturmasının AKP-cemaatin muhaliflerine karşı yürütüldüğünü yazmak suça dönüştürülmeye çalışılmaktadır. "Ulusal Medya 2010 belgesinde gazetecilerin bunu yapması talimatı var" denilerek eleştirilerin, düşüncelerin ve kitapların önü kesilmesi hedeflenmektedir.

Dördüncü madde ise yandaş medyayı uydurma belge üzerinden koruma kalkanına alınıyor. Tüm Türkiye'nin tanık olduğu yandaş medya oluşturulması sürecini yazmak Ulusal Medya 2010 word dosyasında var diye bir Ergenekon faaliyetine dönüştürülüyor.

Beşinci maddeye göre ise Ergenekon davalarındaki savunma makamlarının kullandığı argümanlardan bahsetmek yasak. İddia makamının sızdırdığı bilgiler yandaş gazetelerde çarşaf çarşaf manşet olurken bunlara verilen yanıtları haber yapmak ya da kitabına yazmak bir suç polise göre.

Altıncı ve son Ulusal Medya 2010 ile Ahmet Şık'ın kitabını eşleştirme maddesine göre ise soruşturmayı yürütenlerin eleştirilmesi, çelişkilere dikkat çekilmesi, politik etkilerin değerlendirilmesi Ergenekon örgütüne üye olmak ya da yardım etmek için yeterli.

Özetle Odatv'de bulunduğu öne sürülen Ulusal Medya 2010 uydurma belgesi Ergenekon soruşturmasıyla ilgili sansüre polisiye ve hukuki bir kılıf yaratma misyonu taşıyor. Düşünce, basın özgürlüğüne karşı polis, savcılık ve mahkemelerin zırhı oluyor. Bu imzasız, kim tarafından yazıldığı belirsiz belgenin yaratıcıları konusunda ise fazlasıyla ipucu veriyor.

KİTAP TASLAĞINDAKİ NOTLAR:

Yukarıda belirttiğimiz gibi polis inceleme tutanağının önemli bir bölümünü kitaba alınmış notlar oluşturuyor. Tekrar hatırlatmak gerekirse kitapta iki tip not var: Birincisi Ahmet Şık'ın kırmızı ve büyük harflerle aldığı kendi notları, ikincisi; bir haber kaynağına gönderdiği taslakta onun aldığı (*) ile başlayıp parantez içinde devam eden notlar. İnceleme tutanağında Ahmet Şık'ın maddi hataları düzeltmesi için kitap taslağına gönderdiği haber kaynağının aldığı notlar hiç ilgisi olmamasına karşın "talimat", "yönlendirme", "Ergenekon'un müdahalesi" olarak yorumlanıyor. Örneğin haber kaynağının "İbni Erken değil İbni Erkam", "Mehmet Ağar o dönem Emniyet Genel Müdürü değildi", "Yaşar Büyükanıt o dönem Genelkurmay Başkanı değildi, Kara Kuvvetleri Komutanı'ydı" gibi maddi hata düzeltmeleri Ergenekon talimatı ya da yönlendirmesi olarak vurgulanıyor. Haber kaynağının verdiği çoğu bilginin Türkbank ve Telekulak skandalıyla ilgili olmasına karşın Ergenekon müdahalesi değerlendirmesiyle mantık sınırları aşılıyor. Bu tutanaktaki akla ziyan iddialar bir kez *daha "yargılananın gazetecilik"* ve *"suçun; kitap yazmak"* olduğunu açık bir şekilde ortaya koyuyor.

Savcılık iddianamesinde de yer verilen polis inceleme tutanağı gazetecilerin aylardır cezaevinde yatmasına neden olan suçlamaların nasıl bir zihniyetin ve kastın ürünü olduğunun anlaşılmasını sağlıyor. Ahmet Şık'ın kitap taslağında yer alan notları tek tek incelemeden önce savcılıkta taslakta bulunan notlarla ilgili üç soru ve yanıtlarını göz önünde bulundurmamız gerekiyor. İddia makamı şu soruları sormuştur:

* Hazırladığınız bu kitabın özellikle Sabri UZUN ismi ile çıkartılmaya çalışılmasının amacı nedir?

Cevap: Ben Sabri Uzun'la kitap çıkarmaya çalışmadım, aksine Sabri Uzun kitabın içerisinde geçen Emin Aslan gibi öznelerden biridir. Hanefi Avcı, Emin Aslan, Sabri Uzun ve son dönemde görevden alınan bazı Emniyet Müdürlerinin isimleri vardır. Bazılarıyla görüştüm, bazıları da görüşmeyi kabul etmedi.

* oooKITAP.docx isimli word dosyasındaki İmamın Ordusu başlıklı kitap çalışmasının içeriğine bakıldığında, değişik yerlerde kırmızı renkle ve büyük harfle yazılmış çeşitli notların bulunduğu, bu notlar içersinde, "BURADA DGM İDDİANAMESİNDEKİ KASET ÇÖZÜMLERİNİ AYRINTISIYLA GİREBİLİRİZ. BAKACAĞIZ", BURADAN İTİBAREN EMİN ARSLAN OLAYI ARDINDAN MUSTAFA GÜLCÜ VE CELAL UZUNKAYA İLE FARUK ÜNSEL ANLATILACAK", "KİTABIN İLGİLİ BÖLÜMÜNE NURETTİN VEREN OLAYINI DA EKLERSEK FENA OLMAZ UNUTMA" şeklinde notlar yazılı olduğu görülmüştür. Bu notları kimler yazmıştır? Bu notların bulunduğu yerlere yapılacak eklemelerle ilgili ne tür çalışmalar yapıldı? Bu çalışmaları kimler yaptı? Bu konuda siz ne tür çalışmalar yaptınız?

Cevap: Bu notlar kendi kendime çalışırken benim kendime sorduğum sorulardan oluşmaktadır. Ya da konusu kitabın içerisinde geçecek ayrıntılardan oluşmaktadır. Ben yazdığım notları bazen siliyor, bazen de değiştiriyordum. Bu kitabı tamamen tek başıma yazdım. Ben bu konudaki yazıların Soner Yalçın'ın bilgisayarında çıkan haberlerden öğrendim. Bu konuda Star Gazetesi'nde de haber çıkınca oraya da yazılı bilgi notu gönderdim. Bu notlar benim kendi kendime sorduğum sorular ve notlardır. Herhangi birinin yazması ve yazdırması sonucu oluşmuş değildir, kimseden bu konuda talimat almadım. Bu notlar kitabımın 3 ay önceki haliydi. Ben tahminen Soner Yalçın'ın bilgisayarına da bu bilgilerin Aralık ayında yüklendiğini düşünüyorum. Kendileri bunun bir virüs yoluyla gönderildiğini söylüyorlar. Eylül ayında bu kitap bu kadar yol almış değildi.

* Söz konusu notlar arasında, "TURGUT ÖZAL ZAMANINDA BAZI YASAL DEĞİŞİKLİKLER YAPILMIŞTI. EMNİYETTE BİR TAKIM YAPISAL DEĞİŞİKLİKLERE GİDİLEN BU YASALAR VE DÜZENLEMELERLE İLGİLİ AMAÇ ASKERE KARŞI DAHNA GÜÇLÜ DURACAK SİLAHLI BİR GÜÇ OLAN POLİS TEŞKİLATI YARATMAKTI. SONRA 1995-96 ÇİLLER ZAMANINDA BU DÜZENLEMELER GENİŞLETİLMEK İSTENDİ. HATTA AĞIR SİLAHLAR ALINACAKTI EMNİYETE AMA ORDU KARYI ÇIKTI, HÜKÜMETİ HİZAYA GETİRDİ!!! BU ÇERÇEVEDE AKP ZAMANINDA BU VE BENZERİ MİNVALDE YAPILMIŞ YASAL DÜZENLEME OLMUŞ MU BAKALIM" şeklinde notlar olduğu sizinde söz konusu kitabın hazırlanması aşamasında Oda Tv'ye yönelik yapılan operasyonların ardından kitabını basımını hızlandırmaya çalıştığınız ve söz konusu nottaki bölümleri tamamlamak için faaliyetler yürüttüğünüz anlaşılmıştır.

01.03.2011 günü saat:13.19'da Ahmet ŞIK ile Hasan ÖZDEMİR'in yaptığı telefon görüşmesinde özetle; A. ŞIK'ın "Hasan bey bir ricam olacak daha doğrusu bir yardıma ihtiyacım olacak bir kitap hazırlıyorum da bu kitabın içerisinde bu son silah yasa tasarısını da anlatan bir bölüm de mevcut... Sizin de muhalefet şerhiniz vardı o yasaya ilişkin basına da bir buçuk yıl önce polise ağır silah alma yetkisi tanıyor diye eleştirisel bir biçimde yansımıştı ama sonradan bazı gazetelerde aslında polisin zaten emniyetin bu tür silah alma yetkisinin bulunduğuna ilişkin bir takım haberler yayınlandı... Siz eski bir emniyetçisiniz acaba yasa gerçekten eleştirildiği gibi polise yeni ağır silah alma yetkisi tanıyor mu tanımıyor mu benimde kafam karıştı" dediği, H.ÖZDEMİR'in de özetle; "İçişleri komisyonunda onun daha ölçülmesi lazım yani daha taslak halinde... Şu anda bir şey söylememiz size çok büyük bir şey getirmeyecek yani... değil" dediği anlaşılmıştır.

Bu görüşmeye bakıldığında kitaba eklenmesi planlanan konularla ilgili çalışma yaptığınız ve bilgi almaya çalıştığınız anlaşılmıştır. Bu konularla ilgili çalışma yapmanızı kim yada kimler söyledi? Bu çalışmaları kimlerle birlikte yaptınız?

Cevap: Yukarıdaki notlar benim kitabımla alakalı notlardır, bu notlar da yine benim yazdığım notlardır, bu notlarda Aralık ayma ait notlar olabilir. Kitabımda yer vermek istediğim konulardan biri de buydu. Görüşmemle alakalı MHP Milletvekili Eski Emniyet Müdürü Hasan Özdemir'in silah tasarısı kanunuyla alakalı bir muhalefetini gördüm. Bu konuyu en iyi onun bilebileceğini düşündüğümden bu konuda bilgi alma amacıyla bir soru sordum, ancak yeterli cevabı alamadım.

DEĞERLENDİRME: Ahmet Şık'ın kitap taslağında iki tip not vardır. Şık kitaba büyük ve kırmızı harflerle unutmamak için kendi notlarını almıştır. İkinci tip not ise Ahmet Şık'ın maddi hataların düzeltilmesi için haber kaynağına gönderdiği kitap taslağına haber kaynağınca düşülenlerdir. Bu konudaki notlar (*) ile başlayarak küçük harflerle parantez içinde düşülmüştür. Savcılık sorgusunda görüldüğü gibi Ahmet Şık'a savcılık tarafından kitap taslağında yer alan sadece 2 not sorulmuştur. Bu notların ikisi de büyük ve kırmızı harflerle Ahmet Şık tarafından yazılmış notlardır. Hatırlatma ve planlama amacıyla yazıldığı da son derece açıktır. (*) ile başlayan ve parantez içindeki haber kaynağı notları savcılık ve mahkeme tarafından Ahmet Şık'a sorulmamıştır. Ancak Ahmet Şık'ın tutuklanmasının ardından ona sorulmayan (*) ile başlayan notlar gazetelerde yer almıştır. Ahmet Şık'a sadece iki notun sorulmasına karşın bütün notları sahiplenmiş gibi kamuoyunda bir algı yaratılmaya çalışılmıştır. Ahmet Şık bunun üzerine cezaevinden mektupla yapılan ve Ekspres dergisinde Nisan 2011'de yayımlanan röportajda buna açıklık getirmiştir:

"Taslaktaki notların Ergenekon'un notları olduğu, senin ise savcılık sorgunda notların hepsini sahiplendiğin iddia ediliyor. Bu konuda ne diyorsun?

Savcılıkta bana "bu notlar sana mı ait" diye sorularak sadece iki-üç cümle okundu. Onlar aynen benim notlarımdı. Bana başka not okunmadı. Bana okunmayan bir şeyi sahiplenmemin mümkün olmadığı ortada. Bilgim ve rızam dışında Odatv'ye gönderilen ya da oradaki bilgisayara *"konulan"* nüshada yer alan notlar savcı ya da hâkim tarafından bana sorulmadı. Bunları şimdi, tutuklanmamdan üç hafta sonra, gazetelerde görüyorum. Savcılıkta bunlar bana sorulsaydı vereceğim cevabı şimdi size veriyorum: O notlar haber kaynaklarımdan birinin, bana aktardığı bilgileri çek etmesi için kendisine verdiğim nüsha üzerine aldığı notlardır. Bir röportajın muhabir tarafından muhatabına kontrol ettirilmesinden hiçbir farkı yoktur. Kitabımın taslağı üzerinden bana metnin ilgili bölümüne işlenerek gönderilen görüş ve önerilere tümüyle kitapta yer vereceğimi nasıl söyleyebilirler? Not olarak gönderilmiş öneriler ve görüşleri zaten kabul etmem, benimsemem mümkün değildi. Ama, tarih yanlışları vb. maddî hataları, hakaret teşkil edebilecek kısımları düzeltecektim. Demin de söyledim, yineleyeceğim: Bu notlardan sadece kitabın dokusuna, yani gazetecilik faaliyetime uygun olanları dikkate aldım, kişisel görüş içeren notları ise kullanmadım. Kitap ortaya çıktığında bu durum kendiliğinden ortaya çıkacaktır. Kaynaklarımın kimler olduğunu ise basın meslek kurallarına riayet ederek saklayacağım."

Ahmet Şık röportajında "Kitap ortaya çıktığında gerçeklerin kendiliğinden ortaya çıkacağını" söylemiştir. Şık'ın kitap taslağının yasaklanmasından sonra internette yayınlanan metin bunun kanıtıdır. Ayrıca kitabın yayınlanmasına bile gerek yoktur çünkü haber kaynağının düştüğü notların çoğunluğunun içeriği de bunu ortaya koymaya yetiyor.

Biz ilk etapta 49 sayfalık polis tutanağında "Oda TV'de ele geçirilen kitap taslağında bulunmayıp, sadece Ahmet Şık'ta ele geçirilen kitap taslağında bulunan notlar" başlığı altındaki maddeleri inceleyeceğiz. Ayrıca diğer bölümlere konulan (*) ile başlayan ve haber kaynağınca parantez içinde yazılmış, diğer bölümlerdeki notlarla ilgili polisin akılmaz iddialarına da değineceğiz. Yöntemimiz önce polisin inceleme tutanağındaki iddialar ardından bu konuda yapılan değerlendirmelerimiz şeklinde devam edecek.

1-) POLİS İNCELEME TUTANAĞI: Kitap taslağının 85. Sayfasında; "...O dönemde cemaatçi bir yapının içinde örgütlü olmaktan çok sadece inanç sahibi oldukları için soruşturulan u personeli 'koruyan' Sabri Uzun yıllar sonra, 'Bu adamların ne olduğunu o günlerde görememişim çok pişmanım' diyecekti (*Bu adamların, o tarihte sadece görevleriyle ilgilendim; hiçbir personelimi inançlarına göre tasnif ederek, cezalandırma yöntemini seçmedim)." yazdığı görülmüştür. Söz konusu notun içeriğinden, bu notu yazan kişinin Sabri UZUN olduğu anlaşılmıştır.

DEĞERLENDİRME: Ahmet Şık yukarıda alıntılandığı gibi savcılığın "Hazırladığınız bu kitabın özellikle Sabri UZUN ismi ile çıkartılmaya çalışılmasının amacı nedir?" sorusu üzerine görevden alınan emniyet müdürlerinin bazılarıyla görüştüğünü, bazılarının görüşmeyi kabul etmediğini belirtmiştir. Yıllarca emniyet müdürlüğünde görev yapmış, altı yıl boyunca İstihbarat Daire Başkanlığı yapmış bir kişinin bu konudaki değerlendirilmesinin alıntılanması gazetecilik ve kitap çalışması için önem arz eder. Bunun bir talimat olarak algılanması kesinlikle saptırmadır, bu haber kaynağının bir maddi hata düzeltmesidir.

2-) POLİS İNCELEME TUTANAĞI: Kitap taslağının 88. Sayfasında; "İstihbarat Dairesi'nde görev yapan (HABER ALMA ŞUBESİ'NDE EMNİYET AMİRİ OLARAK GÖREV YAPAN) tanıdık isimlerden birisi Hanefi Avcı'nın kitabında Fethullah cemaatinin komplosuyla mesleğinden olan ve o dönem Daire Başkan Yardımcısı olan Mustafa Gülcü'ydü." yazdığı görülmüştür.

Metin içersindeki söz konusu notun içeriğine bakıldığında, Emniyet İstihbarat Daire Başkanlığını çok iyi bilen bir emniyet mensubu tarafından yazıldığı anlaşılmıştır.

DEĞERLENDİRME: Kırmızı renkte ve büyük harfli bu not Ahmet Şık tarafından alınmıştır. Ana konusu Emniyet içindeki cemaat örgütlenmesi olan bir kitapta, Emniyette görev alan kişilerin mevkilerini araştırmak bir gazeteci için zorunluluktur. Ahmet Şık'ın da kitabında bu konuları değerlendirmesi kadar doğal ne olabilir. Üstelik polis inceleme tutanağındaki bu bilginin İstihbarat Daire Başkanlığı'nı çok iyi bilen bir emniyet mensubu tarafından verildiği iddiasının bir suç isnadı gibi sunulması trajikomiktir. Gazetelerde yer alan pek çok haberin kaynağı zaten emniyet mensuplarından alınan bilgilerdir. Bu yazıyı okuduğunuz gün bütün gazeteleri elinize alın, hepsinde kaynağı emniyet mensubu olan birçok haber göreceksiniz. Bunun için Emniyet müdürlüklerinde basın odaları vardır ve burada polis muhabirleri sürekli olarak polis müdürlerini ziyaret ederek kaynak göstermeden yazacağı bilgiler toplar. Ayrıca Mustafa Gülcü'nün Haber Alma Şubesi'nde Emniyet Amiri olması gizli bir bilgi değildir. Ayrıca Şık savcılık sorgusunda kitabını hazırlarken emniyette uzun yıllar görev yapmış isimlerle görüşmeler yaptığını zaten belirtmiştir. Bunun gazetecinin haber alma çabası olduğunu ayrıca savcılık sorgusunda okunan eski İstanbul Emniyet Müdürü Hasan Özdemir ile yapılan görüşmede açıkça ortaya koymaktadır. Bu Ahmet Şık'ın kendi notudur.

3-) POLİS İNCELEME TUTANAĞI: Kitap taslağının 88-89. Sayfasında; "İlk çatlak yaşanıyor" başlığı altında; "Saçan, baş komiseri Ramazan Akyürek mevlitle ilgili teslim ettiği izleme raporunu işleme koymaması üzerine raporunu bu kez de Şube Müdürü (DAİRE BAŞKAN YARDIMCISI MI YOKSA) olan Mustafa Gülcü'ye verdi. Böylece İstihbarat Dairesi'ndeki ilk çatlak ortaya çıkmış oldu." şeklinde yazılan notla araştırılıp kitap taslağının düzeltilmesi istendiği görülmüştür.

DEĞERLENDİRME: Polis bu notun yazar tarafından değil de bir başkasınca alındığını nereden çıkartmaktadır? Dayanağı nedir? Anlamak mümkün değildir. Bu bölümde Ahmet Şık kaynak gösterdiği gibi Saygı Öztürk'ün "Okyanus Ötesi'ndeki Vaiz" kitabından yararlanmıştır. Gazetecilik kitabı yazan pek çok kişi aklına takılan soruları veya daha sonra ekleyeceği bölümleri bu şekilde ilgili bölümün olduğu yere not alır ki unutmasın. Bu Ahmet Şık'ın kendi notudur.

4-) POLİS İNCELEME TUTANAĞI: Kitap taslağının 110-111-112. Sayfasında; "28 Şubat'ın yanında saf tutması yetmedi" başlığı altında; "Son yayınlarla inceleme ve soruşturmaya neden olduğu anlaşılan bu örgütlenmenin veya tarikatın oluşumunun nasıl olduğu, kimler tarafından yürütüldüğü, teşkilatımıza sızmaların nasıl gerçekleştirildiği hususları hakkında geniş çaplı araştırma için (* İstihbarat Daire Başkanlığı, Ankara Emniyet Müdürlüğü'nden tahkikat yaparak bilgi vermesini istiyor; Ankara Emniyet Müdürlüğü de bir tür bahane uydurarak, ek bilgi adı altında, ipe un seriyor savsaklıyor) ek bilgilere ihtiyaç duyulmaktadır." yazdığı görülmüştür.

DEĞERLENDİRME: Ahmet Şık kitabında Emniyet'in kendi içinde hazırladığı Fethullah Gülen cemaatinin örgütlenmesine dair soruşturmalardan faydalandı. Emniyet içindeki cemaat örgütlenmesiyle ilgili soruşturmalardan biri Ankara Emniyet Müdürü Cevdet Saral'ın 1999 tarihinde hazırladığı rapordu. Şık burada raporları alarak bunları kitabın sayfalarına koymakla yetinmeyerek raporların hazırlandığı dönemleri irdeledi ve o döneme tanık olan kişilerin görüşlerini de almaya çalıştı. Yukarıda alıntılandığı gibi Ahmet Şık haber kaynaklarına kitabını gönderdiğini ve maddi hataların düzeltilmesi ve emniyet içindeki isimlerle görüşerek bilgiler toplamaya çalıştığını Nisan 2011 tarihinde Ekspres dergisinde yayımlanan röportajında ifade etmiştir.

Bu kapsamda Saral'ın raporuna dair haber kaynağının tespitlerini almayı bir yönlendirme olarak görmeyi suç isnat etmek mümkün değildir. Kaldı ki polisin fezlekesinde Ahmet Şık'ın sahte bir belge olan Ulusal Medya Planı 2010'a göre hareket ettiği öne sürülmüştür. Kaynağı belirsiz bu metinde "Medya gücünü etkin bir şekilde kullanan AKP ve cemaate karşı ulusal medya topyekûn harekete geçirilmeli ve komploları boşa çıkaracak propaganda ve kara propaganda unsurları etkili bir şekilde kullanılmalıdır" yazdığı polis tarafından sıklıkla vurgulanmaktadır. Ahmet Şık ise burada Saral ve ekibinin hazırladığı Fethullah Gülen soruşturmasında gerçekdışı bilgilerin kişisel hesaplaşmalar nedeniyle yer aldığını anlatmaktadır. Şık'ın bahsedildiği gibi bir amacı olsa bu raporu sorgulamayacağı ve gerçek kabul ederek kitabında yer vereceği açıktır. Ama bunu yapmamaktadır. Çünkü sadece gerçekleri araştıran bir gazetecidir. Burada yapılan gazetecinin dönemin tanığından bilgi almasıdır.

5-) POLİS İNCELEME TUTANAĞI: Kitap taslağının 110-111-112. sayfasının devamında; "Yayınlanan raporlardan ve F. Gülen'le ilgili yazılan kitaplardan ilk anda elde edilen değerlendirmeler ve teyide muhtaç diğer kaynaklardan derlenen bilgiler ışığında ilk elde edilen kanaat bu grubun örgütlenme tarzının, yatay ve dikey şekilde olduğu ve yapılanmanın genelde açık ancak 'hedefin' gizlilik taşıdığı anlaşılmaktadır. Buna göre, söz konusu örgütlenmenin:

-İdeolojik ve felsefi yapısı
-Örgütlenme modeli
-Taktik ve stratejisi
-Finans kaynakları
-Hedefin netleştirilmesi

hususlarındaki bilgilerin derlenmesi çalışmaları ile işe başlamanın lüzumlu olduğu kıymetlendirilmektedir. (*Ankara Emniyet Müdürlüğü çalışma yapıp bilgi göndermek yerine, çalışmanın nasıl yapılması gerektiğinin metodunu anlatıyor, savsaklıyor)" yazdığı görülmüştür.

Yine metnin devamında; "Bütün bu bilgilerin derlenmesinde öncelikle açık kaynaklar ciddi şekilde irdelenmeli, söz konusu kişi ve hareket hakkında bilgiler analiz edilmeli; kendi söylemlerinden yola çıkılarak önce kişinin tanımlanması daha sonra "hareketi veya tarikatı" netleştirilerek gerçek hedefinin ne olduğu aydınlığa kavuşturulmalıdır noktasından hareketle ilimizce gerekli çalışma ve incelemeler başlatılmış olup konu hakkında mezkûr örgütlenmenin ülke genelinde yapısını deşifre edecek çalışmaların İDB meyanında tüm iller kapsamında oluşturulacak 'Planlı İstihbarat Operasyonu' kapsamında ele alınmasının yerinde olacağı hususunda, bilgi ve gereğini arz ederim. (*Not:İstihbarat Daire Başkanlığı İllerden gelecek bilgiler arasında, birbirleriyle örgütsel bağlılık görürse, o illeri veya ülke sathını kapsayan operasyonlar başlatır; yapar. Ancak, önce illerden bilgiler gelmeli ki, İstihbarat Daire Başkanı da, o bilgileri gerekçe göstererek, Emniyet Genel Müdürü'nden operasyon onayı almalıdır. Ankara Emniyet Müdürü, bir anlamda 'Ben İstihbarat Dairesi'ne ön bilgi vermeden, hiçbir gerekçesi olmadan, siz, Genel Müdür'den ülke genelinde operasyon onayı alın' demektedir; görevden kaçmak, kaytarmak, ipe un sermek diye de tanımlanabilir)" yazdığı görülmüştür.

DEĞERLENDİRME: Burada haber kaynağınca eklenen notlar raporun bir analizi mahiyetindedir. Yukarıda belirtildiği gibi raporu haber kaynağının değerlendirmesini sağlamak bir suç değil aksine titiz bir gazetecilik çalışmasıdır. Nitekim kitabın devamında Ahmet Şık Cevdet Saral ve ekibinin Fethullah Gülen cemaati hakkındaki soruşturmasının nasıl kişisel hesaplar ve Telekulak skandalından bir kurtuluş yolu olarak görüldüğü, akamete uğratıldığını detaylı bir şekilde kaleme almıştır. Hatta bu rapor konusunda Şık'ın yazdıkları sadece gerçeğin peşinde bir gazetecilik faaliyeti olduğunu çok açık şekilde ortaya koyuyor. Raporun Fethullah Gülen cemaatinin polisteki örgütlenmesine dair iddialarına gözü kapalı inanmak yerine bu iddiaların kişisel hesaplaşma şüphesi olan bölümlerini değerlendirerek okura sunuyor. Bu not dönemin tanığından bilgi almaktır, yani gazeteciliğin temel kuralıdır.

6-) POLİS İNCELEME TUTANAĞI: Kitap taslağının 113-114. Sayfasında; "Işık

Evi'ndeki askeri öğrenciler" başlığı altında; "...Bu öğrencilere maddi imkânlar da sağlayarak kendilerine bağlamışlardır" yorumuyla yer verilen ifadeler şöyleydi: (*Bu konu yukarıdaki bölümlerde de anlatılmıştı, tekrar edilmiş olmuyor mu? Kontrolü gerekir. Ancak, dipnot kısmındaki bilgiler de bakılsın)" yazdığı görülmüştür.

DEĞERLENDİRME: Bu metnin devamında askeri öğrencilerin, iddianamede de yer alan ifadeleri detaylı bir şekilde yer almaktadır. Burada da haber kaynağı bir bilgi iletmeksizin sadece bir tekrar uyarısı yapmaktadır. Bunun bir talimat olarak algılanması polis inceleme tutanağındaki çarpıklığı ortaya koymaktadır. Bu not bir tekrar uyarısıdır.

7-) POLİS İNCELEME TUTANAĞI: Kitap taslağının 115-116. sayfasında; "Ankara Emniyetinde illigal dinleme merkezi" başlığı altında; "Cevdet Saral, 1997 yılında dönemin Başbakanı Mesut Yılmaz tarafından göreve getirilmişti. (*İsth.Da. Bşk.ndan ARTVİN'e tayin edilmiş olan O.AK'ın henüz ilişiği kesilmediğinden, Sabri UZUN tarafından, tayini iptal edilerek, Ankara Emniyet Müdür Yardımcısı vekili olarak, Ağustos 1997'de Bakan M.BAŞESGİOĞLU'ndan onay alınmıştır. Bu işlemde belirleyici olan Sabri UZUN olmuştur.)" yazdığı görülmüştür.

DEĞERLENDİRME: Kitabın kopyasının haber kaynağına gönderilmesinin amacı burada açık bir şekilde anlaşılmaktadır. Ahmet Şık ifade ettiği gibi amaç detaylı bilgi edinmek ve yanlış verilerin olmamasıdır. Burada da düşülen not tamamen teknik bir bilgidir. Polisin iddia ettiği gibi bu bir talimat ya da yönlendirme ise amacı ne olabilir ki? Bu not bir hata düzeltmesidir.

8-) POLİS İNCELEME TUTANAĞI: Kitap taslağının 115-116. sayfalarının devamında; "Saral, il emniyet müdür olduktan sonra kendisi gibi Trabzon Oflu olan Osman Ak'ı da, Artvin'den getirtti Üçüncü sınıf emniyet müdürü olan Osman Ak, sadece 2. sınıf emniyet müdürlerinin atanabildiği İstihbarattan Sorumlu Ankara Emniyet Müdür Yardımcısı Vekilliğine İçişleri Bakanı oluruyla getirilmişti. (*İl İstihbarat Şube Müdürlüklerinde kurulacak dinleme merkezlerinin kuruluşu, Daire Başkanlığı'nın onayı ile yapılacaktı, keyfilik olmayacaktı. Ancak C.SARAL'ın Başbakanlıktan sağladığı ödenekle, Daire Başkanlığı'nın bilgisi ve onayı olmadan, Ankara Emniyet Müdürlüğü'nün 8. katında, gizli bir başka dinleme odası kurdukları ortaya çıktı)" yazdığı görülmüştür.

DEĞERLENDİRME: Burada da amacın Cevdet Saral ve Osman Ak tarafından hazırlanan raporun irdelenmesi olduğu açık bir şekilde anlaşılmaktadır. Haber kaynağından alınan bilgi kitabın içine yerleştirilmiştir. Bir dinleme merkezi kurulmasının prosedürü ve Saral ve ekibinin bu prosedürün dışına çıktığına yönelik bilgi hiçbir yönlendirme amacı zaten taşıyamaz. Kitabı yazan gazetecinin daha önce de kamuoyunun gündemine gelmiş bilgiyi derinleştirmesidir. Burada yapılan gazetecinin dönemin tanığından bilgi almasıdır.

9-) POLİS İNCELEME TUTANAĞI: Kitap taslağının 115-116. sayfalarının devamında; "... Osman Ak'ın bu hayalini gerçekleştirmesinde yardımcı olacak İstanbul polisindeki köstebeği ise (*Köstebek sözü size tazminat getirebilir derim) Narkotik Şube Müdürü Ferruh Tankuş'tu." yazdığı görülmüştür.

DEĞERLENDİRME: Yine çok açıkça göründüğü gibi burada bir yönlendirme değil bir öneri vardır. Burada üsluptan da gayet net anlaşıldığı gibi haber kaynağıyla Ahmet Şık arasındaki mesafe gazetecilik sınırları içindedir. Notu düşen kişi 'Size tazminat getirebilir' diyerek kitabın hazırlanması aşamasındaki uzaklığını da ortaya koyuyor. Oysa polis inceleme tutanağında bu notların talimat olduğu, kitabın başkalarınca Ahmet Şık'a yazdırıldığı öne sürülüyor. Bu not hukuki bir tavsiyedir.

10-) POLİS İNCELEME TUTANAĞI: Kitap taslağının 125-126. sayfasında; "Hanefi Avcı'nın Fethullahçı oluşu" başlığı altında; "...1997'de Necdet Menzir, Tansu Çiller'in DYP'sinden milletvekili olarak TBMM'ye girmesiyle boşalan İstanbul Emniyet Müdürlüğü görevine atanan Orhan Taşanlar (*kendisiyle çalışmak istememesi söz konusu değildir, yanlış yazılmış) kendisiyle çalışmak istemeyince Hanefi Avcı'ya Ankara'nın yolu göründü" yazdığı görülmüştür. Bu metnin son kısmında parantez içersinde belirtilen (*kendisiyle çalışmak istememesi söz konusu değildir, yanlış yazılmış) şeklinde yazılan notlarla, bu notun Ahmet ŞIK dışında başka bir kişi tarafından yazılmış olduğunu, hatta bu notu yazan kişinin bir emniyet mensubu olabileceği anlaşılmıştır.

DEĞERLENDİRME: Bu metin bir kez daha Ahmet Şık'ın haber kaynağı ile kurduğu bağlantının kitaptaki olası hataları engellemek olduğunu kanıtlamaktadır. Şık'ın haber kaynağı dönemin İstanbul Emniyet Müdürü Orhan Taşanlar'ın Hanefi Avcı'yla çalışmak istemediğine yönelik bilginin yanlış olduğunu vurgulamış ve bu maddi hatta yazar tarafından düzeltilmiştir. Bu kitap taslağının haber kaynağına gönderilmesinin amacını da bu düzeltme açık bir şekilde ortaya koymaktadır. Polis inceleme tutanağındaki 'Bu notun Ahmet Şık dışında başka bir kişi tarafından yazılmış olduğunu, hatta bu notu yazan kişinin bir emniyet mensubu olabileceği anlaşılmıştır' ibaresi bir suç gibi sunulmuştur. Ama bu raporda bıkmadan tekrarlanacağı üzere gazetecilik çalışması yapan bir gazetecinin metinlerini haber kaynaklarına göndermesinden ve onlardan hatalar var ise bunlarla ilgili fikirlerini istemesinden, yeni bilgiler almaya çalışmasından daha doğal bir şey yoktur. Bu not bir hata düzeltmesidir.

11-) POLİS İNCELEME TUTANAĞI: Kitap taslağının 127. sayfasında; "Saral ve Ak ekibinin hazırladığı listeler her haliyle kişisel hesaplaşma kokuyordu... Bir gün 80 ertesi 120 kişinin adı yer alan listelerdeki Emniyet personelinin sayısı 528'e kadar çıkmıştı. (*Yazdıklarınız doğru, ekleyecek veya çıkartacak bir şey yok. Raporlar düzmece olduğundan, rakamlar devamlı değişiyordu, inanılırlığı yoktu. Doğal olarak sizin de okuyucunuzun da kafası karışacaktır. Yalan raporun hangi doğrusunu bulup da okuyucunuza aktaracaksınız?)" yazdığı görülmüştür. Dolayısıyla parantez içersinde yazılı notlardan bu kitap çalışmasını Ahmet ŞIK ile birlikte yapan muhtemelen emniyet mensubu olduğu değerlendirilen kişi tarafından bu notların yazıldığı ve çalışmaların yönlendirildiği anlaşılmıştır.

DEĞERLENDİRME: Polis inceleme tutanağına paragrafın önceki iki cümlesi konulmamıştır. Bu iki cümlede şöyle denilmektedir: "Saral'ların yaptığı çalışma ve Fethullahçı oldukları öne sürülen isim listeleri o dönemin 'İrtica Avcıları'gibi çalışan Çevik Bir'in kurdurttuğu Batı Çalışma Grubu'na gönderilmişti. Oradan da bir üst yazı eklenip Başbakanlık Sivil Takip Kurulu'na gönderilen rapor 'gereğinin yapılması için' Emniyet Genel Müdürlüğü üzerinden kaynağı olan Ankara Emniyet Müdürlüğü'ne kadar geldi."

Buradan anlaşılacağı –ki kitabın bütünü incelendiğinde bu çok daha net bir şekilde görülecektir- üzere Ahmet Şık askeri darbelere karşı net tutumunu ortaya koymuştur. Askeri darbelere ve darbe özlemi duyanlara eleştirilerini ifade etmiştir. Ancak polis tutanağına Ahmet Şık'a yöneltilen suçlamaların en basit tabirle saçmalığını gözler önüne serecek kitaptaki kısımları koymamaya özen göstermiştir.

Ayrıca diğer maddelerde de Cevdet Saral ve ekibinin cemaat soruşturmasıyla ilgili kitapta yer alan bölümlerde bu soruşturmanın tutarsızlıklarının altı çizilmiş ve bu bölümle bir nevi nokta koyulmaktadır. Sahte bir belge olan Ulusal Medya Planı 2010'daki ifadelerle Saral soruşturmasının zaaflarını ortaya koymanın ne gibi bir bağlantısı olabilir? Eğer o sahte belgede anlatıldığı gibi bir amaç olsa bu soruşturmanın ne kadar doğru olduğu ve Cevdet Saral ile ekibinin cemaati soruşturdukları için görevlerinden uzaklaştırıldıkları anlatılırdı. Saral ve ekibi de zaten bunu iddia etmektedir.

Ayrıca burada yer alan (*Yazdıklarınız doğru eklenecek ya da çıkartılacak bir şey yok. Raporlar düzmece olduğundan, rakamlar devamlı değişiyordu, inanılırlığı yoktu. Doğal olarak sizin de okuyucunuzun da kafası karışacaktır. Yalan raporun hangi doğrusunu bulup da okuyucunuza aktaracaksınız?) İfadesi söze yer bırakmayacak kadar açıktır ve kitap taslağının döneme tanık bir haber kaynağının maddi hataları düzeltmesi için gönderildiğini açıkça ortaya koymaktadır. Polis inceleme tutanağında bu bölümün altına konulan 'Çalışmaların yönlendirildiği anlaşılmıştır' ifadesinin mantıksızlığı karşısında kelimeler tükenmektedir. Çünkü haber kaynağı zaten 'okuyucunuza' diyerek sadece buradaki dönem tanıklığından faydalanıldığını ortaya koymuştur. Polisin kurduğu komplo teorisinde bile bu haber kaynağının Saral'ın soruşturmasının bu zaaflarını ortaya koyması hiçbir yere oturmamaktadır. Bu not bilgilerin doğruluğunun teyit etmektedir.

12-) POLİS İNCELEME TUTANAĞI: Kitap taslağının 127. sayfasındaki bu notlardan sonra metnin devamında; "Kamuoyunun yakından tanıdığı, başarılı operasyonlara da imza atmış Susurluk'un en çok konuşan istihbaratçısı Hanefi Avcı, eski istihbaratçı Bülent Orakoğlu (*O listede B.ORAKOĞLU yoktu yanlış yazılmış düzeltiniz) İstanbul KOMla Şube Müdürü Adil Serdar Saçan yine İstanbul Asayiş Şubesi Cinayet Büro Amiri Şentürk Demiral gibi isimlerin de listelerde Fethullahçı suçlamasıyla yer alması hem kafa karışıklığı yaratmış, hem de yapılan çalışmanın itibarına büyük darbe vurmuştu" yazdığı görülmüştür. Metin içersindeki bu not, taslağı hazırlayan şahsa bir başka şahıs tarafından yönlendirmede bulunulduğunu, yönlendirmede bulunan şahsında emniyet teşkilatını ve Hanefi AVCI'yı çok iyi tanıdığını göstermektedir.

DEĞERLENDİRME: Bu bölüm bir kez daha kitap taslağının gönderilme amacını ortaya koyuyor. Aynı yazar Ahmet Şık'ın açıkladığı gibi haber kaynağı metindeki maddi bir hatayı belirtiyor ve Şık bu yanlışı kitaptaki ilgili bölümden çıkartıyor. Polisin bunu bir yönlendirme olarak algılaması ise soruşturmanın nasıl bir mantıkla yapıldığını gözler önüne seriyor. Bu bir hata düzeltmesidir.

13-) POLİS İNCELEME TUTANAĞI: Kitap taslağının 130-131. sayfasında; "... cemaatçiliği halkın gözünde meşru hale de getirmiş olursun ve bu yapıldı. (*Osman AK'ın hırsı, kendilerinin yaptığı telekulak yolsuzluğunu kapatmak için savunma içgüdüsü, Fethullah GÜLEN cemaatinin kamuoyunda itibar kazanmasına sebep oldu. Bu yüzden, Gülen cemaatine en büyük hizmeti Osman Ak ve ekibi yapmıştır.)" yazdığı görülmüştür. Metnin sonundaki notun içeriğinden, söz konusu notu kitap çalışmasını yapan kişinin dışında başka bir kişinin yazdığı ve yönlendirmede bulunduğu anlaşılmaktadır.

DEĞERLENDİRME: Haber kaynağı tanıklığını ortaya koymakta ve yazar kitabında buna yer vermektedir. Gazetecilik kitaplarının hepsinde ve gazetelerdeki haberlerde haber kaynaklarının sözleriyle haber yazılmakta, sözleri tırnak içinde ya da haber olarak kullanılmaktadır. Bu not gazeteciliğin temeli olan haber kaynağından bilgi almaktır.

14-) POLİS İNCELEME TUTANAĞI: Kitap taslağının 131. Sayfasında; "Mümkün olmaması halinde mevcut bürokrat ya da siyasetçilere hoş görünmek suretiyle kendi tabirleri ile 'Kullanabildiği sürece ya da sana zarar vermeyecekse istifade et' taktiği ile yönetim kademelerini kontrol altında tutmaya çalışmaktadırlar. (* Bu paragraf, daha önceki bölümlerde de yazılı olduğundan, ya hep çıkart, ya da özet alıntı yap)" yazdığı görülmüştür. Metnin sonundaki notun içeriğinden, söz konusu notu kitap çalışmasını yapan kişinin dışında başka bir kişinin yazdığı ve yönlendirmede bulunduğu anlaşılmaktadır.

DEĞERLENDİRME: Bu bölüm Ankara Emniyet Müdürü Cevdet Saral'ın 1999 tarihli polis fezlekesinden alınmış bir bölümdür. Burada haber kaynağının önerisi kendisinden istenen maddi hataları düzeltme talebini aşmıştır. Nitekim Ahmet Şık bu notu dikkate almayarak kitabın internette yayınlanan son halinde ilgili paragrafı aynen kullanmıştır. Bu yazar tarafından dikkate alınmayan bir nottur.

15-) POLİS İNCELEME TUTANAĞI: Kitap taslağının 131-132. sayfasında; "Işık Tarikatı olarak adlandırdığımız Fethullah örgütlenmesinin yol göstericilik ve irşad edicilik şeklinde tanımlanan yapısının dışında; Fethullah Gülen'in kendi deyimi ile 'Dava adamı ne muzafferiyetinde, ne de mağlubiyetinde tavrını değiştirmez... Her yüce davada, yerinde sebat edip cepheyi koruma bir yiğitlik nişanesidir' tarzındaki karakter telkini ile 'İbni Erkanı (Işık) evlerinde (*İbni Erken değil de, İbni Erkam olabilir, peygamberimizin sehabelerinden birinin adı diye duymuştum, internetten bakıp, doğru olanı bulabilirsiniz)" yazdığı görülmüştür. Metnin sonundaki notun içeriğinden, söz konusu notu kitap çalışmasını yapan kişinin dışında başka bir kişinin yazdığı ve yönlendirmede bulunduğu anlaşılmaktadır.

DEĞERLENDİRME: Metinde internetten bakma önerisiyle yapılan bir tashihi yönlendirme olarak sunmanın soruşturmanın ciddiyetsizliğini ortaya koyduğu aşikârdır. Nitekim Ahmet Şık internetten bakarak isim yanlışlığını düzeltmiştir. Bunu bir yönlendirme olarak sadece bu tutanağı yazanlar tasavvur edebilir. Bu not bir maddi hata düzeltmesidir.

16-) POLİS İNCELEME TUTANAĞI: Kitap taslağının 139. sayfasında; "Işık Tarikatı illegal örgütlenmesi ile ilgili Emniyet Müdürlüğümüzce hazırlanan rapor tetkik ve gereği yapılmak üzere ekte gönderilmiştir. Gereğini arz ederim. (*Arz eden makam sahibinin adını ve unvanını yazmak gerekir diye düşünürüm)" yazdığı görülmüştür. Metnin sonundaki notun içeriğinden, söz konusu notu kitap çalışmasını yapan kişinin dışında başka bir kişinin yazdığı ve yönlendirmede bulunduğu anlaşılmaktadır.

DEĞERLENDİRME: Haber kaynağı bu konudaki düşüncesini aktarmıştır. Ancak fezlekeyi yazan kişi ve makamı zaten metnin başında belirtilmiştir. Muhtemelen Ahmet Şık bu nedenle arz eden makam sahibinin adı ve unvanını tekrar belirtmeye gerek duymamıştır. Bu yazar tarafından dikkate alınmayan bir nottur.

17-) POLİS İNCELEME TUTANAĞI: Kitap taslağının 142. sayfasında; "... mezun olan öğrencilerden maaşa geçtikten sonra, bekâr olanlardan maaşının 1/5'i, evli olanlardan ise 1/10'u nispetinde himmet adı altında para topladıkları (*Bu para toplama uygulaması, 1991 den sonra, bekarların maaşının 1/10'u,evlilerin maaşının 1/20'sini almak şeklindeyken, 2008'den sonra, aylık 100 liranın üstünde himmette bulunan kişilerden, bazen 100 lira, bazen de 50 lira alınmaktadır. Paraya ihtiyaçları azalmıştır.)" yazdığı görülmüştür. Metnin sonundaki notun içeriğinden, söz konusu notu kitap çalışmasını yapan kişinin dışında başka bir kişinin yazdığı ve yönlendirmede bulunduğu anlaşılmaktadır.

DEĞERLENDİRME: Bu bölüm Cevdet Saral ve ekibinin 30 Nisan 1999 tarihli raporundan bir alıntıdır. Burada haber kaynağının bilgisini koymaya yazar Ahmet Şık gerek duymamıştır. Bu da yönlendirme iddialarının mesnetsizliğini ortaya koyan örneklerden biridir. Bu notu yazar dikkate almamıştır.

18-) POLİS İNCELEME TUTANAĞI: Kitap taslağının 143-144. sayfasında; "Skandalın patlak vermesiyle başlatılan ilk incelemede müfettişler, iddiaları ciddi bularak Osman Ak, Ersan Dalman ve istihbarat birimindeki bir grup polis hakkında soruşturma açılmasını talep etmişlerdi. EGM Necati Bilican ise, dönemin Ankara Emniyeti ile arasındaki çatışmaya rağmen, soruşturma izni vermemiş (*BİLİCAN'ın izin vermediği sözüne ben ihtimal vermiyorum)" yazdığı görülmüştür. Metnin sonundaki notun içeriğinden, söz konusu notu kitap çalışmasını yapan kişinin dışında başka bir kişinin yazdığı ve yönlendirmede bulunduğu anlaşılmaktadır.

DEĞERLENDİRME: Kitabın son halinde görüldüğü gibi polisin yönlendirme iddiasına karşın Ahmet Şık haber kaynağının 'Bilican'ın izin vermediği sözüne ben ihtimal vermiyorum' yorumunu değerlendirme dışı bırakmıştır ve kitabında bu yönde bir değişiklik yapmamıştır. Bu da Ahmet Şık'ın haber kaynağının maddi hataları düzeltmek ve dönem tanıklığından kaynaklanan bilgilerinden faydalanmak dışında bir amacının olmadığını bütün çıplaklığıyla gözler önüne sermektedir. Ahmet Şık haber kaynaklarından aldığı bilgileri kendi süzgecinden geçirerek kullanmaktadır. Bu notu yazar dikkate almamıştır.

19) POLİS İNCELEME TUTANAĞI: Kitap taslağının 145. sayfasında; "... o dönemin İstihbarat Daire Başkanı Sabri Uzun hakkında da "denetim görevini ihmal ettiği" gerekçesiyle dava açılmıştı (*Oysa Sabri Uzun, 08 Mart 1999 günü, Emniyet Genel Müdürlüğü'ne rapor yazarak, soruşturma talep eden kişiydi. Ankara 6.İdare Mahkemesi, Uzun'a verilen "1 günlük yevmiye kesme cezasını" iptal etmiş, 14 Haziran 2001 günü ikinci defa İstihbarat Daire Başkanlığı görevine gelmesinin önünü açmıştı.)" yazdığı görülmüştür. Metnin sonundaki notun içeriğinden, söz konusu notu kitap çalışmasını yapan kişinin dışında başka bir kişinin yazdığı ve yönlendirmede bulunduğu anlaşılmaktadır.

DEĞERLENDİRME: Haber kaynağınca Sabri Uzun hakkında açılan davanın sonucunun belirtilmiş ve Ahmet Şık bu bilgiye yer vermiştir. Bu da zaten haber kaynağına kitabını göndermesinin gerekçelerinden biridir. Bu not gazetecinin haber kaynağından bilgi almasıdır.

20-) POLİS İNCELEME TUTANAĞI: Kitap taslağının 145-146. sayfasında; "Yargılamalar sırasında sanıklar, söz konusu resmi kurumları değil aralarında Kalkınma Bankası Genel Müdürlüğü döneminde görevini kötüye kullandığı gerekçesiyle 12 yıl hapse mahkûm edilen Özal Baysal, Susurluk'un tetikçisi Yeşil kod adlı Mahmut Yıldırım ve yer altı dünyasının ünlü ismi Kürşat Yılmaz ile Kasım Gençyılmaz 'ın da bulunduğu bazı şahısların telefonlarını izlemeye aldıklarını iddia ediyorlardı. İzlenen bu kişilerin dinlendiği açıklanan resmi kurumları defalarca araması üzerine de bağlantılarının öğrenilebilmesi için bu kurumların telefonları da izlemeye alınmıştı. Mahkeme kararıyla izlemeye alınan bu kişilerin ilişkide bulunduğu telefonlar ise Cumhurbaşkanlığı Köşkü, Başbakanlık Özel Kalem Müdürlüğü, Başbakanlık, Cumhurbaşkanlığı Koruma Şube Müdürlüğü, Cumhurbaşkanlığı Genel Sekreterliği, İstanbul Emniyet Müdürlüğü Özel Kalemi, Turizm Bakanlığı, Cumhurbaşkanlığı Tarabya Köşkü, ANAP, DYP, Bayındırlık ve İskân Bakanlığı, Başbakanlık MİT Müsteşarlığı, Milli Güvenlik Kurulu Genel Sekreterliği, Cumhurbaşkanlığı, Başbakanlık, Jandarma Genel Komutanlığı, Ankara İl Jandarma Komutanlığı, Kocaeli Emniyet Müdürlüğü, Harb Akademileri Komutanlığı, İzmir Emniyet Müdürlüğü, Emniyet Genel Müdürlüğü İDB gibi kritik yerlere aitti. (*Sabri Uzun,1997'de Artvin'e tayin edilen Osman AK'ın tayinini iptal edip, Ankara Emniyet Müdür Yardımcılığı'na getirilmesine öncülük etmişti. O tarihte, İstanbul İstihbarat Şube Müdürü iken, Polis Okulu'na tayin edilen Giresun-Göreleli hemşehrisi Ersan Dalman'ı da sahiplenip, Ankara İstihbarat Şube Müdürü yapmıştı. Telekulakçı Osman AK ekibi tarafından, Sabri Uzun'un kullandığı 0532. 251 27 53 numaralı telefonun da kimleri aradığı, kimler tarafından arandığı bilgileri de önceden 5 defa sorgulanmıştı.)" yazdığı görülmüştür. Metnin sonundaki notun içeriğinden, söz konusu notu kitap çalışmasını yapan kişinin dışında başka bir kişinin yazdığı ve yönlendirmede bulunduğu anlaşılmaktadır.

DEĞERLENDİRME: Burada haber kaynağı dönemin İstihbarat Daire Başkanı Sabri Uzun'un İstihbarat Daire Başkanlığı'ndaki telefonlarının da izlendiğini ifade etmiştir. Bu aynı bir gazete için olduğu gibi kitap içinde haber değeri taşımaktadır. Bu bilgiyi buraya koymanın habercilik dışında ne gibi bir anlamı olabilir? Bu yönlendirme olduğu iddia edilen notun sahte Ulusal Medya Planı 2010'nda yazıldığı öne sürülen planlarla ilişkisi ne olabilir? Yıllar önce yaşanmış Telekulak skandalı hakkında yazmak neden bir yönlendirme olarak tanımlanmaktadır? İddiaların mesnetsizliğini bu soruların yanıtsızlığı ortaya koymaktadır. Bu not gazetecinin haber kaynağından bilgi almasıdır.

21-) POLİS İNCELEME TUTANAĞI: Kitap taslağının 150. sayfasında; "Fethullahçıların istihbarat birimlerine sızma konusunda bir hayli yol aldıklarının kaydedildiği raporda, Fethullahçı tehlike ise şu sözlerle anlatılıyordu: "Gülen'in son zamanlarda, ordu, polis ve MİT arasına sızma faaliyetlerine ağırlık verdiği bilinmektedir. Sızmalarda, Emniyet Teşkilatı'nın en çok istihbarat, bilgi işlem, personel birimleri hedef yapılmıştır... Önlem alınmakta gecikildiği takdirde tarih sayfaları arasında kalan Babailer İsyanı'nda Şeyh Bedrettin ve Şeyh Said'e kadar uzanan din görünümlü isyanların belki de en ciddi, en sinsi, en kapsamlı ve en tehlikelisi olabileceğini işaret etmek yanıltıcı bir tahmin olmayacaktır. (*2 sayfa öncesinde de, aynı cümle geçmektedir. Soner ARIKANOĞLU'nun adının geçtiği cümleden önce. Düzeltilmelidir.)" yazdığı görülmüştür. Metnin sonundaki notun içeriğinden, söz konusu notu kitap çalışmasını yapan kişinin dışında başka bir kişinin yazdığı ve yönlendirmede bulunduğu anlaşılmaktadır.

DEĞERLENDİRME: Basit bir tekrar uyarısının yönlendirme olarak değerlendirilmesinin dayanaksızlığı malumdur. Bu not bir tekrar uyarısıdır.

22-) POLİS İNCELEME TUTANAĞI: Kitap taslağının 172-173. sayfasında; "Cevdet Saral'ın Ankara Emniyet Müdürü olduğu dönemde, 1999'da yürütülen Fethullahçılık soruşturması da, bir başka suçun, "Kocakulak skandalı" olarak da bilinen Telekulak olayının basına sızdırılmasıyla akamete uğratılıyordu. (*Yanlış. Doğru olan, 08 Mart 1999'da Telekulak Soruşturması başlatılmıştır. Oysa Ankara Emniyet Müdürlüğü'nün ilk Fethullahçı Raporu 18 Nisan 1999'da verilmiştir. Bundan da anlaşılıyor ki, Telekulak Soruşturması, Fethullahçı Soruşturmasını bastırmak için başlatılmamıştır.) yazdığı görülmüştür. Metnin sonundaki notun içeriğinden, söz konusu notu kitap çalışmasını yapan kişinin dışında başka bir kişinin yazdığı ve yönlendirmede bulunduğu anlaşılmaktadır.

DEĞERLENDİRME: Dönemin tanığı haber kaynağının verdiği bilgileri Ahmet Şık kendi süzgecinden geçirerek kullanmıştır. Burada görüldüğü gibi sahte Ulusal Medya Planı 2010'da yazdığı öne sürülen planların tam tersi bir bilgidir. Yazar Ahmet Şık sadece gerçeği aradığının önemli bir delilidir Saral'ın soruşturması konusunda yazdıkları. Kitap taslağının haber kaynağına gönderilmesinin 'hata düzeltme amacı' da burada açıkça görülmektedir. Bu not bir hata düzeltmesidir ve bilgi içermektedir.

23-) POLİS İNCELEME TUTANAĞI: Kitap taslağının 175. sayfasında; "... ilk kez Gülen hakkında hazırladığımız rapordan sonra soruşturmaya tabi tutulduk. (*Asıl yaptıkları için haklarında soruşturma açılmıştı, Gülen soruşturması ile onlar hakkında açılan soruşturmanın alakası yok. Ama, kendileri kendilerini gizlemek, masum göstermek için, 'Hazırladığımız rapordan sonra soruşturmaya tabi tutulduk' demektedirler.)" yazdığı görülmüştür. Metnin sonundaki notun içeriğinden, söz konusu notu kitap çalışmasını yapan kişinin dışında başka bir kişinin yazdığı ve yönlendirmede bulunduğu anlaşılmaktadır.

DEĞERLENDİRME: Bu not sahte Ulusal Medya Planı 2010 planında yazdığı öne sürülen planların neresine oturmaktadır ki bir yönlendirme olarak itham edilmektedir. Burada Cevdet Saral "Ben cemaati soruşturduğum için soruşturuldum" diyor. Ahmet Şık'ın haber kaynağı ise bunun doğru olmadığını anlatıyor. Bu notta Ahmet Şık'ın kitabında sadece gerçeklere yer vermek amacında olduğunu açık bir şekilde ortaya koymaktadır. Bu not gazetecinin haber kaynağından bilgi almasıdır.

24-) POLİS İNCELEME TUTANAĞI: Kitap taslağının 189. sayfasında; "Yeniden yargılama yolunu açan ise AB'ye uyum sürecinde 5 Mayıs 2006'da, 3713 sayılı Terörle Mücadele Kanunu'nun 1. maddesinde yapılan değişiklikle terör örgütü tanımına cürüm işleme ve silahlı eylem şartı getirildi... Yeniden başlayan ve Ankara 11. Ağır Ceza Mahkemesi'nde görülen dava 2 ay sonra 5 Mayıs 2006'da (* Bir yanlışlık var. Yukarıda kanunun çıkış tarihi ile, davanın neticelenme tarihi aynı yazılmış) sonuçlandı." yazdığı görülmüştür. Metnin sonundaki notun içeriğinden, söz konusu notu kitap çalışmasını yapan kişinin dışında başka bir kişinin yazdığı ve yönlendirmede bulunduğu anlaşılmaktadır.

DEĞERLENDİRME: Tarih hatasının haber kaynağınca düzeltilmesini yönlendirme olarak algılayan polisin tespiti kesinlikle mantık sınırlarının dışına taşmaktadır. Bu not bir hata düzeltmesidir.

25-) POLİS İNCELEME TUTANAĞI: Kitap taslağının 194. sayfasında; "Cemaatçi polisler soruşturmayı engelliyor" başlığı altında; "... Saçan soruşturmanın ilerlemesinin nedeninin de bizzat Emniyet İDB ve İstanbul İstihbarat Şubesi içindeki Fetullahçı polis örgütlenmesi olduğunu iddia ediyordu: (*A.S.SAÇAN, çok zeki bir kişidir. 1991 İrtica Soruşturması sonucu, İstihbarattan çıkartılmıştır. Bu çıkartılmada, F.GÜLEN grubu polislerin de etkisi olmuştur. Aynı şekilde, Mustafa GÜLCÜ'ye de komplo kurulmuştur. GÜLCÜ ve SAÇAN, bu komployu bildiklerinden ve cemaatin iç işleyişini bildiklerinden, karşı intikam arayışındadır. Yazdıkları tamamen doğrudur; çünkü birbirlerini 1991'den beri tanıyorlar)" yazdığı görülmüştür. Metnin sonundaki notun içeriğinden, söz konusu notu kitap çalışmasını yapan kişinin dışında başka bir kişinin yazdığı ve yönlendirmede bulunduğu anlaşılmaktadır.

DEĞERLENDİRME: Gazetecilikte elde edilen bilgiyi birden fazla kanaldan teyit ettirmek ahlâki bir zorunluluktur. Maalesef bugün gazetecilerin uygulamadığı bu ilkeye Ahmet Şık'ın uygulaması bir suç teşkil etmez, aksine takdir edilmelidir. Zaten Ahmet Şık 2002 yılında Adil Serdar Saçan'ın yürüttüğü cemaat soruşturmasının belgelerine sahiptir. Haber kaynağının bu konudaki bilgilerinden faydalanmak amacıyla yazdıklarını göndermiş ve elde ettiği bilgiler çerçevesinden kitabını geliştirmiştir. Haber kaynağının Cevdet Saral'ın soruşturmasındaki hataları ve haksız suçlamaları belirtmesi bu konudaki güvenilirliğini arttırmıştır. Bu not bilgilerin doğruluğunu teyit etmektedir.

26-) POLİS İNCELEME TUTANAĞI: Kitap taslağının 197. sayfasında; "... (*Bugünki Ergenekon düzmece operasyonu gibi bir operasyonu, 2002 yılında A.S.SAÇAN yapmak istemiş, yine Sabri UZUN'u aşamadıkları için, Temmuz 2002'de UZUN'u görevden aldırmışlardı. Ergenekon Operasyonu'nu yapanlar da aynı planı uyguladılar. UZUN'a, Şubat-2006'da teklif ettikleri düzmece Ergenekon Oparasyonu'nu yaptıramadıkları için, önce Uzun hakkında düzmece ihbar mektubu yazdılar, sonra 8.922 liralık banka mevduatını 88 bin lira yazan Mülkiye Müfettişi Mehmet Ali ÖZKILIÇ'ın düzmece raporu, Adli ve İdari Makamlara, Sabri UZUN'un gerçek mevduat miktarını sunması ile "Kovuşturmaya Yer Olmadığı" kararı; ancak, UZUN'un görevden aldırılmasıyla, düzmece Ergenekon'un başlatılmasının önünün açılması; A.S.SAÇAN ile A.F.YILMAZER aynı karakterde kişilerdir.)" yazdığı görülmüştür. Dolayısıyla parantez içersinde yazılı notlardan Ahmet ŞIK'a bu kitap çalışmasını yaptıran ERGENEKON terör örgütü mensuplarının, yine kitabın bu bölümünde müdahale ettiği ve Ergenekon operasyonlarının düzmece olduğu yönünde algı oluşturulması için ne şekilde ekleme yapılması gerektiğini ortaya koyduğu görülmüştür.

DEĞERLENDİRME: Haber kaynağı burada Adil Serdar Saçan'ın 2002'de Ergenekon benzeri bir operasyon yapmak istediğini vurgulamaktadır. Ancak Ahmet Şık kitabında bu iddiaya yer vermemiştir. Bu haber kaynaklarından aldığı bilgileri pek çok kanaldan teyit edip doğru bilgiye ulaşma yöntemini izlediğinin bir kanıtıdır. Bu not yazar tarafından dikkate alınmamıştır. Ayrıca Polis Ergenekon operasyonunun "düzmece" olduğu yönündeki görüşü kitaba Ergenekon mensuplarının müdahalesi olarak görmekte yeterli görmüştür. Yani polise göre Ergenekon operasyonlarına inanmamak 'Ergenekoncu' olmakla eşanlamlıdır. Bu inceleme tutanağını hazırlayan polislerin gerçekten ne derece koptuğunun ve görevini kötüye kullandıklarının bariz bir örneğidir.

27-) POLİS İNCELEME TUTANAĞI: Kitap taslağının 240. sayfasında; "Gürültü koparamayan mektup" başlığı altında; "İlginç değil mi? Özetlemek ve tekrar vurgulamak gerekirse Uzun, dönemin Genelkurmay Başkanı Yaşar Büyükanıt'ın "AKP hükümetinden ricasıyla" görevden alınmasına da neden olan meşhur "Hırsız evin içindeyse kilit işe yaramaz" diye anılan bilgi notunu kendisinin yazmadığını söylüyordu." yazdığı, ancak devamında parantez içersinde, (*Yukarıdaki paragraf yanlış yazılmıştır. Sabri Uzun, 02.02.2006 günü, TBMM Şemdinli Olaylarını Araştırma

Komisyonu'na verdiği ifadede,"Hırsız evin içindeyse, kapı kilit tutmaz" demiştir. Oysa sizin paragrafınızda, "Hırsız evin içindeyse kilit işe yaramaz diye anılan anılan bilgi notunu kendisinin yazmadığını söylüyordu" şeklindeki yazınız yanlıştır. Doğrusu şu: Sabri Uzun, 23.3.2006 günü Sabah Gazetesi'nde, Özay Şendir imzasıyla, "Sabri Uzun'un başını yakan bilgi notu" başlıklı haberde konu edilen bilgi notunu kendisinin hazırlamadığını, böyle bir şeyden haberinin olmadığını, Ankara Temsilcisi Aslı Aydıntaşbaş'tan, habere konu bilgi notunun kopyasını aldığında, düzmece bilgi notundan o zaman haberdar olduğunu" anlatmıştır. Not:23.3.2006 tarihli Sabah Gazetesi'nin haberini okumalısınız.

Sonuçta, F.ALTAYLI'ya yazılan mektupla, Ergenekon düzenbazlığını yapanların, Sabri Uzun adına düzmece Bilgi Notu hazırlayıp, Sabah Gazetesi'nde yayınlatan hilekarların aynı kişiler olduğu anlatılmak istenmiştir.)" şeklinde notlar yazılı olduğu görülmüştür. Dolayısıyla parantez içersinde yazılı notlardan Ahmet ŞIK'a bu kitap çalışmasını yaptıran ERGENEKON terör örgütü mensuplarının, yine kitabın bu bölümünde müdahale ettiği ve Ergenekon operasyonlarının düzmece olduğu yönünde algı oluşturulması için ne şekilde ekleme yapılması gerektiğini ortaya koyduğu görülmüştür. Ayrıca kitap taslağına eklenmesi planlanan bölümde Ergenekon sanıklarının kullandığı "tertip", "düzmece" kelimesiyle uyumlu olarak "düzenbazlık", "düzmece" ve "hilekarlık" kelimelerinin kullanıldığı, dolayısıyla savunma makamlarının argümanların kitap taslağında işlendiği görülmüştür.

DEĞERLENDİRME: Ahmet Şık Sabri Uzun Meclis Komisyonu'nda Sabri Uzun'un 'Hırsız evin içindeyse kapı kilit tutmaz' sözünü inkâr ettiğini yazmıştır ve bu bir maddi hatadır. İnternette yapılacak bir arama bu sözü inkâr etmediğini ortaya koyar. Bu bölümde maddi bir hatanın düzeltilmesinden ibarettir ve Şık zaten bunun için kitap taslağını haber kaynağına göndermiştir. Bu not bir hata düzeltmedir. Ayrıca polis burada düşünceyi yasaklayan ve suç gören yaklaşımını 'kelimeleri yasaklama' noktasına kadar getirmiştir. Polis inceleme tutanağında "Ayrıca kitap taslağına eklenmesi planlanan bölümde Ergenekon sanıklarının kullandığı "tertip" "düzmece" kelimesiyle uyumlu olarak "düzenbazlık" "düzmece" ve "hilekârlık" kelimelerinin kullanıldığı, dolayısıyla savunma makamlarının argümanların kitap taslağında işlendiği görülmüştür" denilmektedir. Yani 'düzmece, düzenbazlık, hilekârlık' tabirlerini Ergenekon soruşturması için kullanmak polise göre bir suçtur. Peki bireyin böyle düşünmesini suç yapan nedir? Ya da böyle düşünenler haklı olamaz mı? Buna polis mi karar verir? Ergenekon operasyonunu sorgulamak suç mudur? Ama en önemlisi bu incelemeyi yapan polis "zihniyet ya da niyet polisi midir?"

28-) POLİS İNCELEME TUTANAĞI: Kitap taslağının 241. sayfasında; "(*Bana göre önce F.ALAYLI'nın 17-18 Kasım tarihli yazısının özünden alıntı yapmalısınız. Sonra, 23. 3. 2006 tarihli Haber notundan 'Şemdinli Olayları iyi araştırılırsa Yaşar Büyükanıt'a ve Fevzi Türkeri' ne kadar uzandığı görülecektir' mealinde bir cümle görülecektir. Bu cümle, Ergenekon hilesini yapan cemaatin Sabri Uzun'u görevden aldırıp, Ergenekon operasyonu'nu (hilesini) başlatabilmenin alt yapısını oluşturmaktır. Yazınıza bu anlamı vermelisiniz)" şeklinde parantez içersinde not yazılı olduğu görülmüştür.

Bu notun içeriğinden de yürütülmekte olan operasyonların siyasi olduğu ve rövanşist düşüncelerle yapıldığı vurgusunun yapılması amacıyla "Ergenekon hilesini yapan cemaatin Sabri Uzun'u görevden aldırıp, Ergenekon operasyonu'nu (hilesini) başlatabilmenin alt yapısını oluşturmaktır." cümlesinin kullanılması ve bu yönde algı oluşturulması için yönlendirme yapıldığı anlaşılmıştır. Ayrıca bu notun içeriğine bakıldığında, söz konusu notun Ahmet ŞIK tarafından yazılmasının mümkün olmadığını, kitabın taslak çalışmasını inceleyen örgüt içersindeki diğer şüpheliler tarafından yazıldığı anlaşılmaktadır.

DEĞERLENDİRME: Haber kaynağının bahsettiği bilgi notunda alıntı yapılarak olay irdelenmiştir. Ancak haber kaynağının haddini aşan önerilerini her zaman olduğu gibi Ahmet Şık kitabının internette yayınlanan son haline koymamıştır. Fatih Altaylı'nın 17-18 Kasım tarihli yazılarından bir alıntı yapılmamıştır. Tekrar görüldüğü gibi Ahmet Şık sadece haber kaynağından faydalanarak resmi yazılardaki bilgilere ulaşmaktadır.

Ayrıca bu not ULUSAL MEDYA 2010 dokümanında STRATEJİ başlığı altında, "Emperyalist güçlerin ve işbirlikçilerinin Kemalist ideolojiye karşı yürüttüğü planlı ve sistematik savaşın, kamuoyuna tüm gerçekliğiyle anlatılması en önemli ödevdir" yazdığından yola çıkarak bu sahte belgeye dayandırılmaktadır. Aksine burada Şemdinli olayında Türk Silahlı Kuvvetleri'nin sorumluluğu irdelenmektedir. Ahmet Şık kitabında darbe karşıtlığını ve derin devlet örgütlenmesine karşı duruşunu açık ve net şekilde ortaya koymuştur. Bu notun bir kısmı yazar tarafından dikkate alınmamıştır. Bilgi içeren kısım bir gazetecinin haber kaynağından bilgi almasıdır. Ayrıca polisin değerlendirmesinde notun Ergenekon mensuplarınca yazıldığı ön kabulünün dayanaksızlığının altı çizilmelidir. Polisin bu sonuca nasıl vardığı her zamanki muammadır.

29-) POLİS İNCELEME TUTANAĞI: Kitap taslağının 242-243 sayfasında; ".... TSK'nin generallerini suçlayacağız ama elimizde hukuki gerekçe olmayacak. *İstanbul İstihbarat hepimizin başını mı yakmak istiyor? (*Uzun, İstanbul İstihbarat hepimizin başını yakmak mı istiyor, diye bir söz söylememiştir, Bu ifade yanlış olmuş) Bu kişileri zanlı olarak suçlamak hukuki olmaz" der. Recep Güven de,* "İstanbul'a bir sorayım ben" diyerek gider, ama bir daha da konuyu açmaz." yazdığı görülmüştür. Metin içersindeki notun içeriğinden, söz konusu notu kitap çalışmasını yapan kişinin dışında başka bir kişinin yazdığı ve yönlendirmede bulunduğu anlaşılmaktadır.

DEĞERLENDİRME: Ahmet Şık Ergenekon belgesiyle Sabri Uzun yıllar önce karşılaşmasını yazmaktadır. Üstelik Sabri Uzun bunları daha önce Habertürk Gazetesi Genel Yayın Yönetmeni Fatih Altaylı'ya yazdığı mektupta da ifade etmiştir. Burada da kitabında yanlış bilgiye yer vermek istemeyen Ahmet Şık yine teyit etme yoluna gitmiş ve haber kaynağının belirttiği yanlışlığı düzeltmiştir. Bu bir hata düzeltmesidir.

30-) POLİS İNCELEME TUTANAĞI: Kitap taslağının 243-244. sayfasında; "5 yıl sonra yine karşısına çıktı" başlığı altında; "... Konu İstanbul İstihbarat Şubesi'ne sorulur. Tabi ki gelen yanıt olumsuzdur. Soruşturma yine açılamaz. (* Bu gelişmeler biraz aslına benzetilmiş, tam böyle değildir. Düzeltilmelidir. Recep GÜVEN adını rumuzlu yazmanızda yarar var; çünkü, böyle bir olay yaşanmadığını inkar edip, tazminat davası açmasına hukuki ortam yaratmış oluyorsunuz.)" yazdığı görülmüştür. Metnin sonundaki notun içeriğinden, söz konusu notu kitap çalışmasını yapan kişinin dışında başka bir kişinin yazdığı ve hukuki olarak yönlendirdiği, bu kapsamda tazminata mahkum olmamak için isim yerine rumuzla yazılmasını tavsiye ettiği anlaşılmaktadır.

DEĞERLENDİRME: Haber kaynağının buradaki ifadeler düzeltilmelidir demesine karşın Ahmet Şık kitabının internette yayınlanan son halinde bu metni aynı bırakmaya tercih etmiştir. İsim kodlaması önerisi yazıldığı gibi sadece tazminat davası açılmasını engellemek için yapılmış bir tavsiyedir. Sadece bu kısım dikkate alınmıştır. Bu notun geri kalanı yazar tarafından dikkate alınmamıştır.

31-) POLİS İNCELEME TUTANAĞI: Kitap taslağının 252-253 sayfasında; "... Aşağıdaki kısmı düzeltmek yerine hep çıkartsanız daha iyi olur." şeklinde not yazıldığı görülmüştür. Metnin devamında; "Mehmet Ağar, zamanlamanın uygun olduğunu düşünmüş ve kendine bağlı mekanizmayı harekete geçirmiştir. (Yanlış yazılmış; M.AĞAR, Ağustos 1998' de Emniyet Genel Müdürü değildir, Çakıcı'nın yakalanması İsth.D.Bşk. Sabri Uzun ile KOM D.Bşk.Emin Arslan'ın inisiyatifi ile, hükümetin dahi bilgisi olmadan yakalandı.Bu başarılı operasyonu Hükümet sahiplendi ve sayın Mesut Yılmaz, Başbakanlık merkez binasının alt salonunda, operasyonu duyuran ve sahiplenen basın açıklaması yapmıştı. Yani, Ağar, o tarihte Bakanlık'ta veya Emniyet'te görevli değildir, yazınızda belirtilen mekanizmada Ağar'ın dahli yoktur, yazınız düzeltilmelidir.)" yazdığı görülmüştür.

Yine metnin devamında; "Bu olay taraflar arasındaki gizli anlaşmayı bozar, etrafa dağılan kasetler, çirkin görüntüleri ve olayların bilinmeyen birçok karanlık yönünü ortaya çıkarır. Eyüp Aşık bakanlığını kaybeder, yargı önüne çıkar. Sonuçta Cumhuriyet tarihinin en fazla destek gören liderlerinden Mesut Yılmaz Başkanlığı'ndaki hükümet, olayları tersine çevirmekte usta bazı kalemlere rağmen, liderine yönelik ağır suçlamalara muhatap olarak iktidarı terk eder. *(Yukarıdaki bölüm de yanlış. Hükümet'in düşmesi,Fikri Sağlar'ın, Korkmaz Yiğit-A.Çakıcı ses kasetini yayınlayınca, CHP, Hükümet'e verdiği güvenoyunu çekti ve Hükümet düştü. Bu konu, internette çok teferruatlı olarak yazılıdır.) yazdığı görülmüştür.

Yine metnin devamında; "... Yukarıdaki paragrafı çıkartsanız iyi olur." şeklinde not yazıldığı görülmüştür.

Kitap taslağının bu sayfalarında "Yanlış yazılmış", "yazınız düzeltilmelidir", "Yukarıdaki bölüm de yanlış", "Bu konu, internette çok teferruatlı olarak yazılıdır.)", "Yukarıdaki paragrafı çıkartsanız iyi olur." Şeklindeki cümlelerle taslak çalışmasının başka kişilerce incelendiği ve notlarda belirtildiği gibi gerekli yönlendirmenin yapıldığı anlaşılmıştır.

DEĞERLENDİRME: Ahmet Şık kitabını haber kaynağına göndererek maddi hataların düzeltilmesini istediğini ifade etmiştir. Polis ise bunu bir suç gibi gösterme gayretindedir. Ahmet Şık kitabındaki bu bölümlerin sahte bir belge olan Ulusal Medya Planı 2010'daki iddialarla hiç ilgisi yoktur. Ahmet Şık Ergenekon operasyonundan yıllar önce yaşanan Telekulak skandalı gibi Türkbank skandalını da irdelemiştir. Haber kaynağının notları da daha önceki bütün maddelerde olduğu gibi yapılan maddi hataları işaret etmektedir. Mehmet Ağar'ın Ağustos 1998'de Bakanlıkta ya da Emniyette görevli olmadığı, Mesut Yılmaz Başbakanlığı'ndaki hükümetin düşmesiyle ilgili yanlış bilgiler haber kaynağınca ifade edilmektedir. Bu not bir hata düzeltmesidir.

32-) POLİS İNCELEME TUTANAĞI: Kitap taslağının 253. sayfasında; "... Kasetin partisine postayla geldiğini öne süren Sağlar'ın (*Sağlar, bu konuda yazdığı kitapta, şalvarlı bir şahsın kaseti kendisine elden verdiğini anlatmıştı, ben, posta ile gönderildiğini duymadım, benim bilgime uygun değil, araştırıp, düzeltmelisiniz) açıklamaları üzerine Yiğit, TTB ihalesine katılmasının nedeninin Alaattin Çakıcı değil, Merkez Bankası Başkanı Gazi Erçel ve daha sonra da Güneş Taner'in yönlendirmesiyle olduğunu söyledi." yazdığı görülmüştür. Metin içersindeki notun içeriğinden, söz konusu notu kitap çalışmasını yapan kişinin dışında başka bir kişinin yazdığı ve yönlendirmede bulunduğu anlaşılmaktadır.

DEĞERLENDİRME: Kasetin Fikri Sağlar'a postayla gelmediği, şalvarlı, kasketli bir kişinin getirdiği internette yapılacak bir aramayla hemen görülebilir. Bu yönlendirmeyse bütün internet arama motorlarını, arşivleri yönlendirici olarak suçlamak gerekir. Bu not bir hata düzeltmedir.

33-) POLİS İNCELEME TUTANAĞI: Kitap taslağının 257-258 sayfasında; "Skandalı kanıtladı mağdur oldu" başlığı altında; "KOM Başkanı Arslan'ın 14 Temmuz 1998'de gönderdiği yazının yanıtı, başında Sabri Uzun'un bulunduğu İDB'ndan 23 Temmuz 1998'de KOM'a geldi. Notta ne tehdit eden, ne edilen bir isim ve ne de bir menfaat grubundan söz ediliyordu. (*Şu ilave yapılırsa iyi olur: Henüz Alaattin Çakıcı yakalanmamıştı. İstanbul İstihbarat Şubesi, İstanbul Cumhuriyet Savcılığı'ndan aldığı dinleme kararıyla A. Çakıcı'yı dinliyordu. Ana amaç, Çakıcı'yı yakalamaktı. Çakıcı yakalanacağı zaman, 1996 yılında Amerika'ya gönderilen polis ekibi, siyasetçi vekiller tarafından ÇAKICI'ya bildirilmiş, kaçması sağlanmıştı. Adli bir görev yapıldığından, 'Yargı sahası yetkisi' gereğince, İstanbul'da dinlemesi yapılan Çakıcı'nın hiçbir ses kaydı İstihbarat Dairesi'ne getirilmemişti. Bu arada, Türkbank İhalesi ile ilgili bilgi talebine verilecek cevapta da, hem yapılan yakalama operasyonu'nun ortaya çıkmaması gerekiyordu; hem de ilgililere –kapalı cümlelerle- bilgi verilmesi gerekiyordu.

Ayrıca, 05 Mayıs 1998 günü, İstanbul Valisi Kutlu AKTAŞ tarafından, Başbakan Mesut Yılmaz'a yazılı bilgi notu verilmişti. Yılmaz, bu bilgi notu'nu, Bakan Murat Başesgioğlu'na vermiş, O'da, Emniyet Genel Müdürü Necati Bilican'a vermişti. Necati Bilican'da, İstanbul Emniyet Müdürü Hasan Özdemir'e telefon açarak,"Bu bilgiler, İstihbarat Daire Başkanlığı'na gelip, Emniyet Genel Müdür tarafından, İçişleri Bakanı'na ve Başbakan'a dağıtım yapılması gerekirken, siz, tersini yapmışsınız; bir daha böyle bir şey olmasın" şeklinde ikaz etmiştir. Buradan da anlaşılıyor ki, Mesut Yılmaz'ın, Çakıcı-Korkmaz Yiğit ilişkisinden önceden bilgisi vardı. Ancak, Korkmaz Yiğit-Mesut Yılmaz görüşmesinden, Emniyet Genel Müdürlüğü'nün bilgisi yoktu. Üstelik, 170 milyon dolar değer belirlenen Türkbank'a 485 milyon dolar ek para aktarıldığını hiç bilmiyorlardı. Polis, 170 milyon doların üstünde yapılacak her satış işlemini, devlet adına bir başarı olarak değerlendiriyordu. Hele de 605 milyon dolara satılmış olmasını, büyük bir başarı olarak anlıyordu. Başbakan Mesut Yılmaz, MİT Müsteşarı ve Emniyet Genel Müdürü ile toplantı yaparak," Ellerinde Türkbank'ın satışına engel olacak herhangi bir belge olup-olmadığını" sormuştur. Onlar da," Böyle bir belgenin olmadığı" anlamında bir cevap vermişlerdir. Başbakan'ın, Mayıs(1998) ayında Yiğit-Çakıcı ilişkisi konusunda bilgilendirilmiş olması sebebiyle, bu toplantıyı yapma ihtiyacını duyduğu kesindir.)" yazdığı görülmüştür.

Yine metnin devamında; "Çünkü Çakıcı-Korkmaz Yiğit arasındaki konuşmaların bandı ortaya çıkmamıştı henüz. Oysa, ihale zarfı alan 20'ye yakın grup ile ihaleye katılan 5 grup vardı. Bunlardan hangisinin kiminle ilişki kurarak, kimleri tehdit ettiğine dair açık bir bilgi de yoktu yazışmalarda. Yani Merkez Bankası'nın talip ettiği bilgiler gelen bilgi notlarında bulunmuyordu. Ama konu Emin Arslan'ın çabasıyla çözüme kavuşuyordu. İstihbaratın yetersiz notu üzerine ekibiyle birlikte olayı inceleyen Emin Arslan bir hafta sonunda isim isim tehdit eden ve edilen ile işbirliği yapılan işadamını belirliyordu. (*Boldlu kısımda Emin Arslan'ın öne çıkartılması yanlış. Elinde herhangi bir bilgi bulunmayan KOM Dairesi Başkanı'nın, ekibiyle birlikte olayı incelemesi nasıl olmuştur, ben anlayamıyorum. Gaipten bir ses mi gelmiş veya yapılan ekip çalışmasının ne olduğunun açıklanması gerekir. Yapılan her işi birlikte yaptığımız Emin Arslan'ın, İstihbarat'ın bilgisi olmadan yaptığı bilinmeyen bir çalışma mı var; bilemiyorum.Türkbank Anayasa Mahkemesi safhasında da birlikte ifade veren Uzun-Arslan ikilisinin, bilinmeyen bir açıklaması olmamıştı(!)Konuyla ilgili olarak ihaleden bir gün önce de yine İstihbarat Dairesi, Başbakan ve İçişleri Bakanı'na bir bilgi notu gönderiyordu. Bilgi notunda Çakıcı-Türkbank-Korkmaz Yiğit bağlantısı ayrıntılı olarak anlatılıyordu)." yazdığı görülmüştür.

Yine metnin devamında; "Ancak resmi bir yazı olmayan bu bilgi notuyla ihalenin iptali söz konusu değildi. İhalenin iptal edilmesini gerektirecek, KOM tarafından hazırlanan resmi yazı ancak ihale günü olan 4 Ağustos 1998'de Başbakanlık ve Merkez Bankası'na, İçişleri Bakanlığı Müsteşarı Yahya Gür imzasıyla gönderildi. (*Müsteşar Yahya GÜR'Ee gönderilen yazı, Emin ARSLAN ile Sabri UZUN tarafından birlikte düzenlenmiştir. Yazının dayanağı da İstihbarat Dairesi'nin, KOM Dairesi'ne gönderdiği 'Bilgi Notu'idi. Sanki, gaipten bir ses gelmiş de, bu sese dayalı olarak, KOM Dairesi'nden, Müsteşar'a yazılan yazı oluşmuş gibi bir anlam çıkıyor.)" yazdığı görülmüştür.

Yine metnin devamında; "Altı imzanın bulunduğu zimmetli yazı Merkez Bankası'na saat 17.45 sularında; Başbakanlığa da 18.00'de ulaşabilecekti. Merkez Bankası o saatte bir girişim yapmazken Başbakan Mesut Yılmaz ise, "Ben yazıyı almadım" diyecekti. Hem de özel kaleminin "Ben gönderdim" şeklindeki açıklamalarına rağmen. Anlaşılan yazı "ortadan kaybolmuştu". Sırf bu yazı nedeniyle bile dönemin iktidar ortaklarından ANAP tarafından sevilmeyen Aslan, (*Ben,' ANAP tarafından sevilmeyen Arslan' anlatımını kabul etmiyorum. Bu anlatım gerçeklere aykırıdır. Kabul edelim ki 1998 de sevilmiyordu; ANAP zamanında 2001 de Emniyet Genel Müdür Yardımcıcı yapıldı. Bu bilgiyi veren kişiyi ayıplıyorum) dönemin İstihbarat Daire Başkanı Sabri Uzun ve kendi yardımcısı İsmail Çalışkan, Türbank soruşturmasındaki rollerine rağmen ismi kusurlu gösterilmeye çalışanların arasına monte edildi." yazdığı görülmüştür.

Metnin içersinde yazılı notların içeriklerine bakıldığında, söz konusu notları kitap çalışmasını yapan kişinin dışında başka bir kişilerin yazdığı ve yönlendirmede bulunduğu anlaşılmaktadır.

DEĞERLENDİRME: Kitabın son halinde haber kaynağının verdiği bilgiler not edildiği yere değil, daha sonraki bölümlere eklenmiştir. Buradan haber kaynağının Türkbank skandalı döneminde olaya yakından tanıklık ettiği anlaşılmaktadır ve anlatılanların yine sahte bir belge olan Ulusal Medya 2010 metnine dayandırılan iddialarla hiçbir ilgisi yoktur. Kitabın bu bölümleri daha çok yakın dönemde yaşanan bir skandalı aydınlatmaya yöneliktir. Bu konuda onlarca gazeteci haber hazırlamış, kitaplar çıkartılmıştır. Defalarca belirtildiği gibi haber kaynağından bilgi almak bir gazetecilik kitabı için zorunluluktur ve çok doğaldır. Ayrıca (*) ile başlayan bir notta 'Bu bilgiyi vereni ayıplıyorum' yazılmıştır. Buradan da anlaşılacağı gibi Ahmet Şık pek çok kaynaktan bilgi almakta ve onları harmanlamaktadır. Bu not gazetecinin haber kaynağından bilgi almasıdır.

34-) POLİS İNCELEME TUTANAĞI: Kitap taslağının 261-262 sayfasında; "Hedefteki emniyet müdürleri" başlığı altında; "Uzun, bu ifadesiyle aslında o dönemde emniyet İstihbaratta yuvalanmaya başlayan cemaatçi polislerin söz konusu kaseti Fikri Sağlar'a sızdırdığını ima etse de, kimse üzerine düşmedi. (*Uzun'un ifadesinde, cemaatçi polisleri ima etmesi söz konusu değildir. Sabri Uzun tarafından, 'cemaatçi polislerin' saldırganlaşmasının tespiti, Şubat-2006'da olmuştur.) Zaten Sağlar da kasetin kendisine postayla gönderildiğini savunuyordu. (* Sağlar'ın yazdığı bir kitapta, şalvarlı bir kişinin bu kaseti getirdiği yazılıdır, posta ile gönderildi şeklindeki yazının düzeltilmesi gerektiği kanısındayım)" yazdığı görülmüştür.

Yine metnin devamında; "Kendisi de kuvvetli dini inançları olan birisi olması nedeniyle o dönemde, Fetullahçı polislerin emniyet içinde örgütlenmesine ses çıkarmayan ve hatta yürütülen idari soruşturmalarda dahi bu grubu koruyan Uzun, (*Sabri Uzun, kuvvetli dini inancı olan bir kişi değildir, asla da Fethullahçıları korumamıştır. Bu ifade Sabri Uzun'u anlatan bir ifade değil) aklandığı soruşturmanın ihbar mektubunu gördüğünde kompioyu fark eder." yazdığı görülmüştür.

DEĞERLENDİRME: Ahmet Şık'ın kitap taslağını maddi düzeltmeler için haber kaynağına gönderdiğinin çok açık bir örneği bu bölümde yer almaktadır. Bu bölümlerde yaptığı değişikliklerin doğru bilgi iletmekten başka hiçbir amacı olmadığı açıktır. Ahmet Şık'ın farklı kaynaklardan derlediği bilgileri haber kaynağının teyit etmesini hedeflediği düzeltmelerin içerikleri ve üslubu net bir şekilde ortaya koymaktadır. Ayrıca iddianamede kitabın Sabri Uzun adıyla çıkacağı iddia edilmektedir, savcılık sorgusunda bu içerikte bir soru Ahmet Şık'a yöneltilmiştir. Ancak burada Sabri Uzun'un kitap çalışmasından ne kadar uzak olduğu anlaşılmaktadır. Bu notlar bilgi ve hata düzeltmesidir.

Kitap taslağının 261-262. sayfalarının devamında; "Komployu yürütenler ise koruduğu cemaatçi polislerdir. (*Sabri Uzun'un koruduğu polislerdir, sözünü reddediyorum) ..." yazdığı görülmüştür.

Yine metnin devamında; "Başbakan, KOM Dairesi'nin başına (Emin Aslan'ın geciktirilen terfisini alması için harcadığı çabalar sonunda) (*Altı çizili bölümün kaldırılması gerekir. Başbakan'ın yaptığı atama mı anlatılmak isteniyor, E.Arslan'ın Hanefi Bey'in terfi etmesi için harcadığı gayret mi anlatılmak isteniyor?İki ayrı cümle halinde meramınızı anlatın, derim.)..." yazdığı görülmüştür.

Metnin içersinde yazılı notların içeriklerine bakıldığında, söz konusu notları kitap çalışmasını yapan kişinin dışında başka bir kişilerin yazdığı ve yönlendirmede bulunduğu anlaşılmaktadır.

DEĞERLENDİRME: Burada da haber kaynağının tanıklığı esas alınarak düzeltmeler yapılmıştır. Hatta devamında daha detaylı bilgiler mevcuttur. Bu not bir hata düzeltmesidir.

35-) POLİS İNCELEME TUTANAĞI: Kitap taslağının 263. sayfasında; "Teker teker görevlerinden oldular" başlığı altında parantez içersinde, "(*Bu bölümün çok kısaltılarak, aşağdaki gibi düzeltilmesine taraftarım:

Hanefi AVCI, Mayıs-2005'te görevden alınmıştı. Çok ilginçtir, 19 Ekim 2005 günü Anayasa Mahkemesi'ne Emin Arslan, Sabri Uzun ve İsmail Çalışkan aleyhlerine yazılan sahte isimli ihbar mektubu, 26 Ekim 2005 günü İçişleri Bakanlığı'na ulaşmıştı. Emin Arslan 01.Kaım 2005 günü görevden alındı. Sonra, idari yargı kararıyla tekrar görevine dönmüştü. Sabri Uzun,22 Mart 2006 günü görevden alındı, İsmail Çalışkan'da, 2008'de Güvenlik Daire Başkanlığı görevinden alınarak, yurt dışına gönderildi. Anlaşılan o ki, Ergenekon Operasyonu sanıklarıyla ilgili ihbar mektupları, e-mailler, telefon ihbarları yapılmadan önce, Emniyet Genel Müdürlüğü KOM'dan sorumlu Genel Müdür Yardımcısı Emin Arslan, KOM Daire Başkanı Hanefi AVCI, İstihbarat Dairesi Başkanı Sabri UZUN ve Güvenlik Dairesi Başkanı İsmail Çalışkan'ın görevlerinden alınmaları için "ihbar mektubu entrikası" başlatılmıştı. Ergenekon

Operasyonu öncesinde, bu operasyonun yapılmasına elverişli Emniyet Teşkilatı düzenlemesi yapılmıştı." şeklinde notlar yazılı olduğu görülmüştür.

Dolayısıyla parantez içersinde yazılı bu notlardan Ahmet ŞIK'a bu kitap çalışmasını yaptıran ERGENEKON terör örgütü mensuplarının, yine kitabın bu bölümünde müdahale ettiği ve "Ulusal Medya 2010" isimli örgüt dokümanının strateji başlığı altındaki belirtilen "Operasyonların siyasi olduğu ve rövanşist düşüncelerle yapıldığı" algısını oluşturmak amacıyla ve "Davayı yürüten kurumlara yönelik kamuoyu desteğini kırmak için, yıpratmak ve güvenilirliklerinin zedelenmesi" maksadıyla "Operasyonu öncesinde, bu operasyonun yapılmasına elverişli Emniyet Teşkilatı düzenlemesi yapılmıştı." şeklinde cümleler kullandığı ve bu iddiayı desteklemek amacıyla çeşitli ihbar mektuplarının referans gösterildiği, sonuç olarak kitaba yapılan hemen hemen tüm eklemelerin Ahmet ŞIK'a bu kitap çalışmasını yaptıran diğer örgüt mensuplarınca yapıldığı ve kitabın tamamen ERGENEKON davası sürecini etkilemek ve yönlendirmek amacıyla kaleme alındığı anlaşılmıştır.

DEĞERLENDİRME: Ahmet haber kaynağının 'taraftar' olduğu düzeltmeyi ve eklemeyi yapmamıştır. Bu not yazar tarafından dikkate alınmamıştır. Kitabın internette yayınlanan son hali bu gerçeği ortaya koymasına karşın polis bunu beklemeden hemen kararını vermiştir. Ahmet Şık'a kitap çalışmasının örgüt mensuplarınca yaptırıldığını söylemek için 'polis teşkilatında Ergenekon operasyonlarını yapacak bir yapılanmaya gidildiği' tespitini yeterli görmektedir. Yani polise göre bu kanaatte ya da bilgiye sahip olanlar Ergenekon mensubudur. Peki bu doğru olamaz mı? Gerçekten Emniyet Müdürleri Ergenekon operasyonunu yapacak kadroların yerleştirilmesi için koltuklarından edilmiş olamaz mı? Bu konuda insanlar ne düşüneceklerini polise mi sormalılar? Ya da bir gazetecinin bu konuyu araştırması neye göre bir suç?

36-) POLİS İNCELEME TUTANAĞI: Kitap taslağının 263-264 sayfasında; "-------(*Aşağıdaki bölümü çıkartırsanız iyi olacağı kanısındayım.)" şeklinde not yazıldığı, devamında; "Emniyet Genel Müdür Yardımcısı Emin Aslan, CHP'lilerin yerel yönetiminde olduğu Edirne'ye emniyet müdürü olarak atanan Avcı'nın hemen ardından koltuğunu kaybeden isim oldu..." yazdığı görülmüştür. Metin başlangıcındaki nottan kitabın bu bölümünün çıkartılması gerektiği yönünde açıkça yönlendirme yapıldığı anlaşılmaktadır.

DEĞERLENDİRME: Haber kaynağı burada gerekçe belirtmeksizin bölümün çıkartılmasını istemiştir. Ancak Ahmet Şık kitabın son halinde görüldüğü gibi buna dikkate almamış, bölümü çıkartmamıştır. Ahmet Şık maddi hataları engellemek için kitap taslağını haber kaynağına göndermiştir. Bunun dışına çıkan notu dikkate almaması Ahmet Şık'ın yönlendirilemeyeceğini ve polis bu iddialarının ne kadar mesnetsiz olduğunu ortaya koymaktadır. Bu not yazar tarafından dikkate alınmamıştır.

37-) POLİS İNCELEME TUTANAĞI: Kitap taslağının 264. Sayfasında; "... Sosyal demokrat kimliğiyle bilinen Emin Aslan, milliyetçi muhafazakâr ve hatta Fethullahçı olarak anılan Hanefi Avcı, dini hassasiyetleri (*DİNİ HASSASİYETİ tabirinden hiç haz etmiyorum) olmakla birlikte dürüstlüğüyle bilinen Sabri Uzun, liberal görüşlü İsmail Çalışkan ve merkez sağı temsil eden Celalettin Cerrah'ın ortak paydası ise asılsız ihbar mektupları ve görevden alma girişimleri oluyordu." yazdığı görülmüştür. Metin içersindeki notun içeriğinden, söz konusu notu kitap çalışmasını yapan kişinin dışında başka bir kişinin yazdığı ve yönlendirmede bulunduğu anlaşılmaktadır.

DEĞERLENDİRME: Sabri Uzun'un 'dini hassasiyetleri' konusundaki tanımın çıkarılması bir yönlendirme olarak kabul edilemez. Bu not bir hata düzeltmesidir.

38-) POLİS İNCELEME TUTANAĞI: Kitap taslağının 265-266 sayfasında; "Büyükanıt'ın TV'de söyledikleri" başlığı altında; "... Büyükanıt, "Şemdinli olayları sırasında Emniyet İstihbarat Daire Başkanı, benim hakkımda uydurma beyanatlar veriyordu. Ben bunu ilgili makamlara ilettim ve o adam hemen görevden alındı" diyecekti. Emekli paşanın "o adam" diyerek andığı kişi Sabri Uzun'dan başkası değildi. Kendisinin de Ergenekon'un hedefinde olduğunu iddia eden ve hemen ardından Sabri Uzun'u da görevinden aldırttığını söyleyince doğal olarak, "Sabri Uzun'da mı Ergenekoncuydu?" diye bir soru geliyor akıllara. Ama bu sorunun yanıtı da, yine Ergenekon soruşturmalarıyla ortaya çıkan belgelerde bulundu. Uzun, Ergenekoncu olmak bir yana tam aksine kafası koparılana kadar darbecilerin hedefinde bir kişiydi. (* Büyükanıt'ın 'o adam' diye bir ifadesi yoktur; diğer yazılanlar doğrudur; Büyükanıt hakkında, bu beyanından dolayı, Sabri Uzun, Kadıköy Sulh Cz. Mah. Manevi tazminat davası açmış,halen dava sürmektedir)" yazdığı,

DEĞERLENDİRME: 'O adam' ifadesini çıkartmak nasıl bir yönlendirme olabilir? Bu not bir hata düzeltmedir. Üstelik polis ve savcılık kitabın Sabri Uzun adıyla yazılmasının planlandığını öne sürmektedir. Ama bu bölümden de Sabri Uzun'un kitap çalışmasının ne kadar uzağında olduğu belli olmaktadır. Nitekim kitabın bitme aşamasında bu düzeltmeler haber kaynağınca yapılmaktadır.

39) POLİS İNCELEME TUTANAĞI: Kitap taslağının 265-266. sayfaları devamında; "Askerin "sakıncalı" listesindeydi" başlığı altında; "... Uzun'un İstihbarat Dairesi Başkanı olduğu dönemde de ,tıpkı geçmişte olduğu gibi MİT (*MİT ile hep iyi ilişkileri olmuştur) ve Jandarma istihbarat birimleriyle ilişkiler bir türlü geliştirilememişti." yazdığı görülmüştür. Metnin içersinde yazılı notların içeriklerine bakıldığında, söz konusu notları kitap çalışmasını yapan kişinin dışında başka bir kişilerin yazdığı ve yönlendirmede bulunduğu anlaşılmaktadır.

DEĞERLENDİRME: Kitabın içeriğine bir müdahale olarak değerlendirilmesi mümkün olmayacak basit bir bilgidir. Bu not bir hata düzeltmedir.

40) POLİS İNCELEME TUTANAĞI: Kitap taslağının 269. Sayfasında; "AKP getirdi AKP aldı" başlığı altında; "...Uzun, "söylemediği sözler söylenmiş", "yazmadığı raporlar yazılmış" gibi askerlere iletilerek dönemin Genelkurmay Başkanı (*o tarihte Bütükanıt KKK'NI İDİ,DÜZELTİLMESİ GEREKİR) Büyükanıt'ın Başbakan'a şikâyeti ile görevden alınması sağlanmıştı." şeklinde kitap taslağına eklemeler yapılarak, bazı bölümlerin düzeltilmesinin istendiği görülmüştür.

DEĞERLENDİRME: Yaşar Büyükanıt'ın o dönem Kara Kuvvetleri Komutanı olduğunun düzeltilmesinin bir suç unsuruymuş gibi 'bazı bölümlerin düzeltilmesi istenmiştir' gibi bir ibareyle sunulması trajikomiktir. Bu not bir hata düzeltmedir.

41) POLİS İNCELEME TUTANAĞI: Kitap taslağının 276. Sayfasında; "O zamanlar bu tezgahların arkasında, kendisi gibi dini itikatları kuvvetli (*"BU DİNİ İtikadı kuvvetli cümlesinden çok büyük rahatsızlık duyuyorum, bu ifade doğru değil) bir cemaat örgütlenmesinin olacağına ihtimal vermeyen Uzun, Şemdinli olaylarından bir süre sonra 22 Mart 2006'da görevinden alınır..." şeklinde kitap taslağının düzeltilmesinin istendiği görülmüştür.

DEĞERLENDİRME: Bu ibare, daha önceki notlarda da olduğu gibi haber kaynağının kitabın oluşturulma sürecine uzaklığını ortaya koymaktadır. Ahmet Şık'ın kitabın maddi hatalarının düzeltilmesi için haber kaynağına gönderdiğinin de açık bir ifadesidir. Görüldüğü üzere haber kaynağı kitabı tamamlanma aşamasına yakın görmüş ve bazı sıfatların gerçekçi olmadığını ifade etmiştir. Bu not bir hata düzeltmesidir.

42-) POLİS İNCELEME TUTANAĞI: Kitap taslağının 277. Sayfasında; "İhbar mektubu hemen işleme konulmuş ve konuyu soruşturmak üzere, Hrant Dink suikastı sonrasında İstanbul Emniyetiyle ilgili yürütülen soruşturmada da karşımıza çıkacak olan Mülkiye Müfettişi Mehmet Ali Özkılıç, Uzun'un iddasına göre cemaat tarafından görevlendirilmiştir (*böyle bir iddia, anacak tazminat ödemek isteyen akılsız kişiler tarafından söylenebilir. Bir Mülkiye Müfettişinin cemaat tarafından görevlendirildiğini iddia etmek, Sabri UZUN'a idari yönden de ceza aldırır, müfteri durumuna düşürür.Yanlış bir ifade olmuş, mutlaka düzeltilmesi gerekir) Mal varlığı, banka hesapları hakkında geniş ve detaylı bilgiler bulunan suçlamayı içeren bir ihbar mektubu gönderilmesi üzerine mülkiye müfettişi Özkılıç tek sözcük ifadesini bile almadığı Uzun hakkında idari soruşturma yürütüp suçlu bulmuştur.

DEĞERLENDİRME: Ahmet Şık kitabının aslında farklı kişiler tarafından yazıldığı iddialarını çürüten notlardan biri de budur. Cemaatin müfettiş görevlendirdiği iddialarının insanı müfteri durumuna düşüreceği uyarısıyla kitaptan bu bölüm çıkartılmıştır. Çünkü yazarın amacı sadece gerçekleri yazmak ve bu konuda belge ile tanıklıklardan faydalanmaktır. Bu not bir hata düzeltmedir.

43-) POLİS İNCELEME TUTANAĞI: Kitap taslağının 280. sayfasında; "Sabri Uzun'un İDB'ndan bir göreve çekilmesinden sonra öncelikli hedef olan bir kaç emniyet müdürünün daha tasfiye edilmesi gerekiyordu. Çok sürmeden de bu gerçekleşti. Emniyet Genel Müdür Yardımıları Emin Arslan, Mustafa Gülcü ve Celal Uzunkaya ile Sakarya Emniyet Müdürü Faruk Ünsal garip olaylar zinciriyle ardarda hem görevlerinden oldu, hem de bir süre tutuklu kaldılar. Hepsi de benzer suçlamalala cezaevine girmişti. Emin Arslan bir uyuşturucu çetesine ilişkin yürütülen soruşturmada, Mustafa Gülcü ve Celal Uzunkaya karanlık geçmişi olan bir muhbirin iddialarıyla, Faruk Ünsal da bir çeteye yardımcı olmakla suçlandı. Bu listenin sonuna ekleyeceğimiz son isim elbette Hanefi Avcı. Cemaatin örgütlenmesine ve tehlikesine ilişkin yazdığı ve çok gürültü koparan kitabından sonra stalinist bir örgüte yardım yataklık ettiği iddiasıyla kendini cezaevinde buldu. (BU KISMINI KONTROL ET DEĞİŞTİR)" şeklinde kitap taslağının düzeltilmesinin istendiği görülmüştür.

DEĞERLENDİRME: Ahmet Şık'ın haber kaynağının kitaptaki maddi hataları düzeltmek için düştüğü notlar (*) ile başlayıp, küçük harfle devam etmektedir. Şık unutmaması için kendi yazdığı notları kırmızı renkte ve büyük harfli yapmıştır. Burada da Ahmet Şık'ın yazdıklarını kontrol etme amacı taşıdığı açıktır. Ancak polis inceleme tutanağında bu da -kitap taslağının düzeltilmesinin istendiği- gibi bir ifadeyle kitaba bir müdahale, yönlendirme olarak yorumlanmıştır. Üstelik kitabın son halinden anlaşılacağı gibi bu bölüm aynen kalmış ve değiştirilmemiştir. Bu Ahmet Şık'ın kendi aldığı nottur.

44-) POLİS İNCELEME TUTANAĞI: Kitap taslağının 281-282. sayfasında; "Azmettiricisi, tetikçisi, muhbirleri ve yardım edenleriyle adeta davul çalarak duyurulan Hrant Dink suikastında belirlenen ihmal nedeniyle fatura çıkarılan tek isim, Fethullahçı olduğu da bilenen (* Bu iddianızla, ancak tazminat cezası ödersiniz. Onun yerinde "iddia edilen" tabirini kullanırsanız daha yerinde olur) İstanbul İstihbarat Şube Müdürü Ahmet İlhan Güler olmuştu.

DEĞERLENDİRME: Burada da haber kaynağının önerisini Ahmet Şık dikkate almamıştır. Kitabın son halinde de bu bölümün aynen kaldığı görülmektedir. Zaten haber kaynağının notu sadece hukuki bir öneriden başka bir anlam ifade etmemektedir. Ayrıca haber kaynağının üslubu da kitaba mesafesini yeniden ortaya koymaktadır. Bu not yazar tarafından dikkate alınmamıştır.

45-) POLİS İNCELEME TUTANAĞI: Kitap taslağının 286. sayfasında; "Tanıdık bir müfettiş: Mehmet Ali Özkılıç" başlığı altında; "Bu soruşturmada görev alan müfettişlerden birisi tanıdık bir isimdi. 160 (BU SAYI DOĞRU MU????) mülkiye müfettişi içinden soruşturma için görevlendirilen kişi, Sabri Uzun'un cemaatten olduğunu öne sürdüğü (*asılsız rapor hazırladıklarını öne süren ve ispat eden Sabri Uzun yazabilirsiniz ama, cemaatten olduğunu öne sürdüğü şeklinde yazmanız, tazminat davasına ve kitabınızın inanırlığına gölge düşürür), hakkında mal varlığı soruşturması yürüten Mehmet Ali Özkılıç'tı..." şeklinde kitap taslağına ekleme yapıldığı, düzeltilmesi istenen bölüme vurgu yapıldığı görülmüştür.

DEĞERLENDİRME: Kırmızı ve büyük harfle yazılmış "bu sayı doğru mu????" notunun Ahmet Şık tarafından düşüldüğü açıktır. Polis inceleme tutanağında kitap taslağına ekleme yapıldığı ithamında bulunulmuştur. Ancak kitabın son halinde haber kaynağının düştüğü notun eklenmediği görülmektedir. Sadece tazminat davası açılacağı uyarısı üzerine iddia çıkartılmıştır. Bu not yazar tarafından kısmen dikkate alınmıştır. Ayrıca haber kaynağının "kitabınızın inanırlığına" vurgusu burada dikkate değerdir. Ancak polis inceleme tutanağında bu vurgu nedense görmezden gelinmekte ve devamında kitabın notu düşen kişinin talimatı ya da yönlendirmeleriyle yazıldığı iddialarını sürdürmektedir.

46) POLİS İNCELEME TUTANAĞI: Kitap taslağının 288. sayfasında; "Devletin kayıtlarında sahtekarlık yapmak!" başlığının hemen yanına (*Bu başlığı kullanmalısınız,derim)......." şeklinde not yazıldığı, ancak bu başlık altındaki metnin devamında; "Bu şekilde, devletin elinde bulunan log kayıtlarında değişiklik yapmak, devlet memurları tarafından mı yapılmıştı, cemaat militanları tarafından mı yapılmıştı(!), Mülkiye Müfettişlerinin raporlarında yazılı değildi!.. (*Şeklinde ilave yapılması dikkat çekici olur sanıyorum)" şeklinde not düşülerek kitap taslağına eklemeler yapılması istendiği görülmüştür.

DEĞERLENDİRME: Kitaptaki bu bölüm Hanefi Avcı'nın "Haliç'te yaşayan Simonlar... Dün devlet bugün cemaat" kitabından alıntılanmıştır. Buraya bir eklemenin olması mümkün değildir. Bu not yazar tarafından dikkate alınmamıştır.

47-) POLİS İNCELEME TUTANAĞI: Kitap taslağının 292-293. sayfasında; "Muhalefet şerhi Arslan'ı hedef yaptı" başlığı altında; "Karara muhalif kalan Kamil Tecirlioğlu, teşkilat içinde düzgün kişiliğinin yanı sıra sorunlara pratik çözüm üreten ve siyasi dalgalanmalardan etkilenmeyen biri olarak tanınıyordu. Zaten siyasi partilere göre değil, göreve ve kanunlara bağlı çizgisi ile tanındığından görevinden alınarak pasif görev olan APK uzmanlığında sadece aybaşlarında maaşını aldığı bir göreve getirilmişti. YDK'ye gelecek olan kişilerin belirlendiği, APK uzmanları arasında yapılan gizli bir seçim sonucu terfi toplantılarına katılabiliyordu. Bu yüzden, karara muhalif kalması nedeniyle zaten herhangi bir "yaptırıma" gerek kalmayan görevdeydi. Fakat sonraki yıllarda bu tavrının hesabı emniyet amiri olan oğluna Serkan Tecirlioğlu'na "(ADI NEDİRRR))))ödetildi. 2005-2006 yıllarında emniyetin pek çok hassas biriminde örneği görüldüğü gibi, kadrosuzluk ve benzeri gibi görünüşte normal olan bahanelerle başarılı bir personel olan oğul TECİRLİOĞLU istinbarat hizmetlerinden uzaklaştırıldı." şeklinde kitap taslağına eklemeler yapılarak kitap taslağının düzeltilmesi istendiği görülmüştür.

DEĞERLENDİRME: Bu notun Ahmet şık tarafından yazıldığı çok açıktır. Bu not yazar tarafından alınmıştır.

48) POLİS İNCELEME TUTANAĞI: Kitap taslağının 287-288. sayfasında; "Müfettiş değişti gerçek ortaya çıktı" başlığı altında; "Bu soruşturma ise, Müfettiş Özkılıç'ın "gayretli"(!) çalışmaları nedeniyle Devlet Denetleme Kurulu üyeliğine atanması ile farklı müfettişler görevlendirildi. Yapılan yeni soruşturmada ise, ilk müfettiş raporunun aksine İstanbul'da bulunduğu ihbarı yapılan Yasin Hayal ve ağabeyinin telefon sorgulamalarının bilgisayarda yapıldığı ancak silindiğini tespit etti." yazdığı, ancak devamında parantez içersinde, (*Devletin memuru olan İstanbul İstihbarat Şubesi polisi, bir şüpheli grubuyla ilgili çalışma yapıyor, bu çalışmasını devletin arşivi olan bilgisayarına kaydediyor; bu kayıtlar silinerek Müfettişlerden gizleniyor; başka bir Müfettiş, bu silinen kayıtları ortaya çıkartıyor!..

Gerçekleri ortaya çıkartamayan Mülkiye Müfettişi Mehmet Ali Özkılıç, bir üst göreve Devlet Denetleme Kurulu üyeliğine terfi ediyor; gerçekleri ortaya çıkartma becerisi gösteren Mülkiye Müfettişi Akif İkbal, halen İçişleri Bakanlığı'ndaki görevine devam ediyor; O, her nedense bir üst göreve terfi edemiyor. Yoksa Akif İkbal, cemaatçi olmadığı için mi terfi ettirilmedi? Sabri Uzun'un 8.900 lira olan banka mevduatı Mehmet Ali Özkılıç tarafından 88 bin lira gösterilerek (10 katı kadar), yanlışlık yapması, İstanbul İstihbarat Şube Müdürü Ahmet İlhan Güler'in, Dink Cinayeti öncesi yaptırdığı ve İstihbarat Şubesi'nin bilgisayarına kaydettirdiği çalışmalar, silinerek veya Müfettiş Özkılıç tarafından ortaya çıkartılmayarak, Güler'in görevden alınması, Ergenekon Operasyonu için Emniyet'te alt yapı hazırlandığı kuşkusunu yaratmakta. Yoksa Ergenekon Davası, bir kurgu mu; bir düzmece mi? Üstelik, İstihbaratçı Sabri Uzun hakkında yapılan soruşturmaya da Mehmet Ali Özkılıç görevlendirilmiş, istihbaratçı Ahmet İlhan Güler hakkında yapılan soruşturmaya da Mehmet Ali Özkılıç görevlendirilmiş. Bu bir tesadüf mü; yoksa Mehmet Ali Özkılıç, Emniyet'teki cemaat yapılanmasının oluşturulması için seçilmiş bir tetikçi mi sorusu akla gelmektedir!.. Özkılıç'ı tenzih ederim ama, bu kadar tesadüfün ve yapılan yanlışların üst üste gelmesi de, hayıra işaret değil!..

Bu bulgular sonucunda, Silivri'de yürütülmekte olan ERGENEKON DAVASI'NIN SONUCUNUN DA, KURGULU, KUŞKULU VE DÜZMECE bir kararla neticelenmesi veya sürüncemede kalması, Türk Milleti'ni çok üzecektir. Şeklinde bir eklentiyi düşününüz) " şeklinde notların yazılı olduğu görülmüştür. Dolayısıyla parantez içersinde yazılı notlardan Ahmet ŞIK'a bu kitap çalışmasını yaptıran ERGENEKON terör örgütü mensuplarının, yine kitabın bu bölümünde müdahale ettiği ve Ergenekon operasyonlarının düzmece olduğu yönünde algı oluşturulması için ne şekilde ekleme yapılması gerektiğini ortaya koyduğu görülmüştür.

Ayrıca yapılan bu ekleme ile, davayı yürüten kurumlara yönelik kamuoyu desteğini kırmak, gerek kurumsal gerekse bireysel düzeyde yıpratılmaları ve güvenilirliklerinin zedelemek amacıyla algı oluşturmaya çalışıldığı, bir yandan da davaya olan güveni zedelemek amacıyla kara propoganda unsurları kullanılarak "Ergenekon Davası, bir kurgu mu; bir düzmece mi?" gibi ifadelerle kamuoyunun aleyhe yönlendirilmeye çalışıldığı anlaşılmıştır.

DEĞERLENDİRME: Polis içindeki Fethullah Gülen cemaati örgütlenmesini inceleyen Ahmet Şık elbette ki Ergenekon operasyonu öncesinde emniyet içindeki değişimi ele almaktadır. Bu konuda dönemin tanıklarından bilgi toplaması son derece doğaldır, çünkü başkaca bir kaynak bulunmamaktadır. Nitekim Ergenekon operasyonunu yapacak bir ekip oluşturmak için önceki ekibin nasıl görevlerinden alındığının kitapta olmaması çok büyük bir eksiklik olurdu ve Şık haber kaynağından bu içerikte bilgiler aldı. Bu not gazetecinin haber kaynağından bilgi almasıdır.

49-) POLİS İNCELEME TUTANAĞI: Kitap taslağının 296-297. sayfasında; "Yabancı görevlinin verdiği bilgiye göre; Hüseyin Baybaşin, 1998'de Hollanda polisiyle işbirliği sonucu kendisini 105 kilo eroin ve 5 kilo esrar, ayrıca silahlarla yakalatan ve 18 yıl (sonradan müeebbete çevrildi) hapis cezası almasına neden olan Emin Arslan'dan intikam almak istemektedir. Bu oyun başarılı olursa Baybaşin hakkında mahkumiyet kararının düşeceği hesap edilmektedir!... Yabancı görevli ayrıca Baybaşin'in hedef aldığı kişilerle (Emin Arslan ve İsmail Çalışkan) ilgili olarak medya, siyaset ve bürokrasi içinde 'karalama' kampanyası düzenlenebileceğini de aktarır." Yazdığı, bu kısmın hemen devamında ise parantez içersinde, (*Bence, yukarıdaki bölüm yanlış yazılmış. Çünkü; siz ülkede kurgu Ergenekon Operasyonu yapan cemaat çetesini anlatırken, konuyu değiştirdiniz, "Emin Arslan-Baybaşin arsındaki kaçakçılık ve dürüst polisi anlatmaya başladınız. Yani siz, topluma vermek istediğiniz ana mesajdan koptunuz, uzaklaştınız. Sanki Emin Arslan hatıra kitabını hazırlayan şirket CEO'su gibi bir misyona büründünüz. Bir cümleyle; "Emin Arslan'a 3 milyon dolar vermek isteyen Baybaşin ile, Emin Arslan'ı görevden uzaklaştırmak isteyen cemaat, ortak bir noktada buluşmuşlardı" diyebilirsiniz. Ama sayın Arslan'ın aklanmaya, anlatılmaya ihtiyacı yok. Eğer bunlar yazılacaksa kitabınızın adını, 'EMİN ARSLAN'ın YAŞADIKLARI' şeklinde koymanız gerekir, derim)" yazdığı görülmüştür.

Bu nota bakıldığında, söz konusu kitabın tamamen ERGENEKON soruşturmasının kamuoyundaki inanılırlığını ortadan kaldırmak ve cemaat tarafından yapılan bir operasyon şeklinde algı oluşturmasını sağlamak amacıyla hazırlandığını, diğer taraftan da söz konusu notun, Ahmet ŞIK'a bu kitap çalışmasını yaptıran ERGENEKON terör örgütü mensupları tarafından yazıldığını net olarak gösterdiği anlaşılmaktadır.

DEĞERLENDİRME: Bu haber kaynağının haddini aştığı bir nottur. Diğer bu tarz notlarda olduğu gibi Ahmet Şık tarafından dikkate alınmamıştır. Böylece Şık'ın haber kaynağıyla arasındaki mesafeyi kitapta yer alan 35 sayfa kanıtlamaktadır. Nitekim kitabın internette yayılan son halinde Emin Arslan ile ilgili bölüm 214'üncü sayfadan 249'uncu sayfaya kadar devam etmektedir. Bir yönlendirme ya da talimattan bahsedilebilmesi için Ahmet Şık'ın ya bu bölümleri hiç koymaması ya da kitabına "Emin Arslan'ın yaşadıkları"nı koymuş olması gerekir. Ancak polis Emin Arslan hakkında sayfalarca süren anlatımların olduğu taslak elinde olmasına karşın bu nottan hareketle 'Kitabı Ergenekon örgütü mensupları yazıyor' iddiasında bulunmuştur. Bu not Ahmet Şık tarafından dikkate alınmamıştır.

SONUÇ OLARAK;

Polis inceleme tutanağının incelemeye alınan bölümünde 49 madde vardır. Bu notlardan dört tanesinin Ahmet Şık tarafından kırmızı renkle ve büyük harflerle alındığı açıktır. Geriye kalan 45 notun içerikleri polisin iddialarının dayanaktan yoksunluğunu açıkça ortaya koymaktadır. 45 notun 13 tanesi Ahmet Şık tarafından dikkate alınmamıştır. Bu notlar haber kaynağının maddi hataların düzeltilmesi, varsa ek bilgilerini paylaşması için kendisine gönderilen kitap taslağının içeriğine yönelik önerileridir. Bu notlar bile kitabın bir yönlendirmeyle yazıldığı iddialarını çürütmek için yeterlidir.

Geriye kalan 32 notun 18 tanesi "hata düzeltmeleridir". Bu düzeltmelerin çoğunluğu "Mehmet Ağar o dönemde görevli değildi", "İbni Erken değil, İbni Erkam olmalı.", "Yaşar Büyükanıt o dönem Genelkurmay Başkanı değil Kara Kuvvetleri Komutanı'ydı", "Büyükanıt Sabri Uzun için 'O adam' diye bir kelime kullanmadı" ve bunun gibi çok basit düzeltmelerdir. Ancak bunlar bile polis inceleme tutanağında "Yönlendirme", "Kitabı Ergenekon mensuplarının yazdığının delili" olarak gösterilmeye çalışılmıştır ve bu akla mantığa tamamen aykırıdır.

Arta kalan 14 notun ise 9 tanesi bilgi içermektedir. Ayrıca bilgi içeren ancak yazar tarafından kitapta yer verilmeyen yani dikkate alınmayan 5 not daha vardır. Ahmet Şık'ın haber kaynağı emniyet içinde uzun bir döneme tanıklık etmiştir. Dikkate alınan 9 nottan 7 tanesi 1999 tarihindeki Cevdet Saral ve ekibinin Telekulak Skandalı ve o dönem Fethullah Gülen cemaati hakkında yürütülen soruşturmanın zaaflarıyla ilgilidir. Bir not Şemdinli olayı, bir not Türkbank olayı ve üç not Ergenekon soruşturması konusundadır.

Ancak son söz olarak gerçeği ortaya koyan bütün bu incelemeye bile gerek yoktur. Kitap yazan herkes bilir ki insan çalışmasını sürdürürken başka insanların fikirlerini merak eder. Bunun için kitap çalışmasını getirdiği noktalarda güvendiği insanlara gönderir ve yorumlarını değerlendirerek çalışmalarına devam eder. Bu bir avukat, haber kaynağı, editör olabilir. Bu suçsa kitap yazanların çok büyük çoğunluğunun cezaevine konulması gerekir. Ahmet Şık kitap taslağını Odatv'ye göndermediğini belirtmektedir ve gönderdiğine dair bir delil de bulunmamaktadır. Şık haber kaynağına kitap taslağını göndererek (tıpkı bir muhabirin röportaj metnini muhatabına göndermesi gibi), maddi hatalar varsa bunlar konusunda yardım istediğini de ifade etmektedir.

AHMET ŞIK'IN KENDİ NOTLARI

Not almak suç mu?

Polis inceleme tutanağında "İmamın Ordusu" kitap taslağında bulunan kırmızı ve büyük harfle yazılmış notların Ergenekon'un talimatı olduğu dayanaksız bir şekilde iddia ediliyor. Nedense inceleme tutanağını hazırlayanlar bu notları Ahmet Şık'ın kendisinin yazdığı ihtimalinden bahsetmiyor bile. Tutanakta suç olarak gösterilmeye çalışılan onlarca kırmızı ve büyük harfle alınmış notlardan bazıları şunlar:

Kitap taslağının 56. Sayfasında; "Polis Akademileri Fethulahçı örgütlenme merkezi" başlığı altında; "(BURADA ANLATILANLARI DOĞRULATALIM, YASANIN TARİHİNE GEÇMİŞİNE BİR GÖZ ATALIM EMİN OLALIM)" yazdığı görülmüştür.

Kitap taslağının 90. Sayfasında; "Sicili Fethullahçı, görevi Daire Başkanı" başlığı altında; "Yıllar sonra (NE ZAMAN TARİHİNİ ÖĞREN) İstihbarat Dairesi Başkanlığı için yine Mustafa Gülcü'nün adı geçse de Fethullahçılar bunu engellemek için varını yoğunu ortaya koydu." yazdığı görülmüştür.

Kitap taslağının 91. Sayfasında;"Bütün politikacıların icazet aldığı cemaat lideri" başlığı altında; "Gülen hakkında 1992'de polisin hazırladığı rapor, DYP'nin iktidar ortaklığı döneminde EGM'ne getirilen Mehmet Ağar tarafından hükümsüz sayılarak işleme konmamıştı. (BU RAPORU BULABİLİR MİYİZ ACABA)" yazdığı görülmüştür.

Kitap taslağının 115-116. Sayfasında; "Ankara Emniyetinde illigal dinleme merkezi" başlığı altında; "Saral, il emniyet müdür olduktan sonra kendisi gibi Trabzon Oflu olan Osman Ak'ı da, Artvin'den getirtti Üçüncü sınıf emniyet müdürü olan Osman Ak, sadece 2. sınıf emniyet müdürlerinin atanabildiği İstihbarattan Sorumlu Ankara Emniyet Müdür Yardımcısı Vekilliğine İçişleri Bakanı (SAADETİN TANTAN MIYDI ACABA?) oluruyla getirilmişti." yazdığı görülmüştür.

Kitap taslağının 127. Sayfasında; "Cemaat karşıtları bile listeleri eleştirdi" başlığı altında; "Saral'ların yaptığı çalışma ve Fethullahçı oldukları öne sürülen isim listeleri o dönemin "İrtica Avcıları" gibi çalışan Çevik Bir'in kurdurttuğu (KONTROL ET) Batı Çalışma Grubu'na gönderilmişti." yazdığı görülmüştür.

Kitap taslağının 177-178 Sayfasında; "Fethullahçı emniyetçiler jet hızıyla yükseldi" başlığı altında; "Rapor şöyle devam ediyordu: "...Daire Başkanı (KİM ÖĞREN. BU ARADA BU RAPORU DA BULALIM EĞER DOĞRUYSA) hakkında ileri sürülen 'tarikat yanlısı olduğu' yolundaki iddianın, tahlil bölümünde açıklanan nedenlerle doğru olduğu kanaati hâsıl olmuştur." yazdığı görülmüştür.

Kitap taslağının 214. Sayfasında; "Fethullahçı oldukları öne sürülen üst düzey polisler" başlığı altında; "Hem listeyi hazırladığı öne sürülenler hem de listelerde adı bulunanlar açmıştı davaları. (BU DAVALARIN SONUCUNU ÖĞRENNNNNN" yazdığı görülmüştür.

Polis inceleme tutanağında bunlar ve benzeri notlar sıralandıktan sonra "Sabri Uzun"word dosyasına atıf yapılarak kitabın Ergenekon'un talimatlarıyla yazıldığı iddia ediliyor. Ahmet Şık ise kırmızı ve büyük harfle notları kendisinin aldığını ifade ediyor.

Bu suçlamalara karşı bilinmesi gereken bir kitabın yazar açısından uzun ve sancılı bir sürecin ürünü olduğudur. Özellikle bir gazetecilik çalışması olan kitapta çok sayıda not olması çok doğaldır. Çünkü yazar ya da haber hazırlayan bir gazeteci yazım aşamasında kitabında ya da haberinde olduğunu düşündüğü eksiklikleri tespit eder ve bu eksiklikleri gidermek için planlar yapar. Özellikle Ahmet Şık'ın yazdığı gibi 300 word sayfasını (yani yaklaşık 600 kitap sayfasını) geçmiş bir çalışmada cümle sonlarına, metnin içine not almak bir zorunluluktur. Bütün fikir emekçilerinin çok açık ve net bir şekilde yaşadığı ve bildiği bu durumu bir suça dönüştürme kastı, polisin kötü niyetini çok açık bir şekilde ortaya koymaktadır.

Hani kitap Sabri Uzun adıyla yazılacaktı?

Ayrıca Polis inceleme tutanağı'nda "İmamın Ordusu" kitap taslağındaki notlardan bazıları çok önemli bir noktaya işaret ediyor. Bu yaman çelişkiyi gözler önüne sermek için önce bir hatırlatma yapalım: "Polisin İnceleme Tutanağı'nda Ahmet Şık'ın kitabının Sabri Uzun'un adıyla çıkarılacağı öne sürülüyor. Ahmet Şık'ın savcılık sorgusunda bu yöndeki soruya şiddetle itiraz ederek "Sabri Uzun'la kitap çıkarmaya çalışmadım, aksine Sabri Uzun kitabın içerisinde geçen Emin Aslan gibi öznelerden biridir" demesine karşın iddianamedeki ana suçlamalardan biri bu. Ancak Polis inceleme tutanağı'na konulan bazı notlar bu iddiaların tam tersini gösteriyor, bu iddiaları çürütüyor. Bu notlardan bazıları şöyle:

POLİS İNCELEME TUTANAĞI: Kitap taslağının 237-238-239. sayfasında; "Sabri Uzun'dan mektup" başlığı altında; "Peki Uzun, mektubunda ne anlatıyordu? Onu da yine Altaylı'nın köşesinden aktaralım..."Sayın Altaylı, Türkiye'nin 'Ergenekon' adını taktığı şeyle (asla terör örgütü demedim, demiyorum, diyemeyeceğim), 14 Haziran 2001 günü tanıştım. 2006 yılı Ocak ayında tekrar karşıma çıktı. (SERDAR SAÇANIN

İSTANBULDA YÜRÜTMEK İSTEDİĞİ ERGENEKON SORUŞTURMASININ ENGELLENMESİNİ ANIMSATABİLİRİZ. SABRİ BEYE KENDİSİNE DE AYNI TARİHLERDE LİSTE İLETİLDİĞİ İÇİN YORUMUNU SORALIM)" yazdığı görülmüştür.

Kitap taslağının 274-275. Sayfasında; "Cemaatçileri şarka gönderdi diye" başlığı altında; "... İşte tüm yapılanların arka planında aslında bu mesele vardı, ama sanıyorum askerler fırsat olarak çıkmış ve kullanılmıştı. (BURADA UZUN'UN, BÜYÜKANITA AÇTIĞI DAVAYI GİRELİM. BİRDE BÜYÜKANIT'IN EMİR SUBAYI OLAN GÜRSEL ALBAYIN CEMAATÇİ OLMA MESELESİNİ SABRİ BEYE SORALIM)" yazdığı görülmüştür.

Odatv'den Ele geçirilen Kitap taslağının 57. Sayfasında; "Emniyet'teki örgütlenmenin meyveleri toplanıyor" başlığı altında; "... Kendisi de cemaat oyunuyla kızağa çekilecek olan (SABRİ UZUN OLABİLİR Mİ?) XXXXXX in başkanlığı dönemi olan 1996 ile ile XXXXXX Başkanlık ettiği 1998'de (BU KİM PEKİ ORAKOĞLU MU YOKSA?) Emniyet İstihbarat Daire Başkanlığı'nın hazırladığı iki ayrı belgede de hem polisin hem devlet erkânının Gülen cemaatine bakışın değiştiğini gösteriyordu." yazdığı görülmüştür.

DEĞERLENDİRME: Bu notlarda görüldüğü gibi Ahmet Şık yıllarca İstihbarat Daire Başkanlığı yapmış Sabri Uzun'dan görüş almayı planlamaktadır. Buraya not aldığı dönemler Sabri Uzun'un tanıklığının olma olasılığı yüksek bir zaman aralığıdır. Bir gazetecinin eski İstihbarat Daire Başkanı'ndan bilgi almak istemesi bir suç değildir. Ancak daha önemlisi bu notlar Sabri Uzun'un Ahmet Şık'ın kitabına olan mesafesini açık bir şekilde ortaya koymaktadır. Savcılık ve polis kitabın Sabri Uzun adıyla çıkarılmasının planlandığını öne sürmektedir ancak bu notlar bu iddiayı yalanlamaktadır. Zaten kitabın bütününe bakıldığında da Sabri Uzun sınırlı bir bölümü oluşturmaktadır. Kitapta daha önce yazdığı mektuplar, verdiği demeçler Ahmet Şık tarafından anlatılıyor. Birinci tekil şahıs olarak bir anlatım söz konusu bile değil. Üstelik son olarak polis inceleme tutanağı'nda yer alan bir not söze gerek bırakmıyor: Odatv'dan ele geçirilen kitap taslağının 105. Sayfasında; "Cemaati soruşturanlara soruşturma" başlığı altında; "... Dindar olduğu bilinen Uzun, 28 Şubat sürecinin karanlık günlerinde cemaat ya da tarikat bağlantılı olan ya da sadece dini inançları gereği namaz kılan bazı personelini korumuştu. Bu da zaten cemaat soruşturmasında isminin geçmesi için yeterliydi. "(SABRİ BEYE SORACAĞIZ: CEMAATTEN MİSİNİZ YA DA NEDEN KORUDUNUZ DİYE?)" yazdığı görülmüştür.

EK-2

Bu yazılar unutulur mu?

Kurulan pusu ve komplonun medya ayağında birçok isim yer aldı. Sadece savcının ağzından çıkmış "Açıklanmayan deliller var", "Gazetecilik faaliyetlerinden veya kitap yazmaktan tutuklanmadılar" açıklamasına dört elle sarıldılar. Yazılar olmayan deliller ve iftiralarla doluydu. Yüzlerce yalan gazete, televizyon ve internet haberlerini kitaba sığdırmak mümkün değil ama sadece köşe yazarlarından bazı örneklere bakmak bile medyadaki pusucuları anlamaya yetiyor.

Emre Uslu: *"Ahmet Şık'ın kitabı" başlıklı 20 Mart 2011 tarihli Taraf gazetesindeki yazısında, "Ayrıca Ahmet Şık'ın Oda Tv'de bulunan kitabının 189 sayfalık bölümünde gerek kitap içinde gerekse de kitap sonunda alınmış notlar var. Bu notlar ile Şık'ın ifadeleri çelişiyor, bu da kuşku uyandırıyor. Notlar, bir editörün ya da kitabı okuyan bir kimsenin aldığı notlar gibi anlaşılıyor. Oysa Ahmet Şık bu notların başkalarına ait olmadığını ve kendisinin notları olduğunu iddia ediyor."*

Savcılık ve nöbetçi mahkemede Ahmet Şık'a sadece kırmızı ve büyük harfle yazılmış kendisine ait iki not soruldu. Haber kaynağına ait (*) ile başlayan notlar sorulmadı. Ancak daha sonra gazete, televizyon ve internet sitelerinde 'Ahmet Şık bütün notların kendise ait olduğunu söylemiş' gibi yayınlara başlandı. Emre Uslu da burada bu misyonunu yerine getiriyor.

Emre Uslu: *"Savcılık kayıp 100 sayfanın mı peşinde?" başlıklı 25 Mart 2011 tarihli Taraf gazetesindeki yazısında: "...Bu büyük soru ve kitabın üzerindeki notlardan apaçık bir şekilde Ahmet Şık tarafından alınmadığı görüldüğü halde Şık neden ısrarla o notları kendisinin tuttuğunu ifade ediyor. Bu soruşturmacılarda büyük kuşku oluşturuyor. Ya Şık bir şeyler gizliyor bu nedenle o notlar bana ait diye ısrar ediyor ya da başka bir durum var şeklinde düşünüyor...Soruşturmacıların tespitlerine göre Şık'ın kitabı kolektif bir ekip tarafından yazıldı. Buna göre Odatv'den çıkan Ahmet Şık'ın kitabının 189 sayfalık ilk bölümü aralık ayının ilk günlerinde Odatv'ye geldi. Odatv'de yaklaşık on gün üzerinde çalışıldıktan sonra kitaba yapılması gereken ekleme ve çıkarmalar üzerine notlar alınmış..."*

Ahmet Şık savcılık ve polis ifadesinde kitabının Odatv'ye nasıl gittiğini bilmediğini açık bir şekilde ifade etti. Ve iddianamede de Odatv ile Şık'ın bir irtibatına dair hiçbir delil ya da kitabı gönderdiğine dair hiçbir delil bulunmuyor. Ahmet Şık'ın kırmızı ve büyük harflere aldığı notların kendisine ait olduğu çok açıkken bu yazıdaki iddiaların amacı çok net.

Emre Uslu: *"Ahmet Şık'ın kitabı sansürlenebilir mi?" başlıklı, 26 Mart 2011 tarihli Taraf gazetesindeki yazısında, "...Eldeki kopyalarda bunun gibi onlarcası bulunan notları siz mi tuttunuz diye sorulduğunda Şık; bu notların hemen hepsinin kendi notları olduğunu iddia ediyor. Soruşturmacılarda haliyle Şık'a inanmıyor ve bu direktifleri ve yönlendirmeleri kimlerin yapmış olabileceğini araştırıyor...Bu çelişkiden hareketle savcılar, o kitapta yer alan notların Ergenekon örgütünün ULUSAL MEDYA 2010 dokümanında belirtilen stratejiler doğrultusunda kitaba yapılması gereken ekleme ve çıkarmaların belirlendiği, sonrasında birçok kişinin taslak üzerinde belirtilen talimatlar doğrultusunda gerekli çalışmaları yaparak taslağa eklediğini düşünüyor..."*

Ahmet Şık notların hepsinin kendisine ait olduğunu hiçbir zaman söylemedi. Ama bu karalama aylarca sürdü ve halen kendine gazeteci diyenler cahilce bu iddialarını sürdürebiliyor. Ulusal Medya 2010 belgesinin Ergenekon soruşturmasını eleştirmeyi yasaklamanın gerekçeleri de vurgulanıyor.

Adem Yavuz Arslan: *"Savcılar kitabı değil merkezi arıyor" başlıklı, 28 Mart 2011 tarihli Bugün gazetesindeki yazısında: "...Dün gazetelere yansıdı. Savcılıktaki evraklara göre Ahmet Şık'ın kitabı üzerinde 'adeta bir komisyon' çalışmış. Kitabın farklı kopyalarında farklı 'talimatlar' girilmiş..."*

Notların hiç birinde talimat bulunmuyor. Haber kaynağının düştüğü notların çok büyük kısmının küçük hata düzeltmeler, Ergenekon'dan yıllar önceki olaylara ilişkin tanıklıklara ilişkin olduğunu polis inceleme tutanağının değerlendirmesinde anlatmıştık. İnceleme tutanağındaki mantıkdışı, kasıtlı yorumlara bir örnek Adem Yavuz Arslan'ın yazısı.

Nazlı Ilıcak: *"Savcılık neyin peşinde" başlıklı, 26 Mart tarihli Sabah gazetesindeki yazısında: "...Ahmet Şık, "İmamın Ordusu" adlı kitabının yegâne nüshasının kendisinde olduğunu ve taslağı, yalnız avukatına gönderdiğini söylemişti. "Kitap Oda TV'ye nasıl gitti, bilmiyorum. Tek nüshası bende ve avukatımda" diyordu"..." ve "...Ahmet Şık, notları kendisinin kaleme aldığını söylüyor. Dediği doğru olabilir de..."*

Nazlı Ilıcak da 'kitaptaki notların hepsini Ahmet Şık'ın yazdığını söylediğini' iddia ediyor. Ahmet Şık kitabın tek nüshasının kendisinde ve avukatında olduğunu da hiçbir zaman söylemedi.

Emre Aköz: *"Cambaza bak cambaza" başlıklı 27 Mart 2011 tarihli Sabah gazetesindeki yazısı: "...İşte bu soruyla birlikte konunun özüne yaklaşıyoruz. Burada esas aranan kitap değil, o kitaba düşülmüş notlar, çıkmalar, hamişler... Niye kitap değil de, notlar?* ***Çünkü o notlar Ahmet Şık'a ait değil!*** *Savcılar, gözaltına aldıklarında, Ahmet Şık'a "Bu notlar kimin" diye sordu. Şık da, "Notlar bana ait" cevabını verdi. Halbuki incelemeler, Odatv'dekilere ek olarak, başka kişi (kişiler) tarafından kitaba not düşüldüğünü, çıkmalar yapıldığını gösteriyor."...*

Emre Aköz: *"İnceleme tutanağını okurken aklıma geldi" başlıklı 30 Mart 2011 tarihli Sabah gazetesindeki yazısı: "Aydın Engin niye Soner Yalçıngillerin, Nedim Şener'in ve Sabri Uzun'un hakkını yemiş? İşte onu tam anlamadım! Hani sorgu esnasında Ahmet Şık, 'Kitaba ilişkin tüm notlar bana aittir'demişti ya... Acaba o söze dayanarak mı Aydın Engin, diğerlerinin katkısını görmezden geldi?", "... Odatvciler, Şener, Uzun ve kimliği belirsiz şahıs(lar), metni ince ince okumuş ve 'Yanlış yazılmış... Yazınız düzeltilmelidir... Şunu çıkar, bunu ekle...' diye Ahmet Şık'a direktifler vermişler."*

Ahmet Şık 'bütün notların kendisine ait olduğunu söylediği' komplosu devam ediyor. Ayrıca polis inceleme tutanağını okuyan Aköz'ün oradaki polislerin mantıkdışı tespitlerini benimsemesinin iki anlamı olabilir: Ya zekâ yetersizliği ya da kasıt...

Ergun Babahan: *"Basılmamış kitabın davası olur mu?" başlıklı, 26 Mart 2011 tarihli Star gazetesindeki yazısında, "...Hakkında kesin hüküm verilmemiş bir örgütü savunmak amacıyla yazılmış ama basılmamış bir kitabın yarattığı skandal bu davaya kuşkuyla bakanların elini güçlendiriyor..."*

Babahan 'bir örgütü savunmak için kitabın yazıldığını öne sürüyor. Ancak yazısının devamında kitabın yasaklanmasını eleştiriyor.

Mehmet Kamış: *"Toplumsal bellek" başlıklı, 26 Mart 2011 tarihli Zaman gazetesindeki yazısında: "Bu ülke neden değişiyor? Neden Ergenekon'un masum insanlara karşı yaptığı operasyonlara müdahale ediliyor? tarzı bir serzeniş bu. Yani Ergenekon örgütünün yazdığı ve Ahmet Şık'ın ismini vererek yayımlayacağını söylediği dokümanlara lütfen karışmayın diyorlar. E biz diyorlar, yıllardır bu ülkeyi böyle yönetiriz. İftiralar, medyatik linçler, irtica kampanyaları ne zamandan beri basın özgürlüğü olarak kabul ediliyor?*

Ergenekon örgütünün kitabı yazdığı ön kabulüyle yazı yazan bir kişi nasıl değerlendirilebilir ki?

Nuh Gönültaş: *"Bence çok şık oldu" başlıklı, 27 Mart 2011 tarihli Bugün gazetesindeki yazısında: "...Çünkü bu kitap öyle normal bir kitap gibi yazılmadı. Örgütün ortak bir operasyonu! Bazıları ki, bunların çoğu emniyet içinde ve üst düzey görevlerde, sahte belge ürettiler. Bazıları taktik belirlediler, akıl verdiler. Ahmet Şık'ın suçu ne biliyor musunuz? Yazdığı iddia edilen kitabın içinde kendisine ait birkaç sayfa, belki de birkaç satır bile olmaması... Ahmet Şık, bu kitap "şık" olmadı. Çünkü sen yazmadın, örgüt yazdı!..."*

Kurulan pusunun medya ayağındaki boyutları hakkında fikir veren Nuh Gönültaş, savcıların ve polisin bile iddialarını aşarak Ahmet Şık'ın kitabın birkaç satırını bile yazmadığını öne sürüyor. Cehalet ve zekâ eksikliğinin bu kadarına pes!!!

Orhan Miroğlu: *'Ergenekon piyasası' başlıklı, 14 Mart 2011 tarihli, Taraf gazetesindeki yazısında: "...Ancak bu fikirlerin Ergenekon piyasasında bir karşılığı var. Ahmet Öz'ü ve Nedim Şener'i bu piyasa cezbetmiş olmalı ki iş, İmamın Ordusu'nu anlatacak bir 'Ergenekon ortak projesine' dönüşmüş. Ama proje daha tamamlanmadan, bu sefer Ergenekon savcısı Zekeriya Öz devreye girdi. Çünkü projenin hayata geçmesinde hukuki olmayan ve basın özgürlüğü kapsamında mütalaa edilemeyecek olan ve Ergenekon'un manipülasyonu sonucu elde edilmiş belgeler olduğu iddiası var. İddia yabana atılacak gibi değil..."*

Basın ve düşünce özgürlüğüne açık saldırı iddialarını yabana atılır bulan Orhan Miroğlu'nun 'Ergenekon manipülasyonu sonucu elde edilmiş belgeler' iddiasına örnek tek bir belge yok. Ayrıca 'Ergenekon piyasası'ndan yararlananlar burada sıralanan köşe yazarlarından ve yazdıklarından çok iyi anlaşılıyor.

Mehmet Baransu: *27 Mart 2011 tarihinde Zaman gazetesinde yayımlanan röportajda: "Ahmet Şık, önceki ifadesinde, kitabın tek nüshasının kendisinde ve avukatında olduğunu söylemişti. Ertuğrul Mavioğlu'nun bilgisayarında bulunan nüsha, ifadedeki çelişkileri ortaya çıkarıyor. Gerçeklerin üzeri, basın veya ifade özgürlüğü tartışmalarıyla kapatılmak isteniyor."*

Mehmet Baransu: *"Suçluları tanıyalım" başlıklı, 4 Nisan 2011 tarihli Taraf gazetesindeki yazısı: "Dokunanın yandığı, muhaliflerin susturulduğunu kamuoyuna açıklamak için sokağa çıktılar, ağızlarını bantladılar, köşelerinde, bir biri ardına yazılar kaleme aldılar. Sizi bilmem ama ben Nedim Şener ve Ahmet Şık için düzenlenen yürüyüşte en önde yürüyen gazeteci kılıklılara, konuyla ilgili köşelerinde kalem oynatanlara bakınca gülüyorum. O fotoğrafta suçlunun suçunu gizlemek için gösterdiği çabayı görüyorum. Şener ve Şık, ne Fethullah Gülen'e dokundukları için ne de iktidara muhalif oldukları için tutuklandılar. "Silahlı Terör Örgütüne Üye" olmak suçlamasıyla tutuklanıp cezaevine kondular... İsterseniz TMY'deki düzenlemenin öncesi ve sonrasında yaşananlara bakıp, suçluların, suçlarını gizlemek için nasıl şekilden şekle girdiklerini, "Dokunan yanar" yalanının arkasına saklandıklarına bakalım."*

Mehmet Baransu: *"Şener ve Şık serbest bırakılmalı" başlıklı, 29 Ağustos 2011 tarihli Taraf gazetesindeki yazısı: "Ergenekon soruşturması kapsamında Oda TV'yle ilgili* *yapılan soruşturma tamamlanıp, iddianame kabul edildi. Hatırlanacağı gibi gazeteci Nedim Şener ve Ahmet Şık'ın tutuklanmalarının ardından kamuoyunda tepkiler yükselmiş ve soruşturma savcısı Zekeriya Öz bir açıklama yapmıştı. Öz, her iki ismin de gazetecilik faaliyeti ve kitaptan değil, örgütsel faaliyetler kapsamında tutuklandığını söylemişti. Ancak bugün ortaya çıkan iddianame, Ahmet Şık ve Nedim Şener'in kitaptan dolayı tutuklandığını ortaya koyuyor."*

Mehmet Baransu aylarca Ahmet Şık ve Nedim Şener'in yazdıkları kitaplardan dolayı tutuklanmadıklarını iddia ettikten sonra iddianameyi görünce çark ediyor. Peki bir özür var mı? Tabii ki yok. Hatta yazının devamında suçlamaları satır aralarında savunmaya devam ediyor.

Nagehan Alçı: *"Ahmet Şık'ın imzası" ara başlıklı, 10 Mart 2011 tarihinde Akşam gazetesindeki yazısının ilgili kısmında, "Alper Görmüş'ün pazartesi günü Taraf'taki yazısını hayretler içinde okudum.... Görmüş 'O dönem o günlükleri ben bulup yayına hazırlamıştım. Ben yazdım ama Ahmet'in imzasını koyduk. Dava açılırsa yine ben sorumlu olacaktım' diyordu. Bu açıklama karşısında kanım dondu.. Görmüş kendi hazırladığı haberin altına nasıl olur da bir muhabirin imzasını koyar? Ahmet Şık yazmadığı bir haberin altına imzasının konmasını neden kabul eder? İmza bir gazetecinin damgası, sözü, garantisi değil midir? Ne zamandan beri isim kullanmak bu kadar rastgele hale geldi? İmza böylesine pervasızca kullanılabiliyorsa biz neden Hanefi Avcı ya da Sabri Uzun'un kitaplarını onlar mı yazdı diye tartışıyoruz? Benim her geçen gün medyada ilkelerin egemen olacağı bir ülkede yaşama hayalim azalıyor. Günlerdir 'soruşturma kapsamındaki iddiaları bilmiyorum ama Ahmet Şık iyi bir gazetecidir' diyorum her yerde ancak Görmüş'ün açıklamasından sonra biz Şık'a ait olarak sunulan haberlerin hangisinin gerçekten ona ait olduğunu nereden bileceğiz? Onun iyi bir gazeteci olup olmadığına neye bakıp karar vereceğiz?"*

Bu makaleyi Türkiye'de hangi düzeydeki kişilerin köşe yazdığının örneği olarak sunmak gerekiyor. Alçı Görmüş'ün yazısı okunmadan böyle bir skandal yazıya imza atılmış olmalı. Ancak yazı okunup da bunlar yazıldıysa daha büyük sorun. Çünkü o zaman çok ciddi bir okuduğunu anlama sorunu var. Alper Görmüş sadece Darbe Günlüklerine hiçbir imza atılmadığı yazmıştı. Ama Nagehan Alçı nasıl olduysa bunu Ahmet Şık imzasıyla yayınlanmış gibi anlıyor ve 'medyada ilkelerin egemen olacağı bir ülkede yaşama hayali azalıyor.' Medyanın onsuz çok daha ilkeli ve kaliteli olacağı kesin. Ayrıca bu örnek insanların köşe yazılarında ne kadar kolay karalandığı gözler önüne seriyor.

Etyen Mahçupyan: *"Gazeteciler ve gözaltı" başlıklı, 6 Mart 2011 tarihli Zaman gazetesindeki yazısında, "... Diğer taraftan yeniden söz konusu arama ve gözaltılara dönersek şunları da söyleyebiliriz: Bu operasyon savcının isteğiyle ve mahkemenin izniyle yapılıyor. Demek ki mahkemeyi ikna edecek bazı deliller mevcut...Ergenekon ağının deşifre olmasıyla birlikte birçok kurumda yaşanan bölünmeler medyada da geçerli oldu. Bu durum farklı bir 'araştırmacı' gazeteci türü çıkardı. Yani belirli yerlerden gelen bilgi ve belgeleri yayımlayan bir gazeteci türü. Böylece gazeteciler belge kaynağının uzantısı haline gelme tehlikesi ile karşı karşıya kaldılar ve manipüle edilmeye açık hale geldiler. Öte yandan bu yola giren gazeteciler, önlerinde bir kariyer buldukları ölçüde giderek daha da kolayca kendilerine sunulan belgelerin peşinden gitmeye başladılar. Bir süre sonra da artık gazeteci gibi değil, çatışmanın tarafı olarak işlevselleştiler..."*

Etyen Mahçupyan: *"Post Ergenekon" başlıklı, 9 Mart 2011 tarihli, Zaman gazetesindeki yazısında, "Çünkü burada sözünü ettiğimiz kitaplar, 'araştırmacı' gazetecilerin* *kendi çabalarıyla buldukları, sınadıkları ve açıkladıkları belgelere dayanmıyor. Bunlar toplu halde servis edilen belgeler. Dolayısıyla da bu içerikteki herhangi bir kitabı inceleyerek, belgelerin muhtemel kaynağına gitmek mümkün. Bu noktada yeniden mesafe alarak bakmamız lazım... Kaynağın belirlenebilmesi, savcılığın suç bağlantılarını takip etmesini sağladığı gibi, tam tersine belirli bir grubun toptan suçlanmasına aracı da olabilir. Post Ergenekon durum askerin ve emniyetin içindeki grupların birbirlerine karşı olan mücadeleleri ile şekil alıyor ve eğer bir biçimde bunun parçası olmayı kabul ederseniz gazetecilik mesleğini de fazlasıyla zorlamış oluyorsunuz. Şener ve Şık, bu çizgiyi aştılar mı bilemeyiz. Ancak aşmadıklarından emin olmak da pek gerçekçi ve sağlam bir konuma işaret etmiyor.*

Mahçupyan'a yazdığı gazetenin kime ait olduğu ve ne tarz gazetecilik yapıldığını birinin söylemesi gerekiyor. Kendisi halen çok tarafsız bir yerde yazdığını zannediyor! Ahmet Şık ve Nedim Şener'e belgelerin bavulla verildiği sanıyor olması da ayrı bir trajikomik durum.

EK-3

Polisten polise fişleme belgeleri

S.N	Sicili	Adı		Soyadı				Aktif Şube	Atama Birimi	Şube/Krk
237	227[redacted]	S[redacted]		Y[redacted]	İlg	Bizi bilir sever ama eşide polis old için vakit bulamadığını söyleyerek kaytarır Ref:Y[redacted] T[redacted]318 74[redacted]	2.BİRLİK	Hassas Böl.Kor.Şb.Müd.	ANKARA-KEÇİÖREN	100.Yıl Polis Karakol Amirliği
309	257[redacted]	A[redacted]		Ö[redacted]			2.BİRLİK	Hassas Böl.Kor.Şb.Müd.	ANKARA-MAMAK	30 Ağustos Polis Karakol Amirliği
199	216[redacted]	A[redacted]		K[redacted]			2.BİRLİK	Hassas Böl.Kor.Şb.Müd.	ANKARA-ALTINDAĞ	Adliye Polis Karakol Amirliği
204	217[redacted]	Y[redacted]		K[redacted]			2.BİRLİK	Hassas Böl.Kor.Şb.Müd.	ANKARA-ALTINDAĞ	Adliye Polis Karakol Amirliği
162	210[redacted]	E[redacted]		Ü[redacted]			2.BİRLİK	Hassas Böl.Kor.Şb.Müd.	ANKARA-KEÇİÖREN	Aktepe Polis Karakol Amirliği
40	176[redacted]	M[redacted]		M[redacted]			2.BİRLİK	Hassas Böl.Kor.Şb.Müd.	ANKARA-ALTINDAĞ	Anafartalar Polis Karakol Amirliği
48	180[redacted]	A[redacted]		T[redacted]	İlg	Bizi bilir sever Süleyman ef. Olabilir ilgilenilebilir Ref: e[redacted]k[redacted]229 95[redacted]	2.BİRLİK	Hassas Böl.Kor.Şb.Müd.	ANKARA-ALTINDAĞ	Anafartalar Polis Karakol Amirliği
26	158[redacted]	R[redacted]		A[redacted]			2.BİRLİK	Hassas Böl.Kor.Şb.Müd.	ANKARA	Asayiş Şube Müdürlüğü
73	188[redacted]	M[redacted]		D[redacted]	İlg	Müspet bir arkadaş geç tanışıldı yakın takipte samimiyet kurulursa kazanılabilir ref: B[redacted]e[redacted]775 44[redacted]	2.BİRLİK	Hassas Böl.Kor.Şb.Müd.	ANKARA	Asayiş Şube Müdürlüğü
258	23[redacted]	S[redacted]		Y[redacted]	İlg	bizi bilir programlarımıza katıldı yeni evlendi eşi Fikri sağların yanında çalışıyordu o yüzden aksatıyordu samimi,ev ziyareti yapılsın ref: B[redacted]e[redacted]	2.BİRLİK	Hassas Böl.Kor.Şb.Müd.	ANKARA	Asayiş Şube Müdürlüğü
193	215[redacted]	E[redacted]		D[redacted]			2.BİRLİK	Hassas Böl.Kor.Şb.Müd.	ANKARA-ÇANKAYA	Bahçelievler Polis Karakol Amirliği
137	207[redacted]	M[redacted]		E[redacted]	1	Derlerimize katılır herşeyi bilir drg yok hım yok namaz düzensiz kılar çok samimi tek sorunu uzaklık Lalahan ref :Y[redacted] T[redacted] 318 74[redacted]	2.BİRLİK	Hassas Böl.Kor.Şb.Müd.	ANKARA-MAMAK	Boş

267	245[redacted]	E[redacted]		E[redacted]			2.BİRLİK	Hassas Böl.Kor.Şb.Müd.	ANKARA-ŞEREFLİKOÇHİSAR	Boş
293	253[redacted]	[redacted]		O[redacted]	Thl k	Referansı tehlk gelmişti fazla ilgilenilmedi	2.BİRLİK	Hassas Böl.Kor.Şb.Müd.	ANKARA-ŞEREFLİKOÇHİSAR	Boş
249	238[redacted]	A[redacted]		Z[redacted]	3	gazete drg him var Özürlü bir çocuğu var onun tedavisiyle yakından ilgilenir ref: B[redacted] e[redacted]	2.BİRLİK	Hassas Böl.Kor.Şb.Müd.	ANKARA	Çocuk Şube Müdürlüğü
261	240[redacted]	F[redacted]		B[redacted]			2.BİRLİK	Hassas Böl.Kor.Şb.Müd.	ANKARA-MAMAK	Demirlibahçe Polis Karakol Amirliği
281	249[redacted]	F[redacted]		T[redacted]			2.BİRLİK	Hassas Böl.Kor.Şb.Müd.	ANKARA-MAMAK	Demirlibahçe Polis Karakol Amirliği
12	134[redacted]	M[redacted]		B[redacted]			2.BİRLİK	Hassas Böl.Kor.Şb.Müd.	ANKARA-ÇANKAYA	Dikmen Polis Karakol Amirliği
129	205[redacted]	M[redacted]		B[redacted]		Bilgi:referans tehlikeli gelmişti hassasdada adı rüşvet söylentisine karıştığından birliği değiştirildi tedbrli yaklaşılsın	2.BİRLİK	Hassas Böl.Kor.Şb.Müd.	ANKARA-ÇANKAYA	Dikmen Polis Karakol Amirliği
279	248[redacted]	M[redacted]		L[redacted]	İlg	Kendi halinde sessiz Cuma kılar ortama uyar ilgilenilirse kazanılanilir ref: R[redacted] Z[redacted] 503 14 [redacted]	2.BİRLİK	Hassas Böl.Kor.Şb.Müd.	ANKARA-ÇANKAYA	Dikmen Polis Karakol Amirliği
294	25[redacted]	A[redacted]		K[redacted]			2.BİRLİK	Hassas Böl.Kor.Şb.Müd.	ANKARA-ÇANKAYA	Dikmen Polis Karakol Amirliği
38	174[redacted]	Ç[redacted]		E[redacted]			2.BİRLİK	Hassas Böl.Kor.Şb.Müd.	ANKARA-ÇANKAYA	Esat Polis Karakol Amirliği
74	18[redacted]	M[redacted]		A[redacted]			2.BİRLİK	Hassas Böl.Kor.Şb.Müd.	ANKARA-ÇANKAYA	Esat Polis Karakol Amirliği
118	201[redacted]	A[redacted]		Ç[redacted]			2.BİRLİK	Hassas Böl.Kor.Şb.Müd.	ANKARA-ÇANKAYA	Esat Polis Karakol Amirliği
230	222[redacted]	E[redacted]		T[redacted]			2.BİRLİK	Hassas Böl.Kor.Şb.Müd.	ANKARA-ÇANKAYA	Esat Polis Karakol Amirliği
235	226[redacted]	Ş[redacted]		Y[redacted]			2.BİRLİK	Hassas Böl.Kor.Şb.Müd.	ANKARA-ÇANKAYA	Esat Polis Karakol Amirliği

283	250[redacted]	U[redacted]		E[redacted]	İlg	Bekar sessiz sakin kendi halinde urfada bir dönem evde kalmış ve küçük bir tatsızlık olmuş ayrılmış kendimizi sevdirirsek geri döner ref : y[redacted] T[redacted] 318 74[redacted]	2.BİRLİK	Hassas Böl.Kor.Şb.Müd.	ANKARA-ÇANKAYA	Esat Polis Karakol Amirliği
54	181[redacted]	R[redacted]		G[redacted]			2.BİRLİK	Hassas Böl.Kor.Şb.Müd.	ANKARA	Esenboğa Havalimanı Şube Müdürlüğü
100	197[redacted]	Y[redacted]		A[redacted]	trk	Bizi sever namazını kılar efendi birisi ehl-i tarik	2.BİRLİK	Hassas Böl.Kor.Şb.Müd.	ANKARA	Esenboğa Havalimanı Şube Müdürlüğü
47	180[redacted]	S[redacted]		D[redacted]			2.BİRLİK	Hassas Böl.Kor.Şb.Müd.	ANKARA	Güvenlik Şube Müdürlüğü
205	217[redacted]	H[redacted]		K[redacted]			2.BİRLİK	Hassas Böl.Kor.Şb.Müd.	ANKARA	Güvenlik Şube Müdürlüğü
182	212[redacted]	M[redacted]		Ç[redacted]			2.BİRLİK	Hassas Böl.Kor.Şb.Müd.	ANKARA-ALTINDAĞ	Hasköy Polis Karakol Amirliği
307	257[redacted]	S[redacted]		D[redacted]			2.BİRLİK	Hassas Böl.Kor.Şb.Müd.	ANKARA-ALTINDAĞ	Hasköy Polis Karakol Amirliği
207	217[redacted]	M[redacted]		S[redacted]			2.BİRLİK	Hassas Böl.Kor.Şb.Müd.	ANKARA-MAMAK	Hüseyin Gazi Polis Karakol Amirliği
14	140[redacted]	K[redacted]		K[redacted]	1	erken haber verildiğinde programları aksatmaz kitap okumayı sever iyi takiple mesafe kateder ref: [redacted] T[redacted] 318 74[redacted]	2.BİRLİK	Hassas Böl.Kor.Şb.Müd.	ANKARA	İkmal Şube Müdürlüğü
304	257[redacted]	S[redacted]		S[redacted]			2.BİRLİK	Hassas Böl.Kor.Şb.Müd.	ANKARA-YENİMAHALLE	Karşıyaka Polis Karakol Amirliği
135	206[redacted]	K[redacted]		D[redacted]			2.BİRLİK	Hassas Böl.Kor.Şb.Müd.	ANKARA-KEÇİÖREN	Kavacık Polis Karakol Amirliği
87	193[redacted]	M[redacted]		Ü[redacted]			2.BİRLİK	Hassas Böl.Kor.Şb.Müd.	ANKARA-ÇANKAYA	Kavaklıdere Polis Karakol Amirliği

284	251[redacted]	İ[redacted]		C[redacted]	1	Drg 10 ytl him var namaz kılar dersleri takip eder görev almaktan kaçınır yakın takip ile kolay seviye alır ref:B[redacted] E[redacted] 775 44[redacted]	2.BİRLİK	Hassas Böl.Kor.Şb.Müd.	ANKARA-ÇANKAYA	Kavaklıdere Polis Karakol Amirliği
29	166[redacted]	E[redacted]		Ü[redacted]	İlg	namaz kılar eşi adliyede memur hizmetle alaklı bişiy anlatılmalı y[redacted] t[redacted] selamıyla ilgilenilebilir 318 74[redacted]	2.BİRLİK	Hassas Böl.Kor.Şb.Müd.	ANKARA-YENİMAHALLE	Merkez Polis Karakol Amirliği
43	178[redacted]	H[redacted]		T[redacted]			2.BİRLİK	Hassas Böl.Kor.Şb.Müd.	ANKARA-MAMAK	Merkez Polis Karakol Amirliği
107	198[redacted]	A[redacted]		G[redacted]			2.BİRLİK	Hassas Böl.Kor.Şb.Müd.	ANKARA-YENİMAHALLE	Merkez Polis Karakol Amirliği
128	205[redacted]	E[redacted]		G[redacted]	İlg	Hizmet geçmişi çok iyi ama camaatlere takıntısı var imam hatipli namzaını kılar aile üylerinin çoğu hzmten teke tek ziyaretlerle mesafe alabilir ref:m.a[redacted] 441 01[redacted]	2.BİRLİK	Hassas Böl.Kor.Şb.Müd.	ANKARA-MAMAK	Merkez Polis Karakol Amirliği
195	215[redacted]	A[redacted]		K[redacted]			2.BİRLİK	Hassas Böl.Kor.Şb.Müd.	ANKARA-MAMAK	Merkez Polis Karakol Amirliği
256	238[redacted]	C[redacted]		N[redacted]		ehl-i dünya dikkatli yaklaşılsın	2.BİRLİK	Hassas Böl.Kor.Şb.Müd.	ANKARA-ALTINDAĞ	Merkez Polis Karakol Amirliği
273	246[redacted]	R[redacted]		K[redacted]	Thl k	bizi bilir gidip gelmiş hizmetten kopmuş hocaefendi hakkında ve bizim hakkımızda ileri geri konuşur bizi deşifre eder dikkat edilsin namaz kılar aldanılmasın	2.BİRLİK	Hassas Böl.Kor.Şb.Müd.	ANKARA-SİNCAN	Merkez Polis Karakol Amirliği
295	255[redacted]	E[redacted]		K[redacted]	5	Tüm dergiler var 25 ytl him var samimi yalnız çok agresif maddi sıkıntıları var birisine kefil olmuştu ref: B[redacted] e[redacted] 775 44[redacted]	2.BİRLİK	Hassas Böl.Kor.Şb.Müd.	ANKARA-ETİMESGUT	Merkez Polis Karakol Amirliği
305	257[redacted]	F[redacted]		M[redacted]	İlg	müspet efendi herhangi bir kötü alışkanlığı yok fazla ilgilnilmedi ilgilenilebilir kazanılabilir	2.BİRLİK	Hassas Böl.Kor.Şb.Müd.	ANKARA-ÇANKAYA	Mustafa Düzgün Polis Karakol Amirliği
206	217[redacted]	M[redacted]		B[redacted]		Ehl-i dünya gayrı meşru çok şey var	2.BİRLİK	Hassas Böl.Kor.Şb.Müd.	ANKARA	Özel Kalem Büro Amirliği
10	125[redacted]	E[redacted]		Ö[redacted]		ehl-i dünya ama son zamanlarda namaza başladı ilgilenilebilir	2.BİRLİK	Hassas Böl.Kor.Şb.Müd.	ANKARA-ALTINDAĞ	Seğmenler Polis Karakol Amirliği

11	126[redacted]	İ[redacted]		T[redacted]		ehl-i dünya fazla irtibatımız yok	2.BİRLİK	Hassas Böl.Kor.Şb.Müd.	ANKARA-ALTINDAĞ	Seğmenler Polis Karakol Amirliği
190	213[redacted]	B[redacted]		A[redacted]	İlg	Hizmeti bilir gidip gelmiş korku damarı var namazlarını kılar yakın ilgiyle aile ziyaretiyle yeniden kazanılabilir ref H[redacted] c[redacted] 430 35[redacted]	2.BİRLİK	Hassas Böl.Kor.Şb.Müd.	ANKARA-ALTINDAĞ	Selahattin Doğan Polis Karakol Amirliği
18	153[redacted]	O[redacted]		K[redacted]			2.BİRLİK	Hassas Böl.Kor.Şb.Müd.	ANKARA-ALTINDAĞ	Siteler Polis Karakol Amirliği
180	212[redacted]	A[redacted]		B[redacted]			2.BİRLİK	Hassas Böl.Kor.Şb.Müd.	ANKARA-ALTINDAĞ	Siteler Polis Karakol Amirliği
289	252[redacted]	M[redacted]		İ[redacted]		Arkadaş çevresi çok kötü alışkanlıkları çok fazla oruç tutmaz bizimle ilgili fikri yok	2.BİRLİK	Hassas Böl.Kor.Şb.Müd.	ANKARA-ALTINDAĞ	Siteler Polis Karakol Amirliği
80	192[redacted]	S[redacted]		Ç[redacted]			2.BİRLİK	Hassas Böl.Kor.Şb.Müd.	ANKARA-ALTINDAĞ	Solmaz Kılıçtepe Polis Karakol Amirliği
194	215[redacted]	Ö[redacted]		Y[redacted]			2.BİRLİK	Hassas Böl.Kor.Şb.Müd.	ANKARA-ALTINDAĞ	Solmaz Kılıçtepe Polis Karakol Amirliği
271	246[redacted]	Ö[redacted]		K[redacted]			2.BİRLİK	Hassas Böl.Kor.Şb.Müd.	ANKARA-ALTINDAĞ	Solmaz Kılıçtepe Polis Karakol Amirliği
285	251[redacted]	B[redacted]		[redacted]	bil	ilgilenildi pek mesafe katedilemedi ali zorluerin selamıyla gidiebilir maddiyata düşkün 549 56[redacted]	2.BİRLİK	Hassas Böl.Kor.Şb.Müd.	ANKARA-ALTINDAĞ	Solmaz Kılıçtepe Polis Karakol Amirliği
72	188[redacted]	F[redacted]		Ş[redacted]	bil	namz kılar eşide polis iyi birisi başka meş olabilir	2.BİRLİK	Hassas Böl.Kor.Şb.Müd.	ANKARA-YENİMAHALLE	Şehit Kadir Özcan Polis Karakol Amirliği
31	170[redacted]	T[redacted]		S[redacted]			2.BİRLİK	Hassas Böl.Kor.Şb.Müd.	ANKARA-KEÇİÖREN	Şehit Mehmet Ali Özbek Polis Karakol Amirliği

61	183900	B[redacted]		C[redacted]			2.BİRLİK	Hassas Böl.Kor.Şb.Müd.	ANKARA-KEÇİÖREN	Şehit Mehmet Ali Özbek Polis Karakol Amirliği
70	188783	Ş[redacted]		K[redacted]	bil	hiz aleyhinde konuşur dikkat edilsin	2.BİRLİK	Hassas Böl.Kor.Şb.Müd.	ANKARA-KEÇİÖREN	Şehit Mehmet Ali Özbek Polis Karakol Amirliği
313	259116	E[redacted]		A[redacted]	1	derslerimize katılır çevresinde sevilen birisi yakın takip ve ilgiyle seviye alabilir ailesiyle kalır ref B[redacted] E[redacted] 775 44 [redacted]	2.BİRLİK	Hassas Böl.Kor.Şb.Müd.	ANKARA-KEÇİÖREN	Şehit Mehmet Ali Özbek Polis Karakol Amirliği
86	193197	Y[redacted]		Ş[redacted]	bil	ehli dün çorumlu boş konuşmalar yapar	2.BİRLİK	Hassas Böl.Kor.Şb.Müd.	ANKARA-MAMAK	Tuzluçayır Polis Karakol Amirliği
264	240930	H[redacted]		G[redacted]			2.BİRLİK	Hassas Böl.Kor.Şb.Müd.	ANKARA-MAMAK	Tuzluçayır Polis Karakol Amirliği
39	174998	A[redacted]		E[redacted]	bil	namz kılar çok efendi müspet birisi başka meş olabilir	2.BİRLİK	Hassas Böl.Kor.Şb.Müd.	ANKARA-ÇANKAYA	Yıldızevler Polis Karakol Amirliği
120	202450	D[redacted]		G[redacted]			2.BİRLİK	Hassas Böl.Kor.Şb.Müd.	ANKARA-ÇANKAYA	Yıldızevler Polis Karakol Amirliği

S.N	Sicili	Adı		Soyadı				Aktif Şube	Atama Birimi	Şube/Krk
13	139[redacted]	U[redacted]		A[redacted]	İLGİ	namaza yeni başladı bizi biliyor gelmiyor bizi seviyor ref: a[redacted] 50522443[redacted]	1.BİRLİK	Hassas Böl.Kor.Şb.Müd.	ANKARA-ETİMESGUT	Şehit Osman Avcı Polis Karakol Amirliği
15	149[redacted]	Y[redacted]		Y[redacted]			1.BİRLİK	Hassas Böl.Kor.Şb.Müd.	ANKARA-ÇANKAYA	Esat Polis Karakol Amirliği
16	150[redacted]	C[redacted]		A[redacted]		sosyal demokrat	1.BİRLİK	Hassas Böl.Kor.Şb.Müd.	ANKARA-MAMAK	Şehit İdris Aydın Polis Karakol Amirliği
17	152[redacted]	H[redacted]		E[redacted]	teh	dikatli yaklaşılmalı	1.BİRLİK	Hassas Böl.Kor.Şb.Müd.	ANKARA-ALTINDAĞ	Hamdi Yahyaoğlu Polis Karakol Amirliği
22	157[redacted]	İ[redacted]		B[redacted]	İLGİ	samimi sivil arkadaşlarla gider ref: f[redacted] 50526532[redacted]	1.BİRLİK	Hassas Böl.Kor.Şb.Müd.	ANKARA-KEÇİÖREN	Etlik Polis Karakol Amirliği
27	165[redacted]	M[redacted]		A[redacted]	3	derse gelir hım(20) dergi var evini açar ref :i. S[redacted] 50527157[redacted]	1.BİRLİK	Hassas Böl.Kor.Şb.Müd.	ANKARA-ÇANKAYA	Bahçelievler Polis Karakol Amirliği
33	171[redacted]	M[redacted]		Y[redacted]	3	derse gelir namaz kılr yeni çocukları olacak ref: a[redacted] 50522443[redacted]	1.BİRLİK	Hassas Böl.Kor.Şb.Müd.	ANKARA-ALTINDAĞ	Anafartalar Polis Karakol Amirliği
34	173[redacted]	N[redacted]		K[redacted]			1.BİRLİK	Hassas Böl.Kor.Şb.Müd.	ANKARA	Asayiş Şube Müdürlüğü
44	178[redacted]	M[redacted]		B[redacted]	İLGİ	namaz var saygılı bizi sever samimi ilgilenilirse gelir ref: a[redacted] 50522443[redacted]	1.BİRLİK	Hassas Böl.Kor.Şb.Müd.	ANKARA-ALTINDAĞ	Solmaz Kılıçtepe Polis Karakol Amirliği
45	178[redacted]	O[redacted]		Ö[redacted]	İLGİ	hasta ziyaret talebimizi kabul etmedi ref : a[redacted] 50522443[redacted]	1.BİRLİK	Hassas Böl.Kor.Şb.Müd.	ANKARA-ÇANKAYA	Merkez Polis Karakol Amirliği
46	179[redacted]	U[redacted]		Y[redacted]			1.BİRLİK	Hassas Böl.Kor.Şb.Müd.	ANKARA-MAMAK	30 Ağustos Polis Karakol Amirliği
49	181[redacted]	C[redacted]		K[redacted]	İLGİ	samimi bizi bilir derslere gelmiyor ref: a[redacted] 50522443[redacted]	1.BİRLİK	Hassas Böl.Kor.Şb.Müd.	ANKARA-ALTINDAĞ	Solmaz Kılıçtepe Polis Karakol Amirliği

51	181[redacted]	B[redacted]		B[redacted]			1.BİRLİK	Hassas Böl.Kor.Şb.Müd.	ANKARA-ALTINDAĞ	Siteler Polis Karakol Amirliği
65	187[redacted]	K[redacted]		B[redacted]			1.BİRLİK	Hassas Böl.Kor.Şb.Müd.	ANKARA-ALTINDAĞ	Seğmenler Polis Karakol Amirliği
71	188[redacted]	Ö[redacted]		T[redacted]	1	bizi bilir dergi var him yok derse arasıra gelir ref: m[redacted] 50552318[redacted]	1.BİRLİK	Hassas Böl.Kor.Şb.Müd.	ANKARA-ETİMESGUT	Merkez Polis Karakol Amirliği
79	192[redacted]	S[redacted]		Ç[redacted]			1.BİRLİK	Hassas Böl.Kor.Şb.Müd.	ANKARA-ALTINDAĞ	Hasköy Polis Karakol Amirliği
84	193[redacted]	C[redacted]		D[redacted]	İLGİ	namaz gazete var bizi bilir sorunlarından dolayı gelemedi ref: b[redacted] 50562210[redacted]	1.BİRLİK	Hassas Böl.Kor.Şb.Müd.	ANKARA	Hukuk İşleri ve Soruşturma Şube Müdürlüğü
92	196[redacted]	A[redacted]		D[redacted]	1	derslere gelir him-der var rahatsızlığı var arkadaşın evini açar ref k[redacted]: 50535422[redacted]	1.BİRLİK	Hassas Böl.Kor.Şb.Müd.	ANKARA	Trafik Tescil Şube Müdürlüğü
95	197[redacted]	C[redacted]		G[redacted]			1.BİRLİK	Hassas Böl.Kor.Şb.Müd.	ANKARA	İkmal Şube Müdürlüğü
96	197[redacted]	İ[redacted]		A[redacted]	1	bizi biliyor derslere aksatmalı gelir aktiviteleri aksatmaz ref: m[redacted] 50521191[redacted]	1.BİRLİK	Hassas Böl.Kor.Şb.Müd.	ANKARA-ALTINDAĞ	Siteler Polis Karakol Amirliği
98	197[redacted]	E[redacted]		U[redacted]			1.BİRLİK	Hassas Böl.Kor.Şb.Müd.	ANKARA-ÇANKAYA	Yıldızevler Polis Karakol Amirliği
101	197[redacted]	H[redacted]		U[redacted]	ilgi	sos dem yapıya sahip hassas yaklaşılmalı ref:f[redacted] 50526532[redacted]	1.BİRLİK	Hassas Böl.Kor.Şb.Müd.	ANKARA-ALTINDAĞ	Anafartalar Polis Karakol Amirliği
103	197[redacted]	R[redacted]		E[redacted]	İLGİ	namaz var samimi elmadağda oturduğu için pek ilgilenilemedi ref :f[redacted] 50526532[redacted]	1.BİRLİK	Hassas Böl.Kor.Şb.Müd.	ANKARA-MAMAK	Kayaş Polis Karakol Amirliği
108	198[redacted]	H[redacted]		G[redacted]	İLGİ	bizi bilir lüks yaşamayı sever gelmiyor ref: a[redacted] 50522443[redacted]	1.BİRLİK	Hassas Böl.Kor.Şb.Müd.	ANKARA-YENİMAHALLE	Şehit Kadir Özcan Polis Karakol Amirliği
110	198[redacted]	M[redacted]		Y[redacted]			1.BİRLİK	Hassas Böl.Kor.Şb.Müd.	ANKARA-MAMAK	Akdere Polis Karakol Amirliği

114	19[redacted]	S[redacted]		O[redacted]			1.BİRLİK	Hassas Böl.Kor.Şb.Müd.	ANKARA-ÇANKAYA	Kavaklıdere Polis Karakol Amirliği
117	201[redacted]	A[redacted]		D[redacted]	İLGİ	sağlam samimi biri ilgilenilirse kazanılır ref: f[redacted]50526532[redacted]	1.BİRLİK	Hassas Böl.Kor.Şb.Müd.	ANKARA	Güvenlik Şube Müdürlüğü
125	203[redacted]	A[redacted]		A[redacted]	İLGİ	bizi bilir ilgilenildi zamanla kazanılır ref: a[redacted]5052244[redacted]	1.BİRLİK	Hassas Böl.Kor.Şb.Müd.	ANKARA-YENİMAHALLE	Karşıyaka Polis Karakol Amirliği
126	204[redacted]	M[redacted]		Ö[redacted]	İLGİ	namaza yeni başladı konuya uzak ilgilenilirse kazanılır ref: k[redacted]50554438[redacted]	1.BİRLİK	Hassas Böl.Kor.Şb.Müd.	ANKARA-KEÇİÖREN	Etlik Polis Karakol Amirliği
130	205[redacted]	N[redacted]		Y[redacted]	İLGİ	samimi dini konulara açık muhtemelen alevi ref: f[redacted] 50526532[redacted]	1.BİRLİK	Hassas Böl.Kor.Şb.Müd.	ANKARA-YENİMAHALLE	Merkez Polis Karakol Amirliği
131	206[redacted]	M[redacted]		Y[redacted]	İLGİ	İLGİlenilirse kazanılır ref: milail e[redacted]50535744[redacted]	1.BİRLİK	Hassas Böl.Kor.Şb.Müd.	ANKARA-ALTINDAĞ	Adliye Polis Karakol Amirliği
133	206[redacted]	M[redacted]		Y[redacted]			1.BİRLİK	Hassas Böl.Kor.Şb.Müd.	ANKARA-ALTINDAĞ	Solmaz Kılıçtepe Polis Karakol Amirliği
134	206[redacted]	H[redacted]		Ö[redacted]	3	derslere gelir akraba fazlalığından aksatıyor sağlam samimi him-dergi yok ref f[redacted] 50526532[redacted]	1.BİRLİK	Hassas Böl.Kor.Şb.Müd.	ANKARA-MAMAK	Merkez Polis Karakol Amirliği
136	206[redacted]	N[redacted]		Y[redacted]			1.BİRLİK	Hassas Böl.Kor.Şb.Müd.	ANKARA-ÇANKAYA	Kavaklıdere Polis Karakol Amirliği
143	208[redacted]	H[redacted]		S[redacted]			1.BİRLİK	Hassas Böl.Kor.Şb.Müd.	ANKARA-KEÇİÖREN	Şehit Erkan Ataman Polis Karakol Amirliği
147	208[redacted]	R[redacted]		D[redacted]		bize sıcak bakmıyor	1.BİRLİK	Hassas Böl.Kor.Şb.Müd.	ANKARA-YENİMAHALLE	Karşıyaka Polis Karakol Amirliği
148	208[redacted]	S[redacted]		P[redacted]	İLGİ	dikkatle ilgilenilmeli ref: m.g[redacted]50521191[redacted]	1.BİRLİK	Hassas Böl.Kor.Şb.Müd.	ANKARA	Esenboğa Havalimanı Şube Müdürlüğü
150	20[redacted]	B[redacted]		G[redacted]			1.BİRLİK	Hassas Böl.Kor.Şb.Müd.	ANKARA	Özel Güvenlik Şube Müdürlüğü

158	209[redacted]	S[redacted]		D[redacted]			1.BİRLİK	Hassas Böl.Kor.Şb.Müd.	ANKARA-KEÇİÖREN	Aktepe Polis Karakol Amirliği
166	211[redacted]	I[redacted] E[redacted]		O[redacted]	İLGİ	ilgilenildi gelmedi futbolu sever ref:a[redacted] 50522443[redacted]	1.BİRLİK	Hassas Böl.Kor.Şb.Müd.	ANKARA-ALTINDAĞ	Anafartalar Polis Karakol Amirliği
172	211[redacted]	E[redacted]		Ü[redacted]	İLGİ	bizi bilir abisine takıldığından gelmiyor hiz menfaat bekler ref: f[redacted] 50526532[redacted]	1.BİRLİK	Hassas Böl.Kor.Şb.Müd.	ANKARA-ALTINDAĞ	Solmaz Kılıçtepe Polis Karakol Amirliği
177	211[redacted]	A[redacted]		D[redacted]			1.BİRLİK	Hassas Böl.Kor.Şb.Müd.	ANKARA-KEÇİÖREN	Aktepe Polis Karakol Amirliği
181	212[redacted]	A[redacted]		T[redacted]	1	bizi bilir derse arasıra gelir sıkı ilgilenilmeli ref:mikail e[redacted] 50535744[redacted]	1.BİRLİK	Hassas Böl.Kor.Şb.Müd.	ANKARA-ALTINDAĞ	Hamdi Yahyaoğlu Polis Karakol Amirliği
183	212[redacted]	M[redacted]		K[redacted]	İLGİ	küfür var davette icabet etmedi ref: m[redacted] 50535744[redacted]	1.BİRLİK	Hassas Böl.Kor.Şb.Müd.	ANKARA-ALTINDAĞ	Demirfırka Polis Karakol Amirliği
191	214[redacted]	Y[redacted]		U[redacted]	1	namazına dikkatli sağlam iyi ilgilenilmeli ref: [redacted] 50526532[redacted]	1.BİRLİK	Hassas Böl.Kor.Şb.Müd.	ANKARA-KEÇİÖREN	Şehit Mehmet Ali Özbek Polis Karakol Amirliği
198	216[redacted]	A[redacted]		Ö[redacted]	İLGİ	temiz birisi ticareti sever ilgilenilmeli ref: ö[redacted] 50523185[redacted]	1.BİRLİK	Hassas Böl.Kor.Şb.Müd.	ANKARA-ETİMESGUT	Merkez Polis Karakol Amirliği
203	217[redacted]	M[redacted]		G[redacted]			1.BİRLİK	Hassas Böl.Kor.Şb.Müd.	ANKARA-MAMAK	Merkez Polis Karakol Amirliği
213	218[redacted]	Y[redacted]		E[redacted]	teh	küfürbaz	1.BİRLİK	Hassas Böl.Kor.Şb.Müd.	ANKARA-YENİMAHALLE	Karşıyaka Polis Karakol Amirliği
216	218[redacted]	F[redacted]		S[redacted]			1.BİRLİK	Hassas Böl.Kor.Şb.Müd.	ANKARA-YENİMAHALLE	Batıkent Polis Karakol Amirliği
229	221[redacted]	H[redacted]		E[redacted]			1.BİRLİK	Hassas Böl.Kor.Şb.Müd.	ANKARA-ÇANKAYA	Esat Polis Karakol Amirliği
239	227[redacted]	A[redacted]		S[redacted]	1	şarkta gitmiş şimdi gelmiyorref: a[redacted] 50522443[redacted]	1.BİRLİK	Hassas Böl.Kor.Şb.Müd.	ANKARA-KEÇİÖREN	Etlik Polis Karakol Amirliği

245	235[redacted]	İ[redacted]		Z[redacted]	İLGİ	zaafları var ilgi ile kazanıla bilir ref : ş[redacted] 50521509[redacted]	1.BİRLİK	Hassas Böl.Kor.Şb.Müd.	ANKARA-ALTINDAĞ	Selahattin Doğan Polis Karakol Amirliği
251	238[redacted]	T[redacted]		M[redacted]	ilgi	çok temiz birisi iyi ilgilenilirse kazanılır ref :f.y[redacted] 50526532[redacted]	1.BİRLİK	Hassas Böl.Kor.Şb.Müd.	ANKARA-ALTINDAĞ	Selahattin Doğan Polis Karakol Amirliği
252	238[redacted]	H[redacted]		K[redacted]			1.BİRLİK	Hassas Böl.Kor.Şb.Müd.	ANKARA-ALTINDAĞ	Anafartalar Polis Karakol Amirliği
255	238[redacted]	C[redacted]		K[redacted]		ehli dünya milliyetçi	1.BİRLİK	Hassas Böl.Kor.Şb.Müd.	ANKARA-ALTINDAĞ	Merkez Polis Karakol Amirliği
259	239[redacted]	A[redacted]		B[redacted]	teh	açık arayan sinirli biri	1.BİRLİK	Hassas Böl.Kor.Şb.Müd.	ANKARA-SİNCAN	Fatih Polis Karakol Amirliği
262	240[redacted]	Ö[redacted]		K[redacted]			1.BİRLİK	Hassas Böl.Kor.Şb.Müd.	ANKARA-MAMAK	Hüseyin Gazi Polis Karakol Amirliği
263	240[redacted]	K[redacted]		A[redacted]		bayanlara karşı aşırı zafı var tutarsız	1.BİRLİK	Hassas Böl.Kor.Şb.Müd.	ANKARA-ÇANKAYA	Merkez Polis Karakol Amirliği
266	242[redacted]	H[redacted]		T[redacted]	İLGİ	saglam ilgilenilirse alınır ref: m[redacted] 50521191[redacted]	1.BİRLİK	Hassas Böl.Kor.Şb.Müd.	ANKARA-YENİMAHALLE	Merkez Polis Karakol Amirliği
268	245[redacted]	M[redacted]		K[redacted]			1.BİRLİK	Hassas Böl.Kor.Şb.Müd.	ANKARA-ÇANKAYA	Mustafa Düzgün Polis Karakol Amirliği
269	245[redacted]	E[redacted]		Y[redacted]	İLGİ	bizi bilir ilgilenildi samimi ilgilenilirse gelir ref: c[redacted] 50556286[redacted]	1.BİRLİK	Hassas Böl.Kor.Şb.Müd.	ANKARA-KEÇİÖREN	Şehit Erkan Ataman Polis Karakol Amirliği
270	245[redacted]	M[redacted]		H[redacted]	İLGİ	İLGİlenilirse kazanılır ref: milail e[redacted] 50535744[redacted]	1.BİRLİK	Hassas Böl.Kor.Şb.Müd.	ANKARA-KEÇİÖREN	100.Yıl Polis Karakol Amirliği
272	246[redacted]	Ö[redacted]		T[redacted]	3	derslere gelir him(30) dergi var evini açar seviyeli ref: i[redacted] 50527157[redacted]	1.BİRLİK	Hassas Böl.Kor.Şb.Müd.	ANKARA-ÇANKAYA	Merkez Polis Karakol Amirliği

275	246[redacted]	E[redacted]		K[redacted]	İLGİ	ailesi düşkün ilgilenilirse kazanılır namaz aksatır ref: ş[redacted] 50521509[redacted]	1.BİRLİK	Hassas Böl.Kor.Şb.Müd.	ANKARA-ALTINDAĞ	Selahattin Doğan Polis Karakol Amirliği
278	248[redacted]	H[redacted]		Y[redacted]	İLGİ	bizi biliyor öğretmen arkadaşlarla takılıyor yenge kreşte öğr. Yenge değerlendirilebilir ref: a[redacted] 50522443[redacted]	1.BİRLİK	Hassas Böl.Kor.Şb.Müd.	ANKARA-KEÇİÖREN	Kavacık Polis Karakol Amirliği
286	251[redacted]	F[redacted]		Ü[redacted]	İLGİ	bizi biliyor gelmiyor ref : i[redacted] 5052715[redacted]	1.BİRLİK	Hassas Böl.Kor.Şb.Müd.	ANKARA-ÇANKAYA	Kavaklıdere Polis Karakol Amirliği
292	253[redacted]	M[redacted]		K[redacted]	3	derslere gelir ihm (30) dergi var görev alır evini açar ref: [redacted] seyyar 5052715[redacted]	1.BİRLİK	Hassas Böl.Kor.Şb.Müd.	ANKARA-MAMAK	Demirlibahçe Polis Karakol Amirliği
296	255[redacted]	K[redacted]		H[redacted]	teh	bizi bilir aleyhte konuşur alaycı	1.BİRLİK	Hassas Böl.Kor.Şb.Müd.	ANKARA-ALTINDAĞ	Merkez Polis Karakol Amirliği
300	255[redacted]	A[redacted]		Y[redacted]			1.BİRLİK	Hassas Böl.Kor.Şb.Müd.	ANKARA-YENİMAHALLE	Şehit Kadir Özcan Polis Karakol Amirliği
306	257[redacted]	M[redacted] Y[redacted]		E[redacted]	İLGİ	temiz arkadaş ilgilenilirse kazanılır ref: [redacted] 5052715[redacted]	1.BİRLİK	Hassas Böl.Kor.Şb.Müd.	ANKARA-KEÇİÖREN	100.Yıl Polis Karakol Amirliği
310	257[redacted]	B[redacted]		A[redacted]	ilgi	alkol var.bırakmaya niyetli ref: a[redacted] 50548846[redacted]	1.BİRLİK	Hassas Böl.Kor.Şb.Müd.	ANKARA	Asayiş Şube Müdürlüğü
311	258[redacted]	H[redacted]		B[redacted]	İLGİ	bilir gelmez eleştirir ref: m[redacted] 5053574[redacted]	1.BİRLİK	Hassas Böl.Kor.Şb.Müd.	ANKARA-ALTINDAĞ	Hasköy Polis Karakol Amirliği
315	259[redacted]	T[redacted]		İ[redacted]	İLGİ	şarkta derse gitmiş burada gelmedi ref: a[redacted] 50522443[redacted]	1.BİRLİK	Hassas Böl.Kor.Şb.Müd.	ANKARA	Güvenlik Şube Müdürlüğü
316	259[redacted]	O[redacted] A[redacted]		T[redacted]	İLGİ	ilgilenildi ilgiye doymuyor ref c[redacted] 5055628[redacted]	1.BİRLİK	Hassas Böl.Kor.Şb.Müd.	ANKARA-ALTINDAĞ	Seğmenler Polis Karakol Amirliği
318	259[redacted]	A[redacted]		Z[redacted]			1.BİRLİK	Hassas Böl.Kor.Şb.Müd.	ANKARA-ÇANKAYA	Cebeci Polis Karakol Amirliği

321	259[redacted]	Ö[redacted]		Ş[redacted]	İLGİ	bizi biliyor bekar iyi niyetli ama gelmiyor ref: a[redacted] 50522443[redacted]	1.BİRLİK	Hassas Böl.Kor.Şb.Müd.	ANKARA-ETİMESGUT	Şehit Osman Avcı Polis Karakol Amirliği
S.N	Sicili	Adı		Soyadı				Aktif Şube	Atama Birimi	Şube/Krk
237	227[redacted]	S[redacted]		Y[redacted]	İlg	Bizi bilir sever ama eşide polis old için vakit bulamadığını söyleyerek kaytarır Ref:Y[redacted] T[redacted] 318 74[redacted]	2.BİRLİK	Hassas Böl.Kor.Şb.Müd.	ANKARA-KEÇİÖREN	100.Yıl Polis Karakol Amirliği
309	257[redacted]	A[redacted]		Ö[redacted]			2.BİRLİK	Hassas Böl.Kor.Şb.Müd.	ANKARA-MAMAK	30 Ağustos Polis Karakol Amirliği
199	216[redacted]	A[redacted]		K[redacted]			2.BİRLİK	Hassas Böl.Kor.Şb.Müd.	ANKARA-ALTINDAĞ	Adliye Polis Karakol Amirliği
204	217[redacted]	Y[redacted]		K[redacted]			2.BİRLİK	Hassas Böl.Kor.Şb.Müd.	ANKARA-ALTINDAĞ	Adliye Polis Karakol Amirliği
162	210[redacted]	E[redacted]		Ü[redacted]			2.BİRLİK	Hassas Böl.Kor.Şb.Müd.	ANKARA-KEÇİÖREN	Aktepe Polis Karakol Amirliği
40	176[redacted]	M[redacted]		M[redacted]			2.BİRLİK	Hassas Böl.Kor.Şb.Müd.	ANKARA-ALTINDAĞ	Anafartalar Polis Karakol Amirliği
48	180[redacted]	[redacted]		T[redacted]	İlg	Bizi bilir sever Süleyman ef. Olabilir ilgilenilebilir Ref: e[redacted] karaman 229 95[redacted]	2.BİRLİK	Hassas Böl.Kor.Şb.Müd.	ANKARA-ALTINDAĞ	Anafartalar Polis Karakol Amirliği
26	158[redacted]	R[redacted]		A[redacted]			2.BİRLİK	Hassas Böl.Kor.Şb.Müd.	ANKARA	Asayiş Şube Müdürlüğü
73	188[redacted]	N[redacted]		D[redacted]	İlg	Müspet bir arkadaş geç tanışıldı yakın takipte samimiyet kurulursa kazanılabilir ref: B[redacted] e[redacted] 775 44 [redacted]	2.BİRLİK	Hassas Böl.Kor.Şb.Müd.	ANKARA	Asayiş Şube Müdürlüğü
258	239[redacted]	S[redacted]		Y[redacted]	İlg	bizi bilir programlarımıza katıldı yeni evlendi eşi Fikri sağların yanında çalışıyordu o yüzden aksatıyordu samimi,ev ziyareti yapılsın ref: B[redacted] e[redacted]	2.BİRLİK	Hassas Böl.Kor.Şb.Müd.	ANKARA	Asayiş Şube Müdürlüğü
193	215[redacted]	E[redacted]		D[redacted]			2.BİRLİK	Hassas Böl.Kor.Şb.Müd.	ANKARA-ÇANKAYA	Bahçelievler Polis Karakol Amirliği

137	207[redacted]	M[redacted]		E[redacted]	1	Derlerimize katılır herşeyi bilir drg yok him yok namaz düzensiz kılar çok samimi tek sorunu uzaklık Lalahan ref :Y[redacted] T[redacted] 318 74 [redacted]	2.BİRLİK	Hassas Böl.Kor.Şb.Müd.	ANKARA-MAMAK	Boş
267	245[redacted]	E[redacted]		E[redacted]			2.BİRLİK	Hassas Böl.Kor.Şb.Müd.	ANKARA-ŞEREFLİKOÇHİSAR	Boş
293	253[redacted]	İ[redacted]		O[redacted]	Thlk	Referansı tehlk gelmişti fazia ilgilenilmedi	2.BİRLİK	Hassas Böl.Kor.Şb.Müd.	ANKARA-ŞEREFLİKOÇHİSAR	Boş
249	238[redacted]	[redacted]		Z[redacted]	3	gazete drg him var Özürlü bir çocuğu var onun tedavisiyle yakından ilgilenir ref: B[redacted] e[redacted]	2.BİRLİK	Hassas Böl.Kor.Şb.Müd.	ANKARA	Çocuk Şube Müdürlüğü
261	240[redacted]	F[redacted]		B[redacted]			2.BİRLİK	Hassas Böl.Kor.Şb.Müd.	ANKARA-MAMAK	Demirlibahçe Polis Karakol Amirliği
281	249[redacted]	F[redacted]		T[redacted]			2.BİRLİK	Hassas Böl.Kor.Şb.Müd.	ANKARA-MAMAK	Demirlibahçe Polis Karakol Amirliği
12	134[redacted]	M[redacted]		B[redacted]			2.BİRLİK	Hassas Böl.Kor.Şb.Müd.	ANKARA-ÇANKAYA	Dikmen Polis Karakol Amirliği
129	205[redacted]	M[redacted]		B[redacted]		Bilgi:referans tehlikeli gelmişti hassasdada adı rüşvet söylentisine karıştığından birliği değiştirildi tedbrli yaklaşılsın	2.BİRLİK	Hassas Böl.Kor.Şb.Müd.	ANKARA-ÇANKAYA	Dikmen Polis Karakol Amirliği
279	248[redacted]	M[redacted]		U[redacted]	İlg	Kendi halinde sessiz Cuma kılar ortama uyar ilgilenilirse kazanılanilir ref: R[redacted] Z[redacted] 503 14 [redacted]	2.BİRLİK	Hassas Böl.Kor.Şb.Müd.	ANKARA-ÇANKAYA	Dikmen Polis Karakol Amirliği
294	254[redacted]	A[redacted]		K[redacted]			2.BİRLİK	Hassas Böl.Kor.Şb.Müd.	ANKARA-ÇANKAYA	Dikmen Polis Karakol Amirliği
38	174[redacted]	Ç[redacted]		E[redacted]			2.BİRLİK	Hassas Böl.Kor.Şb.Müd.	ANKARA-ÇANKAYA	Esat Polis Karakol Amirliği
74	189[redacted]	M[redacted]		A[redacted]			2.BİRLİK	Hassas Böl.Kor.Şb.Müd.	ANKARA-ÇANKAYA	Esat Polis Karakol Amirliği

118	201[redacted]	A[redacted]		Ç[redacted]			2.BİRLİK	Hassas Böl.Kor.Şb.Müd.	ANKARA-ÇANKAYA	Esat Polis Karakol Amirliği
230	222[redacted]	E[redacted]		T[redacted]			2.BİRLİK	Hassas Böl.Kor.Şb.Müd.	ANKARA-ÇANKAYA	Esat Polis Karakol Amirliği
235	226[redacted]	Ş[redacted]		Y[redacted]			2.BİRLİK	Hassas Böl.Kor.Şb.Müd.	ANKARA-ÇANKAYA	Esat Polis Karakol Amirliği
283	250[redacted]	U[redacted]		E[redacted]	İlg	Bekar sessiz sakin kendi halinde urfada bir dönem evde kalmış ve küçük bir tatsızlık olmuş ayrılmış kendimizi sevdirirsek geri döner ref : y[redacted] T[redacted] 318 74[redacted]	2.BİRLİK	Hassas Böl.Kor.Şb.Müd.	ANKARA-ÇANKAYA	Esat Polis Karakol Amirliği
54	181[redacted]	R[redacted]		G[redacted]			2.BİRLİK	Hassas Böl.Kor.Şb.Müd.	ANKARA	Esenboğa Havalimanı Şube Müdürlüğü
100	197[redacted]	Y[redacted]		[redacted]	trk	Bizi sever namazını kılar efendi birisi ehl-i tarik	2.BİRLİK	Hassas Böl.Kor.Şb.Müd.	ANKARA	Esenboğa Havalimanı Şube Müdürlüğü
47	180[redacted]	S[redacted]		D[redacted]			2.BİRLİK	Hassas Böl.Kor.Şb.Müd.	ANKARA	Güvenlik Şube Müdürlüğü
205	217[redacted]	H[redacted]		K[redacted]			2.BİRLİK	Hassas Böl.Kor.Şb.Müd.	ANKARA	Güvenlik Şube Müdürlüğü
182	212[redacted]	M[redacted]		Ç[redacted]			2.BİRLİK	Hassas Böl.Kor.Şb.Müd.	ANKARA-ALTINDAĞ	Hasköy Polis Karakol Amirliği
307	257[redacted]	S[redacted]		D[redacted]			2.BİRLİK	Hassas Böl.Kor.Şb.Müd.	ANKARA-ALTINDAĞ	Hasköy Polis Karakol Amirliği
207	217[redacted]	M[redacted]		S[redacted]			2.BİRLİK	Hassas Böl.Kor.Şb.Müd.	ANKARA-MAMAK	Hüseyin Gazi Polis Karakol Amirliği
14	140[redacted]	K[redacted]		K[redacted]	1	erken haber verildiğinde programları aksatmaz kitap okumayı sever iyi takiple mesafe kateder ref: Y[redacted] T[redacted] 318 74[redacted]	2.BİRLİK	Hassas Böl.Kor.Şb.Müd.	ANKARA	İkmal Şube Müdürlüğü

304	257[redacted]	S[redacted]		S[redacted]			2.BİRLİK	Hassas Böl.Kor.Şb.Müd.	ANKARA-YENİMAHALLE	Karşıyaka Polis Karakol Amirliği
135	206[redacted]	K[redacted]		D[redacted]			2.BİRLİK	Hassas Böl.Kor.Şb.Müd.	ANKARA-KEÇİÖREN	Kavacık Polis Karakol Amirliği
87	193[redacted]	M[redacted]		Ü[redacted]			2.BİRLİK	Hassas Böl.Kor.Şb.Müd.	ANKARA-ÇANKAYA	Kavaklıdere Polis Karakol Amirliği
284	251[redacted]	İ[redacted]		C[redacted]	1	Drg 10 ytı hım var namaz kılar dersleri takip eder görev almaktan kaçınır yakın takip ile kolay seviye alır ref:B[redacted] E[redacted] 775 44[redacted]	2.BİRLİK	Hassas Böl.Kor.Şb.Müd.	ANKARA-ÇANKAYA	Kavaklıdere Polis Karakol Amirliği
29	166[redacted]	E[redacted]		Ü[redacted]	İlg	namaz kılar eşi adliyede memur hizmetle alaklı bişiy anlatılmalı y[redacted] t[redacted]nin selamıyla ilgilenilebilir 318 74[redacted]	2.BİRLİK	Hassas Böl.Kor.Şb.Müd.	ANKARA-YENİMAHALLE	Merkez Polis Karakol Amirliği
43	178[redacted]	H[redacted]		T[redacted]			2.BİRLİK	Hassas Böl.Kor.Şb.Müd.	ANKARA-MAMAK	Merkez Polis Karakol Amirliği
107	198[redacted]	A[redacted]		G[redacted]			2.BİRLİK	Hassas Böl.Kor.Şb.Müd.	ANKARA-YENİMAHALLE	Merkez Polis Karakol Amirliği
128	205[redacted]	E[redacted]		G[redacted]	İlg	Hizmet geçmişi çok iyi ama camaatlere takıntısı var imam hatipli namzaını kılar aile üylerinin çoğu hzmten teke tek ziyaretlerle mesafe alabilir ref:m.a[redacted] 441 01[redacted]	2.BİRLİK	Hassas Böl.Kor.Şb.Müd.	ANKARA-MAMAK	Merkez Polis Karakol Amirliği
195	215[redacted]	A[redacted] İ[redacted]		K[redacted]			2.BİRLİK	Hassas Böl.Kor.Şb.Müd.	ANKARA-MAMAK	Merkez Polis Karakol Amirliği
256	238[redacted]	C[redacted]		N[redacted]		ehl-i dünya dikkatli yaklaşılsın	2.BİRLİK	Hassas Böl.Kor.Şb.Müd.	ANKARA-ALTINDAĞ	Merkez Polis Karakol Amirliği
273	246[redacted]	R[redacted]		K[redacted]	Thlk	bizi bilir gidip gelmiş hizmetten kopmuş hocaefendi hakkında ve bizim hakkımızda ileri geri konuşur bizi deşifre eder dikkat edilsin namaz kılar aldanılmasın	2.BİRLİK	Hassas Böl.Kor.Şb.Müd.	ANKARA-SİNCAN	Merkez Polis Karakol Amirliği

295	255[redacted]	E[redacted]		K[redacted]	5	Tüm dergiler var 25 yıl hım var samimi yalnız çok agresif maddi sıkıntıları var birisine kefil olmuştu ref: B[redacted]e[redacted] 775 44[redacted]	2.BİRLİK	Hassas Böl.Kor.Şb.Müd.	ANKARA-ETİMESGUT	Merkez Polis Karakol Amirliği
305	257[redacted]	F[redacted]		M[redacted]	İlg	müspet efendi herhangi bir kötü alışkanlığı yok fazla ilgilnilmedi ilgilenilebilir kazanılabilir	2.BİRLİK	Hassas Böl.Kor.Şb.Müd.	ANKARA-ÇANKAYA	Mustafa Düzgün Polis Karakol Amirliği
206	217[redacted]	M[redacted]		B[redacted]		Ehl-i dünya gayrı meşru çok şey var	2.BİRLİK	Hassas Böl.Kor.Şb.Müd.	ANKARA	Özel Kalem Büro Amirliği
10	125[redacted]	E[redacted]		Ö[redacted]		ehl-i dünya ama son zamanlarda namaza başladı ilgilenilebilir	2.BİRLİK	Hassas Böl.Kor.Şb.Müd.	ANKARA-ALTINDAĞ	Seğmenler Polis Karakol Amirliği
11	126[redacted]	İ[redacted]		T[redacted]		ehl-i dünya fazla irtibatımız yok	2.BİRLİK	Hassas Böl.Kor.Şb.Müd.	ANKARA-ALTINDAĞ	Seğmenler Polis Karakol Amirliği
190	213[redacted]	B[redacted]		A[redacted]	İlg	Hizmeti bilir gidip gelmiş korku damarı var namazlarını kılar yakın ilgiyle aile ziyaretiyle yeniden kazanılabilir ref H[redacted] [redacted] 430 35[redacted]	2.BİRLİK	Hassas Böl.Kor.Şb.Müd.	ANKARA-ALTINDAĞ	Selahattin Doğan Polis Karakol Amirliği
18	153[redacted]	O[redacted]		K[redacted]			2.BİRLİK	Hassas Böl.Kor.Şb.Müd.	ANKARA-ALTINDAĞ	Siteler Polis Karakol Amirliği
180	212[redacted]	A[redacted]		B[redacted]			2.BİRLİK	Hassas Böl.Kor.Şb.Müd.	ANKARA-ALTINDAĞ	Siteler Polis Karakol Amirliği
289	252[redacted]	M[redacted]		İ[redacted]		Arkadaş çevresi çok kötü alışkanlıkları çok fazla oruç tutmaz bizimle ilgili fikri yok	2.BİRLİK	Hassas Böl.Kor.Şb.Müd.	ANKARA-ALTINDAĞ	Siteler Polis Karakol Amirliği
80	19[redacted]	S[redacted]		Ç[redacted]			2.BİRLİK	Hassas Böl.Kor.Şb.Müd.	ANKARA-ALTINDAĞ	Solmaz Kılıçtepe Polis Karakol Amirliği
194	215[redacted]	Ö[redacted]		Y[redacted]			2.BİRLİK	Hassas Böl.Kor.Şb.Müd.	ANKARA-ALTINDAĞ	Solmaz Kılıçtepe Polis Karakol Amirliği

295	255[redacted]	E[redacted]		K[redacted]	5	Tüm dergiler var 25 ytl him var samimi yalnız çok agresif maddi sıkıntıları var birisine kefil olmuştu ref: B[redacted] 775 44[redacted]	2.BİRLİK	Hassas Böl.Kor.Şb.Müd.	ANKARA-ETİMESGUT	Merkez Polis Karakol Amirliği
305	257[redacted]	F[redacted]		M[redacted]	İlg	müspet efendi herhangi bir kötü alışkanlığı yok fazla ilgilnilmedi ilgilenilebilir kazanılabilir	2.BİRLİK	Hassas Böl.Kor.Şb.Müd.	ANKARA-ÇANKAYA	Mustafa Düzgün Polis Karakol Amirliği
206	217[redacted]	M[redacted]		B[redacted]		Ehl-i dünya gayrı meşru çok şey var	2.BİRLİK	Hassas Böl.Kor.Şb.Müd.	ANKARA	Özel Kalem Büro Amirliği
10	125[redacted]	E[redacted]		Ö[redacted]		ehl-i dünya ama son zamanlarda namaza başladı ilgilenilebilir	2.BİRLİK	Hassas Böl.Kor.Şb.Müd.	ANKARA-ALTINDAĞ	Seğmenler Polis Karakol Amirliği
11	126[redacted]	İ[redacted]		T[redacted]		ehl-i dünya fazla irtibatımız yok	2.BİRLİK	Hassas Böl.Kor.Şb.Müd.	ANKARA-ALTINDAĞ	Seğmenler Polis Karakol Amirliği
190	213[redacted]	B[redacted]		A[redacted]	İlg	Hizmeti bilir gidip gelmiş korku damarı var namazlarını kılar yakın ilgiyle aile ziyaretiyle yeniden kazanılabilir ref H[redacted] [redacted] 430 35[redacted]	2.BİRLİK	Hassas Böl.Kor.Şb.Müd.	ANKARA-ALTINDAĞ	Selahattin Doğan Polis Karakol Amirliği
18	153[redacted]	O[redacted]		K[redacted]			2.BİRLİK	Hassas Böl.Kor.Şb.Müd.	ANKARA-ALTINDAĞ	Siteler Polis Karakol Amirliği
180	212[redacted]	A[redacted]		B[redacted]			2.BİRLİK	Hassas Böl.Kor.Şb.Müd.	ANKARA-ALTINDAĞ	Siteler Polis Karakol Amirliği
289	252[redacted]	M[redacted]		İ[redacted]		Arkadaş çevresi çok kötü alışkanlıkları çok fazla oruç tutmaz bizimle ilgili fikri yok	2.BİRLİK	Hassas Böl.Kor.Şb.Müd.	ANKARA-ALTINDAĞ	Siteler Polis Karakol Amirliği
80	192[redacted]	S[redacted]		Ç[redacted]			2.BİRLİK	Hassas Böl.Kor.Şb.Müd.	ANKARA-ALTINDAĞ	Solmaz Kılıçtepe Polis Karakol Amirliği
194	215[redacted]	Ö[redacted]		Y[redacted]			2.BİRLİK	Hassas Böl.Kor.Şb.Müd.	ANKARA-ALTINDAĞ	Solmaz Kılıçtepe Polis Karakol Amirliği

271	246[redacted]	Ö[redacted]		K[redacted]			2.BİRLİK	Hassas Böl.Kor.Şb.Müd.	ANKARA-ALTINDAĞ	Solmaz Kılıçtepe Polis Karakol Amirliği
285	251[redacted]	B[redacted]		Ç[redacted]	bil	ilgilenildi pek mesare katedilemedi ali zorluerin selamıyla gidilebilir maddiyata düşkün 549 56[redacted]	2.BİRLİK	Hassas Böl.Kor.Şb.Müd.	ANKARA-ALTINDAĞ	Solmaz Kılıçtepe Polis Karakol Amirliği
72	188[redacted]	F[redacted]		Ş[redacted]	bil	namz kılar eşide polis iyi birisi başka meş olabilir	2.BİRLİK	Hassas Böl.Kor.Şb.Müd.	ANKARA-YENİMAHALLE	Şehit Kadir Özcan Polis Karakol Amirliği
31	170[redacted]	T[redacted]		S[redacted]			2.BİRLİK	Hassas Böl.Kor.Şb.Müd.	ANKARA-KEÇİÖREN	Şehit Mehmet Ali Özbek Polis Karakol Amirliği
61	183[redacted]	B[redacted]		C[redacted]			2.BİRLİK	Hassas Böl.Kor.Şb.Müd.	ANKARA-KEÇİÖREN	Şehit Mehmet Ali Özbek Polis Karakol Amirliği
70	188[redacted]	Ş[redacted]		K[redacted]	bil	hiz aleyhinde konuşur dikkat edilsin	2.BİRLİK	Hassas Böl.Kor.Şb.Müd.	ANKARA-KEÇİÖREN	Şehit Mehmet Ali Özbek Polis Karakol Amirliği
313	259[redacted]	E[redacted]		A[redacted]	1	derslerimize katılır çevresinde sevilen birisi yakın takip ve ilgiyle seviye alabilir ailesiyle kalır ref B[redacted] E[redacted] 775 44 [redacted]	2.BİRLİK	Hassas Böl.Kor.Şb.Müd.	ANKARA-KEÇİÖREN	Şehit Mehmet Ali Özbek Polis Karakol Amirliği
88	193[redacted]	Y[redacted]		Ş[redacted]	bil	ehli dün çorumlu boş konuşmalar yapar	2.BİRLİK	Hassas Böl.Kor.Şb.Müd.	ANKARA-MAMAK	Tuzluçayır Polis Karakol Amirliği
264	240[redacted]	H[redacted]		G[redacted]			2.BİRLİK	Hassas Böl.Kor.Şb.Müd.	ANKARA-MAMAK	Tuzluçayır Polis Karakol Amirliği
39	174[redacted]	A[redacted]		E[redacted]	bil	namz kılar çok efendi müspet birisi başka meş olabilir	2.BİRLİK	Hassas Böl.Kor.Şb.Müd.	ANKARA-ÇANKAYA	Yıldızevler Polis Karakol Amirliği
120	202[redacted]	D[redacted]		G[redacted]			2.BİRLİK	Hassas Böl.Kor.Şb.Müd.	ANKARA-ÇANKAYA	Yıldızevler Polis Karakol Amirliği

1	155[redacted]	H[redacted]		C[redacted]	ilg.	diger brl.ilgilenilmiş hiz.hak.fazla bil.yo.arkadaşlar birkaç defa prgram yaptı.namaz aksatarak kılar	4.BİRLİK	Hassas Böl.Kor.Şb.Müd.	ANKARA-ALTINDAĞ	Adliye Polis Karakol Amirliği
2	166[redacted]	M[redacted]		K[redacted]	bil.	efendi birisi ilgilenilebilir	4.BİRLİK	Hassas Böl.Kor.Şb.Müd.	ANKARA-ALTINDAĞ	Anafartalar Polis Karakol Amirliği
3	231[redacted]	Y[redacted]		T[redacted]	bil.	Cuma kılar oruç tuttar ilgilenilebilir	4.BİRLİK	Hassas Böl.Kor.Şb.Müd.	ANKARA-ALTINDAĞ	Anafartalar Polis Karakol Amirliği
4	253[redacted]	M[redacted]		E[redacted]	3	namaz kılar.derslere gelir gider eşi çalışıyor bizi bilir.him.var.t[redacted] u[redacted] slm.tlf:546 92[redacted]	4.BİRLİK	Hassas Böl.Kor.Şb.Müd.	ANKARA	Asayiş Şube Müdürlüğü
5	181[redacted]	Y[redacted]		M[redacted]	5	der.him.var.	4.BİRLİK	Hassas Böl.Kor.Şb.Müd.	ANKARA	Esenboğa Havalimanı Şube Müdürlüğü
6	192[redacted]	M[redacted] H[redacted]		K[redacted]	1	dersleri aksatarak gelir drg him yok bizi sever namazlarını kılar	4.BİRLİK	Hassas Böl.Kor.Şb.Müd.	ANKARA-ALTINDAĞ	Merkez Polis Karakol Amirliği
7	253[redacted]	S[redacted]		A[redacted]	ilg.	bizi bilir kaçar ilgilenilirse kazanılabilir	4.BİRLİK	Hassas Böl.Kor.Şb.Müd.	ANKARA-ALTINDAĞ	Seğmenler Polis Karakol Amirliği
8	208[redacted]	C[redacted]		Y[redacted]	thlk	cumlara gitmez maddiyata önem verir ağzı bozuk kızıyla ablalar ilgileniyor kumar oynar çok sinsi menfaatçi	4.BİRLİK	Hassas Böl.Kor.Şb.Müd.	ANKARA-KEÇİÖREN	Şehit Erkan Ataman Polis Karakol Amirliği
9	255[redacted]	Z[redacted]		Y[redacted]	ilg.	bizi bilir derslere bahanelerle gelmiyor efendi aile ziyaretiyle kazanılabilir	KAPI KRK.	Hassas Böl.Kor.Şb.Müd.	ANKARA-KEÇİÖREN	100.Yıl Polis Karakol Amirliği
10	202[redacted]	A[redacted]		A[redacted]			KAPI KRK.	Hassas Böl.Kor.Şb.Müd.	ANKARA-ALTINDAĞ	Adliye Polis Karakol Amirliği
11	252[redacted]	M[redacted]		B[redacted]	ilg.	bizi biliyor derslere geldi gitti daha sonra gelmeyeceğini beyan edip çeşitli bahaneler uydurdu ilgilenilebilir	KAPI KRK.	Hassas Böl.Kor.Şb.Müd.	ANKARA-ALTINDAĞ	Adliye Polis Karakol Amirliği
12	187[redacted]	H[redacted]		C[redacted]			KAPI KRK.	Hassas Böl.Kor.Şb.Müd.	ANKARA	Asayiş Şube Müdürlüğü

13	202[redacted]	N[redacted] O[redacted]		Ç[redacted]			KAPI KRK.	Hassas Böl.Kor.Şb.Müd.	ANKARA	Asayiş Şube Müdürlüğü
14	219[redacted]	Ş[redacted]		A[redacted]	bil.	danıştay olayında sırığı yakalayan arkadaştır ilgilenilebilir	KAPI KRK.	Hassas Böl.Kor.Şb.Müd.	ANKARA	Asayiş Şube Müdürlüğü
15	238[redacted]	E[redacted]		D[redacted]	ilg.	eşi pasaportta polis derslere gelip gidiyor kendisi derslere katılmadı efendi bir arkadaş bizi bilir derslere direk çağrılabilir oyuna kaçabilir	KAPI KRK.	Hassas Böl.Kor.Şb.Müd.	ANKARA	Asayiş Şube Müdürlüğü
16	252[redacted]	N[redacted] S[redacted]		P[redacted]	ilg.	namaz kılar eşi çalışır sosyal bir arkadaş ilgilenilebilir	KAPI KRK.	Hassas Böl.Kor.Şb.Müd.	ANKARA	Asayiş Şube Müdürlüğü
17	197[redacted]	M[redacted]		Ş[redacted]	3	bizim dersanelerde kalmış istanbuldayken sız y.ümit var him var iyi bir arkadaş tedbir konusunda zaafları var	KAPI KRK.	Hassas Böl.Kor.Şb.Müd.	ANKARA-MAMAK	Boş
18	218[redacted]	A[redacted]		K[redacted]			KAPI KRK.	Hassas Böl.Kor.Şb.Müd.	ANKARA-ÇANKAYA	Dikmen Polis Karakol Amirliği
19	197[redacted]	R[redacted]		İ[redacted]	ilg.	iyi bir arkadaş ilgilenilebilir	KAPI KRK.	Hassas Böl.Kor.Şb.Müd.	ANKARA-ÇANKAYA	Esat Polis Karakol Amirliği
20	210[redacted]	M[redacted]		Ö[redacted]	3	drg sız var him yok	KAPI KRK.	Hassas Böl.Kor.Şb.Müd.	ANKARA-ÇANKAYA	Esat Polis Karakol Amirliği
21	209[redacted]	M[redacted]		K[redacted]	1	drg sız var namaz kılar derslere gelip gider	KAPI KRK.	Hassas Böl.Kor.Şb.Müd.	ANKARA	Esenboğa Havalimanı Şube Müdürlüğü
22	238[redacted]	H[redacted]		G[redacted]	bil.	ehli dünya ilgilenilebilir	KAPI KRK.	Hassas Böl.Kor.Şb.Müd.	ANKARA-KEÇİÖREN	Etlik Polis Karakol Amirliği
23	246[redacted]	A[redacted] T[redacted]		T[redacted]	bil.	ehli dünya nisa zafiyeti var	KAPI KRK.	Hassas Böl.Kor.Şb.Müd.	ANKARA-KEÇİÖREN	Etlik Polis Karakol Amirliği
24	255[redacted]	C[redacted]		U[redacted]	bil.	hizmeti ve bizi bilir bir ara gelip gitmiş şu anda eleştirel konuşuyor	KAPI KRK.	Hassas Böl.Kor.Şb.Müd.	ANKARA-SİNCAN	Fatih Polis Karakol Amirliği

25	181[redacted]	M[redacted] H[redacted]		A[redacted]	bil.	ehli tarik	KAPI KRK.	Hassas Böl.Kor.Şb.Müd.	ANKARA-ALTINDAĞ	Hamdi Yahyaoğlu Polis Karakol Amirliği
26	256[redacted]	A[redacted]		K[redacted]	bil.	ehli beyt efendi birisi kendi halinde	KAPI KRK.	Hassas Böl.Kor.Şb.Müd.	ANKARA-ALTINDAĞ	Hamdi Yahyaoğlu Polis Karakol Amirliği
27	199[redacted]	H[redacted]		K[redacted]	5	gurup hadimliği yaptı drg him var	KAPI KRK.	Hassas Böl.Kor.Şb.Müd.	ANKARA	İkmal Şube Müdürlüğü
28	239[redacted]	S[redacted]		S[redacted]			KAPI KRK.	Hassas Böl.Kor.Şb.Müd.	ANKARA	İkmal Şube Müdürlüğü
29	208[redacted]	Ş[redacted]		D[redacted]	ilg.	namaz kılar başka meşrebden olabilir	KAPI KRK.	Hassas Böl.Kor.Şb.Müd.	ANKARA-MAMAK	Kayaş Polis Karakol Amirliği
30	182[redacted]	O[redacted]		A[redacted]	bil.	ehli tarik	KAPI KRK.	Hassas Böl.Kor.Şb.Müd.	ANKARA-MAMAK	Merkez Polis Karakol Amirliği
31	237[redacted]	F[redacted]		K[redacted]	1	derslere gelip gider bizi bilir him vermiş şu an aksatıyor kendi rahatsızlığıyla meşgul efendi birisi	KAPI KRK.	Hassas Böl.Kor.Şb.Müd.	ANKARA-SİNCAN	Merkez Polis Karakol Amirliği
32	247[redacted]	A[redacted]		A[redacted]	ilg.	bir kez program yapıldı gelmeyeceğini söyledi efendi önyargılı birisi	KAPI KRK.	Hassas Böl.Kor.Şb.Müd.	ANKARA-YENİMAHALLE	Merkez Polis Karakol Amirliği
33	249[redacted]	M[redacted]		G[redacted]	1	namazını kılar imam hatip mezunu dersleri aksatarak gelir m[redacted] s[redacted] selamıyla irtibat tel 293 32 [redacted]	KAPI KRK.	Hassas Böl.Kor.Şb.Müd.	ANKARA	Özel Kalem Büro Amirliği
34	249[redacted]	F[redacted]		D[redacted]	ilg.	bizi bilir gelip gitmiş ancak kendisiyle irtibat kurulamadı ilgilenilirse gelebilir m[redacted] s[redacted] selamıyla irtibat 293 32 [redacted]	KAPI KRK.	Hassas Böl.Kor.Şb.Müd.	ANKARA-KEÇİÖREN	Şehit Mehmet Ali Özbek Polis Karakol Amirliği
35	215[redacted]	F[redacted]		Y[redacted]			KAPI KRK.	Hassas Böl.Kor.Şb.Müd.	ANKARA-MAMAK	Tuzluçayır Polis Karakol Amirliği
36	256[redacted]	L[redacted]		K[redacted]	ilg.	ailevi problemleri var problemli bir arkadaş	KAPI KRK.	Hassas Böl.Kor.Şb.Müd.	ANKARA-MAMAK	Tuzluçayır Polis Karakol Amirliği

S.N	Sicili	Adı		Soyadı	REFERANS		BİLGİ	Aktif Şube	Atama Birimi	Şube/Krk
37	235[redacted]	D[redacted]		B[redacted]	bil.	ehli tarik	AYNİYAT	Hassas Böl.Kor.Şb.Müd.	ANKARA-YENİMAHALLE	Çiftlik Polis Karakol Amirliği
38	183[redacted]	M[redacted] Ü[redacted]		C[redacted]			İDARİ BÜRO	Hassas Böl.Kor.Şb.Müd.	ANKARA	Asayiş Şube Müdürlüğü
39	200[redacted]	S[redacted]		A[redacted]			İDARİ BÜRO	Hassas Böl.Kor.Şb.Müd.	ANKARA	Trafik Tescil Şube Müdürlüğü
40	211[redacted]	E[redacted]		B[redacted]	bil.	alkol alır 6 ay açığa alındı eşini dövdüğünden doayı eşi telefonla şb arar şu anda yeni geri döndü davası devam ediyor	İDARİ BÜRO	Hassas Böl.Kor.Şb.Müd.	ANKARA-MAMAK	Tuzluçayır Polis Karakol Amirliği
41	209[redacted]	E[redacted]		K[redacted]	bil.	ehli dünya güvenilmez	İDARİ BÜRO	Hassas Böl.Kor.Şb.Müd.	ANKARA-ÇANKAYA	Yıldızevler Polis Karakol Amirliği
42	218[redacted]	A[redacted] Y[redacted]		K[redacted]			TAŞIT	Hassas Böl.Kor.Şb.Müd.	ANKARA-ALTINDAĞ	Anafartalar Polis Karakol Amirliği
43	258[redacted]	[redacted]		B[redacted]	bil.	inanç problemi var ters birisi güvenilmez	TAŞIT	Hassas Böl.Kor.Şb.Müd.	ANKARA	Asayiş Şube Müdürlüğü
44	218[redacted]	M[redacted]		Y[redacted]	bil.	namazını kılar iyi bir arkadaş babası emekli bekçi ilgilenilebilir	TAŞIT	Hassas Böl.Kor.Şb.Müd.	ANKARA	Esenboğa Havalimanı Şube Müdürlüğü
45	211[redacted]	S[redacted]		A[redacted]	bil.	ehli dünya	TAŞIT	Hassas Böl.Kor.Şb.Müd.	ANKARA-MAMAK	Tuzluçayır Polis Karakol Amirliği
46	259[redacted]	Z[redacted]		K[redacted]	bil.	namazını kılar ketum değil ağzı boş biraz dengesizlikler yapar nerde ne konuşacağını bilmez	EĞİTİM	Hassas Böl.Kor.Şb.Müd.	ANKARA	Eğitim Şube Müdürlüğü
47	255[redacted]	C[redacted]		K[redacted]	ilg.	son zamanlar dini kitaplar okudu zararsız ancak önyargılara sahip ilgilenilirse kazanılabilir	EĞİTİM	Hassas Böl.Kor.Şb.Müd.	ANKARA-KEÇİÖREN	Şehit Mehmet Ali Özbek Polis Karakol Amirliği

1	192[redacted]	Y[redacted]		G[redacted]			İYİ AKADAŞ İLGİLENİLEBİLİR.SERVİSTE KARŞILAŞTIĞIMIZDA ÜSTDDAN BAHSEDERDİ.FUTBOLA ÇAĞRILABİLİR.İZLENİMLERİMİZ İYİ İDİ.	HASSAS BÖL.KORUMA	YABANCILAR ŞUBE	YABANCILAR ŞUBE
2	192[redacted]	C[redacted]		A[redacted]	[redacted] 0505481[redacted]		İYİ BİR ARKADAŞ ARASIRA NAMAZ KILAR.ORUÇ TUTTU.AŞIRI DERECEDE ABARTILI KONUŞUR.	HASSAS BÖL.KORUMA	MAMAK	TUZLUÇAYIR KAR.
3	203[redacted]	M[redacted]		Ç[redacted]	[redacted] 0505481[redacted]		ÜÇLÜK BİR ARKADAŞ.DERSLERİ ARASIRA AKSATIR.SESSİZ SAKİN BİRİSİ ARABASI VAR.40 YTL HİMMETVERİR.EŞİ ÇALIŞIYOR. 40 YTL DERGİ BORCU VAR.40 YTL HİMMETİ VAR.05052299[redacted]	HASSAS BÖL.KORUMA	ÇANKAYA	KAVAKLIDERE
4	206108	CAHİT		KIZILASLAN			MENZİL CEMAATİNE KATILIYOR.	HASSAS BÖL.KORUMA	GÜVENLİK ŞUBE MÜD.	

259	239[redacted]	A[redacted]		B[redacted]	teh	açık arayan sinirli biri	1.BİRLİK	Hassas Böl.Kor.Şb.Müd .	ANKARA-SİNCAN	Fatih Polis Karakol Amirliği
262	240[redacted]	Ö[redacted]		K[redacted]			1.BİRLİK	Hassas Böl.Kor.Şb.Müd .	ANKARA-MAMAK	Hüseyin Gazi Polis Karakol Amirliği
263	240[redacted]	K[redacted]		A[redacted]		bayanlara karşı aşırı zafı var tutarsız	1.BİRLİK	Hassas Böl.Kor.Şb.Müd .	ANKARA-ÇANKAYA	Merkez Polis Karakol Amirliği
266	242[redacted]	H[redacted]		T[redacted]	İLGİ	saglam ilgilenilirse alınır ref: m[redacted]50521191[redacted]	1.BİRLİK	Hassas Böl.Kor.Şb.Müd .	ANKARA-YENİMAHALLE	Merkez Polis Karakol Amirliği
268	245[redacted]	M[redacted]		K[redacted]			1.BİRLİK	Hassas Böl.Kor.Şb.Müd .	ANKARA-ÇANKAYA	Mustafa Düzgün Polis Karakol Amirliği
269	245[redacted]	E[redacted]		Y[redacted]	İLGİ	bizi bilir ilgilenildi samimi ilgilenilirse gelir ref: c[redacted] 5055628[redacted]	1.BİRLİK	Hassas Böl.Kor.Şb.Müd .	ANKARA-KEÇİÖREN	Şehit Erkan Ataman Polis Karakol Amirliği
270	245[redacted]	M[redacted]		H[redacted]	İLGİ	İLGİlenilirse kazanılır ref: m[redacted] e[redacted]50535744[redacted]	1.BİRLİK	Hassas Böl.Kor.Şb.Müd .	ANKARA-KEÇİÖREN	100.Yıl Polis Karakol Amirliği
272	246[redacted]	Ö[redacted]		T[redacted]	3	derslere gelir him(30) dergi var evini açar seviyeli ref: i.s[redacted] 505271[redacted]	1.BİRLİK	Hassas Böl.Kor.Şb.Müd .	ANKARA-ÇANKAYA	Merkez Polis Karakol Amirliği
275	246[redacted]	E[redacted]		K[redacted]	İLGİ	ailesi düşkün ilgilenilirse kazanılır namaz aksatır ref: ş[redacted] 5052150[redacted]	1.BİRLİK	Hassas Böl.Kor.Şb.Müd .	ANKARA-ALTINDAĞ	Selahattin Doğan Polis Karakol Amirliği
278	248[redacted]	H[redacted]		Y[redacted]	İLGİ	bizi biliyor öğretmen arkadaşlarla takılıyor yenge kreşte öğr. Yenge değerlendirilebilir ref: a[redacted] 50522443[redacted]	1.BİRLİK	Hassas Böl.Kor.Şb.Müd .	ANKARA-KEÇİÖREN	Kavacık Polis Karakol Amirliği
286	251[redacted]	F[redacted]		Ü[redacted]	İLGİ	bizi biliyor gelmiyor ref : [redacted] 50527157[redacted]	1.BİRLİK	Hassas Böl.Kor.Şb.Müd .	ANKARA-ÇANKAYA	Kavaklıdere Polis Karakol Amirliği
292	253[redacted]	M[redacted]		K[redacted]	3	derslere gelir ihm (30) dergi var görev alır evini açar ref: [redacted] s[redacted]5052715[redacted]	1.BİRLİK	Hassas Böl.Kor.Şb.Müd .	ANKARA-MAMAK	Demirlibahçe Polis Karakol Amirliği
296	255[redacted]	K[redacted]		H[redacted]	teh	bizi bilir aleyhte konuşur alaycı	1.BİRLİK	Hassas Böl.Kor.Şb.Müd .	ANKARA-ALTINDAĞ	Merkez Polis Karakol Amirliği

300	255[redacted]	A[redacted]		Y[redacted]			1.BİRLİK	Hassas Böl.Kor.Şb.Müd.	ANKARA-YENİMAHALLE	Şehit Kadir Özcan Polis Karakol Amirliği
306	257[redacted]	M[redacted] Y[redacted]		E[redacted]	İLGİ	temiz arkadaş ilgilenilirse kazanılır ref: [redacted] 5052715[redacted]	1.BİRLİK	Hassas Böl.Kor.Şb.Müd.	ANKARA-KEÇİÖREN	100.Yıl Polis Karakol Amirliği
310	257[redacted]	B[redacted]		A[redacted]	ilgi	alkol var.bırakmaya niyetli ref: a[redacted] 50548846[redacted]	1.BİRLİK	Hassas Böl.Kor.Şb.Müd.	ANKARA	Asayiş Şube Müdürlüğü
311	258[redacted]	H[redacted]		B[redacted]	İLGİ	bilir gelmez eleştirir ref: m[redacted] 50535744[redacted]	1.BİRLİK	Hassas Böl.Kor.Şb.Müd.	ANKARA-ALTINDAĞ	Hasköy Polis Karakol Amirliği
315	259[redacted]	T[redacted]		İ[redacted]	İLGİ	şarkta derse gitmiş burada gelmedi ref: a[redacted] 50522443[redacted]	1.BİRLİK	Hassas Böl.Kor.Şb.Müd.	ANKARA	Güvenlik Şube Müdürlüğü
316	259[redacted]	O[redacted] A[redacted]		T[redacted]	İLGİ	ilgilenildi ilgiye doymuyor ref c[redacted] 50556286[redacted]	1.BİRLİK	Hassas Böl.Kor.Şb.Müd.	ANKARA-ALTINDAĞ	Seğmenler Polis Karakol Amirliği
318	259[redacted]	A[redacted]		Z[redacted]			1.BİRLİK	Hassas Böl.Kor.Şb.Müd.	ANKARA-ÇANKAYA	Cebeci Polis Karakol Amirliği
321	259[redacted]	Ö[redacted]		Ş[redacted]	İLGİ	bizi biliyor bekar iyi niyetli arna gelmiyor ref: a[redacted] 50522443[redacted]	1.BİRLİK	Hassas Böl.Kor.Şb.Müd.	ANKARA-ETİMESGUT	Şehit Osman Avcı Polis Karakol Amirliği

1	155[redacted]	H[redacted]		O[redacted]	ilg.	diğer bri.ilgilenilmiş hiz.hak.fazla bil.yo.arkadaşlar birkaç defa prgram yaptı.namaz aksatarak kılar	4.BİRLİK	Hassas Böl.Kor.Şb.Müd.	ANKARA-ALTINDAĞ	Adliye Polis Karakol Amirliği
2	166[redacted]	M[redacted]		K[redacted]	bil.	efendi birisi ilgilenilebilir	4.BİRLİK	Hassas Böl.Kor.Şb.Müd.	ANKARA-ALTINDAĞ	Anafartalar Polis Karakol Amirliği
3	231[redacted]	Y[redacted]		T[redacted]	bil.	Cuma kılar oruç tuttar ilgilenilebilir	4.BİRLİK	Hassas Böl.Kor.Şb.Müd.	ANKARA-ALTINDAĞ	Anafartalar Polis Karakol Amirliği
4	253[redacted]	M[redacted]		E[redacted]	3	namaz kılar.derslere gelir gider eşi çalışıyor bizi bilir.him.var.t[redacted]u[redacted] sim.tlf:546 92[redacted]	4.BİRLİK	Hassas Böl.Kor.Şb.Müd.	ANKARA	Asayiş Şube Müdürlüğü
5	181[redacted]	Y[redacted]		M[redacted]	5	der.him.var.	4.BİRLİK	Hassas Böl.Kor.Şb.Müd.	ANKARA	Esenboğa Havalimanı Şube Müdürlüğü
6	192[redacted]	M[redacted] H[redacted]		K[redacted]	1	dersleri aksatarak gelir drg him yok bizi sever namazlarını kılar	4.BİRLİK	Hassas Böl.Kor.Şb.Müd.	ANKARA-ALTINDAĞ	Merkez Polis Karakol Amirliği
7	253[redacted]	S[redacted]		A[redacted]	ilg.	bizi bilir kaçar ilgilenilirse kazanılabilir	4.BİRLİK	Hassas Böl.Kor.Şb.Müd.	ANKARA-ALTINDAĞ	Seğmenler Polis Karakol Amirliği
8	208[redacted]	C[redacted]		Y[redacted]	thlk	cumlara gitmez maddiyata önem verir ağzı bozuk kızıyla ablalar ilgileniyor kumar oynar çok sinsi menfaatçi	4.BİRLİK	Hassas Böl.Kor.Şb.Müd.	ANKARA-KEÇİÖREN	Şehit Erkan Ataman Polis Karakol Amirliği
9	255[redacted]	Z[redacted]		Y[redacted]	ilg.	bizi bilir derslere bahanelerle gelmiyor efendi aile ziyaretiyle kazanılabilir	KAPI KRK.	Hassas Böl.Kor.Şb.Müd.	ANKARA-KEÇİÖREN	100.Yıl Polis Karakol Amirliği
10	202[redacted]	A[redacted]		A[redacted]			KAPI KRK.	Hassas Böl.Kor.Şb.Müd.	ANKARA-ALTINDAĞ	Adliye Polis Karakol Amirliği
11	252[redacted]	M[redacted]		B[redacted]	ilg.	bizi biliyor derslere geldi gitti daha sonra gelmeyeceğini beyan edip çeşitli bahaneler uydurdu ilgilenilebilir	KAPI KRK.	Hassas Böl.Kor.Şb.Müd.	ANKARA-ALTINDAĞ	Adliye Polis Karakol Amirliği

12	187[redacted]	H[redacted]		C[redacted]			KAPI KRK.	Hassas Böl.Kor.Şb.Müd.	ANKARA	Asayiş Şube Müdürlüğü
13	202[redacted]	N[redacted] O[redacted]		Ç[redacted]			KAPI KRK.	Hassas Böl.Kor.Şb.Müd.	ANKARA	Asayiş Şube Müdürlüğü
14	219[redacted]	Ş[redacted]		A[redacted]	bil.	danıştay olayında sığı yakalayan arkadaştır ilgilenilebilir	KAPI KRK.	Hassas Böl.Kor.Şb.Müd.	ANKARA	Asayiş Şube Müdürlüğü
15	238[redacted]	E[redacted]		D[redacted]	ilg.	eşi pasaportta polis derslere gelip gidiyor kendisi derslere katılmadı efendi bir arkadaş bizi bilir derslere direk çağrılabilir oyuna kaçabilir	KAPI KRK.	Hassas Böl.Kor.Şb.Müd.	ANKARA	Asayiş Şube Müdürlüğü
16	252[redacted]	N[redacted] S[redacted]		F[redacted]	ilg.	namaz kılar eşi çalışır sosyal bir arkadaş ilgilenilebilir	KAPI KRK.	Hassas Böl.Kor.Şb.Müd.	ANKARA	Asayiş Şube Müdürlüğü
17	197[redacted]	M[redacted]		Ş[redacted]	3	bizim dersanelerde kalmış istanbuldayken sız y.ümit var him var iyi bir arkadaş tedbir konusunda zaafları var	KAPI KRK.	Hassas Böl.Kor.Şb.Müd.	ANKARA-MAMAK	Boş
18	218[redacted]	A[redacted]		K[redacted]			KAPI KRK.	Hassas Böl.Kor.Şb.Müd.	ANKARA-ÇANKAYA	Dikmen Polis Karakol Amirliği
19	197[redacted]	R[redacted]		İ[redacted]	ilg.	iyi bir arkadaş ilgilenilebilir	KAPI KRK.	Hassas Böl.Kor.Şb.Müd.	ANKARA-ÇANKAYA	Esat Polis Karakol Amirliği
20	210[redacted]	M[redacted]		Ö[redacted]	3	drg sız var him yok	KAPI KRK.	Hassas Böl.Kor.Şb.Müd.	ANKARA-ÇANKAYA	Esat Polis Karakol Amirliği
21	209[redacted]	M[redacted]		K[redacted]	1	drg sız var namaz kılar derslere gelip gider	KAPI KRK.	Hassas Böl.Kor.Şb.Müd.	ANKARA	Esenboğa Havalimanı Şube Müdürlüğü
22	238[redacted]	H[redacted]		G[redacted]	bil.	ehli dünya ilgilenilebilir	KAPI KRK.	Hassas Böl.Kor.Şb.Müd.	ANKARA-KEÇİÖREN	Etlik Polis Karakol Amirliği
23	246[redacted]	A[redacted] T[redacted]		T[redacted]	bil.	ehli dünya nisa zafiyeti var	KAPI KRK.	Hassas Böl.Kor.Şb.Müd.	ANKARA-KEÇİÖREN	Etlik Polis Karakol Amirliği

24	255[redacted]	C[redacted]		U[redacted]	bil.	hizmeti ve bizi bilir bir ara gelip gitmiş şu anda eleştirel konuşuyor	KAPI KRK.	Hassas Böl.Kor.Şb.Müd.	ANKARA-SİNCAN	Fatih Polis Karakol Amirliği
25	181[redacted]	M[redacted] H[redacted]		A[redacted]	bil.	ehli tarik	KAPI KRK.	Hassas Böl.Kor.Şb.Müd.	ANKARA-ALTINDAĞ	Hamdi Yahyaoğlu Polis Karakol Amirliği
26	256[redacted]	A[redacted]		K[redacted]	bil.	ehli beyt efendi birisi kendi halinde	KAPI KRK.	Hassas Böl.Kor.Şb.Müd.	ANKARA-ALTINDAĞ	Hamdi Yahyaoğlu Polis Karakol Amirliği
27	199[redacted]	H[redacted]		K[redacted]	5	gurup hadimliği yaptı drg him var	KAPI KRK.	Hassas Böl.Kor.Şb.Müd.	ANKARA	İkmal Şube Müdürlüğü
28	239[redacted]	S[redacted]		S[redacted]			KAPI KRK.	Hassas Böl.Kor.Şb.Müd.	ANKARA	İkmal Şube Müdürlüğü
29	208[redacted]	Ş[redacted]		D[redacted]	ilg.	namaz kılar başka meşrebden olabilir	KAPI KRK.	Hassas Böl.Kor.Şb.Müd.	ANKARA-MAMAK	Kayaş Polis Karakol Amirliği
30	182[redacted]	O[redacted]		A[redacted]	bil.	ehli tarik	KAPI KRK.	Hassas Böl.Kor.Şb.Müd.	ANKARA-MAMAK	Merkez Polis Karakol Amirliği
31	237[redacted]	F[redacted]		K[redacted]	1	derslere gelip gider bizi bilir him vermiş şu an aksatıyor kendi rahatsızlığıyla meşgul efendi birisi	KAPI KRK.	Hassas Böl.Kor.Şb.Müd.	ANKARA-SİNCAN	Merkez Polis Karakol Amirliği
32	247[redacted]	A[redacted]		A[redacted]	ilg.	bir kez program yapıldı gelmeyeceğini söyledi efendi önyargılı birisi	KAPI KRK.	Hassas Böl.Kor.Şb.Müd.	ANKARA-YENİMAHALLE	Merkez Polis Karakol Amirliği
33	249[redacted]	M[redacted]		G[redacted]	1	namazını kılar imam hatip mezunu dersleri aksatarak gelir m[redacted] s[redacted] selamıyla irtibat tel 293 32 [redacted]	KAPI KRK.	Hassas Böl.Kor.Şb.Müd.	ANKARA	Özel Kalem Büro Amirliği
34	249[redacted]	F[redacted]		D[redacted]	ilg.	bizi bilir gelip gitmiş ancak kendisiyle irtibat kurulamad ilgilenilirse gelebilir m[redacted] s[redacted] selamıyla irtibat 293 32[redacted]	KAPI KRK.	Hassas Böl.Kor.Şb.Müd.	ANKARA-KEÇİÖREN	Şehit Mehmet Ali Özbek Polis Karakol Amirliği
35	215[redacted]	E[redacted]		Y[redacted]			KAPI KRK.	Hassas Böl.Kor.Şb.Müd.	ANKARA-MAMAK	Tuzluçayır Polis Karakol Amirliği

36	256[redacted]	L[redacted]		K[redacted]	ilg.	ailevi problemleri var problemli bir arkadaş	KAPI KRK.	Hassas Böl.Kor.Şb.Müd.	ANKARA-MAMAK	Tuzluçayır Polis Karakol Amirliği
37	235[redacted]	D[redacted]		B[redacted]	bil.	ehli tarik	AYNİYAT	Hassas Böl.Kor.Şb.Müd.	ANKARA-YENİMAHALLE	Çiftlik Polis Karakol Amirliği
38	183[redacted]	M[redacted] Ü[redacted]		C[redacted]			İDARİ BÜRO	Hassas Böl.Kor.Şb.Müd.	ANKARA	Asayiş Şube Müdürlüğü
39	200[redacted]	S[redacted]		A[redacted]			İDARİ BÜRO	Hassas Böl.Kor.Şb.Müd.	ANKARA	Trafik Tescil Şube Müdürlüğü
40	211[redacted]	E[redacted]		B[redacted]	bil.	alkol alır 6 ay açığa alındı eşini dövdüğünden doayı eşi telefonla şb arar şu anda yeni geri döndü davası devam ediyor	İDARİ BÜRO	Hassas Böl.Kor.Şb.Müd.	ANKARA-MAMAK	Tuzluçayır Polis Karakol Amirliği
41	209[redacted]	E[redacted]		K[redacted]	bil.	ehli dünya güvenilmez	İDARİ BÜRO	Hassas Böl.Kor.Şb.Müd.	ANKARA-ÇANKAYA	Yıldızevler Polis Karakol Amirliği
42	218[redacted]	A[redacted] Y[redacted]		K[redacted]			TAŞIT	Hassas Böl.Kor.Şb.Müd.	ANKARA-ALTINDAĞ	Anafartalar Polis Karakol Amirliği
43	258[redacted]	R[redacted]		B[redacted]	bil.	inanç problemi var ters birisi güvenilmez	TAŞIT	Hassas Böl.Kor.Şb.Müd.	ANKARA	Asayiş Şube Müdürlüğü
44	218[redacted]	M[redacted]		Y[redacted]	bil.	namazını kılar iyi bir arkadaş babası emekli bekçi ilgilenilebilir	TAŞIT	Hassas Böl.Kor.Şb.Müd.	ANKARA	Esenboğa Havalimanı Şube Müdürlüğü
45	211[redacted]	S[redacted]		A[redacted]	bil.	ehli dünya	TAŞIT	Hassas Böl.Kor.Şb.Müd.	ANKARA-MAMAK	Tuzluçayır Polis Karakol Amirliği
46	259[redacted]	Z[redacted]		K[redacted]	bil.	namazını kılar ketum değil ağzı boş biraz dengesizlikler yapar nerde ne konuşacağını bilmez	EĞİTİM	Hassas Böl.Kor.Şb.Müd.	ANKARA	Eğitim Şube Müdürlüğü
47	255[redacted]	C[redacted]		K[redacted]	ilg.	son zamanlar dini kitaplar okudu zararsız ancak önyargılara sahip ilgilenilirse kazanılabilir	EĞİTİM	Hassas Böl.Kor.Şb.Müd.	ANKARA-KEÇİÖREN	Şehit Mehmet Ali Özbek Polis Karakol Amirliği

S.N	Sicili	Adı		Soyadı				Aktif Şube	Atama Birimi	Şube/Krk
13	139[redacted]	U[redacted]		A[redacted]	İLGİ	namaza yeni başladı bizi biliyor gelmiyor bizi seviyor ref: a[redacted] 50522443[redacted]	1.BİRLİK	Hassas Böl.Kor.Şb.Müd .	ANKARA-ETİMESGUT	Şehit Osman Avcı Polis Karakol Amirliği
15	149[redacted]	Y[redacted]		Y[redacted]			1.BİRLİK	Hassas Böl.Kor.Şb.Müd .	ANKARA-ÇANKAYA	Esat Polis Karakol Amirliği
16	150[redacted]	C[redacted]		A[redacted]		sosyal demokrat	1.BİRLİK	Hassas Böl.Kor.Şb.Müd .	ANKARA-MAMAK	Şehit İdris Aydın Polis Karakol Amirliği
17	152[redacted]	H[redacted] Ö[redacted]		E[redacted]	teh	dikatli yaklaşılmalı	1.BİRLİK	Hassas Böl.Kor.Şb.Müd .	ANKARA-ALTINDAĞ	Hamdi Yahyaoğlu Polis Karakol Amirliği
22	157[redacted]	İ[redacted]		B[redacted]	İLGİ	samimi sivil arkadaşlarla gider ref: f[redacted] 5052653[redacted]	1.BİRLİK	Hassas Böl.Kor.Şb.Müd .	ANKARA-KEÇİÖREN	Etlik Polis Karakol Amirliği
27	165[redacted]	M[redacted]		A[redacted]	3	derse gelir hım(20) dergi var evini açar ref :i. S[redacted] 5052715[redacted]	1.BİRLİK	Hassas Böl.Kor.Şb.Müd .	ANKARA-ÇANKAYA	Bahçelievler Polis Karakol Amirliği
33	171[redacted]	M[redacted]		Y[redacted]	3	derse gelir namaz kır yeni çocukları olacak ref: a[redacted] 50522443[redacted]	1.BİRLİK	Hassas Böl.Kor.Şb.Müd .	ANKARA-ALTINDAĞ	Anafartalar Polis Karakol Amirliği
34	173[redacted]	N[redacted]		K[redacted]			1.BİRLİK	Hassas Böl.Kor.Şb.Müd .	ANKARA	Asayiş Şube Müdürlüğü
44	178[redacted]	M[redacted]		B[redacted]	İLGİ	namaz var saygılı bizi sever samimi ilgilenilirse gelir ref: a[redacted] 50522443[redacted]	1.BİRLİK	Hassas Böl.Kor.Şb.Müd .	ANKARA-ALTINDAĞ	Solmaz Kılıçtepe Polis Karakol Amirliği
45	178[redacted]	O[redacted]		Ö[redacted]	İLGİ	hasta ziyaret talebimizi kabul etmedi ref : a[redacted] 50522443[redacted]	1.BİRLİK	Hassas Böl.Kor.Şb.Müd .	ANKARA-ÇANKAYA	Merkez Polis Karakol Amirliği
46	179[redacted]	U[redacted]		Y[redacted]			1.BİRLİK	Hassas Böl.Kor.Şb.Müd .	ANKARA-MAMAK	30 Ağustos Polis Karakol Amirliği
49	181[redacted]	C[redacted]		K[redacted]	İLGİ	samimi bizi bilir derslere gelmiyor ref: a[redacted] 5052244[redacted]	1.BİRLİK	Hassas Böl.Kor.Şb.Müd .	ANKARA-ALTINDAĞ	Solmaz Kılıçtepe Polis Karakol Amirliği
51	181[redacted]	B[redacted]		B[redacted]			1.BİRLİK	Hassas Böl.Kor.Şb.Müd .	ANKARA-ALTINDAĞ	Siteler Polis Karakol Amirliği
65	187[redacted]	K[redacted]		B[redacted]			1.BİRLİK	Hassas Böl.Kor.Şb.Müd .	ANKARA-ALTINDAĞ	Seğmenler Polis Karakol Amirliği

71	188[redacted]	Ö[redacted]		T[redacted]	1	bizi bilir dergi var him yok derse arasıra gelir ref: m[redacted] 5055231[redacted]	1.BİRLİK	Hassas Böl.Kor.Şb.Müd .	ANKARA-ETİMESGUT	Merkez Polis Karakol Amirliği
79	192[redacted]	S[redacted]		Ç[redacted]			1.BİRLİK	Hassas Böl.Kor.Şb.Müd .	ANKARA-ALTINDAĞ	Hasköy Polis Karakol Amirliği
84	193[redacted]	C[redacted]		D[redacted]	İLGİ	namaz gazete var bizi bilir sorunlarından dolayı gelemedi ref: h[redacted] 505622[redacted]	1.BİRLİK	Hassas Böl.Kor.Şb.Müd .	ANKARA	Hukuk İşleri ve Soruşturma Şube Müdürlüğü
92	196[redacted]	A[redacted]		D[redacted]	1	derslere gelir him-der var rahatsızlığı var arkadaşın evini açar ref k[redacted] 5053542[redacted]	1.BİRLİK	Hassas Böl.Kor.Şb.Müd .	ANKARA	Trafik Tescil Şube Müdürlüğü
95	197[redacted]	C[redacted]		G[redacted]			1.BİRLİK	Hassas Böl.Kor.Şb.Müd .	ANKARA	İkmal Şube Müdürlüğü
96	197[redacted]	İ[redacted]		A[redacted]	1	bizi biliyor derslere aksatmalı gelir aktiviteleri aksatmaz ref: m[redacted] 5052119[redacted]	1.BİRLİK	Hassas Böl.Kor.Şb.Müd .	ANKARA-ALTINDAĞ	Siteler Polis Karakol Amirliği
98	197[redacted]	E[redacted]		U[redacted]			1.BİRLİK	Hassas Böl.Kor.Şb.Müd .	ANKARA-ÇANKAYA	Yıldızevler Polis Karakol Amirliği
101	197[redacted]	H[redacted]		U[redacted]	ilgi	sos dem yapıya sahip hassas yaklaşılmalı ref:[redacted] 5052653[redacted]	1.BİRLİK	Hassas Böl.Kor.Şb.Müd .	ANKARA-ALTINDAĞ	Anafartalar Polis Karakol Amirliği
103	197[redacted]	R[redacted]		E[redacted]	İLGİ	namaz var samimi elmadağda oturduğu için pek ilgilenilemedi ref :f[redacted] 5052653[redacted]	1.BİRLİK	Hassas Böl.Kor.Şb.Müd .	ANKARA-MAMAK	Kayaş Polis Karakol Amirliği
108	198[redacted]	H[redacted]		G[redacted]	İLGİ	bizi bilir lüks yaşamayı sever gelmiyor ref: a[redacted] 5052244[redacted]	1.BİRLİK	Hassas Böl.Kor.Şb.Müd .	ANKARA-YENİMAHALLE	Şehit Kadir Özcan Polis Karakol Amirliği
110	198[redacted]	M[redacted]		Y[redacted]			1.BİRLİK	Hassas Böl.Kor.Şb.Müd .	ANKARA-MAMAK	Akdere Polis Karakol Amirliği
114	199[redacted]	S[redacted]		O[redacted]			1.BİRLİK	Hassas Böl.Kor.Şb.Müd .	ANKARA-ÇANKAYA	Kavaklıdere Polis Karakol Amirliği
117	201[redacted]	A[redacted]		D[redacted]	İLGİ	sağlam samimi biri ilgilenilirse kazanılır ref: [redacted] 5052653[redacted]	1.BİRLİK	Hassas Böl.Kor.Şb.Müd .	ANKARA	Güvenlik Şube Müdürlüğü

71	188[redacted]	Ö[redacted]		T[redacted]	1	bizi bilir dergi var him yok derse arasıra gelir ref: m[redacted] 5055231[redacted]	1.BİRLİK	Hassas Böl.Kor.Şb.Müd.	ANKARA-ETİMESGUT	Merkez Polis Karakol Amirliği
79	192[redacted]	S[redacted]		Ç[redacted]			1.BİRLİK	Hassas Böl.Kor.Şb.Müd.	ANKARA-ALTINDAĞ	Hasköy Polis Karakol Amirliği
84	193[redacted]	C[redacted]		D[redacted]	İLGİ	namaz gazete var bizi bilir sorunlarından dolayı gelemedi ref: h[redacted] 505622[redacted]	1.BİRLİK	Hassas Böl.Kor.Şb.Müd.	ANKARA	Hukuk İşleri ve Soruşturma Şube Müdürlüğü
92	196[redacted]	A[redacted]		D[redacted]	1	derslere gelir him-der var rahatsızlığı var arkadaşın evini açar ref k[redacted] 5053542[redacted]	1.BİRLİK	Hassas Böl.Kor.Şb.Müd.	ANKARA	Trafik Tescil Şube Müdürlüğü
95	197[redacted]	C[redacted]		G[redacted]			1.BİRLİK	Hassas Böl.Kor.Şb.Müd.	ANKARA	İkmal Şube Müdürlüğü
96	197[redacted]	İ[redacted]		A[redacted]	1	bizi biliyor derslere aksatmalı gelir aktiviteleri aksatmaz ref: m[redacted] 5052119[redacted]	1.BİRLİK	Hassas Böl.Kor.Şb.Müd.	ANKARA-ALTINDAĞ	Siteler Polis Karakol Amirliği
98	197[redacted]	E[redacted]		U[redacted]			1.BİRLİK	Hassas Böl.Kor.Şb.Müd.	ANKARA-ÇANKAYA	Yıldızevler Polis Karakol Amirliği
101	197[redacted]	H[redacted]		U[redacted]	ilgi	sos dem yapıya sahip hassas yakiaşılmalı ref:f[redacted] 5052653[redacted]	1.BİRLİK	Hassas Böl.Kor.Şb.Müd.	ANKARA-ALTINDAĞ	Anafartalar Polis Karakol Amirliği
103	197[redacted]	R[redacted]		E[redacted]	İLGİ	namaz var samimi elmadağda oturduğu için pek ilgilenilemedi ref :f[redacted] 5052653[redacted]	1.BİRLİK	Hassas Böl.Kor.Şb.Müd.	ANKARA-MAMAK	Kayaş Polis Karakol Amirliği
108	198[redacted]	H[redacted]		G[redacted]	İLGİ	bizi bilir lüks yaşamayı sever gelmiyor ref: a[redacted] 5052244[redacted]	1.BİRLİK	Hassas Böl.Kor.Şb.Müd.	ANKARA-YENİMAHALLE	Şehit Kadir Özcan Polis Karakol Amirliği
110	198[redacted]	M[redacted]		Y[redacted]			1.BİRLİK	Hassas Böl.Kor.Şb.Müd.	ANKARA-MAMAK	Akdere Polis Karakol Amirliği
114	199[redacted]	S[redacted]		O[redacted]			1.BİRLİK	Hassas Böl.Kor.Şb.Müd.	ANKARA-ÇANKAYA	Kavaklıdere Polis Karakol Amirliği
117	201[redacted]	A[redacted]		D[redacted]	İLGİ	sağlam samimi biri ilgilenilirse kazanılır ref: [redacted] 5052653[redacted]	1.BİRLİK	Hassas Böl.Kor.Şb.Müd.	ANKARA	Güvenlik Şube Müdürlüğü

125	203[redacted]	A[redacted]		A[redacted]	İLGİ	bizi bilir ilgilenildi zamanla kazanılır ref: a[redacted] 5052244[redacted]	1.BİRLİK	Hassas Böl.Kor.Şb.Müd .	ANKARA-YENİMAHALLE	Karşıyaka Polis Karakol Amirliği
126	204[redacted]	M[redacted]		Ö[redacted]	İLGİ	namaza yeni başladı konuya uzak ilgilenilirse kazanılır ref: k[redacted] 5055443[redacted]	1.BİRLİK	Hassas Böl.Kor.Şb.Müd .	ANKARA-KEÇİÖREN	Etlik Polis Karakol Amirliği
130	205[redacted]	N[redacted]		Y[redacted]	İLGİ	samimi dini konulara açık muhtemelen alevi ref: f[redacted] 5052653[redacted]	1.BİRLİK	Hassas Böl.Kor.Şb.Müd .	ANKARA-YENİMAHALLE	Merkez Polis Karakol Amirliği
131	206[redacted]	M[redacted]		Y[redacted]	İLGİ	İLGİlenilirse kazanılır ref: m[redacted] e[redacted] 50535744[redacted]	1.BİRLİK	Hassas Böl.Kor.Şb.Müd .	ANKARA-ALTINDAĞ	Adliye Polis Karakol Amirliği
133	206[redacted]	M[redacted]		Y[redacted]			1.BİRLİK	Hassas Böl.Kor.Şb.Müd .	ANKARA-ALTINDAĞ	Solmaz Kılıçtepe Polis Karakol Amirliği
134	206[redacted]	H[redacted]		Ö[redacted]	3	derslere gelir akraba fazlalığından aksatıyor sağlam samimi him-dergi yok ref f[redacted] 5052653[redacted]	1.BİRLİK	Hassas Böl.Kor.Şb.Müd .	ANKARA-MAMAK	Merkez Polis Karakol Amirliği
136	206[redacted]	N[redacted]		Y[redacted]			1.BİRLİK	Hassas Böl.Kor.Şb.Müd .	ANKARA-ÇANKAYA	Kavaklıdere Polis Karakol Amirliği
143	208[redacted]	H[redacted]		S[redacted]			1.BİRLİK	Hassas Böl.Kor.Şb.Müd .	ANKARA-KEÇİÖREN	Şehit Erkan Ataman Polis Karakol Amirliği
147	2086[redacted]	R[redacted]		D[redacted]		bize sıcak bakmıyor	1.BİRLİK	Hassas Böl.Kor.Şb.Müd .	ANKARA-YENİMAHALLE	Karşıyaka Polis Karakol Amirliği
148	2088[redacted]	S[redacted]		P[redacted]	İLGİ	dikkatle ilgilenilmeli ref: m.g[redacted] 5052119[redacted]	1.BİRLİK	Hassas Böl.Kor.Şb.Müd .	ANKARA	Esenboğa Havalimanı Şube Müdürlüğü
150	209[redacted]	B[redacted]		G[redacted]			1.BİRLİK	Hassas Böl.Kor.Şb.Müd .	ANKARA	Özel Güvenlik Şube Müdürlüğü
158	209[redacted]	S[redacted]		D[redacted]			1.BİRLİK	Hassas Böl.Kor.Şb.Müd .	ANKARA-KEÇİÖREN	Aktepe Polis Karakol Amirliği
166	211[redacted]	İ[redacted] E[redacted]		O[redacted]	İLGİ	ilgilenildi gelmedi futbolu sever ref:a[redacted] 5052244[redacted]	1.BİRLİK	Hassas Böl.Kor.Şb.Müd .	ANKARA-ALTINDAĞ	Anafartalar Polis Karakol Amirliği
172	211[redacted]	E[redacted]		Ü[redacted]	İLGİ	bizi bilir abisine takıldığından gelmiyor hiz menfaat bekler ref: [redacted] 5052653[redacted]	1.BİRLİK	Hassas Böl.Kor.Şb.Müd .	ANKARA-ALTINDAĞ	Solmaz Kılıçtepe Polis Karakol Amirliği

177	211[redacted]	A[redacted]		D[redacted]			1.BİRLİK	Hassas Böl.Kor.Şb.Müd .	ANKARA-KEÇİÖREN	Aktepe Polis Karakol Amirliği
181	212[redacted]	A[redacted]		T[redacted]	1	bizi bilir derse arasıra gelir sıkı ilgilenilmeli ref:m[redacted]e[redacted] 5053574[redacted]	1.BİRLİK	Hassas Böl.Kor.Şb.Müd .	ANKARA-ALTINDAĞ	Hamdi Yahyaoğlu Polis Karakol Amirliği
183	212[redacted]	M[redacted]		K[redacted]	İLGİ	küfür var davette icabet etmedi ref: m[redacted]5053574[redacted]	1.BİRLİK	Hassas Böl.Kor.Şb.Müd .	ANKARA-ALTINDAĞ	Demirfırka Polis Karakol Amirliği
191	214[redacted]	Y[redacted]		U[redacted]	1	namazına dikkatli sağlam iyi ilgilenilmeli ref: f[redacted] 5052653[redacted]	1.BİRLİK	Hassas Böl.Kor.Şb.Müd .	ANKARA-KEÇİÖREN	Şehit Mehmet Ali Özbek Polis Karakol Amirliği
198	216[redacted]	A[redacted]		Ö[redacted]	İLGİ	temiz birisi ticareti sever ilgilenilmeli ref: ö[redacted] 5052318[redacted]	1.BİRLİK	Hassas Böl.Kor.Şb.Müd .	ANKARA-ETİMESGUT	Merkez Polis Karakol Amirliği
203	217[redacted]	M[redacted]		G[redacted]			1.BİRLİK	Hassas Böl.Kor.Şb.Müd .	ANKARA-MAMAK	Merkez Polis Karakol Amirliği
213	218[redacted]	Y[redacted]		E[redacted]	teh	küfürbaz	1.BİRLİK	Hassas Böl.Kor.Şb.Müd .	ANKARA-YENİMAHALLE	Karşıyaka Polis Karakol Amirliği
216	218[redacted]	F[redacted]		S[redacted]			1.BİRLİK	Hassas Böl.Kor.Şb.Müd .	ANKARA-YENİMAHALLE	Batıkent Polis Karakol Amirliği
229	221[redacted]	H[redacted]		E[redacted]			1.BİRLİK	Hassas Böl.Kor.Şb.Müd .	ANKARA-ÇANKAYA	Esat Polis Karakol Amirliği
239	227[redacted]	A[redacted]		S[redacted]	1	şarkta gitmiş şimdi gelmiyorref: a[redacted]5052244[redacted]	1.BİRLİK	Hassas Böl.Kor.Şb.Müd .	ANKARA-KEÇİÖREN	Etlik Polis Karakol Amirliği
245	235[redacted]	İ[redacted]		Z[redacted]	İLGİ	zaafları var ilgi ile kazanıla bilir ref : s[redacted]5052150[redacted]	1.BİRLİK	Hassas Böl.Kor.Şb.Müd .	ANKARA-ALTINDAĞ	Selahattin Doğan Polis Karakol Amirliği
251	238[redacted]	T[redacted]		M[redacted]	ilgi	çok temiz birisi iyi ilgilenilirse kazanılır ref :f.y[redacted] 5052653[redacted]	1.BİRLİK	Hassas Böl.Kor.Şb.Müd .	ANKARA-ALTINDAĞ	Selahattin Doğan Polis Karakol Amirliği
252	238[redacted]	H[redacted]		K[redacted]			1.BİRLİK	Hassas Böl.Kor.Şb.Müd .	ANKARA-ALTINDAĞ	Anafartalar Polis Karakol Amirliği
255	238[redacted]	C[redacted]		K[redacted]		ehli dünya milliyetçi	1.BİRLİK	Hassas Böl.Kor.Şb.Müd .	ANKARA-ALTINDAĞ	Merkez Polis Karakol Amirliği

8	225[redacted]	C M[redacted]		K[redacted]	Y[redacted] B[redacted] 0505623 9[redacted]		BİLDİĞİNİ TAHMİN EDİYORUZ. NOKTADA ZAMAN GAZ.OKUDUĞU GÖRÜLMÜŞ.NAMAZ KILAR.EVİNE ZİYARETE GİDEMEDİK. BİR TÜRLÜ KABUL ETMEDİ .ÇAĞIRDIK GELMEDİ. İŞİN İÇİNE GİRMEK İSTEMİYOR OLABİLİR.AMA SİZ GEREKLİ İLGİ VE ALAKAYI GÖSTYERİRİRSENİZ KAZANILABİLİR.	HASSAS BÖL.KORUMA	ŞKOÇHİSAR	ŞKOÇHİSAR
9	211[redacted]	A[redacted]		S[redacted]	Ş[redacted] B[redacted] 0505623 [redacted]		ÜÇLÜK BİR ARKADAŞIMIZ. HİZMET BİLGİSİ İYİ DERECEDEANCAK ARAMIZA KATILMADA AKSATTIĞI ZAMANLAR OLUYOR. EVİNİ HİÇ KULLANAMADIK. YENGE YÖNÜYLE PROBLEM OLABİLİR. BELKİDE BAHANEDİR. HİMMETİ VAR. KURAN VE CEVŞEN OKUR. 05055325720	HASSAS BÖL.KORUMA	ÇANKAYA	MERKEZ

10	205[redacted]	H[redacted]		C[redacted]	B[redacted] B[redacted]		YAKLAŞIK OLARAK ALTI AYDIR YAKIN NOKTALARDA ÇALIŞTIK YAPI OLARAK İİYİ BİR İNSANA BENZİYOR. BEŞ VAKİT AKSATMADFAN KILIYOR. BİRTAZ MADDİ SIKINTILARI VAR. BİZ GEREKEN İLGİ VE ALAKAYI YAKINDAN GÖSTEREMEDİK GEREKLİ İLGİ VE ALAKA GÖSTERİLİRSE KAZANILABİLİR.	HASSAS BÖL.KORUMA	ALTINDAĞ	SEĞMENLER KAR.
11	207[redacted]	O[redacted]		BAŞAR	U[redacted] B[redacted] 0505539 0[redacted]		ÜÇLÜK BİR ARKADAŞIMIZ. EŞİDE HİZMETİ BİLİR .GELİR GİDER.SIKINTI OLMAZ .EVİNİ KULLANDIRIR.NAMAZINI KILAR. İLGİLENME NOKTALARINDA ZAYIF KALIYOR.ASLINDA HİZMETİBİLGİSİ İYİ DERECEDE. ÖN PLOANA ÇIKMAK İSTEMİYOR. BU KONULARDA ISRARLI OLURSA TANIŞILABİLİR. ÇOCUKLARI OLMUYOR.TEDAVİ GÖRÜYOR. HİMMET 20 YTL. KURAN VE CEVŞEN OKUR. 05052374997. 185 YTL KURBAN BORCU VAR.	HASSAS BÖL.KORUMA	ŞKOÇHİSAR	ŞKOÇHİSAR
12	220[redacted]	U[redacted]		G[redacted]	Y[redacted] B[redacted] 0505623 9[redacted]		İYİ BİR ARKADAŞ. BİZ YETERİNCE İLGİ ALAKA GÖSTEREMEDİK GÖSTERİLİRSE KAZANILABİLİR.	HASSAS BÖL.KORUMA	ADLİYE KARAKOLU	ADLİYE KARAKOLU

13	184[redacted]	M. S[redacted]		T[redacted]	U[redacted] B[redacted] 0505539 0[redacted]		ÜÇLÜK BİR ARKADAŞIMIZ. EŞİ POLİS MEMURU KOLEJDE ÖZELKALEMDE.EŞİDE HİZMETTEN. DERSLERİNİZE AKSATMADAN KATILIR. EVİNİ KULLANDIRIR. 20 YTL HİMMETİ VAR.SORUNSUZ BİR ARKADAŞ KOLAY SEVİYE ALDIRILABİLİR.	HASSAS BÖL.KORUMA	DEMİRLİBAHÇE MAMAK	DEMİRLİBAHÇE MAMAK
14	197[redacted]	C. B[redacted]		Ö[redacted]	A[redacted] B[redacted] 0505481 4[redacted]		MESELELERDEN HABERDAR. İYİ İNSANLARLA GÖRÜŞMEK İSTEDİĞİNİ SÖYLEDİ. NAMAZ KILAR. İYİ BİR ARKADAŞ.ÇAĞRILDIĞIN DA GELEBİLECEĞİNİ SÖYLEDİ. ÇOCUĞU OLMUYOR. TEDAVİ GÖRÜYOR. İSMİMİZLE ÇAĞRILDIĞINDA GELİR.	HASSAS BÖL.KORUMA	ÇANKAYA	BALGAT 50. YIL
15	212[redacted]	B[redacted]		A[redacted]	N[redacted] B[redacted] 0505303 7[redacted]		ÜÇLÜK BİR ARKADAŞ. PROGRAMLARA AKSATMADAN KATILIR. HİMMETİ ŞUBAT AYI İTİBARİ İLE VERCEK. EVİNİ KULLANDIRIR. MADDİ SIKINTISI VAR. KURAN VE CEVŞEN OKUR. 05054273214	HASSAS BÖL.KORUMA	BAHÇELİEVLER POLİS KARAKOLU ÇANKAYA	BAHÇELİEVLER POLİS KARAKOLU ÇANKAYA

16	217[redacted]	M[redacted]		S[redacted]	Ş[redacted] BEY 0505623 9[redacted]		BİRLİK BİR ARKADAŞ. PROGRAMLARA AKSATARAK KATILIR. PROGRAM ÖNCESİ BİR KAÇ KEZ HATIRLATILIP ÇAĞRILMALI. ŞARKTAN ÇEVRESİNDEKİ İNSANLAR HOCA DİYE HİTAP EDİYOR. HİMMET YOK. 05053048166	HASSAS BÖL.KORUMA	ÇANKAYA MERKEZ KARAKOLU.	ÇANKAYA MERKEZ KARAKOLU.
17	259[redacted]	L[redacted]		K[redacted]	B[redacted] BEY		ÜÇLÜK BİR ARKADAŞ. KENDİSİNE MECBURİYETTEN GRUP HADİMLİĞİ GÖREVİNİ VERMİŞTİK. AMA GEREKEN PERFORMANSI GÖREMEDİK. AMA SİZ DURUMUNU DEĞERLENDİRİRSİNİZ. EŞİ TARİKAT EHLİ.TEDBİRİ ZAYIF. AİLE EFRATINDA HAYDAR BAŞIN TOPLANTILARINA KATILANLARIN OLDUĞUNU, KENDİSİNİNDE BİR DEFA KATILDIĞINI İFADE ETTİĞİNİ BAŞKADAN KATILMADIĞINI SÖYLEMİŞTİ. MADDİ SIKINTILARI VAR.CÜZİ BİR MİKTAR HİMMETİ VAR. KURAN VE CEVŞEN OKUR. 05052762344	HASSAS BÖL.KORUMA	ETİMESGUT POLİS MERKEZİ	ETİMESGUT POLİS MERKEZİ

18	187[redacted]	İ[redacted]		A[redacted]	B[redacted] BEY		BİRLİK BİR ARKADAŞ. ARAMIZA YENİ ALDIK AMA HİZMETTE GEÇMİŞİ OLAN BİR ŞEKİLDE UZAK KALAN KENDİ İMKANIYLA SİVİL KANATLA İRTİBATINI DEVAM ETTİREN SAMİMİ EVİNİ KULLANDIRAN KENDİSİ VE EŞİ İHL MEZUNU CEVŞEN VE KURAN OKUYAN HİMMETİ BİZ KENDİSİNE HİÇ SORMADIK KENDİSİDE HİÇ TEKLİF ETMEDİ SİZ İLERLEYEN ZAMANLARDA SORABİLİRSİNİZ	HASSAS BÖL.KORUMA	ALTINDAĞ	ANAFARTALAR
19	193[redacted]	M[redacted]		K[redacted]	B[redacted] BEY		1 LİK BİR ARKADAŞIMIZ ARAMIZA KATILDI 2 AY GİBİ BİR ZAMAN OLDU İHL MEZUNU BİRAZ EVE KAPANIK DIŞARIYA ÇIKMAYI PEK SEVMEYEN EŞİNİN ARAMIZA KATILMASI İÇİN (MEHMET BEY) GELİP GİTMESİNİ ÇOK İSTİYOR GEREKEN İLGİ ALAKAYI GÖSTERİRSENİZ SEVİYE ALABİLECEK BİRİSİ HİMMET YOK 0505 2171390	HASSAS BÖL.KORUMA	ETİMESGUT POLİS MERKEZİ	ETİMESGUT POLİS MERKEZİ

20	170[redacted]	H[redacted]		B[redacted]	[redacted] BEY		3 LÜK BİR ARKADAŞIMIZ AMA HİZMETTE ÇOK ESKİ BİR ARKADAŞ ARAMIZA GELİR GİDER FAZLA PROBLEM YAPMAZ ARACI VAR AMA BİZ KULLANAMADIK EŞİYLE BİRAZ PROBLEMİ VAR EŞİ ÇALIŞIYOR MADDİ SIKINTILARI VAR DAHA ÖNCELERİ HİMMETİ VARDI AMA 2 AYDIR ALAMADIK EVİNİ ŞU ANA KADAR KULLANAMADIK KURAN CEVŞEN OKUR 0505 2108691	HASSAS BÖL.KORUMA	ALTINDAĞ	ANAFARTALAR
21	173[redacted]	M[redacted]		C[redacted]	A[redacted] BEY 0505481 4[redacted]		KONULARI BİLİYOR.EŞİ ÇALIŞIR. HİZMETİ SEVER. GELİP GİTMEMİŞ. SELAMIM İLE ÇAĞRILABİLİR.	HASSAS BÖL.KORUMA	MAMAK	AKDERE KAR.AMİR.
22	21[redacted]	T[redacted]		A[redacted]	A[redacted] BEY 0505481 4[redacted]		OKUYUCULAR	HASSAS BÖL.KORUMA	HAVALİMANI	HAVALİŞMANI
23	221[redacted]	C[redacted]		D[redacted]	B[redacted] BEY		MENZİL CEMAATİNE KATILIYOR.	HASSAS BÖL.KORUMA	KEÇİÖREN	UFUKTEPE POL. KAR.
24	139[redacted]	U[redacted]		A[redacted]	B[redacted] BEY		GÖREVDEYKEN NAMAZ KILMAKTAN ÇEKİNİR AMA GENELDE EVDE KILAR.İYİ BİRİSİ. ARANILIP SORULMAKTAN HOŞLANIR.ZİYARETİ SEVER.	HASSAS BÖL.KORUMA	ETİMESGUT POLİS MERKEZİ	ETİMESGUT POLİS MERKEZİ
25	216[redacted]	H[redacted]		Ç[redacted]	Ş[redacted] B[redacted] 0505623 9[redacted]		1 LİK BİR ARKADAŞ ŞARKTAN 2006 YILINDA GELDİ. EŞİ YENİ DOĞUM YAPTI, SOHBETLERE GELİP GİDER, İHL MEZUNU	HASSAS BÖL.KORUMA	ETİMESGUT POLİS MERKEZİ	ETİMESGUT POLİS MERKEZİ